As fontes do poder social

COLEÇÃO SOCIOLOGIA
Coordenador: Brasilio Sallum Jr. – Universidade de São Paulo

Comissão editorial:
Gabriel Cohn – Universidade de São Paulo
Irlys Barreira – Universidade Federal do Ceará
José Ricardo Ramalho – Universidade Federal do Rio de Janeiro
Marcelo Ridenti – Universidade Estadual de Campinas
Otávio Dulci – Universidade Federal de Minas Gerais

Dados Internacionais de Catalogação na Publicação (CIP)
(Câmara Brasileira do Livro, SP, Brasil)

Mann, Michael, 1942-
   As fontes do poder social : vol. 1. Uma história do poder desde o início até 1760 d.C. / Michael Mann ; tradução de Raquel Weiss e Clara Tassinari Alves. – Petrópolis, RJ : Vozes, 2020. – (Coleção Sociologia)

   Título original: The sources of social power : v.1. A history of power from the beginning to AD 1760
   Bibliografia.
   ISBN 978-85-326-6350-4

   1. Evolução social 2. História social 3. Poder (Ciências Sociais)
I. Título. II. Série.

19-30871   CDD-306.09

Índices para catálogo sistemático:
Relações de poder : Evolução : História social :
Sociologia 306.09

Maria Paula C. Riyuzo – Bibliotecária – CRB-8/7639

Michael Mann

As fontes do poder social
Vol 1. Uma história do poder desde o início até 1760 d.C.

Tradução de Raquel Weiss e Clara Tassinari Alves

EDITORA VOZES

Petrópolis

© Cambridge University Press 1986, 2012

Título do original em inglês: *The Sources of Social Power, Volume 1 – A history of Power from the beginning to AD 1760*

Direitos de publicação em língua portuguesa – Brasil:
2020, Editora Vozes Ltda.
Rua Frei Luís, 100
25689-900 Petrópolis, RJ
www.vozes.com.br
Brasil

Todos os direitos reservados. Nenhuma parte desta obra poderá ser reproduzida ou transmitida por qualquer forma e/ou quaisquer meios (eletrônico ou mecânico, incluindo fotocópia e gravação) ou arquivada em qualquer sistema ou banco de dados sem permissão escrita da editora.

CONSELHO EDITORIAL

Diretor
Gilberto Gonçalves Garcia

Editores
Aline dos Santos Carneiro
Edrian Josué Pasini
Marilac Loraine Oleniki
Welder Lancieri Marchini

Conselheiros
Francisco Morás
Ludovico Garmus
Teobaldo Heidemann
Volney J. Berkenbrock

Secretário executivo
João Batista Kreuch

Editoração: Fernando Sergio Olivetti da Rocha
Diagramação: Mania de criar
Revisão gráfica: Alessandra Karl
Capa: Editora Vozes

ISBN 978-85-326-6350-4 (Brasil)
ISBN 978-1-107-03117-3 (Reino Unido)

Editado conforme o novo acordo ortográfico.

Este livro foi composto e impresso pela Editora Vozes Ltda.

Sumário

Apresentação da coleção, 7

Prefácio à nova edição, 9

Prefácio, 29

1 Sociedades enquanto redes de poder organizadas, 33

2 O fim da teoria sobre a evolução social geral – Como os povos pré-históricos evitaram o poder, 72

3 O surgimento da estratificação, dos estados e da civilização de múltiplos atores de poder na Mesopotâmia, 118

4 Uma análise comparativa do surgimento da estratificação dos estados e das civilizações com múltiplos atores de poder, 154

5 Os primeiros impérios de dominação – A dialética da cooperação compulsória, 182

6 Os "indo-europeus" e o ferro – Expansão e diversificação das redes de poder, 234

7 Fenícios e gregos – Civilizações descentralizadas com múltiplos atores de poder, 247

8 Impérios de dominação revitalizados: Assíria e Pérsia, 292

9 O império territorial romano, 313

10 A ideologia transcendente: a *ecumene* cristã, 370

11 Excurso comparativo pelas religiões universais: confucionismo, islã e (especialmente) a casta hindu, 414

12 A dinâmica europeia I – A fase intensiva, 800-1155 d.C., 449

13 A dinâmica europeia II – O surgimento dos estados coordenados, 1155-1477, 497

14 A dinâmica europeia III – Capitalismo internacional e estados nacionais orgânicos, 1477-1760, 535

15 Conclusões sobre a Europa – Explicando o dinamismo europeu: capitalismo, Cristandade e estados, 591

16 Modelos de desenvolvimento histórico-universal em sociedades agrárias, 610

Índice temático, 637

Apresentação da coleção

Brasilio Sallum Jr.

A *Coleção Sociologia* ambiciona reunir contribuições importantes desta disciplina para a análise da sociedade moderna. Nascida no século XIX, a sociologia expandiu-se rapidamente sob o impulso de intelectuais de grande estatura – considerados hoje clássicos da disciplina –, formulou técnicas próprias de investigação e fertilizou o desenvolvimento de tradições teóricas que orientam o investigador de maneiras distintas para o mundo empírico. Não há o que lamentar o fato de a sociologia não ter um *corpus* teórico único e acabado. E, menos ainda, há que esperar que este seja construído no futuro. É da própria natureza da disciplina – de fato, uma de suas características mais estimulantes intelectualmente – renovar conceitos, focos de investigação e conhecimentos produzidos. Este é um dos ensinamentos mais duradouros de Max Weber: a Sociologia e as outras disciplinas que estudam a sociedade estão condenadas à eterna juventude, a renovar permanentemente seus conceitos à luz de novos problemas suscitados pela marcha incessante da história. No período histórico atual este ensinamento é mais verdadeiro do que nunca, pois as sociedades nacionais, que foram os alicerces da construção da disciplina, estão passando por processos de inclusão, de intensidade variável, em uma sociedade mundial em formação. Os sociólogos têm respondido com vigor aos desafios desta mudança histórica, ajustando o foco da disciplina em suas várias especialidades.

A *Coleção Sociologia* pretende oferecer aos leitores de língua portuguesa um conjunto de obras que espelhe o tanto quanto possível o desenvolvimento teórico e metodológico da disciplina. A coleção conta com a orientação de comissão editorial, composta por profissionais relevantes da disciplina, para selecionar os livros a serem nela publicados.

A par de editar seus autores clássicos, a *Coleção Sociologia* abrirá espaço para obras representativas de suas várias correntes teóricas e de suas especialidades, voltadas para o estudo de esferas específicas da vida social. Deverá também suprir as necessidades de ensino da Sociologia para um público mais amplo, inclusive por meio de manuais didáticos. Por último – mas não menos importante –, a *Coleção Sociologia* almeja oferecer ao público trabalhos sociológicos sobre a sociedade brasileira. Deseja, deste modo, contribuir para que ela possa adensar a reflexão científica sobre suas próprias características e problemas. Tem a esperança de que, com isso, possa ajudar a impulsioná-la no rumo do desenvolvimento e da democratização.

Prefácio à nova edição

Este livro apresenta um modelo para explicar o desenvolvimento das relações de poder nas sociedades humanas, e então aplica-o à pré-história e também a boa parte da história humana. Essa foi uma empreitada recorrente entre os escritores do século XIX, mas no contexto acadêmico contemporâneo parece algo tremendamente ambicioso. Pareceria absurdo para mim no início de minha carreira. Em meu trabalho inicial não havia nenhuma pista de que poderia vir a me envolver com um empreendimento de tal monta. Minha tese de doutorado em Oxford foi um estudo empírico sobre a realocação de uma fábrica por parte de uma empresa na Inglaterra. Essa pesquisa envolveu entrevistar duas vezes 300 empregados. Depois disso (em colaboração com Robert Blackburn), realizei um estudo sobre o mercado de trabalho na cidade de Pitesburgo, na Inglaterra, com a aplicação de questionários a mais de 900 trabalhadores, e envolveu também a construção de índices de avaliação das ocupações, baseado em minha observação de seus serviços. Esses dois projetos aconteceram na mesma época, ambos eram altamente empíricos e quantitativos. Após esse período, ampliei meu escopo ao escrever um pequeno livro sobre consciência de classe, produto do que deveria ser um grande estudo empírico sobre as condições de trabalho em quatro países, junto com um time de outros três países. Mas ele nunca chegou a termo, pois não obtivemos os recursos para financiar a pesquisa.

Foi o ensino de teoria sociológica na Universidade de Essex que, todavia, alterou radicalmente minha trajetória. Ler Marx e Weber cuidadosamente, uma ou duas semanas antes de meus alunos, deu-me a ideia de comparar e criticar seus modelos "tridimensionais" de estratificação social – classe, *status* e partido e os níveis econômico, ideológico e político de Marx (tal como compreendido pelos marxistas estruturais da época). Ao mesmo tempo, meu engajamento político levou-me a rejeitar a visão tradicional da esquerda, compartilhada por muitos de meus amigos, segundo a qual a corrida armamentista nuclear era, em alguma medida, produto de uma luta entre capitalismo e comunismo. Em vez disso, parecia-me haver maior paralelo com outras disputas entre grandes potências ocorridas em outros momentos da história. Pensar sobre isso levou-me a conceber a separação entre poder militar e poder político, então cheguei a um modelo no qual são contempladas quatro fontes de poder social – ideológico, econômico, militar e político – e que desde então se fez presente em toda minha obra. Inicialmente, o livro que pretendia escrever deveria ser eminentemente teórico, conquanto ilustrado por três casos empíricos sobre o Império Romano, a Europa feudal e as sociedades contemporâneas. Um capítulo típico seria o artigo que publiquei sob o título "States Ancient and Modern" (1977), de caráter bastante teórico, ainda que subsidiado por um bom tanto de conhecimento histórico. O quão diferente teria sido o percurso de meus escritos, pergunto-me, se o livro planejado tivesse sido aquele efetivamente escrito?

Quando comecei a dedicar-me aos estudos de caso, eles não pararam de crescer, expandindo-se no tempo e no espaço. Percebi o quanto era um sociólogo ainda profundamente empírico, mas que também adorava ler história. Combinadas, essas duas qualidades conspiraram para produzir um manuscrito sobre nada menos que uma narrativa sobre o poder ao longo da maior parte da história. Ele tornou-se demasiado grande para ser um único livro, e por isso o dividi em dois volumes, sendo o ponto de demarcação a Revolução Industrial. Foi o que fiz, e logo depois terminei o primeiro do que acabou sendo um livro de quatro volumes, *The Sources of Social Power*[1]. O volume 2, publicado em 1993, recebeu como subtítulo *The Rise of Classes and Nation-States: 1760-1914*, o volume 3, publicado em 2012, traz o subtítulo de *Global Empires and Revolution: 1890-1945*, e o volume 4, *Globalizations, 1945-2012*, publicado em 2013. Este foi, portanto, o trabalho de minha vida. Até mesmo os livros *Fascists* (2004) e *The Dark side of Democracy: Explaining Ethnic Cleansing* (2004) foram expansões de capítulos originalmente concebidos como partes do *Sources*. Estou bastante feliz em estar amarrado a este livro, embora algumas vezes me indague sobre o que poderia ter realizado se as coisas tivessem se passado de outro modo.

O método desenvolvido para meus quatro volumes foi bastante simples. Primeiro, recortei os países e regiões a serem estudados focando naquilo a que chamei de "linha de frente do poder", isto é, as civilizações mais avançadas em determinado momento histórico. Em segundo lugar, li tudo o que foi possível sobre elas, dentro dos limites de minhas habilidades linguísticas, até o ponto no qual uma nova leitura servia apenas para acrescentar pequenos detalhes ou alguma qualificação de menor peso à minha narrativa. Isso aconteceu mais rápido para os períodos mais iniciais do que nos mais recentes, porque em relação à história inicial tive ocasião de ler praticamente tudo o que estava a meu alcance. Não quer dizer que esse sempre tenha sido o caso, pois há algumas passagens neste livro que apenas estabelecem uma conexão na narrativa entre seções com maior densidade de pesquisa. Isso se aplica ao caso do capítulo sobre a Grécia e a Fenícia, por exemplo, embora espere que tal fato seja compensado pela força do principal conceito mobilizado – o de "civilizações com múltiplos atores de po-

---

1. Trata-se do presente livro. Os próximos volumes também serão publicados pela Editora Vozes com os seguintes títulos: Volume 2 – *O surgimento das classes e dos estados-nação*; Volume 3 – *Impérios globais e revolução: 1890-1945*; Volume 4 – *Gobalizações, 1945-2012* [N.Ts.].

der". Em terceiro lugar, fiz um contínuo zigue-zague entre teoria e dados, desenvolvendo uma ideia geral e finalmente refinando-a com evidência histórica para, então, voltar à teoria e depois mais uma vez aos dados, e assim sucessivamente. Isso possibilitou a constituição de uma visão propriamente sociológica da história, mais preocupada com teoria do que é usual entre os historiadores, muito embora mais concernida pela história do que costuma ser o caso entre os sociólogos.

Temia que meus métodos colocassem o volume 1 na trincheira entre duas disciplinas, encobrindo-o, e por esse motivo contatei vários colegas nos Estados Unidos para organizar uma série de palestras em diferentes *campi*. Quando efetivamente ministrei essas palestras, elas se mostraram desnecessárias para esse propósito original, pois o livro já recebera elogiosas resenhas. Todavia, elas serviram a outra coisa. Meus anfitriões americanos ofereceram a mim e a minha esposa oportunidades de trabalho bastante atraentes. Era fevereiro em Londres, e Los Angeles parecia uma alternativa sedutora – quente, relaxada e surpreendentemente bela. Pensamos em ficar por apenas um ano, apenas o suficiente para aproveitar as delícias do sul da Califórnia, mas permanecemos na Ucla por vinte e cinco anos. Reitero, *Sources* mudou minha vida.

Mas meus temores iniciais, todavia, se justificaram, pois meus quatro volumes foram metralhados de forma intermitente por ambos os lados, desde historiadores reclamando porque a teoria atrapalhava a boa narrativa até cientistas sociais positivistas dizendo que eu deveria realizar testes rigorosos de hipóteses derivadas de teorias gerais, e que meus métodos impediam a formulação de leis e causalidades universais. Não aceitei nenhuma dessas críticas. O problema, por um lado, é que os dados empíricos não têm sentido em si mesmos. Precisamos importar teorias para emprestar-lhes significado. Os historiadores normalmente fazem isso implicitamente; eu prefiro ser explícito. Por outro lado, as teorias positivistas sempre se mostram muito mais simplistas em relação à realidade social, um fato revelado não somente por minha pesquisa histórica, mas pelas pesquisas de todo mundo. Não há proposições válidas para todas as sociedades para além de umas poucas banalidades. A realidade social é suficientemente complexa para derrotar todas as tentativas humanas de compreender plenamente sua própria condição, e portanto ela também derrota a teoria da escolha racional defendida por alguns positivistas. Por esse motivo, ofereço mais um modelo do que uma teoria dura – trata-se de um modo de olhar para o mundo, uma injunção para garantir a consideração das quatro fontes de poder, e por isso reconhecemos os perigos das teorias holistas, totalizantes, bem como as teorias da escolha racional e todas as generalizações, que até podem ser aplicáveis a alguns lugares e épocas, mas jamais a todos (BRYANT, 2006a, oferece uma boa e completa defesa de minha metodologia).

Muitas vezes fui rotulado de "neoweberiano", para dizer que minha inspiração é oriunda de Max Weber. O maior elogio veio por parte de John Hall (2011: 1), ao comentar que sou "o Max Weber de nossa geração". Em apenas um aspecto eu reclamo superioridade em relação a Weber: meu estilo é mais fácil de ler! Perry Anderson, depois de uma longa e às vezes crítica análise deste livro, concluiu: "Em nada menor que *Economia e sociedade* em estatura analítica, é superior enquanto literatura" (1992: 86). Ou foi um grande elogio, ou uma rasteira (meu livro é uma ficção?). Aceito a existência de muitos pontos de similaridade entre mim e Weber. Weber tentou conceber uma metodologia capaz de situar-se entre o aspecto nomotético (sujeito a leis) e ideográfico (que contempla a singularidade de todas as situações) da vida social, mediante o uso de conceitos como os de tipo ideal, *Verstehen* (compreensão interpretativa) e multicausalidade. Ele concebia as sociedades como produtos da interação social, e não da ação individual ou de estruturas sociais determinantes. Eu também busquei o caminho do meio, mas em uma trajetória de ziguezague. Weber, como eu, tinha reservas com a noção de "sociedade". Ele raramente usou essa palavra, preferindo a expressão plural "domínios societários" (embora eu não tenha notado isso até ler KALBERG, 1994). Weber claramente pensava em termos de múltiplos domínios, embora não os tenha listado, e provavelmente teria considerado meus quatro tipos de poder como demasiado limitantes (mas suas três formas de poder eram consideradas apenas como tipos ideais úteis em determinados contextos, não como universais). Weber também pensava que a complexidade social exigia dele a constante invenção de novos conceitos, e meus críticos dizem o mesmo a meu respeito. Jacoby (2004) também notou que acrescento complexidade ao proliferar conceitos duais, como o de ideologias imanentes e transcendentes, ou as duas formas de organização de poder militar (hierarquia rigorosa e camaradagem no interior do exército, e engajamento altamente difuso para além de suas fronteiras). Acima de tudo, Weber nos forneceu instrumentos para lidar com sociedades cada vez mais complexas que nossas teorias, e eu tento fazer o mesmo.

William Sewell tem uma abordagem semelhante. Ele sustenta que a explicação sociológica deve centrar-se no que chama de "temporalidade eventual". "A vida social", diz ele, "pode ser conceituada como composta de incontáveis acontecimentos ou encontros nos quais pessoas e grupos de pessoas envolvidas na ação social. Suas ações são constrangidas e possibilitadas pelas estruturas constitutivas de suas sociedades. [...] Eventos podem ser definidos como uma subclasse relativamente rara de acontecimentos capazes de transformar estruturas de maneira significativa. A concepção de uma temporalidade eventual, portanto, considera as transformações das estruturas pelos eventos". Ele analisa meu "potente e corajoso livro" e declara tratar-se de um caso exemplar de "temporalidade eventual" (SEWELL, 2005: 100, 114-123). Evidentemente, a noção de que devemos apenas "levar em conta" transformações provocadas por eventos não é muito controversa, mas creio que a ideia de Sewell vai além disso. De forma semelhante, na p. 35 deste livro eu chamo minha abordagem sobre de mudança social de "neoepisódica", significando com isso uma concepção segundo a qual a mudança acontece mediante transformações estruturais abruptas e intermitentes. Como Sewell, oponho-me ao determinismo estrutural porque entendo as "estruturas" como sendo produzidas por atores coletivos, grupos articulados em torno da distribuição de recursos de poder. Concebo a mudança neoepisódica como sendo frequentemente resultante de uma consequência não intencional de uma ação, de eventos externos inesperados e algumas vezes até mesmo de acidentes. Sewell também tem razão ao dizer que me oponho a teorias teleológicas e evolucionistas: não há nenhum desenvolvimento necessário das sociedades humanas, nenhuma forma de evolução subjacente de formas inferiores a formas superiores. Por outro lado, contudo, reconheço a existência de um vacilante crescimento dos poderes humanos coletivos ao longo da história, ainda não revertido, conquanto diferentes partes do mundo tenham protagonizado esse movimento em diferentes momentos. Isso porque, uma vez inventadas e adotadas, as inovações capazes de ampliar os poderes humanos coletivos, como alfabetização, cunhagem ou poder de combustível fóssil, quase nunca desaparecem. Agora concebo os "episódios" ("transformações eventuais" de Sewell) sob uma luz ligeiramente diferente. Afinal, o que acontece nos principais pontos de mudança é uma série de conjunções entre cadeias causais, algumas das quais são novas e "intersticiais" (emergem entre estruturas de poder existentes), mas outras derivam de instituições profundamente enraizadas em processo de mudança, embora a passos lentos. Um típico exemplo disso seria o capitalismo, em contínuo estado de mudança. Isso se assemelha ao que a maior parte dos sociólogos chama de "estrutura", e não podemos realmente aboli-la de nossas teorias. O rótulo que atribuí a meu modelo, "interacionismo simbólico estrutural", permanece apropriado, pois indica a combinação entre ação criativa do grupo e desenvolvimento institucional. Portanto, enquanto algumas conjunções entre emergência intersticial e instituições existentes parecem bastante acidentais, outras parecem mais persistentes e probabilísticas, como consequência de muitas pessoas e ações no decorrer de um longo período de tempo. Explico isso melhor quando me debruço sobre um grande exemplo de mudança oferecido neste volume – o "Milagre Europeu". É importante notar que as relações de poder econômico e, em menor extensão, as relações de poder político, geralmente têm caráter estrutural mais acentuado que as relações de poder militar e de poder ideológico.

Neste livro começo sendo desleal à sabedoria sociológica convencional, pois começo imediatamente por atacar a noção fundante de "sociedade". Eu não fui o único a fazê-lo. Immanuel Wallerstein também recusou estabelecer uma equivalência entre "sociedade" e Estado-nação. Ele sustentou que na era moderna os estados-nação se tornaram imbricados em redes de interação mais amplos constituídos pelo "sistema mundo", o qual ele identificou com o capitalismo. Minha alternativa é mais radical. Sustento que os grupos sociais ao redor do mundo formam redes sociais que emanam de quatro fontes de poder, ainda que essas redes raramente tenham coincidido umas com as outras em qualquer momento da história. A sociedade humana é, portanto, composta de redes de interação múltiplas, sobrepostas e intercruzadas. Não há algo como uma sociedade única e total, segregada de outras. Oponho-me a todas as teorias de sistema, a todo holismo, a todas as tentativas de reificar as "sociedades". Não há uma "sociedade francesa" ou uma "sociedade americana" singulares (pois estas são apenas estados-nação), tampouco há uma "sociedade industrial" ou "pós-industrial", nenhum "sistema-mundo", nenhum processo de globalização singular, nenhum "sistema" multiestatal dominado por uma lógica "realista", nenhuma lógica do patriarcado. A história não possui uma unidade fundamental conferida pela história das lutas de classe ou dos modos de produção, ou de "epistemes" ou "formações discursivas", códigos culturais, ou estruturas de pensamento subjacentes que governam a linguagem, os valores, a ciência e as práticas de uma época, e nada disso é marcado por um processo de poder que encapsula toda a atividade humana. Todos esses elementos oferecem redes com um grau limitado de vinculação. É possível identificar uma "lógica" do capitalismo ou do patriarcado ou de relações multiestatais, mas apenas na medida em que os tomamos como tipos-ideais, pois todos estão em interação uns com os outros, e essa interação muda suas naturezas de formas geralmente imprevisíveis. Ainda assim, esse modelo permite-nos identificar a raiz da mudança social, porque organizações de poder jamais podem ser inteiramente institucionalizadas ou isoladas do caráter "intersticial" dos choques dentro delas e entre elas. A mudança social resulta da interação na institucionalização de redes de poder antigas e da emergência intersticial de novas redes.

Desde quando desenvolvi meu modelo de poder Iemp[2] no capítulo 1 deste volume, mantive-me fiel a ele de forma consistente. Em seu nível mais simples, o modelo implica que qualquer um lidando com questões macro no campo das ciências sociais ou da história deve considerar explicitamente as contribuições gerais produzidas por todas as quatros fontes de poder: as relações ideológicas, econômicas, militares e políticas. Nenhuma delas deve ser desconsiderada no início, conquanto uma ou duas possam se mostrar relativamente pouco importantes em casos particulares. Em cada período histórico tentei considerar a força relativa de cada uma na produção de resultados importantes. Em alguns momentos uma fonte de poder se mostrou decisiva algumas vezes, mas na maior parte dos casos são as configurações de mais uma fonte que importam mais. Obviamente, isso envolve uma abordagem multidisciplinar ao desenvolvimento social, tal como realizado pelos teóricos clássicos nos séculos XVIII e XIX. Mas agora, infelizmente, preciso lutar contra a força extraordinária das fronteiras disciplinares na academia – e também enfrentar a timidez da sociologia e

---

2. Conforme definido no capítulo 1, a sigla se refere a relações de ordem ideológica, econômica, militar e política [N.Ts.].

da história, que deveriam ser ambiciosas e multidisciplinares, mas geralmente não são. No campo da sociologia histórico-comparativa, meu modelo e minhas generalizações tiveram considerável influência (ANDERSON, 1992, cap. 4; SMITH, 1991: 121-130; CROW, 1997, cap. 1).

As relações de poder econômico raramente são negligenciadas tanto na história quanto na sociologia, afinal, em nossa era bastante materialista isso foi considerado por um vasto número de pesquisadores, ao passo que a "virada cultural" trouxe o poder ideológico para a discussão, e sempre podemos confiar nos cientistas políticos para enfatizar o poder político. O poder militar foi relegado a dois grupos pequenos e negligenciados: historiadores e sociólogos dedicados aos estudos militares. Portanto, parte importante de meu trabalho tem sido justamente demonstrar quanto a organização militar e as guerras têm sido importantes para o desenvolvimento da sociedade humana. Acabamos de encerrar um século que assistiu às guerras possivelmente mais devastadoras do que quaisquer outras (devemos desacreditar como absurdas as "milhões" de mortes algumas vezes apresentadas nos anais de história primitiva). Ainda assim, essas guerras modernas ainda são geralmente tratadas como exceções, como interlúdios no processo de globalização e de desenvolvimento capitalista, com pequeno impacto sobre as ideologias. O quão isso é errado! Como será mostrado no volume 3, nem o comunismo nem o fascismo teriam sido importantes no mundo sem a Primeira e a Segunda Guerra Mundial.

Eu fiz alguns reparos em meu modelo. Já mencionei minha qualificação de seu caráter "neoepisódico". A outra modificação importante concerne ao poder militar. Algumas vezes fui criticado por separar o poder militar do poder político, afastando-me da ortodoxia sociológica (*e. g.*, POGGI, 2001; ANDERSON, 1992: 77). Embora eu, todavia, rejeite essa crítica, tentei tornar essa separação mais clara ao redefinir sutilmente o poder militar. Neste volume I defini o poder militar como "a organização social da força física sob a forma de coerção concentrada". Mais tarde percebi que "coerção" não era suficientemente forte. O dicionário Webster indica que "coagir" pode significar "compelir a uma ação ou escolha" ou "garantir a realização mediante uso de força ou ameaça". Portanto, o termo poderia fazer referência aos trabalhadores ameaçados com a demissão, ou padres constrangidos ao silêncio por seus bispos, ambas situações que não envolvem qualquer tipo de poder militar. Então eu redefini o poder militar como *a organização social de violência letal concentrada*. "Concentrada" quer dizer mobilizada e focada, e "letal" quer dizer mortal. O dicionário Webster define "violência" como o "exercício de força física para machucar ou abusar" ou como "ação ou força intensa, turbulenta ou furiosa e frequentemente destrutiva". Esses são os sentidos que gostaria de contemplar: a força militar é uma violência focada, física, furiosa e letal. É por isso que evoco a emoção psicológica de sintomas fisiológicos do medo na medida em que confrontamos a séria possibilidade de dor agonizante, de desmembramento ou de morte. Os detentores do poder militar afirmam: "se você resistir, você morre". O poder militar não é confinado aos exércitos. A violência organizada e letal também vem de gangues de terroristas, paramilitares ou criminosos.

Isso torna mais clara a distinção que eu quero fazer entre poder político e poder militar. Continuo a definir poder político como uma regulação centralizada e territorial da vida social. Somente o Estado possui essa forma espacial centralizada e territorial (aqui claramente desvio de Weber, que situou o poder político, ou "partidos" em qualquer tipo de organização, não apenas nos estados. Regulação e coordenação rotineiras exercidas a partir do centro ao longo dos territórios, e não a legitimidade (ideologia) ou a violência (militar) são as funções centrais, constituem as funções vitais do Estado, exercidas mediante a lei e deliberações políticas governamentais em cortes, conselhos, assembleias e ministérios centralizados. Então, em certa medida, o poder político é o exato oposto do poder militar. Ele é confinado, não expansivo; institucionalizado, não arbitrário.

Há três revides possíveis a essa ideia. Primeiro, Perry Anderson (1992: 77) afirma que o Estado não tem a forma distintiva do poder em si mesmo: seu poder repousa sobre um misto de força e crença. Ainda assim, o mesmo pode ser dito sobre o controle dos senhores feudais e capitalistas sobre seus servos e trabalhadores. Se o argumento é o de que os senhores feudais ou capitalistas controlam ou possuem os meios de produção, então pode-se dizer que a soberania respaldada pela lei (que Andersen corretamente afirma que negligencio neste volume) confere àqueles que controlam o Estado a "posse" das relações sociais dentro de seus territórios. Em outro contexto ele acrescentou uma terceira precondição ao poder do Estado, afirmando que "a regulação política dificilmente pode ser concebível sem os recursos de uma coerção armada, de receitas fiscais e uma legitimação ideal" (ANDERSON, 1990: 61). Isso é verdade. Neste volume vemos que os estados nem sempre estiveram presentes na sociedade humana. Eles foram criados mediante configurações particulares de poder ideológico, econômico e militar. Mas o ponto importante é que, uma vez criados, eles passam a ter propriedades "emergentes" próprias, restringindo subsequentemente a vida social de maneira significativa. Neste volume e também no volume 2, vemos que o poder mais significativo do Estado tem sido o de "enjaular" grande parte da vida social no interior de seus territórios soberanos. Isso não é redutível a relações de poder ideológicas, econômicas e militares. É uma propriedade emergente do poder político (cf. BRYANT, 2006a: 77-78).

Em segundo lugar, pode-se dizer que por trás da lei e da regulamentação está a força física. De fato, Poggi (2001: 30-31) identifica os estados, e não as forças armadas, com letalidade, medo e terror (algo que considero bizarro). Na maioria dos estados, contudo, a força física raramente é mobilizada em uma ação letal, e quando os estados se tornam mais violentos, isso geralmente ocorre por meio de escalonamentos graduais. A polícia pode primeiro empregar táticas não letais de contenção de tumultos, causando ferimentos, mas raramente mortes. Então, a combinação entre polícia, paramilitares e unidades do Exército pode caminhar na direção de maior uso da força, atirando para o ar e brandindo armas de baixa letalidade – como porretes, gás lacrimogêneo, balas de borracha, sabres de cavalaria sem corte, carabinas em vez de armas automáticas, e assim por diante. Se isso não funcionar, as forças armadas podem assumir o controle, exigindo uma repressão exemplar, matando tão impiedosamente quanto considerem necessário. Essa sequência envolve a escalada do poder político mediante uma combinação de relações de poder militares. No entanto, os estados mais violentos ultrapassam qualquer divisão entre poder político e militar. Nazistas, stalinistas, maoistas e grandes inquisidores católicos mataram um grande número de pessoas cujo único crime imputado era o de possuidor de uma identidade "inimiga" (como judeu, kulak, burguês, herege etc.). Formulários legais eram forjados. Esses casos podem parecer dar razão a Poggi e, na verdade, são casos nos quais se deu uma fusão entre poder político e militar. Mas todas as fontes de poder são por vezes fundidas umas às outras. Poder econômico e político fundiram-se e passaram a confundir-se no Estado soviético, por exemplo. Mas esses casos não negam a utilidade de distinguir entre poder político e econômico. Tampouco a existência de alguns estados muito violentos nega a divisão entre poder político e militar.

A terceira ponderação crítica é que os próprios estados mobilizam exércitos e estes são, geralmente, as forças armadas mais poderosas. Isso tem sido verdade em muitos contextos. Contudo, embora as administrações civis e militares estejam normalmente separadas, as castas militares e os golpes militares revelam alguma autonomia de poder, e muitas forças armadas não são organizadas pelos estados. A maioria dos militares tribais era apátrida, enquanto a maioria dos recrutas feudais, ordens de cavaleiros, exércitos mercantes particulares (como a Companhia Britânica das Índias Orientais) e a maioria das forças de segurança e guerrilha eram substancialmente independentes dos estados (JACOBY, 2004: 408). A maioria dos terroristas de hoje são apátridas, assim como bandidos e gangues criminosas e de jovens. Atualmente, essas formações militares estão espalhadas por todo o mundo, gozando de grande sucesso na missão de desafiar os exércitos dos estados. Apenas raramente desde a Segunda Guerra Mundial os exércitos estatais derrotaram as guerrilhas. De fato, durante esse período, as guerras entre os estados reduziram a quase zero, e as guerras civis constituem o maior contingente de guerras e de mortes. Finalmente, o poder militar conquista novos territórios, enquanto o poder político pode apenas governar em seu interior. É, portanto, útil separar o poder político do poder militar.

Outra alteração que fiz foi tornar mais claro o lugar do poder geopolítico. Segui a distinção convencional feita por cientistas políticos entre a geopolítica "rigorosa" e a "branda". A geopolítica rigorosa diz respeito a questões de guerra, ameaças à diplomacia e alianças militares. Nesse sentido, trata-se de uma extensão do poder militar, tal como exercido pelos estados. A geopolítica branda concerne à diplomacia pacífica que negocia acordos sobre questões econômicas, judiciais, educacionais e outras, tomada como extensão das relações de poder político. Evidentemente, como enfatizo em todos os meus volumes, a geopolítica não é a única forma de rede de poder que ultrapassa as fronteiras dos estados. Nas relações extraestatais, juntamente com as relações internacionais estão as relações transnacionais – especialmente ideológicas e econômicas, mas às vezes também militares – que se espraiam para além das fronteiras dos estados. Enfatizar isso é importante porque escritores recentes na disciplina de Relações Internacionais me interpretam mal ao me identificar com o realismo tradicional em sua disciplina. Eles afirmam que, ao ir além das sociedades nacionais, enfatizei as relações geopolíticas, especialmente seu "lado rigoroso", dominado pelas relações de poder militar. Isso não é verdade, pois a geopolítica é apenas um componente do espaço extraestatal. Quando John Hobson sustenta que minha teoria contém a "potencialidade" de evitar essa armadilha com minha noção de poder ideológico, ele parece ignorar o fato de que eu frequentemente uso o poder ideológico exatamente dessa maneira. As ideologias "transcendentes" mais poderosas se difundem através das fronteiras políticas – como, é claro, ocorre com muitas relações de poder econômico, que ele também ignora (HOBSON, 2006; para outras discussões equivocadas no campo de RI, cf. LAPOINTE & DUFOUR, 2011).

Permaneço orgulhoso do escopo deste volume. Aprecio o *insight* de que por mais de 90% de sua existência na Terra, os grupos humanos procuraram evitar o surgimento de Estado. Gosto de meu argumento de que apenas raramente, e em virtude de circunstâncias particulares, os grupos humanos "irromperam" em estados e civilizações. A dialética que identifico entre impérios de dominação e civilizações com múltiplos atores de poder tem considerável poder explicativo, assim como o refinamento da dialética de Weber dos regimes feudais *versus* regimes patrimoniais. Permaneço orgulhoso de meus cálculos logísticos relativos às campanhas militares dos primeiros impérios e dos meus cálculos fiscais dos gastos do Estado inglês por não menos que sete séculos, mesmo que essas empreitadas pioneiras possam, obviamente, ser aperfeiçoadas por estudos empíricos posteriores. Continuo apegado à minha noção de "economia legionária" de Roma, segundo a qual o poder militar contribuiu para o desenvolvimento econômico romano (que considero um evento raro). Continuo a enfatizar a existência de um nível básico de consenso normativo no interior da Europa medieval fornecido pelo pertencimento comum à comunidade cristã. Penso que ofereci uma explicação bastante boa do "Milagre Europeu", a irrupção das revoluções do capitalismo agrícola e industrial, que garantiram à Europa riqueza e dominação global. Defenderei isso melhor em breve.

Há erros, obviamente. Concluí este volume há quase trinta anos, e agora alteraria vários argumentos detalhados à luz de dados de pesquisa subsequentes. Reconheço meu erro em usar de forma persistente a ideia de produtividade da terra (em vez do trabalho) como medida fundamental do desenvolvimento econômico, embora esse dado não esteja disponível para a maioria dos períodos históricos e, para os contextos em que podemos obtê-los, ambas as medidas parecem produzir resultados bastante similares. De modo mais genérico, nem sempre consegui corresponder às demandas de meu próprio modelo. Ele deveria impelir-me a discutir sempre as quatros fontes de poder social ao lidar com todas as épocas e lugares. Mas fazer malabarismos com quatro bolas de uma só vez ao longo da história mundial é algo muito difícil, e eu derrubo uma delas de tempos em tempos. A maioria dos meus críticos diz que sou propenso a diminuir o poder ideológico, que neste volume é principalmente religioso. Eles dizem que o minimizo ou o abordo de forma muito racionalista, negligenciando o intenso engajamento emocional que ele envolve (BRYANT, 2006a; GORSKI, 2006). Penso que eles têm razão, e corrijo isso no volume 3, ao tratar das ideologias modernas. Alguns também dizem que nem sempre concedo um tratamento adequado à ideologia (HOBSON, 2006). Aceito o fato de dar um tratamento errático, mas trata-se de algo deliberado, porque argumento que o poder ideológico desempenha um papel bastante errático no desenvolvimento humano. Neste volume, enfatizo seu papel na antiga Mesopotâmia e depois na Grécia, ao conceder unidade civilizacional a uma região constituída por múltiplas cidades-Estado. Volto a enfatizar isso em relação à queda do Império Romano, e depois novamente na Europa medieval. Nesses contextos, a religião tinha o que eu chamo de "papel transcendente". Entretanto, em épocas intermediárias, as religiões tendiam a reproduzir as estruturas de poder existentes e, portanto, tinham menos poder autônomo. Trato erraticamente o poder ideológico, portanto, porque ele é exercido erraticamente.

Também é verdade que, quando descrevo a Europa medieval, tenho a tendência de reificar a "Cristandade" como uma civilização algo separada das outras. Demonstro que a Cristandade ocidental era uma rede de interação real, mas subestimo a extensão de suas ligações com o islamismo e a Ásia, para não mencionar o cristianismo ortodoxo oriental (tal como observa Anderson). Hobson (2004) apresentou uma lista impressionante das primeiras invenções científicas e tecnológicas europeias modernas importadas da China ou adaptadas de protótipos chineses. Ele procura denunciar o eurocentrismo da maioria dos relatos sobre o avanço europeu para a Modernidade, e aqui demonstro alguma culpa. Também me declaro culpado por subestimar a ciência, o comércio e os modos de guerra árabes. Esse é o aspecto do livro que eu mais gostaria de corrigir.

À exceção desse erro, contudo, defenderia minha análise sobre a emergência da Europa da acusação de ser muito "eurocêntrica". Blaut (2000) considerou-me um dos oito "historiadores eurocêntricos" – trata-se de um rótulo duplamente errôneo! Após discutir boa parte da história mundial em sua fase inicial, passo a focar sobre a Europa, mas fiz isso apenas porque ao final deste volume os europeus estavam conquistando a terra. Essa é uma das razões para ter sido "eurocêntrico" nesse período. Eu situo a dinâmica europeia profundamente na estrutura social e na história desse continente, e essa é a segunda razão para ser "eurocêntrico".

Todavia, depois que escrevi este livro irrompeu um vigoroso debate para discutir se havia, de fato, um profundo enraizamento do "Milagre Europeu", tal como eu e muitos outros havíamos afirmado (desde Max Weber). Pesquisadores revisionistas afirmaram que somente no século XIX a economia europeia – mais especificamente a economia britânica – teria superado a economia asiática, em particular aquela da região mais avançada da China, ao sul do Rio Yangtzé. A "grande divergência" começa no século XIX, segundo esses autores, pois no século XVIII ambas as regiões estavam presas à armadilha do "equilíbrio" de Adam Smith, característica das economias agrárias. O crescimento "smithiano" poderia promover a expansão da divisão do trabalho e dos mercados, mas sem inovações tecnológicas e institucionais não seria possível novos desenvolvimentos. Eles afirmam que somente a tecnologia e as informações da Revolução Industrial, adquirida incialmente pelos ingleses a partir de 1800, permitiu que a Inglaterra e a Europa assumissem a liderança da dominação global. Eles então explicam essas inovações a partir de dois "felizes acidentes". Em primeiro lugar, a Grã-Bretanha (ao contrário da China) por acaso possuía depósitos de carvão próximos às indústrias, reduzindo, assim, os custos da industrialização e viabilizando ciclos tecnológicos virtuosos que permitiam o desenvolvimento das indústrias. Em segundo lugar, a Grã-Bretanha adquiriu forçosamente colônias do Novo Mundo que forneciam açúcar, madeira, algodão e prata, impulsionando sua economia doméstica e seus padrões de vida, permitindo, especificamente, comercializar com a Ásia. Portanto, os europeus se sobressaíram por sua violência militar, e não por sua engenhosidade econômica/tecnológica, e isso teria acabado por viabilizar sua dominação mundial. Os revisionistas rejeitam a opinião de que a Europa e a Grã-Bretanha possuíam uma dinâmica profundamente arraigada, que teria viabilizado um desenvolvimento consistente na direção das grandes inovações (POMERANTZ, 2000; FRANK, 1998; WONG, 1998).

Defenderei brevemente meu argumento sobre a ideia de "enraizamento profundo" (faço isso de modo mais detalhado em MANN, 2006). Como Bryant (2006b) observou, quase todos os sociólogos (e historiadores) considerariam o argumento revisionista como implausível. Grandes mudanças sociais resultam de todo um complexo de causas, não de apenas dois acidentes. De fato, muitos dos argumentos dos revisionistas estão errados. Começo com a demografia e o "momento" de ultrapassagem. Os revisionistas afirmam que os dados chineses indicam que a China estava ao menos no mesmo nível que a Inglaterra durante o século XVIII e início do século XIX.

Nos últimos séculos a China atingiu um crescimento maciço da população, sem aumento aparente nas taxas de mortalidade. A China também praticava controles populacionais como infanticídio, taxas de casamento menores e posteriores e famílias de tamanho menor. Os dados dos ingleses também indicam crescimento maciço da população, duplicação da população em curto espaço de tempo, entre 1740 e 1820, mas a diferença crucial é que isso foi associado a uma completa ausência de fome. De fato, em 1700, a relação entre o preço dos alimentos e as taxas de mortalidade, já fracas, havia desaparecido. Na China do século XVIII, ao contrário, Lee e Feng (1999: 45, 110-113) admitem ter havido fome e uma forte relação entre o preço dos grãos e as taxas de mortalidade. As crises malthusianas já haviam sido banidas na Inglaterra, mas não na China. Kent Deng (2003) conclui que a China, e não a Inglaterra, ainda estava presa ao padrão dos ciclos agrários "smithianos". Segundo sua datação, a "grande divergência" entre a Europa e a China teria ocorrido demograficamente antes de 1700.

Os revisionistas respondem a isso com a afirmação de que, sem a subsequente industrialização, a Inglaterra teria atingido o ponto alto de um ciclo agrário smithiano e depois recuado novamente na medida em que a superlotação populacional e a degradação ambiental colocassem um freio nos padrões de vida, alimentação e fertilidade. Mas isso é contestado por Brenner e Isett (2002), que mostram ter havido também um grande aumento na produtividade do trabalho no início do século XVIII na Inglaterra, permitindo que a população urbana dobrasse sem que, com isso, houvesse declínio na saúde nacional. Tratou-se de algo singular, a primeira ruptura com os ciclos smithianos, fruto de uma revolução capitalista na agricultura. A Grã-Bretanha poderia expandir a agricultura e também liberar a mão de obra da qual dependia anteriormente. A China não podia fazer isso.

Havia também o surgimento da indústria, absorvendo a mão de obra que já não era necessária à agricultura. A conversão do carvão em energia a vapor foi o núcleo energético da Revolução Industrial, e os revisionistas afirmam que o carvão foi apenas um feliz acidente, abundante perto de indústrias inglesas emergentes, enquanto na China o carvão era abundante, mas distante das áreas que poderiam ter se industrializado. Há certo debate se esse contraste é preciso e não está claro quem ganhou o argumento. Mas, mesmo que fosse verdade, a boa sorte da Inglaterra chegou cedo. Já por volta de 1700 a Inglaterra produzia cinco vezes mais carvão do que o resto do mundo, cinquenta vezes mais que a China, e o carvão alimentava todas as suas indústrias. Os mercados de capitais europeus também eram mais desenvolvidos do que os chineses. Os europeus tinham a possibilidade de pedir empréstimos maiores, com prazos mais estendidos e taxas menores do que os chineses. Enquanto as taxas de juros chinesas eram tipicamente de 8 a 10%, as taxas europeias estavam nesse nível já no século XIV, tendo caído para 3 a 4% em meados do século XVIII (EPSTEIN, 2000).

Isso sugere que a Europa tinha arranjos fiscais e direitos de propriedade mais seguros antes de 1700.

O segundo "acidente feliz" mencionado pelos revisionistas diz respeito à aquisição das colônias por parte dos europeus, pois isso teria lhes dado valiosos recursos econômicos, como prata, madeira e alimento. As colônias trouxeram algum benefício econômico. A prata permitiu que a Europa negociasse com a China, e novas formas de cultivo agrícola melhoraram a dieta e o consumo calórico. No entanto, na estimativa de O'Brien (2003) o comércio com o Novo Mundo impulsionou os recursos britânicos em apenas cerca de 1% do PIB por ano, o que já é alguma coisa, mas não muito. A colonização foi parte do crescimento europeu, mas não sua causa mais importante. Ademais, como veremos, o colonialismo estava longe de ser acidental.

Não teria sido possível haver um único "momento de ultrapassagem", pois as diferentes fontes de poder tinham ritmos diferentes. A ciência, o protestantismo e o militarismo vieram antes das transformações que resultaram na industrialização, por exemplo. Neste livro, ressalto os diferentes ritmos do desenvolvimento do poder ideológico, econômico, militar e político, ainda que sua acumulação sempre tenha se dado no longo prazo. Mas me distancio das noções que sustentam uma "superioridade" europeia/britânica, tal como é defendido por escritores como David Landes (1998) e Eric Jones (2002). No processo de ultrapassagem da Europa em relação a China, a eficiência estava subordinada ao poder, e a virtude não tinha lugar nessa equação. Os nativos na maior parte do mundo estariam melhor sem o Império Britânico, como demonstrarei no volume 3. Também concordo com os revisionistas que a dominação global se deu não em virtude de uma superioridade abrangente, mas por uma decisiva vantagem de poder militar. No entanto, esse elemento também era profundamente arraigado, tendo sido aperfeiçoado no decorrer de séculos de guerra no interior da Europa, que, seguindo Bartlett (1993), agora entendo como um processo de imperialismo e colonialismo, no qual forças armadas e estados maiores ou melhor organizados engoliram os menores e mais frágeis. Os vencedores desenvolveram uma forma de guerra "intensiva", baseada no uso de poder de fogo concentrado e letal, que pode ter sido convertido em um bom ou mal desempenho por ocasião de sua expansão marítima. Isso aconteceu primeiro com o uso de canhões em embarcações navais, depois com a guerra terrestre, em que os exércitos eram equipados com revólveres e baterias de artilharia. Seu poder de fogo concentrado poderia derrotar exércitos asiáticos muitas vezes maiores. Os europeus se tornaram melhores em matar pessoas e, assim, em superar outras civilizações. Explico bem esse processo no segundo capítulo do volume.

A vitória europeia alterou parâmetros da eficiência econômica, do mesmo modo como o militarismo o fez desde a Antiguidade. Nesse caso, o militarismo gerou uma economia internacional, não baseada no livre-comércio, mas em monopólios comerciais e de terras conquistadas pela violência letal. O militarismo ajudou a promover uma situação de dominação global e, com ela, o poder de reestruturar a economia internacional. Exterminar os nativos em colônias nas zonas temperadas e substituí-los por colonos brancos levou para esses lugares instituições econômicas que impulsionaram o PIB *per capita*, segundo economistas modernos (trata-se de um cálculo deveras macabro, afinal, *"per capita"* significa por cabeça de cada um dos nativos sobreviventes – as cabeças levadas em consideração nessa conta não incluem os nativos mortos). Pomerantz, Frank e Hobson estão, portanto, corretos em enfatizar a importância do poder militar para o domínio europeu, mas isso significa que esse militarismo não era nem acidental, nem tardio, mas profundamente enraizado na estrutura social europeia, exercido reiteradamente, primeiro contra outros europeus e depois por todo o mundo. Que país europeu conquistaria quais territórios ultramarinos era algo mais contingente – às vezes acidental –, mas o fato de que em algum momento todos eles adquiririam impérios acabou se tornando algo mais ou menos inevitável. Foram necessários séculos para que as relações de produção econômicas da Europa se tornassem totalmente capitalistas. Foram necessários séculos para que a capacidade de guerra da Europa se tornasse tão intensivamente superior. Ambos os processos podem ter sido paralisados em vários pontos de seu desenvolvimento, mas tanto as instituições econômicas como as militares eram marcadas por dinâmicas persistentes, por meio das quais geração após geração de atores sociais operavam refinamentos graduais em suas práticas para gerar o resultado final – em conjunto com "momentos eventuais", cujo papel nesse processo foi algo mais contingente – como a aprovação de leis de demarcação territorial, a revolução naval portuguesa, ou a Batalha de Nancy, em 1477.

As próprias instituições estavam entrelaçadas de maneiras imprevisíveis. Cada uma das quatro fontes de poder continha ritmos distintos, influenciando os demais. Em algum momento entre 1660 e 1760, esses surtos levaram a Grã-Bretanha a ultrapassar os ciclos smithianos que se aplicavam até mesmo a sociedades agrárias de alto equilíbrio. O que ocorreu não foi uma repentina "decolagem" (como na teoria de Rostow sobre Revolução Industrial, agora amplamente desacreditada), mas um processo cumulativo de crescimento lento sustentado de 1% ao ano, subindo para quase 3% (nunca superior) em meados do século XIX. O período de ultrapassagem veio antes do domínio global. Somente depois de meados do século XIX as potências ocidentais começaram a dominar o Leste Asiático – é claro que o Japão foi bem-sucedido em sua resistência. Provavelmente, o domínio ocidental terá durado menos de dois séculos quando chegar ao fim. Todavia, esse foi o único período da história no qual uma região do mundo foi globalmente dominante. Isso só pode ter sido possível se esse processo tivesse começado muito cedo. Ninguém me persuadiu de que eu deveria ter começado minha explicação a partir de um momento mais tardio, ou que uma explicação adequada deveria ignorar alguma das quatro fontes de poder social.

Reconheço, todavia, que minha explicação do milagre europeu não é perfeita. Concentrei-me sobre o impacto do militarismo para explicar o caso de estados individuais, negligenciando seu papel no extermínio de outros tantos, fato que permitiu a expansão da Europa no exterior. Negligenciei a contribuição da revolução científica da Europa para o Milagre, embora esse não seja um defeito importante, afinal tal processo dependia de incentivos do mercado capitalista, de estados e forças armadas competindo por vantagens técnicas, bem como de tensão com o pensamento religioso, para o qual a ciência era entendida como a descoberta das leis de Deus (explico isso no meu artigo de 2006). Acima de tudo, agora percebo que na verdade ofereci duas explicações gerais bastante diferentes para o Milagre. Como Anderson (1992: 83) bem aponta, depois de resumir as contribuições trazidas por todas as quatro fontes de poder, afirmo na p. 599: "Eu destaquei uma, a Cristandade, como *necessária* para tudo o que se seguiu. As outras também fizeram uma contribuição significativa para a dinâmica resultante, mas se elas eram 'necessárias' é outra questão". Anderson comenta, com alguma ironia, que "surpreendentemente, o herói da fábula é a Igreja Católica". Eu apresento justificativas para isso no livro, mas não de forma suficiente. A minha declaração estava errada. Ela está em desacordo com a outra explicação que ofereço, que é a correta. Trata-se da afirmação segundo a qual o Milagre Europeu resultou da importância da competição na Europa, com um caráter diferente do que em outros lugares – não me refiro ao sentido puramente econômico. Como afirmei, a Europa medieval era composta por uma pletora de atores coletivos em concorrência – classes, é claro, mas também vilarejos *versus* casa senhorial, mais as unidades econômicas monásticas; senhores feudais *versus* burguesias e corporações urbanas; estados desafiando outros estados, mas também sendo desafiados pelos barões e às vezes pela Igreja. O fato é que essa complexidade de atores em tensão não resultou na guerra de todos contra todos, como na teoria de Hobbes, pois a intensa competição era regulada principalmente pelo princípio normativo da solidariedade, sustentado pela comunhão em torno do cristianismo (ou, mais precisamente, pela Cristandade ocidental). É verdade que essa solidariedade existia em nível mínimo, mas uma Cristandade mais áspera poderia ter minado os elementos necessários para sustentar a competição. Todos os mercados eficazes – todas as sociedades eficazes – precisam de regulamentação normativa, isso é algo que os sociólogos sabem desde Durkheim. Nas economias e estados modernos isso é feito principalmente por meio da lei. Em virtude de suas origens, a maioria dos estados europeus e a Igreja Católica tinham combinações variadas de leis costumeiras (germânicas) e estatutárias (romanas) que também desempenhavam algum papel regulador. Mas os direitos legais sofriam contestações, e foi a Igreja que desempenhou o papel central no estabelecimento de regulação normativa até o cisma protestante. Em relação ao tema da religião, como muitos observaram, tomei mais de empréstimo de

Durkheim do que de Weber, pois afirmo que essa regulamentação se deu mais por meio do ritual do que da doutrina.

Meu argumento subjacente nos últimos capítulos deste livro é, portanto, que havia duas causas gerais e necessárias para o Milagre Europeu, e não uma apenas: uma intensa competitividade na sociedade europeia envolvendo todas as fontes de poder, que era, por sua vez, regulada pelo princípio normativo da solidariedade pautado pela Cristandade. Esse argumento deveria ter sido elaborado de forma mais clara, do mesmo modo que deveria ter evitado a impressão de que "tudo já estava em vigor" já no período medieval. Na p. 454, por exemplo, digo que todas as precondições essenciais para o milagre operavam já em 800 d.C. No momento em que aqueles que preparavam resenhas críticas chamaram atenção para isso em tom jocoso, percebi que essa era uma das ocasiões nas quais o entusiasmo de um autor sobrepunha-se a seu bom-senso. Na verdade, minha intenção foi a de mostrar que o desenvolvimento dessas precondições foi, na verdade, um processo longo e cumulativo, que transitou de forma errática por toda a Europa à medida que o poder se deslocava gradualmente para o noroeste do continente. Havia a possibilidade de que esse poder fosse extirpado em virtude de novas conquistas do Oriente, ou por crises econômicas e demográficas. Se a Armada tivesse sido bem-sucedida, provavelmente a Inglaterra não teria sido o vértice do poder, e não podemos prever qual forma a Revolução Industrial poderia ter tomado, se é que teria acontecido. A Armada foi derrotada mais em virtude das tempestades do que da atuação da frota marinha inglesa, portanto foi realmente um acidente. As instituições do capitalismo e do Estado moderno seguiram seu desenvolvimento, de forma nem sempre igual, mas persistente. Esses elementos podem parecer "estruturais", mas não podem ser concebidos apenas como pano de fundo estático e institucionalizado, interrompido por eclosões episódicas de poder intersticial. Em alguns momentos, a mudança estrutural resultava de uma miríade de mudanças menores. O primeiro motor a vapor de Newcomen foi produzido em 1713, e somente em 1763 James Watt começou a lidar com ele de forma bem-sucedida, mas centenas de projetistas acrescentaram melhorias graduais ao longo de 150 anos após Newcomen. No último capítulo, indico que, contemplada a distância, a dinâmica europeia parece sistêmica, e de fato era persistente, mas ao nos aproximarmos percebemos a junção de várias cadeias causais, às vezes de maneira acidental.

Comecei meu projeto com a "pergunta de Engels" – qual seja, se uma das quatro fontes de poder conceituadas por mim era realmente decisiva, isto é, se poderia ser considerada o poder causal final na estruturação das relações sociais (na visão de Engels, o poder econômico era decisivo em última instância). Minha resposta é provavelmente o weberiano "não", embora essa não tenha sido a pressuposição desse trabalho e, ao final deste volume, atingi apenas um quarto de minha tentativa de responder empiricamente tal questão. Mas a economia, o Estado, e assim por diante, não possuem estruturas dadas, capazes de exercer uma influência constante e permanente sobre o desenvolvimento social. Eles, ao contrário, provam ter propriedades emergentes à medida que novos conjuntos de partes e fragmentos dessas instituições emergem com inesperada relevância para um desenvolvimento social de ordem mais geral e são apropriadas como parte de uma nova força intersticial. Parece não haver um padrão geral e único desses processos. Tudo o que consegui até agora são generalizações específicas sobre cada período, e a maioria delas é multifacetada, como a que acabamos de apresentar – experimental, controversa e vulnerável à pesquisa empírica realizada na década seguinte.

Faço, todavia, três observações gerais sobre a causalidade. Em primeiro lugar, as causas do desenvolvimento de uma fonte de poder (mantendo as demais constantes) são, em sua maior parte, internas à sua própria condição antecedente, pois sua organização possui algum grau de autonomia. Se quisermos explicar a Revolução Industrial, olhamos mais para as economias agrárias tardias do que para o discurso religioso ou científico ou para as práticas das forças armadas ou dos estados, embora todas essas forças sejam necessárias para uma explicação completa. Se quisermos explicar a ascensão do Estado moderno, devemos olhar primeiro para a política que a antecedeu, resultado mais das lutas pela exploração fiscal e militar do que da exploração oriunda diretamente do modo de produção. É evidente que novas organizações e estratégias militares surgem principalmente para combater as anteriores, e que Lutero desenvolveu sua teologia sobretudo em resposta a disputas no interior da Igreja Católica – e ele adquiriu importância histórica em nível mundial somente quando suas doutrinas se tornaram ligadas ao capitalismo – como Weber bem sustentou – e às mudanças no poder geopolítico – conforme eu argumento.

Em segundo lugar, o caráter do poder que emana das quatro fontes é diferente. O poder econômico é o mais imbricado na vida cotidiana, exercendo a pressão causal mais gradual e persistente; a ideologia emerge de forma potente, súbita, errática, e em sua versão mais poderosa e transcendente, surge apenas ocasionalmente; o poder militar é exercido de forma súbita, ocasional e violenta, e envolve um acúmulo técnico crescente; o poder político, por sua vez, é notadamente territorial e institucionalizado. Explicarei tudo isso mais detalhadamente no volume 4.

Em terceiro lugar, quando refinamos nossa explicação, incluindo a influência de outras fontes de poder, raramente enfatizamos suas qualidades essenciais. Com mais frequência, trazemos aspectos periféricos que passam a ter um significado particular, geralmente inesperado, para a fonte de poder cuja explicação buscamos. Para explicar a ascensão do Estado moderno, é preciso especificar suas precondições econômicas, mas, de modo mais crucial, aquelas que foram especialmente relevantes para os estados, tais como os impostos, pois no geral isso parece ser mais relevante do que o nível geral de desenvolvimento econômico. Da mesma forma, quando explicamos a superioridade militar de um método de guerra sobre outro, devemos especificar suas precondições econômicas, que podem residir, por exemplo, na presença de amplas planícies, algo importante para carruagens ou para a cavalaria, ou em uma indústria de ferro capaz de produzir canhões, antes que essa matéria-prima se tornasse a base de outra produção de manufatura. Por outro lado, para explicar por que o capitalismo do século XX é dividido em nações e classes, nosso foco volta-se menos para as grandes lutas políticas do século XIX – concernentes a movimentos de classe, religiosos e regionais – do que às consequências não intencionais da pressão para que todos esses movimentos se organizassem no nível do Estado, com intuito de promover seus interesses coletivos.

Essa análise parece afastar-nos ainda mais de qualquer teoria baseada na ideia do "primado último" de alguma forma de poder. Todavia, é possível construir generalizações tanto sobre as capacidades características de cada fonte de poder quanto sobre a primazia em cenários espaciais e históricos particulares. Esse último movimento foi o que fiz em todos os meus quatro volumes, mas reservo o primeiro para o volume 4.

Referências

ANDERSON, P. (1992). *A Zone of Engagement*. Londres: Verso.

_____ (1990). "A culture in contraflow – I". In: *New Left Review*, n. 180, p. 41-78.

BARTLETT, R. (1993). *The Making of Europe*: Conquest, Colonization, and Cultural Change, 950-1350. Princeton, NJ: Princeton University Press.

BLAUT, J. (2006). "The West and the Rest Revisited: Debating Capitalist Origins, European Colonialism and the Advent of Modernity". In: *Canadian Journal of Sociology*, vol. 31, p. 403-444.

_____ (2000). *Eight Ethnocentric Historians*. Nova York: Guilford Press.

BRYANT, J. (2006). "Grand, yet grounded: ontology, theory, and method in Michael Mann's historical sociology". In: HALL, J. & SCHROEDER, H. (eds.). *An Anatomy of Power* – The Social Theory of Michael Mann. Cambridge: Cambridge University Press.

CROW, G. (1997). *Comparative Sociology and Social Theory*. Houndmills/Basingstoke: Macmillan.

DENG, K. (2003). "Fact or fiction? – Re-examination of Chinese premodern population statistics". In: *Working Papers*, 76/03. Department of Economic History/London School of Economics and Political Science.

EPSTEIN, S. (2000). *Freedom and Growth*: The Rise of States and Markets in Europe, 1300-1750. Londres: Routledge.

FRANK, A.G. (1998). *Re-Orient*: Global Economy in the Asian Age. Berkeley/ Los Angeles: University of California Press.

GORSKI, P. (2006). "Mann's theory of ideological power: sources, applications and elaborations". In: HALL, J. (2011). "Introduction" to Michael Mann *Power in the 21st Century* – Conversations with John A. Hall. Cambridge: Polity Press.

HALL, J. (2011). "Introduction" to Michael Mann *Power in the 21st Century* – Conversations with John A. Hall. Cambridge: Polity Press.

HOBSON, J. (2006). "Mann, the state and war". In: HALL, J. (2011). "Introduction" to Michael Mann *Power in the 21st Century* – Conversations with John A. Hall. Cambridge: Polity Press.

_____ (2004). *The Eastern Origins of Western Civilisation*. Cambridge: Cambridge University Press.

JACOBY, T. (2004). "Method, narrative and historiography in Michael Mann's sociology of state development". In: *The Sociological Review*, vol. 52, p. 404-421.

JONES, E. (2002). *The Record of Global Economic Development*. Cheltenhan: Edward Elgar.

KALBERG, S. (1994). *Max Weber's Comparative-Historical Sociology*. Cambridge: Polity.

LANDES, D.S. (1998). *The Wealth and Poverty of Nations*: Why Some Are So Rich and Others So Poor. Nova York: Norton.

LAPOINTE, T. & DUFOUR, F. (2011). "Assessing the historical turn in IR: an anatomy of second wave historical sociology" [online]. In: *Historical Sociology*. Working Group of the British International Studies Association.

LEE, J. & FENG, W. (1999). *One Quarter of Humanity*: Malthusian Mythology and Chinese Realities. Cambridge, MA: Harvard University Press.

MANN, M. (2006). "The sources of social power revisited: a response to criticism". In: HALL, J. (2011). "Introduction" to Michael Mann *Power in the 21st Century* – Conversations with John A. Hall. Cambridge: Polity Press.

_____ (1977). "States ancient and modern". In: *Archives Européennes de Sociologie*, 18, p. 262-298.

O'BRIEN, P. (2003). "The deconstruction of myths and reconstruction of metanarratives in global histories of material progress". In: STUCHTEY, B. & FUCHS, E. (eds.). *Writing World History*. Oxford: Oxford University Press.

POGGI, G. (2001). *Forms of Power*. Oxford: Polity Press.

POMERANZ, K. (2000). *The Great Divergence*: China, Europe, and the Making of the Modern World Economy. Princeton, NJ: Princeton University Press.

SEWELL, W. (2005). *Logics of History*. Chicago: University of Chicago Press.

SMITH, D. (1991). *The Rise of Historical Sociology*. Filadélfia: Temple University Press.

WONG, R.B. (1997). *China Transformed*: Historical Change and the Limits of European Experience. Ithaca, NY: Cornell University Press.

Prefácio

Em 1972, escrevi um artigo chamado "Economic Determinism and Structural Change", cujo intuito era não apenas refutar o pensamento de Karl Marx e reorganizar as teses de Max Weber, mas também oferecer as linhas gerais de uma teoria geral da estratificação social e da mudança social que pudesse ser melhor. O artigo começou a se transformar em um pequeno livro. Ele conteria uma teoria geral, que recorreria a alguns estudos de caso, incluindo os históricos, para dar-lhe suporte. Mais tarde, cheguei à decisão de que o livro apresentaria uma teoria abrangente da história mundial do poder.

Enquanto estava imerso nesse processo, cultivando essas ilusões, redescobri o prazer de devorar a história. Uma imersão nesse assunto no decorrer de dez anos reforçou o empirismo prático de meu passado, restaurando, com isso, o respeito pela complexidade e obstinação dos fatos. Isso não me deixou inteiramente sensato. Afinal, escrevi essa grande história do poder nas sociedades agrárias, que em breve será seguida pelo volume 2, *Uma história do poder nas sociedades industriais*, e o volume 3 – mesmo que seu empuxo central seja agora mais modesto. Esse processo, na verdade, permitiu-me compreender o quanto sociologia e história podem ensinar uma à outra.

A teoria sociológica não pode desenvolver-se sem conhecimento da história. A maioria das questões-chave da sociologia concernem aos processos que ocorrem no tempo; a estrutura social é herdada de passados específicos; ademais, grande parte da nossa "amostra" de sociedades complexas só está disponível na história. O estudo da história, por sua vez, também é empobrecido sem a sociologia. Se os historiadores abdicam de incorporar teorias sobre como as sociedades operam, aprisionam-se às noções de senso comum de sua própria sociedade. Neste volume, questiono reiteradas vezes a aplicação de noções essencialmente modernas – como nação, classe, propriedade privada e Estado centralizado – a períodos históricos anteriores. Na maioria dos casos, alguns pesquisadores anteciparam meu ceticismo. No geral, contudo, isso poderia ter sido feito muito mais cedo e com mais rigor se tivessem convertido o senso comum contemporâneo, implícito em seus argumentos, em uma teoria explícita e passível de teste. A teoria sociológica também pode ajudar os historiadores em sua seleção de fatos. Jamais poderemos ser "suficientemente eruditos": há mais dados sociais e históricos do que podemos digerir. Um senso teórico robusto nos permite decidir quais podem ser os fatos-chave, o que pode ser central e o que é apenas marginal para compreender como uma determinada sociedade funciona. Selecionamos nossos dados, verificamos se confirmam ou rejeitam nossas intuições teóricas, refinamo-las, coletamos mais dados, e seguimos ziguezagueado entre teoria e dados, até termos estabelecido uma explicação plausível sobre como essa sociedade "funciona" em sua época e em seu lugar.

Comte estava correto em sua afirmação de que a sociologia é a rainha das ciências sociais e humanas. Mas nenhuma rainha trabalhou tão duro quanto é necessário ao sociólogo com pretensões teóricas! Tampouco a criação de teorias historicamente fundamentadas é um processo unilinear, como acreditava Comte. Ziguezaguear entre a erudição teórica e histórica tem efeitos inquietantes. O mundo real (histórico ou contemporâneo) é confuso e documentado de maneira imperfeita; a teoria, por sua vez, exige padronização e perfeição. A combinação nunca pode ser exata. Atenção acadêmica em demasia aos fatos torna a pessoa cega; ouvir demais os ritmos da teoria e da história do mundo pode ensurdecer.

Para preservar minha saúde durante esse empreendimento, dependi mais do que o usual do estímulo e encorajamento de especialistas solidários e colegas que seguiam o mesmo percurso tortuoso. Minha maior dívida é com Ernest Gellner e John Hall. Em nosso seminário "Patterns of History", realizado desde 1980 na London School of Economics and Political Science (LSE), discutimos muito sobre o campo abordado por este volume. Meus agradecimentos vão especialmente para John, que leu praticamente todos os meus rascunhos, comentou rigorosamente sobre eles, discutiu comigo até o fim, e ainda assim foi invariavelmente caloroso e apoiador em meu empreendimento. Também explorei abertamente os ilustres conferencistas visitantes que participavam do seminário, orientando suas excelentes apresentações na direção de minhas próprias obsessões, recorrendo a eles para apresentar ideias e conhecimento especializado.

Muitos pesquisadores fizeram comentários sobre capítulos individuais, corrigindo minhas gafes, colocando-me em contato com o que havia de mais atual em seus campos, em termos de pesquisas e controvérsias, demonstrando que eu estava errado, e até mesmo nutrindo a expectativa de que eu ficaria mais tempo em seu campo para cavar mais fundo. Seguindo uma ordem não muito precisa de seus interesses, organizada pela minha sequência de capítulos, agradeço a James Woodburn, Stephen Shennan, Colin Renfrew, Nicholas Postgate, Gary Runciman, Keith Hopkins, John Peel, John Parry, Peter Burke, Geoffrey Elton e Gian Poggi. Anthony Giddens e William H. McNeill leram todo o penúltimo esboço e fizeram muitas críticas sensatas. No decorrer dos anos, os colegas comentaram de maneira útil sobre meus rascunhos, seminários e discussões. Gostaria de agradecer especialmente a Keith Hart, a David Lockwood, a Nicos Mouzelis, a Anthony Smith e a Sandy Stewart.

Os alunos da Universidade de Essex e da LSE foram uma audiência compreensiva com as experimentações de minhas ideias gerais em cursos de teoria sociológica. Ambas as instituições foram generosas ao conceder-me licença para pesquisar e ministrar palestras sobre o material deste livro. Os seminários da

Universidade de Yale, da Universidade de Nova York, da Academia de Ciências de Varsóvia e da Universidade de Oslo proporcionaram oportunidades significativas para desenvolver meus argumentos. O Conselho de Pesquisas em Ciências Sociais concedeu-me uma bolsa de pesquisa pessoal para o ano acadêmico de 1980-1981 e me deram grande apoio. Naquele ano foi possível realizar a maior parte da pesquisa histórica necessária aos primeiros capítulos, algo que não poderia ter transcorrido de forma tão tranquila se precisasse arcar com a carga de ensino normal.

A equipe da biblioteca em Essex, a LSE, o Museu Britânico e a Biblioteca da Universidade de Cambridge, lidaram bem com minhas exigências ecléticas. Minhas secretárias da Essex e da LSE – Linda Peachey, Elizabeth O'Leary e Yvonne Brown – sempre foram eficientes e prestativas em todos os projetos a elas eram dirigidos.

Nicky Hart teve a grande ideia que reorganizou este trabalho em três volumes. Seu próprio trabalho e sua presença – junto com Louise, Gareth e Laura – impediram-me de ser cegado, ensurdecido ou até mesmo obcecado por este projeto.

Obviamente, os erros são de minha responsabilidade.

1
Sociedades enquanto redes de poder organizadas

Os três volumes planejados deste livro oferecem uma história e uma teoria das relações de poder nas sociedades humanas. Isso, em si mesmo, já é algo bastante difícil. Uma breve reflexão faz com que pareça ainda mais desalentador: afinal, não se trata de uma história e de uma teoria das relações de poder que, no fim das contas, são virtualmente sinônimas de uma história e teoria da própria sociedade humana? De fato, é disso que se trata. Escrever uma abordagem geral, ainda que volumosa, de alguns dos principais padrões encontrados na história das sociedades humanas está fora de moda no final do século XX. Esses empreendimentos vitorianos grandiosos e generalizantes – baseados na pilhagem imperial de fontes secundárias – foram massacrados sob o peso de maciços volumes de investigações acadêmicas realizadas por seletas fileiras de acadêmicos especializados no decorrer do século XX.

Minha justificativa fundamental para realizar este trabalho baseia-se no argumento de que formulei um modo peculiar e geral de olhar para as sociedades humanas, que não reflete os modelos de sociedade dominante apresentados na sociologia e história. Este capítulo explica minha abordagem. Aqueles não iniciados na teoria da ciência social podem considerar algumas partes um tanto pesadas e, se for esse o caso, *indico uma forma alternativa de ler este volume*. Basta pular este capítulo e ir direto ao capítulo 2, ou mesmo a qualquer um dos capítulos narrativos, seguindo até o ponto em que surja nova confusão ou crítica em torno dos termos usados ou da perspectiva teórica subjacente. Nesse momento, basta retornar a esta introdução para obter orientação.

Minha abordagem pode ser resumida em duas afirmações, das quais se segue uma metodologia própria. A primeira é: *As sociedades são constituídas por múltiplas redes de poder socioespaciais sobrepostas e intercruzadas*. A peculiaridade de minha abordagem será rapidamente percebida se eu dedicar três parágrafos dizendo o que as sociedades *não* são.

As sociedades não são unitárias. Elas não são sistemas sociais (fechados ou abertos); elas não são totalidades. Jamais encontramos uma sociedade confinada a um espaço geográfico ou social. Justamente por não haver sistema ou totalidade, não podem haver "subsistemas", "dimensões" ou "níveis" de tal totalidade. Dado que não há um todo, as relações sociais não podem ser "finalmente" ou "em última instância" reduzidas a alguma propriedade sistêmica – o mesmo vale para o "modo de produção material" ou o "sistema cultural" ou "normativo", ou ainda a "forma de organização militar". Como não há uma totalidade encerrada em si mesma, não ajuda em nada dividir a mudança social ou o conflito em variedades "endógenas" e "exógenas". Como não há sistema social, não há processo "evolutivo" em seu interior. Posto que a humanidade não é dividida em uma série de totalidades fechadas, não faz sentido falar de uma "difusão" da organização entre essas totalidades. Como não há totalidade, os indivíduos não são constrangidos por "estruturas sociais como um todo", por isso não faz sentido pensar a distinção entre "ação social" e "estrutura social".

Saturei meu argumento no parágrafo precedente para garantir seu efeito. Não vou abdicar de todas essas formas de conceber a sociedade. No entanto, a maioria das ortodoxias sociológicas – como a teoria dos sistemas, o marxismo, o estruturalismo, o funcionalismo estrutural, o funcionalismo normativo, a teoria multidimensional, o evolucionismo, o difusionismo e a teoria da ação – prejudicam suas intuições fundamentais ao conceber a "sociedade" como uma totalidade unitária não problemática.

Na prática, a maior parte das abordagens influenciadas por essas teorias tomam as políticas, ou os *estados*, como sua "sociedade", sua unidade de análise total. Porém, os estados são apenas um dos quatro principais tipos de rede de poder com as quais trabalharei aqui. A influência enorme e algo encoberta do Estado-nação nas ciências humanas no final do século XIX e início do século XX indica que tal modelo foi predominante tanto na sociologia como na história. Onde isso não acontece, muitas vezes se concede lugar de honra à "cultura", como é o caso entre arqueólogos e antropólogos, mas geralmente se trata de uma concepção de cultura como sendo única e delimitada, algo como uma "cultura nacional". É verdade que alguns sociólogos e historiadores modernos rejeitam o modelo de Estado-nação. Eles equiparam "sociedade" a relações econômicas transnacionais, usando o capitalismo ou o industrialismo como conceito principal. Porém, trata-se de um excesso em direção contrária. Estado, cultura e economia são, todos eles, importantes redes estruturantes; mas essas instâncias quase nunca coincidem. Não há um único conceito principal ou unidade básica da "sociedade". Essa pode parecer uma posição estranha para um sociólogo; mas, se eu pudesse, aboliria completamente o conceito de "sociedade".

O segundo argumento decorre do primeiro. Conceber as sociedades como redes de poder múltiplas sobrepostas e interseccionadas oferece o melhor ponto de partida para a questão sobre o que, em última instância, é realmente "primário" ou "determinante" nas sociedades. *Uma abordagem geral das sociedades, de sua estrutura e de sua história pode ser feita de modo mais consistente em termos das inter-relações do que eu chamarei de quatro fontes de poder social: relações ideológicas, econômicas, militares e políticas (Iemp)*. Elas são (1) *redes sobrepostas de interação social*, não dimensões, níveis ou fatores de uma única totalidade social. Essa ideia se segue de meu primeiro argumento. (2) Elas também são *or-*

ganizações, meios institucionais para atingir objetivos humanos. Seu primado não resulta da força do desejo humano de satisfação ideológica, econômica, militar ou política, mas dos meios organizacionais particulares que cada um possui para atingir os objetivos humanos, quaisquer que sejam eles. Neste capítulo, avanço passo a passo na direção de especificar os quatro meios organizacionais, bem como meu modelo Iemp de organização do poder.

A partir dessas premissas surge uma metodologia original. É bastante usual tratar de relações de poder utilizando uma linguagem abstrata para referir-se às inter-relações entre os "fatores", "níveis" ou "dimensões" econômicos, ideológicos ou políticos da vida social. Eu opero em um nível de análise *socioespacial* e *organizacional* mais concreto. Os problemas centrais concernem à *organização, controle, logística e comunicação* – a capacidade de organizar e controlar pessoas, materiais e territórios, bem como de desenvolver tal capacidade no decorrer da história. As quatro fontes de poder social oferecem meios organizacionais alternativos de controle social. Em várias épocas e lugares cada uma delas ofereceu uma capacidade ampliada de organização, fazendo com que a forma de sua organização ditasse, por um tempo, a forma das sociedades. Minha história do poder baseia-se sobre a mensuração de sua capacidade socioespacial de organização e sobre a explicação de seu desenvolvimento.

Essa tarefa foi algo facilitada pela natureza descontínua do desenvolvimento de poder. Vamos nos defrontar com vários momentos de surtos, atribuíveis à invenção de novas técnicas organizacionais que aumentaram muito a capacidade de controlar povos e territórios. Uma lista de algumas das técnicas mais importantes é oferecida no capítulo 16. Quando me deparo com um surto, interrompo a narrativa, tento mensurar o incremento da capacidade de poder e, depois, procuro explicá-la. Essa visão sobre desenvolvimento social é o que Ernest Gellner (1964) chama de "neoepisódica". As mudanças sociais mais cruciais e o aumento das capacidades humanas se dão mediante vários "episódios" que produzem grande transformação estrutural. Os episódios não fazem parte de um único processo imanente, como nas "narrativas do crescimento mundial" do século XIX, mas podem ter um impacto cumulativo na sociedade. Portanto, isso nos permite, agora, nos aventurar pela questão sobre o que pode constituir o primado último nesse processo.

Primado último

Dentre todas as questões formuladas pela teoria sociológica no decorrer do último século, a mais básica, ainda que muito elusiva, concerne à existência de um primado ou determinação últimos. Há um ou mais elementos centrais, decisivos e determinantes da sociedade? Ou as sociedades humanas são teias infindáveis, geradas por interações multicausais intermináveis, nas quais não há padrões gerais? Quais são as principais dimensões da estratificação social?

Quais são os determinantes mais importantes para a mudança social? Essas são as mais tradicionais e difíceis de todas as questões sociológicas. Mesmo em minha formulação algo informal, elas não podem ser resumidas a uma mesma questão. No entanto, há uma insistência em levantar a mesma e única questão central: como é possível isolar o elemento ou elementos "mais importantes" nas sociedades humanas?

Para muitos, não é possível responder a tal questão. Para esses autores, a sociologia não pode encontrar leis gerais, ou mesmo conceitos abstratos, aplicáveis da mesma maneira às sociedades de todos os tempos e lugares. Do ponto de vista desse empirismo cético, a sugestão é começar de maneira mais modesta, analisando situações específicas com a compreensão intuitiva e empática dada por nossa própria experiência social, construindo uma explicação multicausal.

Essa não é, todavia, uma posição epistemológica segura. Uma análise não pode consistir em mero reflexo direto dos "fatos"; nossa percepção dos fatos é ordenada em virtude de conceitos e teorias criados mentalmente. Os estudos históricos empíricos mais comuns contêm diversos pressupostos implícitos sobre a natureza humana e a sociedade, bem como conceitos do senso comum oriundos de nossa própria experiência social – tais como os conceitos de "nação", "classe", "estamento", "poder político" e "economia". Quando todos os historiadores operam com os mesmos pressupostos, eles avançam em suas análises sem examiná-los; mas, com o surgimento de estilos de história mais específicos – evolucionista, nacionalista, materialista, neoclássica e assim por diante –, eles passam a adentrar um território marcado pela competição de teorias gerais que visam explicar "como os as sociedades funcionam". Mesmo quando não há teorias em competição, algumas dificuldades se interpõem a seu trabalho. Do ponto de vista de uma concepção multicausal, os eventos ou tendências sociais possuem múltiplas causas, por isso há uma distorção da complexidade social se fazemos abstração de um ou vários determinantes estruturais. Mas não podemos *evitar* fazê-lo. Toda análise seleciona alguns eventos que considera como exercendo efeito sobre outros, mas jamais pode selecionar todos os eventos possíveis. Portanto, cada pesquisador opera segundo algum critério de importância, mesmo que isso raramente seja explicitado. Considero bastante útil tornar esse critério explícito de tempos em tempos e, para tanto, é preciso lidar com a construção de teorias.

Todavia, eu levo bastante a sério os argumentos do empirismo cético. Sua principal objeção é bem fundamentada: as sociedades são muito mais *caóticas* do que nossas teorias sobre elas. Em momentos de maior sinceridade, sistematizadores como Marx e Durkheim admitiram isso; por sua vez, Weber, o maior sociólogo, desenvolveu uma metodologia própria para lidar com esse caos, centrada no conceito de "tipos ideais". Eu sigo o exemplo de Weber. Nós até *podemos* elaborar uma metodologia, talvez até mesmo buscar uma resposta aproximada – em relação à questão da existência de um primado último, mas apenas concebendo conceitos elaborados para lidar com o caos. Essa, segundo meu argumento, é a virtude do modelo socioespacial e organizacional das fontes de poder social.

Natureza humana e poder social

Comecemos pela questão da natureza humana. Os seres humanos são inquietos, intencionais e racionais, esforçam-se para aumentar o prazer das coisas boas da vida e capazes de escolher e buscar os meios apropriados para fazê-lo. Ou, pelo menos, boa parte faz isso, contribuindo para manter a dinâmica característica da vida humana e que lhes permite ter uma história, algo ausente em outras espécies. Essas características humanas são a fonte de tudo descrito neste livro. Elas são a fonte de poder original.

Por essa razão, os teóricos sociais sempre foram compelidos a seguir utilizando um *modelo motivacional* da sociedade humana, tentando fundamentar uma teoria da estrutura social na "importância" dos vários impulsos de motivação humana. Tal movimento foi mais popular na virada do século do que agora, quando escritores como Sumner e Ward elaboraram listas de impulsos humanos básicos – tais como satisfação sexual, afeição, busca pela saúde, exercício físico, criatividade intelectual e construção de significado e mesmo riqueza, prestígio, "poder por si só" e muito mais. Uma vez estabelecida essa lista, eles tentaram estabelecer sua importância relativa enquanto impulsos para, a partir disso, deduzir a classificação social de instituições como família, economia, governo e assim por diante. Embora essa prática em particular agora seja obsoleta, ainda há um modelo motivacional geral de sociedade subjacente a muitas teorias modernas, inclusive em certas versões de teorias materialistas e idealistas. Muitos marxistas, por exemplo, sustentam derivar a importância dos modos de produção econômica da sociedade a partir da suposta força do impulso humano para a subsistência material.

As teorias motivacionais serão discutidas com maior cuidado no volume 3, quando terei ocasião de indicar minha conclusão sobre isso, qual seja, a de que embora as questões de ordem motivacional sejam importantes e interessantes, elas não são especialmente relevantes para o problema do primado último. Por ora, apresento esse argumento de forma resumida.

A busca na direção de quase todos os nossos impulsos motivacionais, nossas necessidades e objetivos, supõe que os seres humanos constituam relações com a natureza e com outros seres humanos, pois exigem tanto intervenção na natureza – com a vida material em seu sentido mais amplo – quanto cooperação social. É difícil conceber que qualquer uma de nossas buscas ou satisfações possa ocorrer sem esses dois elementos. Portanto, as características da natureza e das relações sociais são relevantes para as motivações e podem, inclusive, estruturá-las.

Isso é bastante óbvio em relação à natureza. As primeiras civilizações, por exemplo, emergiram nos locais nos quais havia agricultura aluvial. Podemos considerar bastante evidente o impulso motivacional dos seres humanos de melhorar seus meios de subsistência; trata-se de uma constante. Mas o que realmente explica a origem da civilização é a oportunidade apresentada a alguns grupos humanos pela irrigação, que forneceu um solo aluvial já fertilizado (cf. capítulos 3 e 4). Ninguém argumentou seriamente que os habitantes dos vales do Eufrates e do Nilo tinham impulsos econômicos mais fortes do que, digamos, os habitantes pré-históricos do continente europeu que não foram pioneiros da civilização. Pelo contrário, os impulsos compartilhados por todos recebiam maior ou menor ajuda ambiental dos vales fluviais (e de seus ambientes regionais), permitindo uma resposta social específica. A motivação humana é irrelevante, exceto pelo fato de que ela fornece o impulso para avançar, compartilhado por boa parte dos seres humanos, e que engendra certo dinamismo em qualquer lugar no qual habitem.

A emergência das relações de poder *social* sempre foi reconhecida na teoria social. De Aristóteles a Marx, afirma-se que "o homem" (infelizmente, raramente incluem a mulher) é um animal social, isto é, sua capacidade de atingir objetivos, inclusive o domínio sobre a natureza, depende da cooperação. Dado que há muitos objetivos humanos, há também muitas formas de relação social, grandes e pequenas redes de pessoas interagindo, variando desde o amor até a família, a economia e o Estado. Os teóricos do "interacionismo simbólico", como Shibutani (1955), observaram que todos nós habitamos uma impressionante variedade de "mundos sociais", participamos de muitas culturas – baseadas no tipo de ocupação, classe, vizinhança, gênero, geração, *hobbies* e muito mais. A teoria sociológica simplifica isso significativamente ao selecionar relações que são mais "poderosas" do que outras, influenciando a forma e a natureza de outras relações e, portanto, a forma e a natureza das estruturas sociais em geral. Isto não ocorre porque as necessidades particulares que satisfazem são mais "poderosas" do que outras em termos motivacionais, mas porque são mais eficazes como meios para alcançar objetivos. Em qualquer sociedade caracterizada por uma divisão do trabalho, surgirão relações sociais especializadas em satisfazer vários tipos de necessidades humanas, cuja diferença se dá em função de suas capacidades de organização.

Portanto, abandonamos por completo a questão dos objetivos e necessidades, afinal, é possível que uma forma de poder não seja sequer um objetivo humano. Quando configurar-se como um *meio* poderoso para a consecução de outros objetivos, será procurado por si mesmo. Trata-se de uma necessidade *emergente*, cujo surgimento se dá no decorrer do processo de satisfação das necessidades. O exemplo mais óbvio pode ser a força militar. Provavelmente, não se trata de um impulso ou uma necessidade humana original (discutirei isso no volume 3), mas é um meio organizacional eficiente de realizar outros impulsos.

O poder é, para usar a expressão de Talcott Parsons, um "meio generalizado" para alcançar quaisquer objetivos que se deseje alcançar (1968, I: 263). Portanto, ignoro a questão das motivações e objetivos originais e me concentro sobre o problema das *fontes emergentes de poder organizacional*. Se às vezes falo de "seres humanos perseguindo seus objetivos", isso deve ser tomado não como uma declaração voluntarista ou psicológica, mas como um dado, uma constante a qual não vou investigar, por considerar que não possui força social. Da mesma forma, ignoro a vasta literatura conceitual sobre o "poder em si mesmo", praticamente não fazendo referência às "duas (ou três) faces do poder", o tema do "poder *versus* autoridade" (exceto no capítulo 2), "decisões *versus* não decisões" e outras controvérsias similares (bem discutidas nos primeiros capítulos de WRONG, 1979). Essas são questões relevantes, mas neste trabalho tenho uma mirada diferente. Como Giddens (1979: 91), não trato o "poder *em si mesmo* como um recurso. Os recursos são os meios pelos quais o poder é exercido". Eu tenho duas tarefas conceituais limitadas: (1) identificar as principais alternativas de "meios", "meios generalizados" ou, como eu prefiro, fontes de poder e (2) elaborar uma metodologia para estudar o poder organizacional.

Poder organizacional

Poder coletivo e distributivo

Em seu sentido mais geral, o poder é a capacidade de buscar e alcançar objetivos mediante o domínio do ambiente no qual se está inserido. O poder *social*, por sua vez, é investido de dois sentidos mais específicos. O primeiro restringe seu significado ao domínio exercido sobre outras pessoas. Por exemplo, o poder é a probabilidade de que um ator inserido em uma relação social estará em condições de realizar sua vontade a despeito das resistências interpostas (WEBER, 1968, I: 53). Como Parsons bem observou, tais definições restringem o poder a seu aspecto *distributivo*, isto é, o poder de A *sobre* B: para que B ganhe poder, A precisa perder em alguma medida – sua relação é um "jogo de soma zero", no qual um montante fixo de poder é passível de distribuição entre os participantes. Parsons observou corretamente a existência de um segundo aspecto do poder, o *coletivo*, mediante o qual pessoas em cooperação podem incrementar seu poder conjunto sobre uma terceira parte ou sobre a natureza (PARSONS, 1960: 199-225). Na maior parte das relações sociais, ambos os aspectos do poder, distributivo e coletivo, de exploração ou funcional, operam simultaneamente e são interconectados.

Efetivamente, a relação entre ambas as formas de poder é dialética. Ao buscar seus objetivos, os seres humanos constituem relações de poder coletivas e cooperativas, mas, no momento de implementação desses objetivos, estabelece-se uma forma de organização social e de divisão do trabalho. A organização e a divisão operam segundo uma tendência inerente ao poder distributivo, resultado da supervisão e da coordenação. Isso ocorre porque a divisão do trabalho é enganosa: embora envolva especialização de funções em todos os níveis, o topo negligencia e, ao mesmo tempo, dirige o todo. Aqueles em posições de supervisão e coordenação têm imensa superioridade organizacional sobre os demais. As redes de interação e comunicação, por sua vez, concentram-se em sua função, como pode ser visto facilmente no organograma de cada empresa moderna, que permite aos superiores controlar toda a organização e impede aqueles na base de compartilhar esse controle. Isso permite àqueles que estão no topo configurar mecanismos para implementação de metas coletivas. Embora qualquer um possa se recusar a obedecer, é provável que não haja oportunidades para estabelecer mecanismos alternativos para implementar seus objetivos. Como Mosca observou, "o poder de qualquer minoria é irresistível em relação a cada indivíduo que constitui a maioria, que está sozinho diante da totalidade da minoria organizada" (1939: 53). Os poucos no topo são capazes de manter sob controle as massas na base da pirâmide, desde que seu controle seja institucionalizado nas leis e normas do grupo social do qual fazem parte. A institucionalização é necessária para atingir objetivos coletivos mais rotineiros; com isso, o poder distributivo, isto é, a estratificação social, também se torna uma característica institucionalizada da vida social.

Existe, portanto, uma resposta simples para a questão de por que as massas não se revoltam – uma questão perene para o problema da estratificação social – que não diz respeito ao consenso normativo, força ou troca no sentido usual das explicações sociológicas convencionais. As massas obedecem porque lhes falta organização coletiva para fazer o contrário, porque estão inseridas em organizações de poder coletivas e distributivas controladas por outros. São *organizacionalmente superadas* – conforme argumento que desenvolvo em relação a várias sociedades históricas e contemporâneas em capítulos posteriores (5, 7, 9, 13, 14 e 16). Isso significa que uma distinção conceitual entre poder e autoridade (i. é, o poder considerado legítimo por todos os afetados por ela) não aparecerá muito neste livro. É raro encontrar uma forma de poder que seja em grande parte legítima ou em grande parte ilegítima, porque seu exercício normalmente possui duas faces.

Poder extensivo e intensivo, impositivo e difuso

A primeira forma, o *poder extensivo* refere-se à habilidade de organizar grande número de pessoas ao longo de vastos territórios, de modo a viabilizar um grau mínimo de cooperação estável. Já o *poder intensivo* concerne à habilidade de organizar de forma coesa e comandar um alto nível de mobilização ou de compromisso por parte dos participantes, não obstante o tamanho da área e o número de participantes. As estruturas primárias da sociedade combinam essas duas formas de poder e, portanto, conferem suporte aos seres humanos em cooperação intensiva e extensiva a atingir suas metas – quaisquer sejam elas.

Falar sobre poder enquanto uma organização pode conduzir a uma impressão enganosa, como se as sociedades fossem meras coleções de grandes e efetivas organizações de poder. Muitos usos do poder são muito menos "organizados"; por exemplo, o mercado incorpora poder coletivo, pois mediante as trocas as pessoas podem obter seus objetivos individuais. Ele também é investido de poder distributivo na medida em que somente algumas pessoas têm direito de posse sobre bens e serviços. Ainda assim, é provável que sua organização tenha pouca capacidade de imposição para dar apoio e sustentar esse poder. Para usar a famosa metáfora de Adam Smith, o principal instrumento de poder em um mercado é a "Mão Invisível" que constrange a todos, ainda que não seja controlada por nenhuma ação humana. É uma forma de poder humano, mas sua organização não é baseada em uma imposição.

Por isso, distingo outros dois tipos de poder, impositivo e difuso. O poder impositivo é realmente desejado por grupos e instituições, envolvendo comandos bem definidos e obediência consciente. O poder difuso, no entanto, espraia-se de maneira mais espontânea, inconsciente e descentralizada por toda a população, resultando em práticas sociais semelhantes que incorporam as relações de poder, mas não são explicitamente ordenadas. Normalmente, envolve não o comando e a obediência, mas o entendimento de que tais práticas são naturais ou morais, ou ainda, que resultam de interesses comuns autoevidentes. O poder difuso, em geral, incorpora uma proporção maior de poder coletivo do que de poder distributivo, mas esse nem sempre é o caso. É por isso que ele pode contribuir para a "manipulação" de classes subordinadas, de tal forma que considerem a resistência inútil. Por exemplo, é desse modo que o poder difuso do mercado capitalista mundial contemporâneo consegue manipular os movimentos organizados e impositivos da classe trabalhadora nos estados-nação individuais contemporâneos – conforme meu argumento no volume 2. Outros exemplos de poder difuso são a disseminação de solidariedades como as de classe ou nação – uma parte importante do desenvolvimento do poder social.

Ao colocar essas distinções lado a lado, é possível conceber quatro formas típico-ideais de alcance organizacional, especificadas com exemplos relativamente extremos na Figura 1.1. O poder militar oferece exemplos de organização impositiva. O poder do alto comando sobre suas próprias tropas é concentrado, coercitivo e altamente mobilizado. É mais intensivo do que extensivo – o oposto de um império militarista, que pode cobrir um grande território com seus comandos, mas tem dificuldade em mobilizar a adesão de sua população ou adentrar em sua vida cotidiana. Uma greve geral é o exemplo de poder relativamente difuso, mas intensivo. Os trabalhadores sacrificam o bem-estar individual em nome de uma causa, até certo ponto "espontaneamente". Finalmente, como já mencionado, o mercado pode envolver transações voluntárias, instrumentais e estritamente limitadas em uma área enorme – portanto, trata-se de uma organização de poder difusa e extensa. A organização mais eficaz abrangeria todas as quatro formas de alcance.

A intensidade tem sido muito estudada por sociólogos e cientistas políticos, e não tenho nada novo a acrescentar. O poder é intensivo quando grande parte da vida do sujeito for controlada ou se ele ou ela puder ser pressionado com mais intensidade sem que isso implique perda de adesão (em última instância, até a morte). Isso pode ser compreendido de forma clara em relação às sociedades apresentadas neste volume, ainda que seja algo difícil de quantificar. A extensão não foi muito bem discutida pelas teorias anteriores, o que é uma pena, pois sua mensuração é mais fácil. A maior parte dos teóricos prefere trabalhar com noções abstratas como a de estrutura social e por isso ignoram os aspectos geográficos e socioespaciais das sociedades. Se tivermos em consideração que sociedades são *redes*, com contornos sociais definidos, podemos remediar essa falta.

Figura 1.1 Formas de alcance organizacional

	Impositivo	Difuso
Intensivo	Estrutura de comando do exército	Uma greve geral
Extensivo	Império militarista	Trocas de mercado

Owen Lattimore pode nos indicar o caminho para pensar a questão da extensão. Após toda uma vida estudando as relações entre a China e as tribos mongóis, ele distinguiu três raios de extensa integração social, que, segundo ele, permaneceram relativamente invariáveis na história mundial até o século XV na Europa. O raio geograficamente mais extenso é a *ação militar*, que pode ser dividido em dois: o interior e o exterior. O interior envolve territórios que, após a conquista, puderam ser anexados ao Estado; o exterior estende-se para além dessas fronteiras, e envolve ataques punitivos ou pilhagens. O segundo raio, a administração civil (ou seja, o Estado), é, portanto, menos extenso, permanecendo circunscrito ao raio interno da ação militar e, frequentemente, muito menos extenso do que isso. Por sua vez, esse raio é mais extenso do que a integração econômica, que em seu alcance máximo cobre toda a região e, no mínimo, envolve a célula do mercado local, em função do fraco desenvolvimento da interação entre as unidades de produção. O comércio não era totalmente inexistente, e a influência dos comerciantes chineses era sentida mesmo fora do alcance efetivo dos exércitos do império. Em virtude da tecnologia de comunicação disponível, apenas bens com elevada proporção entre o valor e o peso – somente itens de luxo, animais "autopropulsados" e escravos humanos – eram trocados por longas distâncias. Os efeitos integradores disso foram insignificantes. Portanto, durante boa parte da história humana, a integração extensiva dependia de fatores militares e não econômicos (LATTIMO-RE, 1962: 480-491, 542-551).

Lattimore tende a equiparar a integração com o alcance extensivo de forma isolada; ele também distingue com muita clareza os vários "fatores" – militares, econômicos, políticos – necessários para a vida social. No entanto, seu argumento nos leva a considerar especialmente a "infraestrutura" do poder – enfatizando a compreensão de como espaços geográficos e sociais podem ser realmente conquistados e controlados por organizações de poder.

Eu mensurei o alcance do poder impositivo tomando de empréstimo elementos extraídos da *logística*, a ciência militar destinada a viabilizar a movimentação de homens e suprimentos durante a campanha militar. Como os comandos são real e fisicamente movidos e implementados? Que controle por parte de qual grupo de poder, e de qual tipo, é errática ou rotineiramente possível, dadas as infraestruturas logísticas existentes? Em vários capítulos eu faço essa quantificação a partir de perguntas como a quantidade de dias necessários para entregar mensagens e suprimentos ou para movimentar pessoas ao longo de um determinado terreno, mar, rios, e quanto controle pode ser exercido com esses procedimentos. Para tanto, realmente usei muitos elementos daquilo que havia de mais desenvolvido nessa área de pesquisa da logística militar. Afinal, essa ciência oferece parâmetros relativamente claros para mensurar o alcance das redes de poder, conduzindo a importantes conclusões a respeito da natureza essencialmente *federal* das extensas sociedades pré-industriais. A sociedade imperialista, singular e altamente centralizada, descrita por escritores como Wittfogel ou Eisenstadt, é na realidade uma versão mítica, assim como a própria afirmação de Lattimore de que a integração militar teria sido historicamente decisiva. Quando o controle militar rotineiro ao longo de uma rota maior do que 90km é logisticamente impossível (como ocorreu ao longo de boa parte da história), o controle sobre uma área maior não pode ser centralizado na prática, tampouco pode interferir intensamente na vida cotidiana da população.

O poder difuso tende a variar junto com o poder impositivo, sendo afetado pela logística deste, e espraia-se de forma relativamente lenta, espontânea e "universal" em todas as populações, sem passar por organizações impositivas específicas. Tal *universalismo* também é caracterizado por um desenvolvimento tecnológico mensurável, pois precisa ser viabilizado por certas instâncias, tais como a existência de mercados, de processo de alfabetização, cunhagem de moedas ou desenvolvimento de uma cultura de classe e nacional, em vez de uma cultura local ou baseada em uma linhagem. Os mercados e a consciência de classe e nacional surgiram lentamente ao longo da história, sempre dependentes de suas próprias infraestruturas difusas.

A sociologia histórica geral pode, assim, concentrar-se no desenvolvimento do poder coletivo e distributivo, mensurado pelo desenvolvimento da infraestrutura. O poder impositivo requer uma infraestrutura logística, enquanto o poder difuso requer uma infraestrutura universal. Ambos permitem concentrar-nos numa análise organizacional do poder e da sociedade, bem como examinar seus contornos socioespaciais.

A teoria da estratificação atual

Quais são, portanto, as principais organizações de poder? As duas principais abordagens contemporâneas na teoria da estratificação são a marxista e a neoweberiana. Aceito de bom grado a premissa inicial de ambas: *a estratificação é a criação e distribuição total de poder na sociedade*. Trata-se *da* estrutura central das sociedades porque tanto em seu aspecto coletivo quanto distributivo ela é o meio pelo qual os seres humanos atingem seus objetivos na sociedade. Na verdade, os pontos de concordância entre ambas vão ainda mais adiante, pois tanto uma quanto outra tendem a conceber os mesmos três tipos de organização de poder como sendo predominantes. Entre os marxistas (p. ex., WESOLOWS-KI, 1967; ANDERSON, 1974a; ANDERSON, 1974b; ALTHUSSER & BALIBAR, 1970; POULANTZAS, 1972; HINDESS & HIRST, 1975), são *economia, ideologia e política*, entre os weberianos (p. ex., BENDIX & LIPSET, 1966; BARBER, 1968; HELLER, 1970; RUNCIMAN, 1968, 1982, 1983a, 1983b, 1983c), tais organizações são *classe, status* e *partido*. Os dois conjuntos de termos cobrem aproximadamente as mesmas coisas, portanto, na sociologia contemporânea, os três se tornaram a ortodoxia descritiva dominante.

Fico bastante satisfeito com os dois primeiros tipos de organização de poder; isto, é economia/classe e ideologia/*status*. Meu primeiro desvio da ortodoxia consiste em sugerir quatro, e não três, tipos fundamentais de poder. O tipo formado por "política/partido" na verdade contém duas formas separadas de poder, quais sejam, o poder *político* e o poder *militar*: o primeiro, a política central, inclui o aparato do Estado e os partidos políticos (nos locais em que eles existirem); já o segundo contempla a força física ou militar. Marx, Weber e seus seguidores não distinguem entre ambos, pois geralmente concebem o Estado como o repositório da força física na sociedade.

Equacionar força física ao Estado parece fazer sentido em relação aos estados modernos, que monopolizam a força militar. Todavia, conceitualmente é preciso concebê-los como coisas distintas, inclusive para poder contemplar quatro circunstâncias específicas em que isso não ocorre:

1) Muitos estados ao longo da história não possuíam o monopólio da força militar organizada e muitos sequer buscaram isso. O Estado feudal em alguns países europeus na Idade Média dependia do recrutamento militar controlado por lordes descentralizados. Os estados islâmicos geralmente careciam de monopólio de poder – por exemplo, não concebiam ter poder para intervir em disputas tribais. Podemos distinguir entre os poderes políticos e os militares

tanto dos estados quanto de outros grupos. *Os poderes políticos são aqueles caracterizados por uma regulação territorial centralizada e institucionalizada; poderes militares, por sua vez, sempre se baseiam na força física organizada, onde quer que emerjam.*

2) A conquista é realizada por grupos militares que podem ser independentes de seus estados de origem. Em muitos casos nas sociedades feudais, qualquer guerreiro livre ou nobre poderia arregimentar um bando armado para atacar e conquistar. Se esse grupo militar realmente fosse capaz de conquistar territórios, isso aumentaria seu poder em detrimento de seu próprio Estado. No caso de bárbaros atacando civilizações, esse tipo de organização militar frequentemente promoveu o surgimento de um Estado entre aqueles.

3) Internamente, a organização militar é, em geral, institucionalmente separada de outras agências estatais, mesmo quando sob controle estatal. Como os militares muitas vezes destituíram a elite política do Estado por meio de um golpe de Estado, é necessário estabelecer uma distinção entre ambos.

4) Se as relações internacionais entre estados forem pacíficas, mas estratificadas, devemos falar de uma "estruturação política do poder" da sociedade internacional considerada de forma mais ampla, em um processo que não é determinado pelo poder militar. É isso o que ocorre atualmente, por exemplo, no que diz respeito a estados poderosos, mas em grande parte desmilitarizados, como Japão ou Alemanha Ocidental.

Por essa razão, trataremos separadamente as *quatro* fontes de poder, quais sejam, as econômicas, ideológicas, militares e políticas[1].

"Níveis e dimensões" da "sociedade"

As quatro fontes de poder serão enumeradas detalhadamente mais adiante neste capítulo. Antes, porém, é preciso colocar a questão sobre o que, exatamente, são essas fontes. A teoria da estratificação ortodoxa é bastante clara. Na teoria marxista elas geralmente são chamadas de "níveis de uma formação social"; já na teoria neoweberiana, figuram como "dimensões da sociedade". Ambas pressupõem uma visão abstrata, quase geométrica, de uma sociedade unitária. Os níveis ou dimensões são elementos de um todo maior, o qual é, efetivamente, composto por essas partes. Muitos autores chegaram a representar isso na forma de um diagrama, apresentando a sociedade como uma grande caixa ou um círculo com espaço dimensional n, subdividido em caixas menores, em setores, níveis, vetores ou dimensões.

No termo *dimensão* tal ideia fica ainda mais clara, pois ele deriva da matemática e tem dois significados especiais: (1) As dimensões são análogas e indepen-

---

1. Giddens (1981) também distingue quatro tipos de instituição de poder: ordens simbólicas/modos de discurso, instituições econômicas, leis/modos de sanção/repressão e instituições políticas.

dentes, sendo relacionadas do mesmo modo a alguma propriedade estrutural subjacente. (2) Dimensões habitam o mesmo espaço global, neste caso uma "sociedade". O esquema marxiano difere disso apenas em detalhes. Seus "níveis" não são independentes um do outro, pois a economia tem primazia absoluta sobre os demais. Na verdade, é um modelo mais complicado e ambíguo porque, na teoria marxiana, a economia desempenha um papel duplo, operando tanto como um "nível" autônomo da "formação social" (sociedade) quanto como a própria totalidade determinante em si, chamada de "modo de produção". É o modo de produção que confere o caráter geral das formações sociais e, portanto, de seus níveis individuais. Há, portanto, uma diferença entre as duas teorias: os weberianos desenvolveram uma teoria multifatorial, na qual a totalidade social é determinada pela interação complexa entre dimensões; os marxistas, por sua vez, concebem a totalidade como sendo, "em última instância", determinada pela produção econômica. No entanto, tanto uns quanto outros compartilham uma visão simétrica da sociedade, tomada como um todo único e unitário.

Essa impressão de simetria é reforçada se olharmos para dentro de cada dimensão/nível. Cada um combina simetricamente três características. Eles são, em primeiro lugar, *instituições*, isto é, organizações, subsistemas estáveis de interação visíveis na maioria das sociedades, tais como "igrejas", "modos de produção", "mercados", "exércitos", "estados" e assim por diante. Mas também são *funções*. Em segundo lugar, em alguns casos essas dimensões são fins funcionais perseguidos pelos seres humanos. Por exemplo, os marxistas justificam o primado econômico com base no fato de que os seres humanos precisam, antes de mais nada, buscar a subsistência econômica; já os weberianos justificam a importância do poder ideológico em termos da necessidade humana de encontrar significado no mundo. Mais frequentemente, eles são vistos, em terceiro lugar, como meios funcionais. Os marxistas concebem os níveis político e ideológico enquanto meios necessários para extrair mais-valia do trabalho daqueles que efetivamente produzem; os weberianos, por seu turno, argumentam que eles são todos os meios de poder. Mas organizações, funções enquanto fins, e funções enquanto meios são todos homólogos. Eles são análogos e habitam o mesmo espaço. Cada nível ou dimensão possui o mesmo conteúdo interno. Trata-se sempre da organização, da função como fim e da função como meio, envolto em um único pacote.

Se continuarmos com essa questão até o nível da análise empírica, a simetria continua. Cada dimensão/nível pode ser descompactada em vários "fatores". Alguns argumentos avaliam o peso da importância de, digamos, certo número de "fatores econômicos" em relação a certo número de "fatores ideológicos". O debate dominante tem transcorrido entre a abordagem "multifatorial, que extrai os fatores mais importantes a partir de diferentes dimensões/níveis, e a abordagem baseada no "fator único", baseada em apenas uma dimensão ou um nível. Do lado das abordagens multifatoriais há, hoje em dia, literalmente centenas de livros com a afirmação de que as ideias, ou a cultura, ou a ideologia ou os fatores simbólicos são autônomos, possuem vida própria, não podem, portanto, ser reduzidos a fatores materiais ou econômicos (p. ex., SAHLINS, 1976; BENDIX, 1978: 271-272, 630; GEERTZ, 1980: 13, 135-136). No lado dos defensores do fator único, houve uma famosa polêmica contra essa posição, sustentada por autores marxistas. Em 1908, Labriola publicou seus *Ensaios sobre a concepção materialista da história*. Nesse texto, ele argumentou que a abordagem multifatorial negligenciava a *totalidade* da sociedade, cujo caráter seria oriundo da *praxis* do ser humano, de sua atividade como produtor de seus meios materiais de vida. Isto tem sido repetido muitas vezes desde então por diversos autores marxistas (p. ex., PETROVIC, 1967: 67-114).

Apesar das polêmicas, essas teorias representam dois lados de uma mesma suposição: os "fatores" fazem parte de dimensões ou níveis funcionais, organizacionais, subsistemas análogos e independentes de um todo social global. Os weberianos enfatizam os aspectos mais basilares e mais empíricos disso, enquanto os marxistas enfatizam o aspecto superior desse todo. Mas, em ambos os casos, há uma mesma visão unitária e simétrica subjacente.

As teorias rivais são praticamente organizadas em torno do mesmo conceito central, o de "sociedade" (ou "formação social" em alguma teoria marxiana). O uso mais comum do termo "sociedade" é solto e flexível, indicando qualquer grupo humano estável, não acrescentando nada a palavras como o grupo social ou agregado social ou associação. É nesse sentido que utilizarei esse termo. Mas, num uso mais rigoroso ou mais ambicioso, a ideia de "sociedade" envolve uma noção de sistema social unitário. É isso que o próprio Comte (o criador da palavra "sociologia") quis dizer com o termo. O mesmo se dá com Spencer, Marx, Durkheim, os antropólogos clássicos e a maioria de seus discípulos e críticos. Dentre os principais teóricos, apenas Weber demonstrou cautela em relação a essa concepção, e apenas Parsons a confrontou explicitamente, ao propor a seguinte definição: Uma sociedade é um tipo de sistema social, em qualquer universo de sistemas sociais, que atinge o nível mais elevado de autossuficiência enquanto um sistema em relação ao seu ambiente" (1966: 9). Se pudermos deixar de lado o uso excessivo da palavra "sistemas", mas preservando o significado essencial da formulação de Parsons, podemos chegar a uma melhor definição: *Uma sociedade é uma rede de interação social nos limites da qual há certo nível de interação de clivagem entre ela e seu ambiente*. Uma sociedade é uma unidade com fronteiras, e contém interações relativamente densas e estáveis, ou seja, é investida de uma padronização interna quando comparada às interações que ultrapassam seus limites. Poucos historiadores, sociólogos ou antropólogos contestariam essa definição (cf., p. ex., GIDDENS, 1981: 45-46).

A definição de Parsons é admirável, mas diz respeito apenas ao grau de unidade e padronização. Muitas vezes tais aspectos são esquecidos, sendo apenas supostos como estando presentes e sendo invariáveis. Isso é o que chamo de concepção sistêmica ou unitária da sociedade. Em Comte e seus sucessores, sociedade e sistema aparecem como termos intercambiáveis, pois consideravam que isso fosse um requisito para fundar uma ciência da sociedade: Fazer afirmações sociológicas gerais exige isolar uma sociedade e observar regularidades nas relações entre suas partes. As sociedades tomadas enquanto sistemas, limitadas e padronizadas internamente, existem praticamente em todo trabalho de sociologia e antropologia, bem como nas obras com melhor formação teórica nas áreas de ciência política, economia, arqueologia, geografia e história. Nas obras com menor formação teórica, elas existem de forma implícita nessas disciplinas.

Vamos examinar a etimologia da palavra "sociedade". Ela deriva do termo latino *societas*, que deu origem a *socius*, para referir-se a um aliado não romano, um grupo disposto a seguir Roma em seus empreendimentos de guerra. Tal termo é comum nas línguas indo-europeias, derivando da raiz *sekw*, que significa "seguir", denotando uma aliança assimétrica, a sociedade enquanto confederação não muito rígida de aliados estratificados. Veremos que essa ideia, e não a concepção unitária, está correta, por isso utilizaremos o termo "sociedade" em seu sentido latino, não em seu sentido romantizado.

Mas continuo com dois argumentos mais abrangentes contra a concepção unitária da sociedade.

Críticas

Seres humanos são sociais, não societais

Há um pressuposto teórico à base da concepção unitária: dado que as pessoas são animais sociais, elas têm necessidade de criar uma sociedade, uma totalidade social coesa e padronizada. Trata-se de um pressuposto falso. Os seres humanos precisam tomar parte em relações de poder, mas não precisam de totalidades sociais. Eles são animais sociais, mas não societais.

Vamos considerar, mais uma vez, quais são as suas necessidades. Dado que os seres humanos desejam realização sexual, procuram relações sexuais, geralmente com alguns poucos membros do sexo oposto; dado que desejam reproduzir-se, essas relações geralmente são combinadas com relações entre adultos e crianças. Para viabilizar estes, e também outros propósitos, surge a família, com um padrão de interação com outras unidades familiares, nas quais os parceiros sexuais podem ser encontrados. Como os seres humanos precisam de subsistência material, desenvolvem relações econômicas, cooperando na produção e trocando com os outros. Não há necessidade de que essas redes econômicas sejam idênticas às redes familiares ou sexuais e, na maioria dos casos, não são. À medida que os humanos se dedicam a indagar sobre o significado supremo do universo, discutem crenças e talvez se juntem a outros em rituais e cultos em uma igreja. Posto que os humanos defendem o que conquistaram, e dado que não raro saqueiam os outros, formam bandos armados, provavelmente de homens mais jovens, demandando certo tipo de relação com os não combatentes que os alimentam e oferecem equipamentos. À medida que os humanos resolvem as disputas sem recurso constante à força, estabelecem organizações judiciais com uma área de competência específica. De onde resulta a necessidade de que todos esses requisitos sociais gerem redes de interação socioespacial idênticas e formem uma sociedade unitária?

As tendências para formar uma rede singular derivam da necessidade emergente de *institucionalizar* as relações sociais. Questões de produção econômica, de significado, de defesa armada e de regulamentações judiciais não são independentes umas das outras. O caráter de cada uma é passível de ser influenciado pelo caráter de todas, e todas são necessárias umas às outras. Certo conjunto de relações de produção demandará uma compreensão ideológica e normativa compartilhada que, por sua vez, exigirá algum tipo de defesa e de regulamentação jurídica. Quanto mais institucionalizadas são essas inter-relações, tanto mais as várias redes de poder convergem na direção de uma única sociedade unitária.

Mas precisamos nos recordar da dinâmica original. A força motriz da sociedade humana não é a institucionalização. A história deriva de incansáveis impulsos que geram várias redes de relações de poder extensivas e intensivas. Na busca de seus objetivos, os seres humanos desenvolvem essas redes, ampliando os níveis existentes de institucionalização. Isso pode se dar na forma de um desafio às instituições existentes, ou pode ocorrer de forma não intencional e "intersticial" – entre seus interstícios e nas suas margens – criando novas relações e instituições com consequências imprevisíveis para aquelas.

Isso é reforçado pela característica mais permanente da institucionalização, a divisão do trabalho. Aqueles envolvidos na subsistência econômica, na ideologia, na defesa e no enfrentamento militar e na regulamentação política possuem um grau de controle autônomo sobre seus meios de poder, que depois se desenvolvem de modo relativamente autônomo. Marx percebeu que as forças de produção econômica se distanciaram continuamente das relações de classe institucionalizadas e engendraram as classes sociais emergentes. Esse modelo foi expandido por autores como Pareto e Mosca, para quem o poder das "elites" também seria passível de repousar em recursos de poder não econômicos. Mosca resumiu o resultado nos seguintes termos:

> Se uma nova fonte de riqueza se desenvolve em uma sociedade, se a importância prática do conhecimento aumenta, se uma religião antiga declina ou uma nova nasce, se uma nova corrente de ideias se espalha, então, simultaneamente, ocorrem deslocamentos de longo alcance na situação da classe dominante. Pode-se dizer, de fato, que toda a história da humanidade civilizada se resume a um conflito entre a tendência

dos elementos dominantes de monopolizar o poder político e transmiti-lo por herança e a tendência a um deslocamento das velhas forças e ao surgimento de novas forças; esse conflito produz um fermento infindável de endosmose e exosmose entre as classes superiores e certas porções das classes inferiores (1939: 65).

O modelo de Mosca, tal como o de Marx, compartilha ostensivamente a visão unitária da sociedade: as elites emergem e decaem dentro do mesmo espaço social. Mas enquanto Marx realmente descreveu a ascensão da burguesia (seu caso paradigmático de revolução nas forças de produção), a coisa não se deu nesses termos. A burguesia cresceu "intersticialmente"; surgiu entre os "poros" da sociedade feudal, segundo sua afirmação. A burguesia, centrada nas cidades, ligava-se aos latifundiários, arrendatários e camponeses ricos, tratando seus recursos econômicos como mercadorias para criar novas redes de interação econômica, isto é, as capitalistas. Na verdade, como veremos nos capítulos 14 e 15, isso ajudou a criar duas redes diferentes sobrepostas – uma delimitada pelo território do Estado de tamanho médio, e outra muito mais extensa, rotulada por Wallerstein (1974), de "sistema mundial". A revolução burguesa não alterou o caráter de qualquer sociedade existente; ela criou novas sociedades.

Eu denomino esses processos de *emergência intersticial*. Eles são o resultado da tradução de objetivos humanos em meios organizacionais. As sociedades nunca foram institucionalizadas ao ponto de conseguir evitar a emergência intersticial. Os seres humanos não criam sociedades unitárias, mas uma diversidade de redes intercruzadas de relações sociais. As redes mais importantes costumam manter uma posição relativamente estável em torno das quatro fontes de poder, e isso ocorre em qualquer espaço social. Sob essas redes principais, os seres humanos constituem novos vínculos para alcançar seus objetivos, constituindo novas redes, estendendo as antigas, até o ponto em que emergem com mais clareza sob a forma de novas configurações de uma ou mais das principais redes de poder.

Em que sociedade você vive?

A prova empírica para o argumento que apresentei pode ser encontrada na resposta a uma questão bastante simples: em que sociedade *você* vive? As respostas provavelmente começarão com dois níveis. Um deles se refere aos estados nacionais: minha sociedade é "o Reino Unido", "os Estados Unidos", "a França", ou algo assim. A outra pode ser ainda mais ampla: sou cidadão da "sociedade industrial", da "sociedade capitalista", ou ainda "do Ocidente" ou da "aliança ocidental". Com isso estamos diante de um dilema básico – um Estado nacional *versus* uma "sociedade econômica" mais ampla. Para alguns propósitos importantes, o Estado nacional representa uma rede real de interação com algum grau de clivagem dentro de suas fronteiras. Para outros propósitos, o capitalismo é uma categoria mais abrangente, que articula vários países em uma rede de interação com clivagens no limiar de sua fronteira. Ambos os níveis são "sociedades". Quanto mais buscamos demonstrar essa questão, tanto maior a complexidade prolifera. Alianças militares, igrejas, linguagem compartilhada, e assim por diante, todas as essas esferas acrescentam redes de interação poderosas e diferentes em termos socioespaciais. A resposta mais complexa à questão só poderia ser dada após desenvolver uma compreensão sofisticada das complexas interconexões e dos poderes dessas várias redes de interação intercruzadas. A resposta certamente implicaria uma concepção de sociedade *confederativa*, e não uma sociedade unitária.

O mundo contemporâneo não é excepcional, afinal, redes de interação sobrepostas constituem a norma histórica. Na pré-história, a interação comercial e cultural envolvia uma extensão muito maior do que poderia ser controlada por algum "Estado" ou qualquer outra rede impositiva (cf. capítulo 2). A emergência da civilização é explicável em termos da inserção da agricultura aluvial em várias redes regionais sobrepostas (capítulos 3 e 4). Na maioria dos impérios antigos, a massa do povo participava maciçamente em redes locais de interação de pequena escala, mas também estava envolvida em outras duas redes, fornecidas pelos poderes erráticos de um Estado distante, e as mais consistentes, conquanto superficiais, constituídas pelo poder de figuras notáveis, semiautônomas, de caráter local (capítulos 5, 8 e 9). Aos poucos, dentro, fora e através das fronteiras desses impérios surgiram redes de comércio e cultura mais extensas e cosmopolitas, que, por sua vez, engendraram as várias "religiões mundiais" (capítulos 6, 7, 10 e 11). Eberhard (1965: 16) descreveu esses impérios como "multicamadas", significando, com isso, que eles são constituídos tanto por várias camadas sobrepostas quanto por várias pequenas "sociedades" que existem lado a lado. Em sua conclusão, eles não devem ser considerados como sistemas sociais. As relações sociais raramente foram agregadas em sociedades unitárias – embora os estados às vezes fossem movidos por pretensões unitárias. A pergunta "em qual sociedade você mora?" teria sido uma questão igualmente difícil para o camponês na África do Norte romana ou na Inglaterra do século XII. (Eu examino esses dois casos nos capítulos 10 e 12.) Na realidade, historicamente existiram muitas civilizações "culturalmente federais", como a antiga Mesopotâmia (capítulo 3), a Grécia clássica (capítulo 7), ou a Europa medieval e moderna (capítulos 12 e 13), onde os pequenos estados coexistiram em uma rede "cultural" mais ampla e um tanto frouxa. As formas de sobreposição e intersecção variaram consideravelmente, mas sempre estiveram presentes.

A promiscuidade das organizações e funções

Conceber as sociedades como redes confederadas, sobrepostas e interseccionais, em vez de totalidades simples, traz complicações para a teoria. Mas é preciso introduzir ainda mais um grau de complexidade. A relação entre as redes de interação institucionalizadas, reais, e as fontes de poder típico-ideais que apresentei ao início da discussão, não ocorrem sob a forma de uma correspondência simples e simétrica. Esse fato implica romper com a equação entre funções e organizações e reconhecer sua "promiscuidade".

Vamos considerar um exemplo, qual seja, a relação entre o modo de produção capitalista e o Estado. Os weberianos argumentam que Marx e seus seguidores negligenciaram o poder estrutural dos estados e se concentram exclusivamente sobre o poder do capitalismo. Eles também argumentam que essa é a *mesma* crítica implicada na tese de que os marxistas negligenciam o poder autônomo dos fatores políticos na sociedade, quando comparados ao poder econômico. Os marxistas revidam com uma resposta igualmente engessada, negando ambas as acusações ou, alternativamente, justificando a negligência tanto do papel do Estado e quanto da política, com base no fato de que o capitalismo e o poder econômico possuem primazia explicativa. Mas os argumentos de ambos os lados devem ser desdobrados. Os estados capitalistas avançados não são fenômenos políticos *em vez* de econômicos: são as duas coisas ao mesmo tempo. Como poderia ser diferente, dado que são responsáveis pela distribuição de cerca da metade do Produto Interno Bruto (PIB) acumulado em seus territórios, e dado que suas moedas, tarifas, sistemas educacionais e de saúde, e assim por diante, são importantes recursos de poder econômico? O problema não é que os marxistas negligenciam fatores políticos, mas o fato de que não consideram que os estados são tanto atores econômicos quanto políticos. Eles são "funcionalmente promíscuos". Portanto, o modo de produção capitalista avançado contém pelo menos dois atores organizados: as classes e os estados-nação. Apresentar cada um deles em sua singularidade será o tema principal do volume 2.

Mas nem todos os estados foram tão promíscuos. Os estados europeus medievais, por exemplo, redistribuíram muito pouco de seu PIB. Seus papéis eram, em sua maior parte, estritamente políticos. A separação entre funções e organizações econômicas e políticas era clara e simétrica – os estados eram políticos, as classes, econômicas. Mas a assimetria entre a situação medieval e a moderna tornou mais difícil nosso problema teórico. Organizações e funções se entrelaçam no processo histórico, ora separando-se claramente, ora fundindo-se das mais variadas formas. Os papéis econômicos podem ser (e normalmente são) desempenhados pelos estados, pelos exércitos e pelas igrejas, bem como pelas organizações especializadas que geralmente chamamos de "econômicas". Ideologias são brandidas por classes econômicas, por estados e por elites militares, assim como por igrejas e similares. Não há relações simétricas entre funções e organizações.

É verdade que por todo o lado há uma ampla divisão de funções entre organizações ideológicas, econômicas, militares e políticas, surgindo reiteradamente nos interstícios de organizações de poder mais coesas. Devemos nos ater a isso enquanto ferramenta analítica que nos permite simplificar a análise tanto em termos das inter-relações de certo número de funções/organizações autônomas *ou* do primado último de uma delas. Nesse sentido, as ortodoxias marxista e neoweberiana são ambas falsas. A vida social não consiste em certo número de reinos – cada um composto de um conjunto de organizações e funções, fins e meios – cujas relações se dão como se fossem relações entre objetos externos.

Organizações de poder

Se o problema é tão difícil, qual é a solução? Nesta seção, ofereço dois exemplos empíricos da relativa predominância de determinado tipo de fonte de poder. Esses exemplos apontam para uma solução em termos da *organização* do poder. O primeiro exemplo é o do poder militar. Geralmente é fácil perceber o surgimento de um novo poder militar, porque os destinos da guerra são claramente afetados por isso. Um desses episódios foi o surgimento da falange de lanças desenvolvida na Europa.

Exemplo 1: o surgimento da falange de lanças na Europa

Mudanças sociais importantes na Europa foram precipitadas por eventos militares logo após 1300 d.C. Em uma série de batalhas, o antigo recrutamento feudal, cujo núcleo era constituído por grupos semi-independentes de cavaleiros montados com armaduras, foi derrotado por exércitos (principalmente suíços e flamengos) que apostaram na utilização de falanges, isto é, uma densa formação de infantaria composta por lanceiros (cf. VERBRUGGEN, 1977). Essa súbita mudança nos destinos da guerra provocou importantes mudanças no poder social, apressando o fim das potências incapazes de ajustar-se às lições trazidas pela guerra – por exemplo, o grande ducado da Borgonha. No longo prazo, isso fortaleceu o poder dos estados centralizados, pois tinham melhores condições de fornecer recursos para manter os exércitos mistos de infantaria--cavalaria-artilharia, que acabaram se mostrando a melhor forma de fazer frente às falanges. Isso acelerou o desaparecimento do feudalismo clássico em geral, porque fortaleceu o Estado central e enfraqueceu o senhor feudal autônomo.

Vamos considerar esse processo primeiramente à luz dos "fatores" envolvidos. Tomados de forma limitada, parecem apenas um simples padrão causal – mudanças na tecnologia das relações de poder militar conduzem a mudanças nas relações de poder político e econômico. Com este modelo, temos um caso aparente de determinismo militar. Porém, esse diagnóstico não leva em conta os muitos outros fatores que contribuem para a vitória militar. O mais crucial era, provavelmente, o espírito de corpo característico dos vencedores – havia grande confiança nos lanceiros à direita, à esquerda e na retaguarda. Por sua vez, isso derivou, provavelmente, da vida comunitária relativamente igualitária de burgueses flamengos, burgueses suíços e dos pequenos fazendeiros. Poderíamos continuar introduzindo elementos de complexidade até ser possível elaborar uma explicação multifatorial; ou talvez pudéssemos argumentar que o ponto decisivo foi o modo de produção econômica dos dois grupos. O palco está montado para o tipo de disputa sobre a preponderância de fatores econômicos, militares, ideológicos, dentre outros, que aparecem em praticamente todas as áreas da pesquisa histórica e sociológica. É um ritual sem esperança e sem fim. Afinal, o poder militar, como todas as fontes de poder, é em si mesmo promíscuo. Exige excedente de ânimo e de recursos materiais – isto é, suporte ideológico e econômico – além de valer-se de tradições e desenvolvimentos mais propriamente militares. Todos esses são fatores necessários ao exercício do poder militar, então, como podemos classificar sua importância?

Vamos tentar olhar para as inovações militares de uma maneira diferente, a partir de uma perspectiva *organizacional*. Naturalmente, essas inovações demandavam precondições econômicas, ideológicas e outras, mas havia também a dimensão do poder de reorganização intrinsecamente militar, emergente e intersticial: trata-se da capacidade de reestruturar as redes sociais gerais de forma diferente dos padrões impostos pelas instituições dominantes, e isso era viabilizado pela existência de uma superioridade particular no campo de batalha. Vamos chamar essas instituições dominantes de "feudalismo" – compreendendo, com isso, um modo de produção (extração do excedente de um campesinato dependente, inter-relação entre as parcelas de terras dos camponesas e as grandes casas de senhores feudais, entrega de excedentes de produção como bens para as cidades etc.); instituições políticas (a hierarquia das cortes, do vassalo em relação ao senhor feudal, e deste em relação ao monarca); instituições militares (o recrutamento feudal); e uma ideologia que se estendia por toda a Europa, o cristianismo. O "feudalismo" é um modo vago de descrever o modo predominante de organização de uma ampla gama de fatores da vida social e, tendo em seu núcleo as quatro fontes de poder social, que foi institucionalizado em toda a Europa Ocidental medieval. Mas outras áreas da vida social eram menos centrais e menos controladas pelo feudalismo. A vida social é sempre mais complexa do que suas instituições dominantes porque, como enfatizei, a dinâmica da sociedade é oriunda da miríade de redes sociais que os humanos criaram para perseguir seus objetivos. Entre as redes sociais que não estavam no centro do feudalismo, estavam cidades e comunidades de camponeses livres, cujo desenvolvimento posterior foi relativamente intersticial em relação ao feudalismo. Em um aspecto crucial, dois deles, em Flandres e na Suíça, percebeu-se que esse tipo de organização social contribuía com uma forma particularmente eficaz de "coerção concentrada" (como definirei posteriormente a organização militar) para o campo de batalha. Isso não poderia ter sido previsto por ninguém, nem por eles mesmos, e por esse motivo às vezes argumenta-se que a primeira vitória foi acidental. Na batalha de Courtrai, os burgueses flamengos foram encurralados contra o rio pelos cavaleiros franceses. Eles foram incapazes de utilizar suas táticas usuais contra a carga dos cavaleiros, isto é, lutar! Para evitar que fossem abatidos, cavaram suas lanças no chão, respiraram fundo e desligaram o primeiro flanco da cavalaria. Esse é um bom exemplo de surpresa intersticial – para todos os envolvidos.

Mas *não* se trata de um exemplo de fatores "militares" *versus* "econômicos". Ao contrário, é um exemplo de uma competição entre dois modos de vida, um dominante e feudal, o outro até então menos importante, característico dos camponeses livres e de burgueses, protagonistas da decisão que produziu uma virada decisiva no campo de batalha. Um modo de vida originou o recrutamento feudal, o outro, as falanges. Ambas as formas demandavam uma miríade de "fatores", bem como as funções de todas as quatro principais fontes de poder necessárias para a existência social. Até então, uma configuração organizacional dominante, a feudal, havia predominado e incorporado parcialmente a outra forma em suas próprias redes. A partir daquele episódio, no entanto, o desenvolvimento intersticial de aspectos do modo de vida flamengo e suíço encontrou uma organização militar rival capaz de destituir tal predominância. O poder militar *reorganizou* a vida social existente, em virtude da eficácia de uma forma particular de "coerção concentrada" no campo de batalha.

De fato, esse processo de reorganização continuou. As falanges foram literalmente vendidas aos estados mais ricos, propiciando-lhes maior poder sobre as redes de camponeses, dos feudos e das cidades, e até mesmo foi sobre a religião. Vemos, portanto, que uma área da vida social – indubitavelmente parte do feudalismo europeu, mas não central e, portanto, apenas fracamente institucionalizada – desenvolveu de forma inesperada e intersticial uma organização militar altamente concentrada e coercitiva, que primeiro apenas ameaçou o núcleo do poder, mas logo depois provocou sua reestruturação. O surgimento de uma organização militar autônoma foi, neste caso, de curta duração. Tanto suas origens quanto seu destino foram promíscuos – não por mero acaso, mas em virtude de sua própria natureza. O poder militar possibilitou um surto de reorganização, um reagrupamento tanto das muitas redes constitutivas da sociedade quanto de suas configurações dominantes de poder.

Exemplo 2: O surgimento de culturas civilizacionais e das religiões

Em muitas épocas e lugares, as ideologias espraiaram-se por um espaço social mais amplo do que aquele coberto por estados, exércitos ou modos de produção econômica. Por exemplo, as seis civilizações primitivas mais conhecidas – Mesopotâmia, Egito, Vale do Indo, a do Rio Amarelo, na China, Mesoamérica e América Andina (com a possível exceção do Egito) – surgiram como uma série de pequenos estados situados dentro de uma unidade civil cultural mais ampla, compartilhando estilos monumentais e artísticos, formas de representação simbólica e panteões religiosos. Na história posterior, federações de estados dentro de uma unidade cultural mais ampla também são encontrados em muitos casos (p. ex., a Grécia clássica ou a Europa medieval). As religiões mundiais de salvação espalharam-se por grande parte do globo de forma mais ampla do que qualquer outra organização de poder. Desde então, ideologias seculares, como o liberalismo e o socialismo, também se difundiram de forma extensiva, atravessando fronteiras de outras redes de poder.

As religiões e outras ideologias são, portanto, fenômenos históricos extremamente importantes. Os pesquisadores que têm chamado nossa atenção para isso argumentam em termos fatoriais: segundo seu diagnóstico, isso evidenciaria a autonomia dos fatores "ideais" em relação àqueles "materiais" (p. ex., COE, 1982; KEATINGE, 1982 em relação às antigas civilizações americanas. • BENDIX, 1978, em relação à disseminação do liberalismo ao longo do mundo moderno em sua fase inicial). Aqui, novamente encontramos um contra-ataque materialista, com a afirmação de que essas ideologias não "flutuam livremente", mas são o produto de circunstâncias sociais reais. É verdade que a ideologia não "paira acima" da vida social; a menos que seja resultado da intervenção divina, ela deve explicar e refletir a experiência da vida real. Contudo – e nisso reside sua autonomia –, a ideologia explica e reflete aspectos da vida social que as instituições de poder dominantes existentes (modos de produção econômica, estados, forças armadas e outras ideologias) não são capazes de explicar e organizar de forma efetiva. Uma ideologia emergirá como um movimento poderoso e autônomo quando reunir em uma única explicação e organização vários aspectos da existência até então marginalizados e intersticiais frente às instituições de poder dominantes. Desenvolvimentos desse tipo existem sempre de forma potencial nas sociedades, porque há muitos aspectos intersticiais da experiência e muitas fontes de contato entre os seres humanos, além daqueles constituídos pelas redes centrais das instituições dominantes.

Vamos tomar como exemplo a unidade cultural das civilizações primitivas (elaborada nos capítulos 3 e 4), nas quais observamos um panteão comum de deuses, festivais, calendários, estilos de escrita, decoração e construções monumentais. Podemos perceber o papel "material" mais abrangente desempenhado pelas instituições religiosas – em particular, o papel econômico de armazenar e redistribuir os produtos e regulamentar o comércio, e o papel político/militar de elaborar regulamentações para a guerra e a diplomacia. Examinamos também o conteúdo da ideologia, isto é, a preocupação com a gênese e as origens da sociedade, com as transições do ciclo de vida, influenciando a fertilidade da natureza e controlando a reprodução humana, justificando ainda a violência com o propósito de regulamentar a vida, estabelecendo fontes de autoridade legítima que transcendem os limites do grupo de parentesco, aldeia ou Estado. Uma cultura centrada na religião, portanto, fornecia um senso compartilhado de identidade normativa e uma capacidade de cooperação a pessoas que viviam em condições similares numa ampla região; mesmo que seus poderes de mobilização não fossem intensos, eram mais extensos e difusos do que aqueles fornecidos pelo Estado, exército, ou modo de produção. Uma cultura centrada na religião oferecia um modo particular de organizar as relações sociais, fundindo em uma forma organizacional coerente uma série de necessidades sociais, até então intersticiais às instituições dominantes das pequenas sociedades familiares/vilas/estados da região. Portanto, a organização de poder de templos, sacerdotes, escribas e assim por diante, reagiu e reorganizou essas instituições, estabelecendo, em particular, formas de regulação econômica e política de longa distância.

Isso foi o resultado de seu conteúdo ideológico? Não se com isso entendermos suas respostas ideológicas. Afinal, as respostas que as ideologias oferecem às perguntas sobre o "significado da vida" não são tão variadas assim. Tampouco são particularmente impressionantes, tanto no sentido de que nunca podem ser testadas e consideradas verdadeiras quanto no sentido de que as contradições que deveriam ser capazes de responder (p. ex., a questão da teodiceia: por que a ordem e o significado aparentes coexistem com o caos e o mal?) ainda permanecem depois que a resposta foi dada. Por que, então, apenas alguns movimentos ideológicos conquistaram sua região, até mesmo a maior parte do mundo, enquanto a maioria não foi capaz de fazê-lo? A explicação para essa diferença pode residir menos nas respostas fornecidas pelas ideologias do que no modo como elas constroem suas respostas. Movimentos ideológicos argumentam que os problemas humanos podem ser superados com a ajuda da *autoridade transcendente e sagrada*, capaz de ultrapassar o alcance "secular" das instituições de poder econômico, militar e político. O poder ideológico converte-se numa forma distinta de organização social, perseguindo uma diversidade de fins, tanto "seculares" quanto "materiais" (p. ex., a legitimação de formas particulares de autoridade), bem como aqueles convencionalmente considerados religiosos ou ideais (p. ex., a busca de significado). Se os movimentos ideológicos são distintos enquanto *organizações*, podemos, então, analisar as situações em que a forma que assumem parece responder às necessidades humanas. Deve haver determinadas condições para que essa autoridade social transcendente, baseada na ideia de ir além do alcance das autoridades de poder estabelecidas, possa ser capaz de resolver problemas humanos. Uma das conclusões de minha análise histórica é defender isso.

Portanto, as fontes de poder não são compostas internamente por um número de "fatores" estáveis, todos com a mesma coloração. Quando emerge uma fonte de poder independente, ela é promíscua em relação aos "fatores", extraindo-os de todas as fissuras da vida social; tudo o que ela faz é proporcionar-lhes configuração organizacional distinta. Podemos, em seguida, aproximar-nos das quatro fontes de poder e dos meios organizacionais distintivos que elas implicam.

As quatro fontes e organizações de poder

A ideia de *poder ideológico* deriva de três argumentos inter-relacionados na tradição sociológica. O primeiro deles sustenta que não podemos compreender o mundo, e tampouco agir sobre ele, apenas pela percepção direta do aparelho sensorial, pois precisamos de conceitos e categorias de *sentido* impostos às percepções sensoriais. A organização social do conhecimento e do sentido últimos é necessária à vida social, como argumentou Weber. Portanto, o poder coletivo e distributivo pode ser exercido por aqueles que monopolizam o direito a produzir e sustentar um sentido. Em segundo lugar, *normas*, compreensões compartilhadas sobre como as pessoas devem agir moralmente em suas relações recíprocas são necessárias para uma cooperação social sustentável. Durkheim demonstrou que compreensões normativas compartilhadas são necessárias para uma cooperação social estável e eficiente, e que movimentos ideológicos como as religiões são frequentemente os portadores desses sentidos compartilhados. Um movimento ideológico que aumenta a confiança mútua e o estado de ânimo de um grupo pode ampliar seus poderes coletivos e ser recompensado com uma adesão mais zelosa. Monopolizar as normas é, portanto, um caminho para o poder. A terceira fonte de poder ideológico são as práticas *estéticas/rituais*. Elas não podem ser redutíveis à ciência racional. Afinal, como foi colocado por Bloch (1974), ao tratar do poder do mito religioso, "não se pode discutir com uma canção". Um tipo de poder diferente é transmitido por meio da música, dança, formas de arte visual e rituais. Como até mesmo quase todos os materialistas mais fervorosos reconhecem, onde o significado, as normas e as práticas estéticas e rituais são monopolizadas por um grupo, este pode obter um poder extensivo e intensivo considerável. Ele pode explorar sua funcionalidade e engendrar uma forma de poder distributivo tendo como base seu poder coletivo. Em capítulos posteriores, analiso as condições sob as quais um movimento ideológico pode alcançar tal poder e tornar-se bastante extenso. Os movimentos religiosos fornecem os exemplos mais óbvios de poder ideológico, mas exemplos mais seculares neste volume são as culturas da Mesopotâmia antiga e da Grécia clássica. As ideologias predominantemente seculares são características da nossa época – por exemplo, o marxismo.

Em algumas formulações, os termos "ideologia" e "poder ideológico" contêm dois elementos adicionais, quais sejam, a de que o conhecimento fornecido por eles é falso e/ou trata-se de mera máscara que esconde a dominação material. Minha formulação não pressupõe nenhum desses dois elementos, pois o conhecimento fornecido por um movimento de poder ideológico necessariamente "ultrapassa a experiência" (como diz Parsons). Ou seja, ele não pode ser totalmente testado pela experiência, e nisso reside seu poder distintivo para persuadir e dominar. Mas isso não implica ser falso; se for, há uma probabilidade menor de que se difunda. As pessoas não são tolos manipulados. Embora as ideologias impliquem certo grau de legitimação de interesses privados e de dominação material, é improvável que consigam sustentar a adesão das pessoas se não forem mais do que isso. Ideologias poderosas são ao menos altamente plausíveis durante a época em que vigoram e, portanto, são genuinamente respeitadas.

Essas são as funções do poder ideológico, mas quais contornos organizacionais característicos elas engendram?

A *organização ideológica* pode assumir dois tipos principais. No primeiro deles, assume uma forma mais autônoma, e é transcendente às circunscrições socioespaciais. Ela transcende as instituições existentes de poder ideológico, econômico, militar e político e produz uma forma "sagrada" de autoridade (no sentido de Durkheim), separada e acima das estruturas de autoridade mais seculares. Nesse caso, desenvolve um poderoso papel autônomo quando as propriedades emergentes da vida social criam a possibilidade de maior cooperação ou exploração que transcende o alcance organizacional das autoridades seculares. Portanto, as organizações ideológicas podem ser extraordinariamente dependentes do que chamei de técnicas de poder *difusas* e, portanto, impulsionadas pela extensão de "infraestruturas universais" tais como alfabetização, cunhagem de moeda e mercados.

Como Durkheim bem argumentou, a religião surge da importância da integração normativa (bem como do significado, da estética e do ritual), e é "sagrada", ocupa um lugar à parte frente as relações de poder seculares. Todavia, ela não se limita a integrar e refletir uma "sociedade" já estabelecida; na verdade, ela tem a capacidade de criar uma rede semelhante à sociedade, uma comunidade religiosa ou cultural, a partir de necessidades e relações sociais emergentes e intersticiais. Esse é o modelo que aplico nos capítulos 3 e 4, em relação às primeiras civilizações extensivas, bem como nos capítulos 10 e 11, para analisar as religiões de salvação. O poder ideológico oferece um método socioespacial bastante peculiar para lidar com problemas sociais emergentes.

A segunda configuração concerne à ideologia enquanto *estímulo* imanente, isto é, capaz de intensificar a coesão, a confiança e, portanto, o poder de um grupo social já estabelecido. A ideologia imanente é menos autônoma em termos de seu impacto, pois seu papel é, em grande medida, o de fortalecer o que já existe. Todavia, as ideologias de uma classe ou de uma nação (os principais exemplos), com suas infraestruturas características, geralmente extensivas e difusas, contribuíram muito para o exercício do poder na época dos antigos impérios assírio e persa em diante.

O *poder econômico* deriva da satisfação das necessidades de subsistência mediante a organização social da extração, transformação, distribuição e consumo dos objetos da natureza. Um grupo formado em torno de tais tarefas é chamado de *classe* – conceito que neste trabalho possui um sentido estritamente econômico. As relações econômicas de produção, distribuição, troca e consumo normalmente articulam um elevado nível de poder intensivo e extensivo, e têm sido parte importante do desenvolvimento social. As classes constituem parte significativa das relações de estratificação social como um todo, afinal, aqueles capazes de monopolizar o controle sobre a produção, distribuição, troca e consumo, ou seja, uma classe dominante, são capazes de obter tanto poder coletivo quanto distributivo nas sociedades. Analisarei as condições sob as quais tal poder emerge.

Não entrarei nos muitos debates sobre o papel das classes na história, pois prefiro analisar o contexto de problemas históricos reais, começando, no capítulo 7, com a luta de classes na Grécia antiga (a primeira era histórica em relação a qual temos boas evidências). Ali, distingo quatro fases no desenvolvimento das relações e da luta de classes – estruturas de classe *latentes, extensivas, simétricas* e *políticas*, mobilizadas em capítulos subsequentes. As conclusões são apresentadas no último capítulo, quando veremos que as classes, embora importantes, não são "o motor da história", como acreditava Marx, por exemplo.

Em uma questão importante, as duas principais tradições da teoria diferem. Os marxistas enfatizam o controle sobre o trabalho como fonte de poder econômico e, assim, concentram-se sobre os "modos de produção". Os neo-weberianos (e outros, como a escola substantivista de Karl Polanyi) enfatizam a organização das trocas econômicas. Não podemos estabelecer uma relação de prioridade de um sobre o outro considerando apenas bases teóricas dadas *a priori*; é a evidência histórica que deve decidir a questão. Afirmar, como fazem muitos marxistas, que as relações de produção devem ser decisivas porque "a produção vem primeiro" (i. é, precede a distribuição, a troca e o consumo) implica ignorar a questão do "surgimento". Uma vez que uma forma de troca emerge, ela se torna um fato social potencialmente poderoso. Os comerciantes podem reagir às oportunidades no final da cadeia econômica e, depois, atuar sobre a organização da produção que originalmente as produziu. Um império comercial, como o fenício, é um exemplo de grupo comercial cujas ações alteraram decisivamente as vidas dos grupos produtores, inicialmente responsáveis pelas mudanças que viabilizaram o poder daqueles, por exemplo, desenvolvendo o alfabeto, tal como indico no capítulo 7. As relações entre produção e troca são complexas e geralmente atenuadas: enquanto a produção possui elevado poder intensivo, mobilizando intensa cooperação social local para explorar a natureza, o comércio pode ocorrer de forma extremamente extensa. Em suas margens, o comércio pode encontrar influências e oportunidades muito distantes da lógica das relações de produção que originalmente viabilizaram as atividades comerciais. O poder econômico é geralmente difuso, não pode ser controlado rigorosamente por um centro. Isso significa que a estrutura de classes pode não ser unitária, isto é, poder não haver uma hierarquia única de poder econômico. As relações de produção e troca podem, se atenuadas, fragmentar a estrutura de classes.

Portanto, as classes são grupos com poder diferencial sobre a organização social da extração, transformação, distribuição e consumo dos objetos da natureza. Reitero que utilizo o termo *classe* para denotar um agrupamento de poder puramente econômico, e o termo *estratificação social* para denotar qualquer tipo de distribuição de poder. O termo *classe dominante*, por sua vez, denota uma classe econômica que monopolizou com sucesso outras fontes de poder para dominar uma sociedade amplamente centrada no Estado. Deixo em aberto as questões de análise histórica sobre as inter-relações das classes com outros grupos de estratificação.

A *organização econômica* compreende circuitos de produção, distribuição, troca e consumo. Sua principal peculiaridade socioespacial é que, embora esses circuitos sejam extensivos, eles também envolvem o trabalho prático intensivo e cotidiano – o que Marx chamou de *praxis* – da massa da população. A organização econômica oferece, em suma, uma combinação socioespacial estável de poder extensivo e intensivo, bem como de poder difuso e impositivo. Portanto, chamarei a organização econômica de *circuitos de praxis*. Esse termo, talvez um tanto pomposo, está baseado em dois argumentos de Marx. Primeiro, em uma "ponta" de um modo de produção razoavelmente desenvolvido, há uma massa de proletários trabalhando e se expressando mediante a conquista da natureza. Em segundo lugar, na outra "ponta", há circuitos complexos e extensos de troca, nos quais milhões podem ser retidos por forças impessoais, aparentemente "naturais". O contraste é extremo no caso do capitalismo, mas ainda assim presente em todos os tipos de organização de poder econômico. Grupos definidos em relação aos circuitos de práxis são classes. O grau em que são "extensos", "simétricos" e "políticos" ao longo do circuito da práxis de um modo de produção[2] determinará o poder de organização das classes e da luta de classes. E isso dependerá da rigidez da ligação entre a produção local intensiva e os extensos circuitos de troca e seu poder (p. ex., desenvolver o alfabeto; cf. capítulo 7). As relações entre produção e troca são complexas e geralmente atenuadas: Considerando que a produção é alta em poder intensivo, mobilizando intensa cooperação social local para explorar a natureza, a troca pode ocorrer de forma extremamente extensa. Em suas margens, a troca pode encontrar influências e oportunidades que estão muito distantes das relações de produção que originalmente geraram atividades de vendas. O poder econômico é geralmente difuso, não controlável de um centro. Isso significa que a estrutura de classes pode não ser unitária, uma única

---

2. De agora em diante utilizarei a expressão modo de produção como abreviação para "modo de produção, distribuição, troca e consumo". Portanto, não pressuponho a tese de um primado da produção sobre as outras esferas.

hierarquia de poder econômico. As relações de produção e troca podem, se atenuadas, fragmentar a estrutura de classes.

Assim, as classes são grupos com poder diferencial sobre a organização social da extração, transformação, distribuição e consumo dos objetos da natureza. Repito que uso o termo classe para denotar um agrupamento de poder puramente econômico, e o termo estratificação social para denotar qualquer tipo de distribuição de poder. O termo classe dominante denota uma classe econômica que monopolizou com sucesso outras fontes de poder para dominar uma sociedade centrada no Estado em geral. Deixo em aberto questões de análise histórica sobre as inter-relações de classes com outros grupos de estratificação.

O *poder militar* foi parcialmente definido anteriormente. Ele deriva da necessidade de defesa física organizada e de sua utilidade para a agressão, sendo constituído por aspectos intensivos e extensivos, pois diz respeito a questões de vida e morte, bem como da organização de processos defensivos e ofensivos em grandes espaços geográficos e sociais. Aqueles que detêm seu monopólio, como as elites militares, podem obter poder coletivo e distributivo. Esse tipo de poder tem sido negligenciado na teoria social mais recente, por isso recorro a escritores do século XIX e do início do século XX, como Spencer, Gumplowicz e Oppenheimer (embora eles normalmente exagerassem em relação a suas capacidades).

A *organização militar* é, essencialmente, *concentrada e coerciva*. Ela mobiliza a violência, o mais concentrado e mais contundente instrumento do poder humano. Isso fica bastante evidente em tempos de guerra, quando a concentração de força constitui a pedra angular das discussões mais clássicas de táticas militares. Como veremos em vários capítulos históricos (esp. 5-9), ela também pode perdurar para além do campo de batalha e de campanha. As formas de controle social militar tentadas em tempos de paz também são altamente concentradas. Por exemplo, a mão de obra forçada, baseada na escravidão ou na corveia, frequentemente foi usada na fortificação de cidades, prédios monumentais, estradas ou canais de comunicação importantes. O trabalho forçado figurou também em minas, em plantações e em outras grandes propriedades, bem como nas casas dos poderosos. Porém, mostrou-se menos adequado para a agricultura normal dispersa, para a indústria, onde são necessárias habilidade e capacidade de decisão, ou para as atividades dispersas de troca e comércio. Os custos de impor efetivamente coerção direta nessas áreas foram maiores do que poderia ser suportado por qualquer regime histórico conhecido. O militarismo provou ser útil onde o poder autoritário concentrado e intensivo produziu resultados desproporcionais.

Em segundo lugar, o poder militar também tem um alcance mais extenso, de caráter negativo e terrorista. Como Lattimore apontou, ao longo da maior parte da história, o alcance do ataque militar era maior do que o alcance das relações de controle estatal ou de produção econômica. Mas, nesse caso, estamos falando de um controle mínimo. A logística implicada no seu exercício é assustadora. No capítulo 5, por exemplo, apresento um cálculo que indica que, ao longo da história antiga, um exército não era capaz de marchar mais do que 90km – muito pouco para viabilizar o controle militar intensivo de grandes áreas. Diante de uma poderosa força militar localizada, digamos, a 300km de distância, os habitantes até poderiam cumprir as exigências mais externas – como pagar impostos anuais, reconhecer a suserania de seu líder, enviar jovens para serem "educados" em sua corte – mas o comportamento cotidiano poderia seguir normalmente, sem estar sujeito a maiores constrangimentos.

O poder militar é, portanto, dual em termos socioespaciais: há um núcleo concentrado no qual controles positivos e coercitivos podem ser exercidos, cercados por uma extensa zona de penumbra, na qual a população aterrorizada manterá certo grau de obediência, mas que inviabiliza um controle positivo do comportamento cotidiano.

O *poder político* (também parcialmente definido anteriormente) deriva da utilidade da regulação centralizada, institucionalizada e territorial de muitos aspectos das relações sociais. Não o estou definindo em termos puramente "funcionais", no sentido de uma regulação judicial apoiada pela coerção. Essas funções podem ser possuídas por qualquer organização de poder – ideológica, econômica, militar, e não apenas os estados. Para uma definição mais restrita, considero a regulamentação e a coerção administrados de forma centralizada e territorialmente limitados – isto é, refiro-me ao poder do *Estado*. Ao nos concentrarmos sobre o Estado, é possível analisar sua contribuição específica para a vida social. Tal como definido aqui, o poder político amplia as fronteiras, enquanto as outras fontes de poder podem transcendê-las. Em segundo lugar, o poder militar, econômico e ideológico pode estar envolvido em quaisquer relações sociais, onde quer que estejam localizadas. Qualquer "A" ou "grupo de As" pode exercer essas formas de poder contra qualquer "B" ou "grupo de B". Em contraposição, as relações políticas dizem respeito a uma área específica, o "centro". O poder político está localizado nesse centro e é exercido de dentro para fora. O poder político é necessariamente centralizado e territorial, e nesses aspectos difere das outras fontes de poder (cf. MANN, 1984, para discussões mais completas; uma definição formal do Estado também é oferecida no próximo capítulo). Aqueles que controlam o Estado, a elite estatal, podem obter tanto poder coletivo quanto distributivo, mantendo outras formas de poder sob seu controle organizacional.

A organização política também é dual em termos socioespaciais, embora em um sentido diferente. Aqui devemos distinguir a organização doméstica daquela "internacional". Domesticamente, o Estado é *territorialmente centralizado* e territorialmente limitado. Os estados podem, portanto, alcançar poder autônomo maior quando a vida social suscita novas possibilidades de cooperação e exploração de territórios confinados, por parte de uma organização mais centralizada (argumento elaborado em MANN, 1984). Ele depende predominantemente de técnicas de poder autoritário, em virtude de seu caráter centralizado, embora não tanto quanto as organizações militares. Ao discutir os poderes reais das elites estatais, será útil distinguir entre poderes "despóticos" formais de poderes "infraestruturais" reais. Isso é explicado no capítulo 5, na seção intitulada "Estudo comparativo dos impérios antigos".

Mas as fronteiras territoriais dos estados – em um mundo jamais dominado por um único Estado – também dão origem a uma área de relações interestatais regulamentadas. A *diplomacia geopolítica* é uma segunda forma importante de organização do poder político. Dois tipos geopolíticos – o império mercante hegemônico, que seus vizinhos, e formas variadas de civilização multiestatais – desempenharam um papel bastante considerável, conforme será detalhado neste volume. A organização geopolítica difere bastante em sua forma em relação às outras organizações de poder mencionadas até agora, algo normalmente ignorado pela teoria sociológica. Porém, trata-se de uma parte essencial da vida social, e não é redutível às configurações de poder "internas" dos estados que a constituem. Por exemplo, as pretensões hegemônicas e despóticas do imperador alemão Henrique IV, Filipe II da Espanha e Bonaparte da França foram apenas superficialmente abaladas pela força dos estados e outras organizações que se opuseram a eles – a verdadeira derrota se deu em virtude da civilização multiestatal e diplomática profundamente enraizada da Europa. A organização geopolítica do poder é, portanto, uma parte essencial da estratificação social global.

Podemos resumir o que foi dito até agora: Os seres humanos perseguem muitos objetivos e, ao fazê-lo, estabelecem redes de interação social. Os limites e capacidades dessas redes não coincidem. Algumas redes são investidas de maior capacidade de organizar uma cooperação social intensa e extensa, impositiva e difusa do que outras. As mais amplas são as redes de poder ideológico, econômico, militar e político – que constituem as quatro fontes de poder social. Cada uma delas implica formas distintas de organização socioespacial, mediante as quais os seres humanos podem alcançar uma ampla gama de seus objetivos, mesmo que jamais possam conquistar todos eles. A importância dessas quatro fontes reside na combinação entre poder intensivo e extensivo, mas isso é traduzido em termos de influência histórica mediante a constituição dos vários meios organizacionais que impõem sua forma geral a grande parte da vida social geral. As principais formas que identifiquei foram as organizações *transcendentes* ou *imanentes* (em relação ao poder ideológico), *circuitos de praxis* (relativas ao poder econômico), *concentradas-coercitivas* (poder militar) e *centralizadoras-territoriais* e *diplomacia geopolítica* (no caso do poder político). Tais configurações tornam-se o que chamei de "promíscuas", atraindo e estruturando elementos oriundos de muitas áreas da vida social. No exemplo 2 oferecido acima, a organização transcendente da cultura das primeiras civilizações atraiu aspectos da redistribuição econômica, das regras de guerra e da regulação política e geopolítica. Portanto, não estamos lidando com relações externas entre diferentes fontes, dimensões ou níveis de poder social, mas com (1) fontes enquanto tipos ideais que (2) adquirem existência intermitente enquanto organizações distintas no interior da divisão do trabalho e que (3) podem exercer um papel formativo mais geral e promíscuo na formação da vida social. Em relação a este último ponto (3), um ou mais desses meios organizacionais emergem de modo intersticial como principal força reorganizadora tanto no curto prazo como no exemplo do poder militar, ou no longo prazo, como no exemplo do poder ideológico. É isso que constitui o modelo Iemp de poder organizado.

Max Weber certa vez usou uma metáfora extraída das ferrovias de seu tempo para explicar a importância da ideologia – ele estava discutindo o poder das religiões de salvação. Ele escreveu que essas eram como "agulheiros", determinando qual dos vários trilhos o desenvolvimento social iria percorrer. Talvez a metáfora precise ser alterada. As fontes do poder social são "veículos de rastreamento" – pois as pistas não existem antes da direção ser escolhida – colocando diferentes medidores de pista espalhados por todo o terreno social e histórico. *Os "momentos" de rastreamento e de conversão para um novo indicador nos permitem uma melhor aproximação da questão sobre o primado da determinação.* Nesses momentos, encontramos uma autonomia de concentração, organização e direção social ausente em tempos mais institucionalizados.

Essa é a chave para estabelecer a importância das fontes de poder. Elas conferem organização coletiva e unidade à infinita variedade da existência social. Eles fornecem uma padronização tão importante quanto aquela implicada em estrutura social de grande escala (que pode ou não ser muito extensa) porque são capazes de produzir ação coletiva. Eles são "os meios generalizados" pelos quais os seres humanos fazem sua própria história.

O modelo geral do Iemp, seu escopo e suas omissões

O modelo geral é apresentado em forma esquemática e diagramática na Figura 1.2. A predominância de linhas tracejadas indica a desordem das próprias sociedades humanas: afinal, nossas teorias podem abranger apenas alguns de seus contornos mais amplos.

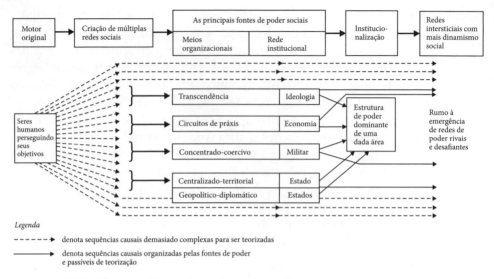

Figura 1.2 Modelo causal Iemp de poder organizado

Iniciamos esta discussão com seres humanos perseguindo objetivos. Não quero dizer com isso que seus objetivos são "pré-sociais" – ao contrário, o que são os objetivos e como são criados não é relevante para o que se segue. Pessoas orientadas por objetivos constituem uma multiplicidade de relações sociais demasiado complexas para os propósitos de qualquer teoria geral. No entanto, as relações em torno dos meios organizacionais mais poderosos se aglutinam para constituir redes institucionais amplas de forma estável e determinada, combinando poder intensivo e extensivo e poder impositivo e difuso. Meu argumento é o de que há quatro importantes fontes de poder social, cada uma centrada em um meio de organização diferente. As pressões para a institucionalização tendem a fundi-las parcialmente em uma ou mais redes de poder dominantes. Essas redes fornecem o mais elevado grau de vinculação que encontramos na vida social, ainda que não se trate nunca de um enlace pleno. Muitas redes permanecem intersticiais, tanto em relação às quatro fontes de poder quanto em relação às configurações dominantes; da mesma forma, aspectos importantes das quatro fontes de poder também permanecem pouco institucionalizados nas configurações dominantes. Essas duas fontes de interação intersticial eventualmente produzem uma rede emergente mais poderosa, centrada em uma ou mais das quatro fontes de poder, e induzem a uma reorganização da vida social e a uma nova configuração dominante. E assim o processo histórico segue adiante.

Essa é uma forma de abordar a questão do primado último, mas não representa uma resposta. Eu nem sequer comentei sobre o principal ponto de divergência entre a teoria marxiana e a weberiana: qual seja, se podemos isolar o poder econômico como sendo decisivo para determinar a forma das sociedades.

Esta é uma questão empírica, por isso é preciso primeiro revisar as evidências, antes de tentar uma resposta provisória no capítulo 16, e uma resposta mais completa no volume 3.

Existem três razões pelas quais o teste empírico deve ser histórico. Primeiro, este modelo tem como principal foco os processos de mudança social. Segundo, minha rejeição de uma concepção de sociedade como entidade unitária torna mais difícil o método da "sociologia comparada". As sociedades não são unidades autocontidas, prontas para serem simplesmente comparadas ao longo do tempo e do espaço. Elas existem em cenários particulares de interação regional, singulares mesmo em algumas de suas características centrais. As possibilidades de realizar uma sociologia comparativa são muito limitadas quando há tão poucos casos comparáveis. Terceiro, minha metodologia consiste em "quantificar" o poder, traçar suas infraestruturas exatas, e é imediatamente evidente que as quantidades de poder se desenvolveram enormemente ao longo da história. As capacidades de poder das sociedades pré-históricas (sobre a natureza e sobre os seres humanos) eram consideravelmente menores do que as da antiga Mesopotâmia, menores do que as da posterior República Romana, que foram novamente superadas pela Espanha do século XVI, e depois pela Grã-Bretanha do século XIX, e assim por diante. É mais importante capturar essa história do que fazer comparações pelo mundo inteiro. Este é um estudo sobre o "tempo do mundo", para usar a expressão de Eberhard (1965: 16), no qual cada processo de desenvolvimento de poder afeta o mundo ao seu redor.

A história mais apropriada à investigação é a da mais poderosa sociedade humana, a moderna civilização ocidental (incluindo a União Soviética), cuja história tem sido praticamente contínua desde as origens da civilização do Oriente Próximo, por volta de 3000 a.C., até os dias atuais. É uma história de desenvolvimento, embora não evolutiva ou teleológica. Não houve nada de "necessário" em tal processo – apenas aconteceu desse jeito (e essa civilização quase terminou em várias ocasiões). Não é uma história de nenhum espaço social ou geográfico. Como geralmente é o caso em empreendimentos desse tipo, o meu também começa com as condições gerais das sociedades neolíticas, depois centra-se no antigo Oriente Próximo, e então, gradualmente, se desloca da para o Oeste e para o Norte através da Anatólia, da Ásia Menor e do Levante até o Mediterrâneo Oriental. Em seguida, caminha na direção da Europa, terminando no século XVIII, no Estado mais ocidental da Europa, a Grã-Bretanha. Cada capítulo se ocupa com a "linha de frente" do poder, onde a capacidade de integrar pessoas e espaços em configurações dominantes é desenvolvida de forma mais infraestrutural. Tal método é, em certo sentido, não histórico, mas seu caráter algo saltitante também constitui sua força. As capacidades de poder se desenvolveram de maneira desigual, em saltos. Portanto, estudar esses saltos e tentar explicá-los oferece-nos a melhor entrada empírica na questão sobre o primado último.

O que deixei de fora dessa história? Uma enorme quantidade de detalhes e de complexidades, é claro, mas além disso, todo modelo coloca alguns fenômenos no centro do palco e relega outros para as margens. Se o que foi colocado na margem vier a ocupar o centro do palco, o modelo não será capaz de lidar com isso de forma adequada. Há uma ausência conspícua deste volume: relações de gênero. No volume 2, procuro justificar meu tratamento desigual em virtude da desigualdade de ambos os gêneros no decorrer da história. Argumentarei que as relações de gênero permaneceram significativamente constantes, sob a forma geral do patriarcado, ao longo de grande parte da história registrada até os séculos XVIII e XIX na Europa, quando rápidas mudanças começaram a ocorrer. Mas essa discussão será feita apenas no volume 2. No presente volume, as relações de poder discutidas são normalmente aquelas que têm lugar na "esfera pública", entre homens que são chefes de família.

Do historiador especialista, peço generosidade e grandeza de espírito. Ao tentar cobrir uma grande fatia da história da qual temos registro, com certeza cometi erros sobre os fatos e, provavelmente, há algumas gafes. Pergunto se corrigi-los invalidaria os argumentos gerais. Também indago, de forma mais contundente, se o estudo da história, especialmente na tradição anglo-americana, não se beneficiaria de uma consideração mais explícita sobre a natureza das sociedades. Para o sociólogo, também falo com alguma amargura. Boa parte da sociologia contemporânea é a-histórica, mas até mesmo boa parte da sociologia histórica está preocupada exclusivamente com o desenvolvimento de sociedades "modernas" e com o surgimento do capitalismo industrial. Isso é tão decisivo na tradição sociológica que, como Nisbet (1967) mostrou, produziu as dicotomias centrais da teoria moderna. Do estamento ao contrato, da *Gemeinschaft* à *Geselschaft*, da solidariedade mecânica à solidariedade orgânica, do sagrado ao secular – essas e outras dicotomias situam o divisor de águas da história no final do século XVIII. Os teóricos do século XVIII, como Vico, Montesquieu ou Ferguson, não desconsideravam a história. Diferentemente dos modernos sociólogos, que conhecem apenas a história recente de seu próprio Estado nacional, e mais alguma coisa de antropologia, eles sabiam que sociedades complexas, diferenciadas e estratificadas – seculares, contratuais, orgânicas, estruturadas enquanto *Gesellschaft*, mas *não* industriais – existiam há pelo menos 2 mil anos. Ao longo do século XIX e início do século XX, esse conhecimento diminuiu entre os sociólogos. Paradoxalmente, seu declínio continuou justamente durante o período em que historiadores, arqueólogos e antropólogos começaram a usar novas técnicas, muitas oriundas da sociologia, para fazer descobertas marcantes sobre a estrutura social dessas sociedades complexas. Mas sua análise é enfraquecida por sua relativa ignorância da teoria sociológica.

Weber é uma exceção notável a esse movimento reducionista. Minha dívida para com ele é enorme – não tanto por adotar suas teorias específicas, mas por minha adesão à sua visão geral sobre a relação entre sociedade, história e ação social.

Minha exigência de uma teoria sociológica baseada em conhecimentos históricos profundos e exigentes não se baseia meramente na desejabilidade intrínseca de perceber a rica diversidade da experiência humana – embora isso já fosse valioso o suficiente. Mais do que isso, afirmo que algumas das características mais importantes de nosso mundo, hoje, podem ser apreciadas mais claramente pela comparação histórica. Não se trata de dizer que a história se repete. É precisamente o oposto: a história mundial se desenvolve. Por meio da comparação histórica, podemos perceber que os problemas mais significativos de nosso tempo são novos. É por isso que são difíceis de resolver: eles são intersticiais para as instituições que lidam de forma mais efetiva com problemas mais tradicionais, para os quais foram criadas. Todavia, como vou sugerir, todas as sociedades enfrentaram crises repentinas e intersticiais e, em alguns casos, a humanidade emergiu aprimorada desse processo. Ao final de um longo desvio histórico, no volume 2, espero demonstrar a relevância deste modelo para os tempos atuais.

Referências

ALTHUSSER, L. & BALIBAR, E. (1970). *Reading Capital*. Londres: New Left Books.

ANDERSON, P. (1974a). *Passages from Antiquity to Feudalism*. Londres: New Left Books.

_____ (1974b). *Lineages of the Absolutist State*. Londres: New Left Books.

BARBER, L.B. (1968). Introduction in "stratification, social." In: *International Encyclopedia of the Social Sciences*. Ed. de D. Sills. Nova York: Macmillan/Free Press.

BENDIX, R. (1978). *Kings or People*. Berkeley: University of California Press.

BENDIX, R. & LIPSET, S.M. (1996). *Class, Status and Power*. 2. ed. rev. Nova York: Free Press [publ. original 1953].

BLOCH, M. (1974). Symbols, song, dance and features of articulation. In: *Archives Européenes de Sociologie*, 15.

COE, M.D. (1982). Religion and the rise of Mesoamerican states. In: *The Transition to Statehood in the New World*. Ed. de G.D. Jones e R.R. Kautz. Cambridge: Cambridge University Press.

EBERHARD, W. (1965). *Conquerors and Rulers*: Social Forces in Modern China. Leiden: Brill.

GEERTZ, C. (1980). *Negara*: The Theatre State in Nineteenth Century Bali. Princeton, N.J.: Princeton University Press.

GELLNER, E. (1964). *Thought and Change*. Londres: Weidenfeld & Nicolson.

GIDDENS, A. (1981). A *Contemporary Critique of Historical Materialism*. Londres: Macmillan/Heller.

_____ (1979). *Central Problems in Social Theory*. Londres: Macmillan.

_____ (1970). *Structured Social Inequality*. Londres: Collier-Macmillan.

HINDESS, B. & HIRST, P. (1975). *Pre-Capitalist Modes of Production*. Londres: Routledge.

KEATINGE, R. (1982). The nature and role of religious diffusion in the early stages of state formation. In: *The Transition to Statehood in the New World*. Ed. de G.D. Jones e R.R. Kautz. Cambridge: Cambridge University Press.

LABRIOLA, A. (1908). *Essays on the Materialist Conception of History*. Nova York: Monthly Review Press.

LATTIMORE, O. (1962). *Studies in Frontier History*. Londres: Oxford University Press.

MANN, M. (1984). The Autonomous Power of the State. In: *Archives Européennes de Sociologie*, 25.

MOSCA, G. (1939). *The Ruling Class*. Nova York: McGraw-Hill.

NISBET, R. (1967). *The Sociological Tradition*. Londres: Heinemann.

PARSONS, T. (1968). *The Structure of Social Action*. Nova York: Free Press.

_____ (1966). *Societies*: Evolutionary and Comparative Perspectives. Englewood Cliffs, N.J.: Prentice-Hall.

_____ (1960). The distribution of power in American society. In: *Structure and Process in Modern Societies*. Nova York: Free Press.

PETROVIC, G. (1967). *Marx in the Mid-Twentieth Century*. Nova York: Doubleday/Anchor Press.

POULANTZAS, N. (1972). *Pouvoir politique et classes sociales*. Paris: Maspero.

RUNCIMAN, W.G. (1983a). Capitalism without classes: the case of classical Rome. In: *British Journal of Sociology*, 24.

_____ (1983b). Unnecessary revolution: the case of France. In: *Archives Européenes de Sociologie*, 24.

_____ (1983c). A *Treatise on Social Theory* – Vol. I: The Methodology of Social Theory. Cambridge: Cambridge University Press.

_____ (1982). Origins of states: the case of archaic Greece. In: *Comparative Studies in Society and History*, 24.

_____ (1968). Class, status, and Power? In: *Social Stratification*. Ed. J.A. Jackson. Cambridge: Cambridge University Press.

SAHLINS, M. (1976). *Culture and Practical Reason*. Chicago: University of Chicago Press.

SHIBUTANI, T. (1955). Reference groups as perspectives. In: *American Journal of Sociology*, 40.

VERBRUGGEN, J.F. (1977). *The Art of Warfare in Western Europe During the Middle Ages*. Amsterdã: North-Holland.

WALLERSTEIN, I. (1974). *The Modern World System*. Nova York: Academic Press.

WEBER, M. (1968). *Economy and Society*. Nova York: Bedminster Press.

WESOLOWSKI, W. (1967). Marx's theory of class domination. In: *Polish Round Table Yearbook*, 1967. Ed. de Polish Association of Political Science. Warsaw: Ossolineum.

WRONG, D. (1979). *Power*: Its Forms, Bases and Uses. Nova York: Harper & Row.

2
O fim da teoria sobre a evolução social geral
Como os povos pré-históricos evitaram o poder

Introdução: a narrativa convencional sobre a evolução

Uma história do poder deve começar pelo começo. Mas onde devemos situá-lo? Como espécie, os humanos apareceram há milhões de anos. Durante boa parte desse tempo eles viviam principalmente como coletores itinerantes de frutos silvestres, nozes e gramíneas, e como caçadores em busca de criaturas maiores. Depois, desenvolveram seu próprio repertório de caça. Pelo que podemos imaginar sobre coletores e caçadores, sua estrutura social era extremamente flexível, *ad hoc* e variável. Eles não institucionalizaram as relações de poder de forma estável; não conheciam classes, estados ou elites; mesmo suas distinções entre gêneros e faixas etárias (na idade adulta) podem não indicar diferenciais de poder permanentes (isso é algo muito debatido hoje). E, claro, eles não eram alfabetizados e não tinham uma "história" tal como a concebemos. Portanto, no verdadeiro começo, não havia poder, nem história. Os conceitos desenvolvidos no capítulo 1 praticamente não têm relevância para 99% do tempo de vida da humanidade até o presente. Portanto, não vou começar pelo começo!

Em certo momento – aparentemente em todo o mundo – ocorreu uma série de transições, para a agricultura, para a domesticação de animais e para a colonização permanente, que fez com que a humanidade se aproximasse mais das relações de poder. A partir desses momentos se desenvolveram sociedades estáveis, delimitadas e supostamente "complexas", incorporando uma divisão do trabalho, a desigualdade social e a centralidade política. Aqui talvez possamos começar a falar sobre poder, embora nossa abordagem contenha muitas qualificações. Essa segunda fase, todavia, responsável por cerca de 0,6% da experiência humana até o momento, não envolvia ainda a escrita, e por essa razão sua "história" é praticamente desconhecida, por isso nossa análise deve ser extremamente cautelosa.

Finalmente, por volta de 3000 a.C. iniciou-se uma série de transformações combinadas que conduziram uma parte da humanidade aos 0.4 restantes de sua vida até hoje: a era da civilização, envolvendo relações de poder permanentes incorporadas em estados, sistemas de estratificação e patriarcado, bem como da história letrada. Essa era tornou-se generalizada para o mundo inteiro, mas teve início em apenas um pequeno número de lugares. Esta terceira fase é o assunto deste livro. Para contar sua história, quanto devemos retroceder para poder estabelecer suas origens?

Duas questões óbvias emergem: dada tal descontinuidade acentuada, podemos afirmar que o todo da experiência social humana é uma história única? E, dada a nossa quase total ignorância de 99 ou 99,6% de sua totalidade, como poderíamos saber se tal história realmente aconteceu, isto é, se os seres humanos possuem uma história comum? Há, no entanto, uma âncora firme para sustentar essa ideia. Desde o Pleistoceno (há cerca de 1 milhão de anos), não há evidência de qualquer "especiação", isto é, de diferenciação biológica, dentro das populações humanas. De fato, há apenas um caso conhecido de especiação no decorrer dos 10 milhões de anos de existência dos hominídeos: a coexistência de dois tipos de hominídeos no início do Pleistoceno na África (um dos quais foi extinto). Isso pode parecer curioso, pois outros mamíferos originados ao mesmo tempo que a humanidade, como elefantes ou gado, mostraram considerável especiação posterior. Basta pensar na diferença entre os elefantes indianos e africanos, por exemplo, e comparar isso com as pequenas diferenças fenotípicas na pigmentação da pele e similares entre os seres humanos. Em toda a extensão da humanidade, portanto, existiu alguma unidade em sua experiência (esse argumento é defendido vigorosamente em SHERRATT, 1980: 405). Que tipo de história unificada podemos contar?

A maioria das histórias existentes é evolutiva. Elas primeiro contam como os seres humanos desenvolveram suas capacidades inatas para a cooperação social; em seguida, narram como cada forma sucessiva de cooperação social emergiu de forma imanente a partir das potencialidades anteriores, seguindo na direção de uma organização social "mais elevada" ou, pelo menos, mais complexa e poderosa. Essas foram as teorias predominantes no século XIX. Mesmo despojadas das noções de progresso das formas inferiores para as formas superiores, mas mantendo a noção de evolução na capacidade e complexidade de poder, elas ainda predominam.

Há, no entanto, uma superficialidade sobre essa história que seus próprios proponentes reconhecem, qual seja, a de que a evolução humana diferiu da evolução de outras espécies em virtude de ter mantido sua unidade. A especiação não ocorreu. Quando uma população local desenvolveu uma forma particular de atividade, com muita frequência houve uma difusão para praticamente a humanidade em todo o mundo. Fogo, vestimentas e abrigo, juntamente com uma coleção mais variável de estruturas sociais se difundiram, às vezes a partir de um único epicentro, às vezes de vários, da linha do Equador aos polos. Estilos de machado e cerâmica, estados e produção de bens materiais se espalharam muito amplamente no decorrer da história e mesmo em relação ao período pré-histórico sobre o qual temos conhecimento. Portanto, essa história tem sido aquela de uma evolução *cultural*. Há o pressuposto de um contato cultural contínuo entre grupos, baseado em uma consciência de que, apesar das diferenças locais, os seres humanos são todos parte de uma mesma espécie, enfrentam certos problemas comuns e podem aprender soluções uns com os outros. Quando um grupo local desenvolve uma nova forma de fazer alguma coisa, talvez estimulado pelas necessidades de seu próprio meio, não raro essa forma demonstra possuir utilidade geral para grupos em ambientes bem diferentes, e eles então a adotam, talvez de forma modificada.

No âmbito da história geral, diferentes temas podem ser enfatizados. Podemos destacar, por exemplo, o número de casos de invenção que ocorreram de forma independente – pois, se todos os humanos são culturalmente semelhantes, eles podem ser igualmente capazes de dar o próximo passo evolutivo. A escola que enfatiza esse aspecto é aquela que acredita em uma "evolução local". Outra abordagem consiste em enfatizar o processo de difusão, defendendo a existência de alguns poucos epicentros da evolução. Essa é a escola "difusionista".

Ambas são frequentemente apresentadas como perspectivas distintas, encerradas em duras controvérsias. Na realidade, porém, elas são essencialmente semelhantes, pois contam a mesma história geral de uma evolução cultural contínua.

Portanto, quase todas as narrativas atuais respondem à minha pergunta inicial – "O todo constitui uma história única?" – com um claro "sim". Isso fica evidente nos relatos da maioria dos historiadores, fortalecidos por sua atual predileção (esp. nas tradições históricas anglo-americanas) pelo estilo da narrativa contínua, sempre preocupada em contar "o que aconteceu a seguir". As descontinuidades não são contempladas por esse método. Por exemplo, Roberts, em sua *Pelican History of the World* (1980: 45-55), descreve as descontinuidades entre os três estágios como apenas uma "aceleração no ritmo de mudança" e a mudança geográfica do foco do processo figura como sendo essencialmente um desenvolvimento "cumulativo" de poderes humanos e sociais, "enraizados em épocas dominadas pelo ritmo lento da evolução genética". Nas tradições mais teóricas e cientificistas da arqueologia e antropologia americanas, a história evolucionária foi contada na linguagem da cibernética, com diagramas de fluxograma da ascensão da civilização ao longo de vários estágios de caçadores-coletoras, completados com *feedbacks* positivos e negativos, e modelos alternativos de desenvolvimento incremental, como o etapista em forma de "escada", ou de uma evolução linear no formato de "rampa", e assim por diante (cf., p. ex., REDMAN, 1978: 8-11; cf. tb. SAHLINS & SERVICE, 1960).

O evolucionismo tem sido dominante, às vezes de forma explícita, às vezes de forma encoberta, enquanto explicação das origens da civilização, da estratificação e do Estado. Todas as teorias rivais sobre a ascensão da estratificação e do Estado pressupõem um processo essencialmente natural de desenvolvimento social geral: elas são concebidas como a consequência do desenvolvimento dialético das estruturas centrais das sociedades pré-históricas. Essa forma de narrar se origina na teoria política normativa: devemos obedecer ao Estado e à estratificação (Hobbes, Locke), ou devemos derrubá-la (Rousseau, Marx) em virtude de eventos pré-históricos, reconstruídos ou hipotéticos. Antropólogos mais recentes, aliados a arqueólogos, contam uma história que supõe a continuidade de todas as formas conhecidas da sociedade humana (e, portanto, também da relevância de suas próprias disciplinas acadêmicas para o mundo de hoje!). Sua ortodoxia central continua afirmando uma história baseada na ideia de estágios: de sociedades relativamente igualitárias e sem Estado para sociedades hierárquicas, destas para as sociedades com autoridade política e, por fim, chega-se às sociedades estratificadas e civilizadas com estados (essas etapas são admiravelmente resumidas em FRIED, 1967; cf. REDMAN, 1978: 201-205 para sequências alternativas de estágios; cf. STEWARD, 1963 para as mais influentes sequências de etapas arqueológicas/antropológicas modernas).

A lógica dessa abordagem foi expandida por Friedman e Rowlands (1978), que apontam um defeito nessas narrativas sobre a evolução. Embora seja possível identificar uma sequência de etapas, as transições entre elas são precipitadas pelas forças um tanto aleatórias de pressão populacional e mudança tecnológica. Friedman e Rowlands preenchem essa lacuna desenvolvendo um modelo "epigenético" detalhado e complexo de um "processo transformacional" da organização social. "Dessa forma", eles concluem, "esperamos ser capazes de prever as formas dominantes de reprodução social no próximo estágio em termos das propriedades do estágio atual. Isto é possível porque o próprio processo é direcional e transformacional" (1978: 267-268).

O método desses modelos é idêntico. Primeiro, as características das sociedades de coletores-caçadores em geral são discutidas. Em seguida, é apresentada uma teoria de uma transição geral para o assentamento agrícola e pastoreio. As características gerais dessas sociedades conduziram, então, ao surgimento de algumas sociedades particulares: a Mesopotâmia, o Egito e o norte da China, às vezes incluindo o Vale do Indo, a Mesoamérica, o Peru e a Creta Minoica. Vamos considerar os estágios mais comuns e definir seus termos cruciais:

1) Uma *sociedade igualitária* é autoexplicativa. Diferenças hierárquicas entre pessoas e entre idade e (talvez) entre papéis relacionados a gênero não são institucionalizadas. Aqueles em posições mais elevadas não podem usurpar recursos de poder coletivos.

2) As *sociedades hierárquicas* não são igualitárias. Aqueles em posições mais elevadas podem usar recursos gerais de poder coletivo, procedimento que pode até ser institucionalizado e mesmo transmitido hereditariamente por meio de uma linhagem aristocrática. Mas a posição hierárquica depende quase inteiramente do *poder coletivo*, ou autoridade, isto é, o poder legítimo é usado apenas

para fins coletivos, livremente conferido e livremente retirado pelos participantes. Portanto, aqueles que ocupam posições mais elevadas no sistema de estratificação gozam de *status*, tomam decisões e usam recursos materiais em nome de todo o grupo, mas não possuem poder coercitivo sobre os membros recalcitrantes, e não podem desviar recursos materiais do grupo para seu uso privado e, assim, torná-lo "propriedade privada".

Mas há dois subconjuntos de sociedades hierárquicas que também podem ser organizados em escala evolutiva:

2a) Em *sociedades com relativa hierarquização*, as pessoas e os grupos de linhagem podem ser classificados em relação uns aos outros, mas não há um ponto absoluto mais elevado da escala. Além disso, na maioria dos grupos, há incertezas e argumentos suficientes para indicar inconsistências no escalonamento, portanto o critério de hierarquização é passível de contestação.

2b) Nas *sociedades de hierarquização absoluta* há um ponto mais elevado de caráter fixo. Um chefe ou chefe supremo ocupa o mais alto grau de forma inconteste, e todas as outras linhagens são medidas em termos da distância em relação a ele. Isso geralmente é expresso ideologicamente em termos de sua descendência dos antepassados originais, talvez até dos deuses do grupo. Com isso geralmente emerge uma instituição característica: um centro cerimonial, dedicado à religião, controlado pela linhagem do chefe. Desta instituição centralizada para o surgimento do Estado é apenas um passo.

3) As definições de *Estado* serão discutidas em maior extensão no volume 3 desta série. Minha definição operacional provisória é derivada de Weber: *O Estado é um conjunto diferenciado de instituições e pessoas que encarnam a centralidade, no sentido de que as relações políticas se irradiam para cobrir uma área territorialmente demarcada, sobre a qual reivindicam o monopólio de estabelecer regras permanentes, respaldados pela violência física.* Na pré-história, a introdução do Estado converte a autoridade política temporária e o centro cerimonial permanente em poder político permanente, institucionalizado e rotinizado em sua capacidade de usar a coerção sobre membros recalcitrantes quando necessário.

4) A *estratificação* envolve o poder institucionalizado e permanente de alguns sobre as chances de vida material dos outros. Seu poder pode ser a força física ou a capacidade de privar os demais de suas necessidades vitais. Na literatura sobre as origens, esse termo muitas vezes é usado para se referir a características peculiares da propriedade privada e das classes econômicas, por isso a discuto como uma forma de poder descentralizada, separada do Estado centralizado.

5) *Civilização* é o termo mais problemático, em virtude de ser altamente carregado de valor. Não há uma definição que seja suficiente para todos os propósitos aqui envolvidos. Discuto essa questão com maior detalhe no início do próximo capítulo. Novamente, uma definição provisória já basta. Seguindo

Renfrew (1972: 13), estabeleço que a ideia de civilização combina três instituições sociais: o centro cerimonial, a escrita e a cidade. Quando combinadas, inauguram um salto no poder coletivo humano sobre a natureza e sobre outros humanos que, qualquer que seja a variabilidade e diferença entre o pré-histórico e histórico, implica o começo de algo novo. Renfrew chama isso de salto no "insulamento", a contenção dos seres humanos em fronteiras sociais e territoriais claras, fixas e confinadas. Eu utilizo a metáfora de uma *jaula social*[1].

Com esses termos podemos perceber estreitas conexões entre certos elementos da narrativa evolucionária. Hierarquia, Estado, estratificação e civilização eram elementos bastante conectados, porque emergiram lentamente e com frequência implicavam o fim das liberdades primitivas, dando início à coerção e às oportunidades representadas pelo poder coletivo e distributivo que assume um caráter mais permanente e institucionalizado.

Tenho intenção de discordar dessa história, embora, na maioria das vezes, mobilize as dúvidas levantadas por outros autores para fazê-lo. Um tema de divergência tem sido observar a singularidade: Considerando que a Revolução Neolítica e o surgimento de sociedades ocorreram de forma independente em muitos lugares (em todos os continentes, geralmente em lugares aparentemente não relacionados), a transição para a civilização, estratificação e Estado foi algo raro, em termos comparativos. O historiador europeu especialista na pré-história, Piggott, declarou: "Todo meu estudo sobre o passado me convence de que o surgimento do que chamamos de civilização é um evento anormal e imprevisível, talvez em todas as suas manifestações do Velho Mundo, em última análise, devido a um conjunto único de circunstâncias em uma área restrita da Ásia Ocidental. Há 5.000 anos" (1965: 20). Neste capítulo e no próximo, argumento que Piggott está exagerando apenas um pouco em sua afirmação: talvez na Eurásia tenham ocorrido quatro conjuntos peculiares de circunstâncias que geraram civilização. Em outras partes do mundo, devemos adicionar pelo menos mais dois. Embora nunca possamos ser precisos quanto a um total absoluto, provavelmente trata-se de menos de dez.

Outra discordância diz respeito à sequência de etapas, observando a ocorrência de movimentos retrógrados ou cíclicos, em vez de uma simples sequência de desenvolvimento. A partir de dissidências no interior da própria biologia, principal reduto do evolucionismo, alguns antropólogos sugerem que o desenvolvimento social é raro, repentino e imprevisível, resultante de "bifurcações" e "catástrofes", e não de um crescimento evolutivo cumulativo. Friedman e

---

1. A expressão no original é "*social cage*", clara alusão à tradução inglesa do conceito weberiano de *stahlhartes Gehäuse*, consolidado como "*iron cage*" e, no Brasil, traduzido como "jaula" (ou "gaiola") de ferro (ou de "aço"). Optamos, portanto, por traduzir como "jaula social", mas em alguns momentos, para evitar inadequação do termo, também traduzimos *cage/caged* por confinamento ou confinados. Ambos os termos são aludidos no índice temático [N.Ts.].

Rowlands (1982), por exemplo, têm expressado dúvidas sobre seu próprio evolucionismo anterior. Eu compartilho de suas dúvidas, embora me afaste de seu modelo. A civilização, nos poucos casos em que houve uma evolução independente, foi de fato um processo longo, gradual e cumulativo, não uma repentina resposta à catástrofe. Em todo o mundo, no entanto, a mudança mais recorrente foi cíclica – como argumentam – em vez de cumulativa e evolutiva.

Neste capítulo, baseio-me nessa discordância de duas formas principais, as quais serão desenvolvidas nos próximos capítulos. Em primeiro lugar, a teoria evolucionista geral pode ser aplicada à Revolução Neolítica, mas sua relevância diminui depois desse período. É verdade que, além disso, podemos distinguir mais de uma evolução geral no que se refere às "sociedades hierarquizadas" e, em alguns casos, a estruturas temporárias de Estado e de estratificação. Depois, contudo, a evolução social geral cessou. Muitas dessas ideias também foram discutidas por Webb (1975). Mas vou mais além, sugerindo que os processos gerais adicionais foram *"involuções"* – o movimento de retorno a sociedades ordinárias e igualitárias – e um processo *cíclico* de movimento em torno dessas estruturas, incapaz de atingir estratificações permanentes e estruturas estatais. De fato, os seres humanos devotaram parte considerável de suas capacidades culturais e organizacionais para garantir que a evolução posterior *não* ocorresse. Eles pareciam não querer aumentar seus poderes coletivos, em virtude dos poderes distributivos envolvidos. Como a estratificação e o Estado eram componentes essenciais da civilização, a evolução social geral cessou antes do surgimento da civilização. No próximo capítulo, veremos o que causou a civilização; nos capítulos posteriores, discute-se como as relações entre as civilizações e seus vizinhos não civilizados diferem de acordo com o ponto do ciclo alcançado por estas, quando se veem sob a influência das primeiras. Este argumento é reforçado por um segundo, conduzindo-nos novamente à noção de "sociedade", discutida no capítulo 1. Esse argumento enfatiza a limitação, a rigidez e a coerção: os membros de uma sociedade interagem uns com os outros, mas não com a mesma intensidade com pessoas de fora. As sociedades são limitadas e exclusivas em sua extensão social e territorial. No entanto, encontramos uma descontinuidade entre grupos sociais civilizados e não civilizados. Praticamente nenhum agrupamento não civilizado discutido neste capítulo tinha ou tem esse caráter exclusivo. Poucas famílias pertenciam à mesma "sociedade" por mais do que algumas gerações, ou, se o faziam, isso se dava em virtude de fronteiras pouco rígidas, muito diferentes das sociedades históricas. A maioria encontrava alternativas viáveis na constituição de alianças. A frouxidão dos laços sociais e a capacidade de se libertar de qualquer rede de poder em particular era o mecanismo pelo qual a involução mencionada acima era acionada. Nas sociedades não civilizadas, a fuga da jaula social era possível. A autoridade era livremente conferida, mas recuperável; o poder, permanente e coercivo, era algo inatingível.

Essa característica teve uma consequência particular quando surgiram as jaulas civilizatórias. Esses agrupamentos eram pequenos – tendo a cidade-Estado como formação típica – mas existiam em meio a redes sociais mais soltas e amplas, ainda que identificáveis, geralmente chamadas de "cultura". Somente seremos capazes de compreender essas culturas – "Suméria" "Egito", "China" e assim por diante – se tivermos em mente que elas promoveram a combinação entre formas de relação mais antigas, de caráter mais frouxo, e as relações das sociedades enjauladas. Isso também é uma tarefa para os capítulos posteriores.

Então, neste capítulo, estabeleci o cenário para uma *história* do poder posterior. Sempre tratar-se-á de uma história de lugares particulares, pois essa tem sido a natureza do desenvolvimento do poder. As capacidades gerais dos seres humanos diante de seu ambiente terrestre deram origem às primeiras sociedades – à agricultura, à aldeia, ao clã, à linhagem e à corte –, mas não à civilização, estratificação ou Estado. Nossos agradecimentos, ou maldições, por seu surgimento devem dirigir-se a circunstâncias históricas mais específicas. Como esse é o assunto principal deste volume, passarei rapidamente pelos processos de evolução social geral que antecederam a história. Essa é, de fato, uma história diferente. Tudo o que faço é apresentar novamente o esboço geral dos últimos estágios da evolução, para depois demonstrar com mais detalhes que ele chegou ao fim. Adoto uma metodologia diferente. Mantendo um espírito de generosidade em relação ao evolucionismo, primeiro assumo que se trata de uma abordagem correta, que a história evolucionária pode continuar a ser contada. Veremos, então, com mais nitidez o ponto exato no qual a narrativa falha.

A evolução das primeiras sociedades estabelecidas

No Período Neolítico e no início da Idade do Bronze, formas mais extensas, estabelecidas e complexas da sociedade emergiram gradualmente a partir da instituição da prática de caça e coleta. Foi por muito tempo prolongado, durando, em termos histórico-mundiais, de (cerca ou de antes de) 10000 a.C. a pouco antes de 3000 a.C., quando podemos discernir sociedades civilizadas. Nosso conhecimento está sujeito à sondagem aleatória da pá do arqueólogo e às margens de erro variáveis de datação por carbono e outras técnicas científicas modernas. Os eventos abrangem pelo menos 7.000 anos, mais do que toda a história registrada. Assim, a narrativa dos próximos três parágrafos é, forçosamente, bastante sumária.

Em datas bastante desconhecidas, alguns assentamentos confinados e semipermanentes surgiram em todo o mundo. Provavelmente existem casos independentes suficientes para interpretarmos isso como tendência evolucionária geral. Muitos dos primeiros assentamentos podem ter sido comunidades de pescadores e mineiros, para quem o assentamento não foi, afinal, uma invenção extraordinária. Poderia então ter sido copiado por outros, se vissem vantagens nisso.

O próximo estágio ocorreu por volta de 10000 a.C., talvez primeiro no Turquestão ou no Sudeste Asiático, provavelmente independentemente um do outro. O esforço foi dedicado ao cultivo e à colheita de plantas a partir de semeaduras e de estacas plantadas. No Oriente Médio, isso desenvolveu-se a partir da colheita da cevada e do trigo selvagens. Escritores modernos reconstruíram os estágios desta "descoberta" do cultivo (FARB, 1978: 108-122; MOORE, 1982). Se realmente aconteceu desta forma é outra questão. Mas o passo parece ser o produto de uma lenta associação de inteligência, um esforço para aumentar as recompensas, oportunidades, e de tentativas e erros – os componentes normais da evolução. Em quase todos os lugares onde a agricultura emergiu, enxadas de madeira portáteis lavravam pequenos jardins intensivamente cultivados, agrupados em aldeias. A maioria não era permanente. Quando o solo se esgotava, a aldeia mudava-se para outro lugar. Talvez ao mesmo tempo tenha surgido a criação de animais. Ovinos e caprinos foram domesticados no Iraque e Jordânia por volta de 9000 a.C., seguidos por outros animais. Lá desenvolveu-se em toda a Eurásia tanto grupos especializados quanto grupos agrícolas e de pastoreio mistos, permutando produtos no decorrer de trilhas comerciais de longa distância. Quando as rotas de comércio, a proximidade às fontes da pedra e de obsidiana, e a terra fértil coincidiram, o assentamento permanente poderia se dar. Por volta de 8000 a.C. em Jericó, uma vila agrícola antiga tornou-se um assentamento de dez acres com casas de tijolo de barro cercadas por fortificações. Por volta de 6000 a.C. estas fortificações eram de pedra. Tanques de água gigantescos, sugerindo irrigação artificial, também existiram – mais um passo numa narrativa evolutiva. A sua evolução pôde desenvolver-se a partir da observação e melhoria gradual dos exemplos da natureza: Os reservatórios naturais após chuvas e inundações puderam ser artificialmente melhorados antes que tanques de água e barragens fossem desenvolvidos; e as vantagens do lodo (como solo fertilizado) fornecido pelas inundações puderam ser adaptadas muito antes de chegarmos aos grandes feitos de assoreamento das civilizações ribeirinhas. Os restos mortais em Jericó e Çatalhüyük, na Anatólia, sugerem uma organização social bastante extensa e permanente, com indicações de centros cerimoniais e extensas redes comerciais. Todavia, a escrita não estava presente, enquanto a densidade populacional (que poderia indicar se eles constituíam o que os arqueólogos entendem por "cidade") permanece incerta. Não sabemos nada sobre a existência de qualquer "Estado", mas os restos de sepultura sugerem pouca desigualdade entre os habitantes.

O arado de madeira apareceu, talvez logo depois de 5000 a.C., e em seguida vieram a carroça e a roda de oleiro. A extensão e permanência dos campos cultivados cresceu com o arado de tração animal. Os nutrientes mais profundos do solo podiam ser revolvidos e, com isso, os campos podiam ser deixados em repouso, sendo trabalhados talvez duas vezes por ano. Cobre, ouro e prata estavam sendo explorados como artigos de luxo por volta do quinto milênio. Nós os encontramos em câmaras funerárias elaboradas e depreendemos disso a existência de diferença social e de comércio de longa distância. Os surpreendentes restos de "megálitos" da Grã-Bretanha, da Espanha e de Malta indicam organização social complexa, gerência em grande escala do trabalho, um conhecimento da astronomia, e provavelmente ritual religioso durante o período 3000-2000 a.C., provavelmente desenvolvidos de forma independente das vertentes existentes no Oriente Próximo. Contudo, nesse período, o desenvolvimento do Oriente Próximo tornou-se crucial, provavelmente em consequência das técnicas de irrigação, assentamentos permanentes mais densos apareceram na Mesopotâmia, emergindo na história ao redor de 3000 a.C. junto com a escrita, cidade-Estado, templos, sistemas de estratificação – em suma, com a civilização.

Este é o largo território que eu agora examino com mais detalhes. A teoria evolucionária é plausível para o início da história, porque os desenvolvimentos eram amplamente difundidos, aparentemente independentes e, em casos suficientes, cumulativos. Quando a agricultura apareceu, ela continuou a ser pioneira em novas técnicas e formas organizacionais. Algumas áreas podem ter retornado à caça e às coletas, mas uma boa parte não o fez, dando a impressão de desenvolvimento irreversível. No decorrer de tudo isso, houve uma deriva em direção a uma maior fixidez dos assentamentos e da organização, o cerne da história evolucionária. O assentamento fixo aprisiona as pessoas para que vivam umas com as outras, cooperem e concebam formas mais complexas de organização social. A metáfora de uma jaula é apropriada.

Consideremos, portanto, o animal humano menos enjaulado, o caçador-coletora. Sua liberdade tinha dois aspectos principais. Em primeiro lugar, e isso pode parecer chocante para os olhos modernos, os antropólogos têm argumentado que os caçadores e coletores contemporâneos desfrutaram de uma vida tranquila. Sahlins (1974) descreveu o estágio de caçadores-coletoras como a "sociedade afluente original". "Os caçadores-coletoras satisfazem seus desejos econômicos e exigências calóricas trabalhando de forma intermitente, em média três a cinco horas diárias. Ao contrário de nossa imagem do "homem caçador", sua dieta pode derivar apenas 35% da caça, com 65% vindo da coleta – embora a porcentagem anterior provavelmente tenha aumentado em climas mais frios. Isso ainda é controverso, especialmente a partir dos anos de 1970, quando as feministas se apoderaram das descobertas para criar um rótulo pré-histórico alternativo, a mulher coletora! Eu optei pela utilização da expressão "caçador-coletora"[2]. A combinação de caça e coleta pode produzir uma dieta mais equilibrada e nutritiva do que a encontrada entre agricultores especializados ou pastores.

---

2. A expressão em inglês, *hunter-gatherer*, não é generificada. Dada a alusão à terminologia proposta por autoras feministas, as tradutoras consideram pertinente considerar que se trata de uma fusão das expressões "*man the hunter*" e "*woman the gatherer*", propondo que a expressão seja traduzida como caçadores-coletoras, para manter a alusão à marcação de gênero [N.Ts.].

Assim, a transição para a agricultura e o pastoreio pode não ter resultado em maior prosperidade. E alguns arqueólogos (p. ex., FLANNERY, 1974; CLARKE, 1979) apoiam amplamente a ideia antropológica da afluência.

Em segundo lugar, sua estrutura social era, e é, frouxa e flexível, permitindo liberdade de escolha nos vínculos sociais. Eles não são dependentes de outras pessoas específicas para a sua subsistência. Eles cooperam em pequenos grupos e em unidades maiores, mas, em geral, podem escolher quais, e desligam-se quando quiserem. As linhagens, clãs e outros grupos de parentesco podem dar um sentido de identidade, mas não garantem direitos ou deveres substanciais. Tampouco há grande confinamento territorial. A despeito dos relatos antropológicos anteriores baseados em alguns aborígines australianos, sabe-se que a maioria dos caçadores-coletoras não possuem territórios fixos. Dada a sua flexibilidade social, seria difícil desenvolver esses direitos de propriedade coletiva (WOODBURN, 1980).

No âmbito dessa flexibilidade geral, podemos discernir três ou talvez quatro unidades sociais. A primeira é a família nuclear de pais e filhos dependentes. Em uma vida normal, as pessoas serão membros de duas famílias, uma como crianças, outra como pais. É algo hermético, mas impermanente. A segunda unidade é o bando, às vezes chamado de "bando mínimo", um grupo que se desloca em estreita associação, satisfazendo as necessidades de subsistência por meio da coleta e da caça em cooperação. Esta é uma unidade mais ou menos permanente envolvendo pessoas de todas as idades, embora o seu limite seja sazonalmente variável. A sua dimensão normal é de 20-70 pessoas[3].

Mas o bando não é autossuficiente. Em particular, suas necessidades reprodutivas não são asseguradas por um conjunto tão pequeno de jovens adultos férteis que podem ser considerados potenciais parceiros sexuais. Por isso, são requeridas formas regulamentadas de casamento com outros grupos adjacentes. O bando não é um grupo fechado, mas uma aglomeração de famílias nucleares, que ocasionalmente engendram uma vida coletiva compartilhada. Seu tamanho flutua. Membros externos frequentemente se juntam a um grupo com capacidade excedente. Também pode haver troca de bens enquanto dádivas (ou como uma forma simples de regulação social), se houver diversidade ecológica em uma área. A população dentro da qual tais contatos ocorrem é a terceira unidade, que pode ser chamada de "tribo", "tribo dialética" (no sentido linguístico, não no hegeliano!) ou de "bando máximo". Trata-se de uma confederação algo frouxa, com 175-475 pessoas, compreendendo certo número de bandos. Wobst (1974) estima que a variação seja de 7-19 bandos. Um ambiente favorável pode pressionar a população acima desses níveis, mas a "tribo" então se divide em duas unidades que seguem seu próprio caminho. A comunicação direta face a

---

3. Para discussão de números, cf. Steward, 1963: 122-50; Fried, 1967: 154-174; Lee e DeVore, 1968; Wobst, 1974.

face entre os seres humanos é circunscrita dentro de alguns limites, por questões de ordem prática. Em contextos com mais de 500 pessoas perdemos nossa capacidade de nos comunicar! Os caçadores e coletoras não eram alfabetizados, portanto dependiam da comunicação face a face. Eles não podiam usar papéis como forma de comunicação abreviada, pois praticamente não possuíam categorias de especialização para além daquelas relacionadas ao sexo e à idade. Eles se relacionam como seres humanos por inteiro, diferenciados apenas por idade, sexo, características físicas e participação no bando. Seus poderes extensivos foram negligenciados até que essa forma de organização fosse abandonada.

Havia uma quarta unidade "cultural" mais ampla para além desta, tal como como foi o caso em um período posterior, com os assentamentos agrícolas? Nós suspeitamos disso porque estamos lidando com um processo humano. A troca de bens, pessoas e ideias ocorreu não de forma intensiva, mas extensiva, unindo caçadores-coletoras de forma pouco rígida em grandes massas terrestres. A estrutura social de nossos primórdios era marcada por abertura e flexibilidade. Wobst (1978) afirma que os modelos de caçadores-coletoras permaneceram algo paroquiais. Apesar das evidências de que caçadores-coletoras estivessem ligados a matrizes culturais de todo o continente, há pouco estudo sobre processos regionais e inter-regionais. A "paróquia" do etnógrafo é uma construção teórica acadêmica e influência antropológica, diz ele, mas nos relatórios de pesquisa acaba por tornar-se uma "sociedade" real, uma unidade social delimitada, com sua própria "cultura". Os tipos de "sociedade" que existiam na pré-história não se parecem em nada com o que os antropólogos tiveram ocasião de conhecer. Naquele momento, os agrupamentos humanos ainda não haviam preenchido as terras; não haviam sido restringidos por sociedades mais avançadas. Essas peculiaridades asseguraram que os grupos pré-históricos pudessem permanecer, em grande medida, não enjaulados. "A humanidade" não "andava em tropas por toda parte", apesar da famosa afirmação de Ferguson. A etimologia da palavra "etnografia" já basta para entregar o jogo: trata-se do estudo da *ethne*, dos povos. No entanto, os povos, grupos de parentesco limitados, não existiam originalmente – foram criados pela história.

O modo como ocorreram as transições para a agricultura e para o pastoreio é algo muito controverso para ser discutido aqui. Alguns autores enfatizam os fatores de atração do aumento do rendimento agrícola, outros enfatizam fatores de pressão populacional (p. ex., BOSERUP, 1965; BINFORD, 1968). Minha intenção não é julgar essas diferentes teorias, apenas observo que os argumentos conflitantes são variantes de uma única história evolucionária. As capacidades gerais dos seres humanos, engajados em formas mínimas de cooperação social e confrontados com semelhanças ambientais, levaram todo o mundo às transformações agrícolas e pastorais que chamamos de Revolução Neolítica. Com isso teve início o confinamento populacional, com o assentamento de grandes unidades sociais em vastos territórios. A escala e a densidade dos agrupamentos aumentaram. O pequeno bando desapareceu. A "tribo", maior e menos coesa, foi afetada de duas formas alternativas. Ou a unidade até então bastante fraca de até 500 pessoas se tornava mais sólida, sob a forma de uma aldeia estabelecida de forma permanente, engolindo bandos menores, com cerca de 20 a 70 pessoas, ou o processo de troca desenvolveu uma forma de especialização extensiva e flexível, baseada na rede estendida de parentesco – clãs, grupos de linhagem e tribos. Localidade ou parentesco – ou uma combinação de ambos – puderam oferecer estruturas organizacionais para redes sociais mais densas e especializadas.

Na Europa pré-histórica, os assentamentos de aldeia igualitários e em grande parte não especializados compreendiam cerca de 50 a 500 pessoas, geralmente vivendo em cabanas de núcleos familiares, trabalhando no máximo em cerca de 200 hectares (PIGGOTT, 1965: 43-47). No Oriente Próximo, limites maiores do que isso podem ter sido mais comuns. Há também ampla evidência de unidades tribais maiores e mais frouxas na pré-história. Atualmente, entre os povos neolíticos da Nova Guiné, de acordo com Forge (1972), uma vez que o limite de 400-500 é atingido, os assentamentos se dividem ou a especialização de papel e *status* ocorre. Isso é consistente com a teoria evolucionista de Steward de como grupos crescentes encontraram "integração sociocultural" em um nível mais elevado e mais misturado por meio do desenvolvimento de aldeias multilineares e clãs pouco rígidos (1963: 151-172). As clivagens horizontais e verticais permitiram que os grupos sociais se ampliassem em termos numéricos.

A exploração intensiva da natureza permitiu um assentamento permanente e uma interação primária densa de 500 pessoas, em vez de 50; a especialização de papéis e a autoridade emergente permitiram a interação secundária entre números que eram, em princípio, ilimitados. Sociedades extensas, a divisão do trabalho e a autoridade social começaram sua pré-história humana nesse momento.

O surgimento de relações estáveis de poder econômico coletivo

Quão proeminentes foram essas primeiras sociedades? Isso depende do quão rígidas elas eram, do quão aprisionadas estavam as pessoas no seu interior. Woodburn (1980, 1981) argumentou que a permanência nas sociedades primitivas era garantida nos contextos em que "os sistemas de investimento de mão de obra" eram baseados em um "retorno tardio", em vez de um "retorno imediato". Quando um grupo investe mão de obra na criação de ferramentas, armazenamento, campos de cultivo, barragens e assim por diante – cujos retornos econômicos são tardios –, passa a ser necessária uma organização de longo prazo e em alguns aspectos centralizada, capaz de gerenciar a mão de obra, proteger o investimento e distribuir seus rendimentos. Vamos considerar a implicação de três tipos diferentes de investimento em trabalho de retorno no longo prazo.

A primeira é na natureza, isto é, na terra e na pecuária – plantações, valas de irrigação, animais domésticos e afins. Todos implicam fixidez territorial. Os locais de pastagem dos animais podem variar, e as culturas, enquanto sementes, são móveis, mas com essas exceções, quanto maior o investimento na natureza, maior a fixação territorial da produção. A horticultura de planta fixa inclui um grupo ou, pelo menos, seus membros principais. O procedimento de "corte e queima" demanda a permanência de um grupo durante vários anos, queimando periodicamente tocos de árvores e fazendo pastagens para os animais. Depois disso a fertilidade do solo diminui. Então alguns se mudam para outros lugares, repetindo o processo de desmatamento ou encontrando terras com solos mais leves. Um grupo inteiro raramente se move como uma unidade, pois sua organização está sintonizada com a antiga ecologia, não com o movimento ou com o novo contexto. Famílias menores ou grupos vizinhos, provavelmente com pessoas mais jovens super-representadas, tendem a se separar. A organização social permanente não consegue se estabelecer ainda, como veremos mais adiante neste capítulo.

Os pastores que se movimentam, especialmente em terrenos do tipo estepe, são menos fixos. No entanto, os pastores adquirem bens, equipamentos e uma variedade de animais que não são facilmente portáveis; eles desenvolvem relações com agricultores para forragem do gado, pastando em palha, para troca de produtos, e assim por diante. Como observou Lattimore, o único nômade puro é um nômade pobre. No entanto, o compromisso com o território não é tão grande quanto no caso dos agricultores.

Tanto os agricultores como os pastores podem estar ligados ao território também por outras razões. A proximidade de matérias-primas como água, madeira ou outros tipos de animais, ou localização estratégica em redes de troca entre diferentes nichos ecológicos, também unem as pessoas. A maior parte de todas as ligações é a terra naturalmente fertilizada, capaz de sustentar a agricultura permanente ou pastoreio – em vales fluviais, lagoas e deltas sujeitos a enchentes e assoreamento. Nesses contextos as pessoas são comprometidas com o território mais que o comum. Em outros lugares, os padrões variam mais, mas com algumas tendências para uma maior fixidez do que entre os caçadores-coletoras.

Em segundo lugar, o investimento pode estar nas relações sociais de produção e troca, na forma de gangues de trabalhadores, na divisão do trabalho, nos mercados e assim por diante. Estes tendem a ser socialmente e não territorialmente fixos. Relações laborais regulares (sem força militar) requerem confiança normativa, encontrada entre pessoas que são membros do mesmo grupo – família, vizinhança, clã, linhagem, aldeia, classe, nação, Estado ou o que for. Isso é mais verdadeiro para a produção do que para as relações de troca, porque sua cooperação é mais intensa. A solidariedade normativa é necessária à cooperação, e tende a fixar redes de interação e a promover uma identidade ideológica comum. O investimento por um longo período significa uma cultura compartilhada mais estreita entre as gerações, mesmo entre os vivos e aqueles que ainda não nasceram. Tudo isso estreita os laços das aldeias e dos grupos de parentesco, como clãs, em sociedades com continuidade temporal.

Mas até que ponto? Em comparação com os caçadores-coletoras, os agricultores e pecuaristas são mais fixos. Todavia, também aqui há variabilidade entre ecologias e ao longo do tempo. Variações ao longo das estações, no decorrer do ciclo de corte e queima (mais cooperação na fase de derrubada de árvores do que depois), e nos ciclos agrícolas implicam uma cooperação bastante flexível. Mais uma vez, o enjaulamento mais extremo se dá na várzea, desde que a irrigação seja possível. Isso requer esforço de trabalho cooperativo muito além do que o comum no contexto agrícola, argumento ao qual retornarei no próximo capítulo.

O terceiro investimento está nos instrumentos de trabalho, ferramentas ou maquinário que não fazem parte da natureza e que, em princípio, podem ser movidos. Por vários milênios, as ferramentas tendiam a ser pequenas e portáteis, permitindo que as pessoas constituíssem vínculos sociais, mas não territoriais, organizadas em sociedades não muito grandes, com grupo de famílias que se revezavam no uso de ferramentas. Na Idade do Ferro, discutida no capítulo 6, uma revolução na fabricação de ferramentas tendeu a reduzir o tamanho das sociedades existentes.

Portanto, os efeitos do investimento social foram variados, mas a tendência geral foi em direção a uma maior estabilidade social e territorial, devido ao aumento da exploração da terra. O sucesso agrícola era inseparável da coerção.

No entanto, se somarmos duas outras tendências importantes, a pressão populacional e um grau de especialização ecológica, o cenário se torna mais complexo. Poucos agricultores ou pastores desenvolveram a panóplia completa de medidas drásticas de controle de natalidade constantemente observadas entre os caçadores-coletoras. Os seus excedentes de subsistência foram periodicamente ameaçados pelos excedentes populacionais e pela erosão do solo ou por doença, característicos dos "ciclos malthusianos". As respostas foram fusões dentro de grupos, migrações de povos inteiros e, talvez, formas de violência mais organizada, com efeitos adversos sobre a coesão social: o primeiro a enfraquece, o segundo e o terceiro podem fortalecê-la.

Os efeitos da especialização ecológica em meio a uma agricultura em desenvolvimento são ainda mais complexos. Alguns acreditam que a especialização encorajou uma maior divisão do trabalho dentro de uma sociedade (exemplificada pela teoria da "chefia redistributiva" da qual falaremos mais adiante). Se os produtos são trocados dentro de uma aldeia ou de uma estrutura de parentesco, há um aumento no compromisso com organização de mercados, armazéns e assim por diante. Papéis especializados e hierárquicos proliferam-se, e há intensificação da divisão do trabalho e de classificação hierárquica. Com o aumento do tamanho, da especialização, da difusão e da troca, também cresceu o mundo com o qual se tinha contato. Assim o grupo se estabilizou, o mesmo aconteceu com as relações intergrupais, e a dificuldade de integrar a terra arada com a terra usada para pastoreio estimulou o surgimento de grupos agrícolas e pastoris relativamente especializados. Na esteira disso se deu o crescimento de *duas* redes de interação social, o "grupo" ou "sociedade" e a rede de trocas mais ampla e mais difusa.

O surgimento do poder coletivo ideológico, militar e político

Essa mesma dualidade aparece no surgimento do poder ideológico – com religiões mais estabilizadas e extensas, e o que os arqueólogos e alguns antropólogos chamam de cultura. Sobre a religião sabemos muito pouco a partir da arqueologia e um pouco mais a partir da antropologia, embora a relevância histórica seja algo incerta.

A teoria sobre o enjaulamento evolutivo é exemplificada por Bellah (1970: 2-52), que delineia as principais fases da evolução religiosa, sendo que as duas primeiras são relevantes aqui. Em sua fase inicial, a capacidade humana primitiva de controlar a vida e o meio ambiente, de fazer mais do que sofrer de forma passiva, dependia do desenvolvimento do pensamento simbólico. Isso separa sujeito e objeto e leva à capacidade de manipular o ambiente. A religião primitiva fez isso de maneira rudimentar. O mundo simbólico mítico não estava claramente separado do mundo natural ou dos seres humanos. Algumas religiões fundiram clãs humanos a fenômenos naturais como rochas e pássaros, e pessoas míticas a ancestrais em uma classificação totêmica, distinguindo-a de outras configurações semelhantes. Portanto, a ação religiosa era concebida como uma participação neste mundo, não uma ação sobre ele. No entanto, quando o grupo social delimitado surgiu, teve início uma segunda fase. Regularidades emergentes de cooperação econômica, militar e política foram concebidas como um *nomos*, eco do sentido da ordem e significado finais do cosmos. Os deuses passaram a gozar de uma posição *interna*, em relação direta com o clã, linhagem, aldeia ou tribo. O divino foi domesticado pela sociedade. A teoria da religião de Durkheim, a ser considerada em capítulos posteriores, poderia ser mobilizada aqui: a religião era meramente a sociedade "estendida idealmente às estrelas". Assim como a sociedade foi enjaulada, o mesmo se deu com a religião.

Há dois defeitos nesse argumento. Primeiro, os registros antropológicos indicam que o divino pode de fato tornar-se mais social, mas não mais unitário. Os deuses do grupo A não estão nitidamente separados daqueles do grupo B. Há sobreposição e, frequentemente, um panteão flexível e mutável, no qual espíritos, deuses e ancestrais de aldeias adjacentes e grupos de parentesco coexistem em uma hierarquia de *status* competitiva. Na África Ocidental, por exemplo, se uma determinada aldeia ou grupo de parentesco aumenta sua autoridade sobre seus vizinhos, seus ancestrais podem se tornar rapidamente adotados como personagens importantes dentro do panteão dos outros. Há grande flexibilidade ideológica e uma dialética entre o pequeno grupo e a "cultura" maior. Em segundo lugar, o registro arqueológico revela que os estilos artísticos comuns eram geralmente muito mais extensos do que qualquer aldeia ou grupo de parentesco. Aquelas decorações sobreviventes de cerâmica, pedra ou metal eram semelhantes em grandes áreas e não têm grande importância. Mas o mesmo estilo de representar figuras divinas ou que representam a humanidade, a vida ou a morte, aponta para uma cultura comum vigente sobre uma área mais ampla do que aquela das organizações sociais impositivas. A disseminação do estilo "campaniforme" na maior parte da Europa, do "Dong-Son" no sudeste da Ásia, ou "Hopewell" na América do Norte indicam extensas ligações de quê? De comércio, provavelmente; troca de população em migrações cruzadas e artesãos especialistas em peregrinação, talvez; similaridade de religião e ideologia, eventualmente; mas não pode ter envolvido nenhuma organização *impositiva* substancial, formal e restritiva. Foi uma das primeiras expressões do *poder difuso*. No próximo capítulo veremos que as primeiras civilizações compreendiam dois níveis: uma pequena autoridade política, normalmente uma cidade-Estado; e a unidade "cultural" maior, por exemplo, da Suméria ou do Egito. A mesma dialética emerge entre duas redes de interação social, uma pequena e impositiva, a outra ampla e difusa. Ambos eram uma parte importante do que poderíamos chamar de "sociedade" da época.

Assim, os padrões ideológicos de poder eram menos unitários, menos enjaulados do que a teoria evolutiva supõe. No entanto, a jaula foi ampliada pela nossa terceira fonte de poder, o poder militar, que também emergiu nesse período. Quanto maior o excedente gerado, mais desejável era predar estranhos. E quanto maior a fixidez do investimento, maior a tendência a defender-se em vez de fugir do ataque. Gilman (1981) argumenta que, na Idade do Bronze, as técnicas de subsistência intensivas em capital (o arado, policultura mediterrânea de azeitonas e grãos, irrigação e pesca em alto-mar) precederam e causaram a emergência de uma "classe de elite hereditária". Seus bens demandavam defesa e liderança permanentes.

Este não é o momento para tentar explicar a guerra. Apenas observo dois pontos. Primeiro, a guerra é onipresente na vida social organizada, mesmo que não seja universal. *Podemos* encontrar grupos sociais aparentemente pacíficos – e assim uma teoria que relaciona a guerra à invariante natureza humana não pode ser apoiada – mas são geralmente casos isolados, marcados por uma obsessiva batalha contra a natureza em seus aspectos mais duros (como entre os esquimós) ou refugiado da guerra que aconteceu em outros lugares. Em um estudo quantitativo, apenas quatro entre cinquenta povos primitivos não se envolveram rotineiramente na guerra. Em segundo lugar, a antropologia comparativa mostra que sua frequência, organização e intensidade de mortes aumentam substancialmente com o assentamento permanente e, novamente, com a civilização. Esses estudos quantitativos revelaram, ainda, que metade das guerras entre os povos primitivos foi relativamente esporádica, desorganizada, ritualística e sem derramamento de sangue (BROCK & GALTUNG, 1966; OTTERBEIN, 1970: 20-21; DIVALE & HARRIS, 1976: 532; MOORE, 1972: 14-19; HARRIS, 1978: 33). Porém, todas as civilizações da história registrada se engajaram rotineiramente em guerras altamente organizadas e sangrentas.

A hostilidade armada entre grupos reforça a percepção da existência daqueles "de dentro do grupo" e daqueles "de fora do grupo". As distinções objetivas também foram intensificadas: grupos economicamente especializados desenvolveram formas especializadas de guerra. O armamento e a organização dos primeiros combatentes derivavam de suas técnicas econômicas – os caçadores lançavam projéteis e disparavam flechas; os agricultores empunhavam enxadas afiadas e adaptadas; os pastores montavam cavalos e camelos. Todas as táticas usadas eram consoantes com suas formas de organização econômica e, por sua vez, essas diferenças militares aumentaram seu senso de distinção cultural geral.

As diferentes formas de investimento em atividades militares tiveram implicações semelhantes para a economia. O investimento militar na natureza, por exemplo, em fortificações, aumentou a territorialidade. Uma diferença era que o investimento militar na pecuária (cavalaria) geralmente aumentava a mobilidade em vez da fixidez. O investimento militar nas relações sociais, isto é, na organização de suprimentos e coordenação de movimentos e táticas, intensificou enormemente a solidariedade social. Também exigia um estado de espírito disciplinado. Investimentos militares nas ferramentas de guerra, como armas, tendiam inicialmente a incentivar o combate individualista e a descentralizar a autoridade militar.

No geral, o crescimento do poder militar reforçou o enjaulamento da vida social. Por isso, a história evolucionista tende a concentrar-se sobre certas relações de poder econômico e no poder militar em geral, que culminam com o surgimento do Estado, a quarta fonte de poder social. Como o defini, centralizado, territorializado, permanente e coercitivo, o Estado não era uma instituição original, ou seja, não é encontrado entre os caçadores-coletoras. Os elementos constitutivos do Estado foram incentivados pelo investimento social e territorial fixo, econômico e militar. Isso completaria a história evolutiva, ligando a pré-história e a história em uma sequência de desenvolvimento. Entre os caçadores-coletoras e o Estado civilizado e perene há uma série contínua de estágios que incorporam maior estabilidade social e territorial como o "preço" pago pelo aumento dos poderes humanos sobre a natureza. Vamos examinar as teorias evolucionistas rivais sobre as origens da estratificação e do Estado.

Teorias evolutivas sobre as origens da estratificação e do Estado

Nem a estratificação nem o Estado eram uma forma social original. Os caçadores-coletoras eram igualitários e sem Estado. Os evolucionistas argumentam que a transição para a agricultura e pastoreio foi baseada em um crescimento lento, prolongado e conectado na estratificação e no Estado. Quatro tipos de teoria evolutiva são considerados aqui – *liberais, funcionalistas, marxistas e militaristas*. Corretamente, eles concebem as duas questões mais importantes e desconcertantes como sendo conectadas: (1) Como alguns adquiriram poder permanente sobre as chances de vida material dos outros, conferindo-lhes a capacidade de adquirir propriedades que potencialmente negavam subsistência a outros? (2) Como a autoridade social se tornou permanentemente alojada em poderes centralizados, monopolistas e coercitivos em estados territorialmente definidos?

A essência dessas questões é a distinção entre autoridade e poder. As teorias evolucionistas oferecem explicações plausíveis para o crescimento da autoridade, mas não podem explicar satisfatoriamente como a autoridade foi convertida em poder, que poderia ser usado *ou* de forma coercitiva contra as pessoas que incialmente concederam a autoridade, *ou* para privar as pessoas dos direitos de subsistência material. De fato, veremos que essas conversões não aconteceram na pré-história. *Não há* uma origem geral do Estado e da estratificação. Trata-se de uma falsa questão.

As teorias liberal e funcional argumentam que a estratificação e os estados incorporam a cooperação social racional, e assim foram originalmente instituídos em uma espécie de "contrato social". A teoria liberal concebe esses grupos de interesse como sendo constituído por indivíduos com meios de subsistência e direitos de propriedade privada. Assim, a propriedade privada teria precedido e determinado a formação do Estado. As teorias funcionais, por sua vez, são mais variadas, mas considero aqui apenas o funcionalismo dos antropólogos econômicos, com sua discussão da "chefia[4] redistributiva". Os marxistas argumentam que os estados fortalecem a exploração de classes e, portanto, foram instituídos pelas primeiras classes de propriedade. Como o liberalismo, a teoria marxista argumenta que o poder da propriedade privada precedeu e determinou a formação do Estado, mas o marxismo ortodoxo vai mais além e afirma que a propriedade privada emergiu da propriedade originalmente comunista. Finalmente, a teoria militarista argumenta que os estados e a pronunciada estratificação social originaram-se na conquista e nas exigências de ataques e defesas militares. Todas as quatro escolas argumentam com contundência, para não dizer dogmatismo.

Há três aspectos intrigantes em sua confiança. Primeiro, por que os teóricos que desejam falar sobre o Estado precisam embasar suas afirmações com uma

---

4. A expressão original é *"chiefdom"*, comumente traduzida no Brasil por "cacicado", sobretudo no campo da etnologia. Todavia, essa versão não pode ser aplicada para o contexto, por se referir a outras formas de organização social em que não há a figura do cacique. A expressão figura originalmente nos trabalhos de Marshall Sahlins e Elman Service, e pode ser traduzida como domínio, chefatura ou chefia. Para efeitos de clareza, para o presente livro optamos pela última solução [N.Ts.].

rápida incursão pelas encostas arborizadas da pré-história? Por que o marxismo deveria se importar com as origens dos estados ao justificar uma posição particular em relação ao capitalismo e ao socialismo? Não é necessário para uma teoria sobre os estados posteriores demonstrar que os primeiros estados se originaram desta ou daquela maneira. Em segundo lugar, essas teorias são reducionistas, reduzindo o Estado a aspectos preexistentes da sociedade civil. Ao defender a continuidade entre as origens e o desenvolvimento, negam que o Estado possua propriedades *emergentes* próprias. E, no entanto, grupos de interesse da "sociedade civil", como classes sociais e exércitos, são reunidos nas páginas da história pelos estados – chefes, monarcas, oligarcas, demagogos e suas equipes e burocracias domésticas. Podemos negar autonomia a eles? Em terceiro lugar, qualquer um que examine evidências empíricas relativas aos primeiros estados percebe que as explicações baseadas em um único fator pertencem ao estágio do "jardim de infância" da teoria do Estado, porque as origens são extremamente diversas.

É claro que essas teorias eram originalmente avançadas, quando seus autores dispunham de pouca evidência empírica. Atualmente, porém, há uma riqueza de estudos arqueológicos e antropológicos sobre os primeiros estados primitivos, sobre os antigos e os modernos, em todo o mundo. Esses dados nos obrigam a lidar de forma mais dura com as asserções confiantes dessas teorias, especialmente com as do liberalismo e do marxismo. Isso é especialmente verdade em relação à sua confiança na suposta importância da propriedade individual nas primeiras sociedades.

Começo pela parte mais vulnerável da teoria liberal – sua tendência a situar a desigualdade social nas diferenças entre os indivíduos. Quaisquer que sejam as origens precisas da estratificação, elas são sempre processos *sociais*. A estratificação original teve pouco a ver com a dotação genética dos indivíduos, bem como qualquer estratificação social subsequente. A diferença nos atributos genéticos dos indivíduos não é grande e não é cumulativamente herdada. Se as sociedades fossem governadas por poderes humanos racionais, seriam quase igualitárias em estrutura.

Desigualdades muito maiores são encontradas na natureza, por exemplo, entre terras férteis e áridas. A posse desses recursos diferenciais levará a maiores diferenças de poder. Se combinarmos a ocupação ao acaso de terras de diferentes qualidades, com diferentes capacidades de trabalho duro e habilidoso, chegaremos à teoria liberal tradicional sobre as origens da estratificação, encontrada especialmente na obra de Locke. No próximo capítulo, veremos que na Mesopotâmia a ocupação ocasional de terras relativamente férteis pode ter sido relevante. Além disso, talvez parte da ênfase concedida por Locke sobre as diferenças em virtude da diligência, trabalho duro e capacidade de economia pudesse ser inferida a partir das evidências de que dispomos sobre os caçadores-coletoras. Afinal, se alguns deles trabalhassem oito horas em vez de quatro, teriam produzido excedente de riqueza (ou duplicado a população!). Mas as coisas não são tão simples assim. Como mostram os estudos sobre caçadores-coletoras, todos no grupo têm o direito de compartilhar excedentes inesperados, mesmo que se trate de objetos produzidos. A parcimônia não traz sua recompensa burguesa! Essa é uma razão pela qual os projetos de desenvolvimento empresarial entre os caçadores-coletoras de hoje em geral fracassam – não há incentivos para o esforço individual.

Manter um excedente, mesmo produzido individualmente, requer organização social. Requer normas de posse. Como a adesão aos princípios normativos se dá sempre de forma imperfeita, é também preciso existir alguma forma de proteção armada. Ademais, a produção normalmente não é individual, mas social. Portanto posse, uso e defesa dos recursos naturais são bastante afetados até mesmo pelas práticas mais simples de organização social: Três homens (ou três mulheres) lutando ou trabalhando em equipe podem normalmente matar ou produzir muito mais que três pessoas agindo individualmente, por mais forte que esta seja como indivíduos. Qualquer que seja o poder em questão – econômico, militar, político ou ideológico – ele é conferido predominantemente pela organização social. O que importa é a desigualdade social, não a natural – como Rousseau observou.

Mas Rousseau ainda concluiu que a estratificação resultou da propriedade privada mantida por indivíduos. Esta é a sua famosa afirmação: "O primeiro homem que cercou uma área e disse: 'Isto é meu' e que encontrou pessoas simples o suficiente para acreditar nele, foi o verdadeiro fundador da sociedade civil". Isso não elimina as objeções que acabei de indicar. No entanto, por incrível que pareça, essa premissa foi adotada por uma perspectiva teórica que supostamente representa a principal oposição ao liberalismo, o socialismo. Marx e Engels consagraram a antítese entre propriedade privada e comunal, afinal, em sua teoria, a estratificação surgiu à medida que as relações de propriedade privada surgiam a partir de um comunismo primitivo original. Atualmente, a maioria dos antropólogos nega isso (p. ex., MALINOWSKI, 1926: 18-21, 28-32; HERSKOVITS, 1960). Estudos sobre a propriedade, como o de Firth sobre a Tikopia (1965), revelam uma miríade de direitos de propriedade diferentes – individual; familiar; etário, relativo ao clã ou bando. Em que circunstâncias a propriedade privada poderá se desenvolver mais?

Os grupos variam em seus direitos de propriedade de acordo com suas formas de investimento em trabalho com retorno tardio. O surgimento de propriedades privadas desiguais é mais rápido se o investimento for portátil, isto é, se o indivíduo puder dispor dele fisicamente sem ter que excluir outros mediante o uso da força. Se o investimento de retorno tardio for feito em ferramentas portáteis (usadas talvez para cultivar intensamente pequenas parcelas de terra), então outras formas de propriedade baseadas na propriedade individual, ou talvez familiar, podem se desenvolver. No outro extremo está a cooperação laboral extensiva. Aqui, é intrinsecamente difícil que indivíduos ou famílias dentro do grupo cooperativo alcancem direitos excludentes contra outros dentro do grupo. O cultivo da terra é variável em suas implicações; se trabalhada em pequenas parcelas, talvez com grandes investimentos, pode conduzir à propriedade individual ou familiar – embora não seja fácil entender como enormes desigualdades se desenvolveram, em vez de grupos camponeses com propriedades aproximadamente iguais. Quando se trabalha extensivamente em um sistema de cooperação social, é mais difícil ocorrer uma propriedade de tipo excludente.

A especialização ecológica pode levar os pastores mais perto da propriedade privada. Seu investimento na natureza é principalmente em animais portáteis, circunscritos em um terreno particular, cercados por limites, normalmente não territorialmente fixados, mas protegidos. Os direitos de exclusão são a norma entre os pastores nômades, reforçados por padrões de pressão populacional. Se os agricultores estão ameaçados pela pressão, então o controle malthusiano é suficiente. Alguns passarão fome e a taxa de mortalidade aumentará até que um novo equilíbrio entre recursos e população seja atingido. Isso não causa danos permanentes às principais formas de investimento, como em terra, edifícios, ferramentas e cooperação social. Mas, como Barth demonstrou, os pastores precisam ser sensíveis a desequilíbrios ecológicos entre rebanhos e pastagens, pois seu investimento produtivo deve ser feito em animais que não devem ser usados como alimento em tempos difíceis. Se eles forem comidos, praticamente todo o grupo perecerá mais tarde. Controles efetivos da população devem operar antes que o ciclo malthusiano possa ocorrer. Barth argumenta que a propriedade privada de rebanhos é o melhor mecanismo de sobrevivência: as pressões ecológicas atacam diferencialmente, eliminando algumas famílias sem afetar outras. Isso seria impossível se a igualdade coletiva prevalecesse e se a autoridade fosse centralizada (1961: 124).

Portanto, entre pastores, ao contrário de outros grupos, existe uma antítese entre propriedade privada e controle comunal. Pressões populacionais diferenciadas podem gerar mais desigualdades e expropriação de mão de obra. Uma família que sobrevive de forma próspera em meio às dificuldades dos outros pode acolher trabalho livre ou mesmo servos das famílias mais atingidas. Mesmo esse arranjo não é geralmente uma propriedade individual, mas familiar, organizada em uma estrutura multinível, "o clã genealógico". O clã e a família detêm a propriedade – os poderes dos indivíduos dependem de seu poder dentro dessas coletividades.

Em nenhum contexto, portanto, encontramos a propriedade individual ou propriedade total da comunidade. O poder nos grupos sociais não é produto da simples soma de indivíduos multiplicados por seus diferentes poderes. *As sociedades são, na verdade, federações de organizações.* Em grupos sem Estado, indivíduos poderosos invariavelmente representam alguma coletividade quase autônoma em um campo mais amplo de ação – uma família, uma família extensa, uma linhagem, um clã genealógico, uma aldeia, uma tribo. Seus poderes derivam de sua capacidade de mobilizar os recursos dessa coletividade. Isso é bem expresso por Firth:

> Há uma instituição de propriedade em Tikopia, apoiada por convenções sociais definidas. Ela é expressa em grande parte em termos da propriedade de bens por grupos de parentesco, mas permite a posse individual de itens menores, assim como dos direitos dos chefes sobre certos tipos de bens, como terra e canoas, e direitos sobre eles por outros membros da comunidade como um todo. Decisões sobre o uso desses bens em outras produções são tomadas, na prática, pelos chefes dos grupos de parentesco – chefes, anciãos, chefes de família, membros seniores de uma "casa" – em consulta com outros membros do grupo, de modo que, no caso dos bens mais importantes, como terra e canoas, a "propriedade individual" só pode ser expressa em termos de graus de responsabilidade e utilização da propriedade do grupo (1965: 277-278).

A fonte de toda a hierarquia está na autoridade representativa que não é unitária.

Temos ainda um bom caminho a percorrer até o fim do percurso evolutivo ao longo do qual somos habitualmente conduzidos. Afinal, esse tipo de autoridade é extremamente fraco. Os chefes – pois geralmente há vários deles sob a liderança nominal de um – com frequência desfrutavam de poderes insignificantes. O termo *sociedade hierárquica* abrange toda uma fase da evolução social geral (na verdade, a última!) na qual o poder estava quase totalmente confinado ao uso da "autoridade" em nome da coletividade. Tudo o que se conferia era *status*, prestígio. Anciãos, "grandes homens" ou chefes só podiam privar outros de recursos escassos e valiosos com alguma dificuldade, e nunca poderiam privar arbitrariamente outros recursos de subsistência. Tampouco possuíam grande riqueza. Eles poderiam distribuir a riqueza entre os membros do grupo, mas não poderiam retê-la. Como Fried comenta, "essas pessoas eram ricas em virtude do que dispensavam e não pelo que acumulavam" (1967: 118). Clastres, estudando os ameríndios, negou que o chefe detinha poder decisório de caráter autoritário: Ele possui apenas prestígio e eloquência para resolver conflitos – "a palavra do chefe não comporta força de lei". O chefe é mantido "prisioneiro" nesse papel ao qual é confinado (1977: 175). O poder coletivo, não distributivo, está sendo exercido. O chefe é seu porta-voz. Este é um argumento *funcionalista*.

Isso permite superar um potencial obstáculo para o eventual surgimento de desigualdades pronunciadas – aquele da *permanência* da autoridade. Caso se trate apenas de poder coletivo, não há problema quanto a quem o exerce. O papel de autoridade refletirá simplesmente as características da estrutura social abaixo dela. Se idade e experiência são valorizadas na tomada de decisões, então um ancião pode assumir o papel; se houver aquisição material pela família nuclear, um "grande homem", definido por habilidades aquisitivas; se as linhagens são dominantes, um chefe hereditário.

O poder coletivo precedeu o poder distributivo. As sociedades hierárquicas precederam as sociedades estratificadas – e duraram por um período enorme de tempo. No entanto, isso apenas antecipa nossa dificuldade em explicar como as sociedades igualitárias se tornaram não igualitárias na distribuição de recursos escassos e valorizados, especialmente recursos materiais. Em sociedades hierárquicas posteriores, de acordo com as teorias, como o consentimento para a igualdade se transformou em consentimento para a desigualdade ou, alternativamente, como o consentimento foi anulado?

Há, como observa Clastres (1977: 172), uma resposta que *parece* simples e plausível: a desigualdade é imposta a partir de fora pela violência física. Este é o argumento *militarista*. O grupo A subjuga o grupo B e o expropria. Ele devolve ao grupo B o direito a retomar o trabalho, talvez os direitos de arrendamento ou de servidão, ou talvez apenas a escravidão. Na virada do século, essa teoria das origens da estratificação era bastante difundida. Gumplowicz e Oppenheimer estavam entre aqueles que argumentavam que a conquista por um grupo étnico por parte de outro era o único caminho para o incremento econômico, envolvendo uma elaborada cooperação trabalhista. Métodos de produção intensiva exigiam a expropriação dos direitos de propriedade do trabalho, que só podiam ser impostos a estranhos, não aos "semelhantes" (para Gumplowicz, essa palavra envolvia o parentesco, 1899: 116-124; cf. tb. OPPENHEIMER, 1975).

Atualmente, modificaríamos essa teoria racista do século XIX para compreender a etnicidade tanto como *resultado* de tais processos quanto como uma causa: a conquista forçada e a escravização produziram sentimentos étnicos. A etnia só oferece uma explicação para o domínio de todo um "povo" ou "sociedade" sobre outro povo ou sociedade. Este é apenas *um* tipo de estratificação, não sua totalidade; é algo comparativamente raro entre os grupos primitivos, e pode ter sido ausente na pré-história, onde não existiam "povos". As formas mais extremas de dominação – a expropriação total dos direitos à terra, aos rebanhos e às colheitas e a perda de controle sobre o próprio trabalho (ou seja, a escravidão) – geralmente se seguiram à conquista. As melhorias significativas na produção de excedentes geralmente ocorrem nas sociedades *históricas* em virtude do aumento da intensidade do trabalho – geralmente exigindo aumento da força física. Mas isso não foi algo universal. Por exemplo, os avanços da irrigação discutidos no próximo capítulo parecem não ter sido baseados no aumento da coerção por meio da conquista, mas em meios mais "voluntários". Precisamos de uma explicação de como o poder militar pode ter efeitos "voluntários".

A teoria militarista fornece essa explicação de duas maneiras distintas. Ambas explicam as origens do Estado, sendo que a primeira privilegia o poder de organizar os conquistados, enquanto a segunda concentra-se sobre os conquistadores. As teorias militaristas partem de uma proposição ousada: o Estado invariavelmente originou-se na guerra, tal como foi expresso por Oppenheimer:

> O Estado, completamente em sua gênese essencialmente e quase completamente durante os primeiros estágios de sua existência, é uma instituição social, forçada por um grupo vitorioso de homens em um grupo derrotado, com o único propósito de regular o domínio do grupo vitorioso sobre o grupo derrotado, e assegurando-se contra a revolta interna e ataques externos (1975: 8).

Uma associação pouco coesa de invasores transformou-se em um "Estado" permanente e centralizado com o monopólio da coerção física, "quando pela primeira vez o conquistador poupou sua vítima a fim de explorá-la permanentemente em trabalho produtivo" (1975: 27). Os estágios iniciais, acreditava Oppenheimer, eram dominados por um tipo de conquista, qual seja, a de agricultores sedentários por parte de pastores nômades. Várias etapas da história do Estado podem ser distinguidas: da pilhagem e ataques à conquista e à fundação do Estado, instaurando um meio permanente de coletar excedentes dos conquistados e, por fim, a fusão gradual dos conquistadores e conquistados em um "povo" governado por um conjunto de leis estatais. O povo e o Estado foram continuamente ampliados ou reduzidos pela vitória ou derrota na guerra ao longo da história. Esse processo só cessará quando um povo e um Estado controlarem o mundo. Mas, então, esse Estado se dissolveria em uma "cidadania de homens livres" anarquista. Sem guerra, não haveria necessidade do Estado.

Algumas dessas ideias revelam preocupações características do final do século XIX. Outras refletem o próprio anarquismo de Oppenheimer, embora essa teoria geral tenha sido periodicamente ressuscitada. Esse foi o caso do sociólogo Nisbet, que afirmou com confiança que "não existe um exemplo histórico conhecido de um Estado político não fundado em circunstâncias de guerra, não enraizado nas disciplinas distintas da guerra. O Estado é, de fato, pouco mais que a institucionalização do aparato de guerra" (1976: 101). Nisbet, como Oppenheimer, concebe que posteriormente o Estado diversifica suas atividades, adquirindo funções pacíficas anteriormente residentes em outras instituições como a família ou a organização religiosa. Mas na origem o Estado implica violência contra pessoas de fora. Visões semelhantes são sustentadas pelo historiador alemão Ritter:

> Onde quer que o Estado faça sua aparição na história, isso se dá sobretudo na forma de uma concentração de poder de luta. A política nacional gira em torno da luta pelo poder: a virtude política suprema é a prontidão incessante para travar uma guerra, com todas as suas consequências de inimizade irreconciliável, culminando na destrui-

ção do inimigo, se necessário. Nessa visão, as virtudes política e militar são sinônimas [...]. No entanto, o poder de luta não é o todo do Estado [...], pois é essencial para a ideia de Estado ser o guardião da paz, lei e ordem. De fato, este é o fim mais elevado e mais apropriado da política – harmonizar pacificamente os interesses conflitantes, para conciliar as diferenças nacionais e sociais (1969: 7-8).

Todos esses escritores expressam variantes do mesmo ponto de vista: o Estado originou-se na guerra, mas a evolução humana levou-o para outras funções pacíficas.

Nesse refinado modelo, a conquista militar se estabelece em um Estado centralizado. A força militar é disfarçada de leis e normas monopolistas administradas por um Estado. Embora as origens do Estado residam meramente na força militar, posteriormente ela desenvolve seus próprios poderes.

O segundo refinamento concerne ao poder entre os conquistadores. A grande fraqueza, até agora, diz respeito à organização da força conquistadora: isso já não *pressupõe* desigualdade de poder e a existência de um Estado? Spencer abordou essa questão diretamente, argumentando que *tanto* a desigualdade material significativa *quanto* o Estado central originaram-se da necessidade de organização militar. Sobre as origens do Estado, ele é claro:

> O controle centralizado é a principal característica adquirida por todo corpo de combatentes [...]. E esse controle centralizado, necessário durante a guerra, caracteriza o governo durante a paz. Entre os incivilizados, há uma notória tendência de que o chefe militar se torne também o chefe político (o curandeiro sendo seu único concorrente); e em uma raça de selvagens conquistadores, sua liderança política se torna fixa. Nas sociedades semicivilizadas, o comandante conquistador e o rei despótico são os mesmos e permanecem os mesmos nas sociedades civilizadas até recentemente [...]. Em poucos casos, se é que houve algum, ocorreu de as sociedades evoluírem para sociedades maiores sem passar para o tipo militar (1969: 117, 125).

Nessa visão, a centralização é uma necessidade funcional da guerra, entre *todos* os combatentes – conquistadores, conquistados e aqueles envolvidos em lutas inconclusivas. Essa é uma ideia exagerada. Nem todos os tipos de luta militar exigem um comando centralizado – por exemplo, a guerra de guerrilha não. Mas se o objetivo é a conquista sistemática ou a defesa de territórios inteiros, a centralização é útil. A estrutura de comando dos exércitos é mais centralizada e autoritária do que geralmente é o caso em outras formas de organização, e isso ajuda a conquistar a vitória. Onde a vitória ou a derrota podem acontecer em questão de horas, a tomada de decisão rápida e irrestrita e a transmissão inquestionável de ordens é essencial (ANDRESKI, 1971: 29, 92-101).

Como verdadeiro evolucionista, Spencer está inferindo uma tendência empírica, não uma lei universal. Em uma disputa competitiva entre sociedades, aqueles que adotam o Estado "militarizado" têm maior possibilidade de sobrevivência. Às vezes, ele leva essa ideia adiante, argumentando que a própria estratificação deve sua origem à guerra. De qualquer forma, em tais sociedades a estratificação e o modo de produção são subordinados ao poder militar: "A parte industrial da sociedade continua a ser essencialmente um comissariado permanente, existindo unicamente para suprir as necessidades das estruturas governamentais-militares, deixando para si só apenas o suficiente para a estrita manutenção" (1969: 121). Essa sociedade *militarizada* é governada pela "cooperação compulsória". Regulada de forma despótica e centralizada, essa organização teria predominado nas sociedades complexas até o surgimento da sociedade industrial.

Os pontos de vista de Spencer são valiosos, mesmo que sua etnografia seja bastante característica da era vitoriana e que seu argumento incorra em muitas generalizações. Não havia uma unidade "militarizada" geral nas sociedades históricas, embora nos capítulos 5 e 9 eu use a noção de cooperação compulsória na análise de sociedades antigas particulares.

Assim como a explicação das origens do Estado, o argumento de Spencer também não pode ficar sem contestação. Um aspecto particular é bastante superficial, qual seja, aquele que concerne como o poder militar se torna permanente. Admitindo seu argumento de que o campo de batalha e a coordenação de campanhas exigem poder central, como a liderança militar mantém seu poder depois disso? Os antropólogos nos dizem que as sociedades primitivas estão realmente bem conscientes do que pode acontecer, e tomam medidas deliberadas para evitá-lo. Elas são "assertivamente igualitárias", como diz Woodburn (1982). Os poderes dos chefes de guerra são limitados no tempo e em seu escopo, precisamente para que a autoridade militar não seja institucionalizada. Clastres (1977: 177-180) descreve as tragédias de dois chefes de guerra, um deles o famoso apache Gerônimo, e o outro, Fousive, da Amazônia. Nenhum guerreiro, por mais corajoso, engenhoso e ousado que fosse, poderia manter sua proeminência tanto durante a guerra quanto durante o tempo de paz. Ele poderia ter exercido autoridade permanente liderando grandes empreitadas de guerra, mas tão logo seu povo se cansasse da guerra o abandonaria – Fousive foi abandonado à morte em batalha, enquanto Gerônimo foi destinado a escrever suas memórias. O modelo de Spencer só pode funcionar para um grupo militar extraordinariamente bem-sucedido.

Além disso, é mais adequado para a conquista, caso em que a terra conquistada, seus habitantes e seu excedente podem ser apropriados pelos líderes militares e distribuídos às tropas como recompensas, garantindo continuidade da autonomia vital da sociedade conquistadora. A divisão dos espólios requer cooperação entre os soldados, mas a sociedade conquistada pode ser desconsiderada. Os espólios da guerra suplantaram seu excedente em relação à infraestrutura do poder militar. Nesse contexto, o poder militar origina-se da ocupação do espaço de poder entre duas sociedades, conquistadores e conquistados, jogando um contra o outro. Isso também configura uma oportunidade importante para certos tipos de defesa militar. Onde a ameaça externa persiste, e onde a fixidez social exige a defesa de todo um território, pode ser necessário um soldado especializado. Seu poder é permanente, e sua autonomia resulta da capacidade de colocar aqueles que atacam contra aqueles da sociedade atacada.

Mas a conquista e a defesa territorial especializadas geralmente não são encontradas entre os povos primitivos, pois pressupõem considerável organização social por parte dos conquistadores, e muitas vezes também entre os conquistados. A conquista envolve a exploração de uma comunidade estável e estabelecida usando suas estruturas organizacionais próprias ou aquelas dos conquistadores. Portanto, o modelo de Spencer parece apropriado para pensar o que ocorreu *após* o surgimento inicial do Estado e da estratificação social, com uma conjuntura dotada de muito mais recursos organizacionais do que aqueles disponíveis para líderes de guerra como Gerônimo ou Fousive.

Vamos revisar as evidências empíricas. Começo com um compêndio de vinte e um estudos de caso de estados "primitivos", alguns baseados em antropologia, outros em arqueologia, editados por Claessen e Skalnik (1978). Nenhum estudo quantitativo das origens dos estados pode ser estatístico em sentido estrito, pois não se sabe o tamanho geral da população dos estados originais ou "primitivos" – aqueles que emergiram de forma autônoma em relação a todos os outros estados. Portanto, não se pode pensar em amostras dessa população. Contudo, tal população seria muito pequena, dificilmente o suficiente para viabilizar uma análise estatística. Portanto, qualquer amostra um pouco maior dos "primeiros estados", como a de Claessen e Skalnik, é uma amostra de uma população heterogênea que interagia entre si – alguns estados "puros" e uma grande variedade de outros, tanto estados envolvidos em relações de poder com eles e uns com os outros. Eles não são casos independentes. Qualquer análise estatística adequada deve incluir a natureza de suas interações como uma variável, algo que não foi feito por esses autores nem por quaisquer outros.

Com essas limitações consideráveis em mente, vamos nos concentrar sobre os dados. Dos vinte e um casos trazidos por Claessen e Skalnik, apenas dois (Cítia e Mongólia) assumiram a forma especificada por Oppenheimer, a conquista dos agricultores pelos pastores. Em outros três, a formação do Estado foi causada por uma coordenação militar especializada voltada a prevenir ataques estrangeiros. Em outros oito, diferentes tipos de conquista foram um fator importante na formação do Estado, enquanto a associação voluntária para fins bélicos reforçou a formação do Estado em cinco dos casos de "conquista" acima mencionados. A direção geral desses resultados é confirmada por outro estudo quantitativo (bastante menos detalhado em aspectos vitais, embora mais estatístico em seus métodos) realizado por Otterbein (1970) em relação a cinquenta casos antropológicos.

Ao tornar mais robusta a teoria militarista, de modo a abarcar os impactos dos conquistadores e/ou defensores *relativamente organizados*, chegamos a uma explicação baseada em um fator único para uma minoria de casos (cerca de 1/4), e um fator importante na explicação da maioria dos casos.) Todavia, um percurso desse tipo pressupõe um alto grau de poderes coletivos "quase estatais", de modo que um sistema de conquista ou defesa de longo prazo seriam responsáveis apenas por acrescentar um toque final. A questão, portanto, é saber: como eles chegaram tão longe?

É difícil aprofundar a questão baseando-se apenas na evidência de uma série de casos apresentados como sendo independentes quando, na verdade, sabemos que envolviam processos de interação de poder de longo prazo. O estudo regional das instituições governamentais da África Oriental realizado por Mair (1977) parece ser mais promissor. Examinando grupos relativamente centralizados e relativamente descentralizados próximos uns dos outros, ela consegue traçar melhor o processo de transição. Um único estudo regional não representa uma amostra de todos os tipos de transição, é claro. Nenhum destes eram estados "primitivos" – todos foram influenciados pelos estados islâmicos do Mediterrâneo, bem como pelos europeus. Na África Oriental, as características dos povos pastoris relativamente prósperos estavam em primeiro plano. Também neste caso, *todas* as transições envolveram uma grande quantidade de guerras. Na verdade, o único incremento trazido pelos grupos centralizados em relação aos não centralizados parece ter sido a melhoria das perspectivas de defesa e ataque. Mas a questão quanto à forma da guerra afasta-nos da dicotomia simples conquistadores-conquistados (o que implica o conflito entre duas sociedades unitárias) oferecida pela teoria militarista. Mair aponta como autoridades relativamente centralizadas emergiram a partir de uma ampla gama de relações federais transversais entre aldeias, linhagens, clãs e tribos, características de grupos humanos pré-estatais. À medida que o excedente dos pastores aumentava e seus investimentos se tornavam mais concentrados nos rebanhos, também aumentava sua vulnerabilidade às federações menos coesas de invasores. Assim, aqueles que podiam oferecer melhor proteção eram frequentemente submetidos de forma mais ou menos voluntária. Não se tratava da submissão a um conquistador estrangeiro ou a um grupo especializado de guerreiros da própria sociedade, mas à figura de autoridade de alguma coletividade na qual o grupo submisso já tinha familiares ou conexões territoriais. Era uma barreira de proteção gigantesca, incorporando a mesma combinação peculiar de coerção e comunidade oferecida, por exemplo, pelos senhores feudais da Idade Média europeia ou pela máfia de Nova York. Habitualmente, não levou à escravatura ou a outras expropriações extremas, mas à cobrança de tributo suficiente para dar ao protetor militar, algum rei emergente, recursos para recompensar os soldados, criar um tribunal, melhorar as comunicações e (apenas nos casos mais desenvolvidos) participar em projetos rudimentares de obras públicas. Essa foi, talvez, a rota de militarização inicial mais normal *em direção* ao Estado. Tanto a conquista organizada como a defesa territorial sistemática foram provavelmente uma via muito mais tardia, pressupondo esta fase de consolidação. Ainda necessitamos de uma explicação sobre a "fase intermediária" e sobre a emergência real de estados primitivos.

Vamos nos debruçar agora sobre as relações de poder econômico e voltar à teoria liberal e marxista. O liberalismo reduz o Estado à sua função de manter a ordem dentro de uma sociedade civil que é essencialmente econômica por natureza. Hobbes e Locke defenderam uma história conjectural do Estado na qual as associações frouxas entre as pessoas formavam espontaneamente um Estado para sua proteção mútua. As principais funções do Estado, nesta perspectiva, eram judiciais e repressivas, voltadas para a manutenção da ordem interna; mas eles consideravam isso em termos essencialmente econômicos. Seus principais objetivos eram a proteção da vida e da propriedade privada individual. A principal ameaça à vida e à propriedade vinha de dentro da sociedade. No caso de Hobbes, o perigo era a anarquia potencial, a guerra de todos contra todos; ao passo que para Locke uma ameaça dupla era imposta pelo despotismo potencial e pelo ressentimento daqueles sem propriedade.

Como Wolin (1961, cap. 9) observou, a tendência a reduzir o Estado apenas às suas funções voltadas a uma sociedade civil preexistente atingiu até mesmo os mais severos críticos do liberalismo – escritores como Rousseau ou Marx. Portanto, as teorias liberal e marxista acerca das origens do Estado são tanto unitárias como internalistas, negligenciando os aspectos federais e internacionais da formação do Estado. Ambas enfatizam os fatores econômicos e a propriedade privada. A diferença é que uma fala na linguagem da função, a outra na da exploração.

Engels, em seu livro *As origens da família, da propriedade privada e do Estado*, argumenta que a produção e reprodução originais da vida real contêm dois tipos de relações, a econômica e a familiar. À medida que a produtividade do trabalho cresce, cresce também a "propriedade privada e a troca, as diferenças de riqueza, a possibilidade de utilizar a força de trabalho dos outros e, consequentemente, a base dos antagonismos de classe". Esta "explosão" desfaz a velha estrutura familiar e "surge uma nova sociedade, constituída num Estado cujas unidades mais baixas já não são grupos baseados em laços de sexo, mas grupos territoriais". Ele conclui afirmando que "A força de coesão da sociedade civilizada é o Estado, que em todos os períodos típicos é exclusivamente o Estado da classe dominante e em todos os casos permanece essencialmente uma máquina para reprimir a classe oprimida e explorada" (1968: 449-450, 581).

As visões liberal e marxiana exageram muito na proeminência da propriedade privada nas primeiras sociedades. Mas ambas podem ser modificadas para levar isso em conta. A essência do marxismo não é a propriedade privada, mas a propriedade *descentralizada*: O Estado emerge para institucionalizar formas de extração de mão de obra excedente, já presente na sociedade civil. Isso pode ser facilmente transferido para formas de apropriação baseadas em clãs e linhagens, em que um clã ou linhagem, ou os anciãos ou a aristocracia se apropriam do trabalho de outros. Fried, 1967; Terray, 1972; Friedman e Rowlands, 1978 argumentaram nesse sentido. Esse modelo identifica diferenças significativas no poder econômico (o que ele chama de "estratificação" ou "classes") muito antes do surgimento do Estado, e explica este último em termos das necessidades do primeiro.

É verdade que há um de/fasamento temporal entre o surgimento de elementos de autoridade e o Estado centralizado e territorial. Os estados surgiram de associações de clãs e linhagens, nas quais uma divisão de autoridade entre a elite do clã, da linhagem e da aldeia e o resto das pessoas era evidente. No entanto, eu as chamei de sociedades hierarquizadas, e não estratificadas, porque não possuíam direitos coercitivos claros ou a capacidade de expropriar. Acima de tudo, seus postos mais elevados eram produtivos. Até mesmo os chefes produziam ou pastoreavam, combinando funções econômicas manuais e gerenciais. Eles tinham particular dificuldade em persuadir ou coagir os outros a trabalhar para eles. Neste ponto, o discurso evolucionário marxista precisa dar visibilidade à escravidão, seja da escravidão por dívidas ou por conquistas. Friedman e Rowlands parecem aceitar o argumento militarista de Gumplowicz, de que o trabalho dos familiares não podia ser expropriado, por isso eles precisam considerar também o argumento dos fatores de conquista – com todos os defeitos que comentei – para sua explicação da emergência da exploração material.

O liberalismo fornece uma explicação funcional em termos dos benefícios econômicos comuns introduzidos pelo Estado. Se abandonarmos a noção de propriedade privada, mas mantivermos os princípios funcionais e economistas, chegamos à explicação dominante oferecida pela antropologia contemporânea, a *chefia redistributiva*, baseada em uma teoria notadamente *funcionalista*, tal como na definição de Malinowski:

> Por todo o mundo, descobrimos que as relações entre economia e política são do mesmo tipo. O chefe, em todos os lugares, atua como banqueiro tribal, coletando alimentos, armazenando-os e protegendo-os, e depois usando-os para o benefício de toda a comunidade. Suas funções são o protótipo do sistema financeiro público e a organização dos tesouros estatais de hoje. Se o chefe é privado de seus privilégios e benefícios financeiros, quem mais sofre, senão toda a tribo? (1926: 232-233).

Talvez não devêssemos vincular esta ideia ao liberalismo. Afinal, o principal desenvolvedor da noção de Estado redistributivo de Malinowski foi Polanyi, que argumentou de forma extensa e polêmica contra o predomínio da teoria do mercado liberal em nossa compreensão das economias pré-capitalistas. A ideologia liberal nos legou a noção de universalidade das trocas de mercado. No entanto, Polanyi sustentou que os mercados (como a propriedade privada) são recentes. O intercâmbio nas sociedades primitivas assume principalmente a forma de uma relação de reciprocidade "dando como dádiva", com movimento de trocas recíprocas, entre dois grupos ou pessoas. Se essa simples troca se transformasse na troca generalizada característica dos mercados, então uma medida de "valor" teria de emergir. Os bens poderiam então ser trocados pelo seu "valor", que poderia ser expresso na forma de qualquer outro tipo de bens ou na forma de crédito (cf. vários dos ensaios publicados postumamente em POLANYI, 1977 – esp. capítulo 3). Na concepção da "escola substantivista" de Polanyi, nas sociedades primitivas as transações não se dariam mediante mecanismos de troca "espontâneos", mas em virtude da autoridade da liderança hierárquica do grupo. Ou o poderoso líder do clã estabelece regras que regulamentam a troca, ou oferece dádivas que instauram a obrigação da reciprocidade, engendrando um fluxo que permite o armazenamento de recursos. O armazém onde esses bens são reunidos é o local da chefia redistributiva e do Estado. A redistribuição, observa Sahlins, é meramente uma versão altamente organizada da reciprocidade do parentesco (1974: 209).

Como esta discussão revelou, há uma suposição liberal que permeia a maioria das versões do Estado redistributivo – o domínio da troca sobre a produção, que é relativamente negligenciada. No entanto, é simples corrigir isso – pois, nas tribos baseadas sobre o princípio da redistribuição, o chefe está tão envolvido na coordenação da produção como na troca. Por isso, o chefe emerge como o organizador da produção e da troca, engendrando alto nível de investimento em trabalho coletivo, fator cuja importância tenho enfatizado reiteradamente.

Acrescente-se ainda a especialização ecológica. Isso beneficia os especialistas vizinhos não só pela troca, mas também pela coordenação dos seus níveis de produção. Se houver pelo menos três grupos deste tipo, pode passar a existir uma atribuição de valor impositiva aos seus produtos. Service (1975) baseia-se nessa ideia para oferecer uma explicação dos estados primitivos. Ele argumenta que eles coordenavam territórios contendo diferentes "nichos ecológicos". O chefe organizava a redistribuição dos vários alimentos produzidos em cada um deles. O Estado era um grande armazém, embora o centro redistributivo também atuasse ao longo da cadeia de distribuição para afetar as relações de produção. A rota para o intercâmbio generalizado e, portanto, para a "propriedade" extensiva passou por um Estado incipiente. À medida que a redistribuição aumentava o excedente, também aumentava o poder do Estado centralizado. Esta é uma teoria economicista, internalista e funcional do Estado.

As elites do clã, da aldeia, da tribo e da linhagem gradualmente impuseram medidas de valor às transações econômicas. A autoridade tornou-se necessariamente centralizada. Caso envolvesse povos ecologicamente enraizados, era territorialmente fixa. Para ser acolhida como uma medida de valor justa, precisava tornar-se autônoma frente a grupos de interesse particulares, para estar "acima da sociedade.

Service oferece estudos de caso numerosos para embasar seu argumento, mas não são sistemáticos. No campo da arqueologia Renfrew (1972, 1973) defendeu a relevância do governo redistributivo na Europa, pré-histórica na Grécia micênica inicial e na Malta megalítica. Em Malta, ele defende que o tamanho e a distribuição dos templos monumentais, combinados com as capacidades conhecidas da terra agrícola se deveram à existência de muitos grupos baseados no princípio redistributivo, cada qual coordenando as atividades de entre 500 e 2.000 pessoas. Ele também encontra tais casos em relatos antropológicos de muitas ilhas polinésias. Finalmente, ele argumenta que a civilização emergiu a partir do aumento dos poderes do chefe em direção ao complexo palácio-templo redistributivo, como na Creta micênica e minoica.

Isso pode ser uma documentação impressionante, mas na realidade não é. O principal problema é que a noção de redistribuição é altamente impregnada pela nossa própria economia moderna. Isso é irônico, pois a principal missão de Polanyi era nos libertar da mentalidade moderna do mercado! Enquanto a economia moderna envolve a troca sistemática de bens de subsistência especializados, a maioria das economias primitivas não o fazia. Se o Reino Unido ou os Estados Unidos hoje não importassem e exportassem uma série de alimentos, matérias-primas e bens manufaturados, sua economia e seus padrões de vida se degradariam imediata e catastroficamente. Na Polinésia ou na Europa pré-histórica as trocas eram entre grupos não altamente especializados. Em geral, eles produziam produtos similares. A troca não era fundamental para sua economia. Às vezes eles estavam trocando bens similares para fins rituais. Quando trocavam bens diferentes, especializados, estes geralmente não eram essenciais para a subsistência, nem eram redistribuídos para consumo individual entre os povos dos chefes trocadores. Com mais frequência eram usados para adorno pessoal dos chefes ou eram armazenados e consumidos coletivamente em ocasiões festivas e rituais. Eram bens de "prestígio" e não de subsistência: A sua exibição trouxe prestígio ao seu distribuidor. Os chefes, anciãos e grandes homens se exibiam em demonstrações pessoais e festas públicas, "gastando" seus recursos em vez de investi-los para produzir mais recursos de poder e concentração de poder. É difícil compreender como a concentração de poder a longo prazo se desenvolveria a partir disso, em vez de por breves explosões cíclicas de concentração de poder, que alcançavam seu ponto máximo e se dispersavam até as fronteiras vizinhas, até que se iniciasse outro ciclo. Afinal, as pessoas tinham uma rota de fuga. Se um chefe se tornasse opressivo, poderiam mudar sua lealdade para outro. E isso é verdade mesmo nos poucos casos em que encontramos nichos ecológicos genuínos e especializados e trocas de produtos de subsistência. Se a forma de "sociedade" que precede o Estado não é unitária, por que as pessoas deveriam desenvolver um único depósito em vez de vários concorrentes? *Como o povo perde o controle?*

Essas dúvidas são reforçadas pela evidência arqueológica. Os arqueólogos também consideraram que os nichos ecológicos são a exceção e não a regra (os exemplos do Egeu oferecidos por Renfrew constituem algumas das principais exceções). Sobre a massa terrestre da Europa pré-histórica, por exemplo, encontramos poucos vestígios de depósitos. Encontramos muitas câmaras de sepultamento indicando uma posição de chefia, sobretudo por estarem repletas de bens de prestígio caros – por exemplo, âmbar, cobre e machados de batalha a partir de meados do quarto milênio. Nas mesmas sociedades, desenterramos indicações de grandes festas; por exemplo, os ossos de um grande número de suínos aparentemente abatidos ao mesmo tempo. Esta evidência é análoga à antropológica. O domínio redistributivo era mais lucrativo do que o sugerido por seus primeiros proponentes, uma característica de sociedades hierarquizadas e não estratificadas.

Nenhuma das quatro teorias evolucionárias preenche a lacuna que assinalei no início desta seção. Entre as sociedades hierarquizadas e estratificadas, e entre a autoridade política e o Estado coercivo, há um vazio inexplicável. O mesmo se aplica às teorias mistas. Aquelas de Fried (1967), Friedman e Rowlands (1978) e Haas (1982) são provavelmente as melhores teorias evolutivas ecléticas. Elas reúnem todos os fatores discutidos até agora na construção de uma história complexa e altamente plausível. Eles introduzem a distinção entre "hierarquia relativa" e "hierarquia absoluta". A hierarquia absoluta pode ser mensurada em termos de distância (geralmente distância genealógica) em relação a pontos fixos absolutos, estabelecidos pelo chefe central e, por meio dele, pelos deuses. Quando os centros cerimoniais aparecem, a hierarquia absoluta também surge, afirmam eles. Mas eles não apresentam bons argumentos sobre como os centros cerimoniais se tornam permanentes, como a hierarquia relativa pode ser convertida permanentemente em hierarquia absoluta, e depois de forma definitiva, contra resistência, em estratificação e, depois, no Estado. O vazio inexplicável ainda subsiste.

Vamos nos voltar para a arqueologia, para perceber que o vazio existiu na pré-história. Todas as teorias estão erradas, porque pressupõem uma evolução social geral que, de fato, foi interrompida. A história local assumiu o controle. Veremos, no entanto, que, após uma interrupção que nos remete para o domínio da história, todas essas teorias passaram a ter aplicabilidade local e específica. Nós as consideraremos úteis nos capítulos finais, mas não em sua forma mais ambiciosa.

Da evolução à involução: Evitando o Estado e a estratificação

O que nos intriga é a forma como as pessoas foram obrigadas a submeter-se ao poder coercivo do Estado. Elas outorgavam livremente autoridade coletiva e representativa aos chefes, anciãos e homens importantes para fins que iam desde a regulação judicial até a guerra e a organização de festas. Os chefes poderiam, assim, obter considerável prestígio na hierarquia, mas não podiam converter isso em poder permanente e coercitivo. A arqueologia nos permite perceber que esse foi, de fato, o caso. Não houve uma evolução rápida ou constante da autoridade hierárquica para o poder estatal. Tal transição foi rara, confinada a poucos e incomuns casos. A evidência arqueológica crucial é o *tempo*.

Consideremos, por exemplo, a pré-história do noroeste da Europa. Arqueólogos podem delinear um esboço vago de estruturas sociais desde logo após 4000 a.C. até pouco antes de 500 a.C. (quando a Idade do Ferro introduziu mudanças drásticas). Trata-se de uma passagem de tempo extremamente longa, mais longa do que toda a história subsequente da Europa. Durante este período, com uma ou duas exceções, os povos europeus ocidentais viveram em sociedades relativamente igualitárias ou hierarquizadas, não estratificadas. Seus "estados" não deixaram nenhuma evidência de poderes permanentes e coercivos. Na Europa, podemos reconhecer a dinâmica própria do seu desenvolvimento. Vou discutir dois aspectos da dinâmica, um no sul da Inglaterra, outro na Dinamarca. Escolhi casos do Ocidente porque estavam relativamente isolados da influência do Oriente Próximo. Estou inteiramente ciente de que, se tivesse escolhido, digamos, os Bálcãs, descreveria chefias e aristocracias mais poderosas e quase permanentes. Mas esses casos foram muito influenciados pelas primeiras civilizações do Oriente Próximo (cf. CLARKE, 1979b).

Wessex foi um dos principais centros de uma tradição regionalmente variada de construção de túmulos coletivos, propagando-se após 4000 a.C. para incluir grande parte das Ilhas Britânicas, a costa Atlântica da Europa e do Mediterrâneo Ocidental. Sabemos sobre esta tradição porque algumas de suas surpreendentes realizações posteriores ainda sobrevivem. Ainda nos deslumbramos ao ver Stonehenge, afinal, sua construção envolveu arrastar – pois não havia roda – enormes pedras de 50ton sobre terra por pelo menos 30km, e pedras de 5ton sobre terra e mar por 240km. Para que fosse possível levantar as maiores pedras deve ter sido necessária uma força de trabalho de 600 pessoas. Se o propósito do monumento era igualmente complexo – seja em termos religiosos ou para elaborar calendários – isso será debatido para sempre. Todavia, a coordenação do trabalho e a distribuição de excedentes para alimentar a força de trabalho *devem* ter envolvido uma autoridade centralizada considerável – um "quase-Estado" com certo tamanho e complexidade. Embora Stonehenge tenha sido a realização mais monumental da tradição, ela não é a única, mesmo hoje. Avebury, Silbury Hill (a maior obra de terraplanagem da Europa) e uma série de outros monumentos que se estendem da Irlanda a Malta evidenciam poderes de organização social.

Contudo, esses locais eram um "beco sem saída" evolucionário. Os monumentos não continuaram a desenvolver-se, foram interrompidos. Não temos evidências de feitos posteriores comparáveis de organizações sociais centrais em nenhuma das principais áreas – Wessex, Bretanha, Espanha, Malta – até a chegada dos romanos, três milênios depois. Esse mesmo beco sem saída pode ter ocorrido em outros lugares entre os povos neolíticos de todo o mundo. Os monumentos da Ilha de Páscoa são semelhantes aos de Malta. Terraplanagens maciças comparáveis a Silbury Hill foram encontradas na América do Norte. Renfrew considera que eles resultaram de organizações baseadas na autoridade de chefes supremos, semelhantes às encontradas entre os índios Cherokee, onde 11.000 pessoas se espalharam por cerca de 60 unidades da aldeia, cada uma com um chefe, podendo ser mobilizadas para cooperação a curto prazo (1973: 147-166, 214-247). Porém, algo no interior dessa estrutura impediu sua estabilização.

No caso de Stonehenge, sabemos um pouco sobre sua pré-história. Estou gratamente em dívida com o recente trabalho de Shennan (1982, 1983) e Thorpe e Richards (1983), que revelam ter havido um processo cíclico. Stonehenge foi ocupada antes de 3000 a.C., mas seu mais extenso período de construção monumental começou por volta de 2400. Isto estabilizou e começou de novo em cerca de 2000. Mais uma vez estabilizou, para ser renovado, embora menos vigorosamente, antes de 1800 a.C. Após essa data, os monumentos foram progressivamente abandonados, aparentemente sem ter mais nenhum papel social significativo em 1500 a.C. A organização social baseada em grandes monumentos não era a única na região. A cultura "campaniforme" se espalhou a partir do continente pouco antes de 2000 a.C. (cf. CLARKE, 1979c, para detalhes). Seus restos mortais revelam uma estrutura social menos centralizada e enterros "aristocráticos" contendo "bens de prestígio", como cerâmica de alta qualidade, adagas de cobre e punhais de pedra, elementos que afetaram a construção de monumentos, acabando por miná-la e, ao fim, perduraram por mais tempo. Poucos autores ainda sugerem que havia dois povos diferentes envolvidos – em vez de dois princípios de organização social coexistindo entre um mesmo grupo disperso. Os arqueólogos consideram a organização monumental como sendo expressão do domínio absoluto da hierarquia por parte de uma elite baseada na linhagem e centralizada, que monopoliza o ritual religioso; enquanto a organização campaniforme é de dominância apenas relativamente hierárquica e centralizada, baseada na sobreposição de linhagens e elites com menor autoridade, baseada na distribuição de bens de prestígio. Falar sobre linhagens e homens importantes é um trabalho de adivinhação, com base no raciocínio analógico dos povos neolíticos modernos. Pode ser que a cultura monumental não fosse centrada na linhagem. É igualmente plausível considerá-la como uma forma centralizada de democracia primitiva, na qual a autoridade ritual era mantida pelos anciãos da aldeia.

Mas essas querelas não podem obscurecer o ponto central. Na competição entre a autoridade relativamente centralizada e a descentralizada, esta última venceu, apesar dos espantosos poderes de organização coletiva da primeira. A autoridade jamais foi consolidada em um Estado coercitivo. Em vez disso, ela se fragmentou em grupos de linhagem e de aldeias, cuja autoridade das elites era precária. Porém, isso não foi acompanhado por uma decadência social: os povos prosperaram lentamente. Shennan (1982) sugere que a descentralização entre os povos europeus como um todo era uma resposta ao aumento do comércio de longa distância e à circulação de bens de prestígio. Sua distribuição incrementava a desigualdade e a autoridade, mas não de forma permanente, coerciva e centralizada.

Em outras regiões, os ciclos pré-históricos podem ser encontrados mesmo na ausência de grandes monumentos. Curiosamente, as discussões mais esclarecedoras ocorrem no trabalho de escritores que estão divididos quanto à sua postura em relação ao evolucionismo. Por um lado, preocupam-se em atacar as noções unilineares de evolução. Por outro, são influenciados por narrativas evolucionárias marxianas centradas nos "modos de produção". Apresento seu modelo antes de criticá-lo. Em vários artigos, Friedman e Rowlands apresentaram o desenvolvimento pré-histórico em termos gerais, enquanto Kristiansen (1982) o aplicou a uma parte do registro arqueológico europeu, o noroeste da Zelândia (na Dinamarca moderna).

Friedman parte da ortodoxia atual: As estruturas sociais entre os povos assentados eram inicialmente igualitárias, com os anciãos e os homens importantes exercendo apenas uma fraca autoridade consensual. À medida que a produção agrícola se intensificava, adquiriam direitos distributivos sobre um maior excedente. Eles teriam institucionalizado isso por meio de festas, exibição pessoal e contato ritual com o sobrenatural, tornando-se uma autoridade hierárquica. Agora organizavam o consumo de grande parte do excedente. As alianças matrimoniais ampliaram a autoridade de alguns chefes em um espaço muito mais vasto. Em seguida, Friedman acrescenta um elemento malthusiano: Quando a expansão territorial foi bloqueada por fronteiras naturais ou outros chefes, a população cresceu mais rapidamente do que a produção. Isso aumentou a densidade populacional e o povoamento com hierarquias, ampliando a autoridade centralizada dos principais chefes. No entanto, a longo prazo isso foi prejudicado, tanto pelo sucesso quanto pelo fracasso econômico. O desenvolvimento do comércio inter-regional pode ter rompido o ciclo malthusiano, e o chefe não era capaz de controlar isso. Os assentamentos secundários tornaram-se mais autônomos, suas aristocracias tornaram-se rivais do antigo chefe supremo. Por exemplo, o fracasso econômico por causa da erosão do solo também fragmentou a autoridade. O fracasso conduziu aos ciclos, o sucesso ao desenvolvimento. Os assentamentos concorrentes tornaram-se mais urbanizados e monetarizados: As cidades-Estado e as civilizações emergiram e, com elas, as relações de propriedade privada. Em seu artigo de 1978, Friedman e Rowlands enfatizaram o processo de desenvolvimento. Posteriormente, perceberam que isso era mais raro do que o processo em ciclos. Mas a sua solução é que "em última instância" (para citar Engels) o desenvolvimento irrompe por meio de processos cíclicos, talvez repentina e inesperadamente, mas ainda assim como um processo epigenético (FRIEDMAN, 1975, 1979; ROWLANDS, 1982).

Os pântanos da Zelândia oferecem solo fértil para os arqueólogos. Kristiansen analisa seus resultados em termos do modelo apresentado acima. Em cerca de 4100-3800 a.C., agricultores queimaram e desmataram as florestas, cultivaram cereais e cercaram o gado. Eles praticaram um pequeno comércio, e suas sepulturas revelam apenas diferenças limitadas de posição hierárquica. Mas o sucesso levou ao crescimento da população e a desmatamentos florestais em grande escala. Entre 3800 e 3400 a.C. surgiram assentamentos mais permanentes e extensos, condicionados a melhorias agrícolas e a uma organização social e territorial complexa. Os vestígios conhecidos das sociedades hierarquizadas surgem nesse momento – festas rituais e enterros da elite com bens de prestígio. Até 3200 a.C. isso se intensificou. Megálitos e campos de terraplanagem foram construídos, em virtude principalmente da autoridade hierárquica. A produtividade das terras de floresta desmatada era alta e as linhagens de trigo relativamente puras. Âmbar, pedra, cobre e machados de batalha (bens de prestígio) circulavam mais amplamente. As chefias estáveis estavam surgindo pela primeira vez no norte da Europa. O Estado parecia estar a caminho.

Mas entre 3200 e 2300 a.C., as chefias territoriais desintegraram-se. Os megálitos, os rituais comunais, a cerâmica fina e os bens de prestígio declinaram, e a troca inter-regional cessou. Os sepulcros são túmulos únicos de homens e mulheres de pequenas linhagens locais ou valas familiares. Os machados de batalha predominam, sua ampla dispersão indica o fim do controle da violência. A estrutura segmentar do clã provavelmente predominava. Kristiansen explica este declínio em termos materiais. Os solos desmatados estavam exauridos, e muitas pessoas mudaram da agricultura de assentamento para a pecuária, a pesca e a caça. Eles desenvolveram um modo de vida mais móvel e menos controlável. Uma maior competição pela terra fértil remanescente acabou com os maiores domínios baseados em chefias territoriais. Muitas famílias migraram para solos virgens mais leves na charneca da Jutlândia Central e em outros locais, inaugurando assentamentos extensos, mas esparsos. A roda e a carroça foram introduzidas, possibilitando a comunicação básica e algum grau de comércio, mas, sobretudo, os poderes dos chefes eram inadequados para controlar essas áreas. Aproximadamente até 1900 a.C., a recuperação econômica ocorreu dentro desta estrutura igualitária. Uma economia mista de solos leves e pesados e de agricultura, pecuária e pesca aumentou o excedente e estimulou o comércio inter-regional. No entanto, ninguém era capaz de monopolizar esse comércio, e os bens de prestígio circulavam amplamente.

Por volta de 1900 a.C., tem início uma segunda ascensão das organizações controladas por chefes, evidenciada nos restos de festas, principalmente sepulturas e artefatos de bens de prestígio. Até cerca de 1200 a.C., as hierarquias foram ampliadas. Os assentamentos centrais, principalmente de tamanho considerável, controlavam a produção artesanal, a troca local e os rituais. Kristiansen atesta a introdução de artefatos de metal: bronze, relativamente raro, de alto valor, poderia ser monopolizado pelos chefes. Isso se assemelhava bastante ao monopólio de bens de prestígio na Polinésia, segundo ele. Mas por volta de 1000 a.C. ocorreu uma crise, talvez devido à escassez de metal. A produção agrícola ainda estava se intensificando, mas a demonstração de riqueza nos sepultamentos diminuiu, assim como os assentamentos hierárquicos.

Posteriormente, na transição para a Idade do Ferro, a sociedade entrou em colapso, mais profundamente do que da primeira vez. Os assentamentos se estenderam até os solos mais pesados, até então virgens, e a autoridade dos domínios de chefes foi incapaz de prevalecer. Uma estrutura mais igualitária foi desenvolvida, organizada em assentamentos locais autônomos. A aldeia, e não a tribo, predominava. Nesta área (ao contrário, p. ex., da Mesopotâmia) a aldeia rompeu com os processos cíclicos, transformando todo o sistema na direção do desenvolvimento social sustentável da Idade do Ferro. Voltaremos a encontrar esse povo no capítulo 6.

Esse breve resumo de generalizações históricas ousadas certamente contém erros e simplificações excessivas. Dois milênios e meio acabaram de ser condensados! No entanto, esta narrativa histórica construída *não* é a da evolução da estratificação social ou do Estado. O desenvolvimento não se deu de arranjos igualitários para hierarquias e destas para sociedades estratificadas ou da igualdade para a autoridade política e destas para o poder estatal coercivo. O movimento "de volta", do segundo "estágio" para o primeiro, foi tão frequente quanto o do primeiro para o segundo, e na verdade o terceiro estágio, se alcançado, não permaneceu estável e institucionalizado por muito tempo antes do colapso. Uma segunda conclusão mais experimental lança dúvidas até mesmo sobre o evolucionismo econômico residual de Kristiansen. Suas próprias estimativas da produtividade econômica de cada período, em termos de hectares por barril de grãos de milho, devem obviamente ser brutas e aproximadas. No entanto, elas revelam um aumento em todo o período de cerca de 10%, não muito impressionante. Obviamente, a Idade do Ferro levou a um desenvolvimento duradouro, mas tal período não era algo exclusivo da Europa. Argumento no capítulo 6 que o ferro se desenvolveu principalmente em resposta à influência das civilizações do Oriente Próximo. Para a Europa, esse desenvolvimento foi, ao mesmo tempo, um desdobramento surpreendente e o resultado de uma epigênese. A Europa viu nisso mais algo cíclico do que dialético.

Para ser franco, foi nessa direção geral que Friedman e outros conduziram seus argumentos. Friedman (1982) observou que a Oceania não pode ter passado pelos estágios tradicionais de igualitarismo-hierarquização-estratificação. Na

Oceania, a Melanésia é a região mais antiga e mais produtiva, mas "retrocedeu" dos chefes para os grandes homens. A Polinésia Oriental é economicamente a mais pobre, a mais faminta do comércio de longa distância, mas a mais próxima dos estados coercivos. Friedman formou modelos essencialmente cíclicos das várias regiões da Oceania, centrados em "bifurcações", limiares que produzem uma rápida transformação de todo o sistema quando confrontado com as consequências imprevistas de suas próprias tendências de desenvolvimento. Exemplos disso seriam as mudanças de direção já descritas na Europa pré--histórica. Ele conclui que a evolução é essencialmente cega e "catastrófica" – pois resulta de bifurcações súbitas e imprevistas. Talvez tenha sido apenas em algumas poucas bifurcações acidentais que o Estado, a estratificação e a civilização se desenvolveram.

De fato, encontramos bastante evidência para corroborar essa ideia. A maior parte da pré-história da sociedade não vivenciou nenhum movimento contínuo em direção à estratificação ou ao Estado. O movimento em direção à hierarquia e à autoridade política parece endêmico, mas reversível. Além disso, nada foi estável.

Podemos ir mais longe para identificar a causa do bloqueio. Se a maioria das sociedades foram jaulas, as portas foram deixadas destrancadas para dois atores principais. Primeiro, as pessoas possuíam liberdades. Raramente cederam poderes a elites que não pudessem recuperar; e quando o fizeram, tiveram oportunidade, ou foram pressionados, para se afastarem fisicamente dessa esfera de poder. Em segundo lugar, as elites raramente foram unitárias: Anciãos, chefes de linhagem, grandes homens e chefes têm possuído autoridades sobrepostas e competitivas, visto uns aos outros de forma suspeita, e exercido essas mesmas duas liberdades.

Portanto, houve dois ciclos. Povos igualitários aumentaram a intensidade da interação e a densidade populacional para abastecer grandes vilarejos com autoridade centralizada e permanente. Mas elas permanecem amplamente democráticas. Se as figuras de autoridade se tornam excessivamente poderosas, elas são depostas. Se conquistaram recursos de tal forma que não podem ser depostas, as pessoas se voltam contra elas, encontram outras autoridades ou se descentralizam em assentamentos familiares menores. Mais tarde, a centralização pode começar novamente, com os mesmos resultados. O segundo padrão envolve uma cooperação mais extensa, mas menos intensiva, baseada nas estruturas da linhagem estendida, produzindo tipicamente a chefia e não a aldeia. Mas aqui, também, a lealdade é voluntária, e se o chefe abusa disso, ele é combatido pelas pessoas e pelos chefes rivais.

Ambos os padrões pressupõem uma fonte menos unitária de vida social do que os teóricos geralmente supõem. É importante nos libertarmos das noções modernas da sociedade. Embora seja verdade que a pré-história demonstrou uma tendência para unidades sociais *mais* territorial e socialmente fixas, o terreno pré-histórico não consistiu em um número de sociedades isoladas e limitadas. As unidades sociais sobrepunham-se, e nas áreas de sobreposição de figuras de autoridade e outros podiam *escolher* a adesão a unidades sociais alternativas. A jaula ainda não estava fechada.

Assim, os estados estabilizados, permanentes e coercivos e os sistemas de estratificação geralmente não emergiram. Gostaria de explicar isso um pouco mais profundamente, pois pode parecer contraditório, por exemplo, com os regimes da África Oriental discutidos por Mair, que ela chama de estados. É verdade que os líderes de aldeia e os chefes desempenharam papéis centralizados valiosos. Se fossem eficazes, poderiam adquirir uma autoridade considerável. Isso ocorreu em toda a África, como demonstra Cohen, colaborador do volume organizado por Claessen e Skalnik (1978). Cohen observa os poderes coercivos mínimos que eles possuíam e argumenta que eram apenas versões mais centralizadas das autoridades da linhagem pré-estatal. A obediência foi em grande medida voluntária, baseada no desejo de maior eficácia na regulação de disputas, nos acordos matrimoniais, na organização coletiva do trabalho, na distribuição e redistribuição de bens e na defesa comum. A regulação da disputa e do casamento pode ser mais importante do que as economias redistributivas ou as funções militares coordenadas, não exigindo um nível mais elevado de organização social. O chefe pode explorar a sua funcionalidade. Aqueles mais bem-sucedidos podem fazer demandas despóticas, conseguem até mesmo adquirir excedentes para pagar grupos armados. Isso aconteceu na África Oriental, e deve ter acontecido inúmeras vezes na pré-história da sociedade em todos os continentes.

O que *não* é geral é a capacidade do déspota de institucionalizar o poder coercivo, de torná-lo permanente, rotineiro e independente de sua personalidade. O elo fraco é aquele entre o rei, juntamente com seus serviçais e parentes, por um lado, e o resto da sociedade, por outro. A ligação depende da força pessoal do monarca. Não há instituições estáveis que a transfiram para um sucessor. Essa sucessão raramente ocorre, e quase nunca para além de um par de gerações.

Temos boas informações a esse respeito em relação ao reinado Zulu (embora houvesse influência de estados europeus mais avançados). Um homem notável do ramo Mtetwa do povo Ngoni, Dingiswayo, foi eleito seu chefe, tendo aprendido de técnicas militares europeias mais avançadas. Ele criou regimentos bem disciplinados e conquistou a supremacia em todo o nordeste de Natal. Seu comandante do exército era Shaka, do clã Zulu. Com a morte de Dingiswayo, Shaka elegeu a si mesmo como o chefe supremo, infligindo repetidas derrotas aos povos em seu entorno, e obteve a submissão daqueles que permaneceram. Então ele defrontou-se com o Império Britânico e foi esmagado. Mas seu império não poderia ter resistido, pois permaneceu uma estrutura federal em que o centro carecia de recursos autônomos de poder sobre sua clientela.

Em áreas onde os impérios coloniais modernos encontraram grandes chefes como Shaka, houve *dois* níveis de autoridade. Abaixo de Shaka havia chefes menores. Na África Oriental estes chefes "clientes" foram amplamente documentados por Fallers, 1956; Mair, 1977: 141-160. Cada chefe cliente era uma réplica dos seus superiores. Quando os britânicos entraram em Uganda, delegaram autoridade administrativa a 783 e depois a 1.000 chefes. Por um lado, isto equivale a espaço de poder para o futuro monarca: As comunidades locais podem ser jogadas contra outras comunidades, cliente contra cliente, clã contra aldeia, chefes, anciãos, grandes homens, e assim por diante, contra o povo. Nessa luta pluridimensional e descentralizada, o chefe pode explorar sua centralidade. Por outro lado, os chefes clientes podem jogar o mesmo jogo. O monarca deve trazê-los para perto da corte, para exercer controle pessoal sobre eles. Porém, agora estes também se beneficiam da vantagem da centralização. Não é um caminho para as instituições do Estado, mas para um ciclo interminável de governantes aspirantes em conflito, com a ascensão de um déspota extraordinário e o colapso de seu "império" ou de seu filho em face de uma rebelião de chefes litigiosos. A opção por uma rede de autoridades minou a emergência da jaula social representada pela civilização, pela estratificação e pelo Estado.

Este ciclo é um exemplo da sociedade hierarquizada baseada em formas expandidas de relações de parentesco. Um segundo ciclo seria característico da forma variante da aldeia: em direção a uma maior autoridade central com capacidade para gerir, no seu auge, estruturas do tipo Stonehenge, e depois uma sobre-extensão e fragmentação em direção a agregados familiares mais descentralizados. Talvez o mais comum seja um tipo misto em que a aldeia e parentesco se combinam, em um contexto cuja dinâmica de sua interpenetração se soma à dinâmica hierárquica. Um bom exemplo seriam os sistemas políticos da Birmânia, descritos por Leach (1954), em que os sistemas políticos locais hierárquicos e igualitários coexistem e oscilam, de modo a evitar que qualquer tipo de estratificação se institucionalize completamente. Talvez os Shakas e os Gerônimos fossem as personalidades dominantes da pré-história. Mas eles não fundaram estados nem sistemas de estratificação. Eles não tinham recursos suficientes para o enjaulamento. No próximo capítulo veremos que onde esses se desenvolveram isso se deu em virtude de um conjunto de circunstâncias locais. Nenhuma evolução social geral ocorreu além das sociedades hierárquicas das primeiras sociedades neolíticas estabelecidas. Temos agora de avançar para a história local.

Referências

ANDRESKI, S. (1971). *Military Organization and Society.* Berkeley: University of California Press.

BARTH, F. (1961). *Nomads of South Persia.* Oslo: University Press.

BELLAH, R. (1970). Religious evolution. In: *Beyond Belief.* Nova York: Harper & Row.

BINFORD, L. (1968). Post-Pleistocene adaptations. In: BINFORD, S. & BINFORD, L. *New Perspectives in Archeology.* Chicago: Aldine.

BLOCH, M. (1977). The disconnections between power and rank as a process: an outline of the development of kingdoms in central Madagascar. In: *Archives Européennes de Sociologie*, 18.

BOSERUP, E. (1965). *The Conditions of Agricultural Growth.* Chicago: Aldine.

BROCK, T. & GALTUNG, J. (1966). Belligerence among the primitives: reanalysis o Quincy Wright's data. In: *Journal of Peace Research*, 3.

CLAESSEN, H. & SKALNIK, P. (1978). *The Early State.* The Hague: Mouton.

CLARKE, D.L. (1979a). Mesolithic Europe: the economic basis. In: *Analytical Archaeologist*: Collected Papers of David L. Clarke. Londres: Academic Press.

_____ (1979b). The economic context of trade and industry in Barbarian Europe till Roman times. In: *Analytical Archaeologist*: Collected Papers of David L. Clarke. Londres: Academic Press.

_____ (1979c). The Beaker network – social and economic models. In: *Analytical Archaeologist*: Collected Papers of David L. Clarke. Londres: Academic Press.

CLASTRES, P. (1977). *Society against the State.* Oxford: Blackwell.

DIVALE, W.T. & HARRIS, M. (1976). Population, warfare and the male supremacist complex. In: *American Anthropologist*, 78.

ENGELS, F. (1968). The origins of the family, private property and the state. In: MARX, K. & ENGELS, F. *Selected Works.* Londres: Lawrence and Wishart.

FALLERS, L.A. (1956). *Bantu Bureaucracy.* Cambridge: Heffer.

FARB, F. (1978). *Humankind.* Londres: Triad/Panther.

FIRTH, R. (1965). *Primitive Polynesian Economy*, 2. ed. Londres: Routledge.

FLANNERY, K.V. (1974). Origins and ecological effects of early domestication in Iran and the Near East. In: LAMBERG-KARLOVSKY, C.C. & SABLOFF, J.A. *The Rise and Fall of Civilizations.* Menlo Park, Cal.: Cummings.

FORGE, A. (1972). Normative factors in the settlement size of Neolithic cultivators (New Guinea). In: UCKO, P. et al. *Man, Settlement and Urbanism.* Londres: Duckworth.

FRIED, M. (1967). *The Evolution of Political Society.* Nova York: Random House.

FRIEDMAN, J. (1982). Catastrophe and continuity in social evolution. In: RENFREW, C. et al. (eds.). *Theory and Explanation in Archaeology.* Nova York: Academic Press.

FRIEDMAN, J. & ROWLANDS, M. (1979). *System, Structure and Contradiction in the Evolution of "Asiatic" Social Formations.* Copenhague: National Museum of Denmark.

_____ (1978). *The Evolution of Social Systems.* Londres: Duckworth.

_____ (1975). Tribes, states and transformations. In: BLOCH, M. (ed.). *Marxist Analyses and Social Anthropology.* Londres: Malaby Press.

GILMAN, A. (1981). The development of social stratification in Bronze Age Europe. In: *Current Anthropology,* 22.

GUMPLOWICZ, L. (1899). *The Outlines of Sociology.* Filadélfia: American Academy of Political and Social Sciences.

HAAS, J. (1982). *The Evolution of the Prehistoric State.* Nova York: Columbia University Press.

HERSKOVITS, M.J. (1960). *Economic Anthropology.* Nova York: Knopf.

KRISTIANSEN, K. (1982). The formation of tribal systems in later European pre-history: northern Europe 4000 B.c.-500 B.C. In: RENFREW et al. (eds.). *Theory and Explanation in Archaeology.* Nova York: Academic Press.

LEACH, E. (1954). *Political Systems of Highland Burma.* Londres: Athlone Press.

LEE, R. & DeVORE, J. (1968). *Man the Hunter.* Chicago: Aldine.

MAIR, L. (1977). *Primitive Government.* Ed. rev. Londres: Scolar Press.

MALINOWSKI, B. (1926). *Crime and Custom in Savage Society.* Londres: Kegan Paul.

MOORE, A.M.T. (1982). Agricultural origins in the Near East: model for the 1980s. In: *World Archaeology.*

NISBET, R. (1976). *The Social Philosophers.* St. Albans: Granada.

OPPENHEIMER, F. (1975). *The State.* Nova York: Free Life.

OTTERBEIN, K. (1970). *The Evolution of War* – A Cross-Cultural Study. Human Relations Area Files Press.

PIGGOTT, S. (1965). *Ancient Europe:* From the Beginning of Agriculture to Classical Antiquity. Edimburgo: Edinburgh University Press.

POLANYI, K. (1977). *The Livelihood of Man,* essays. Ed. de H.W. Pearson. Nova York: Academic Press.

REDMAN, C.L. (1978). *The Rise of Civilization*. São Francisco: Freeman.

RENFREW, C. (1973). *Before Civilization*: The Radiocarbon Revolution and Prehistoric Europe. Londres: Cape.

_____ (1972). *The Emergence of Civilisation*: The Cyclades and the Aegean in the Third Millennium B.C. Londres: Methuen.

RITTER, G. (1969). *The Sword and the Sceptre* – Vol. I: The Prussian Tradition 1740-1890. Coral Gables, Fl.: University of Miami Press.

ROBERTS, J. (1980). *The Pelican History of the World*. Harmondsworth, Eng.: Penguin Books.

SAHLINS, M. (1974). *Stone Age Economics*. Londres: Tavistock.

SAHLINS, M. & SERVICE, E. (1960). *Evolution and Culture*. Ann Arbor: University of Michigan Press.

SERVICE, E. (1975). *Origins of the State and Civilization*. Nova York: Norton.

SHENNAN, S. (1983). *Wessex in the Third Millennium B.C* [Paper apresentado no Royal Anthropological Institute Symposium, 19/02/1983].

_____ (1982). *Ideology and social change in Bronze Age Europe* [Paper apresentado no Patterns of History Seminar. Londres: London School of Economics, 1982].

SHERRATT, A. (1980). Interpretation and synthesis – A personal view. In: SHERRATT, A. (ed.). *The Cambridge Encyclopedia of Archaeology*. Cambridge: Cambridge University Press.

SPENCER, H. (1969). *Principles of Sociology* – One-volume abridgement. Londres: Macmillan.

STEWARD, J. (1963). *Theory of Culture Change*. Urbana: University of Illinois Press.

TERRAY, E. (1972). *Marxism and "Primitive Societies"*: Two Studies. Nova York: Monthly Review Press.

THORPE, I.J. & RICHARDS, C. (1983). *The decline of ritual authority and the introduction of Beakers into Britain* [Paper não publicado].

WEBB, M.C. (1975). The flag follows trade: an essay on the necessary interaction of military and commercial factors in state formation. In: SABLOFF, J. & LAMBERG-KARLOVSKY, C.C. *Ancient Civilisation and Trade*. Albuquerque: University of New Mexico Press.

WOBST, H.M. (1978). The archaeo-ethnology of hunter-gatherers: the tyranny of the ethnographic record in archaeology. In: *American Antiquity*, 43.

_____ (1974). Boundary conditions for paleolithic social systems: a simulation approach. In: *American Antiquity*, 39.

WOLIN S. (1961). *Politics and Vision*. Londres: Allen & Unwin.

WOODBURN, J. (1982). *Egalitarian Societies*. In: *Man*, new series 17.

_____ (1981). *The transition to settled agriculture* [Paper apresentado no Patterns of History Seminar. Londres: School of Economics, 17/11/1981].

_____ (1980). Hunters and gatherers today and reconstruction of the past. In: GELLNER, E. (ed.). *Soviet and Western Anthropology*. Londres: Duckworth.

3
O surgimento da estratificação, dos estados e da civilização de múltiplos atores de poder na Mesopotâmia

Introdução: civilização e agricultura aluvial

O argumento do último capítulo foi um tanto negativo: o surgimento da civilização não foi uma consequência das propriedades comuns das sociedades pré-históricas. Isso parece ser imediatamente corroborado pelo fato de ter acontecido de forma independente somente algumas vezes – provavelmente em seis ocasiões, podendo ser no mínimo três ou no máximo dez. No entanto, durante muito tempo se tem acreditado que havia um padrão comum entre esses casos, centrado na presença de uma agricultura aluvial. Assim, o surgimento da civilização, juntamente com suas características concomitantes de estratificação social e do Estado, foi mais do que um acidente histórico? Mesmo que os casos fossem poucos, eles eram padronizados? Eu argumentarei que eram. Identificar o padrão, e suas limitações, é o propósito deste capítulo e do próximo.

Não conseguimos definir exatamente o que entendemos por "civilização". A palavra tem muita oscilação de significado, e o registro pré-histórico e histórico é muito variado. Se nos focarmos em uma suposta única característica da civilização, teremos dificuldades. A escrita, por exemplo, é característica dos povos que intuitivamente consideramos civilizados. É um indicador perfeito da "história" ao invés da "pré-história". Entretanto, também é encontrada, de maneira rudimentar, no pré-histórico Sudeste Europeu, não acompanhada por outras aparições usuais da civilização. Os incas no Peru, geralmente pensados como "civilizados", não tinham a escrita. A urbanização, também geral à "civilização", não nos dá o melhor indicador. As primeiras cidades da Mesopotâmia poderiam ser rivalizadas em tamanho populacional, ou mesmo em densidade, por povoados das aldeias pré-históricas. Nenhum fator isolado é um indicador perfeito do que queremos dizer. Esta é a primeira razão pela qual civilização geralmente é definida por meio de uma extensa lista de características. A mais famosa é a lista de Childe (1950) dos dez critérios: cidades (i. é, um assentamento de maiores tamanho e densidade); especialização do trabalho em tempo integral;

concentração social da administração de excedentes em "capital"; distribuição desigual do excedente e o surgimento de uma "classe dominante"; organização estatal baseada na residência e não no parentesco; crescimento de um comércio de longa distância, bens de luxo e necessidades; construções monumentais; um estilo artístico padronizado e naturalista; a escrita; e a matemática e a ciência. Isto geralmente é criticado (p. ex., ADAMS, 1966) porque se trata de uma lista de itens desconexos, somente útil para a descrição de etapas, mas não para a explicação de processos. Mesmo assim, essas características se agrupam em "complexos civilizacionais". Se houvesse um "todo civilizado" qual seria o seu caráter essencial?

Sigo, aqui, Renfrew, que observa que a lista de Childe consiste de *artefatos*. Eles interpõem objetos feitos pelos humanos entre seres humanos e natureza. A maioria das tentativas de definir civilização se centra no artefato. Assim, Renfrew define civilização como *isolamento da natureza*: "Parece lógico tomar como critério os três isoladores mais poderosos, nomeadamente centros cerimoniais (isoladores contra o desconhecido), escrita (um isolador contra o tempo), e a cidade (o grande recipiente, definido espacialmente, o isolador contra o exterior)" (1972: 13). Nota-se a similaridade com a metáfora da jaula social. Civilização era um conjunto complexo de fatores de isolamento e enjaulamento que surgiram subitamente juntos.

Tomando as três características pensadas por Renfrew como nosso indicador indireto, somente alguns casos de surgimento da civilização foram autônomos. Até onde sabemos, havia quatro grupos alfabetizados, urbanos e cerimonialmente centrados na Eurásia que aparentam ter surgido independentemente um dos outros: os sumérios da Mesopotâmia; os egípcios no Vale do Nilo; a civilização do Vale do Indo, hoje Paquistão; e os povos de diversos vales de rios do norte da China, começando com o Rio Amarelo. Somente o mais antigo, a Suméria, é *certamente* independente, e por isso tem havido um interesse periódico em teorias da difusão e conquista dos demais casos. No entanto, o atual consenso entre especialistas é considerar as quatro como prováveis situações independentes. A isso, há quem adicione um quinto, os minoicos de Creta, embora isso seja disputado. Se nos voltarmos para outros continentes podemos talvez adicionar outros dois casos, as civilizações pré-colombianas da Mesoamérica e do Peru[1], provavelmente sem contato uma com a outra, e independente da Eurásia. Isso faz um total de prováveis seis casos independentes. No entanto, dois autores não concordam com esses números exatos. Por exemplo, Webb (1975) também adiciona o Elam (adjacente à Mesopotâmia; discutido posteriormente neste capítulo) e a região dos lagos da África Oriental, não incluída aqui. Outras civilizações provavelmente interagiram com essas civilizações estabelecidas ou

---

1. Considerando que os peruanos antigos possuíam um equivalente funcional para a escrita no seu singular sistema quiypu (cf. capítulo 4).

com seus sucessores. Assim, civilização não é uma questão de análise estatística. Dada a singularidade das sociedades, não é possível estabelecer *quaisquer* generalizações com base em um número tão pequeno!

No entanto, um elemento se destaca em quase todos os casos: eles surgiram em vales de rios e praticaram a *agricultura aluvial*. Na verdade, a maioria foi mais longe, *irrigando* artificialmente a terra do vale com água da cheia do rio. Em contraste com a pré-história, na qual o desenvolvimento ocorria a partir de situações ecológicas e econômicas, a história e a civilização podem ser vistas como um produto de uma situação particular: a agricultura aluvial, e talvez também a irrigada.

Mesmo após os casos mencionados se expandirem mais, seus centros se mantiveram por muito tempo nos vales irrigados dos rios. A civilização do Vale do Indo se espalhou pelas costas ocidentais do Paquistão e pela Índia, mas se manteve centrada no seu único rio até o seu colapso. O Egito se manteve confinado ao Rio Nilo por muito mais tempo, de 3200 a 1500 a.C., quando desenvolveu uma política expansionista. Durante esse período somente variou o comprimento ao longo do rio. Mesmo depois disso a base do seu poder ficou nas margens do Nilo. A China desenvolveu territórios ramificados, mas o seu núcleo econômico e estratégico se estabeleceu sobre a planície irrigada do norte da China. Os sumérios, os acádios, os antigos assírios e os impérios babilônicos se centraram no Tigre e (principalmente) no Eufrates de 3200 a 1500 a.C. Todos esses casos desencadearam a imitação em ecologias semelhantes nos vales dos rios, e até nos oásis do deserto, da Eurásia. Na América, embora as origens agrícolas dos povos pré-colombianos tenham variado, algumas (embora nem todas) das descobertas cruciais em direção à urbanização e à escrita parecem estar relacionadas com a irrigação, que permaneceu o centro dos impérios até a chegada dos espanhóis.

Ainda assim, o relacionamento não é invariável. Se Minos é contado, é desviante, pois a agricultura aluvial e de irrigação estava em grande parte ausente. Na Mesoamérica, a contribuição Maia é desviante. E mais tarde, em todos os casos, o papel da aluvião e da irrigação diminuiu. Nós não poderíamos explicar os impérios hitita, persa, macedônio ou romano dessa maneira. No entanto, na história mais antiga da Eurásia e da América, algo estava acontecendo, predominantemente na aluvião do vale dos rios, que teve profunda consequência para a civilização. Por quê?

Minha resposta adapta e combina explicações existentes, mas enfatizo dois pontos. Primeiro, enquanto a maioria das narrativas evolutivas locais é *funcional*, contadas em termos de oportunidade e incentivo para o avanço social, falarei da inseparabilidade da funcionalidade e da exploração. A metáfora da jaula continuará: a característica decisiva dessas ecologias e das reações humanas a elas foi *o fechamento da rota de fuga*. Seus habitantes locais, ao contrário do resto do mundo, foram coagidos a aceitar a civilização, a estratificação social e o Estado. Eles estavam presos a relacionamentos sociais e territoriais específicos, forçando-os a intensificar esses relacionamentos em vez de evitá-los. Isso levou a oportunidades de desenvolver o poder tanto *coletivo* quanto *distributivo*. A civilização, a estratificação social e o Estado foram o resultado. O argumento é semelhante à teoria de Carneiro (1970, 1981) da "circunscrição ambiental", repetida por Webb (1975) (discutido mais adiante no capítulo), embora sem a ênfase desta teoria na pressão populacional e no militarismo. Portanto, a chave para o papel da irrigação pode ser encontrada na considerável intensificação das forças de enjaulamento presentes na pré-história. Essas forças de enjaulamento devem desempenhar papel causal em nossa explicação, não a aluvião ou a própria irrigação, que era meramente sua forma ou indicador usual nessa época histórica.

Segundo, em vários estágios da narrativa neste e nos próximos dois capítulos, eu minimizo a importância da própria aluvião e da irrigação nas primeiras civilizações. Devemos considerar também sua relação com, e estimulação de, outras ecologias e populações adjacentes. Também não pretendo originalidade a esse respeito – ver o recente trabalho de estudiosos como Adams (1981) e Rowton (1973, 1976) sobre a Mesopotâmia, ou Flannery e Rathje sobre a Mesoamérica (discutidos no próximo capítulo). Tudo o que faço é formalizar a ênfase com *o modelo de redes de poder sobrepostas*, explicadas no capítulo 1: o desenvolvimento extraordinário da civilização na Mesopotâmia e em outros lugares pode ser entendido ao examinar as *redes de poder sobrepostas* estimuladas pela agricultura aluvial e de irrigação. Até certo ponto, essas redes podem ser entendidas com a ajuda de outro modelo convencional, o de "centro" e "periferia", embora este modelo tenha limitações. Em particular, um modelo de redes de poder nos permite entender melhor que se tratavam de *civilizações com múltiplos atores de poder*; elas não eram sociedades unitárias. Elas eram normalmente compostas de dois níveis de poder, um número de pequenas unidades políticas, muitas vezes cidades-Estado, e um complexo civilizacional "cultural/religioso" mais amplo. Mais uma vez, essa observação não é original (p. ex., RENFREW, 1975).

No entanto, ambas as abordagens podem ser levadas mais longe. Os arqueólogos, ao confrontarem as novas perspectivas que abrem, adotam, às vezes, uma teoria sociológica um tanto quanto esgotada. Assim, é possível que um sociólogo aponte isso e leve o argumento geral um pouco mais adiante. Ilustrarei isso por meio de crítica positiva a uma coletânea de ensaios sobre a transição para a condição de Estado vista de um antigo ponto de vista do Novo Mundo, Jones e Kautz (1981). Entre os ensaios, os argumentos de Cohen e MacNeish são geralmente semelhantes aos meus em um sentido descritivo. Eles suspeitam de relatos evolutivos e estão preocupados em analisar mecanismos de desencadeamento locais específicos em direção a um Estado baseado em processos de enjaulamento em meio à diversidade regional. Mas os ensaios mais teóricos do volume não conseguem levar isso adiante. Eles ficam presos em duas disputas há muito conhecidas pelos sociólogos.

A primeira ocorre no ensaio de Haas. Ele está compreensivelmente irritado com as teorias funcionalistas do Estado. Ele se sente compelido a desenvolver o que chama de modelo do "conflito", centrado na luta de classes e não em processos de integração social. Nenhum sociólogo precisa de mais uma dose de modelos de "conflito" *versus* "integração", tão familiares ao longo dos anos de 1950 e 1960! A sociologia moderna vê os dois como intimamente, dialeticamente, entrelaçados: a função gera exploração e vice-versa. Somente em circunstâncias excepcionais (por um lado, uma comunidade de iguais; por outro, uma guerra de expropriação e extermínio simples) podemos distinguir sociedades dominadas por conflitos ou por integração. Não encontraremos exemplos neste ou no próximo capítulo, lidando com os primeiros estados.

Na segunda disputa, dois outros colaboradores, Coe e Keatinge, chamam a atenção, corretamente, para a importância da religião na formação do Estado no Novo Mundo, particularmente sua capacidade de integrar culturalmente um território mais amplo do que um Estado poderia governar. Isso significa, dizem eles, que os fatores religiosos, culturais e ideológicos devem ter considerável "autonomia" na vida social. Este argumento é retomado em detalhes na introdução dos editores. Eles sugerem várias maneiras pelas quais fatores ideológicos podem ser combinados em uma explicação com outros mais materiais. Devo acrescentar que o gosto por "fatores ideológicos independentes" está entrando em outras áreas de colaboração arqueológico-antropológica (p. ex., o relato de Stonehenge de Shennan em 1983). Aqui eu dificilmente posso afirmar que a sociologia *mainstream* oferece uma solução. Tudo o que ela oferece é meio século de disputas entre defensores de "fatores ideológicos independentes" e materialistas. Mas eu tentei uma solução no volume 3 desta série. Seu começo foi esboçado no capítulo 1.

O erro é conceber a ideologia, a economia e assim por diante, como tipos ideais analíticos que são atualizados nas sociedades como estruturas autônomas, ou "dimensões" ou "níveis" de uma única "sociedade" geral. De acordo com esse modelo, deveria então ser possível classificar suas contribuições relativas para determinar a estrutura geral da sociedade. Mas esta não é a situação que Coe e Keatinge estão descrevendo no antigo Novo Mundo. Em vez disso, eles mostram que as várias relações sociais em que as pessoas entram – a produção, o comércio, a troca de opiniões, as conjugais, os artefatos e assim por diante – geraram duas redes socioespaciais de interação. Uma era relativamente pequena, o Estado; a outra era relativamente ampla, a religião ou a cultura. Seria ridículo sugerir que o Estado não continha fatores "ideais", ou que a religião não continha fatores "materiais". São, ao contrário, diferentes bases potenciais para a constituição de sociedades "reais" bem como "ideais". Uma delas, o Estado, corresponde às necessidades sociais, que requerem uma organização autoritária *centralizada territorialmente* e que poderia ser organizada apenas em áreas restritas. A outra, a cultura ou religião, corresponde às necessidades sociais baseadas em uma similaridade de experiência mais ampla e difusa e interdependência mútua. Eu chamei isso de organização *transcendente* no capítulo 1 (completo este argumento na conclusão do capítulo 4). Assim, as relações entre aspectos ideológicos, econômicos, militares e políticos da vida social devem ser vistas mais proveitosamente em termos socioespaciais. As sociedades são uma série de redes de poder sobrepostas e interseccionadas.

O modelo usado neste capítulo combina dois elementos principais. Sugere que a civilização, a estratificação e o Estado surgiram como o resultado do ímpeto dado pela agricultura aluvial às redes diversificadas e superpostas de interação social presentes na região em torno dela. Isso encorajou ainda mais a interação de enjaulamento entre a aluvião e o interior, levando à intensificação da civilização, estratificação e do Estado – agora, porém, intensificados como redes de *poder* sobrepostas, incorporando poder permanente e coercivo.

No entanto, tal modelo levará a dificuldades metodológicas. Embora esperemos encontrar algum grau de semelhança entre as agriculturas aluviais das "civilizações intocadas", os contextos regionais nos quais elas foram inseridas variam muito. Isso reduz, inicialmente e depois ao longo do tempo, a similaridade geral entre os casos. Como os casos também diferiram de outras maneiras, é improvável que possamos aplicar esse (ou qualquer outro) modelo mecanicamente a todos eles.

Por causa dessas diferenças me concentrarei primeiramente em um caso, a Mesopotâmia. Este é o caso mais documentado, combinando riqueza de registros com amplitude de escavação arqueológica. Uma referência especial deve ser feita às técnicas de levantamento topográfico de Adams (1981 e, com NISSEN, 1972), que nos deu uma base imensamente melhorada para generalizar sobre a história dos assentamentos que se tornaram a primeira civilização. Nesta base de dados da Mesopotâmia, examino o modelo em detalhes. Então, no próximo capítulo, revisarei brevemente os outros casos para ver suas principais semelhanças e diferenças, concluindo com um modelo geral das origens da civilização.

Mesopotâmia: irrigação e suas interações regionais de poder

A primeira evidência da irrigação na Mesopotâmia é de cerca de 5500-5000 a.C., bem depois de assentamentos urbanos como Çatalhüyük e Jericó terem surgido em outros lugares no Oriente Próximo. Antes disso, podemos encontrar vestígios de assentamentos maiores e fixos acima da planície de inundação, que provavelmente indicam um sistema de aldeia/clã amplamente igualitário e misto, típico (como vimos no último capítulo) de todos os continentes ao longo de muitos milênios. Até que a irrigação se desenvolvesse, além disso, esta área permaneceu relativamente atrasada mesmo em seu desenvolvimento em direção à "sociedade hierarquizada", provavelmente por causa da escassez de suas matérias-primas, particularmente pedra e madeira. Isso também ocorreu em menor grau em outros vales fluviais da Eurásia. Dessa forma, a irrigação foi provavelmente iniciada a partir de uma base social amplamente igualitária em todos eles.

Nos vales dos rios, a ecologia é de uma importância óbvia. Analisaremos os detalhes das ecologias ao discutirmos a tese de Wittfogel. Mas, em geral, o ponto decisivo é que o rio em cheia tem lama e lodo, que, quando depositados, são solo fertilizado. Isso é chamado de *aluvião*. Se ela puder ser desviada para uma ampla área de terra existente, pode-se esperar rendimentos de colheitas muito maiores. Este é o significado da *irrigação* no mundo antigo: a disseminação de água e lodo sobre a terra. Os solos irrigados pela chuva deram menores rendimentos. Na Europa, os solos são geralmente pesados e, em seguida, muitas vezes arborizados. Sua fertilidade dependia do desmatamento, do arado e de revolver o solo. Mesmo depois que a floresta é removida, como qualquer jardineiro da zona temperada sabe, o trabalho de regenerar o solo é pesado. Antes do machado de ferro, do arado, da enxada e da pá, era quase impossível remover grandes árvores ou revirar o solo a qualquer profundidade. No Oriente Próximo, havia pouca floresta e solos mais leves, mas muito menos chuvas. Uma vantagem potencial considerável estava com aqueles que poderiam usar a cheia do rio para água e solo arável.

Os habitantes dessas planícies viviam originalmente acima do nível da cheia. Se eles aprenderam sozinhos a irrigar ou tomaram emprestado de outros não é conhecido. Mas, eventualmente, se cruzou com uma intervenção mais ativa na natureza. Entre 5500 e 5000 a.C. temos evidências de canais artificiais, dos quais os principais exigiram cerca de 150.000 horas de tempo de trabalho para serem construídos. Portanto, nós os encontramos adjacentes a assentamentos distintamente maiores.

Então, em algum momento entre cerca de 3900 e 3400 a.C. – no que os arqueólogos chamam de período entre o início e o meio do Uruk (depois da grande cidade de Uruk) – houve uma mudança nos padrões populacionais, sem paralelo em qualquer outro lugar do mundo até aquele momento. De acordo com Adams (1981: 75), cerca de metade das pessoas no sul da Mesopotâmia vivia agora em assentamentos de pelo menos 10 hectares, com populações de cerca de 1.000 pessoas ou mais. A revolução urbana ocorreu e, com ela, algumas (embora não todas) as características que associamos à civilização. A escrita apareceu por volta de 3100 a.C. e, a partir de então, estamos no reino da história e da civilização. Em que consistiu o avanço? E por que isso aconteceu?

Mas antes de sermos tentados a nos apressar na direção de uma história familiar de evolução local, vamos fazer uma pausa e analisar a escala de tempo envolvida. Não foi um padrão evolutivo contínuo e constante. O crescimento parece, a princípio, extraordinariamente lento. Demorou quase dois milênios para ir da irrigação à urbanização: antes do período inicial do Uruk, padrões de ocupação mudaram pouco e a irrigação, embora conhecida, não foi predominante. E encontramos traços de irrigação antiga, sem complexidade social ou subsequente evolução local, em vários lugares do mundo. Histórias de sistemas de irrigação em lugares como Ceilão e Madagascar enfatizam longas lutas cíclicas entre aldeias, seus chefes/anciãos e os reinos das colinas dos seus vizinhos, nos quais um eventual desenvolvimento posterior ocorreu apenas por causa da interação com estados estabelecidos mais poderosos (LEACH, 1954; BLOCH, 1977). Presumivelmente, a Mesopotâmia tinha sua própria versão relativamente igualitária dos ciclos da pré-história descrita no último capítulo.

A lentidão do surgimento significa que a irrigação não pode ser a explicação completa, pois estava presente em 5000 a.C. Parece mais provável que, quando o avanço veio, dependesse também do lento desenvolvimento e difusão de técnicas e organizações agrícolas e pastorais em todo o Oriente Próximo. Temos evidências, por exemplo, do aumento gradual do comércio de longa distância em toda a região durante o quinto e o quarto milênios. Vários grupos estavam aumentando lentamente o excedente disponível para a troca e para apoiar o artesanato especializado e os povos comerciais. A ortodoxia erudita afirma agora que "o comércio precedeu a bandeira", isto é, que redes de troca bem desenvolvidas precederam a formação de estados na área (cf., p. ex., os ensaios em SABLOFF & LAMBERG-KARLOVSKY, 1976; HAWKINS, 1977). Se esse avanço lento fosse da ordem do europeu, relatado no capítulo anterior por Kristiansen (1982), poderíamos esperar um aumento de 10% no excedente em dois milênios. Esse número é imaginário, mas indica o que provavelmente foi um ritmo quase glacial de desenvolvimento. Talvez tenha ultrapassado algum limiar no início do quarto milênio, que deu impulso a alguns irrigadores nos quais basearam seu percurso de 500 anos até a civilização. Assim, as oportunidades e restrições da ecologia local, agora a serem discutidas, alimentaram um conjunto muito mais amplo de redes sociais e foram parcialmente orientadas para elas.

Com isso dito, devemos nos voltar para as oportunidades representadas pela aluvião e pela irrigação. Tudo o que se segue tem, como precondição necessária, o aumento do excedente agrícola gerado primeiro por inundação e assoreamento naturais e depois por irrigação artificial, aumentando a fertilidade do solo através da distribuição de água e lodo a uma área maior de terra. Na Mesopotâmia, isso primeiramente tomou a área de irrigação em pequena escala ao longo das encostas dos diques naturais. Uma rede local de tais valas e diques geraria um excedente muito maior do que o conhecido pelas populações em solos irrigados pela chuva.

Isso levou a um aumento na população e na densidade, talvez além do suportado pela agricultura irrigada pela chuva. Os mais posteriores estavam atingindo densidades de 10 a 20 pessoas por km². Na Mesopotâmia eram cerca de 10 em 3500 a.C., 20 em 3200 a.C. e 30 em 3000 a.C. (HOLE & FLANNERY, 1967; RENFREW, 1972: 252; ADAMS, 1981: 90). Mas o excedente também cresceu mais rápido do que a população, pois diversas pessoas foram liberadas da produção agrícola para a manufatura artesanal, para o comércio e (em parte) para as atividades gerenciais e luxuosas da primeira classe a trabalhar meio período na experiência humana.

Mas irrigação significava restrição, bem como oportunidade. Assim que as melhorias começaram, os habitantes foram enjaulados em territórios, pedaços fixos de terra proporcionavam o solo fértil; nenhum outro o faria fora do vale do rio. Isso era diferente da agricultura dominante do período pré-histórico, na qual existia muito mais necessidade e possibilidade de movimento. Mas essa jaula era menos acentuada na Mesopotâmia do que no Egito. Na primeira, a terra irrigada nos tempos antigos sempre foi uma área menor do que aquela potencialmente utilizável. Nas fases anteriores, a irrigação cobria apenas uma estreita faixa imediatamente ao redor dos principais canais do rio. Este foi provavelmente também o primeiro padrão chinês e do Indo². Em contraste, o Nilo fertilizou apenas uma estreita faixa de terra e provavelmente foi povoado inicialmente em sua totalidade.

O território também enjaulava pessoas porque coincidiu com investimento substancial de mão de obra para garantir um excedente – uma *jaula social*. Irrigar era investir em trabalho cooperativo com outros, para construir artifícios fixos por muitos anos. Produziu-se um grande excedente, compartilhado entre os participantes, vinculado a esse investimento e artifício específicos. O uso de grandes forças de trabalho (de centenas e não milhares) era ocasional, mas regular e sazonal. A autoridade centralizada também seria útil para gerenciar esses esquemas de irrigação. Território, comunidade e hierarquia coincidiam mais na irrigação do que na agricultura irrigada pela chuva ou no pastoreio.

Mas não fiquemos obcecados por planícies de inundação ou irrigação. A agricultura aluvial implica um ambiente regional: montanhas adjacentes ascendentes que recebem chuvas substanciais ou neves de inverno; a concentração do fluxo de água em vales com deserto, montanhas ou terra semiárida entre eles; e pântanos na planície. A aluvião está situada em meio a grandes *contrastes* ecológicos. Isso foi decisivo, produzindo limites e interação distintos, digamos, do terreno relativamente plano da Europa. Tais contrastes parecem a receita para o surgimento da civilização.

Consideremos os sucessivos desdobramentos econômicos da irrigação nessas ecologias contrastantes. Primeiro, nos vales fluviais havia grandes pântanos,

---

2. É por isso que a "pressão populacional" parece menos importante como fator de crescimento da civilização do que se supõe frequentemente. Surge particularmente para danificar os modelos poderosos da "circunscrição ambiental" oferecidos por Carneiro (1970, 1981) e Webb (1975).

grama e juncos, áreas não utilizadas do rio e uma árvore extremamente útil, a tamareira. A irrigação fertilizou as tamareiras, proporcionou investimento para sua extensão e trocou produtos com ambientes "periféricos". A caça de aves e de porcos selvagens, a pesca e a coleta de junco interagiam com a agricultura, proporcionando uma divisão de trabalho entre os caçadores-coletoras informalmente estruturados pelos parentes e os irrigadores sedentários e enjaulados que viviam na aldeia. Os últimos eram o parceiro dominante, pois o impulso para o desenvolvimento partia deles. Então, um pouco mais distante na periferia, havia terra abundante, ocasionalmente fertilizada por inundação de rios ou regada por qualquer chuva que caísse. Isso apoiou um pouco de agricultura e pastoreio, fornecendo carne, peles, lã e laticínios. As periferias da Suméria eram variadas. Para o oeste e o sudoeste jaziam desertos e pastores nômades; para o sudeste, pântanos e o Golfo Pérsico; a leste, talvez dependentes, os vales irrigados do Khuzistão[3]; a noroeste, o inutilizável centro do Tigre e do Eufrates, e entre eles o deserto; a nordeste, um corredor fértil pelo Rio Diala até as planícies de águas pluviais do norte da Mesopotâmia (que mais tarde se tornaria a Assíria), produzindo cereais de inverno, e os bem-regados Monte Taurus e Cordilheira de Zagros. Os contatos sociais eram, portanto, também variados e incluíam os nômades do deserto e seus xeiques, aldeias de pântano primitivas e livremente estruturadas, irrigadores rivais, aldeias agrícolas desenvolvidas e relativamente igualitárias e tribos pastoris de montanha.

A irrigação liberou os especialistas para a fabricação de produtos, especialmente têxteis de lã, e para trocá-los novamente com todos esses vizinhos. Os produtos eram usados no comércio de longa distância, em troca de pedra, madeira e metais preciosos. Os rios eram navegáveis a favor da correnteza, especialmente depois que os canais de irrigação regularizavam seu fluxo. Os rios eram, assim, importantes como canais de comunicação e como irrigadores. Desde o início, o comércio de longa distância precedeu a consolidação do Estado. Os bens estrangeiros eram de três tipos principais: (1) matérias-primas transportadas por rio por longas distâncias – dos bosques do Líbano e das minas das montanhas da Ásia Menor, por exemplo; (2) comércio de média distância de nômades e pastores adjacentes, principalmente de animais e de tecidos; e (3) comércio de longa distância por rio, mar e até caravana terrestre em itens de luxo, isto é, bens manufaturados ricos em relação valor/peso, principalmente minérios de regiões montanhosas, mas também bens de outros centros de civilização emergente – rio e assentamentos portuários e oásis de deserto espalhados pelo Oriente Próximo do Egito à Ásia (LEVINE & YOUNG, 1977).

Tais interações aumentaram não apenas o poder da irrigação em si, mas também as variadas atividades sociais que se sobrepõem a ela. E, além de melhorar o sistema de irrigação, tiveram impacto nas redes sociais mais difusas

---

3. Atualmente é uma região no sudoeste do Irã [N.Ts.].

da periferia. A maioria delas é mais sombria, mas sua fixidez territorial e social seria menor do que a dos irrigadores. O contato e a interdependência os empurrariam um pouco na direção da estabilidade, muitas vezes sob a hegemonia informal dos irrigadores. Marfoe (1982) sugere que as colônias mesopotâmicas iniciais nas áreas de suprimento de matéria-prima na Anatólia[4] e na Síria deram lugar a políticas locais autônomas. A estes se juntaram outras políticas agrícolas e pastorais locais, cujo poder foi reforçado pelo comércio com a Mesopotâmia.

O comércio deu vantagens de "troca desigual" à Mesopotâmia. Trocado por metais preciosos, seus produtos de fabricação e comércio artesanal e agricultura de alto investimento trouxeram "bens de prestígio", ferramentas e armas úteis e meios de troca relativamente generalizados. Mas a logística do controle era terrível, e nenhum controle direto sustentado poderia ser exercido a partir da Mesopotâmia. Não veremos neste capítulo qualquer inovação substancial na *logística* ou na *difusão* (cf. capítulo 1 para uma explicação desses termos) do poder. Quando o Estado surgiu pela primeira vez, era uma pequena cidade-Estado. Seus recursos de poder estavam concentrados em seu centro, e não sob controle extensivo. Assim, o estímulo mesopotâmico aumentava os rivais em vez dos dependentes. A urbanização e a formação estatal autônoma cresceram em todo o Crescente Fértil, da costa do Mediterrâneo, passando pela Síria e Anatólia, até o Irã, no leste.

Pode-se chamar essas relações de "centro" e "periferia", como fazem muitos estudiosos. No entanto, a periferia não podia ser controlada a partir do centro, e seu desenvolvimento era necessário para o centro e vice-versa. O crescimento da civilização envolveu todas essas redes de poder parcialmente autônomas e conectadas de forma frouxa. Da mesma forma, a metáfora de Rowton (1973, 1976) do crescimento idiomórfico da civilização – embora apontando proveitosamente para a relação central entre irrigadores urbanos e fabricantes e sucessivas ondas de nômades e seminômades – também está aberta a interpretações errôneas. Como Adams (1981: 135-136) aponta, os dois modos de vida não foram nitidamente limitados. Eles se sobrepunham em um "*continuum* estrutural e étnico", trocando produtos materiais e culturais, energizando e transformando ambos os modos de vida e fornecendo grupos "viajantes" potencialmente poderosos que poderiam mobilizar elementos de ambos.

O surgimento da estratificação e do Estado em cerca de 3100 a.C.

A interação da irrigação e sua região levou a duas tendências associadas de enjaulamento, o aumento da propriedade quase-privada e a ascensão do Estado.

A propriedade privada foi encorajada pela fixidez territorial e social. Como surgiu de uma mistura de aldeia e clã amplamente igualitária, assumiu a forma de direitos estendidos de família, ou mesmo de clã, em vez de direitos indivi-

---

4. Região também conhecida como Ásia Menor [N.Ts.].

duais. Os principais recursos econômicos foram fixados em posse permanente de um grupo familiar estabelecido. Essa terra era a principal fonte de riqueza suméria. Era tanto o principal recurso produtor de excedente quanto o lugar onde as trocas com todas as outras ecologias se concentravam. Os recursos foram concentrados nessa terra, mas dispersos pelas outras redes de autoridade. O *contraste* é importante, pois permitiu que aqueles que controlavam essa terra mobilizassem uma quantidade desproporcional de poder social coletivo e a transformassem em poder distributivo usado contra outros.

Relembremos duas das teorias sobre as origens da estratificação discutidas no capítulo 2, as teorias revisionistas marxistas e as liberais. O liberalismo situou o estímulo original nas diferenças interpessoais de habilidade, trabalho duro e sorte. Como teoria geral, é um absurdo, mas tem grande relevância para explicar contextos em que os lotes ocupados adjacentes variam consideravelmente em sua produtividade. Na irrigação antiga, a proximidade casual com o solo fertilizado produziu grandes diferenças na produtividade (enfatizada por FLANNERY, 1974 como o coração da subsequente estratificação). No entanto, também devemos abandonar o indivíduo, tão amado pelo liberalismo. Esta era a propriedade da família, da aldeia e do pequeno clã. A partir da teoria marxista revisionista, extraímos a noção de posse efetiva de tal propriedade pelas elites da aldeia e da linhagem, pois a irrigação também reforça a cooperação de unidades maiores do que os domicílios individuais.

Quando grande parte da preparação e proteção da terra é coletivamente organizada, é difícil para os camponeses manterem a propriedade individual ou familiar da terra. Registros sumérios depois de 3000 a.C. indicam divisão da terra irrigada em trechos muito maiores do que poderiam ser trabalhados por famílias individuais, ao contrário da situação na maioria das aldeias pré-históricas. Uma de suas formas era a posse privada de um grupo de famílias ampliadas. Os parentes e as relações tribais locais geraram um gerenciamento de irrigação com autoridade de nível hierárquico, e isso parece ter ocorrido em concentrações de propriedade privada.

Uma outra base para desigualdades permanentes, decorrentes da posse aleatória ou planejada da terra, era a posse de uma posição estratégica no ponto de contato com redes mais difusas. Junções fluviais, vaus de canal de água, além de cruzamentos e poços, ofereceram a chance de controles exercidos através da organização do mercado e armazenamento, bem como "aluguel de proteção", para assentados adjacentes. Alguns estudiosos atribuem muito da organização social suméria a fatores estratégicos (p. ex., GIBSON, 1976). Como os rios eram tão importantes para as comunicações, a maioria das posições estratégicas estava localizada na terra irrigada do centro.

Portanto, essas desigualdades aleatórias não derivam apenas do acesso diferencial à fertilidade da água ou do solo. Elas também pressupõem uma *justapo-*

sição de direitos fixos de propriedade induzidos pela irrigação, por um lado, e direitos mais fluidos, dispersos e não territoriais sobre excedentes que também cresciam em diferentes ecologias, por outro. A concentração de população, de riqueza e de poder, ocorreu no primeiro mais rapidamente do que no segundo. O diferencial entre eles cresceu exponencialmente (FLANNERY, 1972). Os principais atores do poder no primeiro contexto exerceram a hegemonia sobre ambos os setores. A estratificação acabou por se intensificar ao longo deste eixo. À medida que o excedente crescia, algumas das famílias ou aldeias centrais, proprietárias e irrigadoras, retiravam-se total ou parcialmente da produção direta para artesanato, comércio e posições oficiais, sendo substituídas predominantemente por "trabalhadores dependentes" que recebiam terra e rações prebendárias, provavelmente extraídas dos povos das áreas adjacentes e, em segundo lugar, mas muito menos importante, por escravos (normalmente, cativos de guerra de áreas periféricas). Nosso conhecimento detalhado deste processo deriva de um período posterior, após cerca de 3000 a.C., mas provavelmente data dos primórdios da urbanização (JANKOWSKA, 1970). É uma estratificação lateral, através da planície de inundação, entre o centro e partes da periferia. Uma segunda estratificação, dentro do centro, segundo a qual a autoridade hierárquica do parente-chefe e do líder da aldeia foi convertida em uma posição quase de classe sobre seus próprios parentes ou membros da aldeia, pode tê-la acompanhado.

Isso oferece uma solução para o problema do trabalho apresentado no último capítulo por escritores da escola militarista (p. ex., Gumplowicz). Eles argumentaram que uma distinção entre proprietários de terras e trabalhadores sem-terra não poderia emergir espontaneamente dentro de um grupo de parentes ou aldeias, porque os parentes não são autorizados a explorar outros parentes. Assim, eles argumentaram, a distinção deve ter origem na conquista de um grupo de parentesco por outro. No entanto, as origens da propriedade na Mesopotâmia não parecem ter sido acompanhadas por muita violência organizada. Não a escravidão, mas um *status* de trabalho semilivre predominou (GELB, 1967). A arte tardia de Uruk às vezes retrata soldados e prisioneiros, mas tais padrões não são tão comuns quanto em períodos posteriores. As fortificações parecem raras – embora os arqueólogos relutem em argumentar considerando apenas a ausência de ruínas. E, em geral, como Diakonoff (1972) observa, a Mesopotâmia inicial é caracterizada por uma virtual ausência de diferenças de *status* militaristas (ou, na verdade, de qualquer natureza não econômica). Em qualquer caso, o argumento militarista pressupõe que sociedades claramente demarcadas existiam, mas as fronteiras sociais ainda eram um tanto confusas. A dominação por um centro sobre uma periferia, com as relações clientelistas – se o centro tiver posse exclusiva de terras férteis – pode levar a formas mais ou menos voluntárias de subordinação do trabalho. A periferia pode experimentar mais crescimento populacional do que pode suportar; alternativamente, as rações disponíveis como salários para o trabalho sem terra no centro podem ter proporcionado um padrão de vida mais seguro do que a periferia. A subordinação pode ser encorajada pelos chefes ou anciãos da periferia – os principais provedores de escravos e trabalhadores escravos por dívidas para as sociedades mais desenvolvidas ao longo da história. Assim, as origens da estratificação tornam-se mais compreensíveis se abandonarmos uma explicação "interna" baseada em sociedades unitárias[5].

Tal estratificação emergiu ao longo do quarto milênio tardio. A sepultura permanece e a arquitetura revela amplos diferenciais de riqueza. Após 3000 a.C., as desigualdades implicaram diferenciais legalmente reconhecidos no acesso à propriedade em terra. Quatro grupos nos confrontam: as famílias líderes com acesso aos recursos dos templos e palácios; pessoas livres comuns; trabalhadores semilivres dependentes; e alguns escravos. No entanto, para entender isso mais plenamente, devemos nos voltar para o segundo grande processo social gerado pelo enjaulamento social e territorial, a ascensão do Estado.

Os mesmos fatores que incentivaram os diferenciais de propriedade também intensificaram uma autoridade territorial centralizada, isto é, um Estado. O gerenciamento de irrigação teve um papel importante. A troca de produtos, na qual o território do grupo mais poderoso era fixo e estratégico para o transporte, significava que o armazém redistributivo ou o mercado de troca seria centralizado. Quanto mais recursos são centralizados, mais eles precisam de defesa e, portanto, também de centralização militar. O desequilíbrio entre as partes criou outra função política centralizada; pois os irrigadores buscariam rotinas de troca mais ordenadas do que a própria organização social existente dos caçadores--coletoras e dos pastores poderia fornecer. Na história posterior, isso é chamado de "tributo", troca autoritariamente regulada, em que as obrigações de ambas as partes são expressas formalmente e acompanhadas por rituais de diplomacia. Isso também teve consequências fixadoras para os pastores e caçadores-coletoras: civilizou-os. Uma vez que os contatos se tornam regularizados, ocorre a difusão de práticas. Embora os agricultores de irrigação estabelecidos gostem de se retratar como "civilizados" e os demais como "bárbaros", há crescente semelhança e interdependência. Isso provavelmente aconteceu lateralmente através das planícies aluviais, enquanto irrigadores, pescadores, caçadores de aves selvagens e até mesmo alguns pastores se aproximavam.

Uma forma principal de sua interdependência no período em torno de 3000 a.C. pode ter sido o surgimento de um Estado redistributivo. Havia um elaborado armazenamento central de mercadorias, e muitas vezes é sugerido que isso equivale a trocar não por meio de um mercado, mas pela alocação autorizada de valor por uma burocracia central. No entanto, os escritores que enfatizam isso

---

5. Eu poderia acrescentar que, embora tanto as linhagens bastardas quanto a servidão por dívida possam fornecer trabalho explorado "interno", eles não fornecem números suficientes ou estabilidade de exploração institucionalizada nas sociedades primitivas para explicar as origens da estratificação.

(p. ex., WRIGHT & JOHNSON, 1975; WRIGHT, 1977) não o veem em termos funcionais da "teoria da chefia redistributiva" (discutida no capítulo anterior). Eles enfatizam a redistribuição não como solução racional para a troca entre diferentes nichos ecológicos na ausência de técnicas avançadas de *marketing*, mas como o centro irrigado que impõe um poder parcial e arbitrário sobre a periferia. Outros escritores (p. ex., ADAMS, 1981: 76-81) também pensam que tal modelo centro-periferia é muito rígido. Devemos visualizar uma hegemonia mais informal das relações de clientelismo. O Estado, portanto, assim como a estratificação social, emergiu de relações informais de clientelismo.

A centralização também foi encorajada por ligações verticais ao longo dos rios. O centro interno da planície de inundação começou a se encher, e grupos de aldeões ou de parentesco começaram a se aproximar uns dos outros. Eles exigiam relacionamentos relativamente fixos e regulados. A autoridade, presente há muito tempo dentro do grupo de parentesco e da aldeia, também era necessária nas relações entre comunidades. Isso resultou em um segundo nível de entidades quase-políticas maiores. Na Suméria, um tipo particular de centro cerimonial (o segundo dos três indicadores de civilização de Renfrew), o *templo*, parece ter sido associado a esse processo, muitas vezes como árbitro entre aldeias. A importância do templo era bastante generalizada entre as primeiras civilizações – uma questão à qual retornarei na conclusão do capítulo 4. Steward (1963: 201-202) observa que a ampla cooperação social na agricultura de irrigação estava praticamente em toda parte associada a um forte sacerdócio nos casos do Novo Mundo, bem como os do Velho Mundo. Ele argumenta que um grupo relativamente igualitário envolvido em cooperação tinha necessidades singularmente fortes de solidariedade normativa. Estudiosos modernos resistem às conotações religiosas da palavra "sacerdócio" na Mesopotâmia. Eles consideram os padres mais seculares, mais administrativos e políticos, como corpos diplomáticos, gerentes de irrigação e redistribuidores. Por meio de um processo cujos detalhes não são conhecidos por nós, o templo surge como o primeiro Estado da história. À medida que a irrigação prosseguia, era necessária uma cooperação laboral mais extensa. Exatamente *qual* área territorial era coletivamente interdependente na agricultura hidráulica é algo disputado, como veremos. No entanto, a prevenção e controle de inundações, a construção de barragens, diques e canais de irrigação exigiram, tanto regularmente quanto durante crises naturais ocasionais, *algum* investimento de longo prazo na cooperação entre aldeias – digamos, por exemplo, em uma área lateral de planície de inundação, e ao longo de um rio, de alguns quilômetros. Este foi um poderoso ímpeto para unidades políticas maiores do que o grupo de parentesco ou aldeia. Uma das principais funções do templo sumério logo se tornou o gerenciamento da irrigação, e permaneceu assim por 1.000 anos[6].

---

6. Gibson (1976) argumentou que um fator acidental aumentou esse papel na Suméria. Por volta de 3300 a.C. o ramo oriental do Eufrates secou repentinamente quando as águas de repente

Esses estados-templos não parecem particularmente coercitivos. É difícil ter certeza, mas a visão de Jacobsen (1943, 1957) é amplamente aceita: a primeira forma política permanente era uma democracia primitiva na qual as assembleias compostas de uma grande proporção dos homens adultos livres da cidade faziam grandes tomadas de decisão. Jacobsen sugeriu uma legislatura de duas casas, uma câmara alta de anciãos e uma câmara baixa de homens livres. Se isso pode ser um pouco idealizado – pois a principal fonte são os mitos posteriores – a provável alternativa é uma oligarquia informal e bastante ampla, composta pelos chefes das famílias mais importantes e, talvez também, das alas territoriais da cidade.

Podemos, provisoriamente, concluir que pouco antes de 3000 a.C. estas eram políticas transitórias, fazendo a indescritível mudança de autoridade por posições para um Estado estratificado. Mas a transição primeiro ocorreu menos no domínio da coerção dos governados pelos governantes do que no domínio da coerção no sentido de *enjaulamento*, o crescimento de relações sociais focalizadas, inescapavelmente intensas e centralizadas. A transição para a coerção e para a exploração foi mais lenta. Diferenças entre as famílias líderes e o resto, e entre homens livres e trabalhadores dependentes ou escravos eram diferenças "absolutas". No entanto, o nível hierárquico dentro das principais famílias parece ter sido "relativo" e mutável. O nível hierárquico dependia em grande medida da proximidade dos recursos econômicos, que eram mutáveis. Não parece haver evidência de hierarquização em relação aos critérios genealógicos "absolutos", como a suposta proximidade com os deuses ou ancestrais. Desta forma, o surgimento da estratificação e do Estado foi lento e desigual.

No entanto, os dois processos de crescimento da propriedade estatal e privada estavam ligados e, no final, apoiavam-se mutuamente. No capitalismo moderno, com seus direitos de propriedade privada altamente institucionalizados e estados não interventores, caracteristicamente vemos os dois como antitéticos. No entanto, na maioria dos períodos históricos, isso seria um erro, como veremos repetidamente. A propriedade privada e familiar e o Estado emergiram juntos, incentivados pelos mesmos processos. Quando nossos registros começam – as tábuas escavadas da cidade primitiva de Lagash – encontramos uma mistura complicada de três formas de propriedade em terras administradas pelo templo. Havia campos de propriedade dos deuses da cidade e administrados pelos funcionários do templo, campos alugados anualmente pelo templo para famílias individuais, e campos concedidos a famílias individuais perpetuamente sem aluguel. A primeira e a terceira formas eram muitas vezes consideráveis, denotando propriedade coletiva e privada em larga escala, ambas empregando mão de obra dependente e alguns escravos. Os registros indicam que a pro-

---

abriram novos canais mais a oeste. Assim, resultou a emigração em massa para o ramo ocidental, organizada por necessidade numa base extensiva (provavelmente pelos templos). Ele acredita que as cidades de Kish e Nippur foram fundadas por causa disso.

priedade coletiva e a privada se fundiram de forma constante à medida que a estratificação e o Estado se desenvolviam mais extensivamente. O acesso à terra passou a ser monopolizado por uma elite unificada, mas ainda representativa, que controlava os templos e grandes propriedades e mantinha cargos sacerdotais, civis e militares.

A natureza integrada da agricultura em condições de irrigação e de troca e difusão entre ela e as ecologias dos arredores geraram estruturas de autoridade fundidas em grupos de parentesco, aldeias e estados emergentes. Como não podemos encontrar vestígios de conflito político entre aspectos supostamente privados e coletivos, é sensato tratá-los como um processo único. Assim, a organização do Estado redistributivo emergente, revelada no setor de templos pelas tábuas de Lagash, provavelmente também se deu em paralelo no maldocumentado setor de bens imóveis. Os templos orçamentavam e organizavam a produção e a redistribuição de maneira detalhada e sofisticada – nos custos de produção, no consumo do templo, em impostos, assim como em reinvestimento em sementes, e assim por diante. É um Estado redistributivo no sentido de Polanyi (referido no capítulo anterior), mas é provável que os mesmos princípios sejam aplicados no setor privado. O Estado era um agregado familiar em grande escala, coexistindo amigavelmente com propriedades domésticas baseadas em parentesco[7].

A fusão e o enjaulamento das relações de autoridade tiveram outra consequência: o surgimento do terceiro dos indicadores de civilização propostos por Renfrew: a escrita. Se examinarmos de perto as origens da alfabetização, teremos uma boa noção do processo civilizador inicial. A Suméria torna-se crucial aqui, porque seus registros são relativamente bons e porque é o único caso *certo* de desenvolvimento espontâneo da escrita na Eurásia. Os outros casos possivelmente independentes de alfabetização na Eurásia podem ter recebido seu estímulo da Suméria. Em qualquer caso, duas escritas, a do Vale do Indo e o dos minoicos de Creta (linear A), ainda não foram decifradas, enquanto nos dois restantes apenas seleções tendenciosas de escritos foram preservadas. Para a China da Dinastia Shang, temos registros apenas das consultas dos primeiros governantes com oráculos, preservados porque foram inscritos em carapaça de tartaruga ou superfícies ósseas similares. Estes indicam que o principal papel dos deuses é dar orientação sobre problemas políticos e militares. Para o Egito, temos inscrições funerárias em metal e pedra – isto é, inscrições religiosas –, embora a maior parte da escrita tenha sido em papiro ou couro, que pereceu. Nós vemos neles uma mistura de preocupações religiosas e políticas. Em todos

---

7. A evidência suméria sobre formas de propriedade pode ser encontrada em Kramer, 1963; Gelb, 1969; Lamberg-Karlovsky, 1976; Oates, 1978. Infelizmente, as pesquisas do estudioso soviético Diakonoff, que enfatizam o papel inicial das concentrações de propriedade privada, permanecem em grande parte não traduzidas, com exceção de Diakonoff, em 1969. Sobre o orçamento do templo, cf. Jones, 1976.

os outros casos, a escrita foi importada. E isso é importante. Escrever é tecnicamente útil. Pode promover os objetivos e estabilizar o sistema de significado de *qualquer* grupo dominante – sacerdotes, guerreiros, mercadores, governantes. Casos posteriores, portanto, mostram uma grande variedade de relações de poder implicadas no desenvolvimento da escrita. Então, para precisão quanto às origens da alfabetização, dependemos dos sumérios.

Na Suméria, os primeiros registros foram selos cilíndricos nos quais foram gravadas figuras para que pudessem ser enroladas em argila. Sorte a nossa, porque a argila sobrevive aos milênios. Eles parecem registrar mercadorias sendo trocadas, armazenadas e redistribuídas, e muitas vezes parecem denotar quem as possuía. Estes se desenvolveram em pictogramas, simplificaram imagens estilizadas de objetos inscritos com um talo de junco em tábuas de argila. Foram gradualmente simplificados em ideogramas, representações mais abstratas capazes de representar classes de objetos e depois de sons. Cada vez mais eles tomam sua forma das variações técnicas possíveis de fazer marcas com uma palheta picada em forma de cunha e não da forma do objeto que está sendo representado. Assim, chamamos de *cuneiforme*, que significa em forma de cunha.

Em todo esse desenvolvimento, de aproximadamente 3500 a 2000 a.C., a massa avassaladora das mais de 100.000 inscrições sobreviventes são *listas* de bens. De fato, a lista tornou-se um tema geral da cultura: em breve encontramos também listas de classificações conceituais de todos os tipos de objetos e nomes. Deixe-me citar uma lista relativamente curta para dar o sabor da alfabetização suméria. Vem do terceiro milênio, da Terceira Dinastia de Ur, do arquivo de Drehem:

> 2 cordeiros (e) 1 gazela jovem (do) governador de Nippur;
> 1 cordeiro (de) Girini-isa o supervisor;
> 2 gazelas jovens (de) Larabum o supervisor;
> 5 gazelas jovens (de) Hallia;
> 5 gazelas jovens (de) Asani-u;
> 1 cordeiro (do) governador de Marada.
> Entregues.
> O mês do comer da gazela; o ano em que as cidades Simurum (e) Lulubu foram destruídas pela 9ª vez, no 12º dia (reproduzido, com muitos outros, em KANG, 1972).

Assim é principalmente como nós aprendemos sobre a existência de supervisores e governadores, de produtos e rebanhos, do calendário sumério, até mesmo da destruição repetida de cidades – dos balconistas e dos contadores. Eles estão interessados, principalmente, em preservar um sistema contábil apropriado para gazelas e cordeiros, não a história épica de sua época. Dessa evidência, seus templos eram meramente lojas decoradas; os escribas, mais funcionários do que sacerdotes, mas essas eram lojas importantes, estando no centro do ciclo de redistribuição de produção. As listas registram relações de produção e redistribuição e de direitos e obrigações sociais, especialmente sobre a propriedade. As listas mais complicadas também registram os valores de troca de mercadorias diferentes. Na ausência de cunhagem de moedas, coexistiam metais preciosos como meio de valor geralmente reconhecido. As lojas parecem ter estado no centro da organização de poder suméria. Talvez os deuses fossem fundamentalmente guardiões das lojas. Nas lojas, os direitos de propriedade privada e a autoridade política central se fundiram em um, expressos como um conjunto de selos e, eventualmente, como escrita e civilização em si. A escrita foi mais tarde voltada para a narração do mito e da religião, mas seu primeiro e sempre principal objetivo era estabilizar e institucionalizar os dois conjuntos emergentes de relações de autoridade, propriedade privada e Estado. Era uma questão técnica, envolvendo uma posição específica de especialista, o escriba. Não se difundiu a alfabetização nem até o estrato governante como um todo. De fato, a natureza cada vez mais abstrata da escrita pode torná-la menos inteligível para alguém que não seja um escriba.

As técnicas também estavam vinculadas a locais particulares e centralizados. A maioria das tábuas era pesada e não era adequada para o movimento. Elas precisavam ser decifradas pelos escribas do templo. Assim, as mensagens não puderam ser difundidas em todo o território social. As pessoas afetadas por eles mantinham seus direitos e deveres no centro da pequena cidade-Estado. Embora escrever direitos de autoridade seja objetivá-los, "universalizá-los" (na linguagem do capítulo 1), o grau de universalismo ainda era extremamente limitado, especialmente em território. Poucos meios de *difundir* o poder, além daqueles da pré-história, foram descobertos: ele ainda deve ser aplicado com autoridade em um local central e sobre uma pequena área. No entanto, a escrita codificou permanentemente os direitos de propriedade e de autoridade política, revelando uma nova era em 3100 a.C.: a das sociedades enjauladas civilizadas. O salto fora dado.

Civilização como federação

Até agora, pode parecer também que a fusão de propriedade e autoridade política estava criando um novo reino de sociedades unitárias, enjauladas e delimitadas, mas isso é enganoso por causa da minha negligência em relação às repercussões mais amplas da expansão e fusão de grupos territoriais e de parentesco. Lembre-se de que vários desses grupos estavam se expandindo pela planície de inundação. À medida que o comércio aumentava, também crescia a dependência comum dos rios como sistema de comunicações. Todos tinham interesse na liberdade de comércio, em manter o canal do rio livre de pirataria e lodo e, portanto, regulado diplomaticamente. Ao mesmo tempo, surgiram conflitos sobre os direitos e as fronteiras da água. Em certas ecologias, as partes à montante tinham vantagens sobre as que estavam à jusante. É incerto se isso resultou de uma capacidade de desviar os canais de água, das rotas comerciais mais importantes terem sido as do norte, ou da salinização do solo no sul. Conflito frequentemente ocorria em um eixo norte-sul, muitas vezes em benefício dos nortistas.

No entanto, apesar de suas diferenças, os principais participantes tiveram experiências de vida bastante semelhantes: formas artísticas e ideologias se difundiram rapidamente entre eles porque, em linhas gerais, buscavam soluções para os mesmos problemas. O ciclo das estações; a importância do lodo; a beneficência imprevisível do rio; relações com pastores, coletores-caçadores e mercadores estrangeiros; o surgimento da estabilidade social e territorial – tudo levou à ampla semelhança entre cultura, ciência, moralidade e metafísica. Na pré-história, os estilos cerâmicos e arquitetônicos já eram notavelmente semelhantes em toda a área. No momento em que entram no registro histórico, talvez meio milhão de habitantes do sul da Mesopotâmia fizessem parte de uma única civilização, embora contivesse múltiplos atores de poder. Eles poderiam inclusive ter falado a mesma língua. Seus poucos escribas profissionais escreveram em um roteiro comum, aprenderam seu ofício com a ajuda de listas de palavras idênticas e afirmaram que eram de fato um povo, os sumérios.

A natureza exata de sua unidade, identidade coletiva e ideologia, no entanto, está longe de ser clara. Nossa evidência da alfabetização não está livre de ambiguidade. Como Diakonoff nos lembrou: "Nenhum desses antigos sistemas de escrita foi projetado para expressar enunciados de fala diretamente como expressos na linguagem; eles eram apenas sistemas de auxílio à memória, usados principalmente para propósitos administrativos (e depois, até certo ponto, no culto)" (1975: 103). É possível que as pessoas cujos bens, direitos e deveres foram registrados pelos escribas sequer falassem a mesma língua. Tal ceticismo pode ser considerado radical demais pela maioria dos estudiosos, pois um núcleo comum de linguagem e cultura se desenvolveu em algum momento, mas, em primeiro lugar, sempre coexistiu com a linguagem e a cultura de outros grupos, e, segundo, seu núcleo não era uma cultura unitária, mas uma cultura "federal" ou "segmentária".

Os sumérios não eram o único "povo" na área. Alguns escritores especulam sobre um povo indígena original com quem os imigrantes sumérios se misturaram. A mais certa é sobre a existência de pelo menos dois outros "povos" que também se tornaram civilizados. O primeiro foi na área conhecida como Elam, 300km a leste, no atual Khuzistão. Suas origens estão em terras aluviais ao longo de três rios, embora a evidência para a irrigação seja menos certa (WRIGHT & JOHNSON, 1975). Sua pré-história e início da história parecem desiguais, com períodos de desenvolvimento autônomo e forte influência da Suméria. Se foi um "Estado primitivo" não é claro, mas sua linguagem permaneceu distinta e não fazia parte politicamente da Mesopotâmia.

O segundo "povo" era falante do semítico. Presume-se geralmente que estes tenham sido um grupo de origem árabe grande e amplamente difundido. Dentre eles, pelo menos dois subgrupos, os acadianos e eblaítas, desenvolveram civilizações letradas ao norte da Suméria. Eles foram aparentemente estimulados por atividades comerciais, até mesmo coloniais, sumérias. Contudo, eles desenvolveram complexas cidades-Estado autônomas em meados do terceiro milênio a.C. Ebla, estando mais longe, manteve a autonomia por mais tempo. Os acadianos adjacentes penetraram a Suméria em grande número, primeiro como trabalhadores dependentes, depois como tenentes militares e, finalmente, por volta de 2350 a.C., como conquistadores (descritos no início do capítulo 5). Antes de 2350 a.C., não temos evidências de lutas entre sumérios e acadianos. Existem duas interpretações plausíveis da ausência. *Ou* os sumérios exerceram hegemonia sobre os acádios e garantiram sua fidelidade e dependência sem o uso indevido da violência organizada, *ou* nem os sumérios nem os acadianos eram um grupo étnico totalmente distinto e existiam áreas de sobreposição entre as duas identidades sociais. É provável que o desenvolvimento da Suméria também civilizasse a Acádia e que os líderes (originalmente tribais?) deste usassem o cuneiforme e se envolvessem na política do poder e na identidade da Suméria. Muitos paralelos posteriores se apresentam. Por exemplo, no capítulo 9 veremos que a identidade "romana" foi sucessivamente adotada pelas elites de um grande conglomerado de "povos" originalmente distintos. Por estas razões, podemos duvidar se a identidade "suméria" foi bem definida, ou se foi coincidente com um território civilizado limitado.

Em segundo lugar, a cultura suméria não era unitária. Na época que a religião e a mitologia suméria haviam sido escritas – talvez para os conquistadores acádios em meados do terceiro milênio a.C. – era federal ou segmentar, com dois níveis distintos. Cada cidade-Estado tinha sua própria divindade tutelar, residente em seu templo, "proprietária" da cidade, fornecendo seu foco de lealdade. No entanto, cada divindade tinha um lar reconhecido em um panteão sumério comum. Anu, mais tarde o rei do céu, fortaleceu a realeza, residiu em Uruk, assim como sua cônjuge Inanna. Enlil, o rei da terra, residia em Nippur. Enki, o rei da água e um deus com grande simpatia humana, residia em Eridu. Nanna, o deus da lua, residia em Ur. Cada uma das cidades-Estado importantes possuía seu lugar, e muitos possuíam uma reivindicação distinta de preeminência, neste panteão. Quaisquer que fossem os conflitos entre as cidades, eles eram regulados, tanto ideologicamente quanto talvez na prática diplomática, pelo panteão. Assim, Nippur, a casa do conselho dos deuses, chefiada por Enlil, desempenhou algum papel precoce na mediação de disputas. Como nas relações modernas entre estados-nação, existia algum grau de regulação normativa entre os estados individuais. Houve guerra, mas havia regras de guerra. Havia disputas de fronteira, mas também procedimentos para resolvê-las. Uma civilização singular, confusa nos limites, continha múltiplos atores de poder dentro de uma organização de poder geopolítica e diplomaticamente regulada.

Permitam-me enfatizar que até meio milhão de pessoas podem ter se considerado sumérias, um número muito superior aos 10.000 ou mais coordenados pelas primeiras cidades-Estado, as primeiras sociedades *autoritariamente* regulamentadas. Como essa "nação" ou "povos" *difusos* surgiram? Os "povos" então circulam continuamente pelas páginas dos livros de história sobre o mundo antigo, mas porque em nossa própria época nós tomamos como certa a existência de povos extensos, nós não nos surpreendemos suficientemente quanto ao mistério disto. *Não* é enfaticamente correto adotar a etnografia do século XIX e alegar que os sumérios estavam unidos por etnia, por pertencerem a um conjunto genético comum. Novamente, há um paralelo com o nacionalismo moderno. Embora nos padrões de casamentos mistos as fronteiras dos estados-nação modernos construam um certo grau de clivagem, elas não têm tamanho ou duração suficientes para produzir o conjunto genético ou "raça" amada pelos ideólogos modernos. Isso é ainda menos concebível na pré-história. Em todo caso, se houvesse restrições sobre casamentos mistos na pré-história, nosso problema é explicar como elas surgiram, dado que nenhuma autoridade extensa para a restrição poderia ter existido (ao contrário do Estado-nação moderno).

Povos, raças e tribos são criados socialmente. Eles não existiam *a priori*. Eles são o produto de interações de poder confinadas por um longo período entre pessoas que estão enjauladas dentro de seus limites. No caso das primeiras civilizações, a fronteira principal era dada pela exploração social de ecologias adjacentes contrastantes. A irrigação é uma atividade social que enfatiza as barreiras ecológicas. No antigo Egito, onde praticamente ninguém podia viver fora do Vale do Nilo, a barreira tornou-se quase absoluta, assim como a identidade do "egípcio" (como argumentei no capítulo 4). Na Mesopotâmia e em outras civilizações do vale dos rios da Eurásia, o enjaulamento era mais parcial. Ao longo de muitos séculos, os vários centros e partes da periferia provavelmente desenvolveram uma identidade cultural geral. Não uma "nação" no sentido moderno, mas talvez o que Anthony Smith (1983) chamou de "comunidade étnica", um senso real, ainda que fraco, de identidade coletiva, sustentado pela linguagem, pelos mitos da fundação e pelas genealogias inventadas. O registro arqueológico não pode confirmar totalmente (ou negar) isso. As origens dos sumérios ainda são uma questão de especulação (JONES, 1969, avalia as controvérsias). Contudo, acrescento minha própria especulação: "eles" não existiam como coletividade antes da revolução urbana, mas se tornaram uma quando dois conjuntos de interdependências cresceram: primeiro, dependências laterais, através da planície de inundação, de irrigadores, caçadores de pássaros selvagens, pescadores e alguns pastores; segundo, dependências verticais, pois cada uma dessas cidades espalha-se ao longo do rio.

Isso é congruente com a natureza segmentar e de dois níveis da cultura e sua falta de limites externos bem definidos. Derivando de um dos argumentos centrais deste capítulo: o impulso para a civilização não foi meramente um produto de tendências dentro do centro irrigado. O ímpeto do centro conduzia para fora, lateral e verticalmente, através e ao longo do sistema fluvial. Como ocorreu em meio a redes sociais originalmente soltas e sobrepostas, o ímpeto não podia ser confinado dentro de um centro territorial estreito. Embora algumas de suas consequências tenham confinado os povos em pequenas cidades-Estado, outras fortaleceram as redes de interação de uma área muito mais extensa. Os últimos não eram tão fixos territorial e socialmente quanto os primeiros. Nas bordas externas, onde a planície de inundação se encontrava com o deserto ou o planalto, a identidade cultural provavelmente não era clara.

Sugiro, além disso, que esse era o padrão ecológico e cultural dominante do antigo Oriente Próximo. Espalhadas pela região, cresceram várias concentrações segmentais de populações de dezenas de milhares em vales e oásis de rios irrigados, separados por estepes, montanhas e planícies habitadas, mas marginais. Isso contrastava com a Europa, onde uma ecologia mais equilibrada encorajava a distribuição contínua da população, uma estrutura social mais informal e a ausência de identidades culturais segmentadas moderadamente confinadas. É por isso que a civilização surgiu no Oriente Próximo, não na Europa.

Chegamos a um período entre 3100 e 2700 a.C. No sul da Mesopotâmia havia uma forma de vida urbana predominantemente estabelecida. Em várias cidades, uma população confinada, exercendo hegemonia informal sobre os habitantes da periferia interna, estava desenvolvendo relações de propriedade privada-familiar e relações político-centrais intimamente ligadas. Seus líderes estavam exercendo poderes coercitivos sobre a periferia interna e, talvez, começando a fazê-lo sobre as famílias menores do centro. A escrita e presumivelmente outros artefatos menos visíveis para nós estavam aumentando a permanência dessas relações. Sua cultura e religião estavam estabilizando essas tendências, mas também dando um sentido mais amplo e competitivo de identidade civilizada como uma comunidade étnica. Este foi o primeiro estágio da civilização – dois níveis, segmentada e semiconfinada.

Todos esses processos se intensificaram ao longo do milênio seguinte. Sabemos, retrospectivamente, que uma civilização completa, estratificada e com diversos estados emergiu dessa área – e devemos muito da civilização subsequente, incluindo a nossa, a ela. Cada vez mais o Estado e a estratificação se endureceram. A democracia/oligarquia original se transformou em monarquia, então uma monarquia conquistou o resto. Isso levou a uma forma imperial de regime dominante em grande parte da história antiga. Simultaneamente, as relações de propriedade endureceram. Quando chegamos aos regimes imperiais, descobrimos que eles dominam através de aristocracias com prerrogativas de monopólio sobre a maioria das terras. Parece um único processo evolucionário local em que a Mesopotâmia em 3000 a.C. foi uma fase de transição. No entanto, realmente foi isso? Podemos deduzir as características posteriores do Estado, estratificação e civilização das forças que já vimos em movimento?

Vamos começar com a resposta afirmativa mais simples a essa pergunta. Foi a ortodoxia do final do século XIX, sendo esta mais poderosamente expressa no século XX por Wittfogel. Vamos considerar suas falhas instrutivas. Trata-se da tese da "agricultura hidráulica e despotismo". Como foi expresso em termos comparativos gerais, amplio meu foco para lidar com mais casos.

Agricultura de irrigação e despotismo: uma falsa correlação

As vertentes da tese da agricultura hidráulica, comuns entre os escritores do século XIX, foram reunidas por Wittfogel em seu *Oriental Despotism* (1957). Alguns dos títulos dos capítulos de seu livro falam por si mesmos: "A State Stronger than Society", "Despotic Power – Total and Not Benevolent", "Total Terror". O argumento de Wittfogel repousava em sua concepção de uma "economia hidráulica", isto é, obras de canal e irrigação em larga escala que ele achava que necessitavam de um "despotismo agrogerencial" imperial e centralizado. A sua é a única tentativa consistente e sistemática de explicar a estrutura política das primeiras civilizações em termos de suas economias. Infelizmente, Wittfogel ampliou consideravelmente seu modelo, aplicando-o a todas as sociedades de larga escala do mundo antigo. Muitos daqueles que ele menciona – como Roma – mal conheciam a agricultura de irrigação. Nesses casos, seu argumento não tem validade. É plausível aplicá-lo às quatro grandes civilizações do vale do rio, ou às três que podem ser estudadas em detalhe, a Mesopotâmia, a China e o Egito.

A teoria de Wittfogel combina uma visão de poder funcional com uma exploratória e uma visão coletiva com uma distributiva. Ele argumenta que a agricultura hidráulica requer, para seu funcionamento eficiente, uma atribuição gerencial centralizada, estendendo o "Estado redistributivo" à esfera da produção. Isso dá ao Estado um papel funcional que pode ser explorado para sua vantagem privada. O Estado agrogerencial espalhou-se por todo o sistema fluvial, conferindo superioridade organizacional ao déspota e à sua burocracia. O mecanismo sociológico de usurpação de poder é elegante e plausível.

Vamos começar pela China, onde transcorreu a bolsa de estudos de Wittfogel. Uma coisa é inegável: a China tem sido incomumente dependente da irrigação, mas há vários sistemas diferentes de controle de água. Wittfogel, em trabalhos anteriores, os distinguiu de acordo com várias variáveis – a quantidade de chuva, a distribuição temporal e a confiabilidade; a função precisa e o grau de necessidade do sistema de controle; a natureza física das obras em si. Como ele viu naquela época, isso variava em suas implicações para a organização social.

Outros expandiram o número de fatores variáveis (p. ex., ELVIN, 1975). Na verdade, apenas uma característica comum dos sistemas de controle da água pode ser discernida: eles intensificaram a organização social em si, pois eram empresas inerentemente cooperativas em sua iniciação e manutenção.

No entanto, a *forma* da organização variava consideravelmente. A grande maioria dos sistemas de irrigação chineses – e na verdade os de todos os países já investigados – eram relativamente pequenos, confinados a uma aldeia ou a um grupo de aldeias. Eles geralmente eram organizados por moradores locais, às vezes aldeões e, mais frequentemente, por senhores locais. Esta variação não foi tecnológica ou ecologicamente determinada. Fei (1939) descreve um esquema do vale do Rio Yangtzé no qual o controle sobre um pequeno sistema rotacionava anualmente entre os chefes de quinze famílias de pequenos agricultores. Outros projetos idênticos foram executados pela aristocracia local.

Contudo, o interesse do Estado foi maior em três tipos específicos de projeto. Em primeiro lugar, os poucos esquemas de irrigação de grande escala em todo o vale estavam sob o controle de um funcionário do Estado nos tempos posteriores da Dinastia Han. Em segundo lugar, a rede de canais, especialmente o Grande Canal ligando os rios Yangtzé e Amarelo, foi construída e administrada pelo Estado. Em terceiro lugar, os sistemas de defesa contra inundações, especialmente nas regiões costeiras, eram frequentemente extensos, para além dos recursos locais, e construídos e mantidos pelo Estado. Apenas o primeiro diz respeito à agricultura hidráulica, como o termo tem sido costumeiramente entendido, sendo também o mais fraco dos três em termos de controle efetivo. O funcionário encarregado dependia dos habitantes locais, e seu principal papel era arbitrar disputas locais, especialmente sobre os direitos à água. O sistema de canais foi controlado de forma mais eficaz porque trouxe uma burocracia preocupada com impostos e taxas, e porque era útil para o movimento de tropas. A estratégia fiscal básica do Estado imperial agrário era "se a coisa se move, taxe-a". Na China, as hidrovias foram cruciais para o poder fiscal e militar. As defesas contra inundações aumentaram o controle estatal nessas áreas, mas essas não eram a zona central do Império Chinês e não poderiam ter determinado sua estrutura imperial-despótica inicial. De fato, todos os três casos *são posteriores* ao surgimento do Estado imperial-despótico.

Em alguns aspectos, a caracterização de Wittfogel da China como um "despotismo oriental" é precisa – mesmo que exagere consideravelmente os *verdadeiros* poderes de infraestrutura do Estado, como veremos. Contudo, a causa de seu desenvolvimento não foi a agricultura hidráulica[8].

---

8. Além dos trabalhos citados, referência para a agricultura hidráulica chinesa são: Chi, 1936; Eberhard, 1965: 42-46, 56-83; Perkins, 1968; Needham, 1971, IV: 3; Elvin, 1975. Agradeço pelo estímulo duas palestras excelentes do seminário "Patterns of History" na London School of Economics, 1980-1981, proferidas por Mark Elvin e Edmund Leach.

Os dois casos restantes, o Egito e a Suméria, diferem porque se concentram na irrigação de um ou dois rios. As características desses rios são cruciais.

Por volta de 3000 a.C., o Egito foi unificado. Desde então e hoje em dia, assemelha-se a uma trincheira longa e estreita, de 5 a 20km de largura, quebrada apenas pela trincheira lateral da depressão de Fayum e pelo alargamento do delta do rio em múltiplos canais. Seu comprimento variou. O Reino Antigo (2850-2190 a.C.) possuía um fosso de 1.000km de extensão, desde a Primeira Catarata (a moderna represa de Assuã) até o delta. Somente em um fosso longo e estreito e seus dois desdobramentos era possível a irrigação. Mesmo o pastoreio era (é) praticamente impossível fora dela. Entre julho e outubro de cada ano, o Nilo inunda, deixando lama e lodo em grande parte do fosso. Canalizar e espalhar esta inundação e, em seguida, sair da água uma vez que o solo está encharcado são os principais objetivos da irrigação coordenada. O Egito desenvolveu talvez o mais claro e certamente o primeiro exemplo de "despotismo oriental" nos termos de Wittfogel. Isso foi devido à agricultura hidráulica?

A resposta simples é não. O Nilo é em grande parte imparável. O dilúvio é tão forte que não pode ser desviado, apenas observado. Antes e depois da inundação, seu movimento lateral através do fosso pode ser alterado pela organização social. Isto significa que cada bacia de inundação lateral e sua organização social é tecnicamente independente das outras. O controle *local* é tudo o que é necessário. Butzer (1976) mostra que no Egito imperial a legislação sobre a água era rudimentar e administrada localmente; não havia burocracia de irrigação centralizada. O único grande trabalho coordenado de irrigação do qual temos evidência foi a abertura da depressão de Fayum no século XIX a.C., bem no Império Médio, e muito tardia para explicar a estrutura imperial do Egito. O Nilo foi crucial para o poder do Estado (como vemos no próximo capítulo), mas não em virtude da agricultura hidráulica.

A Suméria foi fundada em dois rios, o Tigre e o Eufrates[9]. O Eufrates foi o rio crucial nos estágios iniciais. Como o Nilo, esses rios foram inundados anualmente, mas a inundação assumiu formas diferentes. O canal principal era igualmente imparável, mas a planície larga e plana da Mesopotâmia, "a terra entre os rios", criava muitos canais secundários cujas águas podiam ser desviadas para campos (mas, ao contrário do Nilo, não escorriam – produzindo salinização do solo). Ele também inundou mais tarde do que o Nilo. Depois das inundações do Nilo, houve tempo de sobra para o plantio, mas o plantio na Mesopotâmia era necessário *antes* do dilúvio. Os diques e barreiras protegiam as sementes, e os tanques de água armazenavam a água da enchente. Isso exigiu uma cooperação social mais estreita e mais regular, tanto vertical quanto lateral, dado que os fluxos de canais poderiam ser controlados. No entanto, se um extenso rio

---

9. Minhas fontes sobre as características dos rios são Adams (1965, 1966 e, principalmente, 1981: 1-26, 243-248); Jacobsen e Adams (1974); Oppenheim (1977: 40-42).

pode ser controlado, e por que deve ser considerado desejável controlá-lo, são assuntos diferentes. O principal interesse de irrigação foi no fluxo lateral. Os principais efeitos verticais estavam na área adjacente à montante, introduzindo um elemento estratégico e militar: estes podiam controlar o abastecimento de água da jusante, levando talvez a uma chantagem coerciva apoiada pela força militar. O despotismo daqueles repousaria não no controle do trabalho dos que viviam à jusante, como no modelo de Wittfogel, mas no controle de seus recursos naturais vitais.

Contudo, tanto o Eufrates quanto o Tigre estavam, em última análise, incontroláveis. O Tigre fluía rápido e profundo demais, os canais do Eufrates mudavam de forma imprevisível demais para serem totalmente gerenciados por qualquer sistema administrativo hidráulico conhecido no mundo antigo. A variabilidade, assim como a salinização do solo, desestabilizou os equilíbrios de poder existentes. Após o primeiro avanço na irrigação, a organização social existente foi usada para melhorar a administração da irrigação, e não o contrário. Cidades, alfabetização e templos desenvolveram-se cinco séculos antes da introdução de termos técnicos para a irrigação – encontrados no final do período dinástico inicial (NISSEN, 1976: 23) e ainda mais anterior à construção de represas e canais (ADAMS, 1981: 144, 163). E a irrigação era precária o suficiente para quebrar a organização social existente com a mesma frequência que a estendia.

A forma social que emergiu foi a cidade-Estado, exercendo controle apenas sobre um comprimento limitado e lateral do fluxo do rio. Ela pode ter incorporado um grau de estratificação, autoridade política centralizada e controle de trabalho coercitivo, e estes – especialmente os últimos – se relacionavam com as necessidades de irrigação. No entanto, a princípio, ela não incorporou um Estado despótico, nem mesmo um reinado. Quando estados territoriais maiores, com reis e imperadores, surgiram mais tarde, o controle sobre a irrigação era uma *parte* de seu poder, especialmente o poder estratégico daqueles à montante, mas veremos que isso era apenas um fator secundário.

Em suma, não havia conexão imprescindível no mundo antigo entre a agricultura hidráulica e o despotismo, mesmo nas três áreas aparentemente favoráveis da China, do Egito e da Suméria. A agricultura hidráulica teve um papel importante no surgimento de civilizações letradas e na intensificação da organização territorial e socialmente fixa. A extensão da agricultura hidráulica provavelmente teve uma influência substancial na extensão da organização social, mas não na direção assumida por Wittfogel. A agricultura hidráulica promoveu grupos sociais e protoestados densos, mas pequenos, controlando comprimento e largura limitados de uma planície de inundação ou vale fluvial – digamos, cidades-Estado como na Suméria, ou domínios de senhores locais ou *nomarcas* como na China e no Egito, ou comunidades de aldeias autogovernadas como em outras partes da China, ou, na verdade, praticamente *qualquer* forma de governo local. Em números, as primeiras cidades sumérias podem ter sido exemplos típicos das capacidades geradas pela irrigação. Eles geralmente variavam de cerca de 1.000 a 20.000 habitantes, com um número desconhecido de dependentes em seu interior. Como já enfatizei, grande parte desse tamanho e concentração se deveu aos efeitos mais difusos da irrigação em seus arredores, e não apenas à administração da irrigação. No máximo, no Período Protodinástico I uma cidade exerceria uma hegemonia informal sobre seus vizinhos, um controle político sobre talvez 20.000 pessoas, com o raio de tal zona variando de 5 a 15km. Estas eram sociedades pequenas. Na Mesopotâmia, é especialmente notável que, das cidades mais importantes, Eridu e Ur, e Uruk e Larsa, estivessem à vista um do outro!

A irrigação levou a um aumento substancial das capacidades organizativas dos grupos humanos – mas *nem perto* da escala dos impérios mundiais, contendo milhões de habitantes ao longo de centenas ou milhares de quilômetros, como previsto por Wittfogel.

A tese de Wittfogel tem quatro falhas principais. (1) Não pode sequer explicar a *forma* da cidade-Estado inicial, pois ela não era despótica, mas democrática/oligárquica. (2) Não pode explicar o crescimento de impérios e estados posteriores e maiores. (3) Não pode explicar os elementos maiores de organização social que já estavam presentes nas primeiras cidades-Estado, a cultura segmentar e federal – assim, algumas das forças que contribuem para um poder mais extenso não estavam dentro do controle do Estado individual, seja despótico ou não, um Estado baseado na irrigação ou não. (4) Não pode explicar o fato de que mesmo o crescimento do centro da cidade-Estado não era unitário, mas *dual*. O que surgiu foi tanto o Estado centralizado *e* as relações de estratificação descentralizadas baseadas na propriedade privada. Estas últimas são negligenciadas por Wittfogel. Seu modelo de todos os estados antigos é bastante extravagante quanto ao real poder de infraestrutura que lhes atribui. Veremos continuamente que as *mesmas* forças que aumentaram o poder estatal também descentralizaram e desestabilizaram (cf. esp. capítulo 5). Junto com o Estado cresceu um estrato das principais famílias com propriedades privadas: juntamente com a monarquia e o despotismo cresceu a aristocracia.

Este formidável catálogo de falhas repousa sobre um modelo subjacente de uma sociedade unitária. As falhas de Wittfogel são atribuíveis principalmente a esse modelo. Todos, exceto o primeiro, voltam-se para a natureza federal e segmentária do desenvolvimento social naqueles tempos. Isso nos dá uma base para chegar a uma melhor explicação das formas de desenvolvimento social inicial.

Contudo a intensificação da civilização, do Estado e da estratificação social era um assunto longo. Não posso, neste capítulo, chegar a uma alternativa a Wittfogel na explicação dos regimes despóticos imperiais, porque eles não surgiram no início da Mesopotâmia. Essa é principalmente uma tarefa para o capítulo 5, que discute a Dinastia Acadiana (o primeiro verdadeiro "império" da história) e seus sucessores. No entanto, podemos antecipar até certo ponto essa explicação: uma velha força, o *militarismo*, tornou-se de maior importância à medida que a sociedade mesopotâmica amadurecia.

Militarismo, difusão, despotismo e aristocracia: verdadeiras correlações

Para explicar o crescimento dos estados e a estratificação social na Mesopotâmia, devemos reconhecer uma leve mudança por volta do século XXVII a.C. na transição do que é chamado de Protodinástico I para o Protodinástico II. De acordo com Adams (1981: 81-94), os padrões de assentamento mudaram. Embora a maior parte da população já estivesse morando nas cidades, elas tinham aproximadamente o mesmo tamanho. Com exceção de Uruk, pouca "hierarquia de assentamento" apareceu. Uruk então aumentou muito seu tamanho, assim como várias outras cidades. Ao mesmo tempo, muitos dos pequenos assentamentos foram abandonados, o que significa – deduziu Adams – que dezenas de milhares de pessoas devem ter sido persuadidas ou compelidas a se mudar. Uruk cobria agora 2km quadrados, com uma população de até 40.000 a 50.000 habitantes. Sustentar essa população exigia o controle organizado de grande parte do interior. Adams sugere um raio de 14km de terra controlada e regularmente cultivada, além de uma hegemonia mais flexível em uma área mais ampla. Em ambas as áreas, a logística de deslocamento e transporte de produtos sugere que os campos foram cultivados e os rebanhos foram pastoreados por mão de obra local dependente, e não pelos moradores da cidade central livre. Por sua vez, isso sugere uma maior divisão do trabalho e estratificação entre o centro urbano e a periferia rural. Os processos de interação evidentes anteriormente se intensificaram ao longo do início do terceiro milênio.

No entanto, com a intensificação vieram as mudanças: as cidades agora estavam cercadas por enormes muralhas fortificadas. Aparecem personagens que são chamados de *lugal* e residem em grandes complexos de edifícios chamados *é-gal* – traduzidos como "rei" e "palácio". Eles aparecem em textos ao lado de novos termos para atividades militares. Se nos engajarmos na arriscada tentativa de dar datas aos primeiros governantes mencionados na lista de reis (escritos por volta de 1800 a.C.), chegamos ao século XXVII para os primeiros grandes reis, Enmerkar de Ciruk e Gilgamesh, seus famosos sucessores. A partir disso, Jacobsen conjecturou que os reis se originaram como líderes de guerra, eleitos por um período temporário pela assembleia oligárquica democrática da cidade. Em um período de conflito e instabilidade, eles ganharam autoridade a longo prazo porque a guerra e as fortificações exigiam organização militar ao longo de vários anos. Por um período, o *lugal* às vezes existia ao lado de outras figuras como o *sanga*, e o *en* ou *ensi*, funcionários do templo que combinavam o ritual com funções administrativas. Gradualmente, o rei monopolizou a autoridade, e embora o templo retivesse alguma autonomia em relação ao palácio, ele se tornou também o principal iniciador do ritual religioso.

O épico de Gilgamesh, escrito por volta de 1800 a.C., relata isso, embora seja um relato de fatos ou de ideologia, o que é outra questão. Gilgamesh, que começa como *en* de Uruk, lidera a resistência a um ataque montado pela cidade de Kish. No começo, ele precisa da permissão de um conselho de anciãos e de uma assembleia de toda a população masculina antes que ele possa tomar decisões importantes. Mas sua vitória aumenta sua autoridade. A distribuição dos espólios e a subsequente construção de uma fortificação quase permanente lhe dão recursos privados com os quais ele gradualmente transforma sua autoridade representativa em poder coercitivo. Uma parte disso se tornou fato: as muralhas da cidade de Warka, atribuídas a Gilgamesh na lenda, foram datadas do período correto.

Por volta de 2500 a.C., cerca de uma dúzia de cidades-Estado de que dispomos de evidência parecem ter sido conduzidas por um rei com pretensões despóticas. Em suas lutas militares, vários parecem ter alcançado uma hegemonia temporária. O militarismo culminou no primeiro grande império, de Sargão de Acádia, descrito no capítulo 5. Em suma, entramos numa fase militarista distinta. Podemos reintroduzir as teorias militaristas das origens do Estado, discutidas no capítulo anterior, não para explicar as origens, mas para auxiliar na explicação do desenvolvimento *posterior* do Estado. Quando aplicadas às origens, como no capítulo 2, as teorias apresentam duas grandes fraquezas: a organização militar do tipo que impulsionava o poder de seus comandantes pressupunha a capacidade de poder dos estados; e as sociedades tomaram medidas para assegurar que seus comandantes militares não fossem capazes de converter autoridade temporária em poder permanente e coercitivo. Mas com estados, estratificação e civilização já em desenvolvimento, essas objeções perdem força. As técnicas gerenciais que já haviam sido aplicadas à irrigação, à redistribuição e ao intercâmbio e às relações clientelistas entre o centro e a periferia poderiam desenvolver ramificações militares. De início, predominava a defesa de alto investimento, tanto nas fortificações quanto nas densas e lentas falanges de infantaria e carroças de animais que constituíam os primeiros exércitos. Tais formações impulsionam o comando, coordenação e fornecimento centralizados.

A conversão da autoridade temporária em poder coercitivo permanente é um pouco mais problemática. No entanto, um impulso foi o confinamento da população nessas cidades-Estado em particular. Essa observação foi feita por Carneiro (1961, 1970; cf. WEBB, 1975) em sua teoria militarista da "circunscrição ambiental". Ele observa, como eu fiz, a importância das terras agrícolas circunscritas nas origens da civilização. Ele argumenta que, quando a agricultura é intensificada, a população fica ainda mais presa. A pressão populacional piora a situação. A guerra é a única solução. Como não há lugar para os derrotados fugirem, eles são expropriados e se tornam uma classe baixa em uma sociedade ampliada. Isso é usado por Carneiro como uma explicação das origens do Estado e, portanto, tem defeitos. A agricultura não esgotou a terra utilizável do vale do rio; há uma perturbadora ausência de artefatos militares nos restos mais antigos; e não há evidência direta sobre pressão populacional. Contudo, Carneiro está essencialmente certo em outra questão fundamental. Ele percebeu o problema normalmente apresentado aos regimes primitivos originado pela autoridade dada livremente e, portanto, livremente recuperável. Daí a importância da "circunscrição", a jaula social, que elimina parte da liberdade. Nas sociedades que já estavam sendo territorial e socialmente enjauladas por outras pressões, a circunscrição se intensificou. As muralhas da cidade simbolizavam e atualizavam a jaula do poder autoritário. A adesão à difusa autoridade, cruzando seus limites, enfraqueceu – se aceitou *este* Estado e seu comandante militar. A gigantesca barreira da proteção da história política começou: aceite meu poder, pois vou protegê-lo de piores violências – das quais posso dar uma amostra, caso não acreditem em mim.

Ainda existem dois problemas: *Por que* a guerra se tornou mais importante nesse período? *Como* a autoridade militar se tornou coerção permanente?

As respostas à primeira questão tendem a depender menos de qualquer evidência relevante do que de suposições gerais sobre o papel da guerra na experiência humana. Há pouca evidência, infelizmente. Mas se enfatizarmos não a frequência da violência, mas a organização, estamos um pouco menos dependentes das suposições gerais sobre a natureza humana. A guerra pode ser endêmica, mas o comando e a conquista militar centralizados não são. Eles pressupõem uma organização social considerável. Parece plausível que um limiar organizacional tenha sido passado na Mesopotâmia algum tempo depois de 3000 a.C. O grupo de invasores agora tinha os recursos para ficar em posse do templo do armazém do inimigo e extrair de maneira estável os excedentes e os serviços de trabalho deles. Uma resposta foi possível: investir em defesa. Uma corrida armamentista pode ter ocorrido, menos preocupada com o armamento do que com o desenvolvimento de organizações militares cujos contornos derivavam de uma organização social mais geral. Se houve também um aumento na frequência de violência é desconhecido, mas a ecologia social da Mesopotâmia provavelmente levou à sua persistência mediante níveis mais altos de organização social. Provavelmente, muitas disputas fronteiriças envolveram áreas até então na periferia do território das cidades-Estado, subitamente tornadas mais férteis pelo fluxo variável do rio. Muitos do grupo pró-guerra dentro da cidade-Estado foram estrategicamente colocados para aproveitar ou – inversamente – foram os sofredores da mudança de direção do rio. Isso é conjectura, no entanto, devido à falta de informações sobre os combatentes.

Também estamos incertos sobre a extensão da nova autoridade/poder militar e, portanto, estritamente incapazes de responder à segunda questão colocada acima. É difícil, no entanto, ver como um Estado militar despótico poderia ser elevado acima da sociedade na ausência contínua de um recurso crucial, um exército permanente. Não havia elite guerreira (LANDSBERGER, 1955). O exército misturava dois elementos, um "exército cidadão" de todos os homens adultos livres e uma "arrecadação feudal" de membros das principais famílias e seus servidores (embora não sejam termos com ressonância para os mesopotâmicos). O *lugal* provavelmente originou o *primus inter pares* [o primeiro entre seus iguais] do último elemento. Ele era um chefe de família bastante superior (como, de fato, era o deus da cidade). A realeza legitimou-se em termos de "hierarquia absoluta". Introduziu um ponto mais alto fixo na hierarquia e na medida genealógica a partir dele. Alguns reis posteriores encontraram dinastias de curta duração. Nesses casos, a hierarquia absoluta foi institucionalizada. Mas ninguém alegou divindade ou relação especial com gerações passadas, e a maioria era apenas homens fortes, tirados das principais famílias e dependentes deles. O rei não podia manter os recursos do Estado para si mesmo. O militarismo aumentou não apenas o *lugal*, mas também os recursos de propriedade privada das principais famílias. Perto do final do Período Protodinástico havia sinais de tensão entre a monarquia e a aristocracia, com novos elementos periféricos desempenhando um papel fundamental. Os últimos reis estavam empregando tenentes com nomes semíticos, indicando talvez que eles estavam tentando construir sua própria força mercenária, independente das principais famílias sumérias. Sabemos em retrospectiva que os mercenários assumiram o controle (mas eles eram muito mais do que meros mercenários). Eles intensificaram consideravelmente o Estado e a estratificação. Mas explicar isso (no capítulo 5) envolverá ampliar ainda mais o argumento.

Assim, mesmo a intensificação do Estado e da estratificação no final do Período Protodinástico não avançou muito. A população estava mais claramente confinada – o que a irrigação havia iniciado, o militarismo continuava –, mas nem a classe nem o Estado tinham atingido a força coercitiva permanente, que seria normal nos próximos quatro milênios e meio da história. Havia exploração, mas apenas por meio-turno. Como Gelb (1967) observou, todos ainda trabalhavam. Para levar o Estado e a estratificação mais além, para as dinastias imperiais e para as classes de proprietários de terra, é necessário que investiguemos os acadianos, os primeiros marqueses da história. Isso fará que, no capítulo 5, nosso foco seja ampliado, afastando-se ainda mais da questão da irrigação.

Conclusão: a civilização mesopotâmica como um produto de redes de poder sobrepostas

Tentei, nessas seções sobre a Mesopotâmia, demonstrar a utilidade de um modelo de sociedades como redes de poder sobrepostas. O desenvolvimento social da Mesopotâmia baseou-se no confinamento produzido por duas redes principais de interações: (1) relações laterais entre agricultura aluvial e agricultura irrigada por chuva, pastoreio, mineração e silvicultura – muitas vezes chamadas de centro e periferia; e (2) relações verticais ao longo dos rios entre diferentes áreas aluviais e seus interiores. Estas intensificaram as concentrações de propriedade privada e a centralização territorial das unidades sociais locais, incentivando assim o desenvolvimento da estratificação social e do Estado. Mas as relações entre essas principais redes sociais eram frouxas e sobrepostas, reduzindo a força do confinamento. Sua soma total era a civilização suméria, uma organização multiestatal de poder geopolítico cultural e diplomático. Essa era a maior rede organizada com a qual estávamos lidando, mas ela própria era difusa, segmentada, de limites incertos e propensa a fragmentar-se em unidades de cidade-Estado menores e autoritárias. Nos anos posteriores, o militarismo começou a superar o segmentarismo e reconsolidar a civilização (mais amplamente descrito no capítulo 5). O desenvolvimento dinâmico dependia dessas sobreposições, não de ter sido produto de alguma dinâmica endógena análoga à descrita por Wittfogel. A Mesopotâmia não era unitária, mas uma civilização com múltiplos atores de poder. Resultou de várias redes de interação criadas pela diversidade, oportunidade e restrição ecológicas. Vejamos no próximo capítulo se esses padrões eram específicos da Mesopotâmia ou gerais para a civilização mais antiga. Com base nisso, podemos chegar a conclusões gerais sobre as origens da civilização, estratificação e estados, o que faremos no final do capítulo 4.

Referências

ADAMS, R.M. (1981). *Heartland of Cities*. Chicago: University of Chicago Press.

_____ (1966). *The Evolution of Urban Society*. Londres: Weidenfeld & Nicolson.

_____ (1965). *Land Behind Baghdad*. Chicago: University of Chicago Press.

ADAMS, R.M. & NISSEN, H.J. (1972). *The Uruk Countryside*. Chicago: University of Chicago Press.

BLOCH, M. (1977). The disconnections between power and rank as a process: an outline of the development of kingdoms in central Madagascar. *Archives Européennes de Sociologie*, 18.

BUTZER, K. (1976). *Early Hydraulic Civilization in Egypt*. Chicago: University of Chicago Press.

CARNEIRO, R.L. (1981). The chiefdom: precursor of the state. In: JONES, G.D. & KAUTZ, R.R. (ed.). *The Transition to Statehood in the New World*. Cambridge: Cambridge University Press.

_____ (1970). A theory of the origins of the state. In: *Science*, 169.

CHI, T.-T. (1936). *Key Economic Areas in Chinese History*. Londres: Allen & Unwin.

CHILDE, G. (1950). The Urban Revolution. *Town Planning Review*, 21.

DIAKONOFF, I.M. (1975). Ancient writing and ancient written language: pitfalls and peculiarities in the study of Sumerian. In: *Assyriological Studies*, 20.

_____ (1972). Socio-economic classes in Babylonia and the Babylonian concept of social stratification. In: EDZARD, O. (ed.). *XVIII Rencontre Assyriologique International*. Munique: Bayer.

_____ (1969). Main features of the economy in the monarchies of ancient western Asia. In: *Third International Conference of Economic History*. Munique, 1965 [Paris: Mouton].

EBERHARD, W. (1965). *Conquerors and Rulers*: Social Forces in Modern China. Leiden: Brill.

ELVIN, M. (1975). On water control and management during the Ming and Ch'ing periods. In: *Ching-Shih wen Li*, 3.

FEI, H.T. (1939). *Peasant Life in China*. Londres: Routledge.

FLANNERY, K. (1974). Origins and ecological effects of early domestication in Iran and the Near East. In: LAMBERG-KARLOVSKY, C.C. & SABLOFF, J.A. (eds.). *The Rise and Fall of Civilisations*. Menlo Park, Cal.: Cummings.

_____ (1972). The cultural evolution of civilizations. In: *Annual Review of Ecology and Systematics*, 3.

_____ (1968). The Olmec and the valley of Oaxaca. In: *Dumbarton Oaks Conference on the Olmec*. Washington: Dumbarton Oaks.

GELB, I. (1969). On the alleged temple and state economics in ancient Mesopotamia. In: *Studi in Onore di Eduardo Volterra*, 6.

_____ (1967). Approaches to the study of ancient society. In: *Journal of the American Oriental Society*, 87.

GIBSON, M. (1976). By state and cycle to Sumer. In: SCHMANDT-BESSERAT, D. (ed.). *The Legacy of Sumer*. Malibu, Cal.: Undena.

HAWKINS, J. (1977). *Trade in the Ancient Near East*. Londres: British School of Archaeology in Iraq.

HOLE, F. & FLANNERY, K. (1967). The prehistory of southwestern Iran. In: *Proceedings of the Prehistoric Society*, 33.

JACOBSEN, T. (1970). *Towards the Image of Tammuz and other Essays in Mesopotamian History and Culture*. Cambridge, Mass.: Harvard University Press.

_____ (1957). Early political developments in Mesopotamia. In: *Zeitschrift Fur Assyriologies*, 18 [Tb. em JACOBSEN, T. (1970). *Towards the Image of Tammuz* and other Essays in Mesopotamian History and Culture. Cambridge, Mass.: Harvard University Press, cap. 8].

_____ (1943). Primitive democracy in ancient Mesopotamia. In: *Journal of Near Eastern Studies*, 2 [Tb. em JACOBSEN, T. (1970). *Towards the Image of Tammuz and other Essays in Mesopotamian History and Culture*. Cambridge, Mass.: Harvard University Press, cap. 9].

JACOBSEN T. & ADAMS, R.M. (1974). Salt and Silt in Ancient Mesopotamian Agriculture. In: LAMBERG-KARLOVSKY, C.C. & SABLOFF, J. *Ancient Civilization and Trade*. Albuquerque: University of New Mexico Press.

JANKOWSKA, N.B. (1970). Private credit in the commerce of ancient western Asia. In: *Fifth International Conference of Economic History*. Leningrado, 1970 [Paris: Mouton].

JONES, G.D. & KAUTZ, R.C. (1981). *The Transition to Statehood in the New World*. Cambridge: Cambridge University Press.

JONES, T.B. (1976). Sumerian administrative documents: an essay. In: *Assyriological Studies*, 20.

_____ (1969). *The Sumerian Problem*. Nova York: Wiley.

KANG, S.T. (1972). *Sumerian Economic Texts from the Drehem Archive*. Vol. 1. Urbana: University of Illinois Press.

KRAMER, S.N. (1963). *The Sumerians*. Chicago: University of Chicago Press.

KRISTIANSEN, K. (1982). The formations of tribal systems in later European prehistory: northern Europe 4000 B.C.-500 B.C. In: RENFREW et al. (ed.). *Theory and Explanation in Archaeology*. Nova York: Academic Press.

LAMBERG-KARLOVSKY, C.C. (1976). The economic world of Sumer. In: FRIEDMAN, J. & ROWLANDS, M.J. (eds.). *The Legacy of Sumer*. Malibu, Cal.: Undena.

LANDSBERGER, G. (1955). Remarks on the archive of the soldier Ubarum. In: *Journal of Cuneiform Studies*, 9.

LEACH, E. (1954). *The Political Systems of Highland Burma*. Londres: Athlone.

LEVINE, L.P. & YOUNG, T.C. (1977). *Mountains and Lowlands*: Essays in the Archeology of Greater Mesopotamia. Malibua, Cal.: Undena.

MARFOE, L. (1982). *Cedar Forest to silver mountain*: on metaphors of growth in early Syrian Society [Paper apresentado na Conference on Relations between the Near East, the Mediterranean World and Europe: 4th-1st Millennia B.C. Aarhus, aug./1982].

NEEDHAM, J. (1971). *Science and Civilisation in China*. Vol. IV, pt. 3 [publicado separadamente]. Cambridge: Cambridge University Press.

NISSEN, H.J. (1976). Geographie. In: LIEBERMAN, S.J. (ed.). *Sumerological Studies in Honor of Thorkild Jacobsen*. Chicago: University of Chicago Press.

OATES, J. (1978). Mesopotamian social organisation: archaeological and philological evidence. In: FRIEDMAN, J. & ROWLANDS, M.J. (eds.). *The Evolution of Social Systems*. Londres: Duckworth.

OPPENHEIM, A.L. (1977). *Ancient Mesopotamia*. Chicago: University of Chicago Press.

PERKINS, D. (1968). *Agricultural Development in China 1368-1968*. Chicago: University of Chicago Press.

RENFREW, C. (1975). Trade as action at a distance. In: SABLOFF, J. & LAMBERG-KARLOVSKY, C.C. *Ancient Civilization and Trade*. Albuquerque: University of New Mexico Press.

_____ (1972). *The Emergence of Civilisation*: The Cyclades and the Aegean in the Third Millennium B.C. Londres: Methuen.

ROWTON, M.B. (1976). Dimorphic structure and the problem of the "Apiro-Ibrim". *Journal of Near Eastern Studies, 35*.

_____ (1973). Autonomy and Nomadism in western Asia. In: *Orientalia, 4*.

SABLOFF, J. & LAMBERG-KARLOVSKY, C.C. 1976. *Ancient Civilization and Trade*. Albuquerque: University of New Mexico Press.

SHENNAN, S. (1983). *Wessex in the third millennium B.C.*: a case study as a basis for discussion [Paper apresentado no simpósio Time and History in Archaeology and Anthropology. Londres: Royal Anthropological Institute].

SMITH, A. (1983). *Are nations modem?* [Paper apresentado no Seminário "Pattern of History". London School of Economics, 28/11/1983].

STEWARD, J. (1963). *Theory of Culture Change*. Urbana: University of Illinois Press.

WEBB, M.C. (1975). The flag follows trade. In: SABLOFF, J. & LAMBERG-KARLOVSKY, C.C. (eds.). *Ancient Civilization and Trade*. Albuquerque: University of New Mexico Press.

WITTFOGEL, K. (1957). *Oriental Despotism*. New Haven, Conn.: Yale University Press.

WRIGHT, H. (1977). Recent research on the origin of the state. In: *Annual Review of Anthropology, 3*.

WRIGHT, H. & JOHNSON, G. (1975). Population, exchange and early state formation in southwestern Iran. In: *American Anthropologist, 73*.

4
Uma análise comparativa do surgimento da estratificação dos estados e das civilizações com múltiplos atores de poder

O meu modelo de impacto do enjaulamento provocado pelo sistema de aluvião e irrigação na sobreposição de redes regionais de poder se aplica a outros casos, como à Mesopotâmia? Eles também eram essencialmente dualistas, combinando pequenas e intensas cidades-Estado dentro de uma civilização segmentada e multiestatal? Considero isso nos termos mais breves possíveis, examinando apenas se os outros casos parecem se encaixar amplamente ou se desviar do modelo geral. Eu vou gastar mais tempo com os desvios, sugerindo, onde puder, suas possíveis causas. Acrescento que respeito o caráter singular e ideográfico das histórias locais. Todos esses casos foram diferentes. Espero que o modelo seja de aplicação sugestiva, não mecânica.

Começo com os casos que parecem mais semelhantes, os do Vale do Indo e da China. Depois, mudo para um caso cujas origens podem ser amplamente semelhantes, mas cujo desenvolvimento posterior é bem diferente – o do Egito. Em seguida, discuto o caso eurasiano final, possivelmente independente e, em caso afirmativo, distintamente divergente – o da ilha minoica de Creta. Finalmente, mudo de continente para analisar dois casos americanos, que geralmente oferecem maiores dificuldades ao modelo. Concluindo, eu delineio o caminho dominante levado à civilização, estratificação e estados.

A civilização do Vale do Indo

Por volta de 2300 a 2000 a.C. (a datação exata não é possível), existia uma civilização letrada, urbana e cerimonialmente centrada no Vale do Indo, no atual Paquistão[1]. Não sabemos muito sobre essa civilização e não o saberemos até que sua escrita seja decifrada. Os estudiosos acreditam que sua origem é em

---

1. As referências usadas nessa seção foram: Allchin e Allchin, 1968; diversos ensaios em Lamberg-Karlovsky e Sabloff, 1974; Sankalia, 1974: 339-391; Chakrabarti, 1980; e Agrawal, 1982: 124-197.

grande parte indígena, sua civilização e Estado são "puros". Mas o seu fim é desconhecido. Ele entrou em colapso (isso explica nossa falha em ler sua escrita, pois nenhum texto posterior bilíngue sobreviveu). As explicações habituais do colapso são a destruição pelos invasores arianos que mais tarde dominaram o subcontinente indiano, e os desastres ecológicos, como a mudança climática ou fluvial, mas não há provas para nenhum deles. Se colapsou sob tensão interna, isso o tornaria diferente do meu modelo mesopotâmico.

Portanto, as semelhanças não devem ser forçadas. Isto é especialmente verdadeiro para a irrigação, uma peça central da minha explicação mesopotâmica. Existem paralelos agrícolas. Os assentamentos do Indo, como o mesopotâmico, seguem quase exatamente a linha da planície de inundação aluvial. O impulso agrícola para a civilização era, quase certamente, o fertilizante artificial da natureza, o lodo. O assentamento resultou mais uma vez em uma população enjaulada social e territorialmente entre a planície de inundação e, nesse caso, a selva em volta misturada com resíduos de vegetação. Os estudiosos geralmente presumem que os habitantes praticavam a irrigação, mas os rios eliminaram quase todas as evidências. As cidades usavam canais de água para uso doméstico e estavam bem protegidas das inundações.

Em outros aspectos, também, há uma mistura complexa de diferenças e semelhanças. A importância de templos seculares ligados a armazéns enormes lembra a Mesopotâmia, assim como a estrutura "federal" da civilização com pelo menos duas grandes cidades, cada uma com cerca de 30.000 a 40.000 habitantes, cercada por centenas de outros pequenos assentamentos. O comércio, tanto local quanto regional, tanto "lateral" quanto "vertical", e chegando até à Mesopotâmia, também era extenso. Isso pode indicar as mesmas redes sobrepostas de interação social, laterais e verticais, que na Mesopotâmia. Mas, neste caso, o desenvolvimento da hierarquia interna não parece tão acentuado. Os enterros não revelam muitas diferenças de riqueza ou estratificação social. No entanto, a regularidade do planejamento urbano, a riqueza de pesos e medidas padronizados e o domínio de alguns templos ou palácios centrais indicam uma autoridade política da cidade mais forte, embora não necessariamente um Estado que pudesse coagir seu povo. De fato, restos bélicos são poucos. O Estado pode ter sido uma "democracia primitiva", como Jacobsen sugeriu para o caso da Mesopotâmia.

É tentador ver essa civilização como um cruzamento entre a fase da Protodinastia I do desenvolvimento da Mesopotâmia e uma versão mais desenvolvida dos construtores de monumento da pré-história – um Stonehenge aluvial e letrado, talvez. Por ser enjaulada e capaz de produzir um grande excedente, desenvolveu uma civilização, mas uma fortemente centrada na autoridade política, sem a dinâmica de desenvolvimento das inter-relações entre Estado e classe econômica dominante, e entre o centro e a periferia, que suponho ser o principal motor do desenvolvimento social em outras civilizações sobreviventes e bem-sucedidas.

Em suma, os indus oferecem certo grau de embasamento ao meu modelo geral: uma civilização inicial do tipo mesopotâmico abruptamente interrompida. Dada a escassez de evidências, não temos como esperar mais do que isso.

China da Dinastia Shang

A primeira civilização chinesa floresceu em torno do Rio Huang Ho (o Amarelo) de aproximadamente 1850 a 1100 a.C.[2] O consenso acadêmico é agora que, em muitos aspectos importantes, foi um desenvolvimento autônomo, uma civilização pura. Acho isso uma conclusão surpreendentemente rígida, dado que se deu mais de um milênio depois da Mesopotâmia e do Egito e séculos antes do Vale do Indo – as notícias viajavam tão lentamente na pré-história? A civilização adquiriu o nome Shang da dinastia dos reis atribuído pelos chineses posteriores ao período. Desde muito cedo temos indicações de um alto grau de desigualdade, especialização em artesanato, grandes edifícios "palacianos" e um nível de desenvolvimento da metalurgia do bronze sem paralelo em qualquer outro lugar do mundo. Por volta de 1500 a.C., temos os ingredientes essenciais da civilização – escrita, urbanização e grandes centros cerimoniais – além de monarquia com pretensões divinas, cidades com fortificações massivas provavelmente envolvendo uma força de trabalho de mais de 10.000, um alto nível de guerra e sacrifício humano em grande escala. Isso representa um movimento mais rápido em direção a uma civilização altamente estratificada e coercitiva.

Mais uma vez, a civilização originou-se ao longo de um rio que transportava sedimentos aluviais. Mas isso se cruzou com um segundo tipo de solo exclusivamente fertilizado, o loess. Este é um depósito espesso de solo macio varrido do Deserto de Gobi no Período Pleistoceno, formando um gigantesco círculo oco irregular no centro do qual flui o Rio Huang Ho. O solo loess, rico em minerais, gera grandes rendimentos de cereais. A agricultura de corte e queima pode ser praticada por períodos excepcionalmente longos, resultando em assentamentos relativamente enjaulada sem irrigação. No Período Shang, duas colheitas de painço e arroz foram cultivadas por ano na mesma terra, o que pode sugerir as técnicas de enjaulamento da irrigação – embora não tenhamos evidências diretas disso. O rio sempre foi o centro dessa civilização. No entanto, como na Mesopotâmia, encontramos diversidade ecológica e econômica dentro e ao redor do centro. Fibras vegetais e sedas para vestuário; gado, porcos e galinhas para alimentação; e animais silvestres como o javali, o veado e o búfalo atestam essa diversidade e a importância das relações laterais centro-periferia. Nova-

---

2. As principais referências para essa seção foram: Cheng, 1959, 1960; Creel, 1970; Wheatley, 1971; Ho, 1976; Chang, 1977; e Rawson, 1980.

mente podemos encontrar evidências de interações regionais de poder, envolvendo troca e conflito com pastores e também exploração de minérios de cobre e estanho para fazer bronze, encontrado a cerca de 300km de An-yang (a capital a partir de 1400 a.C. aproximadamente).

Surgiram instituições redistributivas centradas ao redor do "templo". Como Wheatley enfatizou, os templos foram os primeiros centros da civilização. Mais cedo, porém, do que na Mesopotâmia, o militarismo se tornou considerável. Mais tarde, a criação de cavalos torna-se evidente, um dos vários desenvolvimentos que sugerem que a civilização chinesa era mais expansiva e menos limitada. O panteão religioso era mais informal e mais aberto à influência externa. A urbanização não era tão pronunciada e o povoamento mais disperso. O próprio sistema fluvial era menos confinado: a agricultura, o comércio e a cultura espalhavam-se ao longo do sistema do Rio Amarelo e depois para praticamente todos os rios do norte e do centro da China. Nessas áreas, os habitantes indígenas adquiriram a civilização Shang, mas eram politicamente autônomos. Seus estados podem ter reconhecido a hegemonia Shang. Um grupo, o Chou, que vivia nos pântanos ocidentais, tornou-se extraordinariamente desenvolvido (como suponhamos a partir dos seus textos discursivos). Por fim, os Chou conquistaram os Shang e fundaram sua própria dinastia, a primeira registrada continuamente em fontes históricas chinesas.

Conjecturo, portanto, que as origens da civilização podem não ter sido diferentes das da Mesopotâmia. Mas uma vez estabelecidas as organizações básicas de poder, a maior abertura do terreno e a maior similaridade das atividades dos habitantes em toda a região deram um papel anterior à intensificação militarista da estratificação estatal e social, mais tarde também encontrada na Mesopotâmia. A monarquia, e não a oligarquia, aparece um pouco antes. A cultura chinesa foi menos segmentar, mais unitária. A diversidade foi expressa mais por meio das tendências "feudais" da desintegração monárquica do que de uma estrutura multiestatal. Mais tarde, no Período Han, a cultura da classe dominante chinesa tornou-se muito mais homogênea, até mesmo unitária.

Novamente, as virtudes de uma análise centrada no impacto da agricultura aluvial, talvez irrigadora, sobre as redes sociais regionais parecem demonstradas. E mais uma vez uma cultura religiosa segmentária tornou-se mais militarista. Mas avançar a análise revelaria peculiaridades locais consideráveis.

Egito

Não vou perder tempo detalhando o óbvio: a agricultura de irrigação foi decisiva para gerar a civilização, a estratificação e o Estado no Egito. Ninguém jamais duvidou disso. Ao longo da história antiga, a trincheira do Nilo suportou a maior densidade populacional conhecida no mundo. Por causa da barreira ecológica apresentada pelos desertos ao redor, também foi a mais presa. Uma vez que a irrigação preencheu a trincheira, nenhuma evasão foi possível: como a produtividade cresceu, o mesmo aconteceu com a civilização, a estratificação e o Estado. O processo foi como na Mesopotâmia, mas ao quadrado. No início, também é possível vislumbrar alguns dos mesmos elementos regionais segmentares que existiam na Mesopotâmia. A cultura dos povos pré-históricos, e daqueles do Período Protodinástico subsequente, era mais ampla do que qualquer unidade política única e, desde os primórdios, o comércio de longa distância estava trazendo estilos e artefatos culturais de locais distantes. Mas se o modelo de estímulo de irrigação a redes regionais sobrepostas pode ter aplicação antecipada, então rapidamente perde poder explicativo. Afinal, o Egito se tornou singular, a única sociedade quase unitária no mundo antigo. Procuro explicar seu desvio do meu modelo[3].

A singularidade do Egito é revelada mais obviamente pelo poder e estabilidade do governo dos faraós egípcios. Se fôssemos nos concentrar apenas sobre o Império Novo (1570-715 a.C., ainda que toda cronologia egípcia envolva algumas suposições), estaríamos no terreno familiar dos capítulos posteriores (especialmente os capítulos 5, 8 e 9). É verdade que o faraó era um deus – mas encontramos imperadores e reis divinos em outros lugares e, como eles, o domínio dos faraós era cercado por tendências descentralizadoras e até revoltas. Ao contrário de seus antecessores, eles construíram cidadelas fortificadas. É verdade que os templos de Karnak, Luxor e Medinet Habu são extraordinários – mas talvez não mais do que a Grande Muralha ou o Grande Canal da China, ou as estradas ou aquedutos de Roma. O governo dos faraós nesse período, como em outros casos históricos, foi apoiado por grandes exércitos e por uma política externa agressiva. A iconografia dominante – o faraó conduzindo sua carruagem sobre os corpos de seus inimigos – poderia ter vindo de qualquer antigo império de dominação (cf. capítulo 5). Também podemos compreender prontamente os dois períodos intermediários entre as dinastias (2190-2052 e 1778-1610 a.C.), durante os quais o poder central entrou em colapso em meio à guerra civil e (no último caso) à invasão estrangeira.

Mas mesmo se excluirmos esses períodos, estamos diante do Império Antigo e do Império Médio, duas longas fases da história egípcia, durante as quais o poder faraônico parece imenso e relativamente incontestado. O tamanho do Império Antigo (2850-2190 a.C.) é especialmente difícil de entender. Por quase setecentos anos, o faraó afirmou governar como um deus – não como vigário ou representante de Deus na terra, mas como Hórus a força vital ou o filho de Re, o deus sol. A partir desse período surgem as maiores construções feitas pelo homem já vistas na Terra, as pirâmides. Sua construção, sem rodas, deve ter envolvido trabalho de escala,

---

3. As principais referências foram: Wilson, 1951; Vercoutter, 1967; Conttrell, 1968; Edwards, 1971; Smith, 1971; Hawkes, 1973; Butzer, 1976; Murray, 1977; Janssen, 1978; O'Connor, 1974, 1980.

intensidade e coordenação até então incomparável até mesmo ao realizado pelos construtores megalíticos[4]. Assim como os megálitos, elas foram construídas – na verdade, o poder faraônico foi construído – sem um exército permanente. Algumas tropas foram fornecidas por cada *nomarca* (senhor local) ao faraó, mas nenhuma delas era responsável apenas por ele, além de uma guarda pessoal. Encontramos poucos vestígios de militarismo interno, repressão de revoltas populares, escravidão ou estamentos legalmente impostos (tais referências são comuns na Bíblia, mas isso se relaciona com o Império Novo.

Dada a logística das comunicações antigas (a ser detalhada no capítulo 5), o controle real da infraestrutura do faraó sobre a vida local deve ter sido muito mais limitado do que seus poderes despóticos formais. Quando o Império Antigo começou a entrar em colapso, perdeu o controle sobre os *nomarcas*, que devem ter sido capazes de exercer poder em suas próprias áreas muito antes. Houve revoltas e usurpadores, mas estes últimos conspiraram com os escribas para reprimir suas próprias origens. Referência ideológica para a estabilidade e legitimidade é em si um fato social. Nenhum escriba de outra sociedade está tão interessado nessas virtudes. Eles nos dizem que não havia código escrito, apenas a vontade do faraó. De fato, nenhuma palavra indica consciência de separação entre Estado e sociedade, apenas distinção entre termos geográficos como "a terra" e termos aplicáveis ao faraó como "realeza" e "lei". Toda a política, todo o poder e até mesmo toda a moralidade aparentemente residiam nele. O termo crucial *Macat*, denotando todas as qualidades do governo efetivo, era o mais próximo que o egípcio chegou a uma concepção geral de "bem".

Não desejo transmitir a imagem de um Estado inequivocamente benevolente. Uma de suas mais antigas insígnias – o entrelaçado cajado de pastor e o chicote – talvez pudesse ser um símbolo da dupla funcionalidade/exploração de todos os impérios antigos. Mas existia uma diferença entre o Egito e outros impérios, pelo menos até o Império Novo. Por quê?

Uma explicação possível, baseada na agricultura hidráulica, não funciona, como vimos no capítulo 3. No Egito, a irrigação do Nilo levaria apenas ao despotismo agrogerencial local, e é precisamente o que não ocorreu. Nem acho convincente uma explicação idealista, que o poder derivou do conteúdo da religião egípcia. Esse conteúdo precisa ser explicado.

Voltemos ao Nilo, não como agricultura hidráulica, mas como rede de comunicações. O Nilo garantia ao Egito comunicações melhores do que qualquer

---

4. Embora eles teriam sido superados pela construção de mísseis MX nos Estados Unidos (cf. volume 2) – ambos monumentos ao trabalho não produtivo. É convencional que os escritores modernos se engajem em uma pequena prosa rebuscada e especulativa sobre a construção das pirâmides – "Quais poderiam ter sido os estados de espírito daqueles trabalhadores, erigindo monumentos de tal grandeza, mas futilidade?" Talvez possamos ir e perguntar aos trabalhadores e engenheiros de construção de Utah.

outro Estado pré-industrial extenso. O país era uma trincheira longa e estreita, em que todas as partes eram acessíveis pelo rio. O rio era navegável nos dois sentidos, exceto no tempo de inundação. A corrente corria para o norte; o vento predominante para o sul. As condições naturais para uma ampla troca econômica e cultural e unificação não poderiam ter sido melhores. Mas por que isso deveria levar a um único Estado? Afinal, na Alemanha medieval, o Reno era igualmente navegável, mas sustentava muitos senhores locais, cada qual regulando e cobrando pedágios de trocas ribeirinhas. O tráfego do Nilo foi provavelmente controlado desde o início de nossos registros pelo portador do selo real, um funcionário próximo ao faraó. Por quê? O controle centralizado não era apenas um produto das condições de transporte.

A primeira resposta provavelmente está na geopolítica. Conhecemos algo das lutas políticas originais do período anterior à escrita. Pequenas aldeias pré-históricas foram consolidadas em dois reinos do Alto e Baixo Egito no final do quarto milênio. Provavelmente, não houve período de cidades-Estado em guerra – ou pelo menos nenhum legado para tais entidades que alguém desejasse mais tarde reconhecer. Por volta de 3200 a.C., um rei do Alto (i. é, do sul) Egito, Narmer, conquistou o Baixo Império e fundou sua capital unida em Mênfis. A partir de então, a unidade foi quase contínua. Uma olhada na ecologia ajuda a explicar isso. Havia poucas redes sociais sobrepostas. As opções geopolíticas para qualquer governante ou coletividade antes da unificação eram extremamente limitadas. *Não* havia fronteiras, nem pastores ou agricultores que irrigavam com a chuva, tampouco marqueses que pudessem servir como contrapeso. Havia simplesmente relações verticais entre poderes adjacentes aninhados longitudinalmente ao longo do rio 1.000km. Todas as comunicações perpassavam os vizinhos – portanto, nenhuma federação ou liga de aliados não vizinhos poderia surgir com base em algo mais substancial do que as mensagens trocadas pelo deserto.

Isso é único na diplomacia geopolítica. Na Suméria, China, Grécia, Itália antiga – qualquer lugar de que tenhamos conhecimento – uma cidade, tribo ou senhor sempre teve a opção de encontrar aliados, seja de grupos semelhantes ou fronteiriços, para se sustentar ou contra vizinhos mais fortes. Nos sistemas de equilíbrio de energia, leva tempo para os fracos serem absorvidos pelos fortes, e sempre há uma chance de uma forte fragmentação. No Egito, não houve tal defesa. A absorção poderia prosseguir direta e frontalmente, com o rio como seu centro e toda a população social e territorialmente presa dentro do domínio do conquistador. A partir do eventual triunfo do Alto Egito, é tentador assumir que a posição no nível do rio conferiu superioridade estratégica. Assim, a luta e a intriga geopolítica e a ecologia incomum podem levar a um único Estado centrado na posse do rio, sua jaula. Uma verdadeira sociedade unitária resultou disso.

Uma vez imposto, o Estado único era relativamente fácil de manter, desde que o próprio rio fosse mantido, por causa de suas forças de comunicação.

O Estado impôs uma economia redistributiva sobre todo o território e assim penetrou a vida cotidiana. O faraó era o provedor da própria vida. Como o faraó da duodécima dinastia ostentava: "Eu cultivava grãos e adorava o deus da colheita. O Nilo me cumprimentava em todos os vales. Ninguém estava com fome no meu tempo, ninguém estava com sede. Todos ficaram contentes com o que eu fiz" (apud MURRAY, 1977: 136). O termo faraó significa "casa grande", uma indicação de um Estado redistributivo. O Estado fez um censo bienal (mais tarde anual) de riqueza em animais, e talvez também em terra e ouro, e avaliou os impostos (em espécie ou em trabalho) de acordo. Um imposto de colheita foi implementado no Império Novo – e provavelmente também no Império Antigo – cobrando entre metade (em grandes propriedades) e um terço (em pequenas propriedades) do rendimento total. Isso apoiou a burocracia real e forneceu sementes para a safra do próximo ano, com um resíduo para armazenamento a longo prazo em caso de escassez. Suspeitamos também que as principais trocas de produtos internos – cevada, farro (um tipo de trigo), legumes, aves, caça, peixe – foram realizadas nos armazéns do Estado. O sistema não era realmente tão centralizado. Os impostos eram destinados a notáveis provinciais e, a partir da terceira dinastia (cerca de 2650 a.C.), os direitos de propriedade privada parecem ter sido mantidos por tais notáveis. Isso indica mais uma vez que um Estado poderoso e uma classe dominante com direitos de propriedade privada são geralmente encontrados juntos no mundo antigo. O Estado exigiu a assistência provincial do último. Mesmo que isso não fosse reconhecido na ideologia – pois o faraó era o único divino – na prática, o corpo político era manipulado da maneira usual. Mas, nesse caso, o equilíbrio de poder foi anormalmente inclinado em direção ao monarca. As opções geopolíticas dos *nomarcas* descontentes para encontrar aliados eram poucas, confrontados com o controle faraônico do rio. Enquanto o faraó permanecesse competente e não ameaçado de fora, seu controle interno era amplamente incontestado.

O controle foi auxiliado por um segundo fator ecológico. Embora a trincheira egípcia contivesse a abundância agrícola, e suas margens abundam em pedras de construção, muito pouca madeira e nenhum metal pode ser encontrado lá. Cobre e ouro podiam ser encontrados em abundância a pouca distância do leste e do sul (especialmente no Sinai), mas o deserto impedia a extensão da sociedade egípcia naquela direção. Ferro não pode ser encontrado em qualquer lugar perto do Egito, nem madeira de alta qualidade, que veio do Líbano. Destes, o cobre era mais importante até o início da Idade do Ferro (cerca de 800 a.C.), pois era essencial tanto para implementos agrícolas quanto militares, e útil (juntamente com ouro e prata) como um meio de troca generalizada. As minas do Sinai não eram controladas por outra civilização, pois estavam ainda mais afastadas da esfera suméria e dos assentamentos do Mediterrâneo. Seus metais preciosos estavam sujeitos a assaltos casuais, especialmente durante o transporte. As principais expedições militares da primeira dinastia do império antigo eram para garantir cobre e ouro. Elas eram frequentemente lideradas pelo próprio faraó, e as minas de cobre (e provavelmente também de ouro) estavam sob propriedade faraônica direta da primeira dinastia. Nesse momento não havia expedições destinadas à conquista territorial, apenas ataques comerciais garantindo o fluxo de comércio e do tributo (os dois sendo muitas vezes indistinguíveis) no caso do Egito. Problemas de controle sobre governadores provinciais territoriais dificilmente teriam surgido sobre essa esfera de atividade. Mesmo estados fracos (p. ex., na Europa medieval) exercem uma medida de controle sobre as duas funções implícitas aqui, pequenas expedições militares e a distribuição de metais preciosos e uma cunhagem rudimentar. Se esses "direitos regalianos" se tornassem essenciais para o desenvolvimento social como um todo, então poderíamos prever um aumento do poder do Estado.

Eu sugiro provisoriamente que o poder faraônico repousava sobre a combinação peculiar de (1) controle geopolítico sobre a infraestrutura de comunicação nilótica e (2) disposição de metais essenciais adquiridos apenas por meio de expedições militares estrangeiras. A evidência direta para essa afirmação é inexistente[5], mas é plausível, e também ajuda a entender dois enigmas do Egito: como as pirâmides foram construídas sem repressão severa? E por que havia tão poucas cidades? Apesar de uma alta densidade populacional geral, o Vale do Nilo aparentemente continha poucas cidades. Mesmo a arquitetura das cidades não pode ser chamada de urbana, pois além dos palácios e templos reais não havia edifícios ou espaços públicos e as grandes casas eram idênticas àquelas localizadas no campo. Textos egípcios não contêm menção de mercadores profissionais nativos até 1000 a.C. Não se pode duvidar do nível da civilização egípcia – sua densidade populacional e estabilidade, o luxo de suas classes privilegiadas, a extensão das trocas econômicas, sua alfabetização, sua capacidade de organização social, suas conquistas artísticas. Mas a contribuição urbana para isso, tão dominante em outros lugares nos impérios antigos, parece insignificante. Será que as funções urbanas, especialmente as econômicas e comerciais, foram empreendidas pelo Estado?

O segundo enigma, a relativa ausência do chicote, envolve ainda mais suposições. Duas explicações sensatas, mas parciais, foram muitas vezes apresentadas. Primeiro, os ciclos populacionais malthusianos criariam intermitentemente excedentes populacionais disponíveis para o trabalho, mas isuficientes para a agricultura. Em segundo lugar, o ciclo das estações do ano torna o trabalho excedente disponível para os meses da estação seca e da inundação pelo Nilo, numa época em que os recursos alimentares das famílias estavam esgotados. Ambas as explicações pedem mais uma pergunta: de onde o Estado extraiu os

---

5. Seria bom, p. ex., conhecer as relações causais entre, e a contribuição relativa às finanças reais de (1) monopólios de comércio e metais preciosos, (2) tributação e (3) as propriedades reais extensas.

recursos para alimentar esses trabalhadores? Em outras partes do mundo antigo, os estados tiveram que intensificar a coerção em épocas de excedente populacional e escassez de alimentos, se quisessem extrair recursos de seus súditos. Caracteristicamente, eles foram *incapazes* de realizá-lo, e seguiu-se desintegração, guerra civil, pestilência e declínio da população. Mas se o Estado possui recursos necessários para a sobrevivência, em primeiro lugar, não precisa extraí-los de seus súditos. Se o Estado egípcio trocasse "seu" cobre, seu ouro e seus bens de comércio exterior por alimentos, e se interceptasse o fluxo de troca de alimentos ao longo do Nilo, poderia possuir excedentes de comida para alimentar seus trabalhadores.

O Estado egípcio era provavelmente essencial para a subsistência da massa de sua população. Se as fontes estão corretas, seus dois períodos de desintegração trouxeram fome, mortes violentas e até canibalismo para a terra. Eles também trouxeram diversidade regional nos estilos de cerâmica, ausente em outros períodos. A posse física do Estado da infraestrutura de comunicações do Nilo, do comércio exterior e dos metais preciosos deu-lhe o monopólio dos recursos essenciais para seus súditos. A menos que os súditos procurassem organizar suas próprias expedições comerciais ou controlar o Nilo, a força não precisa ser usada tão diretamente quanto em outras partes do mundo antigo. O faraó controlava um "organograma" consolidado, centrado no Nilo, unindo poder econômico, político, ideológico e um mínimo de poder militar. Não havia nenhuma rede de poder alternativa, transversal a esta, no espaço social ou territorial, nenhum sistema de alianças potenciais a serem construídas pelos descontentes que poderiam desfrutar de uma base de poder diferente da do próprio Nilo.

Uma consequência desse extraordinário grau de enjaulamento social e territorial foi que a cultura egípcia parece praticamente unitária. Não temos evidência de clãs ou grupos de linhagem – os grupos normalmente divididos horizontalmente em uma sociedade agrária. Embora muitos deuses tivessem origens locais, a maioria era adorada em todo o reino como parte de um panteão comum. Quase exclusivamente em um império do mundo antigo, antes da era das religiões de salvação, os governantes e as massas parecem ter adorado mais ou menos os mesmos deuses. Naturalmente, os seus privilégios religiosos não eram iguais – os camponeses não eram creditados com uma vida após a morte, e podem não ter sido enterrados – mas as crenças e a participação no ritual tornaram-se bastante semelhantes entre as classes. Keith Hopkins mostrou, para o período posterior da ocupação romana, que o incesto entre irmão e irmã, por muito tempo considerado apenas uma prática real, prevalecia entre todas as classes (1980). O grau de participação cultural comum em uma única sociedade (e, naturalmente, altamente desigual) era único. Essa foi a maior aproximação de um sistema social unitário – o modelo de sociedades que estou rejeitando neste trabalho – que encontramos ao longo da história registrada. Sugiro que tal sistema social foi o produto de circunstâncias bastante peculiares.

Tais peculiaridades da ecologia e geopolítica egípcia também explicam seu padrão distinto de desenvolvimento de poder – desenvolvimento adiantado e rápido, depois a estabilização. As maiores pirâmides vêm quase no começo. As principais formas sociais a que aludi foram estabelecidas em meados do terceiro milênio a.C. Isto também se aplica à maioria das inovações egípcias difundidas a outras civilizações: técnicas de navegação, a arte de escrever em papiro em vez de tábuas de pedra; o calendário de 365 dias e, em seguida, o de 365 e ¼ dias.

É um aprimoramento muito mais rápido das técnicas de poder do que encontramos na Mesopotâmia ou em qualquer civilização isolada. Por que tão rápido? A partir do meu modelo geral, especulo que os primeiros egípcios foram forçados a um padrão de cooperação social mais enjaulado e mais intenso, do qual não havia escapatória. A civilização foi a consequência da jaula social, mas aqui encontramos o processo intensificado. O mesmo projeto econômico que em outras civilizações isoladas – a criação de excedentes sem precedentes – combinado com um grau incomum de centralização e coordenação da vida social para fornecer uma grande força de trabalho, ordenada e provisionada, e a possibilidade de liberar funcionários para tarefas centralizadas e improdutivas. As dificuldades de comunicação com o mundo exterior restringiram o desenvolvimento ou interferência mercantil ou artesanal. Daí que os excedentes e a cooperação laboral se voltassem para monumentais formas religiosas-intelectuais de expressão e criatividade. As pirâmides e os sacerdócios, juntamente com sua escrita e seus calendários, eram o resultado da jaula social irrigada, centralizada e isolada. Todas as civilizações isoladas perturbaram os padrões não enjaulados da pré-história. Mas a civilização egípcia os virou de cabeça para baixo.

A partir daí o desenvolvimento de técnicas de poder desacelerou quase até a paralisação. É verdade que o Império Novo conseguiu responder a impérios de dominação rivais baseados na terra e se expandir militarmente para o Levante. Mas o Egito foi protegido consideravelmente por suas fronteiras naturais e teve tempo para reagir a ameaças. Quando os impérios posteriores aprenderam a combinar operações terrestres e marítimas em grande escala, a independência egípcia foi extinta, primeiro pelos persas, depois pelos macedônios e seus sucessores helenísticos. De qualquer forma, as adaptações militares do Império Novo – carruagens, mercenários gregos – eram estrangeiras, com pouca ressonância na sociedade egípcia. Já no final do terceiro milênio a.C., a sociedade egípcia havia alcançado um patamar. Sua estabilidade foi reconhecida em todo o mundo antigo. Heródoto, por exemplo, um observador sensível das virtudes de outros povos, nos diz que os egípcios foram considerados os criadores de muitas coisas – da doutrina da imortalidade da alma à proibição das relações sexuais nos templos! Ele reconhece grande influência egípcia sobre a Grécia. Ele respeita seu conhecimento antigo e admira sua estabilidade, dignidade, reverência por suas próprias tradições e rejeição de coisas estrangeiras. Ele os respeita porque, como historiador, ele respeita o *passado*.

No entanto, podemos ver um desenvolvimento intelectual nessas qualidades. No final do Império Novo, os deuses Ptah e Thoth passaram a representar o Intelecto puro e a Palavra pela qual a criação ocorreu. Entre isso e o cristianismo helenístico ("No princípio era a Palavra") havia uma conexão provável. A verdade eterna, vida eterna, era uma obsessão egípcia que se tornou um desejo mais geral da humanidade. Mas os egípcios achavam que tinham chegado perto de alcançá-lo. O Estado egípcio dominou os problemas que o confrontavam e depois se acomodou, razoavelmente satisfeito. A inquietação da busca posterior pela Palavra e pela Verdade veio de fontes inteiramente diferentes. A inquietação egípcia, depois do primeiro grande florescimento, parece silenciada. Nós vemos isso claramente na vida ilícita em torno das pirâmides.

As tumbas, cujas entradas se tornaram cada vez mais intricadamente escondidas, foram roubadas quase invariavelmente, quase imediatamente. É a única indicação certa de um submundo – não a própria concepção ideológica da teocracia de um submundo de espíritos, mas a concepção criminosa. Isso mostra que os registros nos contam um conto ideológico limitado. Mas também mostra que a luta pelo poder e pelos recursos era tão difundida no Egito quanto em qualquer outro lugar. Tudo o que o Egito não tinha era a estrutura organizacional para a expressão legítima de interesses alternativos de poder, seja "horizontal" (lutas entre clãs, cidades, senhores etc.) ou "vertical" (luta de classes). A jaula social mais totalizante que já foi vista. Nesse aspecto, não foi o modelo dominante de organização social. Nós encontramos seus formidáveis poderes de organização solidária mais uma vez, por volta de 1600 a.C. Mas isso é tudo. O desenvolvimento da organização social tem, em sua maioria, fontes diferentes, a interação de redes de poder sobrepostas e, mais tarde, de classes sociais organizadas.

A Creta Minoica

A Creta Minoica é um caso desviante, mas talvez seu desvio seja menos importante, pois pode ser que não tenha sido uma civilização "intocada" independente[6]. As cidades foram construídas em Creta por volta de 2500 a.C., e os complexos que chamamos de palácios emergiram logo após 2000 a.C. Destruição final, após um século de dominação aparentemente grega, ocorreu de repente por volta de 1425 a.C. A civilização foi, portanto, de longa duração. Também foi alfabetizada, primeiro em pictogramas, depois por volta de 1700 a.C. em uma escrita (linear A) que não podemos decifrar, finalmente, em uma escrita grega do décimo quinto século (linear B). Tábuas com inscrições linear B revelam novamente a intersecção da propriedade privada de bens e terras com o depósito

---

6. Minha imagem foi feita a partir de Nilsson, 1950; Branigan, 1970; Renfrew, 1972; Chadwick, 1973; Dow, 1973; Matz, 1973; Warren, 1975; e Cadogan, 1976.

central de uma economia redistributiva – novamente, os palácios e templos são pouco mais do que armazéns decorados e escritórios de contabilidade. No entanto, eles foram reforçados, talvez mais tarde, por uma única religião e cultura dominantes. A escala da organização social é difícil de avaliar porque não temos certeza sobre o grau de coordenação entre as várias concentrações no palácio/templo/cidade. Mas o maior, o de Cnossos, provavelmente continha pelo menos 4.600 dependentes, apoiado por uma população agrícola diretamente controlada de cerca de 50.000. A Creta Minoica era semelhante à civilização suméria antiga, sendo uma federação cultural segmentar informal de palácio/templo/centros urbanos de redistribuição econômica. Sua escala de organização social era comparável à dos primeiros avanços no vale do rio.

Mas existem duas grandes diferenças com outros lugares. Primeiro parece uma civilização extraordinariamente pacífica, com poucos traços de guerra ou fortificação. Ninguém pode dar uma boa explicação disso, mas significa que esse caso não pode ser explicado por teorias militaristas. Segundo, não foi uma irrigação ou mesmo uma civilização aluvial. Embora, como em todos os lugares, a agricultura fosse mais bem recompensada em vales fluviais (e planícies costeiras), e embora sem dúvida algum desvio das águas do rio fosse praticado, predominava a agricultura irrigada pela chuva. Isso torna a Creta Minoica única entre as primeiras civilizações letradas da Eurásia, que há muito suscita indagações e controvérsias sobre suas origens. Acreditou-se por longo tempo que a alfabetização e a civilização deviam ter se difundido do Oriente Próximo; hoje em dia os defensores de uma evolução local independente para Creta são expressivos (p. ex., RENFREW, 1972). O caminho mais provável combinaria elementos de ambas as posições.

Vamos distinguir três artefatos que os arqueólogos encontraram e que poderiam ter sido difundidos: técnicas agrícolas, artefatos decorados e escrita. Encontramos nos tempos pré-históricos do Mar Egeu uma melhoria constante na diversidade e pureza de sementes de grãos e vegetais e animais domesticados, e um aumento na diversidade de peixes e frutos do mar. Uma considerável difusão de tais melhorias pode ser rastreada. É provável que o estímulo para muitas dessas melhorias tenha surgido do Oriente Próximo, mais da imitação de vizinhos e migrações do que do comércio formal. A organização social reforçada por tais melhorias seria essencialmente local. No Mar Egeu do terceiro milênio, duas plantas particularmente úteis, as videiras e as oliveiras, que cresceram no mesmo terreno, reforçaram esse impulso local a um excedente através da troca e romperam o comércio regional. Áreas nas quais vinhas, azeitonas e cereais se cruzaram (como Creta) tiveram importância estratégica, e podem ter tido efeitos de confinamento bastante pronunciados sobre a população – um "equivalente funcional" à irrigação.

O segundo tipo de artefato, vasos decorados e outros artefatos comerciais, incluindo instrumentos e armas de bronze, agora surgiram para aguardar o arqueólogo. A análise de seus estilos revela que eles estavam amplamente confinados dentro da região do Mar Egeu, relativamente não influenciados pelos modelos do Oriente Próximo. A suposição é que o comércio era predominantemente local. Talvez os povos do Mar Egeu ainda tivessem pouco valor para o Oriente Próximo. Assim, os movimentos em direção à concentração urbana e os pictogramas podem ter sido em grande parte indígenas. Seu comércio foi inspirado por uma combinação de três fatores: a difusão agrícola inicial, um grau incomum de especialização ecológica em que as videiras e as oliveiras desempenhavam um papel importante e excelentes rotas de comunicação onde praticamente todos os assentamentos eram alcançáveis por mar. Essas várias redes se cruzaram na mesma área do Mar Egeu.

A intersecção parece ter movido a cultura na direção da escrita. Como em outros lugares, a causa geral da escrita foi a utilidade de estabilizar o ponto de contato entre a produção e a propriedade privada, por um lado, e a redistribuição econômica e o Estado, por outro. Isso torna improvável um caso puramente difusionista para a alfabetização. Os difusionistas geralmente assumem que a escrita é tão útil que todos os que a procuram buscam adquiri-la. Mas, nas fases iniciais, a escrita tinha usos bastante precisos. A menos que uma sociedade antiga estivesse desenvolvendo um ciclo de produção/redistribuição, é improvável que ficaria impressionado escrevendo. A escrita respondeu às necessidades locais. É possível que em Creta, e em todos os outros casos antigos, a escrita fosse difundida no sentido mais simples possível de que a ideia fosse imitada do único comerciante estrangeiro com selos pictográficos em suas panelas e sacos de mercadorias, ou pelo único comerciante indígena vendo as tábuas de um armazém estrangeiro. Neste caso, apenas o comércio mínimo de longa distância seria necessário para a difusão. Temos evidências de comércio além desse nível mínimo. O comércio com o Egito, o Levante e até o norte da Mesopotâmia floresceu no primeiro período da escrita. Mas os detalhes da escrita provavelmente não foram tomados emprestado, pois a escrita minoica era diferente de qualquer outra em seus sinais e na sua aparente restrição total ao domínio da administração oficial. De fato, "alfabetização" seria a palavra errada – não há evidência de uso geral, seja na literatura ou em inscrições públicas, dessa escrita.

A combinação dos três fatores mencionados acima provavelmente levou os primeiros minoicos à beira do abismo. Mas essa beira foi uma que inúmeros outros povos em todo o mundo não conseguiram atravessar. Em vista da proximidade de Creta com as civilizações do Oriente Próximo e o fato de haver *algum* comércio com eles, não podemos tratar isso como uma civilização ou Estado isolado. O caso parece mostrar quanto menos é necessário de avanço para a civilização, uma vez que as técnicas já estão disponíveis em uma região. A jaula em Creta tinha menos barras do que na Mesopotâmia. A intersecção entre videira, oliveira e cereais era um ponto de grande poder estratégico. Mas sua captura por um Estado permanente, "alfabetizado", apoiado por uma religião coesa parece depender de redes de interação regional mais amplas.

Mesoamérica

A importância das civilizações do Novo Mundo para as teorias do desenvolvimento social é que os estudiosos geralmente, embora não universalmente, os consideram como autônomos de outras civilizações. Por serem indígenas de outro continente, com ecologia diferente, seu desenvolvimento era único em todos os aspectos. Por exemplo, eles não usaram bronze. Sua tecnologia de ferramentas estava no Neolítico, ao contrário de todas as civilizações eurasianas. Nada pode ser obtido encaixando-os em um modelo de desenvolvimento rígido, seja baseado na irrigação, no processo de enjaulamento social ou em qualquer outra coisa. Semelhanças amplas e grosseiras são as mais esperadas. Isso também pode ser verdade se compararmos a Mesoamérica com o Peru. Estavam a mais de 1.000km de distância em diferentes ambientes e tinham poucos contatos reais.

Na Mesoamérica[7], a aparência de povoamento, depois de centros cerimoniais e talvez "estados", depois de urbanização e escrita parece ter sido um processo mais geograficamente variado do que em outros lugares. A liderança do desenvolvimento passou sucessivamente para diferentes subáreas. Houve provavelmente três fases principais.

O que poderia ser chamado de primeiro avanço, o surgimento de centros cerimoniais, o calendário da "Contagem Longa" e o início de uma forma de escrita ocorreram em áreas de planície do Golfo do México. Trabalhos arqueológicos sugerem que o seu núcleo era uma rica terra aluvial ao longo dos diques dos rios. A interação com a agricultura tropical, com aldeias de pescadores, e com os povos periféricos fornecendo matérias-primas como a obsidiana estimulou desigualdades econômicas e políticas, com uma posição, principalmente de elite baseada na terra aluvial (cf. os relatórios de pesquisa de COE & DIEHL, 1981; a avaliação de FLANNERY, 1982; a declaração geral de SANDERS & PRICE, 1968). Essa protocivilização, a Olmeca, se encaixa no meu modelo geral. É semelhante à fase pré-militarista da Dinastia Shang da China. Compartilhava uma baixa densidade de assentamentos urbanos. San Lorenzo, o assentamento mais complexo, compreendia apenas de 1.000 a 2.000 pessoas. Ele também compartilhou semelhanças detalhadas de religião, calendário e sistema de escrita (embora uma escrita completa não tenha sido desenvolvida aqui). Isso encoraja teorias difusionistas: os Shang, ou outras ramificações asiáticas dos Shang, podem ter influenciado a cultura olmeca (cf., p. ex., MEGGERS, 1975). A possibi-

---

7. Além das fontes detalhadas abaixo, um bom relato conciso da Mesoamérica é O'Shea, 1980; um retrato geral mais longo é Sanders e Price, 1968. Cf. tb. vários ensaios em Jones e Kautz, 1981.

lidade de contato cultural transpacífico continua a obscurecer qualquer certeza que possamos ter sobre as origens olmecas.

A segunda fase não apresenta grandes dificuldades. Os olmecas, seguindo o padrão civilizacional usual, também elevaram as capacidades de poder dos povos das terras altas com quem eles negociavam, especialmente os do Vale de Oaxaca (cf. FLANNERY, 1968). Os olmecas também negociavam e influenciavam toda a Mesoamérica, como é visível na arquitetura monumental, nos hieróglifos e no calendário. Desse ponto em diante, embora com variações regionais, havia uma cultura mesoamericana segmentar e difusa, muito mais extensa do que o alcance de poder de qualquer organização autoritária. Mas o olmeca não evoluiu para a plena condição de Estado (e aqui a analogia com o Shang se desfaz). Eles foram, talvez, insuficientemente enjaulados. Eles declinaram a partir de 600 a.C aproximadamente. Mas eles transmitiram capacidades de poder para outros grupos, dois dos quais buscaram trajetórias de desenvolvimento distintas na terceira fase. Um deles foram os maias das terras baixas do norte. Por volta de 250 d.C., eles estavam desenvolvendo alfabetização em larga escala, o calendário da Longa Contagem, grandes centros urbanos, sua arquitetura característica com o arco falso e um Estado permanente. No entanto, os maias não estavam particularmente enjaulados. A densidade populacional de seus pontos urbanos era baixa, provavelmente ainda menor do que no caso de Shang. Seu Estado também era fraco. Tanto o Estado quanto a aristocracia careciam de poderes coercitivos estáveis sobre a população. *Hierarquia absoluta*, ao invés de estratificação e Estado, pode ser o termo mais apropriado. Pode haver razões ecológicas para isso. Os maias não praticavam irrigação. As abundantes chuvas tropicais davam-lhes duas colheitas por ano, e algumas áreas aluviais tornaram isso permanentemente possível; mas há pouca evidência de agricultura social e territorialmente fixa, e na maioria das áreas a exaustão do solo exigiria um movimento periódico. De fato, tais condições de não enjaulamento não são geralmente favoráveis para o surgimento da civilização. Mesmo se permitirmos uma forte difusão dos olmecas e dos povos contemporâneos dos vales centrais (a serem discutidos em breve) (cf. COE, 1971; ADAMS, 1974), não posso afirmar que meu modelo esteja em terreno firme aqui. A teoria da "interação regional" de Rathje (1971) é semelhante ao meu próprio modelo, mas só pode ser uma explicação necessária, não suficiente. É mais fácil explicar o colapso maia (cerca de 900 d.C.) do que as origens. Se, como os estudiosos debatem (cf. os ensaios em CULBERT, 1973), a causa imediata foi a exaustão do solo, invasão externa ou guerra interna civil ou de "classe", haveria relativamente pouco compromisso forçado com o enjaulamento social e territorial nesses conxtextos de crise.

O segundo grupo que desenvolveu a civilização foi o povo da bacia do vale central do México. Isso nos leva de volta ao solo mais seguro – ou melhor, à água – da irrigação, desta vez de áreas à beira do lago, dentro de uma região mais ampla que tinha fronteiras montanhosas naturais. De Parsons (1974) e Sanders et al. (1979), discernimos crescimento lento a partir de cerca de 1100 a.C. por várias centenas de anos. Então, por volta de 500 a.C., canais de irrigação apareceram aqui (e em outras partes do altiplano mesoamericano), associados à expansão populacional e à nucleação. No norte do vale em torno de Teotihuacan, esse crescimento foi desproporcional, aparentemente devido a condições de irrigação excepcionalmente boas, bem como a uma posição estratégica para mineração e acabamento de obsidianas. Houve intenso intercâmbio com os caçadores e silvicultores da periferia. É um padrão similar de redes de interação central e regional de irrigação para a Mesopotâmia – e com resultados sociais semelhantes: hierarquia crescente de assentamentos e complexidade arquitetônica. Por volta de 100 d.C., surgiram dois centros políticos regionais de cerca de 50.000 a 60.000 pessoas, concentrados em uma cidade capital, incorporando alguns milhares de km^2 de território e organizados hierarquicamente. Era agora uma "civilização", pois também compreendia templos, mercados e alfabetização em hieróglifos e calendários. Por volta do século IV d.C., Teotihuacan era um Estado urbano coercivo permanente de cerca de 80.000 a 100.000 pessoas dominando vários outros estados, todos nos planaltos. Sua influência se espalhou por toda a Mesoamérica e dominou as áreas mais próximas da cultura maia. Mas também desmoronou, mais misteriosamente, entre 550 d.C. e 700 d.C. Após um curto interregno, foi suplantado por marqueses do norte mais militaristas, os toltecas, expoentes do sacrifício humano de larga escala. Eles expandiram um império em grande parte da Mesoamérica. A partir daí, estamos em um terreno reconhecidamente similar ao do próximo capítulo: o ciclo entre a expansão imperial e a fragmentação, e a dialética entre impérios e marqueses. Os mais famosos conquistadores foram os últimos. Os astecas combinaram um alto nível de militarismo (e sacrifício humano) com o nível mais intenso de agricultura de irrigação e urbanismo visto na Mesoamérica.

Muitos desses processos são da mesma ordem geral daqueles discernidos na Mesopotâmia. Existem também diferenças. A origem dos maias se destaca, como em todos os modelos gerais. Mas, na maior parte, a civilização foi construída com base em desenvolvimentos organizacionais pré-históricos amplamente difundidos. Em seguida, a primeira fase e parte do vale central da terceira fase introduziu o enjaulamento: o confinamento ao território, representado pela proximidade de áreas fluviais e zonas de lagos, bem como de matérias-primas locais ou regionais. Daí a emergência dual da organização autoritária rígida construída em torno da irrigação e das redes difusas de troca e cultura irradiando-se para fora dela. Por sua vez, esses processos de enjaulamento criaram um resultado familiar. Isso deu vantagens aos marqueses e um ciclo de dominância centro-periferia (discutido no próximo capítulo) se seguiu.

Mas a analogia com as civilizações eurasianas não deve ser levada longe demais. A ecologia era distinta. Não apresenta nem a ampla uniformidade regional da China nem a grandeza do contraste entre o vale e o planalto da Mesopotâmia.

É uma região de contraste, mas não repentino ou grande. Isso provavelmente garantiu que as sociedades fossem menos enjauladas, menos propensas à centralização e à permanência. As estruturas políticas dos vários povos civilizados e semicivilizados eram mais informais do que as do Oriente Próximo ou da China.

Provavelmente, houve um menor desenvolvimento do poder coletivo nos 1.500 anos da civilização mesoamericana do que em um período comparável da eurasiana. Sua fragilidade precisava do peso de apenas pouco mais de quinhentos *conquistadores* para entrar em colapso – é difícil imaginar o poder dos assírios, ou da Dinastia Han, sucumbindo tão radicalmente antes de uma ameaça comparável. O Império Asteca era uma federação informal. A lealdade de seus vassalos foi provada como não confiável. Mesmo em seu centro, a sociedade asteca continha os mecanismos de contrapeso dos maias contra a intensificação do Estado. A religião e o calendário herdados dos maias previam a circulação da autoridade suprema em uma série de ciclos de calendário entre as várias unidades de cidade-Estado/tribo do império. Um ciclo estava chegando ao fim – de fato, alguns moradores acreditavam que o calendário inteiro estava acabando – no ano de *nosso* senhor, 1519. A Serpente Emplumada nasceria e talvez os pálidos ancestrais retornassem. Em 1519, chegaram os espanhóis de barba pálida. A história de como os *conquistadores* eram considerados como potenciais deuses dominantes até mesmo pelo governante asteca, Montezuma, é uma das grandes estórias da história mundial. Geralmente é contado como o exemplo supremo dos acidentes bizarros da história. É certamente isso. Mas o calendário e as revoluções políticas que ele legitimou são também um exemplo dos mecanismos pelos quais os povos primitivos procuraram evitar estados permanentes e a estratificação social, mesmo depois de termos presumido que estavam totalmente presos dentro deles. Infelizmente para os astecas e seus vassalos, essa rota de fuga particular levou à escravidão inescapável do colonialismo europeu.

Nesses aspectos, o modelo geral de conexão entre poder social e enjaulamento parece ser apoiado tanto pela distinção da Mesoamérica quanto por sua semelhança com a Eurásia. Menos enjaulamento resultou em menos civilização, menos estados institucionalizados permanentes e menos estratificação social, exceto quando o acidente histórico mundial finalmente interveio.

Uma nota final de cautela, no entanto. Muitos aspectos da história mesoamericana ainda não são claros ou estão em disputa. A fusão criativa da ciência social americana em arqueologia e antropologia continua mudando o quadro. Os especialistas reconhecerão que os modelos teóricos recentes – de Flannery, Rathje e Sanders e Price – se encaixam bem no meu modelo de enjaulamento/interação-regional. Se seus pontos de vista são desafiados pelas pesquisas acadêmicas da próxima década, então meu modelo está em apuros.

América Andina

Os primeiros assentamentos semiurbanos e centros cerimoniais ocorreram nos estreitos vales fluviais dos Andes ocidentais, com base no rendimento da irrigação simples ligada à troca com pastores dos planaltos e pescadores costeiros[8]. A fase seguinte foi a consolidação gradual desses três componentes em chefes únicos, dos quais cerca de quarenta existiram mais tarde na época da conquista inca. Estes eram informalmente estruturados e transitórios. Eles também estavam situados similarmente em uma cultural regional mais ampla, expressa a partir de cerca de 1000 a.C. no estilo de arte de Chavín, provavelmente o resultado de extensas redes de interação regional. Este é o terreno familiar da pré-história tardia, com potencial *tanto* para o desenvolvimento dos padrões cíclicos normais da pré-história *ou* para um avanço da civilização possibilitado pela combinação da rede de integração central/regional de irrigação. Um avanço significativo ocorreu, mas quando aprofundamos as investigações sobre isso, ficamos impressionados com suas peculiaridades. Não cabe no modelo.

Existem três peculiaridades. Primeiro, as unidades políticas emergentes inicialmente expandiram sua influência não mediante consolidação territorial, mas pela criação de uma cadeia de postos avançados coloniais, que existiam ao lado e interpenetravam as cadeias de outras unidades políticas. Isso é chamado de "modelo de arquipélago" do desenvolvimento andino. Em segundo lugar, portanto, o comércio entre unidades autônomas era menos dominante como mecanismo de troca econômica do que a reciprocidade interna e a redistribuição dentro de cada arquipélago. Assim, quando podemos começar a chamar essas unidades de estados, por volta de 500-700 d.C., eles eram de caráter mais redistributivo do que os encontrados nos outros casos de civilização isolada. Havia pouco do caminho para o desenvolvimento seguido pelo padrão de redes sobrepostas e muito mais de um caminho interno, mais enjaulado, que é difícil de explicar. Terceiro, quando um ou poucos se tornaram hegemônicos (em grande parte, parece, através da guerra), eles incorporaram esses mecanismos internos. Eles mostram precocidade na logística do poder. Isto é evidente a partir de cerca de 700 d.C. no império dos Huari, grandes construtores de estradas, de centros administrativos e de armazéns. Mas sabemos mais sobre o impressionante imperialismo dos incas.

Por volta de 1400-30 d.C., um grupo e chefe "tribal", o Inca, conquistaram o restante. Em 1475, o Inca havia usado grandes grupos de trabalhadores sob regime de corveia para construir cidades, estradas e projetos de irrigação em larga escala. Eles haviam criado um Estado teocrático centralizado com seu próprio chefe como deus. Eles haviam tomado a terra como propriedade estatal e haviam colocado a administração econômica, política e militar nas mãos da

---

8. As principais referências para essa seção foram: Lanning, 1967; Murra, 1968; Katz, 1972; Schaedel, 1978; Morris, 1980; e diversos ensaios em Jones e Kautz, 1981.

nobreza inca. Eles haviam planejado ou ampliado o sistema *quipo*, por meio do qual cordas com nós podiam transmitir mensagens pelo império. Isso não era exatamente "alfabetização". Assim, na minha definição anterior, os incas não seriam totalmente civilizados. No entanto, era uma forma de comunicação administrativa tão avançada quanto a encontrada nos primeiros impérios. Era um império extremamente grande (quase 1 milhão de km^2) e populoso (estimativa de 3 milhões de pessoas para cima). Seu tamanho e rapidez de crescimento são surpreendentes, mas não totalmente inéditos – podemos pensar em impérios análogos de conquista como o Zulu. Mas o que é incomparável é o nível atingido pelos incas em relação ao desenvolvimento da infraestrutura *logística* de estados oficiais permanentes e a estratificação social. Havia 15.000km de estradas pavimentadas! Ao longo deles, armazéns espalhados a um dia de distância um do outro (os espanhóis encontraram os primeiros cheios de comida), e revezamento de corredores supostamente capazes de transmitir uma mensagem a mais de 4.000km em 12 dias (certamente trata-se de algum exagero, a menos que todos os corredores fossem atletas de meia-idade bem-sucedidos!). Os exércitos incas estavam bem-supridos e bem-informados. Ao operar no exterior, eles eram acompanhados por bandos de lhamas carregando suprimentos. As vitórias incas foram obtidas pela capacidade de concentrar números superiores de homens em um determinado lugar (detalhes da logística podem ser encontrados em BRAM, 1941). O regime político inca subsequente às suas conquistas mostra a mesma capacidade logística meticulosa. Os estudiosos diferem consideravelmente quanto à realidade no terreno do chamado sistema decimal de administração, que a princípio parece um "organograma" uniforme imposto sobre todo o império. Moore (1958: 99-125) acredita ter sido apenas um sistema de coleta de tributos cujos níveis locais eram compostos por elites conquistadas, supervisionadas superficialmente por um governador provincial inca apoiado por uma milícia de colonos. Qualquer coisa mais desenvolvida teria sido impossível em uma sociedade tão primitiva. Mas, no entanto, tais técnicas mostram uma astúcia logística desenvolvida apenas em outras áreas civilizacionais após um milênio ou mais de desenvolvimento do Estado. Eles lembram a Dinastia Han da China, ou os assírios ou romanos do Oriente Próximo e do Mediterrâneo – uma obsessão ideológica com a centralização e hierarquia, empurrada para os limites do praticável.

Se nos concentrarmos nessas conquistas logísticas, então os incas (e talvez também alguns de seus antecessores) pareçam precoces demais para se encaixar facilmente em meu modelo. De fato, eles apresentam dificuldades para qualquer modelo geral. Dizer, por exemplo, que apresentam "todas as características de um Estado de Conquista de Oppenheimer", como Schaedel (1978: 291) faz, é perder o ponto essencial de que eram o *único* exemplo de um Estado isolado de conquista, em que um Estado original, produto do artifício militar, é então institucionalizado de maneira estável. De fato, todas as explicações da ascensão inca que o consideram como um padrão geral são inadequadas. Se levarmos suas conquistas a sério, elas são misteriosas.

A alternativa seria não levar as conquistas inca tão a sério. Afinal, eles desmoronaram quando 106 soldados a pé e 62 cavaleiros, liderados por Francisco Pizarro (e ajudados por epidemias introduzidas na Europa), pressionaram o próprio Inca, e ele cedeu. Sem seu líder, a infraestrutura provou não ser uma organização social viável, mas uma série de artefatos grandes – estradas, cidades de pedra – escondendo uma confederação tribal frouxa, fraca, talvez essencialmente pré-histórica. Seriam esses artefatos apenas o equivalente a civilizações megalíticas, cujos monumentos também resistiram ao colapso social? Provavelmente não, pois sua preocupação com a infraestrutura logística do poder seria evidente apenas considerando seus monumentos. Isso os coloca mais perto das aspirações de impérios muito posteriores do que nos povos megalíticos. Seu poder, quando testado contra um inimigo muito mais poderoso, mostrou-se frágil – mas parece ter sido intencional, impiedosamente, *como* poder, não como a evitação de poder que eu argumentei ser típica da pré-história no capítulo 2. Admito o Império Inca como uma exceção, onde o militarismo logisticamente reforçado desempenhou um papel maior nas origens da civilização do que em outros lugares, e onde a civilização (vista pelos olhos das outras civilizações) parece desigual em suas conquistas.

Por isso, os demais casos, com exceção da América Andina, indicam a fecundidade do modelo geral. Dois aspectos da ecologia social foram decisivos no surgimento da civilização, da estratificação e do Estado. Primeiro, o nicho ecológico da agricultura aluvial era o seu centro. Mas, segundo, esse centro também implicava contrastes regionais, e era a combinação do centro enjaulado e relativamente limitado e suas interações com várias, mas sobrepostas, redes regionais de interação social que levavam a um maior desenvolvimento. O Egito, uma vez estabelecido, foi excepcional porque se tornou um sistema social quase unitário e restrito. Mas o resto se tornou uma sobreposição de redes de relações de poder, geralmente com um centro federal de dois níveis de pequenas unidades segmentais de cidades-Estado/tribos localizadas dentro de uma cultura civilizacional mais ampla. Essa configuração estava presente nos vários casos, e – é necessário acrescentar – geralmente ausente no resto do mundo.

Conclusão: uma teoria do surgimento da civilização

A civilização foi um fenômeno anormal. Envolveu a estratificação estatal e social, as quais os seres humanos passaram a maior parte de sua existência evitando. As condições sob as quais, em pouquíssimas ocasiões, a civilização se desenvolveu, portanto, são aquelas que tornaram a evitação impossível. O significado final da agricultura aluvial, presente em todas as civilizações "puras", era a restrição territorial que oferecia em um pacote com um grande excedente econômico. Quando se tornou agricultura de irrigação, como costumava acontecer, também aumentou a restrição social. A população estava enjaulada em relações particulares de autoridade.

Mas isso não era tudo. A agricultura aluvial e de irrigação também enjaulou as populações vizinhas, o que era inseparável da oportunidade econômica. As relações comerciais também enjaulam (embora geralmente em menor escala) os pastores, os agricultores, os pescadores, os garimpeiros e os silvicultores de toda a região. Do mesmo modo, as relações entre os grupos estavam restritas a rotas de comércio, mercados e lojas particulares. Quanto maior o volume de comércio, mais territorial e socialmente fixos se tornaram. Isso não resultou em uma jaula *única*. Apontei três conjuntos de diferentes redes socioespaciais, sobrepostas e interseccionadas: centro aluvial ou irrigado, periferia imediata e região inteira. Os dois primeiros se estabeleceram em pequenos estados locais, o terceiro em uma civilização mais ampla. Todos os três fixaram e tornaram espaços sociais e territoriais finitos e limitados mais permanentes. Naquele momento, era relativamente difícil para a população enjaulada virar as costas para a autoridade emergente e a desigualdade, como haviam feito em incontáveis ocasiões na pré-história.

Mas por que, dentro desses espaços, a autoridade contratual então se transformou em poder coercitivo, e a desigualdade em propriedade privada institucionalizada? A literatura acadêmica não tem sido especialmente útil nesse ponto, precisamente porque raramente percebeu que essas transformações foram anormais na experiência humana. Eles são quase sempre apresentados na literatura como um processo essencialmente "natural", que certamente não eram. O caminho mais provável para o poder e para a propriedade, no entanto, foi por meio das interrelações de várias redes sobrepostas de relações sociais. Para começar, podemos aplicar um modelo "centro-periferia" a essas relações.

O padrão de desenvolvimento da Mesopotâmia continha cinco elementos principais. Em primeiro lugar, a posse por um grupo residencial/familiar de terras centrais ou de potencial aluvial ou irrigatório incomum deu-lhe um excedente econômico maior do que seus vizinhos aluviais/irrigantes periféricos e ofereceu emprego à população excedente do último. Em segundo lugar, todos os aluviais e irrigadores possuíam essas mesmas vantagens sobre os pastores, caçadores, coletores e agricultores de águas pluviais das demais periferias. Terceiro, as relações comerciais entre esses grupos concentravam-se em rotas particulares de comunicação, especialmente rios navegáveis, e em mercados e depósitos ao longo deles. A posse destes locais fixos deu vantagens adicionais, geralmente ao mesmo centro aluvial/grupo de irrigação. Em quarto lugar, o principal papel econômico do centro aluvial/de irrigação também foi visto no crescimento da manufatura, do comércio artesanal e do comércio de reexportação concentrados nos mesmos locais. Quinto, o comércio expandiu-se ainda mais para a troca de produtos agrícolas e manufaturados do centro em troca de metais preciosos das montanhas da periferia externa. Isso deu ao centro um controle desproporcional sobre um meio de troca relativamente generalizado, sobre "bens de prestígio" para exibir *status* e sobre a produção de ferramentas e armas.

Todos os cinco processos tenderam a reforçar-se mutuamente, fornecendo recursos energéticos desproporcionais às famílias/grupos residenciais do centro. Os vários grupos periféricos só podiam virar as costas a esse poder ao custo de renunciar ao benefício econômico. Bastou escolher não fazer isso para inaugurar estados e estratificação de um tipo permanente, institucionalizado e coercivo. Naturalmente, os detalhes desse desenvolvimento diferiam de todos os outros casos, principalmente em resposta a variações ecológicas. No entanto, o mesmo conjunto global de fatores é visível em todos os lugares.

Assim, quando a civilização apareceu, seu sinal mais óbvio, a alfabetização, foi usado principalmente para regularizar a intersecção da propriedade privada e do Estado, isto é, de uma área territorial definida com um centro. A alfabetização denotava direitos de propriedade e direitos e deveres coletivos sob uma pequena autoridade política territorial, centralizada e coercitiva. O Estado, sua organização centrada e territorial, tornou-se permanentemente útil à vida social e aos grupos dominantes, de um modo que se afastou dos padrões da pré-história. A posse do Estado tornou-se um recurso de poder explorável, de forma sem precedentes.

No entanto, o modelo centro-periferia só pode ser levado até aí. Os dois eram interdependentes e, à medida que o centro se desenvolvia, o mesmo acontecia (embora em ritmos diferentes) com as várias áreas periféricas. Alguns se tornaram indistinguíveis do centro original. A infraestrutura de poder do centro era limitada. Trabalho dependente poderia ser absorvido, certos termos de troca econômica desigual poderiam ser impostos, um domínio informal de clientelismo poderia ser reivindicado, mas não muito mais do que isso. A capacidade de organização social impositiva estava, a princípio, confinada aos poucos km^2 da cidade-Estado individual; ao mesmo tempo, não é possível ainda identificar recursos para a difusão do poder para fora do centro impositivo, ao longo de uma população extensa. Assim, quando as áreas periféricas produziam excedentes, estados e alfabetização, elas não podiam ser controladas a partir do centro antigo. Por fim, toda a distinção entre centro e periferia evaporou. É verdade que na Mesopotâmia começamos a ver o surgimento de mais recursos de poder militar, e que em alguns dos outros casos estes podem ter avançado mais e mais rapidamente, mas estes foram cada vez menos em proveito do antigo centro (como veremos corretamente no próximo capítulo).

De qualquer forma, o militarismo veio claramente depois, baseando-se nas formas existentes de organização regional. Em todos os casos, o *poder ideológico* teve um papel privilegiado na solidificação das organizações regionais. Em um estudo comparativo desses seis casos mais a Nigéria (que eu não considero uma civilização isolada), Wheatley (1971) conclui que o complexo de templos cerimoniais, não o mercado ou a fortaleza, foi a primeira grande instituição urbana. Ele argumenta que o impulso da religião para a urbanização e a civilização foi sua capacidade de fornecer uma integração racional de diversos e novos propósitos sociais por meio de valores éticos mais abstratos. Isso é útil, contanto que restrinjamos o idealismo do relato de Wheatley e nos concentremos nos propósitos sociais satisfeitos pelos centros cerimoniais. A divisão entre o "sagrado" e o "secular" é posterior. Não é, como Wheatley argumenta, que as instituições econômicas estavam *subordinadas* às normas religiosas e morais da sociedade, ou que as instituições seculares surgiram posteriormente para compartilhar o poder com as instituições sagradas já existentes. Os principais propósitos do templo sumério, sobre o qual temos boa informação, eram essencialmente mundanos: atuar primeiro como um serviço diplomático de intervenção, e depois redistribuir os produtos econômicos e codificar os deveres públicos e os direitos de propriedade privada. O que aprendemos neste capítulo confirma a qualidade geralmente mundana das culturas religiosas das civilizações mais antigas remanescentes. Por outro lado, como sugeri no capítulo 1, as culturas religiosas eram *socialmente transcendentes*, fornecendo soluções organizadas para problemas que afetam uma área mais extensa do que qualquer instituição oficial existente poderia regular. O desenvolvimento regional produziu muitos pontos de contato dentro e entre as áreas aluviais e periféricas. Problemas e oportunidades persistentes surgiram, especialmente nas áreas de regulamentação do comércio, difusão e troca de ferramentas e técnicas, regulação do casamento, migração e colonização, produção cooperativa (especialmente na irrigação), exploração do trabalho por meio de direitos de propriedade e definição da violência justa e injusta. Isso é principalmente com o que as ideologias das religiões emergentes lutaram, e é o que foi ritualmente executado no átrio do templo, no armazém do templo e no santuário interno. As instituições ideológicas ofereciam uma forma de poder coletivo que era informal, difusa e extensa, que oferecia soluções diplomáticas genuínas para necessidades sociais reais, e que, portanto, era capaz de aprisionar populações mais amplas dentro de seu "organograma" de poder distributivo.

Podemos assim distinguir duas fases principais no desenvolvimento da civilização. A primeira continha uma estrutura de poder federal de dois níveis: (1) cidades pequenas proporcionavam uma forma mesclada de organização de poder autoritária econômica e política, isto é, "circuitos de práxis (econômicos)" com um pronunciado grau de "centralidade territorial", meios de poder econômico e político, conforme definido no capítulo 1. Essa combinação confinou populações relativamente pequenas. Mas (2) essas populações viviam dentro de uma organização ideológica e geopolítica muito mais ampla, difusa e "transcendente", geralmente coextensiva com o que chamamos de civilização, mas informalmente centrada em um ou mais centros de culto regionais. Na segunda fase das primeiras civilizações, essas duas redes de poder tenderam a se fundir, principalmente por meio da ação de uma coerção mais concentrada, isto é, da organização militar. Embora já tenhamos vislumbrado isso, a história é contada integralmente no próximo capítulo.

Finalmente, vimos que as teorias convencionais das origens do Estado e da estratificação social estão contaminadas com o evolucionismo – como foi antecipado no capítulo 2. Os mecanismos que eles afirmam ser "naturais" são, de fato, anormais. No entanto, muitos mecanismos foram corretamente identificados nos casos raros em que estados e estratificação se desenvolveram. Defendi uma visão ampla e econômica das primeiras origens, misturando ecleticamente elementos de três teorias principais, o liberalismo, um marxismo revisionista e a teoria funcional do Estado redistributivo. Para etapas posteriores do processo, os mecanismos militaristas têm maior relevância. Mas tudo isso só alcança sua relevância quando aliado ao modelo de sobreposição de redes de poder, o que confere um papel particular à organização ideológica do poder, normalmente negligenciada nas teorias das origens. Nem o Estado nem a estratificação social originaram-se endogenamente a partir do seio das "sociedades" sistêmicas existentes. Eles se originaram porque (1) a partir das redes sociais informais, superpostas e sobrepostas da pré-história emergiu uma rede, a agricultura aluvial, que era excepcionalmente enjaulada, e (2) em suas interações com várias redes periféricas apareciam mais mecanismos de enjaulamento que os restringiam a um maior envolvimento em dois níveis de relações de poder: aqueles dentro do Estado local e aqueles dentro da civilização mais ampla. A história do poder pode agora ser levada adiante desses poucos epicentros anormais para como era na realidade.

Referências

ADAMS, R.M. (1981). *Heartland of Cities*. Chicago: University of Chicago Press.

_____ (1966). *The Evolution of Urban Society*. Londres: Weidenfeld & Nicolson.

_____ (1965). *Land Behind Baghdad*. Chicago: University of Chicago Press.

ADAMS, R.M. & NISSEN, H.J. (1972). *The Uruk Countryside*. Chicago: University of Chicago Press.

BLOCH, M. (1977). The disconnections between power and rank as a process: an outline of the development of kingdoms in central Madagascar. In: *Archives Européennes de Sociologie*, 18.

BUTZER, K. (1976). *Early Hydraulic Civilization in Egypt*. Chicago: University of Chicago Press.

CARNEIRO, R.L. (1981). The chiefdom: precursor of the state. In: JONES, G.D. & KAUTZ, R.R. (eds.). *The Transition to Statehood in the New World*. Cambridge: Cambridge University Press.

_____ (1970). A theory of the origins of the state. In: *Science*, 169.

CHI, T.-T. (1936). *Key Economic Areas in Chinese History.* Londres: Allen & Unwin.

CHILDE, G. (1950). The Urban Revolution. In: *Town Planning Review*, 21.

DIAKONOFF, I.M. (1975). Ancient writing and ancient written language: pitfalls and peculiarities in the study of Sumerian. In: *Assyriological Studies*, 20.

_____ (1972). Socio-economic classes in Babylonia and the Babylonian concept of social stratification. In: EDZARD, O. (ed.). *XVIII Rencontre Assyriologique International.* Munique: Bayer.

_____ (1969). Main features of the economy in the monarchies of ancient western Asia. In: *Third International Conference of Economic History.* Munique, 1965 [Paris: Mouton].

EBERHARD, W. (1965). *Conquerors and Rulers*: Social Forces in Modern China. Leiden: Brill.

ELVIN, M. (1975). On water control and management during the Ming and Ch'ing periods. In: *Ching-Shih wen Li*, 3.

FEI, H.T. (1939). *Peasant Life in China.* Londres: Routledge.

FLANNERY, K. (1974). Origins and ecological effects of early domestication in Iran and the Near East. In: LAMBERG-KARLOVSKY, C.C. & SABLOFF, J.A. (eds.). *The Rise and Fall of Civilisations.* Menlo Park, Cal.: Cummings.

_____ (1972). The cultural evolution of civilizations. *Annual Review of Ecology and Systematics*, 3.

_____ (1968). The Olmec and the valley of Oaxaca. In: *Dumbarton Oaks Conference on the Olmec.* Washington: Dumbarton Oaks.

GELB, I. (1969). On the alleged temple and state economics in ancient Mesopotamia. *Studi in Onore di Eduardo Volterra*, 6.

_____ (1967). Approaches to the study of ancient society. In: *Journal of the American Oriental Society*, 87.

GIBSON, M. (1976). By state and cycle to Sumer. In: SCHMANDT-BESSERAT, D. (ed.). *The Legacy of Sumer.* Malibu, Cal.: Undena.

HAWKINS, J. (1977). *Trade in the Ancient Near East.* Londres: British School of Archaeology in Iraq.

HOLE, F. & FLANNERY, K. (1967). The prehistory of southwestern Iran. In: *Proceedings of the Prehistoric Society*, 33.

JACOBSEN, T. (1970). *Towards the Image of Tammuz and other Essays in Mesopotamian History and Culture.* Cambridge, Mass.: Harvard University Press.

_____ (1957). Early political developments in Mesopotamia. In: *Zeitschrift Fur Assyriologies,* 18 [Tb. em JACOBSEN, T. (1970). *Towards the Image of Tammuz and other Essays in Mesopotamian History and Culture.* Cambridge, Mass.: Harvard University Press, cap. 8].

_____ (1943). Primitive democracy in ancient Mesopotamia. In: *Journal of Near Eastern Studies,* 2 [Tb. em JACOBSEN, T. (1970). *Towards the Image of Tammuz and other Essays in Mesopotamian History and Culture.* Cambridge, Mass.: Harvard University Press, cap. 9].

JACOBSEN, T. & ADAMS, R.M. (1974). Salt and Silt in Ancient Mesopotamian Agriculture. In: LAMBERG-KARLOVSKY, C.C. & SABLOFF, J. *Ancient Civilization and Trade.* Albuquerque: University of New Mexico Press.

JANKOWSKA, N.B. (1970). Private credit in the commerce of ancient western Asia. In: *Fifth International Conference of Economic History.* Leningrado, 1970 [Paris: Mouton].

JONES, G.D. & KAUTZ, R.C. (1981). *The Transition to Statehood in the New World.* Cambridge: Cambridge University Press.

JONES, T.B. (1976). Sumerian administrative documents: an essay. In: *Assyriological Studies,* 20.

_____ (1969). *The Sumerian Problem.* Nova York: Wiley.

KANG, S.T. (1972). *Sumerian Economic Texts from the Drehem Archive.* Vol. 1. Urbana: University of Illinois Press.

KRAMER, S.N. (1963). *The Sumerians.* Chicago: University of Chicago Press.

KRISTIANSEN, K. (1982). The formations of tribal systems in later European prehistory: northern Europe 4000 B.C.-500 B.C. In: RENFREW, C. et al. (ed.). *Theory and Explanation in Archaeology.* Nova York: Academic Press.

LAMBERG-KARLOVSKY, C.C. (1976). The economic world of Sumer. In: SCHMANDT-BAESSERAT, D. (ed.). *The Legacy of Sumer.* Malibu, Cal.: Undena.

LANDSBERGER, G. (1955). Remarks on the archive of the soldier Ubarum. In: *Journal of Cuneiform Studies,* 9.

LEACH, E. (1954). *The Political Systems of Highland Burma.* Londres: Athlone.

LEVINE, L.P. & YOUNG, T.C. (1977). *Mountains and Lowlands*: Essays in the Archeology of Greater Mesopotamia. Malibu, Cal.: Undena.

MARFOE, L. (1982). *Cedar Forest to silver mountain: on metaphors of growth in early Syrian Society* [Paper apresentado na Conference on Relations between the Near East, the Mediterranean World and Europe: 4th-1st Millennia B.C. Aarhus, Aug./1982].

NEEDHAM, J. (1971). *Science and Civilisation in China.* Vol. IV, pt. 3 [publicado separadamente]. Cambridge: Cambridge University Press.

NISSEN, H.J. (1976). Geographie. In: LIEBERMAN, S.J. (ed.). *Sumerological Studies in Honor of Thorkild Jacobsen*. Chicago: University of Chicago Press.

OATES, J. (1978). Mesopotamian social organisation: archaeological and philological evidence. In: FRIEDMAN, J. & ROWLANDS, M.J. (eds.). *The Evolution of Social Systems*. Londres: Duckworth.

OPPENHEIM, A.L. (1977). *Ancient Mesopotamia*. Chicago: University of Chicago Press.

PERKINS, D. (1968). *Agricultural Development in China* 1368-1968. Chicago: University of Chicago Press.

RENFREW, C. (1975). Trade as action at a distance. In: SABLOFF, J. & LAMBERG-KARLOVSKY, C.C. (eds.). *Ancient Civilization and Trade*. Albuquerque: University of New Mexico Press.

_____ (1972). *The Emergence of Civilisation*: The Cyclades and the Aegean in the Third Millennium B.C. Londres: Methuen.

ROWTON, M.B. (1976). Dimorphic structure and the problem of the "Apiro--Ibrim". In: *Journal of Near Eastern Studies*, 35.

_____ (1973). Autonomy and Nomadism in western Asia. In: *Orientalia*, 4.

SABLOFF, J. & LAMBERG-KARLOVSKY, C.C. (1976). *Ancient Civilization and Trade*. Albuquerque: University of New Mexico Press.

SHENNAN, S. (1983). *Wessex in the third millennium B.C.*: a case study as a basis for discussion [Paper apresentado no simpósio "Time and History in Archaeology and Anthropology". Londres: Royal Anthropological Institute].

SMITH, A. (1983). *Are nations modem?* [Paper apresentado no Seminário "Pattern of History", 28/11/1983. London School of Economics].

STEWARD, J. (1963). *Theory of Culture Change*. Urbana: University of Illinois Press.

WEBB, M.C. (1975). The flag follows trade. In: SABLOFF, J. & LAMBERG-KARLOVSKY, C.C. (eds.). *Ancient Civilization and Trade*. Albuquerque: University of New Mexico Press.

WITTFOGEL, K. (1957). *Oriental Despotism*. New Haven, Conn.: Yale University Press.

WRIGHT, H. (1977). Recent research on the origin of the state. In: *Annual Review of Anthropology*, 3.

WRIGHT, H. & JOHNSON, G. (1975). Population, exchange and early state formation in southwestern Iran. In: *American Anthropologist*, 73.

5
Os primeiros impérios de dominação
A dialética da cooperação compulsória

O capítulo precedente contém temas familiares, alguns extraídos do evolucionismo local, outros da sociologia comparativa. Civilização, estratificação social e estados se originaram em circunstâncias locais de cerca de seis sociedades semelhantes espalhadas pelo globo. A agricultura aluvial e de irrigação, situadas na sobreposição das redes regionais de interação social, intensificaram a jaula social de dois níveis. Isso, por sua vez, levou a um crescimento exponencial no poder humano coletivo.

Alguns desses temas gerais continuam neste capítulo, que descreve a fase subsequente da história antiga das civilizações. Nesse momento, a jaula social se tornou mais pronunciada, mais singular e muito mais abrangente como resultado de outro processo de interação regional. Dessa vez, o estímulo inicial se deu menos pela economia do que pela organização militar. E o padrão geopolítico resultante também mudou. Aquelas que tinham sido até agora áreas semiperiféricas se tornaram, de certa maneira, o novo centro da civilização. Os "marqueses" foram os pioneiros do império hegemônico.

É possível ver um padrão semelhante emergindo na maioria dos casos, o que sugere de novo uma tendência geral de desenvolvimento. Mas agora há diferenças ainda mais óbvias entre eles. Minha resposta é examinar mais de perto o desenvolvimento da civilização do Oriente Próximo, o caso mais bem documentado e historicamente mais significante. Como estamos agora decisivamente no campo da história, a documentação melhora, e serei capaz de olhar mais sistematicamente a infraestrutura de poder e suas quatro formas organizacionais distintas (como prometido no capítulo 1).

Após discutir o desenvolvimento dos antigos impérios mesopotâmicos, analisarei também as teorias desenvolvidas pelos sociólogos comparativistas para explicar tal império. Veremos que, embora essas teorias tenham sucesso em apontar certas características gerais do regime imperial, suas abordagens são estáticas ou cíclicas. Falta-lhes a dialética da "cooperação compulsória", tema central deste capítulo. Por meio das técnicas de poder da cooperação compulsória, a linha de frente do poder passa de civilizações com múltiplos atores de poder para impérios de dominação.

Pano de fundo: o crescimento do militarismo e das marchas

Por aproximadamente setecentos anos, a forma dominante da civilização Suméria era uma estrutura multiestatal de, pelo menos, doze cidades-Estado principais. Não houve, portanto, um movimento repentino em direção a organizações de poder maiores e mais hierárquicas. Na segunda metade desse período, contudo, conforme a monarquia se tornou dominante, a forma interna da cidade-Estado começou a mudar. Por volta de 2300 a.C., a autonomia das cidades-Estado começa a decair na medida em que confederações regionais das cidades emergiram. Finalmente, essas foram conquistadas pelo primeiro império extensivo do qual há registro histórico, o de Sargão da Acádia. O império então permaneceu uma das formas sociais dominantes por 3.000 anos no Oriente Próximo e Europa, e ainda mais longamente na Ásia Oriental. Seu surgimento inicial foi obviamente uma questão de considerável importância, exigindo uma explicação.

Como vimos no capítulo anterior, os estudiosos geralmente atribuem a primeira parte do processo, ou seja, a ascensão da monarquia nas fases posteriores das cidades-Estado sumérias, à guerra. O sucesso da irrigação pelas cidades-Estado fez delas presas mais atrativas para os vizinhos mais pobres do planalto. Os registros também documentam várias disputas de fronteiras entre as próprias cidades-Estado. Esses dois tipos de conflitos tornaram a defesa mais necessária e levaram à construção de enormes muralhas nas cidades em meados do terceiro milênio. Simultaneamente, deduzimos que os líderes de guerra consolidaram sua liderança em reinados. Alguns autores reconhecidos sugerem que esses eram acádios, ou seja, semitas do norte. Porém, como indiquei anteriormente, esses reinados locais são bastante compatíveis com a economia de irrigação relativamente centralizada e localmente redistribuída, e não teriam constituído uma quebra radical das tradições sumérias. A monarquia, que combina lideranças de guerra e economia especializada, poderia manter uma ascensão do excedente, mesmo da população e da qualidade de vida. Mas, quanto mais bem-sucedidas, mais impacto causavam nas redes de poder da região mais ampla.

Sendo assim, devemos olhar para o equilíbrio de poder, não apenas internamente à Suméria, como também entre a Suméria e outros povos. Isso envolveu considerações nos níveis político e econômico, obviamente entrelaçados, como estiveram até os dias presentes

Conforme observado no capítulo anterior, a Suméria possuía uma economia especializada. Apesar de sua posição privilegiada para a geração de excedente agrícola e, portanto, para o desenvolvimento de divisão do trabalho e de bens manufaturados, ela era relativamente desprovida de outras matérias-primas, em especial minérios, pedras preciosas e madeira, tornando-a dependente do comércio exterior. Originalmente esse comércio precedia o Estado – como também foi verdade para a pré-história tardia em geral. Mas quanto maior seu desenvolvimento, maior sua dependência do Estado. À medida que as capacidades organizacionais de todos os grupos regionais cresciam, até mesmo os relativamente atrasados conseguiam organizar incursões para exigir tributos dos mercadores. O comércio precisava de proteção contra pilhagem ao longo de sua rota. Até mesmo as transações pacíficas acordadas entre territórios sob controle estatal requeriam certo grau de regulação diplomática, dada a ausência de um "câmbio" internacional que definisse o valor de mercado dos bens (cf. OPPENHEIM, 1970). O crescimento do comércio aumentou a vulnerabilidade da Suméria de duas maneiras. Primeiro, aumentou tanto o excedente quanto o poder de organização coletiva de diversos grupos distantes da Suméria. Alguns podiam escolher a pilhagem, outros podiam diplomaticamente tentar desviar o comércio em sua própria direção, ao invés de para a Suméria, e ainda outros podiam simplesmente tentar igualar-se à Suméria e competir pacificamente. Os "ganhos líquidos comparativos" na produção eficiente de bens manufaturados eram da Suméria. Mas isso seria irrelevante caso outro grupo pudesse de fato impedir que os bens chegassem à Suméria e, assim, cobrar "taxas de proteção" das rotas comerciais. Tal grupo poderia ser liderado por qualquer um, desde um Estado rival organizado e quase-letrado, até um chefe tribal ou um aventureiro e seu bando. Portanto, a guerra/diplomacia organizadas ou a violência "mafiosa" poderiam ameaçar a estabilidade dos suprimentos vitais para a Suméria.

Assim, em autodefesa, a Suméria procurou estender seu poder político e militar ao longo de sua rede de comércio internacional. A sua eficiência agrícola dava-lhe vantagem comparativa no número de homens e recursos liberados para propósitos militares sobre os demais povos das proximidades. Sua eficiência agrícola conferia uma vantagem comparativa em relação aos povos vizinhos, no que se refere à liberação de mais homens e recursos para propósitos militares. Desde o começo, parece ter sido capaz de enviar grupos de soldados e mercadores e estabelecer colônias ao longo da rota comercial. Contudo, não conseguiria, no longo prazo, controlar tais colônias. Essas se desenvolveram de maneira autônoma e se integraram às populações locais. Além disso, a segunda fonte de vulnerabilidade conferia uma vantagem comparativa a grupos rivais. A dificuldade para a Suméria era que tais grupos estavam localizados em suas próprias fronteiras, impedindo-a de alcançar o exterior. Devemos lembrar, aqui, do impacto da especialização ecológica na guerra, o que começarei a discutir no capítulo 2.

Vamos, por enquanto, deixar as batalhas naval e de cerco de lado, pois elas têm suas próprias peculiaridades. Limitando-nos às batalhas de campo aberto em terra, podemos notar que os exércitos ao longo da história foram compostos por três elementos: infantaria, cavalaria (incluindo bigas) e artilharia (da qual o tipo principal foi o arco e flecha). Cada um deles possuía inúmeras variantes: forças mistas, bem como tipos mistos, frequentemente apareciam (como os arqueiros a cavalo). Cada um tendia a emergir em sociedades com diferentes economias e estados, cada um possuía seus pontos fortes e fracos em diferentes tipos de guerra e cada um tinha seus efeitos sob a economia e Estado. A vantagem histórica não recai continuamente em apenas uma forma de guerra, embora muitas vezes se afirme que a cavalaria possuía, em geral, uma vantagem na Antiguidade. De fato, o poder se alternava de acordo com o tipo de guerra e a forma de desenvolvimento militar, político ou econômico[1].

As primeiras armas foram desenvolvidas a partir de ferramentas agrícolas ou de caça. Os cavalos foram domesticados posteriormente, por volta de 3000 a.C., pelos povos das estepes, e logo depois na Suméria os equídeos (provavelmente híbrido de asno e onagro) foram usados para puxar carroças e charretes. Os exércitos sumérios consistiam em carruagens bastante desajeitadas e infantaria em falanges mobilizadas atrás de longos escudos. Eles não eram numerosos em arcos. Essas infantarias eram adequadas para campanhas lentas e metódicas, por meio das quais áreas pequenas e densamente povoadas podiam ser conquistadas ou defendidas. Elas surgem da necessidade de defender a recente cidade-Estado e, talvez, conquistar os vizinhos mais próximos. Até onde sabemos, o interior foi deixado desguarnecido. Os seus maiores adversários eram os nômades montados das estepes, armados com arcos e flechas, embora ainda sem armaduras, armamento pesado, selas ou estribos. Eles teriam dificuldade em sustentar um ataque frontal aos agricultores e não conseguiriam sitiar os inimigos, mas rápidas pilhagens e traições faziam deles mais do que uma irritação.

Porém, no terceiro milênio, o tipo dominante de guerra não era entre esses dois contrários. Lembre-se de que cavalos não foram efetivamente usados em cavalaria de guerra até 1500 a.C. (em carruagens com mais mobilidade). Antes disso, nós estamos comparando a suposta robustez e mobilidade no campo de batalha dos pastores; a capacidade de lançamento de projéteis e a violência dos caçadores; e a quantidade, solidez e o espírito de corpo predominantemente defensivo dos agricultores. Ninguém tinha uma vantagem geral. Cada um possuía superioridade em diferentes táticas e circunstâncias geográficas, e combinações entre elas seriam o ideal. De qualquer maneira, o vale irrigado e a pastagem da estepe geralmente não se encontravam. Entre eles estavam os planaltos, combinando agricultura e pastoreio e crescendo de maneira relativamente próspera em posição estratégica à parte das rotas de mercadores situadas entre os vales fluviais e estepes, bosques e montanhas. Aqui as técnicas de guerra se misturavam igualmente, e aqui, presumidamente (pois isso é suposição), foram feitas as primeiras tentativas de táticas combinadas, tais como os ataques rápidos e as marchas sistemáticas. Além disso, as cidades-Estado possuíam todas as razões para encorajar isso, para usar os marqueses como forma de proteção contra os verdadeiros pecuaristas, ou como um contrapeso em relação a uma cidade-Esta-

---

1. McNeill tem dado números gerais estimulantes sobre a guerra na Idade Antiga, ambos em *The Rise of the West* (1963) e mais recentemente em *The Pursuit of Power* (1983). Para a evidência arqueológica, cf. Yadin, 1963.

do rival. Os marqueses não possuíam, até o momento, uma cavalaria eficaz, pois ainda não se havia aprimorado os cavalos para aumento significativo da força, e os arreios ainda eram rudimentares. Mas o tiro a arco estava se desenvolvendo aparentemente rápido a partir das práticas de caça, e o uso do mesmo parece ter dado uma vantagem comparativa aos marqueses, se combinado com a infantaria. Há, pelo menos, algo a se explicar: a predominância de dois milênios de marqueses em guerra e a sua tendência em fundar e expandir impérios.

Sargão da Acádia

Sargão foi a primeira personalidade da história. Ele conquistou a Suméria em 2310(?) a.C. e a governou até sua morte em 2273(?) a.C. (as datas envolvem certa suposição, são dadas em WETENHOLZ, 1979: 124; outras valiosas fontes secundárias são: KING, 1923: 216-251; GADD, 1971: 417-463; e LARSEN, 1979: 75-106; fontes documentais disponíveis estão detalhadas em GRAYSON, 1975: 235-236). Sua Dinastia Acádia reinou e expandiu o Império Mesopotâmico por quase dois séculos, seguido em sua mesma área central (após vários interregnos) por outros diversos grandes impérios dinásticos – a Terceira Dinastia de Ur, a antiga Babilônia (da qual o mais conhecido soberano foi Hamurabi) e a Cassita[2]. O período abarcado por esse capítulo, de Sargão até a queda dos Cassitas, durou em torno de 1.000 anos. Embora um período tão longo contivesse uma enorme diversidade de experiências sociais (imagine a diferença dos europeus de 1000 até 1985 d.C.!), ele exibia também semelhanças macroestruturais, bem como uma direção central no seu desenvolvimento histórico. Ambas foram estabelecidas por Sargão. Como não sabemos grande coisa sobre o próprio Sargão, as discussões sobre seu império são sempre levemente teleológicas, as fontes mesmas, normalmente escritas *a posteriori*, têm essa característica. Minha própria análise será típica desse gênero, no sentido de romancear Sargão em um personagem histórico-mundial representativo de seu tempo e sua dinastia.

A conquista de Sargão foi sempre definida como sendo o "império territorial". Eu contestarei isso argumentando que seu poder não estava no controle direto sobre o território, mas sim na dominação pessoal da clientela. Seu poder, contudo, estendia-se ao menos por várias centenas de quilômetros em comprimento e largura, incluindo as cidades-Estado sumérias; a área da Acádia ao norte, de onde ele mesmo veio; a área de Elam ao leste e várias outras áreas de planícies e planaltos. Essas conquistas foram moldadas pelo sistema fluvial de Tigre e Eufrates, por óbvias razões econômicas e logísticas. A base da economia não era mais simplesmente os sistemas laterais de irrigação, mas também a adição de conexões comerciais reguladas entre um grande número dessas áreas de

---

2. Uma cronologia rude de várias dinastias pode ser vista no Quadro 5.1, mais adiante neste capítulo.

irrigação e seu interior. E podemos observar, ainda, mais um tipo de conexão. As áreas conquistadas não apenas seguiam os rios. Sua espinha dorsal era o artifício político/militar interferindo nos ritmos organizacionais proporcionados pela natureza, assim como o artifício político/econômico da irrigação havia interferido anteriormente no ritmo do rio.

A terra natal de Sargão era Acádia, uma cidade-Estado cuja localização precisa é desconhecida, mas situada na região norte, de desenvolvimento tardio na Mesopotâmia. A "Região de Acádia" incluía áreas de agricultura pluvial e planaltos de pastagens, bem como agricultura de irrigação. Provavelmente a população era semita. A língua acadiana diferia da suméria. A Acádia era limítrofe aos estados sumérios do norte e foi influenciada por eles. A lenda de Sargão alega um nascimento bastardo (O primeiro "bebê à deriva em meio aos juncos" nas histórias do Oriente Médio). Sua carreira inicial foi atuando na guerra no cargo de copeiro, a serviço direto do rei de Kish, um Estado sumério do Norte. Essa área foi acometida pelos tipos de pressão econômicas e militares que eu descrevi. Sargão alcançou a hegemonia (suspeitamos) ao combinar técnicas militares dos pastoreiros àquelas dos agricultores. Sua velocidade de ataque era famosa. Ele ou seu sucessor provavelmente usaram reforçados arcos compósitos de madeira e haoma (cf. YADIN, 1963). Contudo, sua arma principal ainda era a infantaria pesada.

Sargão não foi um total pioneiro. Podemos vislumbrar conquistadores anteriores a ele, normalmente com nomes semíticos, que eram cada vez mais proeminentes no final da era pré-dinástica das cidades sumérias – por exemplo, Lugalannemundu, um conquistador efêmero que contava com tenentes de nomes aparentemente semíticos que "governavam sob todo o mundo" de acordo com nossas fontes (KRAMER, 1963: 51).

A partir dessa base de marcha já consolidada, Sargão moveu-se em todas as direções, conquistando em 34 campanhas todos os estados sumérios, estendendo-se a sudeste até o Golfo Pérsico, a oeste até a Costa do Levante e ao norte até Anatólia e o norte da Síria. Ele e seus sucessores afirmaram ter destruído o reino rival de Ebla. A maioria de suas atividades relatadas ocorreu na Suméria e no noroeste, embora ali suas campanhas diferissem. Na Suméria, sua violência era seletiva e limitada pela tradição, destruindo muralhas das cidades, mas não cidades; arrastando o antigo rei acorrentado até o templo de Enlil em Nipur e assumindo o seu papel. Alguns governantes sumérios permaneceram em seus lugares, entretanto, mais do que foi sentido como sendo tradicional, alguns foram substituídos por acádios. Sua intenção aqui era *usar* o poder da Suméria. No noroeste da Síria, seu comportamento foi mais cruel, orgulhoso da extensão da destruição. Estranhamente para leitores modernos, esses registros combinavam destruição com a busca por interesse comercial, tais como as expedições para libertar as "Montanhas de Prata" e a "Floresta de

Cedro" e mesmo para proteger mercadores acádios de importunação na Anatólia Central. A junção de destruição e mercantilismo faz sentido; contudo, o objetivo era destruir o poder dos estados e aterrorizar os povos que estavam interferindo nas rotas comerciais.

Se somarmos essas duas áreas, teremos um império de vasta extensão para os parâmetros prévios. Talvez devêssemos excluir como registros dúbios as conquistas de Anatólia e da Costa do Levante. Mesmo que a largura noroeste-sudoeste do império, estendida entre os vales de Tigres e Eufrates, tivesse sido de bem mais de 1.000km, e a largura através e acima do vale, em torno de centenas de quilômetros. Mas os registros, apesar de impressionantes, faltam em precisão. É narrado que a Acádia se estendia 360 horas andando em espaço, quase 2.000km de estrada, mas não estamos certos de como interpretar "em espaço". A parte disso, a ênfase é na *dominação* de extensão incerta sobre outros países e povos. A linguagem da dominação é decisiva: povos, cidades e exércitos são "arrasados", "derrubados" – Sargão os amontava em pilhas. A palavra acádia para "rei" também começou a ser investida de conotação divina. Naram-Sin, o neto de Sargão, recebeu posteriormente *status* divino, assim como o título "O Poderoso, rei dos quatro cantos do mundo".

Tudo isso pode parecer uma forma de dominação abrangente, extensiva em território e imperial. Foi o intuito dar essa impressão aos contemporâneos. Mas o império de Sargão era territorial; não em *extensão*, mas – se me permitem o trocadilho – na *intenção*. Para demonstrar isso desenvolverei considerações detalhadas sobre infraestrutura logística e difusão universal do poder. Analiso as possibilidades práticas para o exercício do poder de maneira razoavelmente técnica e sistemática. Essa não é uma tarefa fácil, pois os registros são escassos e os estudiosos evitaram assuntos logísticos, como Adams (1979: 397) confessou. Especulação e reconstrução hipotética são necessárias. Como alguns dos problemas fundamentais de infraestrutura eram quase invariáveis nas civilizações da Antiguidade, completarei as evidências limitadas dos tempos de Sargão com evidências de outros períodos e lugares.

A infraestrutura fundamental necessária para o exercício de todas as quatro fontes de poder, tanto difuso quanto organizado, são as comunicações. Sem a efetiva circulação de mensagens, pessoal e recursos, não há poder. Sabemos pouco sobre as comunicações no império de Sargão. Podemos, contudo, deduzir que os problemas fundamentais que ele enfrentou eram similares aos de outros governantes da Antiguidade. Uma vez que três tecnologias foram desenvolvidas – o carro movido por força animal; a estrada pavimentada e o barco a vela – as limitações gerais nas comunicações foram similares durante vários milênios. Fundamentalmente, o transporte aquático era mais viável do que o terrestre. Dois milênios e meio depois, o edito Máximo de preços do Imperador Diocleciano definia o valor monetário relativo aos custos. Se por mar o custo era de 1, o rácio para transporte fluvial era 5 e para transporte terrestre era 28 ou 56[3]. Ou seja, transporte por terra era 28 ou 56 vezes mais caro do que transporte marinho, e mesmo 5 ou 11 vezes mais caro do que o fluvial. Esses valores indicam mais ordens gerais de magnitude do que rácios precisos. Custos relativos exatos variam conforme distância, terreno, condições dos mares ou rios, peso da carga, animais utilizados e tecnologias.

Existem dois fatores principais envolvidos nessa disparidade: velocidade e reposição de energia dos carregadores. A velocidade era maior na jusante dos rios e no transporte marítimo, e poderia ser também em condições fluviais de montante. Mas o maior contribuinte era o problema em terra da alimentação dos animais de carga. Isso implicava mais do que o aumento de custos, definia limites finitos. Animais tais como bois, mulas, cavalos e burros, levando o máximo de forragem, precisam consumi-la em até cerca de 150km para se manterem vivos. Qualquer distância maior por terra é impossível sem abastecer-se ao longo da via. Isso seria possível, mas não rentável. O único transporte acima de 80 a 150km que fazia sentido no mundo antigo era de bens cujo rácio entre valor/peso fosse alto em relação ao rácio de forragem animal. Transporte aquático era mais vantajoso, e cobriria longas distâncias sem mais suprimentos alimentares. A principal limitação de seu alcance no mar era a necessidade de água doce, o que tomava uma boa parte da capacidade de carga do navio. Assim, navios eficientes eram grandes, o que aumentava o custo de construção. As estações afetavam as duas formas de transporte. Clima e inundações de rios, a maior limitação nas águas; colheitas e disponibilidade de alimentos, tendo mais consequências quando por terra.

Com um pouco de conhecimento sobre a ecologia da Mesopotâmia, podemos entender a importância do trânsito no desenvolvimento sumério. As cidades-Estado estavam situadas nos, ou perto dos rios navegáveis. Elas eram próximas e podiam servir como paradas em longas jornadas. Assim, burros e carros de boi poderiam contribuir efetivamente na comunicação entre cidades. Navegar contra a corrente era difícil. O usual era que as grandes jangadas seriam navegadas rio abaixo com as mercadorias, então desmontadas, e a madeira usada à jusante. O único problema maior era o alto custo da madeira e inundações sazonais, que impediam a navegação.

Contudo, tão logo Sargão saísse do plano fluvial ele encontraria enormes dificuldades de infraestrutura. Essas foram mais ou menos as mesmas para todos os impérios extensivos subsequentes. Como ele era, antes de tudo, um conquistador, comecemos por sua logística militar.

---

3. Há, infelizmente, uma ambiguidade no edito – cf. capítulo 9 para detalhes. Se camelos fossem usados por terra, o edito reduz o custo em 20%.

As logísticas do poder militar

Sargão deixou duas peças de lírica laudatória que evidenciam que suas proezas foram, de fato, em parte logísticas. Em uma tábua de um tempo em Nipur lemos que "5.400 soldados comem diariamente diante dele [ou em seu palácio]". E nas Crônicas dos Primeiros Reis lemos que "Ele colocou seus oficiais de corte em intervalos de dez horas marchando e governou os povos da região em unidade". (As tábuas podem ser lidas em PRITCHARD, 1955: 266-268; GRAYSON, 1957: 153.) As líricas revelam a preocupação com uma organização técnica considerada superior à de seus antecessores. O número de soldados, o fato de que eles eram permanentemente sustentados por um comissariado e o fato desse estar organizado de forma permanente e espacial, indicam o tamanho da inovação: uma administração e um exército amplos e profissionais. O número de 5.400 pode não nos parecer grande, mas tinha, no então, a intenção de impressionar. A unidade central de suas conquistas e governo era, provavelmente, esse número de vassalos armados e seus fornecedores.

Do que tal unidade era capaz? Ela podia defender seu líder e sua corte de traição surpresa. Mas poderia não ser grande o suficiente para uma batalha maior contra uma cidade-Estado. Na batalha contra as forças combinadas de Ur e Lagash é dito que Sargão matou 8.040 e fez mais de 5.460 prisioneiros. Somos céticos sobre alegações do tipo. As duas cidades poderiam potencialmente ter um máximo de 60.000 homens em idade militar. Parece-me difícil de acreditar que mais de um terço desses camponeses e artesãos poderiam ser equipados, mobilizados e levados em marcha a um espaço confinado para batalhar de maneira minimamente organizada. Pode ser que 13.500 era o exército inimigo inteiro – de qualquer maneira, os exércitos inimigos provavelmente eram dessa magnitude. Então a unidade central de Sargão (que nessa batalha relativamente inicial não deve ter crescido para além de 5.000) necessitaria do apoio de recrutamento feudal junto a governantes dependentes e aliados, como era prática anterior. Vamos imaginar uma força de 10.000 a 20.000 nas maiores campanhas e algo como 5.000 para propósitos gerais. Qual é a logística de uso das mesmas?

Volto-me, aqui, para um estudo sobre a logística de dois milênios mais tarde, a análise de Donald W. Engel (1978) das campanhas de Alexandre o Grande. Volto-me para um estudo tão adiante por que não há nenhum estudo comparável durante todo esse intervalo. Algumas das descobertas mais importantes de Engel tem relevância para todo o período da Antiguidade por conta da similaridade de tecnologias de trânsito, outras são aplicáveis à Acádia, pois essa é a região que o próprio Alexandre atravessou.

Primeiro, suponhamos o pior: que não há provisões, água ou forragem para os cavalos ao longo da rota de marcha do exército, em outras palavras, que a terra é estéril, ou não é época de colheita e a população local fugiu com as reservas de comida. Engel calculou que, independentemente do tamanho do exército, os soldados e outros civis que os acompanhavam no acampamento poderiam carregar suas próprias provisões para dois dias e meio. Para comerem por quatro dias seria necessário um número considerável de animais de carga. Mas seria impossível alimentá-los por cinco dias, não importa quantos animais de carga levassem. Os soldados e animais consumiriam qualquer acréscimo de comida e ainda consumiriam apenas meia ração. Três dias era o período de sobrevivência de um exército totalmente equipado – conclusão que recebe respaldo dos sistemas de racionamento usados pelos exércitos gregos e romanos. Três dias é o limite, o suprimento sendo carregado na forma de grãos ou bolachas. Essa é uma base bastante sólida para apoiar nossa imagem dos impérios territoriais de conquista do mundo!

Quão longe eles poderiam chegar em tão curto tempo? Isso, sim, depende do tamanho do exército. Quanto maior o exército, mais lento é o passo. Engel calculou a média de Alexandre em aproximadamente 24km por dia (com um dia de descanso em sete, irrelevante para os períodos curtos que estamos considerando), para um exército total, incluindo todos os civis que os acompanhavam, em torno de 65.000, mas considera que um contingente menor poderia fazer o dobro disso. O exército macedônio era o mais rápido de sua época, é claro.

Podemos adicionar, aqui, algumas estimativas anteriores. Crown (1974: 265) cita os seguintes ritmos de exércitos antigos: exército egípcio de Tutmés III (século XV a.C.), 24km por dia; Ramsés II (século XIII a.C.), 21km; um exército babilônio de 567 a.C., 29km; exércitos romanos posteriores, 23 a 22km. Ainda mais anterior, e mais próximo de Sargão, Crown (1974) estima o avanço de um pequeno grupo de soldados e oficiais no século XVIII a.C. na Mesopotâmia em 24 a 30km (cf. HALLO, 1964). A única estimativa maior é a de Saggs (1963) para a infantaria assíria, do século VIII ao VII a.C., de 48 por dia – embora no capítulo 7 sugiro que ele esteja um pouco crédulo no exército assírio. O padrão antes de Alexandre era abaixo de 30km.

Não há razão para crer que Sargão poderia exceder esse padrão. Ele não dispensou os grandes carros sumérios e possuía apenas equídeos, não mulas ou cavalos. Seus animais de carga seriam lentos e ele não ganharia vantagem de mobilidade com seu uso. Sejamos generosos dando-lhe 30km por dia. Em três dias isso dá um alcance máximo de 90km, mas a ação deveria ser rápida e resultar na captura de suprimentos. Nenhum comandante competente arriscaria suas tropas mais do que a metade dessa distância. Não é solução trazer mais suprimentos por terra ao longo da rota do exército, pois seriam consumidos pelo comissário antes mesmo de chegarem ao exército.

Essa é uma base fraca para conquistas ou dominações de um império, mas é o pior caso possível. Ao longo dos vales, a espinha dorsal de suas conquistas, Sargão encontraria água, o que aliviaria o peso da carga. Engels estima que, sem carregar água, eles podiam triplicar seu alcance, aguentando nove dias, e aumentando seu alcance máximo para 300km. Um comandante arriscaria uma marcha de mais de um terço disso caso tivesse que lutar no seu destino.

Carregamentos incluem equipamento militar, e isso é mais complicado. Engel estima que a carga máxima praticável para um soldado em marcha é de 36kg, embora a maioria dos manuais de exército hoje assuma 30kg, e descobri que eu mesmo não consigo carregar quantidade maior a distância alguma. Landels (1980) sugere que um carregador romano conseguia levar por volta de 25kg por longas distâncias. A infantaria macedônia carregava em torno de 22kg em equipamento, principalmente capacetes e armaduras corporais (a armadura é mais fácil de levar do que um pacote de mesmo peso, estando mais bem distribuída pelo corpo). O equipamento acadiano seria mais leve do que isso, mas duvido que importe, pois poucas tropas antes dos macedônios levaram 22kg. O pai de Alexandre, Filipe, diminuiu a quantidade de civis e de carros e transferiu o fardo aos soldados, para aumentar a mobilidade. Mais tarde na República Romana, o General Mário fez o mesmo, ganhando para suas tropas o apelido de "as mulas de Mário". Ambas foram consideradas, na época, notáveis inovações no nível de coerção rotinizada aplicada às tropas, e indicavam sociedades altamente militarizadas. No Oriente Próximo é duvidoso que se possa sobrecarregar soldados dessa maneira. Enquanto o exército de Alexandre possuía um civil para cada três combatentes, seu inimigo persa possuía um para um (ou assim dizem nossas fontes gregas). Além disso, nas inúmeras imagens de soldados sumérios, acádios ou assírios, nós quase nunca os vemos levando mais do que seus equipamentos. Carros, escravos e civis são os animais de carga nessas imagens. Parece provável que os soldados de Sargão praticamente não carregassem suprimentos ou forragem para os animais e dependessem de um número ao menos igual de serviçais ou civis escravizados ou escravos. O seu alcance total não poderia ter sido maior do que meus primeiros cálculos, e sua média de marcha por dia pode ter sido mais baixa. Nem água nas rotas nem equipamentos mais leves poderiam aumentar significativamente o valor máximo praticável de 19km de avanço sem amparo. As monarquias do início do Oriente Próximo devem ter ficado restritas a menos do que isso, talvez, 80km. Vamos assumir, finalmente, um alcance de 80-90km. Nenhuma conquista de grande escala é logisticamente possível nessa base.

Transporte fluvial pode ter melhorado consideravelmente a situação para Sargão (não há oceanos relevantes em suas campanhas). Contra a Suméria, ele viajava a favor da correnteza; assim, com um planejamento cuidadoso o problema do peso poderia desaparecer. Nas planícies aluviais densamente povoadas, os habitantes, social e territorialmente encurralados, só podiam fugir com suas safras para as cidades fortificadas. Cada cidade se localiza à considerável distância de outra. Sargão poderia erguer uma barreira de terra no nível das muralhas, receber os suprimentos por rio, invadir a cidade, roubar o excedente e suprir a próxima marcha. De fato, as cidades-Estado teriam grande dificuldade logística em desenvolver operações conjuntas contra ele. Temos registros de não menos de 34 campanhas vitoriosas de Sargão contra as cidades. Ele poderia pegá-las uma de cada vez. A conquista do sul estava disponível àqueles do norte.

No norte as dificuldades eram maiores. Elas estavam à montante ou além das planícies e montanhas. Até agora supomos que não havia suprimentos disponíveis ao longo das rotas de marcha. Se assim fosse, a conquista seria impossível. Precisamos afrouxar essa suposição. As áreas que Sargão enfrentou eram povoadas, normalmente por agricultores assentados com terras de pastagem, o que dava a possibilidade de "viver da terra". Isso demanda campanhas sazonais, de um período máximo de um mês, quando a colheita estava à mão, e de um período mais longo de até seis meses, quando a população tivesse estocado excedente suficiente para alimentar um pequeno exército. Aqui, o tamanho do exército importa – quanto maior, pior a situação da oferta. As possibilidades sazonais de levar animais jovens e encontrar boas pastagens para os rebanhos, capturados ou levados pelos civis que seguiam o exército, são semelhantes. Se Sargão pudesse atacar como os assírios de Byron, "como um lobo no aprisco", ele poderia viver da terra, por um curto período[4]. Mas a maior parte do excedente estaria em estoques fortificados na maioria do tempo – mesmo a velocidade dos assírios não conseguiria levá-la sem um cerco. Podemos, novamente, usar a experiência de Alexandre sob o mesmo terreno. Os estoques fortificados que ele enfrentava eram dispersos e variados – em vilas, oásis, cidades e capitais provinciais do Império Persa. Alexandre nunca avançou de uma base de suprimentos antes de receber notícias da inteligência sobre os terrenos à frente, suas rotas, provisões disponíveis, e a capacidade defensiva que os protegia. Então, calculava a tropa mínima para superar os defensores locais e para transportar o máximo de suprimentos obtidos pela parca pilhagem local. Ele mandava essa tropa, provavelmente dividida em várias rotas. O exército principal permanecia parado até que o destacamento mandasse notícias de sucesso, e então avançavam. Os defensores locais estavam normalmente em dificuldade. Era-lhes feita uma oferta de rendição que não podiam recusar, ao menos que a ajuda de seu governante estivesse à mão. As batalhas geralmente eram desnecessárias: escaramuças mostravam a dura relação de forças, o conselho dos defensores estava dividido, alguém abria os portões.

Isso difere tanto da guerra moderna que escritores contemporâneos muitas vezes não conseguem entender os seus processos essenciais. Dificuldades de comunicação nas guerras antigas eram tão grandes para ambos os lados, que os exércitos raramente se encontravam frente a frente. Caso isso ocorresse os dois exércitos iriam o mais rápido possível, em pequenos destacamentos e por rotas separadas, até um ponto de encontro combinado (com água suficiente, no auge da estação agrícola, ou talvez, com estoques pré-arranjados) não longe do inimigo, e começariam a batalha. Os generais, dos dois lados, geralmente esta-

---

4. Trata-se de uma referência ao poema de Byron: "A destruição de Senaqueribe" [N.Ts.].

vam interessados na batalha. Seus métodos, seu senso de honra, e acima de tudo suas habilidades de controle das tropas eram mais adequadas para a batalha, e mesmo para a derrota, do que para a lenta desmoralização, como eles ficarem sem suprimentos (exceto para os defensores bem-supridos dentro das cidades muradas). O general da defesa também tinha um incentivo para evitar a "traição fragmentada" que será descrita à frente. Mas além disso, a força principal era usada apenas para intimidar provinciais e como reserva para novos pequenos destacamentos. O progresso da conquista era, em grande parte, o avanço "federalmente" organizado de tropas separadas, seguidos por negociações coercitivas e "traição fragmentada". Como Crown (1974) observa, a parte mais avançada das comunicações antigas era a rede mensageiro-espião-diplomata. O mensageiro gozava de alto *status*, tomava muitas iniciativas e era recompensado ou punido de maneira impressionante. Ele era fundamental para o governo imperial.

Os defensores não possuíam muita escolha. Caso resistissem poderiam ser mortos ou escravizados, caso se rendessem, todo seu excedente poderia ser roubado e seus muros derrubados. Contudo, poderia ser prometido mais a um primo descontente ou a um filho mais novo, caso sua facção entregasse à cidade. Essa facção poderia ser adicionada ao exército ou deixada em cargo da cidade. Sua presença era politicamente útil, mesmo que não fizesse contribuição militar significativa, por que servia de exemplo para as próximas províncias encontradas. Assim sendo, mais uma vez para a surpresa dos leitores modernos, lemos constantemente sobre inimigos derrotados nas guerras antigas que eles se tornam instantâneos aliados. Aqueles que propalavam o ataque possuíam interesse em negociar rapidamente, para que seus exércitos pudessem avançar para suas novas provisões. Esse é um processo bem mais *diplomático* do que os gloriosos conquistadores imperiais, como Sargão, se importaram em reconhecer. O que corresponde com o que sabemos sobre o início e o fim das dinastias de inspiração acádia – tanto o volume e a rapidez das campanhas de Sargão quanto as evidências de governantes provinciais no final da Dinastia de Ur, renunciando sua lealdade e se associando aos amoritas.

Então a Suméria estava preparada para colher todos os resultados, mas outros territórios possuíam enormes problemas logísticos. Sargão provavelmente os superou por possuir duas capacidades. A primeira, seu exército central era profissional, adaptado a rotinas prolongadas de coleta de informação e coordenação de suprimentos, capaz de coesão como uma unidade para grandes batalhas, ou como destacamentos para cercos ou forrageamentos. Em segundo, sua perspicácia diplomática, ou a de seus principais tenentes, deve ter sido considerável. A posição de marquês provavelmente lhes dava um bom entendimento das opções logístico-diplomáticas disponíveis em uma variedade de terrenos ao lidar com diferentes defensores. Entre eles, essas duas capacidades forneciam o artifício militar suficiente para proporcionar conexões organizacionais entre os vales férteis, atacáveis, defensíveis e controláveis e as planícies agrícolas.

Curiosamente, as restrições em fornecimento militar não limitavam as conquistas. Sargão e seu sucessor limitaram-se a uma área de cerca de 500km^2, mas as restrições estavam no controle político e não na conquista. Uma vez ultrapassadas as barreiras naturais, o poder militar não tinha limites claros. Dada a organização adequada, um exército central de 5.400 homens mais cobradores de impostos federais poderia seguir marchando, desde que pudesse capturar suprimentos a cada 50 ou 100km. Linhas de comunicação só importavam nos rios, rotas terrestres não provinham suprimentos e as fortalezas não precisavam ser "mascaradas". Ocasionalmente, um exército antigo apenas seguia marcha. Algumas das campanhas de Alexandre na Ásia possuíam essa qualidade, assim como (por necessidade) os 10.000 mercenários gregos de Xenofonte, subitamente afastados de seus empregos a 1.500km de casa. Mas, geralmente, os exércitos marcham para institucionalizar a conquista, isto é, para governar, e normalmente as opções políticas eram restritas.

A infraestrutura do poder político

O poder de governar de Sargão era menos extensivo do que seu poder de conquistar. Retomo agora os círculos concêntricos de poder extensivo descritos por Lattimore no capítulo 1. De agora em diante veremos as diferentes capacidades das organizações econômicas, ideológicas, políticas e militares de integrar sociedades extensivas. O raio de governança política praticável por um Estado era menor que seu raio de conquista militar. Um exército alcança sucesso ao *concentrar* suas forças. Ele atravessa áreas sem pacto, protegendo apenas seus flancos e retaguarda e mantendo abertas de forma intermitente suas linhas de comunicação. Aqueles que não podiam escapar se rendiam formalmente. Era apenas por que eles não podiam escapar, encurralados por um milênio de agricultura confinada, que o raio de conquista era tão grande. Mas governar sobre aqueles que se renderam envolvia *dispersar as forças*, o que eliminava a vantagem militar. Nenhum conquistador poderia eliminar tal contradição. Um império não pode ser governado nas costas de um cavalo – como é relatado ter dito Ghenghis Khan.

Existiam quatro estratégias principais para melhorar isso e desenvolver uma dominação imperial genuína. As duas primeiras – governar através da clientela e governar diretamente com o exército – estavam imediatamente disponíveis, mas eram menos efetivas. As outras duas – "cooperação compulsória" e o desenvolvimento de uma cultura comum de classe-governante – ofereciam recursos muito maiores para os governantes imperiais, mas requeriam infraestruturas mais complexas, as quais ficaram disponíveis pela história do desenvolvimento do poder apenas gradualmente. Lidarei com elas mais longamente. Nesse período as encontraremos apenas florescendo, mas quando alcançarmos Roma, no capítulo 9, veremos ambas contribuindo massivamente para um império de 500 anos. Lidemos com as formas mais cruas de governança.

A primeira das quatro estratégias é governar através da clientela, as elites nativas conquistadas. Impérios iniciais tentaram isso com vizinhos mais pobres e menos organizados, aceitando submissão formal e talvez pequenos tributos, permitindo a continuação de sua governança. Em caso de mau comportamento, organizavam ataques punitivos, substituíam o governante, talvez por seu primo, e aumentavam os tributos. Essa conquista só poderia ser imposta de maneira errática e pouco frequente. De qualquer modo, como já vimos, as dificuldades logísticas mostram que mesmo isso continha negociações políticas com as elites locais dissidentes. Era possível, contudo, adquirir mais poder adicionando poder difuso a tal processo impositivo. Isto é, tomar como reféns os filhos das elites nativas para "educá-los" e, talvez, também seus pais, na cultura dos conquistadores. Até então, as técnicas para fazê-lo eram limitadas, mas se os nativos fossem atrasados em relação aos conquistadores, a civilização poderia seduzi-los para longe de seu próprio povo. Os conquistadores os ajudariam a manter o controle local com tropas cuja principal função em uma rebelião de fato seria se retirar para a cidadela e aguardar ajuda. Na verdade, até muito mais tarde, territórios supostamente "imperiais" não possuíam fronteiras claras e áreas "internas" fronteiriças eram normalmente governadas dessas maneiras indiretas. Disso resulta a representação imagética de dominação como humilhação pessoal dos rebeldes e prostração ritual da clientela frente a seus mestres. A governança era *por meio de* outros reis, lordes ou governadores. Isso oferecia segurança a baixo custo, mas deixava as elites locais autônomas, capazes de mobilizar recursos para revoltas ou em serviço de um rival – interno ou externo – mais atrativo. Por isso vemos Sargão colocando acádios ao lado dos reis locais e nomeando sua filha alta sacerdotisa do deus da lua na Ur conquistada.

A segunda estratégia era governar diretamente através do exército – basear o Estado no militarismo. Essa técnica dispersava os tenentes e as tropas em cidades e fortalezas estratégicas. Ela pressupõe uma matança das elites locais maior do que a primeira. Requer, também, maior excedente dos agricultores conquistados para alimentar as tropas dispersas em pequenas unidades, bem como manter e desenvolver a infraestrutura militar/governamental dos fortes, rotas de comunicação e suprimentos. Era a estratégia dominante em territórios centrais conquistados e áreas-chave do ponto de vista da geopolítica. Era usada por Sargão em áreas governadas por acádios e suportadas por trabalho de corveia, assim como usava a primeira estratégia em outras áreas. Mas ela enfrentava dois problemas: como manter a lealdade e unidade do governo militar, e como aumentar a extração de excedente dos conquistados?

A autoridade do comandante central era relativamente fácil de manter em uma guerra de conquista – era útil para a sobrevivência e vitória. Os frutos da conquista também aumentavam sua autoridade, pois ele podia dividir o espólio. Isso poderia apenas ser mantido durante a pacificação e institucionalização, fazendo com que as recompensas dos administradores e tropas dependessem de uma autoridade central. Em uma economia não monetária (sobre a qual falarei em breve), recompensa significava terras e privilégios políticos através dos quais tributos e impostos (em espécie e trabalho) fluíam. O governo militar concedia terra às tropas, e terra juntamente com lavradores e oficiais do Estado e uma central estatal para os tenentes. Infelizmente, tais atos descentralizavam o poder, incorporando os soldados na "sociedade civil" e entregando-lhes recursos materiais cujo gozo independia do exército ou do Estado. As terras concedidas eram supostamente condicionadas ao serviço militar e intransferíveis aos herdeiros, contudo na prática tal sistema criava uma aristocracia fundiária independente e um campesinato nos territórios conquistados. Tais foram as origens do feudalismo militar, das satrapias, de muitos senhorios de marqueses, e outras estruturas sociais que efetivamente descentralizam o poder após conquistas. Eventualmente, regimes imperiais eram consolidados pelo desenvolvimento de uma cultura universal das classes altas – como veremos no caso da Pérsia e de Roma. Mas isso se desenvolveu mais tardiamente. Dadas as infraestruturas limitadas, os regimes nesse período se baseavam em recursos muito mais primitivos, como o medo constante de que a população conquistada se erguesse novamente. Assim, o paradoxo de quanto *mais* segura a pacificação, mais efetiva a regulação centralizada, *menos* a centralização poderia derivar das forças militares. A pacificação *des*centraliza os militares.

É possível encontrar tais argumentos nos trabalhos de Weber, mas suas implicações não foram reconhecidas pelos estudiosos dedicados a esses impérios antigos, pois o modelo "imperial territorial" interfere duas vezes. Primeiro pela metáfora de territórios "centrais e periféricos". As áreas centrais, diz-se, eram governadas direta e militarmente, e as áreas periféricas, indiretamente por meio da clientela. Mas a logística resulta não em um centro estável e uma periferia estável (ou instável), mas em padrões políticos que mudam em tempo e espaço. As elites governantes do "centro" se tornam autônomas com o tempo. Yoffe observa isso no império de Hamurabi, e seus descendentes, na Antiga Babilônia. O que começou como um controle militar direto no centro babilônico se desintegrou quando os oficiais passaram a deter direitos hereditários sobre as capitanias, casaram-se com as elites locais e passaram a recolher os impostos do Estado. Ele conclui: "Sistemas político-econômicos com burocracia altamente centralizada... são forças militares e econômicas tremendamente eficientes em seus estágios iniciais, mas raramente são capazes de se legitimar e institucionalizar (1977: 148)". O *todo* era politicamente instável, não apenas a "periferia" fronteiriça. O uso da força era aplicado regularmente a todas as partes a partir do "centro".

Onde era o centro, afinal? Pela segunda vez, a noção de território físico interfere. Pois o centro era o exército, os 5.400 homens de Sargão, e isso era móvel. Apenas a campanha em movimento centralizava o poder. Assim que a pacificação e as ameaças amplas se tornavam desiguais, o império se parecia menos com um exército engajado em uma única campanha sob as ordens de um líder central. As ameaças provinciais eram atendidas pela mobilização das tropas provinciais, o que colocava o poder na mão dos comandantes locais e não do Estado central. Para neutralizar essa fragmentação, os grandes conquistadores em condições pré-industriais de comunicação mantinham a campanha em movimento quase perpétuo. A presença física deles nos quartéis-generais do exército centralizava o poder. Quando eles, ou seus sucessores, se instalavam em uma corte da capital, as falhas normalmente apareciam. De fato, muitos impérios de conquista assim colapsaram. Ainda não vimos nada que possa unir tal criação artificial, senão o medo errático e a energia do governante.

Uma razão para a instabilidade foi que nenhum grande avanço de logística foi feito para a consolidação *política* dos impérios. A aparelhagem do Estado, como era, dependia das qualidades e relações pessoais do governante. Afinidade era a fonte mais importante de autoridade permanente. Mas, quanto maior a extensão da conquista, mais a afinidade entre as elites dominantes se tornava fraca e fictícia. Nesse período, tenentes casavam-se com habitantes locais para se assegurarem, mas isso enfraquecia os laços entre conquistadores. Nesse período, técnicas de escrita eram, a princípio, restritas a tábuas pesadas e textos complicados. Seu uso tradicional era o de *concentrar* as relações nos centros das cidades. Elas não podiam ser facilmente adaptadas ao papel mais amplo de transmitir mensagens e ordens a distância. Alguns avanços foram feitos na promulgação das leis. O "código de Hamurabi", preservado de maneira esplendorosa, indica um aumento da ambição de legislar extensivamente.

Até então, portanto, a logística política e a militar não favoreciam muito os "impérios territoriais". *Impérios de dominação* seria uma descrição melhor para as federações instáveis de governantes prostrados aos pés de Sargão e seus sucessores, cujo Estado eram os 5.400 homens.

Quando nos voltamos, contudo, ao que era supostamente o menor raio logístico, a economia, nos deparamos com uma terceira estratégia disponível ao governante. Parto, aqui, do modelo de Lattimore, que mantém claramente separados os três raios logísticos – um legado, provavelmente, da abordagem do "fator autônomo", que critico no primeiro capítulo. As economias nos estados antigos não eram separadas – mas permeadas de estruturas militares e políticas. As conexões de cooperação compulsória forneciam possibilidades logísticas mais formidáveis para um governante imperial, que se tornaram – juntamente com a quarta estratégia de uma cultura comum da classe dominante – o principal recurso de poder dos impérios.

A logística de uma economia militarizada: a estratégia da cooperação compulsória

O raio interno do modelo de Lattimore era o poder econômico. De acordo com ele, em impérios antigos havia muitas pequenas "economias" tipo célula.

Tais células são, de fato, visíveis no império conquistado de Sargão, abrangendo cada uma das economias locais recentemente reunidas. As mais avançadas eram vales irrigados e planícies aluviais parcialmente organizadas por locais centrais de redistribuição (antigas cidades-Estado). Entre elas mesmas e entre elas e as terras altas corriam transações comerciais. Essas eram também parcialmente organizadas pelas antigas autoridades políticas – nos vales, o local central de redistribuição, as colinas, descentralizava os lordes. O conquistador gostaria de intensificar sua produção e as relações comerciais em seu domínio. Até certo ponto, isso ocorreria espontaneamente com a expansão da pacificação. O Estado também desejaria se apossar de qualquer aumento de excedente que ocorresse.

Assim, os conquistadores se viram direcionados a um conjunto particular de relações econômicas pós-conquista, para o qual usaremos o conceito dado por Herbert Spencer, *cooperação compulsória* (cf. sua compreensão sobre o que une a "sociedade militante" em SPENCER, 1969)[5]. Sob essas relações, o excedente extraído da natureza poderia ser aumentado, o império poderia receber uma unidade econômica um tanto frágil, e o Estado poderia extrair sua parcela do excedente e manter sua unidade. Mas esses benefícios corriam apenas como resultado do aumento da coerção na economia geral. A peculiaridade dessa forma é que a repressão e exploração evidentes eram inseparáveis de um benefício mais ou menos comum.

Esse modelo, que será elaborado em seguida, parte de teorias recentes que enfatizam apenas uma parte disso, a exploração e a coerção. Elas seguem a concepção liberal contemporânea de Estado. De acordo com essas, o dinamismo social fundamental, incluindo o crescimento econômico, vem da organização de mercado descentralizada e competitiva. O Estado é mediador, provê infraestruturas básicas, mas isso é tudo. Como coloca Adam Smith: "Se você tem paz, impostos baixos e uma administração tolerável da justiça, então o resto segue o 'curso natural das coisas'" – que é citado com aprovação por um teórico mais ou menos recente do dinamismo econômico (JONES, 1981: 235). A mesma concepção é sustentada por muitos autores do campo do desenvolvimento social comparativo. Os estados, principalmente estados imperiais, coagem e expropriam a tal nível que seus súditos mantêm seus bens longe dos mercados, restringem seus investimentos, acumulam e geralmente vivem estagnação social e econômica (e. g., WESSON, 1967: 206-276).

---

5. Spencer generalizou demais sua teoria para a história antiga como um todo. Lamento que, em meu artigo de 1977, eu o segui fazendo reivindicações gerais para a cooperação obrigatória. Neste trabalho, aplico a noção de maneira relativamente ousada aos impérios discutidos neste capítulo e ao Império Romano (cf. capítulo 9), e mais experimentalmente a alguns impérios intervenientes como o assírio e o persa. Mas isso não se aplica a civilizações como as da Grécia clássica ou da Fenícia, e apenas marginalmente à maioria das primeiras sociedades "indo-europeias" discutidas no capítulo 6.

Essa visão negativa dos impérios penetrou entre os especialistas estudiosos do antigo Oriente Próximo, onde a linguagem "centro" e "periferia" foi normalmente adotada. Eles argumentavam que um tipo de império, focado em seu centro urbano, manufatureiro e irrigado, explorava as áreas de periferia atrasadas, rurais, pastoris, com irrigação por chuva, por meio de impostos e tributos. A periferia poderia, contudo, revidar com seu próprio império na forma de conquistas pelos marqueses e, então, explorar e saquear as pessoas e as riquezas do centro. Ambos os tipos de império eram parasitas. Isso está subjacente às conversas polêmicas entre autores, como, por exemplo, entre os mais ilustres estudiosos da Mesopotâmia dos últimos anos, o soviético Diakonoff; e o americano Oppenheim. A perspectiva de Diakonoff sobre o parasitismo estatal é extrema, argumentando que todo o dinamismo significativo dessa área teve origem nas relações de propriedade privada e nas classes descentralizadas (1969: 13-32). Oppenheim corretamente o critica por negligenciar o dinamismo econômico da organização estatal. Mas, para ele, os estados relevantes são as cidades-Estado e suas redes de comércio. Os estados imperiais de maior tamanho ascenderam e sucumbiram como "superestruturas" nessas bases econômicas. Quando esses iam abaixo, as cidades-Estado ressurgiam mais ou menos inalteradas (1969: 33-40). Ambas as perspectivas estão erradas, como veremos a seguir.

A visão negativa do império foi colocada claramente e de maneira rigorosa por Ekholm e Friedman. Vale citá-los em detalhe:

> 1) Impérios que se desenvolvem em sistemas c/p (centro/periferia) são mecanismos políticos que se alimentam de formas já estabelecidas de produção de riquezas e acumulação. Onde não excedem na cobrança de impostos e simultaneamente mantêm uma rede de comunicação, tendem a aumentar as possibilidades de produção e comércio no sistema, ou seja, as possibilidades para toda a forma existente de acumulação de riqueza.
>
> 2) Impérios mantêm e reforçam politicamente relações de c/p, por meio da extração tributária de áreas conquistadas e periferias. Mas, na medida em que os impérios não substituem outros mecanismos econômicos de produção e circulação, apenas os exploram, eles criam as condições para seu próprio fim.
>
> 3) Isso ocorre onde a arrecadação absorvida pelo ciclo existente de acumulação cresce mais lentamente do que a acumulação em si. Em tais casos se instala uma *descentralização* econômica, resultando em um enfraquecimento do centro em relação às outras áreas... (como no exemplo de Roma – de descentralização rápida – e da Mesopotâmia – descentralização mais gradual).
>
> 4) *Grosso modo*, o equilíbrio financeiro de um império é definido por: espólio + tributos (impostos) + lucro da exportação – (custo do império + custo da importação) (onde exportação e importação vão, respectivamente, do e para o centro) (1979: 52-53).

Essa é uma afirmação exemplar do equilíbrio das forças centralizadas e descentralizadas. Uma mudança precisa no equilíbrio ocorreu lenta mas repetidamente, no caso da Mesopotâmia; e mais de uma vez (mas todas de maneira repentina), no caso de Roma. Geralmente, no entanto, eles localizam o dinamismo "original" de toda a economia nas formas de acumulação livres e descentralizadas "já estabelecidas", o motor do desenvolvimento social. O Estado, apenas, adiciona redes de comunicação encorajando a importação e a exportação. Além disso, seu "controle" estratégico sobre acumulação desvia de maneira parasita o lucro, mas não o cria. A noção de um "centro parasita" é compartilhada também pelos críticos de Ekholm e Friedman, Larsen (1979) e Adams (1979).

Gostaria de construir dois argumentos contrários: (1) O Estado imperial ajudava a *criar* processos de acumulação de cinco maneiras específicas. (2) A descentralização resulta do desenvolvimento desses processos assistidos pelo Estado, e não da reafirmação de um poder descentralizado "original"; o Estado se fragmenta, fomentando o desenvolvimento do poder privado e descentralizado da propriedade.

Cinco aspectos da cooperação compulsória

Cinco processos econômicos foram funcionais para o desenvolvimento do poder coletivo; mas, ao mesmo tempo, impostos por meio da repressão. São eles: a pacificação militar; o multiplicador militar; a imposição autoritária (*authoritative*) do valor de bens econômicos; a intensificação do trabalho por meio da coerção; a difusão e troca de técnicas por meio da conquista. Embora o militarismo dos estados imperiais tenha certamente seu lado negativo, quando imposto de maneira efetiva e estável por esses cinco processos pode levar a um desenvolvimento econômico geral. Examinemos um por vez.

Pacificação militar

O comércio, incluindo o de longa distância, precede a emergência dos estados militaristas (como enfatizado por FRIEDMAN & ECKHOLM, 1978). Mas, cada vez mais exigia proteção, por duas razões: à medida que o excedente crescia, tornava-se mais concentrado e tentador à pilhagem ou aos desvios; e conforme a especialização aumentava, as populações locais se tornavam menos autossuficientes e dependentes do comércio. Sargão marchou em direção ao norte para proteger as rotas. Veremos muitos avanços semelhantes ao longo da história registrada até o século XX d.C. Há pouco que seja "espontâneo" no desenvolvimento do comércio na história. Seres humanos parecem ter um impulso original por "transportar e barganhar", como Adam Smith famosamente afirmou. Os eventos da pré-história parecem apoiá-lo. Mas, para além de certo patamar, trocas geram mais trocas, e assim estimulam a produção, *se* "propriedade" e "valor" forem estabelecidos impositivamente. Isso se estabeleceu de maneira penosa, laboriosa e difusa por um grande número de contratos independentes que incorporaram os acordos normativos entre os próprios parceiros comerciais. Mas em múltiplas circunstâncias isso se mostrou mais dispendioso de recursos sociais do que o segundo método: regras monopolistas que conferem a "propriedade" e governam as trocas, estabelecidas e mantidas internamente por um Estado autoritário, e externamente pela diplomacia entre vários desses estados. Proteção é estabelecida pela coerção. A evidência dos impérios é de que o comércio florescia em tempos de estabilidade e decaía quando o império fraquejava. Isso ocorreu no Período Acádio e várias vezes depois. É verdade que veremos a emergência de métodos alternativos de regulação comercial de tempos em tempos – mais notadamente na era da supremacia marítima da Fenícia e Grécia, e na Europa cristã medieval – mas embora esses oferecessem formas de proteção descentralizadas e por vezes mais difusas, eles não resultaram de comércio "espontâneo".

A diplomacia, regulada pela força, era necessária internacionalmente. A pacificação era necessária na periferia contra pessoas de fora e povos da fronteira. Era necessária ao longo das rotas e no centro. Mesmo perto da capital e do exército a pacificação permaneceu precária nas civilizações históricas. Isso se deu em parte por que fatores naturais e desigualmente distribuídos como más colheitas, erosão e salinização do solo, ou crescimento populacional, podiam minar a economia de uma área e produzir uma massa desesperada e faminta capaz de atacar outras áreas. Era possível tratar disso com uma mistura de repressão simples e extensão da irrigação protegida por todo o centro e estoques redistributivos por todo o império. Nos períodos imperiais a irrigação foi estendida, e com ela a população, em um padrão dendrítico – em forma de árvore – para o qual o sistema de proteção das cidades muradas era inadequado. Em todas as áreas, o exército era necessário para patrulha e repressão.

A máquina militar de Sargão era apropriada para esse papel protetivo. Propiciava um mínimo de fortalezas, apoiadas pelo exército de campo profissional, cuja existência dependia do sucesso de sua função de proteção. Seus suprimentos dependiam da manutenção das conexões entre a planície aluvial, as pastagens dos planaltos e bosques, e as minas das montanhas. Nesse sentido, os 5.400 e seus sucessores, nos impérios de Ur, Babilônia, Assíria, e mesmo em estados mais tardios, eram o núcleo consumidor da economia. Eles estavam protegendo a si mesmos e também aos produtores e comerciantes em geral.

O multiplicador militar

As necessidades de consumo do exército também podem ser vistas como um estímulo à demanda e, portanto, à produção. Lembrando que são necessidades básicas, não luxos exóticos – como grãos, vegetais e frutas; animais, vestimenta, metais, pedras e madeira. Naturalmente, sem melhorias na produção ou métodos de distribuição, isso seria apenas parasitário. Isso consumiria recursos vitais dos agricultores e extrativistas e ameaçaria a viabilidade da produção. Uma melhoria potencial, reconhecida por Friedman e Ekholm, foram as comunicações. Os impérios construíram estradas – nessa época com trabalho de corveia supervisionado pelo exército – e melhoraram o transporte fluvial e marinho. Não podemos, assim, distinguir elementos econômicos de militares. Os postos de paragem onde os viajantes e comerciantes poderiam se revigorar e reabastecer eram também mercados para escambo de bens, barreiras de pedágio para coletar impostos dos mesmos, pequenas guarnições para pacificar a área e o comércio, e postos de preparo para comunicações militares. É impossível separar razões "econômicas" e "militares", pois as necessidades da pacificação e do suprimento eram semelhantes. Os resultados econômicos para a maioria da sociedade eram consideráveis. Naturalmente, precisamos contrabalançá-los com o custo real de construir e manter a infraestrutura econômica. Não podemos calcular precisamente o rácio do custo-benefício dessas técnicas nesses tempos antigos. Mais tarde, contudo, no caso do Império Romano, quando a informação se tornou abundante, argumento que um "keynesianismo militar" pleno estava em andamento. Efeitos multiplicadores consideráveis resultaram do consumo das legiões.

Autoridade e valor econômico

À medida que as transações se desenvolviam, o mesmo acontecia com as medidas técnicas do valor econômico – tanto "vale" do bem A quanto do bem B. Quando ambos os valores podem ser medidos em relação a um terceiro "valor" eles se tornam *mercadorias*. Desde os dias dos primeiros selos cilíndricos ficou evidente que o Estado redistributivo poderia com frequência atribuir o valor de troca de maneira mais rápida, eficiente e aparentemente mais justa do que o processo baseado na reciprocidade, ou seja, o mercado. Objetos permutáveis – normalmente os não perecíveis como metais, cereais e tâmaras – recebiam *status* de "dinheiro" na medida em que sua qualidade e quantidade eram certificadas por controles oficiais e semioficiais. Uma vez que isso era feito, eles poderiam ser emprestados a juros. Essa parece ser a origem da agiotagem. As tarifas que encontramos a partir do terceiro milênio (das quais partes do código de Hamurabi são as mais famosas) podem ter sido apenas listas de preços máximos permissíveis. Mas, talvez, como Heichelheim (1958: 111) argumenta, elas fossem taxas de troca oficiais – embora a extensão de sua imposição não seja conhecida. As primeiras autoridades capazes de conferir valores foram, provavelmente, as chefias redistributivas, como visto no capítulo 2. Nas planícies aluviais da Mesopotâmia, elas foram sucedidas pelas pequenas cidades-Estado, como visto no capítulo 3. Portanto, não há ajuste invariável entre o império militar e a criação de valor.

Ajustam-se apenas quando a conquista expande as trocas rotineiras para incluir mercadorias variadas a longas distâncias. A quase cunhagem foi impulsionada por governantes militares, capazes de impor em certo grau um valor arbitrário em uma área grande e diversa. Mas o processo era mais do que "cunhagem" – pesos e medidas garantidos, o registro dos contratos pelo aparato literato do Estado, o cumprimento de contratos e direitos de propriedade pela lei imposta. Em todos os aspectos, o Estado militar ampliado podia impor valor econômico.

A intensificação do trabalho

Em uma economia não monetária simples, extrair mais excedente implica, acima de tudo, extrair mais trabalho. Geralmente, a maneira mais fácil de fazê-lo era por meio da coerção. Essa poderia ser usada para construir fortalezas e infraestrutura de comunicações por meio de mão de obra de corveia – tarefas que exigem um grande volume de mão de obra em curtos períodos de tempo. Seus problemas logísticos são semelhantes aos de um exército: suprimentos extensivos, coerção intensiva, espacial e sazonalmente concentrada. As técnicas militares de Sargão foram usadas na esfera da engenharia civil. Além disso, a coerção poderia ser usada na produção agrícola, mineira e artesanal, na escravidão e outros trabalhos cativos.

Como vimos no capítulo 3, a subordinação do trabalho e sua separação total dos meios de produção geralmente envolviam, a princípio, o trabalho dependente, e não o livre. A conquista militar em larga escala estendeu a dependência e a escravidão. Posteriormente, a escravidão poderia ser estendida aos membros do mesmo povo por meio de servidão por dívida ou da venda por um chefe de seu próprio excedente de trabalho para uma sociedade mais civilizada, mas o modelo para ambos era a escravidão por conquista. É desnecessário dizer que os benefícios desse sistema não cabiam aos próprios escravos. Poderia também, ocasionalmente, minar a economia de camponeses livres e concorrentes (como fez muito mais tarde na República Romana). Mas o aumento da produção poderia beneficiar a população livre como um todo, não apenas os proprietários de escravos ou servos.

A escravidão nem sempre era dominante. Na medida em que a coerção se tornou institucionalizada, ela precisava menos da escravidão. Grupos cativos, servis, mas sem escravos tornaram-se mais visíveis. Nos tempos do Império Acádio e da Terceira Dinastia de Ur podemos perceber uma organização do trabalho em larga escala e de estilo militar, às vezes com e outras sem escravidão. Nos arquivos da cidade de Drehem dos tempos da Terceira Dinastia de Ur, lemos sobre um grupo de 21.799 pessoas, sob a autoridade do Estado, agrupadas em contingentes, cada um com um capitão de um grande número de vilas e cidades, cujos governadores provinciais também são apontados. Parecem organizações de corveia, migrando pelos campos de colheita e reparando diques e barragens, recrutadas desproporcionalmente das áreas periféricas do norte, mas sem escravos (GOETZE, 1963; ADAMS, 1981: 144-147). Por outro lado, a força de trabalho de 9.000 pessoas do escritório real de lã baseava-se na escravidão; algumas centralizadas, algumas espalhadas por vastas áreas de pastagem (JACOBSEN, 1970). Quando um regime era poderoso e estável, sua capacidade de aumentar a produtividade do trabalho provavelmente se espalhava por toda a divisão de trabalhadores escravos/livres. Por exemplo, quando os macedônios conquistaram o Oriente Próximo, a servidão herdada dos regimes anteriores foi generalizada, talvez até mesmo a norma (STE CROIX, 1981: 150-157).

É possível que tenha existido um estágio adicional de coerção laboral institucionalizada – embora sugerir isso vá contra a sensibilidade moderna. É o que chamamos de trabalho "livre", embora "trabalho contratado" seja um rótulo mais apropriado. Onde a estratificação e a propriedade privada são mais estáveis e onde algum grupo de fato "possui" os meios de produção, e outros devem trabalhar para subsistir, os trabalhadores "voluntariamente" se aproximarão e trabalharão para os proprietários. O trabalho contratado não predominava no mundo antigo. Em uma economia agrária, é difícil excluir completamente do camponês o acesso direto ao meio de produção: a terra. Uma vez de posse, ele ou ela eram frequente e diretamente coagidos por meio da escravidão ou da servidão. Na Mesopotâmia, o trabalho contratado não aparece nos registros (embora seja provável que existisse) até a Terceira Dinastia de Ur (GELB, 1967). O trabalho contratado oferecia uma mão de obra mais flexível aos proprietários de terras, embora ainda fosse apenas um fenômeno minoritário. Sugiro que o uso eficiente e intensivo do trabalho, muitas vezes, e talvez até normalmente, seguia um encadeamento de coerção: da escravidão à servidão, ao trabalho "livre".

Difusão por coerção

Os quatro aspectos da cooperação compulsória discutidos até agora envolveram poder impositivo, uma base logística altamente organizada que fornece uma ponte entre os particularismos locais. Mas grande parte dessa organização seria desnecessária se formas de vida e cultura semelhantes pudessem ser difundidas por toda a população, quebrando os particularismos locais, forçando as identidades locais a assumir uma forma mais ampla. O início da cultura suméria, discutida no capítulo 3, difundiu-se por toda a região de aluvião e sua periferia imediata, resultando em um poder coletivo mais extensivo do que o da cidade-Estado impositiva. Embora a conquista acádia tenha interrompido isso, ela apresentou oportunidades para novos tipos de difusão de poder.

As conquistas proporcionam a mais repentina, evidente e forçada junção e readequação de estilos de vida e práticas. Onde o processo não é unidirecional, difusão e inovação consideráveis ocorrem. As junções da Acádia e Suméria, da Grécia e da Pérsia, de Roma e Grécia, da Alemanha e de Roma foram evidentemente inovadoras em suas consequências para as civilizações. Cada um consolidado pela conquista do segundo pelo primeiro, mas a inovação não resultou apenas da recepção passiva pelos conquistados das práticas sociais do conquistador.

O exemplo notável da fusão acádio-suméria que conhecemos foi o impacto na escrita. O acadiano era uma língua flexiva, transmitindo parte do seu significado por tom e afinação. Os acádios conquistaram um povo alfabetizado, cujos pictogramas geralmente representavam objetos físicos e não sons. Mas eles estavam mais interessados em desenvolver uma escrita fonética. A fusão da língua acádia e da escrita suméria resultou em um letramento simplificado, que ajudou a transformar os pictogramas em um alfabeto silábico. A existência de menos caracteres foi um benefício para a difusão da escrita. A vantagem do acadiano em relação às outras línguas do Oriente Médio era tão grande que, no meio do segundo milênio, mesmo depois de o papiro substituir a pastilha de argila, ela se tornou a língua internacional principal da diplomacia e do comércio. Até os egípcios a usavam em sua política externa. A escrita acádia impulsionou não apenas a burocracia do império de Sargão, mas também a estabilização do comércio internacional, da diplomacia e do conhecimento social em geral. A fusão, embora benéfica, foi inicialmente forçada, pois sabemos da resistência a ela pelos escribas sumérios. Assim, a conquista acádia poderia alcançar a esfera da cultura, de um poder ideológico capaz de fornecer mais poder difuso em apoio ao império. Tratarei disso na próxima seção. Isso modificará minha ênfase atual no domínio do poder militar e da cooperação compulsória.

A característica mais marcante desses cinco itens é que o desenvolvimento econômico e a repressão podem caminhar juntos. Os benefícios eram abstratos, não dependiam da interdependência direta ou das permutas da massa de produtores ou de intermediários, mas da prestação de certos serviços uniformes e repressivos por parte do Estado militar. Portanto, a repressão era necessária para sua manutenção. A produção material das classes mais numerosas não "acrescentava" – por assim dizer – à economia em geral, sem a intervenção de uma elite militarista para proporcionar a integração da economia como um todo. Os circuitos de práxis (para usar a metáfora do capítulo 1) das massas não eram em si mesmos o "motor" (usando minha revisão da metáfora de Max Weber discutida no capítulo 1) para a economia. De fato, a "ação de classe" tenderia a desintegrar o império e a ameaçar o seu nível de desenvolvimento ao regressar à democracia primitiva dos tempos anteriores.

Por conta da falta de evidências a respeito da vida das massas, por enquanto, tais alegações permanecem como afirmações. Houve períodos de turbulência social, talvez envolvendo conflitos de classe, pois governantes alegam mediações e promoção de reformas de dívida e dos sistemas de posse, questões relacionadas à classe. Mas não há evidência, e é improvável, de que a luta de classes tenha desempenhado papel comparável ao que encontraremos no capítulo 7. Na Grécia clássica, diferentes redes de poder conferiram um importante papel de desenvolvimento à luta de classes. No capítulo 9, evidências de Roma nos permitem observar a luta de classes herdada da Grécia declinando diante dos agrupamentos horizontais de poder característicos do império de dominação que Roma se tornava. É possível que o mesmo declínio da luta de classes tenha ocorrido no antigo Oriente Próximo, quando as noções originais de cidadania cederam frente à dependência clientelista das elites governantes e do Estado imperial.

Afirmar que as sociedades conquistadas pela espada também por ela viviam contraria as suposições dominantes de nosso tempo. Teorias sociais modernas são profundamente antimilitaristas – compreensivelmente, dados os acontecimentos do século XX. O militarismo, porém, mesmo em tempos modernos, tem sido muitas vezes bem-sucedido no desenvolvimento de poderes coletivos (como veremos no volume II). Não tem sido apenas parasitário, mas *produtivo*. Não estou, contudo, argumentando que todos os impérios militaristas eram produtivos, ou que qualquer militarismo o seja puramente. A maioria dos militarismos em todos os períodos foi basicamente destrutiva: desperdício de vidas, de recursos materiais, de cultura, e não propícia ao desenvolvimento social. Meu argumento é mais específico: havia uma ligação causal entre alguns aspectos de um certo tipo de império militar e desenvolvimento econômico e social.

O desenvolvimento dessa economia de cooperação compulsória foi complexo. Ao lado do elevado consumo das elites, e historicamente inseparável dele, houve provavelmente um aumento tanto da segurança econômica quanto da densidade populacional das massas. Mas os dois tenderam a cancelar-se um ao outro, fato que Malthus observou com grande efeito. Os impérios levaram a uma maior segurança de existência acima da subsistência para as massas e a uma extensão da divisão do trabalho e dos sistemas de comunicação para que as necessidades não volumosas que requerem produção intensiva (como sal, metal, ferramentas, cerâmicas e têxteis) pudessem ser transportadas a distâncias consideráveis. Mas, ao gerar crescimento populacional, também minaram as melhorias. Padrões de vida mais elevados significavam maior fertilidade, e o crescimento da população sobrecarregou os recursos alimentares. Em algumas circunstâncias, essa tensão poderia estimular um maior avanço tecnológico no fornecimento de alimentos, contudo, geralmente levava ao controle da população por meio do aborto e do infanticídio. A alternativa era a morte irregular de adultos por meio de doenças, guerras civis e guerras externas, o que era pior. Mais uma vez, um prêmio foi concedido mediante ordem repressiva.

O desenvolvimento econômico também aumentou a inclinação da estratificação social, devido a um aumento nos padrões de vida da elite governante e conquistadora relativamente pequena. Embora os benefícios se espalhem amplamente para seus dependentes diretos – servos, escravos domésticos, artesãos contratados, administradores e soldados – estes ascenderam a cerca de 5 a 10%

da população, localizada geralmente dentro de cidades, fortalezas, fazendas e complexos senhoriais. As dietas mais ricas, as exposições conspícuas e os monumentos duradouros dessa elite são considerados pelos modernos como parasitários, porque a maioria da população partilhava apenas marginalmente os seus frutos. Eles consumiam a esmagadora maioria dos bens comercializados a longas distâncias. As civilizações imperiais eram mais estratificadas do que seus antecessores, os primitivos ou as cidades-Estado, tanto em termos de distribuição da riqueza quanto de liberdade e igualdade pessoais e legais. Entretanto, *era* um desenvolvimento de poder coletivo.

Isso dependia também do Estado, pois a elite não era independente da infraestrutura daquele, em um sentido técnico-econômico. Os meios de permuta estavam, em grande parte, sob o controle do Estado. Os negócios internacionais dos comerciantes e artesãos, assim como seus preços e (em menor medida) sua remuneração eram regulados pelo Estado. Em outras palavras, a elite dominante, criada pela organização *militar*, mas cuja tendência *política* era se fragmentar em proprietários de terras descentralizados, dependia de um Estado central por meio da *economia*. Na verdade, como veremos mais adiante no capítulo, a relação se tornou mais complexa e qualificada com o tempo.

Tudo isso valorizou a ordem centralizada, como os membros letrados dos impérios sabiam. Todos os reis da Mesopotâmia, depois de Sargão, que são enaltecidos nos registros sobreviventes – sejam eles sumérios tardios, acadianos, babilônicos ou assírios – o são pelo estabelecimento da ordem (cf., p. ex., a análise da ideologia assíria em LIVERANI, 1979). Um manual de fazenda sumério tardio enfatiza a necessidade de disciplinar os trabalhadores – "uma ênfase particular é colocada em chicotes, aguilhões e outros instrumentos disciplinares para manter tanto os trabalhadores quanto os animais trabalhando de forma árdua e contínua", escreve Kramer, que comenta de forma similar sobre a disciplina na sala de aula da Suméria tardia (1963: 105-109, 236). O tratado agrícola é, a este respeito, semelhante aos de outra sociedade imperial, a República Romana posterior. Nos impérios, a repressão como benevolência parece ter sido mais do que apenas ideologia e ter de fato permeado as práticas sociais reais. A evidência mais extensa sobre a importância ideológica da cooperação compulsória está na religião mesopotâmica.

A difusão das redes ideológicas de poder: religião mesopotâmica

Baseio-me inicialmente no *tour de force* de Jacobsen (1976). Essa ideia aparecerá em minha história, ligeiramente mais à frente.

Jacobsen traça o desenvolvimento de quatro principais metáforas da religião mesopotâmica:

> (1) Élan *vital*, um espírito que habita os fenômenos naturais de importância econômica. O deus moribundo representando problemas de fertilidade é típico.

(2) *Governantes*: En-lil, o "senhor dos ventos", o primeiro dos deuses sumérios personificados.

(3) *Pais*: deus personalizado com um relacionamento direto com o indivíduo.

(4) *Nacional*: o deus é identificado com aspirações políticas estreitas e com o medo de feiticeiros externos e demônios.

De forma relativamente ordenada, cada um deles corresponde aproximadamente a um milênio do quarto ao primeiro ano a.C. Jacobsen acredita que cada um reflete a variação no equilíbrio dos poderes econômico, político e militar. A situação do quarto milênio é em grande parte especulação. Mas no início do terceiro milênio, como vimos, a realeza e os palácios emergiram, tornando-se gradualmente proeminentes sobre o templo redistributivo. A arte passa por mudanças: as representações da guerra e vitória substituem os temas rituais, o épico é acrescentado ao mito, e o homem como governante é o herói até o ponto de desafiar os deuses (como no épico de Gilgamesh). Os deuses tornam-se ativos e politicamente organizados com uma divisão do trabalho mundana entre eles. O deus Enbibulu é apontado como o divino "inspetor de canais"; Utu, o deus da justiça, é encarregado das disputas de fronteira.

Temos aqui uma prova da poesia religiosa do terceiro milênio, do período "governante". Enki, o deus da astúcia, foi nomeado como uma espécie de chefe administrador pelos deuses supremos An e Enlil. Ele diz:

> Meu pai, o rei do céu e da terra,
> me fez aparecer no mundo,
> Meu irmão mais velho, o rei de todas as terras,
> reuniu e reuniu postos,
> Colocou-os em minha mão...
> Eu sou o grande deus gerente do país,
> eu sou o oficial de irrigação de todos os entronados,
> sou o pai de todas as terras,
> sou o irmão mais velho dos deuses,
> eu produzo a abundância perfeita (apud JACOBSEN, 1976: 110-116).

Enki, no entanto, não tinha as coisas à sua maneira. O deus Nimuta começou como o deus da tempestade e do dilúvio primaveril e, portanto, do arado. No terceiro milênio, todavia, tornou-se o deus da guerra, no qual as funções da guerra e da irrigação se fundiram, por vezes à exclusão de Enki.

Estas mudanças – observa Jacobsen – refletem e confrontam intelectualmente o desenvolvimento do poder político e militar, não como uma legitimação política grosseira, mas como um genuíno esforço intelectual para compreender a natureza da vida. A ordem mundial (eles não conheciam nenhum outro mundo) exigia certos talentos, que os sacerdotes observavam: a negociação de fronteiras entre cidades, a gestão da irrigação, e acima de tudo os dois papéis de reformador político e senhor da guerra (que vimos combinados em conquistadores como Sargão). O tom é confiante, mundano, expressa uma questão de fato. Indica um declínio no papel *transcendente* da ideologia na precoce Mesopotâmia, discutido no capítulo 3: A religião se torna mais confinada dentro do Estado.

Os conflitos militares persistem. Os sucessores de Sargão foram substituídos por outro povo fronteiriço, os gútios. Seu reinado foi relativamente curto, e lemos então dos sucessos sumérios contra os povos semíticos. A estrutura política, imitando Sargão, avançou em direção a um Estado imperial mais centralizado na Terceira Dinastia de Ur, sob a qual a elaboração de leis, os registros, a população e a produtividade cresceram. O Estado então entrou em colapso e uma de suas partes tornou-se a Babilônia, que, sob o controle da família de Hammurabi, restabeleceu-se em um Estado único nessa área. A religião babilônica reinterpretou a história anterior em seu mito de criação. O mundo começou como um caos aquoso, e então os deuses surgiram como lama. Eles gradualmente tomaram forma quase-humana e se envolveram em uma longa luta. Primeiro o deus Ea emergiu vitorioso, mas foi então ameaçado por demônios e monstros. Seu filho Marduque ofereceu-se para defender os deuses, mas apenas se lhe fosse concedida autoridade suprema. O lema da sua lança era "Segurança e Obediência". Ele alcançou a vitória e formou a terra em sua forma atual a partir do corpo de seu inimigo divino. Seu lema sofreu mudanças significativas:

> Quando deram a Marduque a realeza
> pronunciaram-lhe a fórmula
> de "Benefícios e Obediência":
> "De hoje em diante serás
> o provedor dos nossos santuários,
> e o que quer que ordenes, deixa-nos realizar" (apud
> JACOBSEN, 1976: 178-180).

Os deuses então construíram uma cidade para Marduque, que ele governou. A cidade foi chamada de Babilônia, e Marduque permaneceu como seu deus patrono.

A criação centrou-se no sangue vital da Suméria e da Babilônia, a lama dos rios. Ea representa a Suméria, a civilização-mãe. As batalhas épicas, contendo monstros aterrorizantes e as imagens fulgurantes, refletiam a situação militar do início do segundo milênio. A transformação do lema de Marduque de "Segurança e Obediência" em "Benefícios e Obediência" era a versão babilônica de como eles conseguiram estabelecer a ordem – estabilizando o militarismo em um regime centralizado, burocrático e imperial. Novamente, não foi *mera* legitimação; ela continha tensões, notavelmente o tema parricida do desconforto de partir das tradições da Suméria. Mas não era transcendente. Era imanente, lutando de maneira intelectual, moral e estética com determinadas relações de poder, e em seu sucesso fortalecendo-as.

Veio em seguida uma nova onda de migrantes, os cassitas, que emergiram na área (assim como os acádios antes deles) primeiro na posição de trabalhadores, depois colonos, e finalmente conquistadores. A partir do século XVI, a sua dinastia, tendo adotado a religião e língua, governou a Mesopotâmia por pelo menos quatro séculos (para 576 anos e nove meses, segundo a tradição escriba). No entanto, aqui os estudos acadêmicos nos desapontam. Temos pouco conhecimento sobre o que parece ter sido um período de mais crescimento e prosperidade, talvez sob uma forma menos centralizada, mais para um regime "feudal" do que o visto até agora na região (cf. BRINKMAN, 1968; OATES, 1979). A religião parece, até agora, estabilizada e até mesmo conservadora. Os babilônios do período começaram a usar nomes ancestrais, indicando tradicionalismo, e os textos religiosos muitas vezes desenvolveram uma forma "canônica".

Depois da queda dos cassitas, seguiu-se um período confuso de luta entre os elamitas, babilônios e novas ameaças (assírios ao norte, caldeus ao sul e arameus ao oeste). Isso foi quebrado por breves períodos de reafirmação babilônica, notadamente sob Nabucodonosor I. Finalmente, a Babilônia caiu sob o domínio assírio. Mudanças na tecnologia militar (das quais há mais no capítulo 6) deram vantagem aos carros e à cavalaria, e as cidades-Estado e até mesmo os impérios estavam sob grande ameaça. O deus da guerra reapareceu, mas como o da morte, o deus da matança indiscriminada, a ser apaziguada, se tanto, por abjeta adulação de seu terror. Entre os assírios conquistadores, como observa Liverani (1979: 301), as guerras eram sempre santas, porque "santas" realmente significava "assírias". A religião é agora nacionalizada, um desenvolvimento discutido mais detalhadamente no capítulo 8.

Essas mudanças na religião da Mesopotâmia provavelmente corresponderam a amplas mudanças na vida social real. Elas tinham um conteúdo de alta verdade. Um requisito objetivo para a manutenção das civilizações sucessoras depois de Sargão, pelo menos até os cassitas, era uma imposição central da ordem. Após a primeira fase das civilizações, a elaboração espontânea da divisão do trabalho, um mercado de troca de produtos e uma transcendente regulação religiosa/diplomática de conflitos parecem menos eficazes para gerar e estabilizar a posse de excedente e de soldar áreas ecológicas e econômicas díspares do que a integração militarista forçada. Por sua vez, esse foi o produto de duas forças. Primeiro, a infraestrutura específica de comunicações de terra, rio ou canal (e não mar) tornou possível a conquista e um certo grau de controle centralizado. Segundo, uma vez que se gerava um excedente maior do que o dos vizinhos, a defesa contra o assalto e a conquista se fazia necessária. Seja bem-sucedida ou não, a defesa aumentou a militarização e a centralização da sociedade, embora a forma variasse de acordo com o tipo de tecnologia e estratégia militar empregada. A ordem imposta era agora mais necessária. A ordem não fluía diretamente da práxis do próprio povo, mas sua origem era "acima" deles, da autoridade política centralizada. A reificação dessa autoridade aparecia como verdade objetiva; a deificação, a "luminosidade imponente" do rei e de deus, era sua expressão imaginativa. O conhecimento objetivo e o significado definitivo estavam unidos na cosmologia. O numinoso era imanente na estrutura social. Não se opunha, e não transcendia a realidade prática; conferia sentido a determinadas realidades de poder, o melhor sentido disponível.

Mas para quem é que isso fazia sentido? Eu considero separadamente o povo e a classe dominante. Primeiro, aparentemente não era uma religião popular da segunda fase de Jacobsen em diante – como poderíamos esperar da baixa participação popular no poder social em geral. Sacerdotes envolvidos em "mistérios", um tanto afastados da vida cotidiana e confinados à privacidade de certas instituições. Os épicos podem ter sido promulgados na corte, longe do olhar público. Eles eram também lidos pelo rei (em seu próprio apartamento) para as imagens dos deuses. A população via o desfile intermitente dessas imagens, e parece que famílias comuns faziam réplicas de estátuas religiosas. Os estudiosos por vezes discordam sobre esses pontos. Oppenheim argumenta que não havia vestígios da posterior "comunhão" entre divindade e adoradores, observada no Antigo Testamento, nos costumes gregos e hititas e nas religiões do mundo. A divindade mesopotâmica permanecia distante. O indivíduo mesopotâmico, diz ele, "vivia em um clima religioso bastante tépido dentro de uma estrutura de coordenadas socioeconômicas ao invés de relativa a cultos". Oppenheim objeta que a história da religião mesopotâmica seja sequer escrita: Não havia *nenhuma* religião da civilização como um todo. Ele argumenta que os registros existentes são muito mais particularistas do que nós aprendemos com um relato como o de Jacobsen. Mas, sendo o relato de Jacobsen tomado como a visão do Estado sobre si próprio, sua objeção é respondida.

Podemos adivinhar a natureza das religiões populares a partir de pistas nos registros. Oppenheim argumenta que podemos captar indicações em todo o antigo Oriente Próximo de uma tendência subjacente que contradiz a ênfase oficial na ordem divina e incorpora conceitos de antigos, pré-deístas, e deterministas, nos quais a sorte, os demônios e os mortos governam (1977: 171-227, esp. 176, 191, 200-206). Os deuses mais particularistas das famílias e aldeias, as práticas mágicas e os ritos de fertilidade do Período Pré-histórico sobrevivem durante todo o Período Arcaico.

Cada império, portanto, provavelmente não possuía uma cosmologia unificada ou uma única rede ideológica de poder. A nossa falta de conhecimento da religião popular – diferente do caso egípcio, por exemplo – parece indicar que o Estado não possuía interesse na religião do povo. A religião não era uma fonte importante do seu poder sobre eles. Os governantes dependiam mais da cooperação compulsória, integrando técnicas de governo econômicas e militares. Essas, ainda, não eram ideologias que pudessem se integrar de maneira espacial e hierárquica a tais distâncias. A "comunidade étnica" do início da Mesopotâmia, descrita no capítulo 3, deve ter enfraquecido, sua homogeneidade foi quebrada pelo aumento da estratificação interna. De agora em diante, até aos gregos, devo argumentar que as "comunidades étnicas" eram (com exceção do Egito) de natureza pequena e tribal, tipificadas talvez pelo único povo do qual temos informações de qualidade, os judeus. Unidades sociais maiores, sejam elas confederações imperiais ou tribais, foram estratificadas demais para que a comunidade cruzasse barreiras de classe. A inventividade ideológica, devemos ver, então lidou com o problema mais restrito da comunidade da "classe dominante".

A falta de penetração ritual refletia a crescente estratificação. Uma interação relativamente "fina" ocorria entre os níveis hierárquicos. Nos lugares onde a coordenação intensiva da irrigação era prática, isso presumivelmente levava a relações densas e intensas entre os envolvidos, embora não encontremos exemplos onde esse processo tenha envolvido os níveis mais altos de poder. Onde o serviço militar era baseado em um exército de infantaria relativamente igualitário, teria consequências semelhantes para a "intensidade" social. Mas essa não era a norma militar. Além disso, uma divisão do trabalho elaborada era quase que inteiramente urbana. A interação entre governantes e massas era enfraquecida pela baixa integração entre cidade e campo. Em suma, essas eram, na sua maioria, sociedades não intensivas, exigindo pouca integração normativa fora do próprio grupo dominante. A força podia extrair o pouco que era exigido das massas.

Foi então, em segundo lugar, uma religião "aristocrática", uma religião que usou da quarta e final estratégia de governança imperial para unir os governantes em uma classe dominante coerente? Isso é mais difícil de responder. Como observado, a religião possuía elementos "privados" que podiam confiná-la ao próprio Estado, separada da "aristocracia". Mas é duvidoso que possamos fazer uma distinção tão clara. Na próxima seção, que trata das dinâmicas do império, veremos que "Estado" e "sociedade civil", "monarquia" e "aristocracia" interpenetravam-se. O rei dependia de famílias comandantes nas cidades e nas zonas rurais do interior. Elas eram ou parte do seu universo doméstico ou o reproduziam no nível provincial. Lá eles participariam da religião. A maioria dos estudiosos acredita que épicos religiosos eram encenados, como as peças de mistério da Europa medieval, nos palcos da corte ao invés de, como na Europa, em ruas e igrejas nas quais o público tinha acesso. A religião oficial também existia dentro de uma penumbra de outras práticas religiosas e culturais que eram difundidas nos grupos dominantes. A adivinhação era particularmente comum. Por exemplo, um adivinho normalmente acompanhava o exército e era muitas vezes um general. Nós também encontramos textos de "diálogo", concursos envolvendo a relativa utilidade ao homem de personagens rivais – Verão e Inverno, Fazendeiro e Pastor, e assim por diante – e mais uma vez esses implicam *performances* teatrais para a elite e seus dependentes.

Parte da infraestrutura da religião, a escrita, era um ofício separado, não estando totalmente sob o controle de ninguém. Reis, famílias comandantes, sacerdotes, governadores e até mesmo juízes geralmente permaneciam analfabetos, dependendo das habilidades do que era de fato uma corporação artesanal com suas próprias escolas. Todos os outros dependiam da memória, da tradição oral e das instituições orais. Em tais circunstâncias é tentador buscar analogias com o papel da cultura em um caso posterior, melhor documentado, Roma. Embora a classe dominante romana fosse alfabetizada, ela dependia da transmissão oral (no teatro, na retórica, nos tribunais etc.) para seu "cimento cultural" (cf. capítulo 10). Houve tal cimento cultural entre a classe dominante da Mesopotâmia? A resposta pode ser sim, embora fosse muito menos desenvolvido do que o romano. Parece provável que os escribas na corte, nos templos, seguindo os exércitos, nas casas mercantis e nas casas aristocráticas fossem intermediários na difusão de um mínimo de poder ideológico entre os grupos dominantes dos impérios. À medida que a conquista se tornou institucionalizada, as várias elites nativas, conquistando e conquistadas, receberam a língua, a escrita, a cultura e a religião do núcleo acádio-sumério. Tal "instrução" não era direta – ao contrário dos impérios posteriores como o romano ou persa. Os primeiros impérios não possuíam a sua cultura de classe dominante coesa. Não obstante, ocorria um primeiro passo nessa direção. Os impérios, de fato, assimilaram grupos originalmente distintos. Praticamente tudo o que eventualmente permaneceu das distintas origens cassitas, por exemplo, foram seus nomes de sonoridade estrangeira. Por meio dos escribas, as elites tinham acesso à história e genealogia, ciência e matemática, direito, medicina e religião. Eles próprios poderiam reconstituir e reafirmar parte dessa cultura, predominantemente oral, por meio dos tribunais de justiça, do palácio, dos grandes agregados familiares, e dos templos. O poder organizado do império, uma vez institucionalizado, poderia também se difundir de forma relativamente universal entre grupos de elite e tornar o imperialismo mais estável.

A este respeito, mais tarde a religião/cultura mesopotâmica fez mais do que meramente refletir uma situação social real. Aumentou a confiança e a moral, o poder e a solidariedade coletiva de sua monarquia e grupos de elite. Eles eram em parte um império federado de elites "nativas", em parte uma *classe* dominante emergente. Participantes de uma "grande sociedade", eles governaram os "os quatro cantos do mundo", não só porque tinham evidente poder militar, excedente econômico para alimentá-lo, e política para institucionalizá-lo, mas também porque eles se acreditavam civilizados e moralmente superiores à massa do povo, tanto no interior como no exterior de seus domínios. Eram muitas vezes desunidos (como veremos em um momento), mas também possuíam elementos de uma ideologia de classe. Nesse sentido, o papel do poder ideológico nesses impérios era em sua maioria imanente, em vez de transcendente, a estruturas de poder estabelecidas e seculares, as reforçando e não as perturbando.

Por outro lado, isso é apenas uma declaração de grau. Traços de transcendência são discerníveis. A ideologia do império não estava definitivamente demarcada até o aparecimento do "nacionalismo" assírio posterior (e talvez nem mesmo então; cf. capítulo 8). A possibilidade de plena entrada na civilização não era negada a grupos estrangeiros dominantes, nem mesmo, em alguns casos, a pessoas do povo. A preocupação com a ordem imposta, embora predominante, não era generalizada fora do âmbito político/militar. Também encontramos respeito pelo tipo de ordem trazida ao cosmos pela razão cultivada. No que é chamado de "literatura da sabedoria", e no desenvolvimento significativo da matemática e da astronomia, encontramos uma ênfase na racionalidade, variando desde o otimismo claro, passando pelo ceticismo, até desilusões ocasionais que não estão aparentemente confinadas a uma classe ou grupo étnico. A relativa abertura facilitou a assimilação de conquistadores estrangeiros e conquistados. As redes de poder ideológico eram mais amplas do que as da cooperação compulsória imperial. A Mesopotâmia difundiu as suas práticas ideológicas por todo o Oriente Próximo, por vezes após a conquista, outras vezes antes. Normalmente facilitava a difusão do poder imperial. Mas, como veremos em capítulos posteriores, também poderia, ocasionalmente, minar o imperialismo.

Assim, no antigo Oriente Próximo, o poder ideológico desempenhava um papel duplo. Primeiro, variações da ideologia imanente reforçavam a solidariedade moral, intelectual e estética dos grupos dominantes, quebrando suas divisões internas particularistas, solidificando-os em uma *classe dominante* relativamente homogênea e universal. Essa foi provavelmente a tendência predominante nesse período, embora o processo tenha sido prejudicado pelo nível rudimentar da infraestrutura de comunicações. Em segundo lugar, e subversivo ao primeiro papel, a ideologia também podia ser transcendente. Ela abriu as classes quase governantes à emulação e assimilação externas, especialmente em áreas de fronteira, afrouxando assim os padrões institucionalizados de cooperação compulsória. E também continuou a levar, de forma não oficial e suprimida, um nível mais popular de explicação ideológica. Mais tarde veremos explosões desses aspectos transcendentes. No entanto, o reforço imanente de classe predominava, por enquanto.

A dialética do império: centralização e descentralização

O leitor com algum conhecimento da antiga Mesopotâmia ou possuindo um olfato refinado para a plausibilidade sociológica pode ter experimentado irritação sobre as seções anteriores. Pois a análise pode parecer sugerir que os impérios eram eficientes, altamente integrados, ordenados e estáveis. Isso não é inteiramente verdade. As dinastias geralmente duravam de cinquenta a duzentos anos e depois se quebravam em unidades de combate menores. A maioria dos governantes foi confrontada por, pelo menos, uma revolta séria. Isso era verdade para o próprio Sargão e para Naram-Sin. Discuti essa tendência à desintegração ao descrever a logística política. Os tenentes políticos e a clientela dos governantes escapavam ao controle central, "desapareciam" na sociedade civil, o que elevava o padrão das revoltas. Essas tendências eram cíclicas: os impérios

215

eram conquistados, ruíam, eram reconquistados, ruíam, e assim por diante. Eles não continham nenhum desenvolvimento, nenhuma verdadeira dialética.

No entanto, havia uma tendência de desenvolvimento em longo prazo, perceptível na história antiga até a queda de Roma, quase 3.000 anos após a morte de Sargão. Será um dos temas, não só do presente capítulo, mas também dos próximos quatro. Até para descrever suas fases anteriores precisarei sair da estrita sequência cronológica dos capítulos para introduzir inovações históricas importantes, como a difusão de ferramentas e armas de ferro, e a disseminação da cunhagem e da escrita. Mas essas mudanças massivas eram parte de uma dialética que afetava as principais realizações da cooperação compulsória. Vou começar com a técnica militar – como foi feito por Sargão – e depois lidar brevemente com as outras fontes de poder.

Sargão criou uma organização capaz de derrotar inimigos em uma área de várias centenas de quilômetros de comprimento e largura. Enquanto uma região pudesse produzir excedente para sustentar tal organização, era agora uma possibilidade militar contínua. Poderia ser exercida por um poder provindo das fronteiras ou do centro, da área irrigada. Os dois milênios seguintes viram onipresentes lutas militares entre as duas áreas. Sargão foi imediatamente confrontado por um dilema. Por um lado, a sua força militar distintiva se originou nas fronteiras e ele não queria ver qualquer outro poder emanando de lá. Por outro lado, ele era agora dependente de seus suprimentos no núcleo irrigado. Ele tinha que se colocar entre os dois, buscando uma maior integração entre eles. Mas as fronteiras não têm fim: o sucesso imperial cria novas fronteiras, e povos até então marginais são arrastados para a esfera de influência imperial, porém ainda não são domesticados.

É convencional na história mundial realçar o poder das fronteiras. McNeill (1963) e Collins (1977) consideram a conquista pelos marqueses como o tipo mais frequente de conquista em todo o mundo antigo. Se formos um pouco à frente na cronologia, podemos ver esse ímpeto periodicamente reafirmado. Apenas depois de 2000 a.C., ocorreram inovações no *design* de carruagens, aumentando sua flexibilidade e velocidade, e no tiro com arco. A vantagem passou para os cocheiros que empunhavam lanças e arcos. Em toda a Eurásia, povos montados em carruagens como micênicos, arianos da Índia, hicsos e cassitas, todos aparentemente originários de áreas fronteiriças de planalto, por um tempo escantearam a infantaria agrícola das cidades-Estado. Essa última, no entanto, poderia se reagrupar com a ajuda de maiores fortificações, armaduras e a adoção de carros.

A superioridade da carruagem foi finalmente definida por uma revolução metalúrgica ocorrida por volta de 1200-1000 a.C. e que desenvolveu ferramentas, armas e armaduras de ferro baratas. Homens de infantaria em massa, recrutados entre os camponeses, que cultivavam nas áreas irrigadas pela chuva, agora no porte de ferramentas de ferro eram capazes de fazer frente às flechas e ataques militares. As tribos fronteiriças foram as primeiras a explorar tais técnicas. Essas duas técnicas militares, carruagens móveis, e armas e armaduras de ferro, foram desenvolvidas por pastores das montanhas e agricultores até agora marginais, permitindo-lhes a conquista das planícies aluviais e vales, anexando-os às suas próprias terras, e assim criar estados territoriais maiores do que os que existiam até então.

O processo, contudo, não foi unidirecional. Ao longo do período a capacidade de resposta dos agricultores civilizados também aumentou. Eles tinham a vantagem de um maior excedente, maior organização metódica, maior disciplina – e a incapacidade de fuga. O tipo de guerra mais adequado ao seu modo de vida era a infantaria. Uma vez desenvolvida a armadura corporal, seus meios de defesa aumentaram, assim como sua capacidade de ampliar metodicamente o território. A diferenciação das formas de guerra também os favoreceu, tendo em vista que podiam aprender rapidamente. Eles reagiam a novas ameaças diversificando-se, o que aumenta a complexidade de organização, disciplina e táticas. Somando-se a isso há, ainda, a tendência de desenvolvimento de custo e tecnologia de armas e armaduras, o que confere vantagem acumulada no longo prazo a uma sociedade de coordenação territorial mais centralizada, ou seja, um Estado mais forte. Se acrescentarmos ainda força naval, fortificações, e guerra de cerco, a tendência torna-se mais acentuada; pois esses requerem construção de longo prazo de implementos de guerra e um aprovisionamento mais elaborado do que as três linhas até agora consideradas.

No entanto, as vantagens da civilização trazem suas próprias contradições, uma começando no "centro" definido frouxamente, a outra na "periferia". Essas contradições tendem a quebrar a distinção geográfica entre os dois. A contradição do centro era entre o desenvolvimento de exércitos mais complexos e centralmente coordenados e as condições que primeiro permitiram que as civilizações resistissem aos seus inimigos. As defesas de infantaria inicialmente pressupunham uma base social coesa, na Suméria, proporcionada pela semelhança de experiência e participação na comunidade. As cidades-Estado haviam sido democracias ou oligarquias relativamente benignas, e isto é aparente em suas táticas militares. A coesão e o espírito de corpo, a fé no homem ao seu lado, eram essenciais para a infantaria. No entanto, um aumento nos custos, no profissionalismo e na diversificação de forças enfraqueceu a contribuição do membro ordinário da comunidade. O Estado ou voltava-se aos mercenários ou auxiliares estrangeiros ou aos os ricos, capazes de expulsar soldados fortemente encouraçados. Isso enfraqueceu a coesão social. O Estado tornou-se menos integrado à vida militar e econômica das massas, mais distinto como um centro impositivo, e mais associado a uma forte estratificação social entre classes. O Estado estava mais vulnerável à captura. Uma campanha rápida para capturar a capital, e matar o governante, mas poupar parte do seu pessoal, e a conquista estaria completa. Não havia necessidade de pacificação das massas, pois elas não estavam envolvidas nesses eventos. O Estado era mais dependente de soldados profissionais, tanto da guarda central como dos senhores provinciais – mais vulnerável às suas ambições e, portanto, à guerra civil endêmica.

Isso foi reforçado pela contradição periférica. Quanto mais bem-sucedidos os impérios eram em desenvolver recursos econômicos em seus núcleos, mais isso elevava suas periferias. Os antigos impérios dessa época (i. é, antes de Roma e da Dinastia Han da China e com exceção do Egito) não tinham fronteiras claramente demarcadas. Suas atividades e sua hegemonia se espalhavam, às vezes de forma frouxa, às vezes ao longo de linhas controladas de penetração, para a região circundante. A hegemonia do comércio penetrou longas distâncias ao longo dos corredores, regiões nas quais o pastoreio havia se difundido. Os rebanhos do escritório real de lã, referidos anteriormente, espalharam a dominação imperial, mas também aumentaram o poder das elites locais, alguns clientes, outros hostis, normalmente variando de acordo com a ocasião. A ideologia mesopotâmica não barrou essas elites da civilização. De fato, ela as encorajava a imitar a elite imperial, se tornarem alfabetizadas e a pensarem em si mesmas como possuidoras de cultura, sabedoria e moralidade. Em seguida, eles não seriam mais "bárbaros", mas rivais pelo poder, muitas vezes na corte e na capital, bem como nas fronteiras. Suas pretensões não necessariamente ameaçavam a civilização – de fato, eles eram tão propensos a impulsioná-la com seu vigor quanto a destruí-la através da selvageria.

A presença militar real não poderia ser rotineira. Quanto mais as atividades reais cresciam, mais se tornavam convidativas a invasões e conquistas dos vizinhos. Depois de Sargão, as fronteiras não podiam ser deixadas sozinhas, pois fronteiras independentes significavam perigo. Mas as logísticas de controle eram assustadoras. Alguns impérios posteriores incorporaram as áreas fronteiriças. Mas, uma vez que o processo de incorporação de fronteiras começava, quase não havia fim, pois essas só terminavam quando um verdadeiro deserto fosse alcançado. E lá se escondiam diversos perigos: os nômades pastorais com cavalos de cavalaria robustos, especialmente adequados para o ataque. Eles raramente permaneciam puramente como nômades por muito tempo. O contato comercial aumentava a riqueza e o nível de civilização *deles*.

Nossa melhor evidência vem de um caso diferente, a fronteira da China. Invasões bem-sucedidas por grupos "bárbaros" como os Toba, Sha-To, Mongóis e Manchus foram precedidas pela emigração de conselheiros chineses para seus tribunais, e sua adoção de formas administrativas e militares chinesas. A sua superioridade militar residia no desenvolvimento de táticas chinesas para explorar a capacidade da sua cavalaria, concentrar rapidamente as suas forças, evitar enormes exércitos de infantaria e atacar o quartel-general chinês. O menor grupo conhecido é o Sha-To que, com apenas 10.000 soldados e 100.000 pessoas, conquistou e governou o norte da China no século X d.C. (EBERHARD, 1965, 1977). Nós nos concentraremos no capítulo 9, nos "bárbaros", que foram elevados pelo Império Romano, e que eventualmente o demoliram.

Tal ameaça não pôde ser eliminada. Uma sociedade agrária civilizada que usa exércitos pesados de infantaria/cavalaria é incapaz de se abastecer ou de encontrar seu inimigo em desertos ou estepes escassamente povoados. Todos os antigos impérios euro-asiáticos entraram em contato com terrenos nômades; todos estavam igualmente vulneráveis (exceto, talvez, os antigos egípcios cujas fronteiras eram de fato um deserto despovoado). A defesa constituía um dreno considerável nos recursos – fortificações de fronteira e tropas, subornos a chefes bárbaros, o desenvolvimento de forças móveis. O último desses tendia a dar poder e autonomia aos marqueses, que tornava a contradição interna também.

Corri à frente no tempo para mostrar o ritmo das redes de poder militar. A conquista e a cooperação compulsória geraram não apenas desenvolvimento econômico e social, mas também um excesso de ameaças vindas das fronteiras. A organização para derrotá-las enfraqueceu a base social de sucesso inicial e potencialmente levou a um excesso de coerção sobre cooperação. Eu enfatizei a natureza indireta do governo nesses primeiros impérios. As províncias eram governadas através do poder de tenentes e provinciais. Eles não podiam ser facilmente coagidos.

Contradições paralelas podem ser encontradas em todas as áreas de atividade do Estado militarista. Imagine uma província mediana e próspera de um império. Localizada entre as rotas comerciais e comunicações da capital para a periferia; sua cidade principal é guarnecida por duzentos soldados profissionais ajudados por recrutas locais; e o seu comandante é responsável pela prestação de impostos ou tributo ao centro, fornecendo as suas próprias tropas, e mantendo as rotas de comunicação com a ajuda de trabalho escravo, de corveia ou servos. Se ele for bem-sucedido em manter a ordem e um fluxo regular de impostos ou tributos, o governante deixa-o em paz, livre para governar indiretamente e incapaz de fazer qualquer outra coisa sem uma demonstração de força vasta e desnecessária. Por sua vez, o comandante governa localmente com a ajuda dos seus próprios tenentes e elites locais. Se eles fornecerem seus suprimentos regularmente, ele estará minimamente satisfeito; e se fornecerem mais, ele estará mais do que isso também para governar indiretamente e apropriar-se do excedente. Quanto mais bem-sucedido for o Estado, mais ele espalha essas camadas intermediárias de poder por meio da província.

Portanto, não há contradição entre "Estado" e "propriedade privada" ou entre a "elite estatal" e a "classe dominante". São aspectos do mesmo processo de desenvolvimento. Uma tradição mais antiga dos estudos da Mesopotâmia costumava procurar fases de "dominação estatal" e de "riqueza privada" e "atividade comercial privada". À medida que as evidências se acumulam, torna-se impossível manter tais distinções. Em todos os períodos de longa duração, o nível de riqueza estatal e de riqueza privada e o nível de interesse estatal no comércio e comércio mercantil privado parecem estar positivamente correlacionados (cf., p. ex., os vários ensaios em HAWKINS, 1977). A atitude da elite política/classe governante parece pragmática e, portanto, dependente de normas consensuais mais amplas. Se um Estado usasse sua própria organização comercial ou a de um comerciante privado, ou se um funcionário do Estado negociasse como agente do Estado ou por sua própria conta, parece ter sido em grande parte uma questão de quais meios organizacionais e logísticos estavam disponíveis. Nenhum grande conflito parece ter sido envolvido nessas escolhas.

A infraestrutura do poder, sua organização e logística, parece possuir inerentemente dois gumes. Isso é verdade para praticamente todas as contribuições do Estado para a logística do poder. Se esse desenvolve uma quase cunhagem – barras estampadas em prata, ferro ou cobre – isso confere riqueza garantida, "capital", aos seus fornecedores, além de aumentar seus próprios poderes econômicos. Nas cidades provinciais, os provedores das guarnições lentamente adquirem esse capital, assim como os proprietários de terra locais cujos campos produzem os suprimentos. Se o Estado tenta um controle mais regular usando funcionários alfabetizados, seu alfabetismo se torna útil para os comerciantes e senhores provinciais. Por exemplo, as escolas do Período dos Cassitas foram dominadas pela aristocracia. O problema do Estado é que nenhuma de suas técnicas pode ser confinada dentro de seu próprio corpo político – elas se difundem na sociedade. Até mesmo esse próprio corpo tende a se dividir em organismos provinciais separados. Se as técnicas de cooperação compulsória fossem bem-sucedidas, é do interesse de todos ser parte de um domínio imperial maior. Mas *de quem* é o domínio tem menor importância, pois todos os conquistadores devem governar da mesma forma indireta. Se um grupo migrante estrangeiro inicialmente ameaça, depois se infiltra e então parece oferecer proteção maior a longo prazo, as estimativas locais começam a mudar. Se a sucessão dinástica é disputada, então se coloca a lealdade na balança contra a importância de se estar do lado vencedor. Se o presente governante reage contra tais ameaças, procurando maiores cobranças fiscais e militares, os olhos provinciais estreitam-se ainda mais a recalcularem as probabilidades. Pois eles têm recursos privados autônomos, gerados em parte pelo sucesso estatal e precisam protegê-los e capitalizá-los oferecendo-os ao lado vencedor. Um período de anarquia e devastação pode perdurar enquanto lutam as facções beligerantes. Mas é do interesse da maioria dos grupos emergir disso para uma nova fase de consolidação imperial – é assim que recursos privados são gerados novamente.

O processo sugere três desvios das teorias tradicionais. Primeiro, a própria noção de "povos" claramente separados pode ser o produto da ideologia dinástica, e não de realidades sociais. "Acádios" e "sumérios", "amoritas" e "sumérios" posteriores, "cassitas" e "babilônios" estavam misturados muito tempo antes da dinastia dos primeiros supostamente ter conquistado os seguintes. Eles podem ter começado como centro e grupos periféricos, mas então se misturaram. Podemos ir ainda mais longe? Em que medida esses rótulos não eram apenas reivindicações de legitimidade baseada em princípios de sucessão genealógica e usurpação que podemos apenas imaginar? Todos queriam o manto genealógico da Suméria; os sucessores geralmente queriam o de Sargão, e ninguém reivindicava o dos gútios, enquanto que os cassitas podem ter sido menos legitimados do que suas realizações garantiam. Não sabemos o porquê. Preenchemos, muitas vezes, essa lacuna com noções de etnicidade do século XIX d.C. No século XX, essas se tornaram modelos sofisticados de "centro" e "periferia", com concepções explícitas de territorialidade e noções implícitas de etnicidade. Mas essas concepções são demasiado fixas e estáticas para as condições sociais das sociedades anteriores.

Isso é principalmente especulação. O segundo desvio teórico, no entanto, é mais bem documentado. Ele repete um argumento de capítulos anteriores: o aumento dos recursos de propriedades privadas resulta, em grande medida, da fragmentação da organização social coletiva. A dialética entre esses dois não é entre duas esferas sociais autônomas, "sociedade civil" e "Estado". E sim, entre a necessidade de cada vez mais organização coletiva de certos recursos de poder e a impossibilidade logística de manter um controle coletivo sobre eles.

Isso leva ao terceiro e mais importante desvio teórico, a pretensão de discernir uma dialética global de desenvolvimento na cooperação compulsória, emanando menos da sua ordem do que das suas contradições. O próprio *sucesso* da cooperação compulsória leva à sua queda e, em muitos casos, à sua reconstituição em um nível superior de desenvolvimento social. A cooperação compulsória *simultaneamente* aumenta o poder do Estado militarista (tese) e das elites descentralizadas que poderiam então derrubar o Estado (antítese). Mas as elites seguem precisando impor ordem. Isto geralmente reconstituiria um Estado, agora com maiores capacidades de poder (síntese), e a dialética começaria de novo. Esse mecanismo desenvolveu uma tendência secular na direção de formas de organização social mais coletivamente poderosas, a maioria assumindo uma forma imperial. O império de Ur reconstituiu o império de Acad em tamanho, mas aumentou sua densidade populacional, administração econômica, ambições arquitetônicas, códigos de lei e provavelmente sua prosperidade; a Babilônia, embora não mais extensa, era, de certo modo, mais intensamente poderosa; a Dinastia Cassita pode ter trazido novos níveis de prosperidade para a região (para uma boa descrição geral de todas essas fases da história política da Mesopotâmia, cf. OATES, 1979; para a última fase, cf. BRINKMAN, 1968; para uma análise mais econômica, cf. ADAMS, 1981: 130-174). Como veremos no capítulo 8, a Assíria foi mais vasta e mais poderosa, tanto intensiva como extensivamente, do que os seus antecessores. Então a Pérsia e Roma foram ainda maiores (como revelam os capítulos 8 e 9). As fases anteriores dessa dialética podem ser representadas de maneira esquemática, como na Figura 5.1.

Naturalmente, somente em um sentido muito frouxo podemos descrever um aumento "unidimensional" do poder coletivo em geral. Durante um período de tempo tão longo, os impérios mudaram consideravelmente a natureza de suas organizações e técnicas de poder. Nos próximos capítulos continuarei a descrever o desenvolvimento das duas principais estratégias de poder imperial: a *cooperação compulsória* e a *cultura de classe dominante coesiva*. A infraestrutura da primeira desenvolveu-se antes daquela da segunda, e por isso enfatizei seu papel nesses primeiros impérios de dominação. Mas os impérios posteriores provarão ter possuído mais misturas variáveis das duas. Roma desenvolveu ambas em um grau sem precedentes. A Pérsia dependia mais da coesão cultural dos seus governantes. Em que ponto começou a variabilidade? Nessa área é possível que tenha começado com os cassitas, sobre os quais os estudiosos discordam. Se o seu governo floresceu, era esse mais frouxo, mais feudal, menos dependente da compulsão imperial do que da coesão da sua aristocracia, tolerante à diversidade – um império no estilo persa? Se assim for, a dialética aqui descrita já é menos um simples crescente de força e rigidez imperiais do que uma interação entre regimes "imperiais", ou talvez "patrimoniais", e "feudais" através do qual o poder coletivo, amplamente concebido, no entanto, se desenvolveu. Isso levanta dois dos conceitos mais importantes da sociologia comparativa. Argumentarei agora que esses conceitos são geralmente usados estaticamente e, portanto, perdem o padrão de desenvolvimento – e ocasionalmente dialético – da história mundial.

O estudo comparativo dos impérios antigos

Além de algumas generalizações, eu me ative a um único milênio da história do Oriente Próximo. No entanto, o corpo da literatura dentro da sociologia comparativa generaliza sobre os impérios históricos localizados em todo o globo ao longo dos cinco milênios de história registrada. Para fazê-lo, é necessário que os impérios compartilhem amplas semelhanças que brilham através das muitas e variadas diferenças de tempo e lugar. "Não é incrível", pergunta John Kautsky de maneira retórica,

> que deveriam haver semelhanças substanciais entre os assírios, almorávidas e astecas, entre os impérios dos macedônios, dos mongóis e dos mogóis, entre os reis ostrogóticos, os califas omíadas e os sultãos otomanos, entre os impérios sassânida, songai e saudita, entre os ptolomeus, os cavaleiros teutônicos e os tutsi, entre os vândalos, os visigodos e os vikings? (1982: 15).

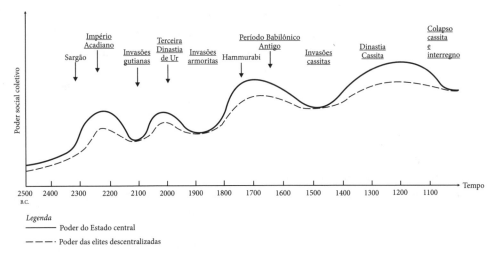

Figura 5.1 Dialética dos impérios mesopotâmicos

Kautsky observa agudamente que essa similaridade básica permitiu que conquistadores como os romanos ou espanhóis explorassem politicamente os pontos fracos de seus oponentes aparentemente "estranhos" – pois eles reconheceram sua estrutura de poder.

Não contesto o argumento essencial de Kautsky. Esse tipo de sociologia comparativa estabeleceu pontos de semelhança entre tais regimes variados. Apresento três desses antes de passar aos defeitos principais do modelo – negligência da *história*, incapacidade de produzir uma teoria do *desenvolvimento* social, e uma falha em reconhecer processos dialéticos.

O primeiro ponto de semelhança entre tais regimes é que, como Kautsky os rotula, eles eram "impérios *aristocráticos*". Eram dominados por uma classe governante que monopolizava a propriedade da terra (às vezes no sentido de posse efetiva, em vez de propriedade legal) e assim controlava os recursos econômicos, militares e de poder político que a terra fornecia. Ideologicamente, seu domínio se expressava por meio de reivindicações genealógicas de superioridade moral e factual – um aristocrata era superior porque, por meio do nascimento, ele (ou ela) estava ligado a um grupo de parentesco endógeno que remontava a um grupo ancestral original que fundou a sociedade, era descendente de heróis ou deuses, ou realizava alguma outra nobre façanha. Com suas mãos firmemente sobre todas as quatro fontes de poder social, a classe estava tão enraizada que nenhum governante podia dispensar o seu apoio. Isso vale a pena afirmar de forma simples e forte porque muitos desses regimes fizeram a afirmação ideológica contrária, ou seja, de que todo o poder fluiu deles e deles apenas, e também porque alguns escritores foram levados por tal alegação. O neto de Sargão, Naram-Sin, reivindicou *status* de divindade. Seus aristocratas acadianos ou sumérios apenas reivindicavam conexões genealógicas com o divino. Isso se tornou um padrão para os impérios mais pretensiosos da história até o Período Moderno. Justificava, também, o despotismo pessoal do governante, que em teoria não era menos exercido sobre os aristocratas do que sobre qualquer outra pessoa. Alguns dos escritores mais crédulos acreditavam que isso poderia levar a um regime "absoluto". Incluem-se nesses Wittfogel, cujas teorias eu desconsiderei no capítulo 3, e alguns outros sociólogos comparativos (p. ex., WESSON, 1967: 139-202 esp.). Na prática, no entanto, tais regimes eram fracos.

É útil, neste ponto, distinguir entre dois tipos de poder estatal. Fiz tal distinção de maneira mais completa em Mann (1984). *Poder despótico* se refere a gama de ações que o governante e sua equipe têm o poder de tentar implementar sem uma negociação rotineira e institucionalizada com grupos da sociedade civil. Um déspota supremo, digamos um monarca cuja reivindicação à divindade é aceita de forma geral (como no Egito ou na China ao longo de grande parte de suas histórias imperiais) podem assim tentar virtualmente qualquer ação sem oposição de "princípio". *Poder infraestrutural* se refere à capacidade de penetrar na sociedade e de implementar decisões logisticamente políticas. O que deve ser imediatamente óbvio sobre os déspotas dos impérios históricos é a sua falta de poder infraestrutural e a sua dependência da classe de aristocratas para infraestruturas como a que possuíam. Para muitos propósitos, e especialmente nas províncias, sua infraestrutura *era* a aristocracia. Assim, na prática, os impérios eram "territorialmente federais", como eu expressei – mais frouxos, mais descentralizados, mais propensos à fissão, do que a própria ideologia do Estado geralmente afirmava.

Todos esses pontos decorrentes da similaridade do primeiro regime foram feitos com frequência suficiente, usando uma terminologia ligeiramente diferente, em sociologia comparativa recente (cf., p. ex., BENDIX, 1978; KAUTSKY, 1982).

No entanto, a semelhança do segundo regime leva a uma ênfase bastante diferente. Ao enfatizar o poder da classe aristocrática, não devemos perder de vista o fato de que o Estado ainda existe com recursos de poder próprios. Os estados existem porque são funcionais para a vida social, para além de um nível bastante simples. É mais relevante para a questão atual que eles fornecem algo útil para a classe aristocrática, isto é, *centralização territorial*. Uma série de atividades, tais como a criação e aplicação de regras judiciais, a organização militar e a redistribuição econômica, eram geralmente mais eficientes nesse nível de desenvolvimento histórico quando centralizadas. Esse lugar central *é* o Estado. Assim, qualquer poder autônomo que o Estado possa adquirir deriva da sua capacidade de explorar a sua centralidade.

Isto foi explorado por Eisenstadt (1963). Seguindo os passos de Weber, ele argumentou que o Estado imperial reivindica o *universalismo* e que essa reivindicação tem, de fato, algum fundamento real. Um Estado não pode ser *meramente* aristocrático. As reivindicações genealógicas são inerentemente particularistas; elas são a antítese da centralidade e do Estado. As sociedades que desenvolvem estados permanentes já avançaram além do particularismo. Elas racionalizaram a esfera simbólica e começaram a conceituar o cosmo como sujeito às forças gerais com impacto universal. O Estado, e não a aristocracia, expressa essa divindade racional. Materialmente, argumenta ainda Eisenstadt, os interesses do Estado residem na promoção de "recursos livre-flutuantes", que são autônomos de qualquer ator de poder particularista. Eisenstadt exemplifica muitos desses, e eu voltarei a eles repetidamente no decurso da minha narrativa histórica. O mais marcante (especialmente para a pessoa em questão!) é o uso de eunucos pelo Estado. Como enfatizei anteriormente, qualquer agente do Estado pode "desaparecer" na sociedade civil, escapando ao controle do governante. Uma maneira de impedir que um agente desapareça na aristocracia é prevenir o fator genealógico por meio da castração.

Das técnicas universalizantes dos estados antigos vislumbradas neste e no último capítulo, permitam-me escolher três. Primeiro, no campo da ideologia temos a tentativa dos conquistadores acadianos de racionalizar e sistematizar o panteão e os mitos de criação das cidades sumérias. Sob o Império Acadiano uma "religião" é escrita, codificada e embebida de hierarquia e centralidade. Em segundo lugar, no domínio da infraestrutura material, vemos a tentativa (ou pelo menos a reivindicação) de Sargão e dos seus sucessores imperiais de terem melhorado e coordenado como um todo a estrutura de comunicações do império. Essas não são apenas ações para aumentar o poder: elas tentam universalizar o poder e, conscientemente ou não, a sua força é reduzir o poder das elites locais e particularistas. Terceiro, e talvez o melhor exemplo porque combina ideologia e infraestrutura, é a estrutura administrativa "decimal" imposta pelos conquistadores incas aos povos andinos (referida no capítulo 4). Na prática, é claro, os incas só podiam governar as províncias conquistadas por meio das elites indígenas locais. Eles poderiam colocar ao lado dessas um governante inca, importar alguns colonos-soldados leais e construir estradas, armazéns e postos de transferência – de fato, nenhum conquistador foi mais engenhoso em tais aspectos. Mas eles não conseguiram superar os problemas logísticos brutais de governança que descrevi neste capítulo. Por isso a importância da racionalização decimal. Sua função ideológica e talvez, até certo ponto, seu efeito real (embora os conquistadores expusessem suas fraquezas), era dizer às elites locais: "Sim, você pode continuar a governar seu povo, mas lembre-se que seu governo faz parte de um cosmos mais amplo que subordina particularismos tribais e regionais a uma ordem inca racional, centrada no próprio Senhor Inca". Demonstra grande crédito Eisenstadt dizer que se o Senhor Inca ou Sargão ou os imperadores chinês ou romano retornassem e lessem seu livro, eles reconheceriam a caracterização de suas políticas e saberiam o que significava universalismo, recursos flutuantes, a racionalização da esfera simbólica e outros conceitos do jargão de Eisenstadt.

Eu extraí dois *insights* da sociologia comparativa: por um lado, um Estado socialmente útil, universal e despótico, por outro, uma aristocracia descentralizada e particularista na posse de grande parte da infraestrutura de poder da sociedade. O contraste entre os dois demonstra que a sociologia comparativa também forneceu um terceiro *insight*, uma exposição clara das contradições, e por vezes de uma parte da dinâmica, de tais regimes. Pois havia uma luta contínua entre os dois, mitigada apenas (mas substancialmente) pela sua interdependência mútua, a fim de preservar a sua exploração das massas. A mais famosa discussão sobre tal conflito foi apresentada por Weber na sua análise do patrimonialismo em *Economia e Sociedade* (1968, III: 1.006-1.069).

Weber distinguiu o patrimonialismo e o feudalismo como tipos predominantes de regime político nas sociedades civilizadas pré-industriais. O patrimonialismo adapta uma forma anterior e mais simples de autoridade patriarcal de dentro da família às condições maiores dos impérios. Sob ele, as repartições do governo se originam no próprio domicílio do governante, continuando a fornecer o modelo mesmo onde a função oficial tem pouca conexão com o agregado familiar. Por exemplo, a função o comandante da cavalaria recebe muitas vezes um título, como "marechal", que originalmente denota a função de supervisão dos estábulos do governante. Da mesma forma, o governante patrimonial mostra preferência pela nomeação de membros da sua própria família, parentes, afins, ou dependentes, como oficiais do governo. O governo resultante é autocrático: os comandos impositivos do governante atribuem direitos e deveres a outras pessoas e famílias. Por vezes, associações de pessoas e agregados familiares são nomeados pelo governante como coletivamente responsáveis por direitos e deveres. O feudalismo, de forma contrastante, expressa um contrato entre quase iguais. Guerreiros independentes e aristocráticos concordam livremente em trocar direitos e deveres. O contrato atribuía a uma das partes autoridade política geral, mas essa é limitada pelos termos do contrato e ele não é um autocrata. Weber distingue essas duas formas de regime como tipos ideais e procede, em seu estilo característico, a elaborar as consequências lógicas e subdivisões de cada uma. Mas ele também observa que, na realidade, os tipos ideais tornam-se nuviosos e transformam-se uns nos outros. Em particular ele reconhece a impossibilidade logística em condições pré-industriais de um patrimonialismo "puro". A extensão do governo patrimonial necessariamente descentraliza-o e instaura um conflito contínuo entre o governante e seus agentes, que agora se tornam locais notáveis com uma base de poder autônoma. Esse é exatamente o tipo de conflito que descrevi na Mesopotâmia. Weber detalha exemplos do antigo Egito e Roma, China antiga e moderna, e Europa medieval, Islã e Japão. Sua análise influenciou tanto a compreensão histórica de que ela se destaca nos estudos modernos sobre todos esses casos e mais.

Aproximações do tipo ideal de regime, e casos mistos, dominaram a maior parte do globo. A luta entre impérios patrimoniais centralizados e as monarquias aristocráticas descentralizadas, vagamente feudais e aristocráticas, constituem grande parte da história registrada pelos contemporâneos. Mas se isso fosse toda a nossa história, ou mesmo toda a nossa história das altas classes, ela seria essencialmente cíclica, carente de desenvolvimento social em longo prazo. Neste capítulo tentei acrescentar algo além: uma compreensão de como tal luta revoluciona continuamente os meios de poder e assim constitui uma dialética de desenvolvimento.

Talvez acusar Max Weber de não ter interesse no desenvolvimento histórico esteja aberto a interpretações erradas, uma vez que ele se preocupou com isso mais do que qualquer outro grande sociólogo do século XX. Mas seu uso desses tipos ideais era, às vezes, estático. Ele contrastou Oriente e Ocidente, argumentando que um desenvolvimento social massivo ocorreu na Europa, ao invés do Oriente, porque essa era dominada por um feudalismo contratual, descentralizado, que (em contraste com o patrimonialismo oriental) fomentou um espírito relativamente racional frente a aquisição e uma orientação ativa para a conquista da natureza. Para ele uma estrutura relativamente feudal, ou pelo menos descentralizada, deve estar instaurada *antes* que o dinamismo possa ocorrer. Isso é incorreto. Como veremos repetidamente, é a dialética entre a centralização e a descentralização que proporciona uma considerável parte do desenvolvimento social, e isso tem sido especialmente evidente na história do Oriente Próximo/ Mediterrâneo/mundo ocidental.

O desenvolvimento subsequente da sociologia comparativa neoweberiana tornou-se mais estático. Quaisquer que sejam os *insights* fornecidos por Bendix, Eisenstadt, Kautsky e outros, eles negligenciam o desenvolvimento. Concentrar-se, como faz Kautsky, nas semelhanças de regimes como o Império Inca e o Reino da Espanha (ambos "impérios aristocráticos") é esquecer o que aconteceu quando 180 espanhóis entraram num Império Inca de milhões. Os espanhóis possuíam recursos de poder inimagináveis pelos incas. Esses recursos – armadura corporal, cavalos, pólvora, disciplina militar, táticas e coesão para usar essas armas, uma religião salvadorista e alfabetizada, um monarca e uma Igreja capazes de impor comandos de mais de 6.000km, uma solidariedade religiosa/nacional capaz de superar diferenças de classe e linhagem, até mesmo suas doenças e imunidades pessoais – eram produtos de vários milênios de desenvolvimento da história universal negados ao continente americano. Veremos os recursos emergir gradualmente, de forma instável, mas inegavelmente cumulativa ao longo dos próximos seis ou mais capítulos. A sociologia comparativa deve ser contida por uma apreciação do tempo histórico-universal.

Assim, quando as análises neoweberianas vêm explicar o desenvolvimento social, olham para fora do seu modelo teórico. Kautsky considera a "comercialização" como o principal processo dinâmico. Ela emerge, diz ele, por meio de cidades e comerciantes que estão em grande parte fora da estrutura dos "impérios aristocráticos", e cuja emergência ele não pode, portanto, explicar. Bendix, cujo objetivo é explicar a transição da monarquia para a democracia, também se volta para fatores estranhos. No seu caso, trata-se de uma série de variáveis inexplicáveis e independentes, como o crescimento demográfico, as mudanças tecnológicas, o crescimento das cidades, as infraestruturas de comunicação, os sistemas educativos e a alfabetização (1978: 251-265, esp.). Eisenstadt tem um modelo mais adequado para compreender o desenvolvimento social. Em algumas páginas (1963: 349-359) ele descreve como alguns impérios foram transformados em políticas e sociedades mais "modernas". Para ele, o fator decisivo foi a capacidade de várias elites descentralizadas, apoiadas por uma religião racional e salvadorista, de se apropriarem do universalismo e dos recursos flutuantes até então monopolizados pelo Estado. Como veremos em capítulos posteriores, isto é uma parte importante da resposta. Mas, depois de 350 p., delineando um modelo estático ou cíclico de império, ele dificilmente pode ir longe nesta direção em 10 p. Todos esses trabalhos (assim como a maioria das sociologias comparativas) combinam material recolhido indevidamente de diferentes fases do desenvolvimento de recursos de poder social. Essa é a sua maior fraqueza, pois muitas vezes é a própria coisa que supostamente estão tentando explicar.

Minha crítica à metodologia da sociologia comparativa dos impérios antigos não é a objeção do "historiador típico" de que cada caso é único. Embora isto seja verdade, isso não exclui a comparação e generalização. É antes que a análise comparativa também deve ser *histórica*. Cada caso se desenvolve temporalmente, e essa dinâmica deve fazer parte da nossa explicação da sua estrutura. No presente caso, a dinâmica dos regimes "imperiais" (ou "patrimoniais") e os "feudais" constituíram uma dialética de desenvolvimento ignorada pela sociologia comparativa.

Conclusão: o poder militar reorganizou o desenvolvimento social

Eu mostrei que a capacidade organizacional e a forma politicamente despótica dos primeiros impérios do Oriente Médio emergiram principalmente do poder de reorganização das relações de poder militar em desenvolvimento. A *coesão concentrada* tornou-se eficaz de maneira incomum como meio de organização social. Isso não se deu por causa das exigências da agricultura de irrigação – como vimos Wittfogel argumentar no capítulo 3. O contexto ecológico crucial foi a intersecção das planícies aluviais e interior em áreas de fronteira onde certas invenções militares apareceram.

Nas fronteiras dos planaltos, uma forma mista de agricultura e pastoreio foi impulsionada pelo desenvolvimento econômico na planície aluvial, envolvendo o comércio com pastores distantes. Aqueles que controlavam as áreas fronteiriças eram capazes de combinar as técnicas militares de agricultores e pastores em forças militares de ataque maiores, mais variadas e mais centralizadas. Começando com os 5.400 homens de Sargão da Acádia, que conquistaram as planícies aluviais, integrando-as ostensivamente umas às outras e com as áreas das planícies em um Estado militarista e monárquico. A unidade de tal império era frágil. Dependia esmagadoramente de uma organização militarista tanto no Estado como na economia que incorporasse a "cooperação compulsória", como definida por Spencer. Isso levou a um rompante ainda maior do desenvolvimento econômico, a uma difusão imanente do poder ideológico dentro dos grupos dominantes ainda maior e à consolidação de longo prazo do império e de uma classe dominante.

O império, no entanto, ainda era uma rede de interação relativamente frágil, sem controle intenso sobre seus sujeitos. As "comunidades étnicas" no sentido definido por Smith (1983), discutido no capítulo 3, foram enfraquecidas. Pouco se exigia das massas além da entrega regular de pagamentos em espécie e em trabalho. O controle sobre elas, embora selvagem, era errático. Exigia-se mais dos grupos governantes dispersos, mas nada incompatível a eles. O império não era territorial, tampouco unitário. Era um sistema de *dominação federal* por um rei ou imperador através de governantes e elites provinciais, fronteiriças e mesmo "estrangeiras". Isso se dava por razões fundamentalmente logísticas: calculei que nenhum conquistador, não importa quão formidável, poderia organizar, controlar e fornecer suas tropas e funcionários administrativos de forma rotineira sobre mais de 80-90km de rota em marcha. O rei ou imperador usava seu exército profissional basicamente para dominar, intimidar. Mas todos sabiam que seria um enorme exercício logístico empregá-lo. Enquanto as elites locais entregassem impostos ou tributos, seu controle local não seria interferido. Seu interesse próprio era a manutenção do sistema imperial de cooperação compulsória. O poder imperial "desmembrou-se" continuamente na sociedade civil, gerando recursos privados de poder, bem como recursos estatais. A propriedade privada cresceu rapidamente porque o raio do poder político era mais limitado do que o da conquista militar e porque o mecanismo de cooperação compulsória difundia e descentralizava o poder, e ao mesmo tempo que o centraliza ostensivamente. O Estado não conseguia manter dentro do seu próprio corpo, o que adquiria por meio da conquista ou do desenvolvimento bem-sucedido de técnicas de cooperação compulsória. E assim, ao longo dos tempos antigos, desenvolveu-se uma dialética entre forças centralizadoras e descentralizadoras, estados imperiais poderosos e classes de propriedade privada, *ambas* produto das mesmas fontes fundidas de poder social.

Descrevi a principal fase e região particular dessa dialética, a esfera de influência mesopotâmica do fim do terceiro milênio e o começo do segundo milênio a.C. Não afirmo que os detalhes da dialética podem ser encontrados em todo o mundo. Deixe-nos considerar brevemente os outros estudos de caso do último capítulo. Um teve uma história distinta e contínua, à qual me refiro no capítulo precedente. O isolamento ecológico do Egito não poderia gerar marqueses ou a dialética imperial subsequente. Outros três estudos de caso também embarcaram em caminho distinto, o do colapso! O desaparecimento de dois deles, o Vale do Indo e Creta, ainda não está claro. Ambos podem ter envolvido a conquista por "marqueses", respectivamente os arianos e os micênios, mas isso não pode ser afirmado com segurança. O segundo é discutido brevemente no início do próximo capítulo. O terceiro, o Peru inca, foi assaltado de repente, não por marqueses, mas por conquistadores tão distantes no tempo histórico-universal como na geografia. Os dois últimos casos são análogos à Mesopotâmia de várias maneiras. Tanto a China como a Mesoamérica exibiram um ciclo repetitivo de marqueses, assim como o desenvolvimento da cooperação compulsória e sua dialética da propriedade estatal-privada. Mas me interesso, neste livro, menos com a sociologia comparativa do que com uma história específica, uma que será importante para o mundo nos quatro milênios seguintes. A sua influência já se estendia durante o segundo milênio: Em 1500 a.C., duas dessas áreas já não eram mais "estudos de caso" autônomos. Creta e Egito eram parte de uma única e multicentrada civilização no Oriente Próximo. Não desenvolverei muito mais analogias comparativas.

Essa segunda fase da história do Oriente Próximo foi inicialmente "mudada" para um caminho diferente pelas relações de poder militar, capazes de estabelecer amplos impérios de dominação por meio da conquista. O significado duradouro do poder militar não era como um "fator" ou um "nível" autônomo na sociedade. Ambos – conquista e governo militarizado – tinham precondições não militares nas quais eles foram incorporados. Em vez disso, o poder militar forneceu dois "momentos de reorganização social" nos quais estabeleceu novos caminhos de desenvolvimento social. O primeiro foi a conquista em si, na qual a lógica do campo de batalha e dos acontecimentos da campanha decidiram que grupo predominaria. Nessa fase, os marqueses eram normalmente vitoriosos. Isso aumentava a possibilidade de se resultarem sociedades mais extensivas, integrando a agricultura de irrigação, a agricultura de irrigação pluvial e o pastoreio, e integrando a cidade e o campo. Em segundo lugar, tal possibilidade tornou-se realidade, estabilizada e institucionalizada durante um longo período porque a organização militar penetrou promiscuamente na política, na ideologia, e especialmente nas redes de interação econômica, por meio dos mecanismos de cooperação compulsória. Essa segunda reorganização militar fez dos antigos impérios mais do que superestruturas. Converte suas histórias do efêmero e do cíclico para o social e para o desenvolvimento. *Coerção concentrada*, especificado no capítulo I como o meio fundamental do poder militar, se provou socialmente útil fora do campo de batalha (onde sempre foi decisiva), certamente para as classes dominantes, provavelmente também para grandes partes das massas. A antiga civilização imperial do Oriente Próximo, a qual nossa sociedade está conectada e em dívida, desenvolveu-se ao longo de toda uma fase como resultado destes dois "momentos" de reorganização militar da vida social.

No entanto, também especifiquei os limites e a dialética de tal imperialismo. Os impérios ainda não eram territoriais ou unitários, mas federais, como seus antecessores do último capítulo. Eles também geravam forças subversivas, descentralizando forças dentro de seus próprios corpos e em suas regiões fronteiriças. Essas forças explodiram no segundo milênio a.C., como descreverei no próximo capítulo.

Referências

ADAMS, R.M. (1981). *Heartland of Cities*. Chicago: University of Chicago Press.

_____ (1979). Common concerns but different standpoints: a commentary. In: LARSEN, M.T. (ed.). *Power and Propaganda*: A Symposium on Ancient Empires. Copenhague: Akademisk Forlag.

BENDIX, R. (1978). *Kings or People*. Berkeley: University of California Press.

BRINKMAN, J.A. (1968). *A Political History of post-Kassite Babylonia* 1158-722 B.C. Roma: Pontificium Institum Biblicum [*Analecta Orientalia*, n. 43].

COLLINS, R. (1977). Some principles of long-term social change: the territorial power of states. In: *Research in Social Movements, Conflict and Change*, 1.

CROWN, A.D. (1974). Tidings and instructions: how news travelled in the ancient Near East. In: *Journal of the Economic and Social History of the Orient*, 17.

DIAKONOFF, I.M. (1969). Main features of the economy in the monarchies of AncientWestern Asia. In: *Third International Conference of Economic History*. Munique, 1956 [Paris: Mouton].

EBERHARD, W. (1977). *A History of China*, Berkeley: University of California Press.

_____ (1965). *Conquerors and Rulers*: Social Forces in Modern China. Leiden: Brill.

EISENSTADT, S. (1963). *The Political System of Empires*. Glencoe, Ill.: Free.

EKHOLM, E. & FRIEDMAN, J. (1979). Capital, imperialism and exploitation in ancient world systems. In: LARSEN, M.T. (ed.). *Power and Propaganda*. Copenhague: Akademisk Forlag.

ENGEL, D.W. (1978). *Alexander the Great and the Logistics of the Macedonian Army*. Berkeley: University of California Press.

GADD, C.J. (1971). The cities of Babylonia, and The dynasty of Agade and the Gutian invasion, cap. 13 and 19. In: EDWARDS, I.E.S. et al. (eds.). *The Cambridge Ancient History*. Vol. 1, pt. 2. 3. ed. Cambridge: Cambridge University Press.

GELB, I. (1967). Approaches to the study of ancient society. In: *Journal of the American Oriental Society*, 87.

GOETZE, A. (1963). Sakkanakkus of the Ur III Empire. In: *Journal of Cuneiform Studies*, 17.

GRAYSON, A.K. (1975). *Assyrian and Babylonian Chronicles*. Locust Valley, NY: Augustin.

HALLO, W. (1964). The road to Emar. In: *Journal of Cuneiform Studies*, 18.

HAWKINS, J. (1977). *Trade in the Ancient Near East*. Londres: British School of Archaeology in Iraq.

HEICHELHEIM, F.M. (1958). *An Ancient Economic History*. Leiden: Sijthoff.

JACOBSEN, T. (1976). *The Treasures of Darkness*. New Haven, Conn.: Yale University Press.

_____ (1970). *Towards the Image of Tammuz and other Essays in Mesopotamian History and Culture*. Cambridge, Mass.: Harvard University Press.

JONES, E.L. (1981). *The European Miracle*. Cambridge: Cambridge University Press.

KAUTSKY, J.H. (1982). *The Politics of Aristocratic Empires*. Chapel Hill: University of North Carolina Press.

KING, L.W. (1923). *A History of Sumer and Akkad*. Londres: Chatto & Windus.

KRAMER, S.N. (1963). *The Sumerians*. Chicago: University of Chicago Press.

LANDELS, J.G. (1980). *Engineering in the Ancient World*. Londres: Chatto & Windus.

LARSEN, M.T. (1979). The traditions of empire in Mesopotamia. In: LARSEN, M.T. (ed.). *Power and Propaganda*. Copenhague: Akademisk Forlag.

LEVINE, L.P. & YOUNG, T.C. (1977). *Mountains and Lowlands*: Essays in the Archaeology of Greater Mesopotamia. Malibu, Cal.: Undena.

LIVERANI, M. (1979). The ideology of the Assyrian Empire. In: LARSEN, M.T. (ed.). *Power and Propaganda*. Copenhague: Akademisk Forlag.

MANN, M. (1984). The autonomous power of the state: its nature, causes and consequences. In: *Archives Europeennes de Sociologie*, 25.

_____ (1977). States, ancient and modem. In: *Archives Europeennes de Sociologie*, 18.

McNEILL, W. (1983). *The Pursuit of Power*. Oxford: Blackwell.

_____ (1963). *The Rise of the West*. Chicago: University of Chicago Press.

OATES, J. (1979). *Babylon*. Londres: Thames & Hudson.

OPPENHEIM, A.L. (1977). *Ancient Mesopotamia*. Chicago: University of Chicago Press.

_____ (1970). Trade in the Ancient Near East. In: *Fifth International Conference of Economic History*. Leningrado, 1970 [Paris: Mouton].

_____ (1969). Comment on Diakonoff's Main Features... In: *Third International Conference of Economic History*. Munique, 1965 [Paris: Mouton].

PRITCHARD, J.B. (1955). *Ancient Near Eastern Texts Relating to the Old Testament*. Princeton, N.J.: Princeton University Press.

SAGGS, H.W. (1963). Assyrian warfare in the Sargonic period. In: *Iraq, 25*.

SMITH, A. (1983). *Are nations modem?* [Paper apresentado no Seminário Patterns of History. London School of Economics, 28/11/1983].

SPENCER, H. (1969). *Principles of Sociology*. Vol. I. Londres: Macmillan.

WEBER, M. (1968). *Economy and Society*. 3. ed. Berkeley: University of California Press.

WESSON, R.G. (1967). *The Imperial Order*. Berkeley: University of California Press.

WESTENHOLZ, A. (1979). The Old Akkadian Empire in contemporary opinion. In: LARSEN, M.T. (ed.). *Power and Propaganda*. Copenhague: Akademisk Forlag.

YADIN, Y. (1963). *The Art of Warfare in Biblical Lands in the Light of Archaeological Study*. Londres: Weidenfeld & Nicolson.

YOFFEE, N. (1977). *The Economic Role of the Crown in the Old Babylonian Period*. Malibu, Cal.: Undena.

6
Os "indo-europeus" e o ferro
Expansão e diversificação das redes de poder

Durante o segundo e o começo do primeiro milênios a.C., os impérios de dominação do Oriente Médio foram abalados por dois desafios imensos, que pareciam externos mas que, no entanto, eles haviam estimulado. A maioria dos impérios não sobreviveu – alguns desapareceram, e outros foram incorporados como unidades sob o domínio de outros – e aqueles que sobreviveram foram profundamente alterados pelos desafios peculiares que surgiram com a emergência dos "impérios mundiais". Os dois desafios eram a crescente utilização militar das bigas, entre aproximadamente 1800 e 1400 a.C., e a propagação de armas e ferramentas de ferro, por volta de 1200 a 800 a.C. Essas revoluções tiveram três similaridades; emanaram do norte, dos povos não assentados, e dos não letrados. Esses fatos criam dificuldades para nossa análise, pois precisamos nos voltar para áreas cuja localização precisa é desconhecida e para povos que a princípio deixaram poucos restos e registros. Nessas circunstâncias, é difícil evitar o erro que nos foi transmitido pelos próprios impérios, de que esses acontecimentos constituíram "erupções súbitas" de barbárie e catástrofe.

Mas a verdadeira história não é aquela do confronto entre duas sociedades separadas. Nesse período, o modelo unitário de sociedade tem pouca relação com a realidade. O que aconteceu é explicável em termos do (1) estímulo inicial dado pelo Oriente Próximo a uma área geográfica em constante alargamento e às diversas redes de poder aí contidas e (2) do crescimento subsequente na extensão das interações de poder sobrepostas e entrecruzadas nessa área. Ao final do período aqui discutido, a área geográfica relevante foi vastamente ampliada, cobrindo grande parte da Europa, norte da África e Ásia Central, bem como o Oriente Próximo. Certas partes dela eram divisíveis em sociedades e Estado com pretensões unitárias, mas a maior parte, não. Todos estavam envolvidos em uma interação que muitas vezes passava através das fronteiras de sociedades estatais supostamente unitárias.

O desafio indo-europeu

Embora o equilíbrio de poder tenha se deslocado para o norte, é provável que as principais influências iniciais tenham viajado do sul para o norte[1]. Isso não implica sustentar a predominância geral de difusões a partir do Oriente Próximo em detrimento da evolução local do norte e do oeste. É a interação entre os dois que deve ser enfatizada: ambas as regiões continham fatores necessários para o desenvolvimento interativo. As características da pré-história do norte e do oeste são importantes (mesmo que em grande medida sejam baseadas em suposições), e quando se adentrou no período da história, já havia uma interação entre esses contextos há algum tempo. Eles não eram simplesmente forasteiros, imaculados pela influência das sociedades baseadas na irrigação. No início do terceiro milênio, os comerciantes dos impérios do Oriente Médio haviam penetrado para além da Ásia Menor, das montanhas do Cáucaso e do Planalto Iraniano na busca por metais, animais, escravos e outros luxos. Eles encontraram os "indo-europeus", grupos que poderiam já ter pertencido a uma mesma comunidade linguística. Os indo-europeus das estepes orientais eram pastores nômades montados a cavalo; e os das florestas do Leste Europeu e da Rússia eram agricultores do estilo "derrubada e queimada", misturados com pastores a cavalo. Nenhum deles possuía estados ou as três características de civilização definidas no início do capítulo 3. Todavia, eram sociedades "hierárquicas", e algumas estavam se tornando estratificadas. Os nômades possuíam uma estrutura clânica/tribal algo frouxa e provavelmente uma forma embrionária de propriedade privada centrada no chefe de família. Os queimadores-derrubadores/pastores possuíam uma estrutura mista de clã/aldeia.

O aumento da riqueza e a aquisição da metalurgia do bronze aprendida com o comércio acentuou uma forma descentralizada de estratificação, desenvolveu aristocracias dos principais clãs e figuras de autoridade das aldeias, e fortaleceu os direitos a propriedade privada das famílias aristocráticas. A metalurgia aumentou as suas proezas em guerra, transformou a aristocracia numa elite guerreira, e por vezes transformou a liderança militar em uma espécie menor de realeza. Os indo-europeus ocidentais levaram machados de batalha de bronze para o oeste, dominando o que é hoje o continente europeu. Desses, os principais grupos conhecidos eram os celtas, os povos de língua italiana e os gregos (nós os encontraremos nos capítulos 7 e 9). Contudo, a riqueza e as proezas militares dos povos das estepes vingaram primeiro no Oriente Médio e no Oriente Próximo, caso que discutirei primeiro, ainda neste capítulo.

Por volta de 1800 a.C. a biga leve surgiu, carregada sobre duas rodas com raios em um eixo fixo, com um arnês que permitia que o cavalo carregasse parte do seu peso. Esse era um mecanismo rápido, manobrável e equilibrado. Sua

---

1. As fontes gerais úteis para essa seção foram Crossland, 1971; Drower, 1973; e Gurney 1973.

destreza no campo de batalha impressionou todos os historiadores subsequentes. Carregava dois ou três homens armados com lança e arco composto. Uma companhia de bigas poderia rodar rapidamente em torno das infantarias e carros desajeitados dos impérios, disparando massas de flechas de uma posição relativamente invulnerável, blindada e em movimento. Quando as linhas de infantaria se quebrassem, uma carga frontal poderia acabar com elas. Os cocheiros não podiam sitiar as cidades, mas podiam ameaçar suficiente devastação dos campos e diques dos agricultores assentados para obter sua submissão. Os cocheiros desmontados, especialmente em seus acampamentos, eram vulneráveis a ataques, e por isso transformaram os seus campos em simples fortificações quadriláteras de terraplanagem, para aguentar um ataque enquanto montavam. Em terreno aberto, possuíam uma vantagem inicial clara no campo de batalha. A maior parte do Oriente Próximo e a Ásia Central era terreno aberto, mas esse não era o caso da Europa. Por isso, penetraram as duas primeiras áreas, mas não a terceira.

Eles presumivelmente mudaram primeiro para os oásis densamente povoados e irrigados da área sudeste e central da Ásia, os ramos mais distantes das duas primeiras fases da civilização do Oriente Médio. Esse movimento costumava ser considerado responsável por incursões quase simultâneas na história registrada: no leste da China, no sudeste da Índia e no sudoeste da Ásia Menor e do Oriente Médio. Hoje, porém, os cocheiros da Dinastia Shang da China, com armaduras de bronze e fortificações retangulares, são considerados nativos. Em outros lugares o movimento é claro. Os arianos conquistaram o norte da Índia em sucessivas levas em algum momento entre 1800 e 1200 a.C. (discuto-as no capítulo 11); os hititas haviam estabelecido um reino reconhecível na Ásia Menor em 1640 a.C.; os mitanni estabeleceram-se na Síria em 1450 a.C.; os cassitas dominaram a maior parte da Mesopotâmia por volta de 1500 a.C.; os hicsos conquistaram o Egito por volta de 1650 a.C.; e os micênios estabeleceram-se na Grécia em 1600 a.C. Todos já eram cocheiros no momento em que entraram para os nossos registros, todos eram federações aristocráticas em vez de povos centrados em um único Estado; e a maioria possuía maior conhecimento de propriedade privada do que tinha sido predominante entre os povos nativos do Oriente Médio.

Saber exatamente quem eram alguns desses povos é algo um tanto mais misterioso. Geralmente se acredita que o núcleo original do movimento seja indo-europeu. Mas o principal povo hitita (os catianos) e os hurritas não o eram, e os hicsos (palavra egípcia que significa "chefes de terras estrangeiras") eram provavelmente um grupo misto de hurritas e semitas. O idioma original dos cassitas ainda precisa ser identificado. Não eram simplesmente indo-europeus, embora sua religião sugira a existência de afinidades ou apropriações desses povos. É provável que todos os movimentos tenham se misturado por meio de casamentos entre pessoas de diferentes povos, conquistas de confederados e absorção da cultura e escrita na medida em que avançavam para sul. O tipo de mistura predominante, mais conhecida pelos hurritas e hititas, era a de uma pequena aristocracia indo-europeia que inicialmente governava e, então, passava a misturar-se a um povo nativo. Temos conhecimento histórico apenas desses grupos já fundidos. Todavia, sabemos o suficiente para não continuar a seguir as teorias étnicas do século XIX d.C. sobre os "povos" e as "raças", baseadas na mera afirmação de que os descendentes dos grupos de conquistadores que eram eventualmente alfabetizados escreveram principalmente em línguas indo-europeias. Não há qualquer evidência que qualquer um desses grupos constituísse uma verdadeira "comunidade étnica" de classes cruzadas – eram apenas federações militares um tanto soltas.

Uma segunda característica misteriosa de suas conquistas também é digna de nota. Não é completamente claro que o seu domínio sobre os impérios veio apenas em uma leva de vitórias em campo de batalha. É improvável que aqueles que se deslocaram para o sul tenham desenvolvido a biga rápida – a base da sua superioridade militar – até bem depois de terem aparecido na Ásia Menor. Parece que eles se assentaram durante algum tempo à margem ou até mesmo no interior das civilizações do Oriente Próximo. Isso é verdade para os cassitas, por exemplo (cf. OATES, 1979: 83-90). Lá, eles gradualmente melhoraram as técnicas de aprimoramento dos cavalos e de equitação e gradualmente adquiriram ferramentas de bronze para modelar suas carruagens. A carruagem de guerra provavelmente se desenvolveu, portanto, em terras de fronteira – como já poderíamos prever. Da mesma forma, o confronto militar foi provavelmente muito prolongado. Mesmo após o aparecimento da carruagem, ainda faltavam as condições logísticas para a conquista sistemática. A vantagem de campanha da biga era a mobilidade superior, especialmente na concentração e dispersão de forças. A vantagem logística era sazonal e condicional: dada a boa terra de pasto, a tropa de bigas podia viver da terra e cobrir distâncias muito maiores com sua base de abastecimento do que a infantaria. O ritmo organizacional de uma campanha de biga era, contudo, bastante complexo: avançar em pequenos grupos que tinham de ser dispersos, estendidos por terras de pastagem inimigas, e depois concentrar-se rapidamente para atacar formações inimigas. Não era uma tarefa para bárbaros, mas para os marqueses, que aprimoraram constantemente sua organização social durante um longo período de tempo.

Assim, sua pressão sobre as civilizações do sul deve ter sido longa e contínua, trazendo tensões para essa região que era tão distante do que se passava no campo de batalha. Alguns impérios parecem ter entrado em colapso mesmo sem interferência de questões de natureza bélica. Por exemplo, os invasores arianos da Índia podem ter encontrado uma civilização já em declínio no Vale de Indo. Similarmente, os dois colapsos da civilização minoica em Creta são difíceis de interpretar. Nenhuma teoria de destruição por invasores estrangeiros convence, nem mesmo aquela protagonizada pelos micênicos. É possível que a civilização cretense tenha definhado durante um longo período, com comerciantes micênicos substituindo os minoicos em grande parte do Mediterrâneo Oriental sem ter havido uma guerra direta entre eles.

No Oriente Médio também parece que os invasores surgiram em um momento de relativa fraqueza na maioria dos estados existentes. As lutas da Babilônia contra os cassitas e os hurritas foram precedidas pela secessão de seus territórios do sul na guerra civil entre os descendentes de Hamurabi. Em todo caso, toda a área foi disputada pela Babilônia, os primeiros governantes assírios e os últimos, sumérios. No Egito, "o segundo período intermediário", convencionalmente iniciado em 1778 a.C., inaugurou um longo tempo de luta dinástica antes das incursões dos hicsos.

É tentador procurar outras causas para o colapso para além do campo de batalha. Três delas podem ser encontradas no mecanismo dos impérios de dominação que identifiquei no capítulo anterior. Primeiro, e provavelmente evidente na Mesopotâmia, era a falta de um lugar seguro para estabelecer as fronteiras do império. Suas fronteiras não eram naturais, mas instituídas por exércitos. Na Mesopotâmia, os vários vales fluviais constituíam o núcleo de mais de um império, pois a tecnologia de conquista e domínio ainda eram insuficientes para tomar e manter toda a região. Portanto, a rivalidade entre impérios estava potencialmente minando à força todos eles. E em todos os impérios a lealdade das províncias e das regiões de fronteira era sempre condicional.

Segundo, e mais geral, era a fragilidade dos mecanismos econômico, político e de integração ideológica no sistema que descrevi como aquele da cooperação compulsória. A integração entre vale fluvial e planalto (ou no caso de Creta, entre a costa e a montanha) era artificial e dependia de um elevado nível de redistribuição e coerção. Os mecanismos de redistribuição eram vulneráveis às pressões demográficas e à erosão do solo. A coerção requeria esforço contínuo por parte do Estado. Sem ela, o resultado era revolta provincial e conflitos dinásticos.

Terceiro, o melhoramento das fronteiras externas não instituía um poder que rivalizava com os impérios, como pode ter trazido a dificuldades econômicas para eles: pode ter provocado declínio nos lucros do comércio de longa distância, em virtude da "taxa de proteção" exigida pelo poder crescente dos marqueses. Podemos concluir plausivelmente que todos os impérios estavam sob tensão antes das tropas de bigas darem o golpe de misericórdia. O fenômeno era recorrente em impérios antigos em todo o mundo – e foi várias vezes denominado, "supersegregação" (RAPPAPORT, 1978) e "hipercoerência" e "hiperintegração" (FLANNERY, 1972; cf. RENFREW, 1979), embora tais palavras exagerem a natureza unitária desses impérios no momento anterior a seu colapso.

Dada a natureza dos conquistadores, era improvável que eles pudessem criar seus próprios impérios estáveis e extensos. Governar a partir de um modelo bélico baseado no uso das bigas era tarefa difícil. A biga é uma arma ofensiva, não defensiva ou de consolidação. Seus suprimentos provinham de extensas pastagens (e artefatos rurais), não da agricultura intensiva e da manufatura urbana. A carruagem encorajava o desenvolvimento de uma aristocracia mais descentralizada, com fronteiras mais frouxas. Exigia terras de pastagem extensivas sob posse de guerreiros ricos, capazes de manter carruagens, cavalos, armas, e tempo livre para treinamento. Não exigia treinamento sistemático coordenado sob um comando centralizado, mas um alto grau de habilidade individual e capacidade de coordenar pequenos destacamentos que eram autônomos durante grande parte da campanha. A "lealdade de casta" feudal e a honra entre os aristocratas parecem ser uma boa base social para ambas as qualidades (cf. o relato da guerra hitita fornecido em GOETZE, 1963). Os cocheiros líderes possuíam mais dificuldade em criar estados centralizados do que os conquistadores anteriores do estilo de Sargão, que possuíam infantaria, cavalaria e artilharia coordenadas. De fato, seu governo era inicialmente "feudal".

Os arianos mantiveram a sua estrutura aristocrática descentralizada e não criaram estados centralizados durante séculos após a sua chegada à Índia. Eles se assemelhavam no Oriente Médio aos mitanianos. Os hititas estabeleceram um reino centralizado por volta de 1640 a.C. que durou até cerca de 1200 a.C., mas a nobreza, um Estado de guerreiros livre, gozava de considerável autonomia. É convencional descrevê-los como um Estado "feudal" (cf., p. ex., CROSSLAND, 1967), indicando a prevalência de feudos militares na terra: fora do seu núcleo, eles dominavam pelo uso da "fraca" estratégia de governar *por meio* de vassalos e clientes nativos. Os micênicos estabeleceram economias palacianas mais centralizadas e redistributivas, mas havia várias delas, e sua eficácia retrocedeu a uma "Idade das Trevas", o período descrito por Homero. Seu mundo não era um mundo de Estado, mas de senhores e seus vassalos (GREENHALGH, 1973). O reino de Mitanni era uma confederação hurita. Seu chefe supremo governava por meio de clientes sobre uma área com fronteiras em constante mudança, conforme os vassalos juntavam-se ou deixavam a confederação. Os cassitas estabeleceram um reino feudal tênue, concedendo extensas concessões de terras a sua nobreza e colocando-se acima dos babilônios conquistados de forma frouxa e flexível.

O problema geral experimentado por todos foi que inicialmente eram menos competentes para integrar territórios extensos do que os seus antecessores. Eram iletrados. Não possuíam qualquer experiência de coordenação coerciva do trabalho, como os possuíam os governantes dos agricultores assentados. E a sua força militar continuava a descentralizá-los. Os mais bem-sucedidos – notadamente os hititas e os cassitas – responderam assumindo a escrita de seus predecessores, bem como outras técnicas de civilização. Mas isso distanciou ainda mais os governantes dos seus antigos súditos.

Os menos bem-sucedidos dos invasores eram vulneráveis ao contra-ataque. Suas próprias técnicas de governança eram débeis. Os agricultores estabelecidos poderiam revidar, adotando bigas ou aumentando o tamanho e a densidade de sua infantaria, e a extensão das fortificações das cidades. Na Síria e no Levante, nos séculos XVII e XVIII, proliferaram pequenas cidades-Estado com grandes fortificações. Duas velhas potências, o Egito e a Babilônia, e uma recente emergente, a Assíria, administraram um governo um tanto mais extenso. Os egípcios expulsaram os hicsos e estabeleceram o "Novo Reino" em 1580 a.C. No século seguinte, carros, navios e mercenários egípcios foram usados para conquistar a Palestina e estender o poder egípcio ao sudeste do Mediterrâneo. O Egito, pela primeira vez, tornava-se um império de dominação. Governantes da Babilônia reafirmaram seu poder no século XII. A maior resposta militar na Mesopotâmia, no entanto, veio dos assírios. Derivando sua cultura daquela suméria, haviam começado a emergir como comerciantes antes dos movimentos indo-europeus. Agora com carros no centro de sua linha e aumentando sua armadura defensiva, eles derrotaram seus senhores mitanitas por volta de 1370 e começaram sua expansão externa (discutido no capítulo 8).

Assim, os agricultores estabelecidos puderam aprender as novas técnicas militares. Novamente, apesar de um estereótipo bastante difundido que supõe o contrário, não havia vantagem geral para os nômades pastorais ou para os cocheiros. Além disso, a descentralização geral do governo não induzia ao colapso nas redes de interação mais amplas. As cidades-Estado e as confederações feudais aprenderam a combinar o comércio com a guerra, a intercambiar deuses e elementos linguísticos. Foram adotadas formas de escrita simplificadas, que trilhavam na direção do modelo linear mais tardio, baseado na ideia de "um sinal, um som" (discutido no próximo capítulo). Uma simbiose mais ampla de *poder difuso* estava em andamento. Então veio a segunda onda de choque.

O desafio da Idade do Ferro

Por volta de 2000 a.C., começava a mineração e a fundição de carvão de ferro, provavelmente ao norte do Mar Negro, e provavelmente – de novo – em resposta a estímulos econômicos provenientes do sul[2]. O ferro competia com ligas de cobre, especialmente o bronze. Bronze é cobre derretido vertido junto com estanho, fundido e endurecido. Mas o ferro deve ser moldado ainda quente e depois carbonizado, permitindo que o ferro semifundido entre em contato com o carbono impuro contido no combustível de carvão. Nenhuma das técnicas usadas pelos antigos poderia produzir mais do que um semiaço, igual em dureza ao bronze, mas com maior propensão a enferrujar. Mas por volta de 1400 a.C. era possível produzir ferro muito mais barato do que bronze. Assim, a produção em *massa* de ferramentas e armas era possível. Os hititas, adjacentes ao Mar Negro, parecem ter sido os primeiros a usar armas de ferro extensivamente. O controle político sobre metalurgia era difícil e, em torno de 1200 a.C., o segredo já estava

---

2. A discussão sobre efeitos do ferro baseia-se principalmente em Heichelheim, 1958.

vendido a toda a Europa e Ásia. O ferro, ao contrário do cobre ou estanho, é encontrado praticamente em toda parte do globo, de modo que sua mineração praticamente não pôde ser controlada (ao contrário do cobre – lembremos como o Estado egípcio havia controlado a mineração de cobre). O preço baixo do ferro significava que um machado capaz de arrancar árvores e um arado de raspagem capaz de virar solos leves irrigados pela chuva, estavam dentro do alcance econômico de um agricultor do tipo derrubador-queimador, que poderia então produzir um pequeno excedente. A agricultura assentada, irrigada pelas chuvas e não dependente da irrigação artificial, foi impulsionada, e o agricultor camponês cresceu como uma potência econômica e militar. O equilíbrio do poder mudou. A mudança teve diversos aspectos: dos pastores e agricultores irrigantes aos camponeses dos solos com irrigação pluvial; das estepes e vales fluviais aos solos gramados; das aristocracias aos camponeses; das carruagens móveis às densas massas de infantaria fortemente blindada (ou eventualmente à cavalaria pesada), do Oriente Médio e Próximo ao Oeste, Norte e Leste; e dos impérios de dominação e da confederação tribal ramificada à aldeia e ao clã ou tribo individual. Embora alguns se mostrassem findáveis, eles representavam uma revolução tecnologicamente unificada. O ferro inaugurou uma revolução social centrada no "rastreamento" protagonizado tanto pelo poder econômico quanto militar.

Os efeitos econômicos são comparativamente fáceis de entender. Qualquer agricultor em solos de irrigação pluvial capaz de gerar um excedente poderia trocar a produção por um machado ou um arado. Qualquer agricultor camponês relativamente próspero poderia acrescentar alguns bois. Em termos geopolíticos, o crescimento econômico deslocou-se de maneira desproporcional em direção às terras mais leves e chuvosas da Anatólia, Assíria, sudeste da Europa e norte do Mediterrâneo. Essa região desenvolveu uma economia na qual o agregado familiar camponês se relacionava de maneira individual e direta com a troca econômica elaborada e a especialização ocupacional. Seu próprio trabalho e ferramentas, relativamente independentes de qualquer outra família, geravam o excedente – um impulso à propriedade privada de pequena escala e à democratização e descentralização do poder econômico. A práxis econômica direta – o fim relativamente "intenso" do poder econômico (como discutido no capítulo 1) – poderia reafirmar um poder de organização sobre a história, como o que costumara perder após o surgimento das primeiras civilizações.

Outra mudança econômica foi o fortalecimento do comércio local e de média distância. Lembre-se que muito do comércio de longa distância tinha sido feito com metais. Então o metal dominante, o ferro, era encontrado e comercializado localmente. A demanda crescente era de famílias camponesas, requisitando itens semibásicos – vestuário, vinho, e assim por diante – relativamente volumosos e ainda pouco práticos de transportar a longas distâncias por terra. O transporte marítimo poderia fornecer o abastecimento. Esse tipo de transporte não se movimentava ao longo de rotas de comunicação preparadas e controladas. A menos que um poder pudesse controlar todos os mares interiores – o Mediterrâneo, o Mar Negro, o Golfo Arábico, e assim por diante –, o comércio descentralizaria e democratizaria o poder econômico. A prática do agregado familiar camponês estava ligada mais diretamente a redes comerciais extensas. Vemos o fortalecimento dos meios organizacionais de poder econômico: o que no capítulo 1 eu denomino de circuitos da práxis.

As consequências militares e políticas eram mais complexas e variadas. O agricultor camponês tornou-se um ator de poder econômico mais crítico e autônomo, mas as tradições locais decidiriam como isso se expressaria em termos políticos e militares. No Ocidente, isto é, no sul da Europa, fora da Grécia, onde até agora não haviam existido estados, não havia qualquer poder para restringir o comerciante e o agricultor camponês que não as aristocracias tribais e aldeãs fracamente desenvolvidas. Assim, a aldeia e a tribo, mobilizadas apenas vagamente por uma aristocracia, surgiram como uma força militar e política.

No outro extremo no Oriente Médio, um império de dominação bem organizado como o assírio poderia manter o controle sobre o campesinato – unindo-o em uma força de combate de infantaria, fornecendo-lhe armas de ferro, armaduras e armas de cerco. Armas baratas e maior produção em terras de águas pluviais aumentaram a possibilidade de equipar e abastecer as massas. A base tradicional para a coordenação dessas massas era o império. No longo prazo, isso reforçou tais impérios.

É verdade que uma terceira alternativa estava disponível para o Estado tradicional que não possuía nem mesmo o cultivo de camponeses: usar seu excedente para pagar mercenários estrangeiros. Avançando um pouco na nossa história, essa foi a estratégia adotada pelos egípcios. Apesar de ser o único poder que nunca desenvolveu a sua própria fundição de ferro, sobreviveu e prosperou – pagando aos gregos para empreenderem todo o processo, da fundição à matança! Em suma, as mudanças políticas e militares tendem a ser geopolíticas, alterando o equilíbrio regional de poder, mais do que equilíbrio interno de qualquer Estado em particular.

No meio geográfico, essas forças geopolíticas entraram em conflito violento. Mas como muitas das forças em conflito eram analfabetas ou pouco alfabetizadas, conhecemos apenas um esboço de crônica do desastre. Escavações na cidade-Estado de Troia, na costa do Mar Negro, revela a sua destruição entre 1250 e 1200 a.C., provavelmente a base histórica da Guerra de Troia de Homero, e por isso talvez trabalho dos gregos micênicos. Pouco antes de 1200 a.C., no entanto, aumentaram-se as fortificações da terra natal micênica, sugerindo pressão sobre elas também. Mais ou menos em 1200 a.C. palácios fortificados em Micenas, Pilos e outros centros foram destruídos pelo fogo. Por volta de 1150, o desastre se instalou: os remanescentes da cultura do palácio micênico foram destruídos; o reino hitita colapsou, sua capital e outros locais importantes estavam em chamas; e o governo dos cassitas na Babilônia acabou. Por volta de 1200, os egípcios repeliram com dificuldade repetidos ataques ao Delta do Nilo por um grupo chamado Povos do Mar. Em 1165, o Egito havia perdido todos os territórios além do Nilo e seu Delta, sob ataques dos povos do mar e dos povos semitas que entram na Palestina a partir de Arábia – os israelitas, cananeus e outros povos do Antigo Testamento.

Para dar sentido a tudo isso, as datas exatas têm grande importância. Em que ordem caíram Troia, Micenas, Bogazkoy (a capital hitita) e Babilônia? Não sabemos. Se contamos apenas com a cronologia exata dos egípcios e com as referências aos Povos do Mar para nos guiar, ficamos perdidos.

Podemos acrescentar evidências a partir do caso grego. Historiadores gregos subsequentes sugeriram que os micênios foram deslocados pelos "dóricos", que, com outros povos de língua grega, vieram de Ilíria, no norte. Um desses, os "jônios", depois estabeleceram colônias na Ásia Menor. Ninguém sabe o quanto isso é confiável. Dialetos dóricos e jônicos podem ser remontados a diferentes áreas da Grécia, e em certas áreas como Esparta e Argos os dóricos dominavam servos que eram gregos não dóricos conquistados. Mas essa conquista pode ter ocorrido depois da queda de Micenas. Não temos uma ideia clara de quem destruiu Micenas. Como Snodgrass observou, parece "uma invasão sem invasores" (1971: 296-327; cf. HOPPER, 1976: 52-66).

É tentador inferir que os Povos do Mar eram confederações frouxas das novas forças geopolíticas, uma aliança entre camponeses e comerciantes/piratas vindos das costas do norte do Mediterrâneo e do Mar Negro com armas de ferro, penetrando nas terras hititas e nas rotas marítimas micênicas, provavelmente aprendendo o melhor da organização de ambos no percurso (BARNETT, 1975; SANDARS, 1978). Os vikings seriam uma analogia posterior – sua unidade básica de devastação e conquista seria um bando de 32 a 35 guerreiros remadores, com pouca organização além da união temporária com outros navios. Mas isso é apenas raciocínio inferencial e analógico. Entretanto, o poder marítimo foi crucial para essa segunda onda de conquistas do norte. Os impérios interiores de dominação não estavam tão ameaçados, ao contrário do que acontecera durante a primeira onda. Isso implicou uma ruptura entre os poderes da terra e do mar – o primeiro mais tradicional, o segundo mais moderno.

Territórios mais extensos e um maior número de povos foram trazidos para as relações de interdependência pelos dois desafios norteadores. No entanto, a curto prazo, eles também reduziram as capacidades de integração da sociedade centrada no Estado. Mais Estado e tribos menores estavam disputando, negociando e entrando em intercâmbios culturais difusos. Eram povos migrantes, atraídos pela civilização e interessados em adquiri-la. Eles trouxeram suas próprias contribuições ao desenvolvimento econômico e militar. Arado por raspagem e derrubadas de árvores aumentaram o excedente; os guerreiros trajando ferro estimularam o poder militar.

Portanto, durante o primeiro milênio a.C., três mudanças nas relações de poder, inauguradas pelos desafios norteadores, estavam ocorrendo, em diferentes ritmos e em diferentes áreas:

> 1) O encorajamento de estados comerciais intersticiais, com seus próprios e distintos arranjos de poder político, militar e ideológico.
> 2) O crescimento do poder dos camponeses e da infantaria, um renascimento da *intensa* mobilização do poder econômico e militar em comunidades relativamente pequenas e democráticas.
> 3) O crescimento, mais lento em grande parte da área, do poder extensivo e intensivo dos grandes impérios de dominação em algo potencialmente capaz de se aproximar a um império territorial.

Esse é um quadro complexo, composto por muitas redes de poder sobrepostas. As tendências, entretanto, estão bem documentadas porque os principais casos exemplares de cada tipo – Fenícia, 1; Grécia, 1 e 2; Macedônia, 3; Assíria, 2 e 3; Pérsia, 3; e Roma, 2 e 3 – se tornaram todos letrados e, principalmente, registradores compulsivos. Narrar seu desenvolvimento levará vários capítulos.

Essas sociedades eram civilizadas, exercendo um poder considerável. Contudo, nenhuma alcançou poder geopolítico hegemônico sobre a área do Oriente Próximo e do Mediterrâneo. Nenhum modo único de poder econômico, ideológico, militar ou político era dominante, embora essa fosse uma área de interação social considerável. Mas não olhemos para essa arena "multiestatal" com nossa visão colorida pela experiência moderna. A capacidade de qualquer um desses estados de penetrar na vida social era rudimentar: sua rivalidade não era apenas "internacional", mas também intersticial. Isto é, diferentes modos de organização do poder, diferentes formas de produção e intercâmbio econômico, diferentes ideologias, diferentes métodos militares, diferentes formas de governo político, todos difundidos através das fronteiras do Estado e através de "suas" populações. A hegemonia não era mais atingível internamente do que internacionalmente.

Tudo isso faz da civilização do Oriente Próximo e do Mediterrâneo do primeiro milênio a.C. um caso único. Mesmo no capítulo 4, eu estava apenas ensaiando generalizações comparativas. Havia apenas um punhado de casos de surgimento independente de civilizações. Depois disso, as diferenças entre elas cresceram. No capítulo 5, continuarei com algumas generalizações mais amplas a respeito dos antigos impérios de dominação. Mas seu núcleo (como é geralmente o caso na sociologia comparativa) foi a comparação entre o Oriente Próximo e a China. Nesse momento, esses dois caminhos passaram a divergir. Na época da Dinastia Han, a China era *uma* civilização. Havia alcançado as estepes semidesérticas do norte e do oeste. Embora a conquista dos nômades tenha emergido periodicamente de lá, a China tinha pouco além da técnica militar para aprender com eles. Ao sul havia selvas, pântanos e povos menos civilizados e perigosos. Em terra, a China era hegemônica. Para o leste estavam os mares e potenciais rivais, especialmente o Japão. Mas suas inter-relações eram menores, e alguns regimes chineses ergueram barreiras para o exterior. O Oriente Próximo, cosmopolita e civilizado estava se tornando um caso único. Assim, a sociologia comparativa agora se desvanece (embora reviva brevemente no capítulo 11), não por qualquer razão lógica ou epistemológica, mas por uma razão muito mais convincente – a falta de casos empíricos.

A primeira grande peculiaridade da civilização da qual o Ocidente moderno é herdeiro era a geopolítica multicêntrica, cosmopolita e não hegemônica. Havia três raízes ecológicas: vales fluviais irrigados e terras aráveis confinadas, cerne dos impérios terrestres do Oriente Próximo; terras aráveis mais abertas e extensas na Europa; e os mares interiores que os conectavam. A justaposição de tais ecologias era única no mundo; portanto, em termos histórico-mundiais, assim também era a civilização a que ela deu origem.

Referências

BARNETT, R.D. (1975). The Sea Peoples, cap. 28. In: *The Cambridge Ancient History*. Vol. II, pt. 2. 3. ed. Cambridge: Cambridge University Press.

CROSSLAND, R.A. (1971). Immigrants from the North, cap. 27. In: EDWARDS, I.E.S. et al. (orgs.). *The Cambridge Ancient History*. Vol. I, pt. 2. 3. ed. Cambridge: Cambridge University Press.

_____ (1967). Hittite society and its economic basis. In: *Bulletin of the Institute of Classical Studies*, 14.

DROWER, M.S. (1973). Syria, c. 1550-1400 B.C. cap. 10. In: EDWARDS, I.E.S. et al. (eds.). *The Cambridge Ancient History*. Cambridge: Cambridge University Press.

FLANNERY, K. (1972). The cultural evolution of civilizations. In: *Annual Review of Ecology and Systematics*, 3.

GOETZE, A. (1963). Warfare in Asia Minor. In: *Iraq*, 25.

GREENHALGH, P.E.L. (1973). *Early Greek Warfare*. Cambridge: Cambridge University Press.

GURNEY, O.R. (1973). Anatolia, c. 1750-1600 B.C.; Anatolia, c. 1600-1380 B.C., cap. 6 e 15. In: EDWARDS, I.E.S. et al. (eds.). *The Cambridge Ancient History*. Vol. II, pt. 1. 3. ed. Cambridge: Cambridge University Press.

HEICHELHEIM, F.M. (1958). *An Ancient Economic History*. Leiden: Sijthoff.

HOPPER, R.J. (1976). *The Early Greeks*. Londres: Weidenfeld & Nicolson.

OATES, J. (1979). *Babylon*. Londres: Thames & Hudson.

RAPPAPORT, R.A. (1978). Maladaptation in social systems. In: FRIEDMAN, J. & ROWLANDS, M.J. (eds.). *The Evolution of Social Systems*. Londres: Duckworth.

RENFREW, C. (1979). Systems collapse as social transformation: catastrophe and anastrophe in early state formation. In: RENFREW, C. & COOKE, K. *Transformations*: Mathematical Approaches to Culture Change. Nova York: Academic Press.

SANDARS, N.F. (1978). *The Sea Peoples*. Londres: Thames & Hudson.

SNODGRASS, A.M. (1971). *The Dark Age of Greece*. Edimburgo: Edinburgh University Press.

7
Fenícios e gregos
Civilizações descentralizadas com múltiplos atores de poder

Neste capítulo, discuto a emergência e o desenvolvimento das duas principais civilizações descentralizadas do primeiro milênio a.C.: a fenícia e a grega. Concentro-me na Grécia, pois essa é consideravelmente melhor documentada: podemos distinguir as principais fases da sua dialética de desenvolvimento. Argumento que as significativas contribuições de ambos os povos para o desenvolvimento do poder social devem ser atribuídas à natureza descentralizada e multinível das suas civilizações, adequada para aproveitar os legados geopolíticos, militares e econômicos de sua região, especialmente aqueles deixados pelos impérios de dominação do Oriente Próximo.

Sugiro que duas dialéticas principais podem ser discernidas na emergência da Fenícia e da Grécia como "linhas de frente" do poder contemporâneo. A primeira, discutida breve e provisoriamente, diz respeito à possibilidade de que essas civilizações eram parte de um processo macro-histórico. Nesse caso, civilizações com múltiplos atores de poder descentralizados, situados nas fronteiras dos impérios de dominação estabelecidos, exploravam o sucesso e a rigidez institucional desses impérios para "emergirem de forma intersticial" e estabelecerem as suas próprias organizações autônomas de poder. Após um longo e bem-sucedido processo de desenvolvimento de poder, no entanto, suas próprias organizações tornaram-se institucionalizadas e rígidas. Tornavam-se, por sua vez, vulneráveis a novos impérios de dominação situados em suas fronteiras. Tal processo pode ser identificado no primeiro milênio a.C. Até que ponto esse processo foi, de fato, parte de um processo macro-histórico, é uma questão que será deixada para o capítulo final.

A segunda dialética diz respeito ao "período intermediário" do sucesso desse desenvolvimento. Há dois aspectos principais. O desenvolvimento social grego será interpretado, primeiro, como o crescimento e a interação de três redes de poder, dessa vez não tanto sobrepostas, mas dispostas em anéis concêntricos – sendo o menor, a cidade-Estado; o do meio, a organização geopolítica multiestatal e a cultura linguística que conhecemos como Grécia; e o exterior, uma concepção parcial e hesitante da humanidade como um todo. Ao mesmo tempo, a natureza participativa e democrática dos dois primeiros anéis trouxe também outra dialética à cena: a práxis popular e a luta de classes. As *classes* se tornaram capazes de uma reorganização histórica que reverberou desde então. Embora a Grécia (assim como a Fenícia) tenha acabado por colapsar antes de revitalizar os impérios de dominação, ela deixou a marca dessas dialéticas entre as três redes de interação e entre as classes desses impérios – provavelmente, seus efeitos acabaram por chegar até nós.

A emergente economia descentralizada: Fenícia – alfabetização e cunhagem

O colapso dos hititas e dos micênicos, e a retirada do Egito para o Nilo, deixou um vácuo de poder ao longo das costas orientais do Mediterrâneo. Toda a área tornou-se descentralizada, e abundaram os estados pequenos. Os estados fenícios da costa do Levante faziam parte dos povos cananeus etnicamente diversos. Eles escreviam em cuneiforme babilônico e decoravam no estilo mesopotâmio e sírio, mas estavam estrategicamente posicionados para se expandirem para o oeste para fazer negócio com o Oriente Médio, o Egito e a pujante economia da Europa. Nesse vácuo, as cidades costeiras começaram a se expandir, construir fortificações e a estender suas obras navais. Aprendemos no Livro dos Reis da Bíblia que, no século X, Hirão de Tiro ajudou de forma considerável o Rei Salomão. Hirão deu-lhe cedro e abeto do Líbano, os quais Salomão retribuiu em 20.000 medidas de trigo e 20 medidas de azeite puro; os trabalhadores de Hirão edificaram o templo em Jerusalém; Hirão trouxe ouro e joias para Israel pelo Mar Vermelho.

A chegada do império de dominação assírio (discutido no próximo capítulo) destruiu o Estado israelita, mas não o poder marítimo fenício – os assírios receberam os tributos do século IX, mas, estando sem saída para o mar, não era fácil organizar o comércio mediterrânico. A chegada dos assírios, juntamente com a presença contínua, mas fraca, dos egípcios, era importante porque separava a terra do mar. Impedia qualquer um da região de combinar o poder agrário e marítimo. Assim, o poder fenício era estritamente marítimo[1]. Os navios fenícios tornaram-se os transportadores do século IX, e ao final acabaram incorrendo em uma amarga rivalidade com os gregos. Muitas colônias e postos de parada foram criados em todo o Mediterrâneo. A mais famosa, Cartago, cuja origem é tradicionalmente datada de 814-813 a.C., tornou-se seu próprio império no

---

1. As principais fontes sobre a Fenícia foram: Albright, 1946; Gray, 1964; Wannington, 1969; Harden, 1971; Whittaker, 1978; Frankenstein, 1979; e, claro, o Antigo Testamento.

Mediterrâneo Ocidental. As cidades costeiras fenícias acabaram por perder a supremacia naval sobre os gregos e a sua independência política, primeiro para Nabucodonosor II, e depois para os persas, tudo no século VI. As forças navais fenícias, no entanto, ainda eram valiosas para os persas, e permaneceram autônomas durante a guerra persa com os gregos. O seu eventual desaparecimento se deu sob o comando de Alexandre Magno em 332 a.C. Cartago e outras colônias ocidentais mantiveram autonomia política; no caso dessa, isso perdurou até ser destruída por Roma em 146 a.C.

A Fenícia foi, portanto, uma grande potência por cerca de cinco séculos – e de um tipo inovador. Excetuando-se o posterior império de Cartago na África, Sardenha, e Espanha, instituído por volta de 400 a.C., essa região possuía apenas portos individuais, que lhe garantiam acesso a territórios situados no interior. Cada cidade-Estado era politicamente independente: mesmo as menores cidades norte-africanas nunca foram incorporadas a Cartago. Tratava-se exclusivamente de um poder naval e comercial, a "noiva do mar", unida por uma fraca aliança geopolítica de cidades-Estado.

Tal poder naval estabeleceu-se mediante condições prévias. A primeira era que Cartago ocupava um vácuo de poder, situado estrategicamente entre três áreas principais da atividade social. A segunda era que o crescimento da agricultura de arado ao redor do Mediterrâneo tinha aumentado a utilidade do comércio marítimo. A terceira era que nenhum grande poder territorial da época integrava terra e mar, ou terra irrigada e lavrada, e tampouco a Fenícia era capaz disso. Seu poder era mais estritamente naval do que o dos grandes comerciantes anteriores, os minoicos e os micênicos.

Além disso, a natureza do comércio havia mudado. Se os navios fenícios transportassem apenas metais, madeira, pedra e artigos de luxo entre dois estados civilizados ou um Estado centralizado e suas fronteiras, eles poderiam ter desaparecido sob a hegemonia dos impérios de dominação, assim como comerciantes anteriores. Os comerciantes tinham, até então, entrado pelos portões da cidade, dirigindo-se aos armazéns/mercados centrais, onde eram controlados pela pesagem, pela escrita e pela sólida burocracia do Estado. Os fenícios, todavia, carregavam uma proporção maior de alimentos básicos e semipreciosos – cereais, vinho, peles – e uma quantidade maior de produtos finais manufaturados por eles mesmos. Suas cidades também continham oficinas e fábricas de alvenaria, marcenaria, tinturaria e tecelagem, bem como artesanato de metais de maior valor. A maioria dos produtos finais não era direcionada ao palácio real, mas para agregados familiares de estatuto ligeiramente inferior – o pequeno nobre proprietário de terras, o habitante da cidade, o proprietário camponês livre relativamente próspero. Eles pressupunham uma relação mais direta entre comprador e vendedor, não mediada por uma agência central de uma economia redistributiva, mas apenas pela organização mercantil da Fenícia. A esse respeito, os fenícios organizaram a economia mais difusa e descentralizada introduzida pelos desafios norteadores. O seu poder assentava-se na mobilização de uma economia dinâmica, mas dispersa, na qual os produtores diretos eram eles mesmos incapazes de uma organização territorial extensiva. Nós chamamos isso de mercado, e (apesar de Polanyi) frequentemente não reconhecemos o quão historicamente raro ele é.

Duas características desse novo mundo difuso e descentralizado são dignas de discussões separadas, a alfabetização e a cunhagem. Ambos nos conduzem para além dos próprios fenícios, embora seu papel tenha sido considerável nos dois casos.

Os impérios de dominação não haviam trazido grandes mudanças aos escritos cuneiformes e hieroglíficos. Tornou-se convencional entre aproximadamente 1700 e 1200 a.C. conduzir a diplomacia e o comércio internacionais utilizando o cuneiforme acádio, então considerada uma escrita "neutra", já que nenhum Estado acádio remanesceu. Após o colapso da maioria dos impérios, não poderia existir facilmente uma língua franca entre os diversos conquistadores, muitos dos quais não estavam mergulhados na civilização tradicional, incluindo a acadiana. Uma escrita que reproduzisse meramente sons foneticamente, um *alfabeto*, como chamamos, seria útil para traduzir entre as muitas línguas.

Felizmente, podemos capturar esse momento histórico-mundial a partir das escavações no Levante. Elas revelam, nos séculos XIV a X a.C., o uso simultâneo em um só local de muitos tipos de letras e dialetos nas mesmas tabuletas – por exemplo, acádio, sumério, hitita, hurrita, egípcio e cipriota. Um desses era o ugarítico, um dialeto de cananeu escrito no alfabeto cuneifônico. Era consonantal, cada caractere reproduz um som (à exceção das vogais). Como todo cuneiforme, foi escrito em tábuas de argila de difícil manuseio. Ligeiramente mais tarde, no Levante, outras línguas, notavelmente hebraico e fenício (outra língua cananeia), desenvolveram escritas de alfabetos cursivos adequados para qualquer meio, incluindo papiro. Então nós temos exemplos de escritos fenícios do século X a.C. de vinte e duas consoantes (sem vogais). Isso foi padronizado no século IX e transportado pelo Mediterrâneo. Pouco depois de 800 a.C. os gregos tomaram-no emprestado, acrescentaram vogais, e deixaram o alfabeto para a posteridade.

Permitam-me escolher dois aspectos dessa história. Primeiro, embora a emergência prévia da escrita tivesse sido organizada na sua maior parte pelo Estado, ela agora escapava dele. Seu desenvolvimento posterior veio da necessidade de traduzir entre diversos povos, em especial comerciantes. Em segundo lugar, embora fossem melhorias técnicas – permitiam que escribas registrassem e transmitissem mensagens com mais rapidez e menor custo – elas tinham implicações de poder. As técnicas estavam disponíveis para aqueles com menos recursos do que o Estado – comerciantes, aristocratas provinciais, artesãos, até mesmo padres de aldeia. Seria necessária uma formidável habilidade de resistência por parte dos sacerdotes-escribas do Estado para impedir essa difusão (eles de fato tentaram isso sem sucesso na Babilônia). McNeill comenta que: "A democratização da aprendizagem implícita em escritas simplificadas deve ser considerada um dos principais pontos de guinada na história da civilização" (1963: 147). Falar em "democratização" é um pouco excessivo. A alfabetização era primeiro confinada aos conselheiros técnicos da elite governante; e em seguida se espalhou pela própria elite. Das inscrições e dos textos fenícios, apenas alguns poucos sobrevivem, mas indicam uma cultura discursiva e letrada. Tudo o que se pode afirmar com certeza sobre os fenícios é que eles foram um dos vários grupos – outros foram os arameus e os gregos – cuja estrutura comercial descentralizada contribuiu para o segundo avanço na história da alfabetização.

Os fenícios eram também um dos vários grupos que se moviam lentamente na direção da cunhagem. Eles foram lentos para fazer o último movimento. Mas, em alguns aspectos, a história é bastante semelhante à da alfabetização[2]. O sistema mais antigo em sociedades civilizadas, pelo qual o valor de troca poderia ser conferido a um item, era o sistema de pesagem, medição e registro controlado pelo núcleo de controle do Estado de irrigação. Mas o valor era "único", conferido por apenas uma transação garantida pelo Estado, não um meio generalizado de troca. Esse sistema foi mantido inalterado pelos impérios de dominação e caiu junto com eles. Foi mantido no Egito, Babilônia e Assíria. Outros sistemas de "dinheiro", no entanto, existiam há muito tempo, usando objetos com valores de troca de uso mistos e um pouco mais generalizados. Couros de bovinos, machados de batalha, barras de metal e ferramentas estavam entre os mais utilizados. Era possível também utilizá-los repetidamente sem atribuir-lhes valor adicional, algo que foi impulsionado ainda mais pela chegada do ferro. As ferramentas de ferro temperado podiam cortar e estampar metal de forma barata e precisa. A padronização das ferramentas aumentou o seu próprio valor de troca. Ferramentas de metal e barras estampadas eram provavelmente as formas de dinheiro mais usadas no Mediterrâneo Oriental entre cerca de 1100 e 600 a.C.

Ferramentas usadas como dinheiro não requeriam nenhuma autoridade central, algo muito adequado para o caso dos arados de ferro, predominantes na Grécia nesse período. As barras estampadas necessitavam algum tipo de autoridade para garantir sua validade, mas tinham a vantagem de poder ser facilmente atestadas por aqueles que inicialmente a recebiam (mais do que no caso da moeda) e, uma vez em circulação, não precisavam passar repetidamente pela maquinaria do Estado – esse era um meio generalizado de troca. Como seria de se esperar, essa forma de dinheiro surgiu entre os povos comerciantes – entre arameus e fenícios. De acordo com documentos assírios dos séculos VIII e VII a.C., as barras estampadas eram de uso geral no Oriente Médio. Além disso, entre os fenícios e os arameus, os selos podem ser de pessoas em particular,

---

2. Sobre as origens da cunhagem, cf. Heichelheim, 1958; Grierson, 1977.

bem como de reis ou cidades-Estado, indicando descentralização de autoridade e confiança interpessoal, ao menos entre um grupo oligárquico relativamente pequeno. Essa protocunhagem não poderia ter sido utilizada por pequenos produtores. Grande, desajeitada e de alto valor, era apropriada para negócios entre Estado e intermediários de grande escala.

A emergência das primeiras moedas reconhecíveis se deu precisamente no ponto de encontro geográfico das duas culturas envolvidas nas trocas, os impérios de dominação do Oriente Médio e os comerciantes camponeses do noroeste – ou seja, na Ásia Menor. A tradição grega atribui a invenção ao reino meio-grego e meio-asiático de Lídia no século VII a.C. A arqueologia apoia essa tese, mas acrescenta algumas das cidades-Estado gregas da Ásia Menor (e possivelmente também da Mesopotâmia contemporânea) como coinventoras. As moedas eram duplamente marcadas na frente e atrás com a insígnia do reino ou da cidade-Estado, dificultando, assim, a depreciação e cortes das beiras não oficiais e garantindo o peso e qualidade. As primeiras moedas eram geralmente de alto valor e por isso não eram utilizadas em trocas entre produtores e consumidores comuns. Eram provavelmente usadas para pagar soldados mercenários e receber impostos e tributo dos ricos. Portanto, nesse momento havia duas áreas de penetração por uma economia protomonetária: como forma de crédito primeiro entre estados e poderosos intermediários comerciais e segundo entre os estados e os seus soldados. O serviço militar foi a primeira – e por muito tempo a única – forma de trabalho assalariado.

A partir dessa área, a cunhagem espalhou-se ao longo do caminho mercenário/comercial, a leste até a Pérsia e a oeste até a Grécia. A Grécia combinava as duas bases da economia protomonetária, sendo um povo comercial e o principal fornecedor de mercenários. Além disso, a Grécia possuía uma cidade-Estado democrática, cuja forte consciência cívica usava o desenho da moeda como um emblema, uma espécie de "bandeira". A Grécia tornou-se a primeira economia monetária. Por volta de 575 a.C., Atenas passou a cunhar moedas de baixo e de alto valor, e iniciou a primeira economia monetária. Essa parte da história é grega, e será discutida adiante.

A cunhagem pressupunha dois atores poderosos independentes, um Estado central e uma classe descentralizada de detentores de poder capazes de uma mobilização social e econômica autônoma. Nenhum deles pode ser reduzido ao outro, pois sua interação era uma dialética de desenvolvimento. O império de dominação interagia com o camponês proprietário e agricultor para produzir uma estrutura geopolítica de dois níveis de organização social. Havia feito isso particularmente por meio das organizações de intermediários comerciais, de mercenários, e da cidade-Estado participativa. Temos de nos atentar para o caso da Grécia se quisermos compreender isso.

As origens do poder grego

A narrativa histórica em larga escala tende à teleologia. Concepções sobre o que a sociedade viria a se tornar, ou o que é agora, são partes constitutivas das concepções do que era uma sociedade histórica. Quando essa sociedade é a Grécia clássica, e quando o nosso tema narrativo é suas conquistas de poder, essa tendência torna-se desenfreada. Costuma-se estabelecer uma linha direta entre o que havia antes e o momento presente – linguagem, instituições políticas, filosofia, estilos arquitetônicos e outros artefatos culturais. Nossa história manteve vivo o conhecimento dessas linhas. Provavelmente, contudo, suprimiu o conhecimento de outros aspectos da vida grega; da mesma forma, provavelmente suprimiu o conhecimento das realizações de outros povos contemporâneos. Esforço-me, neste capítulo, para situar a Grécia no seu mundo contemporâneo, mencionando o que é relativamente estranho bem como o que nos é familiar, mas é uma batalha perdida. Três instituições têm um significado enorme para nós: a cidade-Estado, ou pólis; um culto à razão humana; e a luta de classes política. Juntas, elas constituem um salto de poder, uma revolução nas capacidades organizacionais. Se a Grécia não as inventou, ela tentou com bastante sucesso suprimir quem o fez. A Grécia as legou a uma tradição que chega à nossa própria civilização e daí ao mundo em geral. Elas são, portanto, uma importante parte da história dos poderes coletivos humanos. Como podemos explicá-las? Começo por abordar a pólis e traçar várias etapas sucessivas de seu desenvolvimento.

A Grécia[3] não era particularmente privilegiada em sua ecologia. O solo de seus vales era menos fértil do que muitas áreas europeias, embora, como pouca limpeza inicial era necessária, apresentava um custo de oportunidade acima da média para o primeiro arado de ferro. As suas colinas estéreis e a extensa costa rochosa fizeram a unificação política improvável, assim como tornou provável as atividades marítimas. Mas a partir da ecologia não iríamos prever a emergência da pólis, do poder marítimo, ou da civilização da Grécia clássica, assim como não o faríamos no caso, digamos, da Bretanha ou Cornualha. O que distinguiu a Grécia foi a sua posição de fronteira entre a Europa e o Oriente Próximo: as terras lavradas europeias mais vizinhas da civilização do Oriente Próximo, com o seu promontório e ilhas, era mais favorável para interceptar o comércio e intercâmbio cultural entre os dois. Mais do que isso: o movimento original dos dóricos, jônios e outros – quem quer que fossem precisamente eles – havia se *espalhado* pela Europa e pela Ásia. Desde os seus primórdios pós-Micenas, a Grécia *estava na* Ásia, na forma de numerosas colônias ao redor das margens da Ásia Menor. A dívida da civilização ocidental para com os gregos nunca deveria permitir-nos esquecer que a divisão entre

---

3. Para além das obras mencionadas no texto, as principais fontes utilizadas nesta seção são: Snodgrass, 1971, 1967; Hammond, 1975; Hopper, 1976; Meiggs, 1972; Austin e Vidal-Naquet, 1977; Davies, 1978; Murray, 1980; Vernant, 1981; e Runciman, 1982.

Leste e Oeste é posterior. Também não devemos considerar o surpreendente desenvolvimento dos gregos como simplesmente nativo. Em todos os aspectos importantes, parecem ter fundido as práticas da civilização do antigo Oriente Próximo e dos cultivadores da Idade do Ferro.

Há, é verdade, um aspecto nativo do desenvolvimento grego sobre o qual sabemos pouco: a extensão da continuidade de Micenas; houve uma Idade das Trevas de quatrocentos anos desde sua queda. Então, entre 800 e 700 a.C., podemos discernir contornos. As relações de poder econômico e militar eram um tanto contraditórias: por um lado, a agricultura estava produzindo um excedente maior, como indicado pelo crescimento populacional na Ática entre 800 e 750. Podemos atribuir à crescente integração de todo o Oriente Próximo e do Mediterrâneo em que a Grécia estava estrategicamente situada. A expansão aumentou a prosperidade e poder do camponês médio a grande contra a aristocracia, composta por pastores, especialmente de cavalos. No entanto, por outro lado, em termos militares, o guerreiro aristocrático montado e em sua armadura, descendo para a batalha e cercado pelos seus dependentes, era supremo. A natureza dual das primeiras instituições políticas pode ter refletido isso: uma assembleia de membros adultos do sexo masculino da comunidade local estava subordinada a um conselho de anciãos composto por chefes de famílias nobres. A estrutura dual era comum entre os povos misturados de arado e pastoreio da Idade do Ferro, seja desse ou de um período posterior.

Havia duas variáveis políticas principais entre esses povos. Uma era a realeza – sempre relativamente fraca – existente em alguns lugares, mas não em outros. Na Grécia, a monarquia minguou durante a Idade das Trevas. Dos estados significativos só vários na orla norte possuíam uma monarquia, embora Esparta tivesse um sistema único de dois reis. A segunda variável era o grau de rigidez de *status* entre a aristocracia e as pessoas nascidas livres. Na Grécia, era baixo. Embora a descendência fosse significativa, e fosse reforçada por normas aristocráticas, nunca ascendeu à consciência de casta ou nível social. Desde os tempos antigos podemos perceber uma tensão entre nascimento e riqueza. A riqueza facilmente perturba as distinções conferidas pelo nascimento. Nesse aspecto, as duas ondas norteadoras do capítulo 6 diferiam. Os quadrigários geraram distinções rígidas – sendo o extremo os arianos que criaram castas (discutido no capítulo 11). Mas os lavradores de ferro restringiram as aristocracias a partir da instituição de uma estrutura de poder frouxa, comunitária e mesmo democrática.

A pólis grega

A pólis era um Estado autônomo e territorial da cidade e do interior agrícola, em que todo homem, proprietário de terras, aristocrata ou camponês, nascido no território, possuía liberdade e cidadania. As duas noções fundamentais eram igualdade cidadã entre proprietários de terras e compromisso e lealdade ao território em vez de à família ou linhagem.

A antítese entre território e parentesco foi mascarada pelo uso da linguagem de parentesco para unidades que, na verdade, combinavam atributos territoriais e de parentesco. Assim, as "tribos" (*phylai*) parecem ter sido originalmente uma banda militar, uma associação voluntária de guerreiros. Mais tarde em Atenas (assim como em Roma) as tribos foram recriadas com base na localidade. Similarmente, "irmandade" (*phratra*), como na maioria das línguas indo-europeias, não significava uma relação de sangue, mas um grupo social de confederados. Posteriormente, na história ateniense, se tornaram facções políticas, lideradas por clãs aristocráticos e ocasionalmente confinadas a eles. A estrutura de descendência e parentesco era importante na história grega, o que leva alguns classicistas a elevar a estrutura de parentesco acima da unidade territorial (p. ex., DAVIES, 1978: 26).

Mas a importância do parentesco, e seu uso como um modelo simbólico para situações de não parentesco, é praticamente universal. Mesmo no século XIX e começo do XX d.C., nos quais a unidade territorial de grande escala o Estado-nação foi conceituada como sendo uma unidade étnica, racial, o que na realidade não era. Os gregos desviaram-se dessa norma precisamente na medida em que se desenvolveram lealdades *territoriais* locais. Aristóteles diz-nos claramente que a primeira qualidade da pólis é que ela era uma comunidade de lugar. A pólis também se opõe à noção de aristocracia, uma extensa conexão de sangue que introduz lealdades e empecilhos hierárquicos no caminho de lealdades e empecilhos intensamente territoriais e igualitários. Assim, explicar a emergência da pólis torna-se também uma questão de explicar o desvio para a democracia local, para a participação política de uma massa adjacente, ou pelo menos de uma "classe" substancial de detentores de propriedade demasiado numerosos e semelhantes para serem organizados em unidades efetivamente baseadas no parentesco. Se isso implica um sistema multiestatal de pequenas pólis, como surgiu, então, a pólis incorporada em um sistema multiestatal?

A economia da Idade do Ferro dos proprietários camponeses forneceu a primeira condição necessária. Ela gerou uma similaridade de circunstâncias amplamente difundida. Além disso, à medida que a produtividade e a densidade populacional cresciam, a organização econômica local se tornava necessária. No entanto, essa não é uma condição suficiente. A propriedade camponesa tende a não provocar um alto grau de comprometimento com a coletividade; e é raro, como veremos (p. ex., no capítulo 13), que os camponeses gerassem uma organização política coletiva permanente. Várias causas adicionais estavam envolvidas, ainda que de formas complexas e de importância variável em diferentes fases de desenvolvimento da pólis. Suas complexas inter-relações contribuem para o aspecto relativamente conjuntural do poder grego. As próximas duas a adicionar seu peso à economia da Idade do Ferro foram o *comércio* e a *organização militar*. Devemos acrescentar depois a escrita, a comercialização da agricultura e guerra naval em larga escala.

Comércio antigo e a pólis

A relação da pólis com o comércio era peculiar. O comércio não era central para a política. A atividade mercantil não era altamente valorizada pelos gregos (embora não fosse menosprezada). O comércio local não conferia *status* político elevado. O comércio de longa distância era organizado por comerciantes profissionais (muitas vezes estrangeiros) que tinham uma posição marginal na comunidade. Artistas e artesãos eram inicialmente independentes, e muitas vezes fenícios. Assim, a organização política não foi a mera consequência da organização econômica. Não poderia ser, porque embora a pólis individual fosse unitária, a economia não era. Nenhum lugar central contendo um ciclo de produção-redistribuição, nenhum sistema de cooperação compulsória, dominou o mundo grego (e tampouco o fenício). Havia descontinuidade organizacional entre a produção e as atividades do mercado local dos agricultores camponeses e as redes comerciais mais amplas. Mesmo mais tarde, quando os gregos asseguraram o controle do comércio, o dualismo se manteve.

Por outro lado, os gregos, desde o início dos tempos, deslocavam-se para o estrangeiro em busca de mercadorias, como metais. Trocá-los por produtos agrícolas como azeitonas, azeite e vinho era a base de seu excedente, uma condição prévia de sua civilização. Eles fundaram assentamentos no exterior que eram essencialmente estações agrícolas e de comércio e que se tornaram elas próprias pólis. Era uma espécie de estrutura de "arquipélago" (em alguns aspectos semelhantes aos da primeira civilização da América Andina, referidas no capítulo 4), em que as costas do Mediterrâneo Oriental eram gradualmente colonizadas pelos gregos. Isso produziu uma orientação distintiva para o comércio. O que chamamos de "mercadores" e os aspectos "mais livres" do comércio ficaram à distância da vida da pólis. Mas as relações regulamentadas das pólis – e especialmente interpólis – entraram no processo de intercâmbio econômico. Dessa forma, um sistema geopolítico multiestatal, a "Grécia", desenvolveu-se também como uma organização econômica coletiva, estimulada pelo crescimento do comércio. Os dois níveis da civilização federal cidade-Estado e multiestatal ganharam sua forma embrionária de uma economia resultante da ecologia local e da geopolítica regional.

Mas ainda temos de explicar o elemento democrático das muitas pólis. Essa foi, afinal de contas, a impressionante inovação grega. Nunca antes (e raramente depois) os camponeses governaram uma sociedade civilizada, e por voto majoritário, após livre-discussão, em reuniões públicas (para mais detalhes, cf. FINLEY, 1983). Em outros lugares – incluindo Etrúria e Roma – o desenvolvimento econômico era guiado pelas cidades-Estado monárquicas e aristocráticas. Território e igualdade política não eram necessariamente idênticos. De fato, a maioria das cidades-Estado gregas não se tornaram pólis democráticas até estarem bastante desenvolvidas, nos séculos VII-VI a.C. (e algumas nunca o fizeram). Outros impulsos eram necessários. Dos principais, o primeiro foi militar, a emergência do hoplita. Isso encaminhou as cidades-Estado na direção das pólis, ainda que do tipo espartano, em vez do, totalmente desenvolvido, ateniense.

O hoplita e a pólis

O hoplita[4] desenvolveu-se em duas fases principais; a primeira referente principalmente a armas, e a segunda à tática. No final do século VIII, o fornecimento de metais e o sucesso e a forma da economia camponesa sustentaram um avanço militar. O exército federado de campeões aristocráticos foi substituído por um exército de infantaria coeso e fortemente blindado. O soldado individual de infantaria estava agora equipado de maneira padronizada com grevas de bronze (proteção de perna) e corpete; um pesado capacete de bronze; um pesado escudo circular de madeira; uma longa lança esfaqueadora com ponta de ferro, e uma espada curta de ferro esfaqueadora. Por isso tudo, ganhou seu famoso nome de hoplita, que significa fortemente armado.

As armas eram parcialmente derivadas. O capacete, e provavelmente o escudo, podem ser rastreados até modelos assírios anteriores (Heródoto nos diz que os cários da Ásia Menor foram os transmissores). Mas os gregos os modificaram. O capacete tornou-se mais pesado e fechado. Restou apenas uma abertura em forma de T, para a boca e os olhos. A audição tornou-se difícil, e apenas a visão frontal permaneceu. Da mesma forma, o apoio duplo de escudo, no antebraço e na mão, o tornava mais largo, mais pesado e com menor mobilidade. Ao final do século VI, o hoplita havia atingido seu ponto mais pesado. O infante assírio não teria sido de grande utilidade nesses desenvolvimentos. Lutando em uma formação mais frouxa, envolvido em combates individuais, ele precisaria escolher entre armadura e mobilidade. Se ele acrescentasse as grevas de pernas, uma invenção grega, ao peso de sua armadura, o homem assírio seria uma vítima fácil para qualquer camponês com mais mobilidade, de armamento leve, e lanças de ferro.

Assim, o segredo do sucesso do hoplita não residia no armamento, nem no próprio soldado individual. Dependia de táticas coletivas aprendidas por meio de treinamentos longos. Durante três anos de suas vidas, os jovens eram treinados diariamente em táticas de falange. Nos treinos, e provavelmente também na batalha, o escudo tornou-se um dispositivo de bloqueio coletivo. Ele cobria o lado esquerdo do hoplita e o lado direito do camarada à sua esquerda. A inter-

---

4. Existe uma vasta e controversa literatura sobre a falange hoplita. Este relato baseia-se fortemente em Snodgrass, 1967; Anderson, 1970; e Pritchett, 1971, esp. parte 1.

dependência protegia a vida. Tucídides descreve de forma vívida o medo distinto que acompanhava as táticas da falange:

> Todos os exércitos são assim: eles são empurrados para a asa direita ao entrar em ação, e ambos os lados se estendem além da asa esquerda oposta com sua direita, porque o medo faz com que cada um abrigue seu lado desprotegido tanto quanto possível sob o escudo do homem de sua direita, pensando que, quanto mais próximos os escudos estiverem travados juntos, melhor a proteção. O maior responsável por isso é o primeiro homem à direita que está sempre tentando retirar seu próprio corpo desprotegido do inimigo; e por causa do mesmo medo, os outros o seguem (Livro V: 71).

A tática pressupunha um elevado grau de lealdade para com o grupo de combate da falange, uma enorme *intensificação* psíquica das relações sociais da pólis emergente. A falange tinha cerca de oito fileiras de profundidade e largura mais variável, e continha entre 100 e 1.000 e tantos homens. A armadura exigia condição financeira moderada, e na ausência de uma elite estatal poderosa, camponeses de classe média a ricos tornaram-se hoplitas – entre os mais ricos, eram um quinto ou um terço dos homens adultos. Essa ampla condição financeira, em vez de uma qualificação limitada ao nascimento, foi revolucionária. Ela atraiu para o mercado territorialmente organizado a formação militar e o camponês rico, distante da organização por parentesco, em uma concentração formidável de poder coletivo local – uma *cidadania*.

Surgiu uma controvérsia entre os classicistas sobre se os hoplitas eram realmente uma força revolucionária. Isso se voltou principalmente à influência dos hoplitas em lutas em torno de constituições monárquicas, aristocráticas, tirânicas e democráticas nos séculos VII e VI a.C. (cf. SNODGRASS, 1965; CARTLEDGE, 1977; SALMON, 1977).

Mas a controvérsia é dominada implicitamente pelo modelo de "sociedade unitária". O debate assume que as lutas constitucionais ocorriam em uma "sociedade" já existente, a cidade-Estado. No entanto, a luta era tanto sobre que espaço deveria ser o da sociedade quanto como ela deveria ser governada. Seria a unidade política uma intensa pólis territorial, ou uma unidade mais extensiva, com ênfase no parentesco, talvez em parte "tribal" e federada? A primeira alternativa ganhou (no que se tornou Estado mais poderoso) e isso impulsionou a "democracia" de riquezas porque essas eram cada vez mais organizadas em territórios de mercado. A segunda alternativa, a tradicional solução aristocrática, sobreviveu nos estados do norte e centro. Os gregos chamavam-lhe de *ethnos*, "povo". Duas outras formas constitucionais estavam implicadas nessa escolha. O tradicional governo de um só homem, a monarquia, era mais passível de acompanhar as aristocracias tradicionais. O governo não tradicional de um só homem, a tirania, poderia ser combinado mais facilmente com o território emergente intensamente organizado. Assim, a principal escolha se deu entre o aristocrático/monárquico, o *ethnos* federal e a cidade-Estado tirânica ou democrática, ou pólis. O triunfo temporário da tirania e o triunfo em longo prazo da democracia *foi* uma revolução, mas dizia respeito também à organização espacial da sociedade grega, bem como sua estrutura de classes. A democracia que consideramos como uma das grandes realizações gregas não pode ser discutida sem uma referência à intensificação do território, comum à área de mercado e à falange hoplita. Deixo para mais tarde neste capítulo a luta de classes gerada por essa conjunção entre constituição e território.

A principal contribuição da falange foi, portanto, intensificar o compromisso dos camponeses com a cidade-Estado constitucional-territorial. O soldado hoplita, inserido na economia local, exigia compromisso político de seus camaradas tanto quanto seu escudo e espada. Tirteu de Esparta explicou isso ao rejeitar as noções tradicionais de "excelência" – força, beleza, riqueza, nascença, oratória. Ele diz:

> *Esta* é a excelência, esta é a melhor posse dos homens, o prêmio mais nobre que um jovem pode ganhar. Este é um bem comum para a cidade e para todo o povo, quando um homem permanece firme e imóvel na linha de frente e esquece todo pensamento de fuga vergonhosa, preparando seu espírito e coração para persistir, e com palavras encoraja o homem ao seu lado. Este é o homem que é bom na guerra (apud MURRAY, 1980: 128-129).

A excelência era social, ou mais precisamente *política*, ou seja, derivada da pólis.

Faltava tal excelência no soldado de infantaria assírio e no soldado de outros impérios territoriais mais extensivos, divididos em classes ou estados aristocrático-feudais. Sua excelência era a competência profissional ou honra a aristocrática, ambas afastadas da experiência da massa do povo. Esses estados não podiam contar com um compromisso tão positivo de um terço dos seus homens adultos. O exército hoplita grego era um novo exército de fronteira, produto de camponeses livres da Idade do Ferro organizados em pequenos estados territoriais adjacentes a um mundo mais civilizado, mais extensivo e autoritário.

Entre cerca de 750 e 650 a.C., a localidade grega comunal, igualitária e próspera, organizada como um mercado territorial e recebendo difusões militares do Oriente Próximo, gerou simultaneamente a cidade-Estado e a formação de guerra hoplita. As duas estavam interligadas e se geravam mutuamente. Como toda formação militar eficaz, o exército hoplita reproduzia seu próprio espírito de corpo. O compromisso com o "bem comum para a cidade e todas as pessoas" não era apenas uma disposição normativa de fundo, mas uma parte integrante da formação da batalha em que o soldado ficava preso. Se a linha se rompesse, o hoplita ficaria exposto. Ele só podia ver de frente, seu escudo desajeitado mantinha seu lado direito exposto, e sua agilidade (especialmente para fugir) era desprezível. O hoplita era comprometido, pela vida e pelo medo da morte, fosse ele um aristocrata ou um rico plebeu, com a cidade-Estado. Era a sua jaula, bem como a sua libertação política.

Na guerra dos hoplitas, o derramamento de sangue era enorme, mas governado por regras. Vernant (apud VERNANT & NAQUET, 1980: 19-44) afirma que a guerra *era* a pólis, e assim suas regras expressavam a vida da pólis. A guerra era declarada publicamente (sem ataques-surpresa) após os debates de assembleia envolvendo todos os cidadãos. A guerra era uma extensão das lutas retóricas da assembleia. Era grave e sangrenta, porque os hoplitas se moviam devagar. Os gregos economizaram na guerra em matéria de suprimentos e cercos. O hoplita (ou seu servo) levava três dias de racionamento – como vimos no capítulo 5, esse era o período máximo de autoabastecimento efetivo na guerra antiga. Eles não construíam acampamentos de rotas e, em geral, não realizam operações de cerco nas cidades. Esparta constitui uma ligeira exceção aqui. Seu interesse em conquistar territórios adjacentes levou a um melhor comissariado e alguns cercos. Mas a guerra não pôs em perigo a produtividade agrícola. A formação hoplita procurava rapidamente seu inimigo, e resultava em um encontro curto, sangrento e muitas vezes decisivo. Poderia defender um pequeno território e dominar, mas não capturar (porque a cidade não poderia ser facilmente tomada) territórios adjacentes. O tratado de paz então ratificava a hegemonia de um Estado sobre o outro e muitas vezes entregava sua liderança política aos clientes locais do vencedor. Assim, a guerra também reforçava um sistema multiestatal das pólis. Uma considerável regulamentação diplomática sobre a guerra já estava estabelecida. A "Grécia" era novamente mais do que a simples pólis. Era uma cultura mais ampla, que fornecia regulamentação explícita e legitimação de um sistema multiestatal.

Os hoplitas não eram todo-poderosos, nem na guerra nem na sua capacidade de determinar a estrutura social. Na batalha, as limitações na mobilidade e nos ataques eram óbvias, levando a adaptações. Provavelmente, como resultado de confrontos com as formações gregas mais soltas – os *ethnos* federais das zonas norte e central utilizavam mais cavalaria e tropas leves – aliviou-se o peso de armadura. No tempo da primeira invasão persa (490 a.C.) as grevas já haviam sido descartadas, o corselete mudou de metal para couro e linho, e o capacete ficou mais leve ou foi substituído por um chapéu de couro. Mas a formação ainda era bastante apertada. A largura da fila era de apenas um metro, o que é bastante denso. Permitia maior potencial de ataque. Os persas ficaram estupefatos (assim dizem os gregos) quando a infantaria pesada os atacou na corrida. Eles seriam despedaçados pela força concentrada do ataque se apanhados em espaços confinados. Antes da sela moderna (inventada em torno de 200 a.C.) e em menor grau o estribo[5], o valor de impacto da cavalaria era baixo. Se confrontada com as for-

---

5. Alguns historiadores militares pensam que o estribo teve mais efeito na capacidade de manejar verticalmente a espada do que no ataque (BARKER, 1979).

mações de infantaria, a cavalaria era usada para concentrá-los juntos, para que os arqueiros pudessem infligir grandes danos a eles. Os gregos interromperam essa tática pela rapidez de seu avanço. Houve dezenas de inovações militares comparáveis – o comissário de Sargão, a biga, a cavalaria com sela e estribos, a falange de pique suíço, a pólvora. São invenções paralelas que mudaram o equilíbrio das guerras. Nesses casos, assim que alguns dos poderes da ponta receptora recuperavam sua estabilidade, eles copiavam as invenções. No entanto, mesmo depois das guerras persas, poucos no Oriente Médio imitaram os hoplitas. Apenas três potências incorporaram a falange: os etruscos, os macedônios parte grega e os romanos posteriores (e talvez, também, a potência menor, parte cária, parte grega da Ásia Menor). A explicação provável é que as massas de outras potências não conseguiam travar juntas os escudos – faltava-lhes a solidariedade social. Durante algum tempo apenas os gregos possuíam isso. Assim eles eram empregados como mercenários em todo o Oriente Próximo e Mediterrâneo. Gregos eram gregos mesmo lutando pelo pagamento do Faraó Psamético II ou ao capturando Jerusalém para Nabucodonosor II da Babilônia. Eles *ainda* possuíam o espírito de corpo necessário para travar seus escudos: Novamente, a "Grécia" representava não apenas a pólis individual, pois seu espírito de corpo também existia nos desertos orientais, entre tropas recrutadas a partir de uma variedade de pólis.

A organização hoplita não podia determinar a constituição da pólis, mesmo por que não era exatamente uma organização em si! A falange não tinha uma boa estrutura de comando interno (exceto entre as formações de Esparta e Tebas). Além disso, o exército total compreendia várias falanges; os hoplitas eram acompanhados por um servo; e tropas mais leves de número equivalente estavam envolvidas. Alguma forma de estrutura de comando central era exigida em outros aspectos da pólis. A liderança militar foi, a princípio, responsabilidade das aristocracias. No entanto, o comando central minou a base descentralizada da aristocracia. Onde existiam realeza e aristocracia, como em Esparta, um estreitamento das ligações entre rei, nobres e hoplitas poderia levar à intensa, controlada e oligárquica (porém igualitária) forma de disciplina que se tornou conhecida no mundo todo simplesmente como "espartana". Em outros lugares, a centralização tomou uma forma diferente: uma aliança entre a classe hoplita e os *tiranos*, usurpadores despóticos que tomaram o controle de vários estados a partir de meados do século VII a.C. Mas o tirano não podia institucionalizar seu controle na economia camponesa. Seu poder dependia estreitamente da liderança da guerra e do desempenho hábil das facções. Quando desaparecia a tirania, geralmente, a democracia hoplita era firmemente consolidada.

Se o poder militar fosse proeminente na cidade-Estado, então o militarismo de Esparta seria seu tipo dominante. Pode-se argumentar isso em relação à fase democrática anterior – digamos, até cerca de 500 a.C. Todos os adultos espartanos do sexo masculino eram hoplitas, possuíam uma quantidade igual de terra (além do que houvessem herdado), e possuíam o direito de participar das assembleias – embora isso coexistisse com certo grau de oligarquia e aristocracia. O exército hoplita mais eficaz do que a Grécia conheceu e usou o seu poder no século VI para ajudar a expulsar tiranos de outras cidades-Estado e estabelecer uma democracia hoplita do tipo espartano chamada *eunomia*. Este termo, que significa "boa ordem", combinava uma noção de forte disciplina coletiva e igualdade.

A combinação de igualdade e controle mostrou as limitações da força de combate hoplita como uma forma de organização coletiva. Ela era essencialmente voltada para dentro. Esparta foi, até tardiamente, relativamente desinteressada no comércio exterior e na fundação de colônias. A importância do espírito de corpo enfatizava a distinção entre os pertencentes ao grupo e os de fora. Era possível apenas apoiar um exército pequeno e conquistar territórios locais. Esparta tratava seus povos conquistados como dependentes servis; úteis como auxiliares, mas nunca admitidos na cidadania.

A pólis totalmente desenvolvida do século V a.C. possuía uma abertura que faltava a Esparta. Seu protótipo era Atenas, que combinava lealdade interna ao grupo com uma maior abertura, um sentimento mais amplo de identificação tanto com a Grécia quanto com "a humanidade em geral". Não podemos decorrer nenhum dos dois do exército hoplita, que reforçava apenas a pequena cidade-Estado. Então, a que se deviam essas identidades? Consideremos primeiro a noção de "Grécia".

Hellas: linguagem, escrita e poder marítimo

Apesar da ferocidade das lutas interpolíticas, os gregos possuíam uma identidade comum. "Hellas", originalmente uma localidade, tornou-se o termo para essa unidade. Eles acreditavam ter vindo de uma população étnica comum. Sua evidência principal era a língua. Quando a alfabetização da elite se desenvolveu, nos séculos VIII e VII a.C., eles possuíam uma história plausível de uma única língua, dividida em quatro dialetos principais. De então em diante, eles se tornaram um "povo" de uma única língua. Mas não devemos considerar isso como um "dado" étnico inalterável. As diferenças de dialeto não coincidiam com as fronteiras políticas, por exemplo. Línguas alteram-se, dividem-se, fundem-se – por vezes com grande rapidez. Se os gregos possuíam uma origem linguística comum, por que é que a uniformidade suportou a sua maior dispersão durante várias centenas de anos antes da alfabetização?

Uma resposta é muitas vezes dada em termos da ideologia grega – a unidade da religião grega, especialmente como sintetizada por Homero e instituições comuns como o oráculo de Delfos, os Jogos Olímpicos e o teatro. Infelizmente, isso só demonstra a importância da questão. Os deuses e rituais gregos foram estabelecidos por volta de 750 a.C.; sabemos que eles não eram "originais", mas sabemos pouco sobre sua emergência e difusão. Suspeitamos que o papel vital foi desempenhado pela área grega jônica (ou eólica-jônica) na Ásia Menor, a provável terra de origem de Homero e Hesíodo. Podemos supor plausivelmente o porquê. Esta área estava bem posicionada para unir os deuses (indo-europeus?) dos micênicos, os deuses locais da fertilidade de religiões primitivas, e os cultos e ritos misteriosos do Oriente Próximo. Tal fusão é o âmago da religião e dos rituais gregos. Mas por que essa fusão se espalhou por todo o mundo grego em vez de dividir-se em Oriente e Ocidente?

Grande parte da resposta deve estar no mar. Aqui apresento um breve equivalente marítimo à análise da logística de transporte terrestre dada no capítulo 5. Dada a superioridade do transporte marítimo sobre o terrestre, o mundo grego apenas *parecia* disperso. Vamos mexer um pouco com a geografia, invertendo os contornos do mapa para que o mar se torne a terra. A costa do Peloponeso, as ilhas do Egeu, as colônias da Ásia Menor e do Mar Negro, Creta, Chipre e as colônias sicilianas e do sul da Itália aparecem como as zonas costeiras e litorais de uma grande ilha, da qual os gregos ocupavam a parte norte (e os fenícios o sul). As nossas mentes modernas, habituadas a ferrovias e veículos automóveis, podem agora compreender a unidade geográfica do mundo grego, uma vez que a Idade do Ferro impulsionou o comércio mediterrâneo e os fenícios refinaram a galé naval. A maior parte do comércio passou então para o mar. Ainda mais importante, o mesmo ocorreu com as migrações. Isso é importante no caso grego, pois a pressão demográfica podia ser resolvida pela migração marítima. As provisões podiam ser transportadas a grandes distâncias pelas galés, e as proezas militares da infantaria grega significavam que eles podiam então construir pequenos nichos coloniais quase em qualquer lugar do Mediterrâneo e do Mar Negro, que não lhes fosse negado pelo poder naval fenício. Fundaram algo perto de 1.000 das assim chamadas cidades-Estado no período de 750 a 550 a.C.

Não devemos exagerar no grau de integração do controle. As logísticas ainda eram formidáveis. Inverter os contornos do mapa induz ao erro nesse aspecto. Massas terrestres modernas podem ser politicamente integradas muito mais facilmente do que com as antigas rotas marítimas. A colônia era efetivamente independente de sua metrópole entre outubro e abril, quando a navegação pelas estrelas era difícil e as tempestades dissuadiam de ir ao mar (e assim seria pelos 2.000 anos seguintes). As galés de guerra conseguiam fazer cerca de 50 milhas por dia, e mercadores cobriam distâncias mais variáveis de acordo com os ventos. Normalmente nenhum deles se movia diretamente através dos mares. Eles preferiam manter a terra à vista por razões de navegação e abastecimento, movendo-se furtivamente ao longo das costas e ilhas, passando por uma série de portos e pontos de paragem. *Vagar* é a expressão náutica moderna que transmite adequadamente a ideia da marcha humilde e sinuosa desse potente instrumento de controle naval[6]. Em cada porto, suprimentos poderiam ser tomados e

---

6. Como Braudel observa em sua discussão sobre o transporte marítimo mediterrâneo do ano de 1500 d.C. – também útil para o período antigo (1975, I: 103-137, 246-252, 295-311).

as mercadorias, trocadas. Toda tripulação começaria a viagem carregando tanta mercadoria quanto possível, na esperança de explorar as diferenças de preços locais ao longo da rota para ganho privado. É fato que, se a bordo das galés mais rápidas, eles estariam numa posição única para tal exploração. Tal padrão revela que comunicação e controle diretos entre, digamos, Atenas e as suas cidades coloniais foi atenuado por uma série de outras comunicações com portos e cidades-Estado, a maioria das quais eram as suas colônias.

Por fim, como a Grécia era uma organização multiestatal diplomaticamente estabilizada, na qual nenhuma pólis tinha recursos para incorporar as outras, a cidade-Estado-mãe carecia de recursos para reconquistar uma colônia rebelde. Quando séculos mais tarde Roma se moveu para os mares, já tendo estabelecido o domínio sobre o território da Itália, encontrou a combinação de imperialismo terrestre e marítimo; mas isso era inconcebível para os gregos. Eles não tentaram: cada colônia era autônoma; poderia receber suprimentos e mais imigrantes da cidade-Estado-mãe e, em troca, daria *status* privilegiado ao comércio da cidade-Estado-mãe e, ocasionalmente, impostos. Mas isso foi tudo. O "imperialismo" grego foi descentralizado, assim como o imperialismo fenício. Não poderia haver um conjunto único e eficaz de fronteiras para o mundo grego, e a expansão naval e comercial e a migração reforçaram isso. A unidade política nunca poderia controlar o comércio e as trocas culturais entre os gregos, e uma abertura foi construída na esfera grega. O que não era diferente da unidade fenícia – uma cultura comum identificável combinada com uma descentralização política. Talvez, por volta de 700 a.C., as duas esferas de influência tenham sido similares. Mas, mais tarde, a integração cultural grega foi muito mais longe, tanto dentro das cidades-Estado como entre elas. A *alfabetização* é a prova disso.

A Grécia foi a primeira cultura letrada conhecida na história. O alfabeto era emprestado da Fenícia. Embora os gregos tenham acrescentado vogais, eles o fizeram simplesmente revisando os caracteres consonantais fenícios, que não possuíam uso em sua língua. A revolução não foi na técnica de poder, mas em sua difusão – para o cidadão comum.

A mais forte entre as afirmações feitas por Goody e Watt (1968) e Goody (1968) sobre a alfabetização grega é a de que essa fixou e reforçou a identidade cultural. Essa foi a primeira cultura compartilhada, estabilizada e de múltiplas classes da história – compartilhada pelos cidadãos e suas famílias, por cerca de um terço da população. Penetrou também entre os estrangeiros residentes, embora não presumivelmente entre escravos. Por que se difundiu tão amplamente? Ocorreu, provavelmente, um processo de difusão em dois estágios.

No início, a alfabetização espalhou-se partindo dos fenícios ao longo das rotas de comércio, talvez para as colônias ao sul da Ásia Menor; depois, em questão de décadas, para os grandes comerciantes e ricos de cada cidade-Estado. A difusão estendeu-se de forma fraca. A lista dos vencedores olímpicos começou em 776 a.C., o registro das datas de fundação das colônias sicilianas em 734, a lista de magistrados atenienses em 683. A importância do comércio marítimo e a abertura à influência estrangeira garantiram que Esparta, o Estado mais voltado para o interior e baseado na terra, ficasse para trás. Por razões apresentadas na próxima seção, também conferiu a liderança na alfabetização para os estados do centro-oeste, especialmente Atenas.

Na segunda fase, nessa região da Grécia, a pólis democrática não podia restringir a alfabetização a uma elite oligárquica. As leis escritas tornaram-se prevalentes no final do século VII. Tendo em vista as instituições relativamente democráticas da cidadania política, isso indica uma alfabetização abrangente. Essa impressão é reforçada pelas sobrevivências de instruções e exercícios em alfabeto do século VII, além de numerosas inscrições incorretas na gramática e na escrita. Talvez a sobrevivência mais impressionante seja o grafite arranhado na perna esquerda da estátua de Ramsés II no Egito, datável de 591 a.C. Um grupo de mercenários gregos empregados pelo Faraó Psamatichos II havia escrito:

> Quando o Rei Psamatichos veio a Elefantina, aqueles que navegaram com Psamatichos, filho de Theokles, escreveram isso. Eles foram além de Kerkis, até onde o rio permitia. Potasimto comandou os falantes estrangeiros [i. e., os gregos], Amasis, os egípcios. Ele nos escreveu, Archon filho de Amiobichos e Axe filho de Ninguém [i. e., um bastardo].

Em seguida, seguem seis assinaturas diferentes em alfabeto de diversas cidades gregas de origem, principalmente as cidades jônicas menores e menos comercialmente ativas, e que não possuíam colônias. Esses mercenários eram provavelmente pobres proprietários camponeses (ou seus irmãos mais novos). Isso sugere um nível médio de alfabetização hoplita de nível básico em data bastante precoce (MURRAY, 1980: 219-221).

Em Atenas, cem anos mais tarde, a alfabetização, tanto na leitura como na escrita, entre os cidadãos em geral, é pressuposta pelas instituições de ostracismo (exílio), e provado pela recuperação arqueológica de milhares de votos escritos a favor do ostracismo de um ou outro. Elas datam dos anos 480. Mais ou menos ao mesmo tempo temos menções casuais de escolas onde as crianças aprendiam as letras. E também temos alusões literárias e provérbios populares que indicam alfabetização normal entre as famílias cidadãs – por exemplo, a frase proverbial para um ignorante: "Ele não sabe ler, não sabe nadar" (em um Estado marítimo!). A alfabetização ateniense desenvolveu-se mais do que a espartana. Harvey (1966), em uma revisão das evidências da alfabetização, sugere que a mesma foi encorajada pelo estilo ateniense de democracia. Podemos ver isso em formas literárias que obviamente têm a influência da pólis – a popularidade dos diálogos e da retórica. Mas, como argumenta Stratton (1980), a alfabetização irrestrita na verdade intensificou a democracia por meio de uma "crise política". A conformidade de um povo alfabetizado pode apenas ser obtida e imposta por leis escritas objetivadas. Estas não podem estar baseadas em normas tradicionais. Requerem uma organização política democrática mais formal. Em outras palavras, a alfabetização difundiu e reforçou o sistema relativamente aberto e voltado para o exterior da pólis de estilo ateniense. Sua utilidade no comércio, na administração e no reforço da solidariedade dos cidadãos e democracia provavelmente contribuiu para o aumento do poder ateniense e ajudou a deter a ascensão de Esparta. Mas outras técnicas de poder também estavam envolvidas nessa mudança tanto do equilíbrio de poder quanto da forma dominante da pólis.

O imperialismo grego: comercialização, poder naval e escravidão

A fase seguinte da difusão democrática grega foi a comercialização da agricultura por volta da segunda metade do século VI a.C. Aqui combinamos dois temas: Os gregos uniram a terra lavrada e o mar (a agricultura mais rentável e o transporte mais barato), e eles estavam posicionados geograficamente para aproveitar o desenvolvimento da cunhagem. Na Grécia, ao contrário da Fenícia, os relativamente ricos poderiam apropriar-se dos excedentes agrícolas e fornecê-los ao mercado. Os circuitos da práxis se intensificaram – e, como veremos, as classes foram fortalecidas. Os proprietários de terra podiam também adotar o papel de comerciante no mercado internacional, ou, mais comumente, enquanto coletivo na pólis podiam ditar os termos de troca ao comerciante estrangeiro. Como um coletivo podiam também fornecer poder naval para proteger, e assim regular, o mercador.

A expansão colonial aumentou as oportunidades de comércio e promoveu a especialização regional. As cidades-Estado continentais e insulares intensificaram dois produtos em particular, o vinho e o azeite de oliva, trocando-os por milho vindo do norte e do Egito e por luxos do leste. Somavam-se a esses as trocas humanas – mercenários gregos indo para o leste, e escravos vindo do sul, das terras bárbaras. Novamente, as cidades-Estado da Ásia Menor estavam estrategicamente colocadas para esse comércio de via tripla e, junto com meio-gregos na Ásia Menor, eles primeiro desenvolveram o adjunto técnico útil ao comércio de três vias, a cunhagem. Por 550 a.C. a expansão colonial externa havia acabado. A sua comercialização estava bem encaminhada; e ao contrário daquela dos fenícios, não se baseava estritamente no comércio, ou mesmo no comércio somado à produção, pois a pólis reuniu (embora não como um) o produtor agrícola, o fabricante e o comerciante. Todos os tipos de tensão social foram introduzidos na pólis por meio da geração de riquezas enormes e desigualmente distribuídas. Não obstante, o poder econômico do camponês proprietário sobreviveu por meio do cultivo da oliveira e da uva para preservar democracia.

A comercialização também alterou os requisitos militares. A expansão do comércio precisava de proteção naval – primeiro, contra piratas, fenícios e persas; segundo, e mais sutil, para estabelecer termos de troca relativamente favoráveis. Esparta em 550 a.C. ainda era a potência terrestre dominante. Mas as cidades-Estado voltadas para o leste e nordeste estavam mais bem-posicionadas para expandir comercialmente, e algumas (como Corinto, Egina e Atenas no continente e Quios no Egeu da Ásia Menor) começaram a estender as suas marinhas. Atenas possuía um incentivo especial, sendo dependente de importações de milho. Atenas era, também, privilegiada porque o seu pequeno território continha as minas de prata mais ricas da Grécia. Isso permitiu o pagamento das despesas navais e acabou por gerar até mesmo um tipo de moeda. Isto pode explicar por que razão Atenas – e não Corinto, Egina, ou mesmo Quios – eventualmente tipificou a "Grécia clássica".

As marinhas aumentaram a significância de seu poder. Mas a relação entre a pólis grega e a galé naval não é tão simples. Quando Atenas estava em sua fase verdadeiramente democrática e no seu auge como potência naval, argumentam os contemporâneos, que as duas estavam ligadas. Aqui, por exemplo, está o "Velho Oligarca" um escritor de panfletos dos anos 470:

> É justo que as pessoas pobres e comuns em Atenas tenham mais poder do que os nobres e os ricos, pois são as pessoas comuns que manejam a frota e trazem à cidade o seu poder; eles fornecem os timoneiros, os contramestres, os oficiais subalternos, os olheiros e os construtores de navio; são estas pessoas que tornam a cidade poderosa muito mais do que os hoplitas e os nobres e respeitáveis cidadãos (apud DAVIES, 1978: 116).

Aristóteles notou a mesma conexão, escrevendo mais criticamente sobre como o desenvolvimento de grandes galés levou ao governo de "uma multidão de remadores": Os remadores "não devem ser parte integrante do corpo do cidadão" (*Política*, V, iv, 8; vi, 6). Inúmeros escritores subsequentes (incluindo Max Weber) trabalham tal questão.

No entanto, há problemas. Os navios da marinha ateniense eram os mesmos que os dos fenícios, que não eram democráticos. Os romanos adquiriram essa forma de galé e abandonaram a democracia com que começaram. Os remadores fenícios eram geralmente homens livres e pagos, mas não eram participantes ativos de uma pólis, pois essa instituição não era conhecida entre eles. Os remadores romanos eram, no início, cidadãos livres, mas depois escravos. Não havia nenhuma conexão necessária entre a galé naval e a democracia.

Parece, ao contrário, que nos estados que já conheciam a cidadania e eram representados por um povo marítimo, como Atenas, a galé naval reforçava o *ethos* democrático. Em Atenas, as reformas de Sólon de 593 a.C. estabeleceram quem possuía direito à cidadania, dividindo a sociedade em quatro classes por propriedade com base no número de alqueires de milho que cada classe poderia produzir. Os três primeiros eram os homens de 500, 300 e 200 alqueires (o último correspondente à classe hoplita), e o quarto e o mais baixo eram os *thetes*, os pobres livres. É provável que, ao contrário das outras classes, os *thetes* não possuíssem direito a ocupar cargos, mas poderiam falar na assembleia. Os *thetes* formaram, inicialmente, a base das galés atenienses. Os seus poderes constitucionais formais nunca aumentaram, mas a sua influência na assembleia parece ter crescido um pouco como resultado de sua contribuição naval.

O apoio à pólis se originou também de outra característica da guerra naval – a sua estrutura de comando descentralizada, comparada com os exércitos terrestres. O navio de guerra individual é autônomo porque o mar oferece espaços mais amplos e de maior liberdade. Em todo o período anterior à navegação a vapor, o mar também teve efeitos disruptivos sobre estruturas de comando centralizadas, desviando navios da rota durante a maioria das batalhas. Seria preciso um Estado capaz de integrar exércitos e marinhas antes da guerra naval operar contra a democracia descentralizada. Roma e Cartago eram os únicos candidatos do mundo antigo.

No entanto, à medida que a guerra naval aumentava seu escopo, ela gerava outra ameaça à autonomia da pólis. Os recursos à mão de obra dos cidadãos se esgotavam. Se uma cidade-Estado pequena desenvolvia seu poder naval, logo necessitava de mais remadores do que tinha cidadãos. Egina contribuiu com trinta *triremos* (galés com três bancos de remos) para a Batalha de Salamina em 480, exigindo 6.000 homens em idade de guerra. No entanto, a população total da Ilha de Egina nesse momento era de cerca de 9.000. Tucídides relata um interessante diálogo diplomático entre Atenas e Corinto em 432 a.C. Corinto anunciou uma política de tentar comprar os remadores de Atenas, que, dizia, eram mercenários de qualquer maneira. Péricles, respondendo por Atenas, argumentava que os atenienses podiam oferecer mais do que meros salários a seus remadores. Poderiam oferecer estabilidade no trabalho e proteção para a cidade natal dos remadores (na verdade, ele coloca isso de forma negativa, apontando que Atenas poderia negar-lhes acesso à sua própria pátria). Ele admite que a massa de remadores era de outros estados gregos, ao contrário dos timoneiros e suboficiais, que eram atenienses. Assim, a expansão naval introduziu uma hierarquia. As grandes cidades-Estado comandavam os cidadãos das menores: o sistema multiestado estava vacilando.

Mudanças comparáveis ocorreram na guerra terrestre: à medida que as forças mercenárias aumentavam em tamanho, os cidadãos dos estados mais pobres lutavam como hoplitas *metic* (descendentes de homens livres estrangeiros) para os cidadãos dos mais ricos. E à medida que os recursos crescentes permitiam que exércitos maiores se colocassem em campo, eles se tornavam mais variados taticamente. A cavalaria tessaliniana, os arqueiros citas e trácios – todos das fronteiras ao norte – foram coordenados com a força hoplita, aumentando a hierarquia e a centralização.

Tudo isto tinha de ser pago. Atenas explorou a sua hegemonia exigindo tributo dos estados clientes. Em 431 recebeu mais receitas dessa fonte do que o gerado internamente. Em 450 as leis de cidadania atenienses foram endurecidas, para que os *metics* já não pudessem se tornar cidadãos. A partir de então, Atenas explorou politicamente os seus estados clientes.

A expansão comercial e a galé naval fortaleceram, portanto, a democracia interna, mas aumentaram a estratificação e a exploração entre cidades. Dentro de Atenas, a própria noção de liberdade implicava impor o domínio um sobre outros estados (como se fazia com os escravos). Depois de um século de luta entre as facções aristocráticas e democráticas, o triunfo da democracia foi garantido por Clístenes. Em 507, ele estabeleceu as estruturas duplas de uma assembleia de massa – de todos os cidadãos – e um conselho executivo – nesse momento, de 500 escolhidos aleatoriamente por sorteio de lote das três primeiras classes de propriedade da divisão territorial (as "tribos"). A própria palavra ateniense para seu sistema passou por uma democratização semelhante: *eunomia* ("boa ordem") tornou-se primeiro *isonomia* ("ordem igual" ou "igualdade perante a lei"), então, pelos anos 440, *demokratia* ("poder do povo").

Nos cem anos seguintes, Atenas viu provavelmente a democracia participativa mais genuína da história mundial entre um extenso grupo de cidadãos (ainda, é claro, uma minoria de toda a população – pois mulheres, escravos e estrangeiros residentes foram excluídos). A participação na assembleia era regularmente superior a 6.000. O principal órgão executivo, o conselho, possuía rotatividade rápida e era escolhido por sorteio. Em qualquer década, entre um quarto e um terço dos cidadãos acima dos 30 anos teria se servido nele. *Isegoria* significava liberdade de expressão, não no nosso sentido negativo moderno de liberdade da censura, mas no sentido ativo do direito e dever de falar em assembleias de cidadãos. O arauto abria os debates com as palavras "Que homem tem bons conselhos para dar à pólis e deseja torná-los conhecidos?" Isso, disse Teseu, é liberdade (FINLEY, 1983: 70-75, 139). Também implicava luta de classes, como veremos mais adiante neste capítulo. E dependia do imperialismo ateniense.

O imperialismo também levou a democracia para o exterior. Na década de 420, a maior parte dos estados do Egeu seguiu Atenas e desenvolveu constituições semelhantes, sentindo as mesmas pressões comerciais e navais, somadas à força militar ateniense. Se considerarmos cada cidade-Estado em si mesma, o final do V e início do IV século a.C. foram uma era verdadeiramente democrática. Mas isso é omitir as relações entre cidades. A hegemonia ateniense era baseada na sua força comercial e militar superior, que por sua vez se fundamentava na riqueza e na mobilização dos cidadãos. Por seu próprio sucesso e democracia interna, Atenas estava levando a Grécia na direção do padrão de controle por um império hegemônico de dominação do Oriente Próximo.

Mas havia dois obstáculos principais no caminho desse desenvolvimento potencial. O mais óbvio era a extrema resiliência geopolítica do sistema multiestatal. Quando a ambição ateniense emergiu abertamente, foi resistida com sucesso pelos outros estados na Guerra do Peloponeso de 431-404. A contradição entre a democracia da pólis e a identidade coletiva "grega" nunca foi resolvida internamente. Ela preservou a natureza explicitamente federal da organização social grega e, finalmente, garantiu seu fim nas mãos de marqueses que não experimentaram tal contradição.

O segundo obstáculo ao imperialismo ateniense era mais sutil. Ele dizia respeito à ideologia e à forma como as noções gregas de cultura e razão, na verdade, continham *três* noções do que era "sociedade" – era a pólis, o Hellas, e era uma noção de humanidade ainda mais voltada para o exterior. Assim, a ideologia grega era complexa e altamente contraditória. A principal contradição aos olhos modernos muitas vezes parece ser a instituição essencial da civilização grega: a escravidão. Então, vamos discutir as concepções gregas de humanidade e escravidão.

O culto da razão humana

A diferença cultural entre a cidade-Estado grega e fenícia foi manifestada pelo VI século a.C. Até onde podemos dizer, os fenícios mantiveram-se perto da ortodoxia religiosa do Médio Oriente: Os processos da natureza dependiam em grande parte dos deuses sobre-humanos. Talvez porque não havia um único Estado fenício todo-poderoso, eles não imitaram os dogmas teocráticos egípcios ou sumérios. Mas seus principais deuses, entre eles Baal, Melcarte e Astarte (a deusa da fertilidade), são notoriamente cananeus e de repertório comum do Oriente Médio. Seus nomes mudaram à medida que os fenícios se mudaram para oeste e cultos religiosos helênicos foram incorporados, mas o caráter geral da religião manteve-se tradicional. Nos estados gregos jônicos da Ásia Menor, no entanto, ocorreram desenvolvimentos que levaram a cultura grega como um todo a uma ruptura radical com essa ideologia.

Na religião grega, o ceticismo aparece no trabalho de escritores como Hecataeus (que disse que a mitologia grega era "engraçada") e Xenofanes (que formulou a famosa expressão: "Se o boi pudesse pintar, seu deus se pareceria com um boi"). Mas três físicos de Mileto sejam, talvez, proeminentes. Em 585, Thales alcançou a fama ao prever corretamente um eclipse solar. O que parecia uma recompensa de sua abordagem científica geral: explicar o universo em termos de princípios naturais, não sobrenaturais, "leis da natureza". Thales argumentava que o constituinte máximo da matéria era a água, mas nós realmente sabemos pouco sobre como ele desenvolveu essa ideia. Por si só, não é diferente, digamos, da crença suméria de que o lodo constituía a matéria original. Mas Thales construiu uma explicação "natural" bastante completa a esse respeito, em vez de apresentar deuses e heróis. Sabemos mais da estrutura teórica de seu seguidor, Anaximandro, que partiu de uma explicação em termos do mundo dos objetos fenomênicos, atribuindo leis para as inter-relações de um número de qualidades abstratas de matéria, como o calor e frio, seco e molhado, e assim por diante. Suas combinações produziam terra, água, ar e fogo. Anaximenes seguiu com as mesmas especulações, postulando o ar em vez da água como a essência fundamental. O ar era transformado pela condensação em vento, nuvem, água, terra e rocha, e pela rarefação em fogo. A importância de todos os três homens estava menos nas suas conclusões do que na sua metodologia: a verdade definitiva poderia ser descoberta aplicando a razão humana à própria natureza. Nada mais era necessário. É semelhante ao que hoje chamamos de ciência.

Há muita especulação sobre por que esse movimento filosófico surgiu primeiro na Ásia Menor e em Mileto. Talvez as três explicações mais populares devam ser combinadas.

Primeiro, a pólis grega encorajava a noção de que o ser humano comum poderia controlar seu mundo. Afinal, isso era objetivamente verdade. Bastava generalizar a partir disso para afirmar que a razão humana individual poderia entender o cosmos. Era o mesmo *tipo* de generalização do egípcio que concedia divindade ao faraó, porque objetivamente o faraó garantia a ordem.

Segundo, por que Mileto? Mileto, embora rica, não era uma pólis conspicuamente estável no século VI. Sofreu um severo conflito de classes políticas. Isso, às vezes é argumentado, aparece nas teorias dos físicos: o mundo está em equilíbrio entre poderes opostos. Essas contradições, ou antinomias, são a "energia", são o sopro da vida no mundo, são até mesmo o divino, porque a razão de nenhuma pessoa pode finalmente superá-las. Assim, um lugar é deixado para a religião pelo segundo fator, a luta de classes.

Terceiro, por que a Ásia Menor? A localização estratégica da Ásia Menor entre a Ásia e a Europa é reveladora. A arte naturalista grega, inovadora e agradável aos olhos ocidentais subsequentes, foi provavelmente a fusão de um desejo grego de representar histórias humanas na arte (no início do período "geométrico") e um hábito oriental de representar animais e plantas de forma naturalista (p. ex., os leões maravilhosamente iluminados das esculturas de caça assírias). O resultado foi a expressão artística da confiança no poder corporal, especialmente no corpo humano. A expressão intelectual da confiança na razão pode ter encontrado estímulos semelhantes. Para ter certeza, precisamos de mais precisão sobre tempos e lugares. As influências orientais desse período incluíam o monoteísmo persa, isto é, o zoroastrismo ou seus precursores, como foi o caso mais tarde na ascensão do rei persa Dario em 521 a.C.? Infelizmente, não sabemos. A suposição mais plausível é que a religião tradicional politeísta, cúltica e sobrenatural do Oriente Médio estava começando a se desintegrar nas áreas mais avançadas – Pérsia, Lídia, Frígia – e que um dos possíveis cenários para sua substituição por uma indagação filosófica mais humanista seria uma cidade-Estado grega na Ásia Menor[7]. A metodologia da Escola Jônica penetrou rapidamente o mundo grego. Separou-se entre aqueles que sustentavam que a observação experimental era a chave do conhecimento e aqueles, como Pitágoras, que enfatizavam o raciocínio matemático e dedutivo. Mas a confiança na razão humana e no diálogo, e a eliminação dos seres sobrenaturais da explicação, permaneceram características da filosofia grega (embora, como veremos no capítulo 10, uma concepção impessoal do "divino" tenha sido reintroduzida no pensamento grego). Além disso, embora a filosofia fosse uma prática esotérica e de elite, a confiança objetiva pode ser encontrada na maioria dos aspectos da literatura grega – na predominância da prosa funcional sobre a poesia e o mito, na análise cuidadosa rigorosa e na ausência da distância no teatro, por exemplo, entre o mundo dos deuses e o mundo humano.

Essa é uma área controversa. Não quero soar como um daqueles mestres clássicos vitorianos que acreditavam que os gregos eram "como nós" na sua adesão a uma civilização científica moderna. A sua noção de ciência era diferente da nossa. Dava um papel maior à divindade, e enfatizava mais as leis estáticas do que as dinâmicas. Faltava à cultura grega o que Weber chamou de "inquietação racional", que ele atribuiu ao cristianismo e especialmente ao puritanismo. Outros críticos da razão grega vão além. Dodds (1951), por exemplo, argumenta que o compromisso com o racionalismo só se difundiu amplamente no século V a.C. e, em seguida, recuou prontamente diante do ressurgimento da magia popular. Isso parece extremo. No entanto, é preciso admitir que a noção de razão continha contradições. Duas das mais importantes e esclarecedoras contradições foram apresentadas por classe e etnia. A razão era partilhada por todas as classes e povos? Ou estava restrita aos cidadãos e aos gregos?

Os escravos e os persas eram racionais?

Como a maioria dos conquistadores, os gregos da Idade das Trevas fizeram dos nativos conquistados escravos ou servos. Como em outros lugares, isso tendeu a fixar os escravos a determinados pedaços de terra ou tipos de ocupação. O casamento entre povos e a assimilação proliferaram *status* de meio-livre (e, no caso grego, os direitos de "meio-cidadão"). A escravidão por conquista não poderia sustentar por muito tempo uma clara discriminação étnica. Mas no sexto século a.C., a comercialização reforçou a pequena população de escravos com os escravos *chattel*, que eram comprados e possuídos como mercadorias, não ligados a lotes fixos de terra ou ocupações, e estavam à livre-disposição de seus senhores. A maioria veio da Trácia do norte, Ilíria, e Cítia, aparentemente vendidos por chefes nativos.

---

7. Uma identificação mais positiva das origens persas na filosofia grega pode ser encontrada no Oeste de 1971. Mas cf. tb. o ceticismo de Momigliano, 1975: 123-129.

Tratarei dos aspectos de classe da escravidão mais adiante neste capítulo. Aqui eu aponto como ela reforçou as noções dos gregos de sua própria superioridade sobre os outros. Mas devemos distinguir os vários grupos com os quais os gregos entraram em contato. Os povos do norte eram menos civilizados e eram iletrados. O termo pejorativo *bárbaro*, que significa falta de linguagem e razão inteligíveis, foi aplicado lá. Mas mesmo os bárbaros eram considerados parceiros nas relações sociais. Eles foram escravizados, mas a justificação grega da escravidão era inconsistente. Duas concepções competiam.

Primeiro, a escravidão era justificada em termos da falta de racionalidade inata dos povos escravizados. Essa explicação foi apoiada por Aristóteles, é o melhor meio de conciliar a utilidade da escravidão com a ênfase grega na dignidade da razão humana, e se enquadrava à repugnância dos gregos pela escravidão de outros gregos (o que ocorreu ocasionalmente, no entanto). Talvez apenas os gregos possuíssem razão.

Em segundo lugar, a escravidão também era justificada de forma mais utilitária: como mero resultado inevitável da derrota na guerra ou de infortúnio semelhante. Na verdade, estamos provavelmente mais interessados em justificações morais para a escravidão do que estavam os gregos. Consideramos a escravidão extraordinariamente repugnante e tendemos a esperar que a moralização a legitime. O racismo parecia servir a esse propósito, mas enquanto tal, o conceito de racismo é moderno, não antigo. A escravidão no mundo antigo não precisava de muita justificação. Era encontrada em pequenas quantidades em todos os lugares onde ocorriam conquistas e em grandes quantidades quando produzida comercialmente. Mas era conveniente e aparentemente causou poucos problemas. Revoltas de escravos eram raras. Para os gregos a escravidão era uma questão de fato. No centro dos mal-entendidos modernos está nossa visão do trabalho livre como fato dado, que consideramos a forma óbvia de trabalho. Contudo, o trabalho "livre" era raro no mundo antigo, e em todo o caso não era considerado como livre. O grego não trabalhava para outro grego a menos que fosse um *metic* ou como servo por dívida, e nenhum desses era de *status* livre. "A condição do homem livre é que ele não vive para o benefício de outro", disse Aristóteles em sua *Retórica* (1926, I: 9). No entanto, para que alguns sejam livres, outros devem trabalhar para eles na escravidão, servidão ou dependência politicamente regulada. Isso parecia um fato inevitável da vida.

Além disso, outros povos não podiam ser incluídos no quadro de povos superiores e inferiores. Quanto aos fenícios (e mesmo aos etruscos da Itália), os gregos falavam pouco – o que é bastante curioso. Mas esses povos dificilmente poderiam ser considerados como desprovidos de razão, tampouco os povos civilizados do Oriente. Os persas eram frequentemente considerados como *os* bárbaros, mas o que dizer de suas realizações civilizadas? Aristóteles admite que não lhes faltava habilidade ou inteligência. Eles eram deficientes em espírito, diz ele na *Política* (1948, VII: 2). Na verdade, os gregos comumente afirmavam que os povos do Oriente não possuíam independência de espírito e não amavam a liberdade como eles. No entanto, os gregos não se contentaram com tal estereótipo. Como poderiam eles, quando tantas cidades-Estado reconheceram a suserania da Pérsia? Eles haviam assimilado muito dos valores do Oriente, e para isso era necessária uma disposição questionadora, cética e aberta.

Ninguém exemplifica isso melhor do que Heródoto. E escrevendo por volta de 430 a.C., ele dependia de entrevistas cuidadosas com muitos sacerdotes e oficiais locais na Pérsia e em outros lugares. Deixe-me citar sua famosa anedota sobre Dario da Pérsia:

> Quando ele era rei da Pérsia, convocou os gregos que estavam presentes em sua corte, e perguntou-lhes o que queriam para comer os cadáveres de seus pais. Eles responderam que não o fariam por nenhum dinheiro no mundo. Mais tarde, na presença dos gregos, e por meio de um intérprete, para que pudessem entender o que se dizia, perguntou a alguns nativos, da tribo chamada Callatiae, que de fato come os cadáveres dos pais, o que queriam para incinerá-los. Deram um grito de horror e proibiram-no de mencionar uma coisa tão terrível. É possível ver com isso o que o costume pode fazer, e Píndaro, na minha opinião, estava certo quando o chamou de "rei de todos" (1972: 219-220).

Heródoto, o viajante culto, identifica-se aqui com Dario contra os gregos provinciais porque ele considera o relativismo civilizado do persa aprazível. De fato, seu retrato de Dario não é apenas simpático – Dario é generoso, inteligente, tolerante, honesto e honrado –, ele também apresenta suas qualidades com as do governo persa em geral. Tal simpatia sobreviveu à luta épica entre a Grécia e a Pérsia em que Heródoto, note-se, apoiou fortemente os gregos.

É difícil ter certeza da visão grega dos persas durante as guerras persas, ou mesmo saber se havia, de fato, uma visão unificada. O conflito foi um choque de imperialismos. A expansão do Império Persa coincidiu exatamente com o período da expansão comercial e naval grega liderada pelos atenienses. Em 545, Ciro o Grande da Pérsia forçou as cidades-Estado da Ásia Menor a capitular; em 512, Dario conquistou a Trácia; em 490, Dario invadiu a parte continental da Grécia pela primeira vez, mas foi repelido em Maratona; em 480, a segunda invasão de Xerxes foi repelida em terra e mar, com mais fama em Termópilas e Salamina. Um ataque cartaginês simultâneo à Sicília também foi derrotado. Isto pôs fim à ameaça principal e assegurou a hegemonia de Atenas.

Mas quantos imperialismos existiam? Mesmo no auge do conflito, muitos gregos lutaram do lado persa. A natureza do avanço persa é instrutiva. Ao marcharem para o oeste, eles obtiveram a submissão dos estados gregos na forma negociada usual da guerra antiga. Os gregos geralmente se submetiam por medo da força persa. Imediatamente, os persas recolhiam tropas e navios deles e continuavam a sua marcha. A facilidade com que eles realizaram isso indica várias coisas: que o domínio persa era leve e não particularmente detestado, que os gregos lutariam por qualquer um que os pagasse, e que o imperialismo de Atenas e Esparta também era ressentido. Trácia e Tebas lutaram de bom grado do lado persa, enquanto as facções dissidentes dentro de Atenas foram acusadas – provavelmente não sem fundamento – de simpatias pró-persa. Uma enorme quantidade de intrigas estava acontecendo – um Estado se recusava a lutar sob um comandante supremo ateniense, outro sob um espartano; ambos os lados estavam constantemente persuadindo os pequenos estados gregos do outro a desertar; os atenienses tentaram fazer com que os persas desconfiassem de seus aliados gregos, permitindo que mensagens falsas a estes caíssem nas mãos persas. Do lado grego, a única constante foi a solidariedade inabalável de Atenas e Esparta. Todas as diferenças entre eles caíram sob a ameaça comum – mas a ameaça era à sua própria hegemonia sobre o resto da Grécia. Quando a ameaça persa recuou, eles começaram a lutar um contra o outro na Guerra do Peloponeso, e ambos então buscaram aliança com a Pérsia.

Os gregos responderam aos persas não em termos de estereótipos étnicos, mas de estratégias geopolíticas aprendidas no seu próprio sistema multiestatal. Os cidadãos gregos almejavam se autogovernar. Eles não queriam ser governados pela Pérsia, e estavam dispostos a se juntar para evitar esse perigo. Quando o perigo persa recuou, eles estavam mais preocupados em evitar serem governados por outros gregos. Tratavam a Pérsia como apenas mais um Estado cujos governantes eram tão capazes de lealdade e razão como qualquer pólis grega. Os gregos, no final, não tinham um senso consistente de superioridade étnica própria. Eram demasiado voltados para fora, interessados nas características da humanidade (masculina) em geral, demasiado inclinados a projetar alhures a racionalidade diplomática do seu sistema multiestatal.

Mas o que dizer das várias categorias da humanidade mais próximas de casa, das classes, que são uma parte essencial do desenvolvimento grego? Até agora, a história das três redes de interação – a pólis, a Grécia e a humanidade – tem sido demasiado benigna e funcional. Volto-me à luta de classes, uma parte essencial das três.

Classe na Grécia clássica

A Grécia clássica é a primeira sociedade histórica na qual podemos perceber claramente a luta de classes como uma característica duradoura da vida social. Para melhor entender isso, pode-se distinguir entre as principais formas de estrutura e luta de classes encontradas nas sociedades humanas. (Estas distinções serão explicadas mais inteiramente no volume 3 desta série.)

Classes no sentido mais amplo são relações de dominação econômica. O sociólogo de classes está principalmente interessado não nas desigualdades de riqueza, mas, sim, no poder econômico, ou seja, na capacidade das pessoas de controlar suas próprias e outras oportunidades de vida por meio do controle dos recursos econômicos – os meios de produção, distribuição e troca. Desigualdades de poder econômico existiram em todas as sociedades civilizadas conhecidas. Como nunca são plenamente legítimas, a luta de classes também tem sido ubíqua – isto é, luta entre grupos organizados hierarquicamente, "de forma vertical", com diferentes quantidades de poder econômico. Em muitas sociedades, no entanto, essa luta permaneceu em um nível inicial, latente, e foi impedida de alcançar qualquer forma de organização muito pronunciada pela coexistência com classes "verticais" de organizações econômicas "horizontais" – constituídas por relações familiares, clientelistas, tribais, locais e outras. Vimos que essas eram características da pré-história tardia e, em menor grau, das civilizações mais antigas, que em geral permaneceram, em um nível rudimentar de formação de classe. Embora organizações horizontais sem a configuração de classe continuem a existir até os dias atuais, a história viu um fortalecimento das classes à sua custa.

Isso nos leva ao segundo nível de organização de classes, as *classes extensivas*. Elas existem onde as relações de classe verticais predominam no espaço social em oposição às organizações horizontais. O crescimento das classes extensivas tem sido, em si mesmo, desigual e, portanto, nesse segundo nível, podemos fazer duas subdivisões adicionais. As classes extensivas podem ser *unidimensionais*, se houver um único modo de produção, distribuição e troca predominante; ou *multidimensionais*, se houver mais de um (e esses não estiverem totalmente articulados entre si). E classes extensivas podem ser *simétricas*, se elas possuem organização similar; ou *assimétricas*, se somente uma ou algumas o fazem (normalmente a classe dominante ou classes).

Finalmente, emerge um terceiro nível de classe, *as classes políticas*, onde a classe é organizada para a transformação política do Estado ou para a defesa política do *status* quo. Isso é menos provável em uma estrutura completamente multidimensional, mas novamente a organização política pode ser simétrica ou assimétrica. Nesse último caso, apenas uma classe, geralmente a classe dominante, pode ser politicamente organizada. Esse passou a ser o padrão nos impérios de dominação discutido no capítulo 5, quando grupos dominantes começaram a se unificar em uma classe dominante extensiva e organizada, enquanto os subordinados eram predominantemente organizados em agrupamentos horizontais controlados pelos governantes.

Essas distinções são especialmente úteis no caso da Grécia clássica. É a primeira sociedade conhecida a ter mudado completamente para o terceiro nível de organização de classe, exibindo-nos uma luta de classes simétrica e política (embora apenas em uma das que veremos serem as duas dimensões principais da sua estrutura de classes extensiva)[8]. As classes não dominavam totalmente as relações de poder econômico na Grécia. Mantiveram-se dois grupos horizontais principais que efetivamente excluíram um grande número de pessoas das lutas de classes que detalharemos em breve. O primeiro foi a família patriarcal. Essa continuou a enclausurar mulheres (ainda mais do que crianças do sexo masculino em algumas cidades-Estado) e talvez alguns outros homens dependentes, no caso de agregados familiares maiores e mais poderosos. Isso impedia qualquer participação independente significativa delas na vida pública. As mulheres eram representadas pelo homem chefe de família. As mulheres não eram cidadãs, é claro, embora se estivessem em uma família cidadã (ou ainda, em uma família cidadã poderosa) elas participavam, de outras formas, de uma vida relativamente privilegiada. Os homens dependentes podiam ser mobilizados por cidadãos mais poderosos como clientes contra movimentos de cidadãos de classe baixa. O segundo grupo horizontal era a própria cidade-Estado local, que privilegiava seus próprios habitantes às custas de todos os "estrangeiros" residentes. Como a cidade-Estado era pequena e a interação entre Estado era grande, havia muitos estrangeiros residentes. Esses eram principalmente outros gregos, mas incluíam muitas outras "nacionalidades". Eram chamados, novamente, de *metics*, e possuíam direitos políticos definidos em algum lugar entre os dos cidadãos e os dos servos e escravos. Dentro da própria cidade-Estado, portanto, os *metics* formavam uma classe extensiva separada, mas a cidade-Estado nem sempre é o objeto mais apropriado à nossa análise. Obviamente, um cidadão de Atenas residente numa cidade-Estado menor gozaria de um poder um pouco maior do que um *metic* com uma origem mais modesta. Tal qual as mulheres, os *metics* estavam, na verdade, divididos pelo seu *status* supostamente comum. Organizavam-se apenas em raras ocasiões.

Assim, apenas uma minoria da população se envolveu diretamente na luta de classes – o que verificaremos ser, em geral, o caso na história. Mas como minorias geralmente fazem a história, isso não coloca objeção a se concentrar, agora, em classes e em sua luta.

A estrutura de classe extensiva na Grécia era fundamentalmente bidimensional. Na primeira dimensão, os cidadãos tinham poder sobre os não cidadãos, especialmente sobre escravos e servos. Na segunda, alguns cidadãos exerciam poder econômico sobre outros cidadãos. Isso refletia o fato de existirem dois modos de produção principais, ambos altamente politizados, mas ainda assim distintos. O primeiro era extração de excedentes de produção do escravo ou servo pelo cidadão livre; a segunda era extração menos direta de excedentes do pequeno cidadão proprietário da terra pelo grande proprietário. A segunda não

---

8. Eu reconheço a enorme ajuda fornecida por *The Class Struggle in the Ancient Greek World* (1981) de Ste. Croix. Não sigo sua análise marxista até o fim, mas seu trabalho articula níveis excepcionalmente altos de erudição e sofisticação sociológica.

era uma relação de produção no sentido estrito, mas surgiu de circuitos mais amplos de poder econômico entrelaçados também com o poder militar e político. Em uma sociedade tão estável e duradoura como a Grécia clássica, esses dois modos de produção foram articulados em uma única economia global. Além disso, no topo, a classe mais elevada em ambas as dimensões era muitas vezes integrada. Mas nos níveis mais baixos esse não era o caso, e, portanto, devemos analisar duas dimensões separadas da estrutura de classes extensiva.

Entre cidadão e escravo ou servo havia uma divisão de classe qualitativa. Os escravos eram uma posse, os direitos à terra ou à organização eram negados, e eram normalmente não gregos (embora gregos pudessem tornar-se escravos por questões relacionadas a dívidas). Os cidadãos possuíam exclusivamente terras e possuíam direitos exclusivos à organização política; e eram gregos, quase invariavelmente filhos de cidadãos. Embora houvesse diferenças também internas aos grupos de escravos e de cidadãos, a divisão entre os dois era normalmente intransponível. O significado dessa divisão era sempre grande. Escravos provavelmente nunca ultrapassaram os cidadãos em números, tampouco seu nível de produção excedeu o dos cidadãos que trabalhavam em sua própria terra. Mas, como aponta Ste. Croix, essas não são estatísticas decisivas. Os escravos contribuíram com uma grande parte do excedente, ou seja, da produção além do necessário para a subsistência. O trabalho livre assalariado era quase desconhecido; o cidadão grego não podia trabalhar para outro cidadão; e nem os arrendamentos nem os *metics* podiam ser plenamente explorados de forma não contratual. O trabalho escravo contribuiu com a maior parte do excedente extraído *diretamente* dos produtores imediatos. É claro que a extração direta não é toda a história. Outra parte substancial do excedente dos cidadãos vinha mais indiretamente da posição de comando das cidades gregas nas relações comerciais, que seus militares, e especialmente sua força naval, conseguiam reforçar. Tal comércio era, como no modo normal das coisas, parte "livre" (e assim a Grécia se beneficiava de sua posição estratégica de fronteira e de sua posse de videiras, azeitonas e prata [ateniense]) e parte militarmente inclinado. Ambos os aspectos foram significativamente regulados pela pólis e, portanto, pelos cidadãos. No entanto, a civilização grega também dependia fortemente da escravidão e de seu excedente.

Os cidadãos estavam plenamente conscientes disso. Nossas fontes aceitam a escravidão sem dúvida como uma parte necessária da vida civilizada. Assim, em relação aos escravos, os cidadãos eram uma classe política extensiva, plenamente consciente de sua posição comum e de sua necessidade de defender suas condições políticas.

Mas raramente eram obrigados a fazer isso, porque os escravos não retribuíam a consciência de classe. Os escravos eram importados de diversas áreas e falavam diversos idiomas. A maioria estava espalhada por domicílios individuais, oficinas e pequenas e médias propriedades (com exceção das minas de prata). Faltava-lhes capacidade de organização extensiva. Eles podem ser considerados de maneira abstrata, isto é, em termos marxianos "objetivamente", como uma classe extensa, mas não organizacional – que é o que importa sociologicamente – ou de forma política como uma classe. Assim, a dimensão cidadão-escravo da classe não era simétrica. Os cidadãos eram organizados, os escravos não. A luta era presumivelmente contínua, mas encoberta. Ela não entra no registro histórico, apesar de seu significado para a vida grega.

Há uma exceção a isso: o imperialismo territorial dos espartanos, que escravizou a população adjacente da Messênia e da Lacônia. Esses servos "hilotas", capazes de unidade e organização local, foram uma fonte perpétua de rebelião. Isso parece ter sido verdade também para outro povo de escravos, os penestai, que foram escravizados pelos tessalianos. As lições – recrutar escravos de diversos povos e impedir a organização entre eles – foram amplamente relatadas por fontes gregas e romanas.

A falta de organização dos escravos também os dividiu da segunda dimensão da classe, e especialmente das classes mais baixas entre os cidadãos. Essas se organizavam em nível de pólis. Na verdade, seus interesses básicos contra as classes de cidadãos mais poderosos os levaram a intensificar os esforços políticos. Ainda assim, sua liberdade e a força da pólis dependiam de fato da escravidão. A liberdade e a escravidão avançaram de mãos dadas, como observa Finley (1960: 72). Assim, havia pouca chance de uma aliança entre as duas maiores "classes inferiores", os escravos e os cidadãos livres inferiores. Na verdade, não havia muita chance de qualquer relação direta significativa entre os dois. A maioria dos cidadãos mais pobres não possuía escravos. Sua relação com a escravidão era mais indireta, um sinal da existência de duas dimensões separadas de classe no extremo inferior da sociedade grega.

Os escravos não eram uma força ativa na história, não importa quão indispensável fosse seu trabalho. Sua práxis não contava. Em oposição, mesmo o conjunto mais baixo de cidadãos possuía práxis de classe.

Ao lidarmos com a segunda dimensão da classe, as divisões dentro do corpo de cidadãos, não encontramos uma simples divisão qualitativa. No entanto, esta dimensão não é difícil de compreender. Nossas próprias democracias liberais e capitalistas não são diferentes da pólis. Ambas combinam igualdade formal dos cidadãos com gradações de classe contínuas. E assim como a propriedade do capital dá uma aproximação parcial a qualquer divisão qualitativa em nossa sociedade, também o fazia a propriedade de escravos na pólis grega. Na Grécia, outras desigualdades foram geradas por fatores como tamanho e lucratividade da propriedade da terra, oportunidades de comércio, nascimento aristocrático, ordem de nascimento, fortuna matrimonial e oportunidades militares e políticas. A pólis na Grécia continental restringia essas desigualdades com muito mais sucesso do que a da Ásia Menor, e ambas restringiam as desigualdades com muito mais sucesso do que os outros estados do Oriente Próximo (ou do que os estados sucessores da Macedônia ou Roma).

As desigualdades de classe produziam também facções políticas identificáveis: de um lado, os *demos*, os cidadãos "comuns", geralmente sem escravos (ou talvez com um ou dois) e incluindo os que se sentiam potencialmente ameaçados por leis de dívida ou juros; no meio, primeiro os hoplitas e depois os grupos intermediários identificados por Aristóteles como a espinha dorsal da pólis; do outro lado, os aristocratas e grandes proprietários, capazes de evitar trabalho, pelo seu uso de escravos e pela exploração indireta de cidadãos (e ser verdadeiramente "livres"), e mobilizar seus clientes dependentes. Todos estavam lutando contra as leis de juros e dívidas, tentativas de redistribuição de terras ou da riqueza coletiva da cidade, impostos e obrigações de serviço militar, acesso a comércio lucrativo, empreendimentos coloniais, e escravos. Como tanto trabalho e excedente foram canalizados através do Estado, e porque era uma democracia (ou, em outras ocasiões, a democracia era pelo menos um ideal alcançável para as classes baixas e médias), houve uma luta de classes altamente politizada – como a de nossa própria sociedade. Mas porque havia *de longe* uma forma de cidadania mais ativa e militarista do que a nossa, também foi uma luta consistentemente mais violenta e visível. *Stasis* era o termo grego para a luta feroz das facções, violenta, mas com instituições que permitiam finais "tudo ou nada" regulados – como o ostracismo e a oscilação entre as formas constitucionais básicas (cf. FINLEY, 1983).

Podemos identificar seu refluxo e fluxo e sua contribuição para a civilização grega. Com o avanço do hoplita/agricultor médio veio a luta geralmente vitoriosa de, primeiro, tirania e, depois, democracia sobre monarquia e aristocracia. A crescente prosperidade, comercialização, escravidão, expansão naval e alfabetização ampliaram a força e a confiança da democracia de estilo ateniense. Mas também ampliaram as diferenças entre as classes econômicas dentro e entre as pólis. No século IV a.C., a prosperidade estava cada vez mais monopolizada pelos grandes proprietários de terras. É possível, como seria de se esperar por casos anteriores, que a mudança das fronteiras gregas, da Itália para o sul da Rússia, tenha acabado com os monopólios gregos, desenvolvido o poder nas fronteiras e levado ao declínio econômico nas cidades (como argumentam ROSTOVTZEFF, 1941: MOSSÉ, 1962) nas quais os mais poderosos sobreviveram melhor. Em ambos os casos, a democracia estava sob tensão antes do ataque macedônio – e as classes altas podem ter ajudado o golpe de misericórdia macedônio para reprimir a revolução em casa.

Na ascensão grega (e especialmente ateniense), a luta de classes extensiva, política e simétrica era parte essencial dessa própria civilização. Em todos os três níveis dos feitos gregos, resumidos na próxima seção, podemos ver representada uma dialética de classe. A pólis foi estabelecida após a superação de aristocracias e tiranias. O segundo sentido mais difuso de identidade, isto é, ser grego, civilizado e racional, provavelmente também dependia desse resultado democrático. E a terceira, a mais ampla identidade, a noção própria da razão humana, é visivelmente incerta e contestada pelas classes ao longo do período. Relevante aqui é o contraste entre a concepção de razão demonstrada por Platão, o representante da "classe alta"; Aristóteles, o porta-voz da "classe média"; e os porta-vozes do *demos*, sobre quem ouvimos apenas de seus oponentes. Platão argumentava que o trabalho manual (do qual apenas a classe alta estava livre) degradava a mente. Aristóteles argumentava que o cerne da qualificação do cidadão era a posse de sabedoria moral, que geralmente faltava aos técnicos e trabalhadores, mas que a classe média possuía. Também relevante, se bem que mais abstrusamente, é o debate sobre o significado político da aritmética *versus* geometria! Antidemocratas argumentavam que a aritmética era inferior porque contava todos os números igualmente. A proporção geométrica, no entanto, reconhecia as diferenças qualitativas entre os números. Como a proporção entre números permanece a mesma em uma escala geométrica (p. ex., 2, 4, 8, 16), a qualidade é recompensada de forma justa (HARVEY, 1965 fornece os detalhes desse debate). Ao citar este exemplo, Ste. Croix (1981: 414) realmente prova sua afirmação de que a luta de classes está em toda parte na Grécia clássica! A classe pode, em última instância, ter enfraquecido a pólis, mas por séculos antes disso foi essencial para a civilização grega. E como veremos nos seguintes capítulos, ela deixou um legado, dividido, é verdade, entre o tipo de solidariedade de classe alta representada pelo "helenismo" e um senso mais popular de indagação fundamentada, emergindo para influenciar as religiões salvacionistas.

Até então, pode parecer nessa seção que, no meio de uma discussão sobre a Grécia clássica, eu me converti ao marxismo. Não enfatizei a luta de classes em sociedades precedentes, mas mantenho a declaração feita na conclusão do capítulo 5. Embora devamos temperar a certeza, por conta da falta de evidências, não parece que a luta de classes extensiva e simétrica (politizada ou não) fosse parte importante da dialética dos impérios de dominação precedentes. A revolução da Idade do Ferro tinha, em certas circunstâncias, estimulado os poderes dos camponeses agricultores, *criando* assim uma identidade de classe extensiva subordinada e, portanto, a luta de classes nesse período histórico particular. Os "circuitos da práxis", ou seja, as relações de classe alcançaram um papel de "rastreadores históricos". Fui capaz de descrever esse período, mas não os anteriores, na terminologia marxiana porque essa tornou apropriada para esse cenário histórico.

Mas há um segundo problema com o marxismo aplicado à história antiga. Uma coisa é descrever as classes e traçar seu desenvolvimento subsequente; outra, é explicar suas causas. Para fazer isso devemos sair do aparato normal de conceitos marxistas, em especial nos domínios do poder militar e político, assim como do poder econômico.

Empiricamente, Marx e Engels estavam dispostos a fazer isso. Eles enfatizaram a importância da guerra e do militarismo para a escravidão, distribuição de terras públicas, cidadania e luta de classes no mundo antigo. Marx disse nos *Grundrisse* que "o trabalho forçado direto é o fundamento do mundo antigo" (1973: 245). Ele estava ciente da frequência com que isso era obtido escravizando povos conquistados ou fazendo-lhes de servos. Suas duas concepções alternativas do que ele chamou de "modo de produção antigo", isto é, apropriação pela escravidão e apropriação pela cidadania, valorizavam o militarismo e regulação política envolvidos. No entanto, como eu argumentarei mais longamente no volume 3, a sua teoria geral insistia em considerar o militarismo e a guerra como parasitários, não produtivos. Espero ter demonstrado no capítulo 5 que esse não era o caso nos primeiros impérios de dominação. Mostrei isto aqui, também, em relação à Grécia: Sem organização militar hoplita, não haveria pólis *eunômica* ou *isonômica* e, provavelmente, nenhuma luta de classes em todo seu sentido extensivo e político. Sem a pólis e a supremacia naval, não haveria monopólio comercial e nenhuma grande economia escravista. Sem todo este complexo, não haveria nenhuma civilização grega que valesse mais do que uma menção passageira. E sem isso, quem sabe qual poderia ter sido a história do mundo? Seríamos descendentes de satrapia persa?

Vale a pena notar aqui que Ste. Croix (1982: 96-97) defende o materialismo em termos diferentes daqueles de Marx. Depois de passagens eficazes criticando o uso, por Weber e Finley, de *status* (o mais oco dos termos sociológicos, que criticarei de forma mais completa no volume 3) no lugar de classe, ele passa a atacar as teorias militares/políticas. Ele o faz com base em duas questões. Primeiro, aponta que o poder político é em grande parte um meio pelo qual as diferenças de classe são institucionalizadas. Elas acrescentam pouca vida própria. Na Grécia, argumenta, a democracia política (que ele aceita ser, até certo ponto, uma manifestação de uma vida política independente) cedeu "frente à situação econômica básica [que] se afirmava a longo prazo, como sempre acontece". Ele então explica que a democracia foi destruída pelas classes proprietárias "com a ajuda, primeiro, de seus suseranos macedônios; depois, dos seus senhores romanos". Isto coloca ênfase demasiada nos motivos econômicos das classes proprietárias, quando o declínio da pólis foi um processo tanto militar quanto econômico (como veremos mais adiante), ocorrendo mesmo antes das conquistas macedônia e romana. A segunda base de seu argumento é igualar o poder militar com a conquista, as relações de conquista com a distribuição da terra e riqueza conquistadas, e então afirmar que isso foi excepcional na história. Os *non sequiturs* são flagrantes; o argumento é falso. As organizações de poder militar e político não ligadas à conquista foram necessárias para nossa explicação da ascensão, maturidade e queda da Grécia.

Não é minha intenção, parafraseando Weber, substituir um materialismo unilateral por uma teoria militar/política igualmente unilateral. Obviamente, as formas militares/políticas têm precondições econômicas. Mas se o militarismo e os Estado podem ser produtivos, suas formas resultantes podem elas mesmas determinar causalmente o desenvolvimento econômico, e assim as formas econômicas também terão precondições militares e políticas. Devemos estudar as suas interações, desenvolver conceitos que levem todos igualmente a sério, aplicá-los a casos empíricos e ver quais (se houver) padrões amplos de interação emergem. Essa é a minha metodologia neste trabalho. Vou generalizar os padrões na minha conclusão para o volume 1 e no volume 3. Por enquanto, no caso específico da Grécia, parece que as relações de poder militar e econômico estavam unidas desde o começo. Como não podemos separá-las completamente, podemos concluir apenas que ambas, em interação, eram precondições necessárias – talvez até mesmo quase suficientes – para o surgimento da civilização grega. Sua interação foi então institucionalizada em uma forma específica de organização do poder político, a pequena pólis situada em um sistema multiestatal, que então se tornou também uma importante força de organização causal autônoma na maturidade da Grécia. Finalmente, auxiliado pela infraestrutura de alfabetização, o poder ideológico também se tornou importante nas formas que descrevi acima. Todas as quatro fontes típico-ideais de poder social parecem necessárias para uma explicação causal do florescimento pleno da civilização grega – o que parece, inclusive, justificar meu uso desses tipos ideais.

A tripla rede de poder grego: sua dialética

A organização social grega incluía três redes de poder distintas e sobrepostas. A mais forte e mais intensa era a pólis democrática, produto único de camponeses proprietários com arados e armas de ferro, combinados em um mercado e uma falange hoplita, desenvolvendo então uma integração comercial da produção agrícola e do comércio, e gerando eventualmente um poder naval baseado nos cidadãos remadores. Nada disso havia sido visto anteriormente: exigia a conjunção histórica das inovações da Idade de Ferro, além de uma localização ecológica e geopolítica única no meio das rotas comerciais marítimas entre a terra arável semibárbara e os impérios civilizados de dominação.

A pólis provou ser a organização mais intensiva e democrática de poder coletivo em um pequeno espaço vista antes da Revolução Industrial capitalista. Havia de ser pequena. Muitos teóricos políticos acreditam que o tamanho diminuto ainda é essencial para uma participação verdadeiramente democrática. Mas a democracia antiga duplamente o exigia, dados os problemas logísticos contemporâneos de comunicação e controle.

Atenas era facilmente a maior. Em seu auge, seu próprio território compreendia pouco mais de 2.500km^2 – ou seja, o equivalente a um círculo de raio de pouco mais de 50km. Sua população máxima, em cerca de 360 a.C., era de 250.000, dos quais cerca de 30.000 eram homens adultos cidadãos (e cerca de 80.000 a 100.000 eram escravos). Sabemos que a média de participação em sua assembleia geralmente superava os 6.000 (o quórum), um recorde formidável de democracia de massa e de organização social intensiva. Esparta era territorialmente maior (cerca de 8.500km²) por causa de sua dominação sobre a Lacônia e a Messênia. Sua população também totalizava cerca de 250.000 por volta da mesma época, com um corpo cidadão menor – até 3.000 cidadãos plenos e até 2.000 com direitos de cidadania parciais. A intensidade dessa organização central de Esparta era ainda maior do que a dos atenienses. A maioria dos estados era menor. Plateias possuía menos de 2.000 cidadãos. É uma das menores cidades-Estado cujas obras entraram para o registro histórico, mas pode ser típica da maioria cujas obras permanecem não registradas. Algumas mostraram uma tendência a se unir (sobre esses estados federais, cf. LARSEN, 1968). O mais importante foi Beócia, que, embora compreendesse 22 pólis, totalizava apenas cerca de 2.500km² e tinha cerca de 150.000 pessoas (números em EHRENBURG, 1969: 27-38).

O tamanho do território ateniense era quase o mesmo que o da Luxemburgo moderna, embora a sua população fosse apenas de dois terços da desta. O território de Esparta era hoje igual ao de Porto Rico atual, embora a sua população fosse apenas um décimo da do país. Em população, estas duas grandes potências eram um pouco menores do que Nottingham, Inglaterra, ou Akron, Ohio; mas seus cidadãos interagiam como os residentes de uma cidade rural muito menor. As conquistas da pólis eram de *intensidade* organizacional e não de extensão. Elas representaram uma fase formidável de descentralização nas relações humanas de poder, não apenas porque eram unidades políticas tão pequenas em relação aos extensos impérios de dominação do Oriente Médio que as precederam, mas também porque sua estrutura interna pressupunha redes sociais mais extensas e descentralizadas.

Fiel ao seu nome, a pólis era uma unidade de poder *político*, centralizando e coordenando as atividades deste pequeno espaço territorial. Como vimos, era em grande parte o produto da combinação de relações de poder econômico e militar. Não é possível atribuir pesos relativos a estas duas forças necessária e estreitamente interligadas. A pólis produziu praticamente toda a gama de conceitos com os quais ainda hoje discutimos a política no mundo – democracia, aristocracia, oligarquia, tirania, monarquia, e assim por diante. Todas as três fases do desenvolvimento da pólis – a praça mercantil hoplita, o comércio alfabetizado, a expansão naval – tiveram imensas repercussões no Oriente Médio e no Mediterrâneo contemporâneos.

A segunda rede de poder era a da identidade cultural grega e do sistema multiestatal como um todo, muito maior do que qualquer unidade política, cobrindo um enorme espaço territorial (incluindo mares) e compreendendo talvez 3 milhões de pessoas. Era uma unidade geopolítica, diplomática, cultural e linguística com a sua própria infraestrutura de poder. Sua contínua importância derivava da unidade conferida pelas conexões comerciais e colonizadoras entre pólis essencialmente semelhantes e democráticas ou *ethne* federais-igualitárias. Assim, alfabetização, diplomacia, comércio e trocas populacionais puderam estabilizar a similaridade linguística em uma comunidade duradoura, compartilhada e extensa pela primeira vez na história. Parte dessa comunidade conseguiu coesão suficiente para manter-se defensivamente firme (com alguns vacilantes) contra um ataque lançado pelo que era visto como o maior Estado do mundo, o império de dominação persa. Mas parece nunca haver aspirado a uma unidade política. A guerra entre cidades-Estado não era considerada "guerra civil". Mesmo as federações mais amplas eram apenas exigências diplomáticas e militares pragmáticas, e não etapas a caminho de um "Estado-nação". A "nacionalidade" foi sempre um apego muito mais parcial do que no nosso mundo moderno (WALBANK, 1951).

Essa segunda rede era essencialmente descentralizada e "federal", o produto de uma oportunidade geopolítica para os povos do comércio marítimo operarem no espaço entre os impérios do Oriente Médio e os agricultores camponeses das terras aradas. Assim como o fenício, seu mecanismo federal incluía a galé naval autônoma, a colonização, a cunhagem e a alfabetização. Mas ao contrário do mesmo, esse foi construído a partir da pólis democrática e se transformou, assim, em uma forma de organização mais penetrante e coesa. Sua infraestrutura era principalmente de poder *difuso* ao invés de autoritário: seus elementos se espalharam "universalmente", pelo menos entre os cidadãos, sem muita organização autoritária (exceto em períodos de alguma hegemonia ateniense ou espartana).

A terceira rede era ainda mais extensa. Era ideológica na forma, embora naturalmente tivesse precondições sociais. Eu me referi, no capítulo 5, ao elemento voltado ao exterior e irrestrito da ideologia mesopotâmica tardia, disposto a conferir humanidade e dignidade básicas a qualquer homem de classe alta capaz de cultivar a razão da civilização. Isto pode ter sido geral nas primeiras civilizações. Como ainda estamos sobrecarregados com a bagagem linguística do final do século XIX enfática da "etnicidade" – e como também operamos com frequência em modelos unitários e limitados de sociedade – é difícil ter certeza. Mas, seja qual for o caso dos povos anteriores, muitos gregos proclamaram a unidade da humanidade em geral e estenderam-na além das barreiras de classe mais do que seus antecessores. Era um problema para eles, dada a intensidade de suas lutas com outros povos e a normalidade da escravidão. Mas eles reconheceram o problema abertamente.

Tereus, de Sófocles, é uma peça (que sobreviveu apenas em fragmentos) sobre conflitos com estrangeiros. Nela, o coro dos cidadãos recebe uma ideologia igualitária e unificadora: "Há uma única raça humana. Um único dia nos trouxe todos de nossos pais e mães. Nenhum homem nasce superior ao outro. Mas o destino de um homem é a desgraça de dias infelizes, o de outro é o sucesso; e sobre outros cai o jugo das dificuldades da escravidão" (apud BALDRY, 1965: 37). A contradição entre a visão ideal e as exigências práticas é plenamente reconhecida.

Tucídides nos diz que há uma única "natureza do homem", da qual o "grego" e o "bárbaro" são apenas variações transitórias. A autoconsciência grega era extraordinária – era a da contradição. Por um lado, via a "unidade da humanidade" (como no título do livro de Baldry), unida pela razão, regulando pragmaticamente as mais violentas lutas entre Estado e classes. Por outro lado, reconhecia as práticas contraditórias: a imputação da razão apenas aos homens livres civilizados, ou seja, excluindo escravos, dependentes supostamente servis de governantes orientais, mulheres, crianças ou bárbaros. Mais tarde, uma solução parcial foi encontrada: ser grego, helênico, era uma questão de cultivo da razão através da "educação na sabedoria e na fala", como Isócrates formulou. Após as conquistas de Alexandre, essa definição foi implantada como política. Gregos, persas de classe alta e outros se tornaram os governantes cultos do mundo helenístico, do qual os nativos não gregos eram excluídos. A definição funcionou como um dispositivo restritivo da classe dominante por um tempo. Mas, eventualmente, a "humanidade em geral" grega emergiu transformada nas religiões de salvação do Oriente Médio, agora fundido com outras forças.

Permitam-me voltar ao capítulo 2 e à principal conclusão da arqueologia pré-histórica: a humanidade continuou como uma só espécie e suas adaptações locais resultaram não em subespeciação, mas na difusão global da cultura. Na pré-história, os processos de difusão foram sempre muito mais extensos do que a capacidade de qualquer organização social autoritária. É verdade que no registro histórico observamos a emergência de poderes organizados enjaulados de vários tipos. Nada poderia ser mais enjaulado do que o cidadão hoplita. Mesmo que o equilíbrio do movimento pendesse no sentido de sociedades mais autoritárias, coesas e delimitadas, todas elas geraram, também, forças que se difundiram por espaços mais amplos do que elas próprias poderiam autoritariamente organizar. A unidade potencial da humanidade, maior em comparação com a unidade de qualquer sociedade existente, era evidente para os participantes da história descrita até agora. Os gregos, seguindo, mas adicionando às concepções dos outros, deram expressão ideológica clara a tal unidade. Isso desempenhou um papel importante no desenvolvimento de suas próprias formas sociais. Teria também influência significativa sobre as novas religiões universais que surgiriam em breve com uma noção menos praticamente limitada dessa unidade.

Essas são, portanto, as três principais redes de poder da sociedade grega. Cada uma delas foi dividida, mas também impulsionada por uma luta de classes aberta, que eu chamei de uma luta de classes extensiva, em grande parte simétrica e politizada – a primeira desse tipo que podemos encontrar na história. A dialética da Grécia foi em grande parte – como Marx disse que era – uma luta de classes. Mas era também uma dialética entre as três redes em si. Cada uma parece ter sido dependente da existência das outras para sua viabilidade contínua; e a vitalidade e o dinamismo da Grécia parecem ter exigido sua interação. Sem a orientação externa da segunda e terceira redes, a pólis permaneceria em sua fase hoplita de desenvolvimento – democrática, mas firmemente disciplinada, militarista em espírito, e sem filosofia e ciência racionais – como Esparta. Sem a potencialidade para uma unidade grega, a pólis perderia para a Pérsia. Sem a pólis, a identidade e a cultura gregas não poderiam transcender a classe. Sem a curiosidade pelo mundo exterior e a crença na razão, os gregos não teriam se dedicado de modo tão frutífero ao desenvolvimento da pólis e da identidade nacional, e sua civilização não teria resistido aos conquistadores macedônios e romanos. Sem a pólis democrática e uma identidade que transcendesse a localidade, a confiança na razão não seria libertada. Assim, as inter-relações dos três níveis de organização social eram extremamente complexas. Apenas esbocei as suas histórias – e um relato mais adequado exigiria uma compreensão de todas as grandes cidades-Estado, não apenas da minha convencional apresentação de Esparta e Atenas.

A complexidade e a multiplicidade das redes de poder certamente fazem da realização grega um "acidente histórico", não um estágio na história da evolução mundial. Embora tenha sido certamente construída sobre o desenvolvimento de longo prazo do mundo mediterrâneo, descrito no capítulo anterior, um número de oportunidades fundiu-se nesse lugar de modo bastante extraordinário. No entanto, uma generalização pode ser feita, embora deva ser restrita a este único caso (por enquanto). A conquista grega da liberdade e do dinamismo ocorreu precisamente *porque* as fronteiras dessas três redes de poder não coincidiam. Nenhum conjunto de relações de poder poderia estabelecer dominância e se estabilizar. Nenhum Estado poderia institucionalizar realizações passadas e se contentar com elas. Não existia um único poder para se apropriar da inovação para seus próprios fins privados. Nenhuma classe ou Estado poderia dominar os outros. A civilização de múltiplos atores de poder provou mais uma vez ser capaz de se apropriar "da linha de frente" do poder.

A queda e as contradições finais

A não coincidência dos limites do poder também continha contradições, que acabaram por provocar a queda da Grécia. Faço um breve esboço disso. O sucesso contínuo, espalhado de forma desigual pelas cidades-Estado, levou a relações hierárquicas de "classe" entre elas. À medida que os recursos econômicos e militares cresciam, eles eram cada vez mais monopolizados e veladamente centralizados pelas classes altas de cidadãos dos principais estados. No fim das contas não houve como evitar isso, pois a prosperidade grega no século V a.C. exigia uma defesa centralizada pelo menos regionalmente contra a Pérsia no Leste e Cartago no Oeste. Atenas não renunciaria a uma hegemonia assim obtida, mas não foi forte o suficiente para mantê-la contra a revolta liderada por Esparta na Guerra do Peloponeso. Por sua vez, a vitória espartana inaugurou sua própria hegemonia de curta duração em 413. Tebas e Atenas acabaram com essa nos anos seguintes a 380. Posteriormente, nenhuma cidade-Estado alcançou a hegemonia ou a coordenação da defesa regional.

Agora a contradição tornou-se evidente. Por um lado, a autonomia política das cidades-Estado e sua economia floresciam. Ostensivamente também o fez a sua vida ideológica, pois o período de 430 a 420 é o dos filósofos mais famosos, Sócrates, Platão e Aristóteles. Mas detectamos em seus escritos uma cultura de classe alta que refletia e reforçava um enfraquecimento da coesão democrática tradicional da pólis. Por outro lado, as potencialidades das relações de poder militar estavam sendo sufocadas pelas pequenas cidades-Estado. Isso precisa ser um pouco mais detalhado. É importante porque a queda da Grécia antiga assumiu uma forma militar.

A descoberta, por várias potências estrangeiras, de que os hoplitas gregos lutavam bem como mercenários, acabou por minar a viabilidade da tradicional milícia cidadã. A maioria das principais cidades-Estado gregas era mais próspera em riquezas do que em contingente humano de cidadãos. No quarto século, as cidades-Estado começaram a recrutar hoplitas mercenários. Pela década de 360, até mesmo Esparta estava usando mercenários no próprio Peloponeso. Mercenários e seus comandantes não eram cidadãos e tinham pouco compromisso com a pólis. O crescimento de grandes exércitos nas Guerras Persas também levou ao desenvolvimento de forças e métodos de luta mais variados – hoplitas, arqueiros, cavalaria, infantaria leve, guerra de cerco que exigia maior coordenação centralizada – o que mais uma vez enfraqueceu a democracia interna das pólis. As condições da guerra – originalmente essenciais ao sistema da pólis – desapareceram. No século IV houve também desenvolvimentos táticos, uma vez que a infantaria leve foi mais amplamente treinada e equipada com espadas e lanças mais longas. Esses *peltasts* das fronteiras do norte eram, por vezes, sinistramente capazes de cortar em pedaços até mesmo hoplitas espartanos. As forças navais permaneceram relativamente inalteradas. Com o surgimento tardio de uma marinha espartana, houve um equilíbrio de forças navais tripartido no quarto século, entre Atenas, Esparta e Pérsia, que usavam navios fenícios.

Mas a mudança potencial decisiva estava agora em terra. Os custos da guerra aumentaram. As pequenas cidades-Estado, e mesmo Atenas, não podiam mais arcar com eles. Tampouco podiam facilmente gerir a coordenação central de grandes e variadas forças sem destruir as suas próprias estruturas políticas e de classe. Mas estados mais amplamente organizados e autoritários poderiam.

Progressivamente dois tipos de comandantes percebiam seu poder – o general/ tirano mercenário e o rei das fronteiras nortenhas capazes de mobilizar forças "tribais nacionais". O general siciliano Dionísio foi o primeiro protótipo; Jasão da Tessália, o segundo. Alguns membros das classes altas das cidades-Estado passaram a trair a democracia e a entrar em negociações. Quando Filipe, rei da Macedônia, aprendeu a combinar três funções – coordenar e disciplinar mercenários e macedônios; transformá-los em mulas, mas recompensá-los com espólio; e entrar em uma aliança pan-helênica de classes altas – seu avanço alimentou-se de seus próprios sucessos (para um relato completo, cf. ELLIS, 1976). Seu reino começou a parecer mais um império de dominação do que um *ethnos* grego. A pressão sobre as cidades-Estado terminou em vitória total em Queroneia em 338. Filipe incorporou-as à sua dominada Liga de Corinto e marchou para a Ásia. Sua morte súbita, em 336, trouxe apenas uma breve pausa ao imperialismo macedônio, pois seu filho era Alexandre. As cidades gregas nunca mais foram estados totalmente autônomos. Durante mais de 1.000 anos foram municípios e clientes de impérios de dominação.

Referências

ALBRIGHT, W. (1946). *From Stone Age to Christianity*. Baltimore: Johns Hopkins University Press.

ANDERSON, J.K. (1970). *Military Theory and Practice in the Age of Xenophon*. Berkeley: University of California Press.

ARISTOTLE (1948). *Politics*. Ed. de E. Barker. Oxford: Clarendon Press.

_____ (1926). *The "Art" of Rhetoric*. Ed. de J.H. Freese. Londres: Heinemann.

AUSTIN, M.M. & VIDAL-NAQUET, P. (1977). *Economic and Social History of Ancient Greece*: An Introduction. Londres: Batsford.

BALDRY, H.C. (1965). *The Unity of Mankind in Greek Thought*. Cambridge: Cambridge University Press.

BARKER, P. (1979). *Alexander the Great's Campaigns*. Cambridge: Patrick Stephens.

BRAUDEL, F. (1975). *The Mediterranean and the Mediterranean World in the Age of Philip II*. 2 vols. Londres: Fontana.

CARTLEDGE, P.A. (1977). Hoplites and heroes: Sparta's contribution to the techniques of ancient warfare. In: *Journal of Hellenic Studies*, 97.

DAVIES, J.K. (1978). *Democracy and Classical Greece*. Londres: Fontana.

DODDS, E.R. (1951). *The Greeks and the Irrational*. Berkeley: University of California Press.

EHRENBURG, V. (1969). *The Greek State*. Londres: Methuen.

ELLIS, J.R. (1976). *Philip II and Macedonian Imperialism*. Londres: Thames & Hudson.

FINLEY, M. (1983). *Politics in the Ancient World*. Cambridge: Cambridge University Press.

_____ (1978). The fifth-century Athenian empire: a balance sheet. In: GARNSEY, P.D.A. & WHITTAKER, C.R. (eds.). *Imperialism in the Ancient World*. Cambridge: Cambridge University Press.

_____ (1960). *Slavery in Classical Antiquity*. Cambridge: Heffer.

FRANKENSTEIN, S. (1979). The Phoenicians in the Far West: a function of Neo-Assyrian imperialism. In: LARSEN, M.T. (ed.). *Power and Propaganda*: A Symposium on Ancient Empires. Copenhague: Akademisk Forlag.

GOODY, J. (1968). Introduction. In: *Literacy in Traditional Societies*. Cambridge: Cambridge University Press.

GOODY, J. & WATT, I. (1968). The Consequences of literacy. In: *Literacy in Traditional Societies*. Cambridge: Cambridge University Press.

GRAY, J. (1964). *The Canaanites*. Londres: Thames & Hudson.

GRIERSON, P. (1977). *The Origins of Money*. Londres: Athlone.

HAMMOND, N.G.L. (1975). *The Classical Age of Greece*. Londres: Weidenfeld & Nicolson.

HARDEN, D. (1971). *The Phoenicians*. Harmondsworth, Ingl.: Penguin Books.

HARVEY, F.D. (1966). Literacy in the Athenian democracy. In: *Revue des Etudes Grecques*, 79.

_____ (1965). Two kinds of equality. In: *Classica et Mediaevalia*, 26/27.

HEICHELHEIM, F.M. (1958). *An Ancient Economic History*. Leiden: Sijthoff.

HERODOTUS (1972). *The Histories*. Ed. de A.R. Bum. Harmondsworth, Ingl.: Penguin Books.

HOPPER, R.J. (1976). *The Early Greeks*. Londres: Weidenfeld & Nicolson.

LARSEN, J.A.O. (1968). *Greek Federal States*. Oxford: Clarendon.

MARX, K. (1973). *The Grundrisse*. Ed. de M. Nicolaus. Harmondsworth, Ingl.: Penguin Books.

McNEILL, W. (1963). *The Rise of the West*. Chicago: University of Chicago Press.

MEIGGS, R. (1972). *The Athenian Empire*. Oxford: Oxford University Press.

MOMIGLIANO, A. (1975). *Alien Wisdom*: The Limits of Hellenization. Cambridge: Cambridge University Press.

MOSSÉ, C. (1962). *La fin de la democratie athenienne.* Paris: Faculte des Lettres et Sciences Humaines de Clennont-Ferrand.

MURRAY, O. (1980). *Early Greece.* Londres: Fontana.

PRITCHETT, W.K. (1971). *Ancient Greek Military Practices.* Pt. 1. Berkeley: University of California Classical Studies.

ROSTOVTZEFF, M. (1941). *Social and Economic History of the Hellenistic World.* 3 vols. Oxford: Clarendon.

RUNCIMAN, W.G. (1982). Origins of states: the case of Archaic Greece. In: *Comparative Studies in Society and History,* 24.

SALMON, J. (1977). Political hoplites. In: *Journal of Hellenic Studies,* 97.

SNODGRASS, A.M. (1971). *The Dark Age of Greece.* Edimburgo: Edinburgh University Press.

_____ (1967). *Arms and Armour of the Greeks.* Londres: Thames & Hudson.

_____ (1965). The hoplite reform and history. In: *Journal of Hellenic Studies,* 85.

STE. CROIX, G.E.M. (1981). *The Class Struggle in the Ancient Greek World.* Londres: Duckworth.

STRATTON, J. (1980). Writing and the concept of law in ancient Greece. In: *Visible Language,* 14.

THUCYDIDES (1910). *The History of the Peloponnesian War.* Londres: Dent.

VERNANT, J.-P. & VIDAL-NAQUET, P. (1981). *Tragedy and Myth in Ancient Greece.* Brighton: Harvester.

WALBANK, F.W. (1981). *The Hellenistic World.* Londres: Fontana.

_____ (1951). The problem of Greek nationality. In: *Phoenix,* 5.

WARMINGTON, B.H. (1969). *Carthage.* Harmondsworth, Ingl.: Penguin Books.

WEST, M.L. (1971). *Early Greek Philosophy and the Orient.* Oxford: Oxford University Press.

WHITTAKER, C.R. (1978). Carthaginian imperialism in the 5th and 4th centuries. In: GARNSEY, P.D.A. & WHITTAKER, C.R. (eds.). *Imperialism in the Ancient World.* Cambridge: Cambridge University Press.

8
Impérios de dominação revitalizados:
Assíria e Pérsia

A Grécia representou um tipo oposto de reação aos desafios impostos pelo Norte, discutidos no capítulo 6. O outro tipo era o império de dominação revitalizado. Os principais impérios contemporâneos às histórias fenícia e grega, que acabamos de discutir, eram a Assíria e a Pérsia. Meu tratamento a seu respeito será breve e às vezes incerto, porque as fontes não são tão boas quanto no caso da Grécia. Na verdade, muito do nosso conhecimento sobre a Pérsia é extraído dos relatos gregos a respeito de sua grande luta – uma fonte obviamente tendenciosa.

No capítulo 5 estabeleci as quatro principais estratégias de governo para o Império antigo: governar por meio das elites conquistadas; governar por meio do exército; ou mover-se na direção de um nível mais elevado de poder, por meio de uma mistura entre a "cooperação obrigatória" de uma economia militarizada e os primórdios de uma cultura de classe superior difusa. Por um lado, o surgimento do arado de ferro e da expansão do comércio local, da moeda e da alfabetização tenderam a descentralizar a direção do desenvolvimento econômico, tornando a cooperação obrigatória um pouco menos produtiva e menos atraente como estratégia. Por outro lado, o crescente caráter cosmopolita desses processos facilitou a difusão de identidades de cultura de classe mais ampla, que também poderiam ser usadas como um instrumento de governo.

As estratégias dominantes dos dois impérios diferiam dentro desses amplos limites e possibilidades. De um modo geral, os assírios combinaram o governo por meio do exército e um grau de cooperação obrigatória com um "nacionalismo" de classe alta difuso em seu próprio núcleo. Os persas, entrando mais tarde numa arena mais cosmopolita, combinaram o domínio por meio das elites conquistadas com uma cultura de classe superior mais ampla e universalizada. A diferença é outro sinal de que, quaisquer que sejam as suas amplas semelhanças, os impérios de dominação, no entanto, diferiram consideravelmente de acordo com as circunstâncias locais e da história universal. Recursos de poder, especialmente os ideológicos, se desenvolviam consideravelmente no primeiro milênio a.C. Primeiro a Assíria, depois a Pérsia, e finalmente Alexandre o Grande e seus sucessores helenísticos conseguiram ampliar a infraestrutura de governo imperial e de classe.

Assíria

Os assírios[1] derivaram o seu nome de Assur, uma cidade ao norte da Mesopotâmia, no Tigre. Eles falavam um dialeto do acadiano e estavam estrategicamente localizados na principal rota comercial entre a Acádia e a Suméria ao sul e a Anatólia e a Síria ao norte. Inicialmente, os vemos sobretudo como comerciantes, enviando colônias comerciais de Assur e estabelecendo na "Velha Assíria" a forma fraca, pluralista e oligárquica de governo, provavelmente típica dos antigos povos comerciais.

Os assírios devem sua fama a uma transformação notável na sua estrutura social. No século XIV a.C., embarcaram numa política de expansão imperial, e no Médio Império (1375-1047) e no Novo Império (883-608), tornaram-se sinônimos de militarismo. Sabemos pouco sobre essa transformação, mas ela envolveu resistência aos soberanos de Mitani e Cassitas. Mais tarde, os assírios adquiriram controle sobre as amplas terras interiores de águas pluviais e depósitos de minério de ferro. Os reis assírios acharam fácil e barato equipar suas tropas com armas de ferro e ajudar na difusão de ferramentas agrícolas de ferro entre seus camponeses nas planícies do norte da Mesopotâmia. O efeito geopolítico da Idade do Ferro sobre o Império Assírio foi muito marcado. Pois embora o centro do império se situasse nas rotas de comércio do rio (como era todos os seus antecessores), ele derivou a maior parte do seu excedente do cultivo e pastoreio das terras interiores de águas pluviais. O papel do camponês-agricultor e do camponês-soldado foi bastante semelhante ao de Roma, mais tarde. O núcleo do Império Assírio – e, posteriormente, do Império Persa na mesma área – foi as planícies de cultivo.

Dadas as nossas próprias tradições bíblicas, é desnecessário afirmar que o Império Assírio era militarista. Registros e esculturas assírias, os gritos de horror e desespero registrados por seus inimigos testemunham isso. No entanto, é preciso distinguir a realidade da propaganda no que se refere a seu militarismo, embora os dois estivessem intimamente ligados. Sua conexão foi o resultado lógico da tentativa de governar em grande parte por meio do exército. Eu argumentei que nos impérios de dominação a opção do exército consistia, então, em aterrorizar os inimigos pela implementação e uso ocasional da repressão máxima, promovendo uma submissão "voluntária".

---

1. Principais fontes. Sobre a velha Assíria: Larsen, 1976. • No Médio Império: Goetze, 1975; Muon-Rankin, 1975; e Wiseman, 1975. • E principalmente no Novo Império: Olmstead, 1923; Driel, 1970; Postgate, 1974a, 1974b, 1979; e Reade, 1972. Na Inglaterra é possível obter um impressionante sentido visual do poder e militarismo assírio pelos magníficos baixos-relevos e inscrições nas galerias assírias do Museu Britânico.

Contudo, devemos acreditar apenas em uma pequena fração dos relatos sobre a glória assíria. Isto é claro em uma área onde os acadêmicos têm às vezes mostrado credulidade – a questão do tamanho do exército assírio do Novo Império. Estudiosos como Manitius e Saggs (1963) têm argumentado da seguinte forma: o exército era composto de dois elementos: o recrutamento dos governadores provinciais e um exército permanente central. Um único recrutamento provincial típico consistia em 1.500 homens de cavalaria e 20.000 arqueiros e homens de infantaria, e havia muitos desses recrutamentos (pelo menos vinte em todo império). O exército permanente central era suficientemente amplo para coagir um governador provincial excessivamente ambicioso – por isso, pelo menos o dobro do tamanho de qualquer dos seus recrutamentos. Assim, o exército assírio total era de várias centenas de milhares, provavelmente mais de meio milhão. Isso concordaria com as reivindicações assírias de muitas vezes infligir perdas de 200.000 mortos aos seus inimigos e também levando centenas de milhares de prisioneiros.

Isso está em conformidade com a propaganda assíria, e não com qualquer compreensão das realidades logísticas. Como poderia um exército de "centenas de milhares" ser reunido em um só lugar, quanto mais apontado para o inimigo, em tempos antigos? Como eles poderiam ser equipados e supridos? Como poderiam se mover em conjunto? Eis a resposta: eles não podiam ser reunidos, apontados, equipados, supridos ou movidos. Os antecessores dos assírios na área, os hititas, estavam bem organizados para a guerra. No seu auge, colocaram no campo 30.000 homens, embora os tenham enviado para um local de encontro em muitos destacamentos separados sob senhores separados. Seus sucessores, os persas, conseguiram números maiores (como veremos) – talvez concentrações de cerca de 40.000 a 80.000. Na situação de suprimento especialmente fácil da invasão da Grécia, as forças persas poderiam alcançar um pouco mais, além das forças navais semelhantes. Mesmo assim, apenas uma pequena parte dessas forças poderia se envolver em uma única batalha. Os romanos em uma fase posterior também podiam atacar com até cerca de 70.000, embora normalmente conseguissem menos de metade disso. As estimativas persa e romana são complicadas por conta dos sistemas de alistamento camponês. Teoricamente, todos os cidadãos romanos poderiam ser alocados no exército, e talvez também a maioria dos camponeses persas. Essa parece ser a única explicação dos supostos números assírios que teriam qualquer fundamento na realidade. O alistamento camponês fez com que o número total, em termos teóricos, fosse enorme, e os líderes assírios mantiveram uma pretensão ideológica de que o alistamento universal poderia ser empregado.

Por que as alegações aparentemente alcançaram plausibilidade? Primeiro, ninguém contabilizava realmente tais exércitos, pela simples razão de que eles se reuniam apenas brevemente, sendo normalmente dispersos em muitos destacamentos. Provavelmente o próprio rei assírio tinha pouca ideia do total.

Segundo, o inimigo confundia mobilidade com o peso de números (como aconteceu mais tarde com as vítimas dos mongóis). Dois feitos militares foram realizados pelos assírios. Eles introduziram raças de cavalos mais pesadas, mas mais rápidas, que foram pilhadas do norte e do leste e criadas nas ricas terras de pastagem da planície. Foram talvez a primeira força de cavalaria organizada na história do Oriente Próximo que se diferenciava da biga. Introduziram, ainda, uma estrutura regimental mais clara, permitindo uma melhor coordenação da infantaria, cavalaria e arqueiros (mais tarde imitada pelos persas). Sua linha de batalha era bastante solta e móvel: combinava pares de infantaria – consistindo de um arqueiro protegido por um escudo blindado e portador de lança – com cavaleiros, carruagens e atiradores. Significativamente, a propaganda militar assíria misturava as noções de aceleração e massa – e afinal, é a sua combinação, a velocidade, que importa na batalha. O inimigo temia ataques-surpresa por parte dos assírios. As inscrições de Sargão II (722-705 a.C.) também sugerem que um novo exército permanente estava pronto para a ação durante todo o ano. Ambos indicariam que também deve ter havido um excelente comissariado assírio.

Em suma, o que era logisticamente possível para os assírios era uma melhoria nos detalhes organizacionais e nos cavalos de cavalaria, talvez dependente das melhorias cumulativas na produção agrícola introduzidas pela Idade do Ferro. Mas as restrições gerais do império ainda eram significativas.

Se eles sempre se comportassem como gostavam de se gabar, e como obviamente às vezes se comportavam, não teriam durado muito tempo. Eis um excerto típico dos anais reais assírios se vangloriando do que aconteceu a uma cidade-Estado derrotada:

> Eu derrubei 3.000 dos seus combatentes com a espada. Eu carreguei prisioneiros, possessões, bois [e] gado deles. Eu queimei muitos cativos deles. Eu capturei muitas tropas vivas: cortei de uns os seus braços [e] as suas mãos; cortei de outros os seus narizes, as suas orelhas [e] extremidades. Arranquei os olhos de muitas tropas. Eu fiz uma pilha de vivos [e] uma das cabeças. Eu pendurei suas cabeças em árvores ao redor da cidade. Queimei rapazes e moças adolescentes. Eu arrasei, destruí, queimei [e] consumi a cidade.

Por outro lado, os anais dizem que, em algumas ocasiões, os assírios foram positivamente obsequiosos para com os babilônios. Deram a eles "comida e vinho, os vestiram com roupas de cores vivas e lhes ofereceram presentes". (Trechos dos anais são de GRAYSON, 1972, 1976.) Eles também variaram sua escolha de vassalos – às vezes governadores assírios, às vezes reis clientes governando sob sua suserania. Para quem pagasse seu tributo e reconhecesse a soberania assíria, a leniência seria mostrada! Sob essas condições, a ordem e a proteção assírias eram frequentemente bem-vindas pelos habitantes da Mesopotâmia. Mas para quem resistisse ou se rebelasse:

Quanto àqueles homens [...] que maquinaram o mal contra mim, eu lhes rasguei as línguas e os derrotei completamente. Os outros, vivos, eu esmaguei com as mesmas estátuas de divindades protetoras com as quais eles tinham esmagado meu próprio avô Senaquerib – agora finalmente como um sacrifício de enterro tardio pela sua alma. Eu alimentei seus cadáveres, cortados em pequenos pedaços, os cães, porcos, pássaros zibu, abutres, os pássaros do céu e os peixes do oceano (apud OATES, 1979: 123).

Assim declarou o Rei Assurbanipal (668-626 a.C.).

Essa era a "opção pelo exército", perseguida até os limites mais ferozes conhecidos em nossas tradições históricas. Um grupo militarmente inventivo era capaz de grandes conquistas, de manter uma população aterrorizada pela ameaça e uso ocasional do militarismo impiedoso. Isso também se estendeu a uma política que, conquanto não fosse exatamente novidade (o Estado hitita continha números de "deportados"), foi consideravelmente ampliada: a deportação forçada de povos inteiros, incluindo, como sabemos a partir da Bíblia, as dez tribos de Israel.

Tais políticas tiveram, em grande parte, caráter exploratório. Contudo também podemos detectar a cooperação compulsória no militarismo assírio. Quando os anais reais terminam os seus gabaritos de violência, eles se voltam para os seus alegados benefícios. A imposição da força militar, dizem eles, leva à prosperidade agrícola de quatro maneiras: (1) a construção de "palácios", centros administrativos e militares (que fornecem segurança e "keynesianismo militar"); (2) o fornecimento de arados para o campesinato (investimento aparentemente financiado pelo Estado); (3) a aquisição de cavalos de tração (útil tanto na cavalaria como na agricultura); e (4) o armazenamento de reservas de grãos. Postgate (1974a, 1980) considera que isso foi um fato e um orgulho: com o avanço dos assírios, aumentaram a densidade populacional e estenderam a área de cultivo para terras até então "desérticas" – até mesmo a política de deportação forçada era provavelmente parte dessa estratégia de colonização. A ordem militarista ainda era útil para a população sobrevivente (em expansão).

Mas os assírios também eram inventivos de outras formas. Como eu indiquei no capítulo 5, o principal perigo em usar a opção do exército pode não ser o óbvio de incorrer apenas no ódio dos conquistados. Pode antes ser a dificuldade de manter o exército unido em condições políticas pacíficas. Os assírios usaram o mecanismo consagrado pelo tempo, que chamamos vagamente de "feudal", de conceder terras, pessoas e cargos políticos conquistados a seus tenentes e soldados em troca do serviço militar. Mais tarde, mantiveram um exército de campo móvel para cuidar de tudo. Mas isso certamente seria insuficiente para impedir que os conquistadores "desaparecessem" no âmbito da "sociedade civil". No entanto, os conquistadores assírios aparentemente não o fizeram, ou, pelo menos, houve menos períodos de guerra civil, disputa de sucessão e anarquia interna do que seria habitual em um império de tal tamanho e duração.

A razão parece ser uma forma de "nacionalismo". É certo que a palavra pode ser inapropriada. Sugere uma ideologia coesa que se espalha verticalmente por todas as classes da "nação". Nós não temos qualquer evidência de que isso tenha ocorrido na Assíria. Parece bastante improvável em tal sociedade hierárquica. O "nacionalismo" grego era dependente da igualdade rudimentar e de uma medida de democracia política que os assírios não tinham. Parece mais seguro afirmar que as classes altas assírias – nobreza, proprietários de terras, comerciantes, oficiais – conceberam a si mesmos como pertencentes à mesma nação. Ainda nos séculos XIV e XIII a.C. surgiu uma aparente mudança na consciência nacional. A referência padrão à "cidade de Assur" mudou para "terra de Assur". Eu já notei, no capítulo 4, a caracterização de Liverani (1979) da religião assíria no Novo Império como sendo nacionalista, porque a própria palavra "assírio" veio a significar "santo". O que queremos dizer com religião assíria é, naturalmente, a propaganda estatal que sobrevive até nós em grande parte por meio de inscrições esculturais e da biblioteca felizmente preservada de Assurbanipal. No entanto, a propaganda tem como objetivo persuadir e apelar, nesse caso para o mais importante suporte do governo, a classe alta assíria e o exército. *Eles* parecem ter participado de uma ideologia comum, uma comunidade normativa que se difundiu universalmente entre as classes altas. Tal como a elite romana, eram predominantemente proprietários de terras ausentes, residindo nas capitais e, presumivelmente, também como os romanos, partilhavam uma vida social e cultural próxima. Essa comunidade parece ter terminado abruptamente nos limites do que foi chamado de a nação assíria, consignando as províncias exteriores a um Estado periférico claramente subordinado. Essa foi, provavelmente, a mais nova técnica de governo, acrescentando coesão ao núcleo do império. Esse é o momento de nossa narrativa, até o presente, em que o poder ideológico como *moral* imanente da *classe dominante* aparece de forma mais nítida.

Cumpre ressaltar que, nessa altura, esse quase-nacionalismo não era prerrogativa exclusiva dos assírios. No capítulo 5, eu me referia à visão de Jacobsen sobre as religiões do primeiro milênio a.C. (no Oriente Próximo) como sendo de caráter nacionalista. O judaísmo é um exemplo óbvio. Jacobsen argumentou que esta era uma resposta às perigosas e incertas condições violentas da época. Mas o inverso poderia ser argumentado: a violência pode ser devido a sentimentos nacionalistas. Cortar a língua das pessoas antes de espancá-las até à morte com seus próprios ídolos não é uma resposta óbvia a condições de perigo! Há algo de novo a ser explicado sobre a propagação do nacionalismo.

Mas não podemos realmente explicá-lo com detalhes acadêmicos, pois há muito pouco disponível. Eis aqui minha própria especulação. Com o desenvolvimento da alfabetização, do comércio local e regional e de formas rudimentares de cunhagem, e com o crescimento dos excedentes agrícolas no coração do Estado, as fontes mais difusas e universais de identidade social cresceram em detrimento das fontes locais e particularistas. Não são apenas os grandes impérios que podem incorporar esse universalismo, como argumenta Eisenstadt (cujas ideias discuti no capítulo 5). Em outras condições, formas mais descentralizadas de universalismo podem se espalhar. Isso provavelmente começou a ocorrer no início do primeiro milênio a.C. Wiseman (1975) detecta um cosmopolitismo crescente na Assíria e na Babilônia no período de 1200-1000 a.C., uma fusão de práticas assírias, babilônicas e hurritas. Não consigo explicar por que razão sentidos de identidade mais amplos e difusos deveriam formar dois níveis distintos: o da cultura cosmopolita sincrética e o da protonação como os assírios ou os judeus. Ambos foram movimentos em direção a identidades mais amplas e difusas. Uma vez formado, o crescente sentido de identidade dos assírios não é difícil de explicar: ele se alimentou do seu tipo de militarismo bem-sucedido, mais ou menos como se deu mais tardiamente, e mais visivelmente, entre os romanos da república primitiva e madura. Mas não foram tão longe como os romanos ou os persas na extensão da "cidadania/identidade nacional" assíria às classes dominantes dos povos conquistados.

Os assírios foram conquistadores extraordinariamente bem-sucedidos, provavelmente em virtude do seu nacionalismo exclusivo. Mas isso também provocou a sua ruína. Os seus recursos foram levados ao limite pelas responsabilidades do governo militarista. O império entrou em colapso no seu núcleo assírio em resposta à pressão dos povos semíticos da Arábia, a quem chamamos arameus.

Eventualmente, o Novo Império voltou a se erguer, com o dobro da extensão dos seus antecessores. No momento em que o Novo Império se tornou institucionalizado, por volta de 745 a.C., uma mudança significativa ocorreu. A escrita simplificada da língua aramaica (da qual derivavam as escritas em árabe e hebraico) começou a penetrar em todo o império, sugerindo que sob o nacionalismo militar e ideológico dos assírios, um cosmopolitismo intersticial e regional estava se desenvolvendo rapidamente. Uma grande diversidade de povos conquistados estava compartilhando algum grau de intercâmbio ideológico e econômico. A política de deportação em massa encorajou isso. Os assírios tinham desenvolvido uma forma de poder militar/político bastante estreita. A sua própria estrutura social apoiava o militarismo e foi transformada de acordo com as suas necessidades, de modo que, por exemplo, o feudalismo militar surgiu como forma de recompensar as tropas, mas mantendo-as como uma força de reserva ativa. Mas, para outras fontes de poder, eles estavam relativamente mal-equipados. Seu interesse comercial parece ter diminuído, pois muito do comércio externo foi deixado para os fenícios e algum comércio interno foi apropriado pelos arameus. A alfabetização poderia integrar uma área maior, mas não sob seu próprio controle exclusivo. Suas políticas impiedosas esmagaram as pretensões militares/políticas dos rivais na área, mas deixaram vários deles com contribuições particulares e especializadas a fazer ao império. Um cosmopolitismo emergente era o produto desse processo, embora estivesse sob as lanças assírias.

Mesmo esse império com aparência feroz não era unitário. Ele possuía dois níveis distintos de interação que se alimentavam criativamente durante a ascensão da Assíria, mas que se transformaram, no seu declínio, em oposição ou subversão mútua. Pode muito bem ser o mesmo tipo de processo que podemos observar muito mais claramente no último caso de Roma, discutido nos capítulos 9 e 10. Se assim for, os assírios, como os romanos, perderam o controle das forças da "sociedade civil" que eles próprios tinham encorajado. E a sua resposta inicial seria apertar o punho, em vez de soltá-lo – por meio de um maior sincretismo cultural.

Quando desafiada militarmente, a Assíria não podia absorver e se fundir. Poderia lutar até à morte. Eventualmente isso ocorreu, de modo rápido e aparentemente inesperado. Depois de lidar supostamente com sucesso, com incursões citas no norte e com agitação interna, a Assíria sucumbiu diante das forças combinadas dos medos e babilônios, entre 614 e 608 a.C. Suas cidades foram destruídas em um surto de ódio por parte dos oprimidos. A Assíria e seu povo desaparecem de nossos registros. Singular entre os grandes impérios antigos, a Assíria não tem sido investigada com cuidado por ninguém, embora detectemos a influência assíria sobre as administrações imperiais posteriores.

O Império Persa

Por um curto período de tempo, um equilíbrio de poder geopolítico existiu no Oriente Médio entre os dois estados conquistadores, a Média e a Babilônia, e o Egito. Os medos eram provavelmente semelhantes aos persas[2], sobre quem primeiro exercitaram o senhorio. Ambos os estados foram estabelecidos no planalto iraniano e adaptaram as técnicas de batalha dos arqueiros montados das estepes para a organização dos assírios. Heródoto nos diz que o rei da Média foi o primeiro a organizar exércitos asiáticos em unidades separadas de lanceiros, arqueiros e cavalaria – uma clara imitação da organização assíria.

Mas então um rei vassalo persa, Ciro II, revoltou-se, explorou divisões dentro dos medos e conquistou o seu reino em 550-549. Em 547, Ciro marchou para oeste e conquistou o Rei Creso de Lídia, assegurando assim o continente da Ásia Menor. Seus generais então tomaram uma por uma as cidades-Estado gregas da Ásia Menor. Em 539, a Babilônia se submeteu. O Império Persa se estabeleceu, ainda maior em extensão do que o Novo Império assírio e o maior já visto no mundo. No seu auge, continha ambas satrapias, indiana e egípcia,

---

2. As principais fontes foram: Olmstead, 1948; Burn, 1962; Ghirshman, 1964; Frye, 1976; Nylander, 1979; e Cook, 1983.

bem como o Médio Oriente e a Ásia Menor completos. A sua largura leste-oeste excedeu 3.000km; a sua largura norte-sul era de 1.500km. Parece ter coberto mais de 5 milhões de km2, com uma população estimada de cerca de 35 milhões (dos quais 6 a 7 milhões estavam incluídos na rubrica província egípcia densamente povoada). Persistiu geralmente em paz durante 200 anos, sob a Dinastia Aquemênida, até ser vencido por Alexandre o Grande.

O enorme tamanho e a diversidade ecológica desse império precisam ser realçados. Nenhum outro império antigo abraçou províncias tão diversas do ponto de vista ecológico. Platôs, cordilheiras de montanhas, florestas, desertos e complexos de irrigação do sul da Rússia à Mesopotâmia, e as costas dos mares Indiano, Árabe, Vermelho, Mediterrâneo e Negro – uma estrutura imperial notável, mas também obviamente periclitante. Não podia ser mantida unida pelos métodos de governo assírios, romanos e mesmo acadianos. Na verdade, as partes só se mantiveram algo frouxas sob o domínio persa. Muitas regiões montanhosas eram incontroláveis; mesmo nos pontos com maior incidência da força persa, ali só se implementou o tipo mais geral de suserania. Partes da Ásia Central, do sul da Rússia, da Índia e da Arábia foram principalmente estados clientes semiautônomos em vez de províncias imperiais. A logística de qualquer forma de regime altamente centralizado era absolutamente insuperável.

Mesmo aqui, porém, os persas exigiam uma forma específica de submissão. Havia apenas um rei, o Grande Rei. Ao contrário dos assírios, eles não toleravam reis clientes, apenas vassalos clientes e governadores dependentes. Em termos religiosos, o Grande Rei não era divino, mas era o Senhor ungido governador da Terra. Na tradição persa, isso significava o ungido de Aúra-Masda, e parece ter sido uma condição de tolerância religiosa que outras religiões também o ungissem. Assim, os clamores persas no topo eram inequívocos e formalmente aceitos como tal.

Mais abaixo na estrutura política, podemos também ver um clamor de um *imperium universal*, mesmo que as infraestruturas nem sempre o pudessem suportar. O sistema de sátrapa me faz lembrar o sistema decimal inca, uma afirmação clara de que esse império pretende ser centrado no seu governante. O império inteiro foi dividido pelo genro de Ciro, Dario (521-486 a.C.) em vinte sátrapas: cada qual, um microcosmo da administração do rei. Cada um combinou autoridade civil e militar, elevou tributos e impostos militares, e era responsável pela justiça e a segurança. Cada um teve uma chancelaria, provida por escribas aramaicos, elamitas e babilônicos sob direção persa. A tesouraria e os departamentos de manufatura existiam em paralelo. A chancelaria mantinha a correspondência ascendente, com a corte do rei, e descendente, com as autoridades locais da província. Além disso, uma tentativa completamente consistente foi feita para fornecer uma infraestrutura imperial, adaptando o que estivesse ao redor para dentro do império cosmopolita.

Tal como os assírios, os persas estabeleceram uma supremacia militar inicial. As suas próprias tradições culturais e políticas parecem ter sido fracas. Mesmo as suas estruturas militares eram fluidas e as suas vitórias, embora espetaculares, parecem ter se baseado menos numa força ou técnica militar esmagadora do que num oportunismo e numa capacidade invulgarmente desenvolvida de dividir os seus inimigos. A sua falta de tradição e o seu oportunismo eram, nesse contexto, a sua força. A sua realização subsequente foi se sentar vagamente em cima do crescente cosmopolitismo do Oriente Médio, respeitando as tradições dos seus povos conquistados e tirando deles o que lhes parecia útil. A sua própria arte mostra os estrangeiros dentro do império como homens livres e dignos, capazes de pegar em armas na presença do Grande Rei.

Os próprios estrangeiros confirmam a impressão. O agradecimento aos seus conquistadores pela clemência do governo é inconfundível. Eu já citei Heródoto no capítulo 7. A crônica babilônica nos diz: "No mês de Arahshamnu, ao terceiro dia, Ciro entrou na Babilônia, galhos verdes foram espalhados na frente dele – o Estado de Paz foi imposto à cidade. Ciro enviou saudações a toda a Babilônia" (apud PRITCHARD, 1955: 306). Os judeus foram favorecidos como contrapeso à Babilônia e restabeleceram sua casa em Israel. A forma do édito de Ciro, preservado por Esdras, é de especial significado:

> Assim diz Ciro, rei da Pérsia: O Senhor Deus do céu me deu todos os reinos da terra, e me encarregou de lhe edificar uma casa em Jerusalém, que está em Judá. Quem há entre vós de todo o seu povo? Seu Deus esteja com ele, e vá para Jerusalém, que está em Judá, e edifique a casa do Senhor Deus de Israel (Ele é o Deus) que está em Jerusalém (Esd 1,2-4).

Ciro estava disposto a ceder ao Deus dos judeus por razões políticas, pois ele era todos os deuses. Em troca, os judeus o considerariam como "o ungido do Senhor" (Is 45,1).

Tolerância e oportunismo são ambos aparentes em uma infraestrutura básica de comunicações, a alfabetização. As inscrições oficiais persas geralmente transmitiam reivindicações de poder às várias classes de elite do império. Elas foram escritas em três alfabetos cuneiformes diferentes: o elamita (a língua centrada em Susa), o acadiano (a língua e o alfabeto oficial da Babilônia e de alguns assírios), e um velho persa simplificado inventado no reinado de Dario. Eles também acrescentaram o egípcio, o aramaico e provavelmente o grego, onde apropriado. Mas, para a correspondência oficial, era necessária uma maior flexibilidade, e isso era geralmente fornecido pelo aramaico. Essa língua tornou-se a língua franca do império e desde o Oriente Próximo em geral até as pregações de Jesus. Foi usada, mas não controlada, pelos persas. Não era o *seu* universalismo.

A contração de empréstimos era evidente por todo lado na infraestrutura. A moeda, o ouro dárico, representando um arqueiro coroado e corrente (o próprio

Dario), ligava o Estado às redes comerciais da Ásia Menor e da Grécia e era provavelmente emprestado dos seus modelos. As estradas reais foram construídas segundo o padrão assírio e dotadas de um sistema melhorado de estacionamentos (que remontava à época acadiana), fornecendo comunicações, um meio de vigilância e também um afluxo de estrangeiros. A cavalaria persa e a infantaria com lança e arco eram coordenadas por hoplitas mercenários gregos; a marinha fenícia foi adicionada ao exército.

A tolerância dos persas não era ilimitada. Eles tinham uma preferência clara por estruturas de poder local que tivessem a mesma forma que as suas. Assim, eles ficaram desconfortáveis com a pólis grega e encorajaram o governo por parte dos clientes tiranos. A equipe dos sátrapas era, ela mesma, um compromisso. Em algumas áreas, os nobres persas foram indicados como sátrapas; em outras, os governantes locais simplesmente adquiriram um novo título. Uma vez nesse lugar, eles eram seus próprios mestres – se eles fornecessem tributos, impostos militares, ordem e respeito às formas imperiais. Isso significava que, em províncias com administrações bem enraizadas, como o Egito ou a Mesopotâmia, o sátrapa, mesmo que persa, governaria mais ou menos como as elites locais governavam anteriormente. E em áreas atrasadas, ele negociava com os seus inferiores – xeiques, senhores tribais, chefes de aldeia – de uma forma altamente particularista.

Em todas essas formas, o Império Persa está em conformidade com o tipo ideal que a sociologia comparativa construiu em relação ao regime imperial ou patrimonial discutido no capítulo 5. Seu centro era despótico, com fortes pretensões universais; mas seu poder infraestrutural era fraco. O contraste emerge claramente a partir das fontes gregas. Elas ampliam seu tamanho, em narrativas que exprimem choque, mas também fascínio, com os rituais de prostração diante do rei, com o esplendor de seus trajes e adornos, com a distância que ele mantinha de seus súditos. Ao mesmo tempo, seus relatos mostram que o que acontecia na corte estava normalmente muito longe do que acontecia nos arredores da província. O relato de Xenofonte sobre a marcha dos 10.000 mercenários gregos da Ásia que regressaram ao seu país menciona áreas onde os habitantes locais tinham apenas uma vaga noção da existência de um Império Persa.

Por outro lado, essa não é a história toda. O império durou, mesmo depois que o Grande Rei foi humilhado militarmente, como Dario foi pelos citas, e como Xerxes foi pelos gregos. Como os assírios, os persas adicionaram ao poder recursos do império. Como eles, a inovação crucial parece ter sido na esfera do poder ideológico, como uma forma de moral de classe dominante. Mas eles desenvolveram mais uma ideologia "internacional" de classe alta do que uma ideologia limitada nacionalmente. Os persas estenderam grandemente as formas assírias de educação para os filhos das elites conquistadas e aliadas, bem como para a sua própria classe nobre. A tradição persa era que os meninos (sabemos pouco das meninas) eram retirados do harém aos 5 anos de idade. Até a idade de 20 anos, eles eram criados na corte real ou na corte de um sátrapa. Eles eram educados em história, religião e tradições persas, embora inteiramente de forma oral. Mesmo Dario não sabia ler nem escrever, assim ele proclamou. Os meninos mais velhos compareciam à corte e ouviam os casos judiciais. Aprendiam música e outras artes. E foi dada grande ênfase ao aperfeiçoamento físico e militar. A educação tendia a universalizar essa classe, tornando-a genuinamente ampla e politizando-a em todo o império. O encorajamento do matrimônio entre as nobrezas anteriormente díspares e a concessão de feudos a pessoas bem distantes das suas terras natais também reforçaram ampla identidade de classe contra o particularismo local. O império era liderado pelos persas em seus mais altos cargos e em sua cultura, e sempre dependia de seu núcleo persa; e havia obviamente muitas localidades cujas tradições eram demasiado resistentes para serem incorporadas. Mas o que manteve o império intacto por meio de intrigas dinásticas, sucessões disputadas, desastres estrangeiros e imensa diversidade regional parece ter sido principalmente a solidariedade sincrética e ideológica de sua nobre classe dominante. O universalismo tinha um centro duplo, o Grande Rei e seus nobres. Embora eles brigassem e lutassem uns contra os outros, permaneciam leais contra qualquer ameaça potencial vinda de baixo ou de fora, até que aparecesse outra pessoa que pudesse dar mais apoio ao seu governo de classe: Alexandre o Grande. Cada um desses (relativamente bem-sucedidos) impérios possuía *mais* recursos de poder do que seus antecessores, geralmente adquirindo-os a partir das causas do colapso do seu antecessor.

Há um outro aspecto importante da ideologia persa. Infelizmente, essa é uma área de incerteza para nós. É a religião de Zoroastro. Gostaríamos muito de datar as origens e o desenvolvimento de Zoroastro, mas não podemos. Ele tinha um patrono real, talvez o persa Teispes (ca. 675-640 a.C.), talvez um governante anterior. Provavelmente num ambiente predominantemente pastoral (o nome Zoroastro significa "o homem dos velhos camelos", como o nome de seu pai significa "o homem dos cavalos cinzentos"), começou a pregar e a escrever sobre as suas experiências religiosas. Elas se centraram na revelação divina, nas conversas com "O Senhor que sabe", Aúra-Masda, que instruiu Zoroastro a carregar a sua verdade para o mundo. Entre essas verdades estavam as seguintes:

> Os dois espíritos primordiais que se revelaram em visão como gêmeos são o Bem e o Mal em pensamento, palavra e ação. E entre esses dois, os sábios escolheram uma vez corretamente, o tolo não é assim. Falarei daquilo que o Santíssimo me declarou como a palavra que é melhor para os mortais obedecerem. [...] Aqueles que por minha ordem o renderem [i.e., Zoroastro] obediência, todos alcançarão o bem-estar e a imortalidade pelas ações do bom espírito (dos Gathas, Yasna 30 e 45; texto citado na íntegra em MOULTON, 1913).

Nessas simples doutrinas, temos o núcleo das religiões de salvação, e da contradição que elas expressam, ao longo dos 2.000 anos seguintes. Um só Deus, governante do universo, encarna a racionalidade, que todos os seres humanos têm a capacidade de descobrir. Eles têm o poder de escolher a luz ou a escuridão. Se escolhem a luz, eles alcançam a imortalidade e o alívio do sofrimento. Podemos interpretá-la como, potencialmente, uma doutrina universal, ética e radicalmente igualitária. Parece atravessar todas as divisões horizontais e verticais; parece disponível a todos os estados e classes políticas. Não depende de uma *performance* ritual específica. Por outro lado, incorpora a autoridade, a do Profeta Zoroastro, a quem a verdade foi primeiramente revelada e cuja racionalidade é elevada acima do comum dos mortais.

Tal doutrina dual não era única no primeiro milênio a.C. A religião das tribos israelitas estava passando por uma lenta transformação na direção de princípios monoteístas. Jeová tornou-se o único Deus, e por se opor aos cultos de fertilidade concorrentes, tornou-se um Deus universal relativamente abstrato, o Deus da verdade. Embora os israelitas fossem um povo favorecido, ele era Deus de todos os povos, sem particular relevância para seu modo de vida especificamente agrário. Diretamente acessível a todas as pessoas, ele, no entanto, se comunicou especialmente por meio de profetas. A semelhança de tal doutrina com o zoroastrismo comporta pontos bastante específicos (p. ex., a crença em anjos), e é provável que a religião persa tenha influenciado o desenvolvimento do judaísmo. Afinal, os persas tinham restabelecido os judeus em Jerusalém e Israel continuou como um Estado cliente. Talvez houvessem outras religiões monoteístas, potencialmente universais e de salvação, ao longo do imenso espaço ordenado do Império Persa. Mas a doutrina é mais fácil de perceber do que a prática ou a influência. A religião de Zoroastro é especialmente intrigante. Ela foi realmente transmitida por um mediador (o trocadilho é intencional) presbiterado, os misteriosos magos? Estes existiram, podem ter sido de origem meda, e parecem ter sido especialistas em rituais. Mas eles não parecem ter possuído um monopólio religioso, e muito menos uma casta, ao contrário dos seus homólogos indianos, os brâmanes. Seu *status* distinto, seja como sacerdotes ou tribo, pode ter estado em declínio durante o período da grandeza persa. Era uma religião popular ou, mais provavelmente, uma religião da nobreza? Houve um crescimento, ou alternativamente um declínio, no monoteísmo? Quanto é que Dario e os seus sucessores a usaram como apoio ao seu governo? Sua utilidade para o rei é óbvia. Tanto Dario quanto Xerxes definiram seu inimigo principal como a Mentira, também o inimigo de Aúra-Masda. Parece muito plausível que o zoroastrismo representasse possibilidades para uma religião de salvação verdadeiramente universal, mas que foi apropriado na prática pelo Grande Rei e difundido entre a sua nobreza como uma justificação ideológica, e também como uma explicação intelectual e moral genuína, do seu governo conjunto. Mas não era o único tipo de tal ideologia. E as doutrinas que continha eram capazes de uma maior difusão por meio das fronteiras de classe e Estado.

O teste ácido do poder persa, e a área de maior documentação, veio nos dois maiores confrontos com os gregos. Podemos começar com a avaliação grega da força militar dos persas no primeiro confronto, a invasão de Xerxes à Grécia em 480 a.C. Claro que os gregos gostavam de exagerar desenfreadamente os números de seus principais inimigos. Tem sido sugerido (p. ex., em HIGNETT, 1963) que isso foi parcialmente baseado em seu mal-entendido sobre o tamanho da unidade persa básica no cálculo de suas forças. Se reduzirmos por um fator de dez, diz-se que nós nos aproximamos da verdade. Como estabelecer a verdade, no entanto, se tivermos de rejeitar as fontes?

Uma maneira é examinar as restrições logísticas de distância e abastecimento de água. Por exemplo, o General Sir Frederick Maurice percorreu uma grande parte da rota da invasão de Xerxes e calculou a extensão do abastecimento de água disponível nos rios e nascentes da região. Ele concluiu que o número máximo suportável seria de 200.000 homens mais 75.000 bestas (MAURICE, 1930). Ingenuidade impressionante, é claro; mas, ainda assim, apenas um máximo teórico! Na verdade, outras restrições de abastecimento não reduziriam necessariamente esse número, devido à facilidade de abastecimento por mar ao longo de toda a rota de invasão. Heródoto dá conta de quatro anos de preparação e cobrança de suprimentos ao longo da rota em portos detidos por governos clientes. Não parece haver razão para não acreditar nele, e assim os suprimentos, e, portanto, as forças, devem ter sido "muito grandes". Algumas autoridades sugerem, portanto, que os persas cruzaram entre 100.000 e 200.000 pessoas sobre o Dardanelos – embora apenas alguns deles fossem combatentes. Devemos acrescentar as forças navais persas. Há menos controvérsia sobre seu tamanho, até 600 navios e até 100.000 funcionários de bordo. Por ser uma operação combinada de terra e mar nas condições de abastecimento mais fáceis possíveis, poderia ter sido maior do que qualquer outra que os persas pudessem ter mobilizado para ação em seu coração territorial.

No entanto, o número de pessoas que podiam ser postas em batalha num determinado momento era menor. Mais tarde os exércitos helenísticos recrutados a partir dos mesmos domínios não ultrapassaram os 80.000 combatentes reais. Assim, a maioria das análises de hoje acaba com um exército em batalha de 50.000 a 80.000 combatentes e forças navais similares (cf. BURN, 1962: 326-332; HIGNETT, 1963; ROBERTSON, 1976). De um ponto de vista grego, isso ainda significa "enorme", pois eles poderiam reunir apenas um exército de 26.000 homens mais uma frota bem menor do que a persa. O poder da Pérsia e as probabilidades contra os gregos ainda eram imensos.

Não obstante, os persas perderam, tanto contra as cidades-Estado gregas como contra Alexandre o Grande. A primeira derrota foi inesperada; e o conflito, foi travado de perto. As coisas poderiam facilmente ter ido por outro caminho e assim mudado o curso de (nossa) história. Mas havia fraquezas persas profundas. As derrotas revelam muito sobre o estado corrente da organização social. Parece ter havido três razões principais, das quais duas apareceram diretamente no campo de batalha, enquanto a terceira era bem mais profunda na organização social persa.

A primeira e principal razão para a derrota foi a incapacidade persa de concentrar o poder de luta tanto quanto os gregos. A concentração é, naturalmente, o meio central do poder militar. Em Termópilas, eles superaram em número os gregos várias vezes. Em Plateia e Maratona, eles superaram em número de cerca de 2 para 1. Mais tarde, Alexandre poderia colocar no máximo 40.000 homens em uma batalha e foi também superado em quase 2 para 1. Mas os persas nunca foram capazes de mobilizar todas as suas tropas de uma só vez. Mesmo que o tivessem feito, não poderiam ter igualado a concentração do poder de combate da falange do hoplita de carga. Os gregos estavam cientes da sua superioridade, e tentaram colocá-la em locais relativamente fechados – a passagem em Termópilas sendo perfeita a esse respeito. Atribuíram em parte à sua armadura e armamento mais pesados e em parte à fonte da sua disciplina e obediência, o compromisso dos homens livres com a sua cidade-Estado. O famoso epitáfio inscrito em Termópilas resume o seu sentido do contraste com os persas, levados para a batalha (assim dizem os gregos) com chicotes. Os trezentos lacedônios (ou seja, os espartanos) tinham recebido ordens para deter o passe. Eles o fizeram até que todos estivessem mortos:

> Diga-lhes em Lacedemon, passante,
> Obedientes às suas ordens, aqui estamos nós.

Uma segunda fraqueza persa era a naval. Eles usaram as frotas de aliados confederados, os fenícios e as cidades-Estado gregas da Ásia Menor, que lutaram com vários graus de compromisso com a sua causa. As forças navais parecem ter tido uma força mais ou menos igual – a superioridade persa em números compensada por terem de operar longe das suas bases de origem. O núcleo do império era praticamente sem saída para o mar. Como os próprios persas não chegaram ao mar, eles não estavam explorando plenamente a expansão para o oeste da economia.

Tanto a fraqueza terrestre como a marítima na batalha indicam a terceira e decisiva fragilidade da Pérsia. O império era adequado ao tipo de território do Oriente Próximo: era uma confederação espalhada de governantes e estados clientes, realizada sob a dominação hegemônica do núcleo persa e meda e de alguns ramos aristocráticos. A classe nobre era suficientemente coesa para governar esse extenso império. Mas lutar em uma formação militar e moral tão estreita quanto a dos gregos foi uma demanda inesperada, que provou estar bem além de sua capacidade. Dos aliados, os fenícios eram leais porque a sua própria sobrevivência como poder dependia da derrota da Grécia. Mas alguns dos outros preferiram ficar do lado de quem parecia ganhar. Nem o núcleo persa estava tão bem integrado como o grego. Os sátrapas eram em parte governantes independentes, no comando das tropas, capazes de ambições imperiais e revolta. O próprio Ciro havia chegado ao poder dessa maneira; o seu sucessor, Cambises, matou o seu irmão ao subir ao trono e, quando ele morreu, estava enfrentando uma grave revolta instigada por um rival que fingia ser seu irmão; Dario derrubou a revolta e reprimiu outra revolta das cidades-Estado gregas da Ásia Menor; Xerxes derrubou revoltas na Babilônia e no Egito, e em sua expulsão da Grécia, enfrentou numerosas revoltas. Posteriormente, à medida que o poder persa se contraiu, as guerras civis se tornaram mais frequentes (com os gregos como soldados-chave de ambos os lados).

Esses problemas tiveram repercussões militares nas campanhas de luta contra os gregos. Sabemos que o Grande Rei preferiu manter baixo o número das suas tropas de sátrapas. Ele possuía 10.000 soldados de infantaria persas, os Imortais, e 10.000 cavaleiros persas. Ele geralmente não permitia a um sátrapa mais de 1.000 soldados persas nativos. Assim, o grande exército tinha um núcleo profissional relativamente pequeno, sendo o resto constituído por recrutas de todos os povos do império. Os gregos estavam cientes disso, pelo menos depois desse momento. Eles perceberam que a sua defesa tinha envolvido duas fases. Primeiro, tinham vistoriado o inimigo tão severamente que os confederados persas começaram a duvidar da invencibilidade de seu líder. Esse enfraquecimento do seu compromisso forçou o rei a empregar o seu núcleo de soldados persas, que parecem ter combatido em praticamente todas as lutas duras das grandes batalhas. Embora os persas tenham lutado com bravura e persistência, eles não estavam em condições de igualdade de disputa em um espaço confinado e uma região fechada e em um número igual de hoplitas (embora os hoplitas mais tarde viessem a precisar de apoio de cavalaria e arqueiros no terreno aberto das terras persas).

Na verdade, o exército do Grande Rei parece ter tido um propósito *político* tanto quanto militar. Era uma força surpreendentemente variada, contendo destacamentos de todo o império e assim bastante incontrolável como uma única matriz. Mas reuni-lo implicou uma forma impressionante de mobilização de sua própria dominação sobre os seus sátrapas e aliados. Quando ele revisou seu exército, os números e o puro espetáculo impressionaram toda a consciência contemporânea. Heródoto conta a história de como o exército foi contabilizado por meio do agrupamento de destacamentos em um espaço conhecido por ser capaz de conter 10.000 homens. Nós podemos escolher acreditar nisso ou não (mesmo se mitigarmos a estimativa). Mas o propósito da história é expressar o assombro de um governante diante da informação de que dispunha de mais poder do que ele mesmo tinha conhecido ou do que qualquer um poderia contabilizar. Como eu indiquei no caso da Assíria, isso era mais comum do que os gregos pudessem imaginar. Os tentáculos logísticos dessa matriz devem ter se espalhado por todas as cidades e vilas do império. Poucos poderiam desconhecer o poder do Grande Rei. A mobilização deu a ele mais poder sobre seus sátrapas, aliados e povos do que o tempo de paz poderia oferecer. Infelizmente para ele, veio a usá-la contra os gregos em sua terra natal, um inimigo de recursos insuspeitos e concentrados. A demonstração de poder contra-atacou e alimentou revoltas.

O problema para o Grande Rei era que grande parte da infraestrutura da satrapia podia facilmente *des*centralizar o governo. A alfabetização estava agora fora do controle do Estado. A moeda implicava uma estrutura de poder dual, compartilhada pelo Estado e pelos detentores de riqueza locais. Na verdade, na Pérsia, essa dualidade tinha características peculiares. A moeda parece ter sido introduzida basicamente como um meio de organizar as provisões para as tropas. Como essa organização era em parte da responsabilidade do rei e seus tenentes diretos e em parte dos sátrapas, havia um problema. Quem deveria emitir as moedas? Na verdade, as moedas de prata e cobre eram emitidas por ambos, mas o ouro dárico era monopólio do rei. Quando sátrapas ocasionalmente emitiam moedas de ouro, isso era tratado como uma declaração de rebelião (FRYE, 1976: 123). A moeda também poderia descentralizar ainda mais o poder, quando usada para o comércio geral. Na Pérsia, o comércio interno e externo estava, em sua maior parte, sob o controle de três povos estrangeiros. Dois desses povos, os arameus e os fenícios, estavam sob o controle formal do império, mas ambos mantiveram um grande grau de autonomia – como vimos, os persas apenas usaram a estrutura existente da língua aramaica e da marinha fenícia. A pátria do terceiro povo comercial, os gregos, era politicamente autônoma. Eles também forneceram o núcleo dos exércitos persas posteriores. Como notei anteriormente, a falange hoplita não reforçou necessariamente a autoridade de um poder muito grande – seu tamanho ideal era inferior a 10.000 homens. Mesmo o zoroastrismo pode ter tido dois lados. Embora tenha sido usado para reforçar a autoridade do Grande Rei, também reforçou a autoconfiança racional dos crentes individuais, cujo núcleo parece ter sido a classe superior persa como um todo. As estradas, os "olhos do rei" (os espiões do rei) e até mesmo a solidariedade cultural da aristocracia não conseguiram produzir a integração concentrada necessária contra os gregos. A *virtude* do governo persa consistia em que ele era mais frouxo, que podia se aproveitar da descentralização de forças cosmopolitas que começavam a operar no Oriente Médio. Mesmo antes da chegada de Alexandre o Grande, a Pérsia estava sucumbindo a essas forças. Entretanto, desordem política no centro não levou necessariamente ao colapso da ordem social como um todo. Sargão e a cooperação compulsória deixaram de ser necessários.

Nem os gregos, nem os romanos, nem os seus sucessores ocidentais apreciaram isso. Os gregos não podiam compreender o que consideravam ser a objetividade, a servidão, o amor ao despotismo e o medo da liberdade dos povos orientais. Essa caricatura se fundamenta em um fato empírico: o respeito demonstrado por muitos povos do Oriente Médio para com a monarquia despótica. Mas, como vimos em relação à Pérsia, o despotismo era mais constitucional do que real. O poder infraestrutural de tais despotismos era consideravelmente menor do que o de uma pólis grega. Sua capacidade de mobilizar e coordenar compromissos de seus súditos era baixa. Embora vastamente maiores em poder amplo, eram notavelmente inferiores em poder intensivo. O sujeito persa poderia se esconder muito mais efetivamente de seu Estado do que o cidadão grego do seu. Em alguns sentidos, o persa era "mais livre".

A liberdade não é indivisível. Na nossa própria era houve duas concepções principais de liberdade: a liberal e a conservadora-socialista. O ideal liberal é de liberdade *do* Estado, privacidade do seu olhar e seus poderes. O ideal comum de conservadores e socialistas defende que a liberdade só é atingível por meio do Estado, pela participação em sua vida. Ambas as concepções contêm mérito óbvio. Se, para efeito analítico, nós estendemos essas categorias de volta à história antiga, descobrimos que a pólis grega tipificou bem o ideal conservador-socialista, e que, surpreendentemente, a Pérsia correspondia em certa medida ao ideal liberal. A última analogia é apenas parcial, pois enquanto as liberdades liberais modernas são (paradoxalmente) garantidas constitucionalmente pelo Estado, as liberdades persas eram inconstitucionais e sub-reptícias. Eram também mais duradouras. A Grécia sucumbiu aos sucessivos conquistadores, aos macedônios e aos romanos. A Pérsia sucumbiu apenas nominalmente a Alexandre o Grande.

O seu conquistador foi o violento, bêbado, emocionalmente instável Alexandre, a quem nós também, justamente, chamamos o Grande. Com uma força mista de soldados macedônios e gregos, talvez 48.000 fortes, ele cruzou o Dardanelos em 334 a.C. Em oito anos, ele conquistou todo o Império Persa e um pouco da Índia também. Comportando-se como um rei persa, ele reprimiu os protestos grego e macedônio contra sua aceitação de títulos orientais; deu aos persas, macedônios e gregos direitos iguais; e restabeleceu o sistema sátrapa. Por esses meios, ele assegurou a lealdade da nobreza persa. Mas ele acrescentou uma organização macedônia mais rígida para isso: o exército menor, mais disciplinado e metódico; um sistema fiscal unificado e uma economia monetária baseada na moeda de prata attica e a língua grega. A união da Grécia e da Pérsia foi simbolizada pela cerimônia de casamento em massa quando Alexandre e 10.000 das suas tropas tomaram esposas persas.

Alexandre morreu depois de uma bebedeira em 323, na Babilônia. Sua morte logo revelou que as correntes persas ainda estavam funcionando. Seu impulso conquistador não tinha sido na direção de uma maior centralização imperial, mas de uma descentralização cosmopolita. Nenhuma sucessão imperial tinha sido arranjada, e seus tenentes converteram seus sátrapas em numerosas monarquias de estilo oriental independentes. Em 281, depois de muitas guerras, três monarquias foram asseguradas: na Macedônia, sob a Dinastia Antigônida; na Ásia Menor sob os selêucidas, e no Egito sob os ptolomaicos. Eram Estado de estilo persa soltos, embora os governantes gregos expulsassem constantemente as elites persas e outras elites de posições de independência de poder dentro do Estado (cf. WAIBANK, 1981). De fato, eles eram estados helenísticos, falantes de grego e gregos em educação e cultura. Mas Hellas tinha mudado. Fora da própria Grécia – e mesmo até certo ponto dentro dela – a razão cultivada, a parte essencial do ser plenamente "humano", estava então oficialmente confinada à classe dirigente. Se significou alguma coisa, a conquista grega implicou intensificar a base tradicional do governo persa, a moral ideológica da classe dominante. A Pérsia sem persas, os gregos sem Grécia – mas a sua fusão criou uma maior coesão de classe dirigente difusa do que o Oriente Próximo (ou mesmo em qualquer lugar do mundo fora da China, onde processos semelhantes estavam ocorrendo) já tinha experimentado.

No entanto, os poderes limitados desses estados significavam que outras correntes mais subterrâneas estavam correndo. Os estados existiam em um espaço pacificado, econômico e cultural, maior. Os seus poderes internos de mobilização intensiva também foram limitados, de fato, se não em teoria. Exceto para o caso ainda singularmente concentrado do Egito, eles eram federais, contendo numerosos lugares escondidos e oportunidades para ligações cosmopolitas não oficiais, nas quais as tradições gregas mais "democráticas" desempenharam um papel importante. Delas, e das suas províncias sucessoras do Império Romano, vieram muitas dessas forças descentralizadas a serem descritas nos capítulos 10 e 11, e as religiões de salvação.

O fato de que os impérios do Oriente Próximo passaram a ser gregos, deslocou para o oeste o centro do poder geopolítico. Mas, em suas próprias margens ocidentais, o mundo grego encontrou forças diferentes. O que eu descrevi como noções tradicionais gregas de liberdade "conservadora-socialista" poderia se espalhar mais facilmente entre cultivadores e comerciantes camponeses com ferramentas e armas de ferro. Desenvolvimentos e contradições gregas foram reproduzidos em diferentes formas e com um resultado diferente na península italiana. O resultado foi o Império Romano – o exemplo mais desenvolvido da cooperação compulsória de Spencer jamais visto sob condições pré-industriais, que conquistou o helenismo, mas também o absorveu, e o primeiro a se tornar um império territorial em lugar de um império de dominação.

Referências

BURN, A.R. (1962). *Persia and the Greeks*. Londres: Arnold.

COOK, J.M. (1983). *The Persian Empire*. Londres: Dent.

DRIEL, G. (1970). Land and people in Assyria. In: *Bibliotecha Orientalis*, 27.

FRYE, R.N. (1976). *The Heritage of Persia*. Londres: Weidenfeld & Nicolson.

GHIRSHMAN, R. (1964). *Persia from the Origins to Alexander the Great*. Londres: Thames & Hudson.

GOETZE, A. (1975). Anatolia from Shuppiluliumash to the Egyptian War of Murvatallish; and The Hittites and Syria (1300-1200 B.C.), cap. 21 e 24. In: EDWARDS, I.E.S. et al. (orgs.). *The Cambridge Ancient History*. Vol. II, pt. 2. 3. ed. Cambridge: Cambridge University Press.

GRAYSON, A.K. (1972/1976). *Assyrian Royal Inscriptions*. 2 vols. Wiesbaden: Harrassowitz.

HIGNETT, C. (1963). *Xerxes' Invasion of Greece*. Oxford: Clarendon.

LARSEN, M.T. (1976). *The Old Assyrian City-State and Its Colonies*. Copenhague: Akademisk Forlag.

LIVERANI, M. (1979). The ideology of the Assyrian Empire. In: LARSEN, M.T. (org.). *Power and Propaganda*: A Symposium on Ancient Empires. Copenhague: Akademisk Forlag.

MAURICE, F. (1930). The size of the army of Xerxes. In: *Journal of Hellenic Studies*, 50.

MOULTON, J.H. (1913). *Early Zoroastrianism*. Londres: Williams and Norgate.

MUNN-RANKIN, J.M. (1975). Assyrian Military Power 1300-1200 B.C., cap. 25. In: EDWARDS, I.E.S. et al. (orgs.). The *Cambridge Ancient History*. Vol. II, pt. 2. 3. ed. Cambridge: Cambridge University Press.

NYLANDER, C. (1979). Achaemenid Imperial Art. In: LARSEN, M.T. (org.). *Power and Propaganda*: A Symposium on Ancient Empires. Copenhague: Akademisk Forlag.

OATES, J. (1979). *Babylon*. Londres: Thames & Hudson.

OLMSTEAD, A.T. (1948). *A History of the Persian Empire*. Chicago: University of Chicago Press.

_____ (1923). *A History of Assyria*. Nova York: Scribner.

POSTGATE, J.N. (1980). The Assyrian Empire. In: SHERRATT, A. (org.). *The Cambridge Encyclopedia of Archaeology*. Cambridge: Cambridge University Press.

_____ (1979). The economic structure of the Assyrian Empire. In: LARSEN, M.T. (org.). *Power and Propaganda*: A Symposium on Ancient Empires. Copenhague: Akademisk Forlag.

_____ (1974a). Some remarks on conditions in the Assyrian countryside. In: *Journal of the Economic and Social History of the Orient*, 17.

_____ (1974b). *Taxation and Conscription in the Assyrian Empire*. Roma: Biblical Institute Press.

PRITCHARD, J.B. (1955). *Ancient Near Eastern Texts Relating to the Old Testament*. Princeton, N.J.: Princeton University Press.

READE, J.E. (1972). The Neo-Assyrian court and army: evidence from the sculptures. In: *Iraq*, 34.

ROBERTSON, N. (1976). The Thessalian expedition of 480 B.C. In: *Journal of Hellenic Studies*, 96.

SAGGS, H.W. (1963). Assyrian warfare in the Sargonic Period. In: *Iraq*, 25.

WALBANK, F.W. (1981). *The Hellenistic World*. Londres: Fontana.

WISEMAN, D.J. (1975). Assyria and Babylonia – 1200-1000 B.C., cap. 31. In: EDWARDS, I.E.S. et al. (orgs.). *The Cambridge Ancient History*. Vol. II, pt. 2. 3. ed. Cambridge: Cambridge University Press.

ZAEHNER, R.C. (1961). *The Dawn and Twilight of Zoroastrianism*. Londres: Weidenfeld & Nicolson.

9
O império territorial romano

A história de Roma é o laboratório histórico mais fascinante disponível para os sociólogos. Ela fornece um período de 700 anos de registros escritos e restos arqueológicos, que evidenciam uma sociedade com uma identidade central reconhecível durante esse período de tempo, mas que se adapta continuamente às forças criadas por suas próprias ações e pelas de seus vizinhos. Muitos dos processos observados ao longo deste capítulo provavelmente também estiveram presentes em várias sociedades anteriores. Agora, pela primeira vez, temos a possibilidade de traçar claramente o seu desenvolvimento.

O interesse de Roma reside em seu imperialismo. Foi um dos estados conquistadores mais bem-sucedidos em toda a história e, sobretudo, *o* mais bem-sucedido na *conservação* das conquistas. Roma institucionalizou o governo de suas legiões de forma mais estável e por um período mais longo do que qualquer outra sociedade antes ou depois. Vou argumentar que esse império de dominação acabou se tornando um verdadeiro império *territorial*, ou pelo menos tinha um nível e intensidade de controle territorial tão elevados quanto os que podiam ser alcançados dentro das restrições logísticas impostas a todas as sociedades agrárias. Seu poder assentava-se sobre uma dupla base fundamental, refinando e ampliando os dois impulsos principais para o desenvolvimento do poder presentes nos impérios mais antigos. Primeiramente, desenvolveu uma forma de *poder organizado* de cooperação compulsória, à qual aplicarei o rótulo de *economia legionária*. Em segundo lugar, desenvolveu o *poder impositivo* da cultura de classe a ponto de todas as elites conquistadas poderem ser absorvidas pela classe romana dominante. A primeira era a principal forma hierárquica e distributiva do poder romano; a segunda, a principal forma horizontal e coletiva. Com a articulação dessas duas estratégias, o que Roma conquistou, Roma foi capaz de manter. Assim, a principal tarefa deste capítulo é explicar a ascensão e queda desta nova forma de poder social.

As origens do poder romano

Os gregos, os fenícios e os cartagineses haviam contribuído para o movimento para o oeste das regiões de fronteira entre os arados da Idade do Ferro e as civilizações do Mediterrâneo[1] Oriental. A fertilização cruzada ocorreu novamente no Mediterrâneo Central e Norte. Na costa ocidental da Itália, os principais transportadores eram os etruscos, provavelmente imigrantes marítimos dos Bálcãs e da Ásia Menor, fundidos com nativos locais. Por volta de 600 a.C., a sua influência cultural sobre os seus vizinhos estava transformando as aldeias das colinas em pequenas cidades-Estado. Uma delas era Roma. Assim, duas diferenças separaram a Grécia da Itália: Esta última beneficiou-se desde cedo das inovações difundidas pelos povos comerciais civilizados – alfabetização, cunhagem, os hoplitas, a cidade-Estado. E a Itália sentiu a pressão real e dominante desses povos, controlando os mares. Aos povos itálicos foi amplamente negado o acesso ao poder naval, ao comércio marítimo principal e à migração por mar. O mais antigo documento extante de Roma, reproduzido por Políbio, é um tratado de 508-507 a.C. firmado com Cartago. Isto confirmou o monopólio comercial cartaginês no Mediterrâneo Ocidental, em troca de uma garantia da hegemonia territorial romana em seu domínio. A terra e o mar foram mantidos separados. As influências orientais em Roma, ou em todos os outros povos latinos, seriam aplicadas a um projeto diferente, o desenvolvimento do poder terrestre.

Não sabemos por que razão Roma, e não qualquer outra cidade-Estado da Itália, alcançou a hegemonia – ou por que razão os etruscos não conseguiram manter seu domínio regional. Tudo o que é discernível é a adequação de certos dispositivos romanos após a hegemonia regional ter sido largamente consumada. O que foi útil para a parte militar da ascensão de Roma foi um tipo mais flexível de exército hoplita com apoio de cavalaria em terreno relativamente aberto. Os etruscos estavam copiando as formações hoplitas de 650 a.C., e os romanos, por sua vez, as copiaram. As reformas do Rei Servius Tullius (provavelmente por volta de 550 a.C.) integraram infantaria e cavalaria pesada. Sua legião de infantaria, talvez 3.000 a 4.000 vezes mais fortes, organizada com centúrias independentes com escudo e lança longa, foi acompanhada por 200 ou 300 cavaleiros, mais destacamentos auxiliares. A legião emergiu entre agricultores camponeses, que eram menos politicamente concentrados e menos igualitários do que na pólis grega. Roma provavelmente misturou a organização tribal mais forte com a da cidade-Estado. Três "dualismos" sobreviveram na sociedade romana mais tardia. Primeiro, a família patriarcal "privada" continuou a desempenhar um papel forte ao lado da esfera da política pública: trata-se da distinção entre *a res publica* (o Estado) e a *res privata* (questões privadas). Cada esfera desenvolveu posteriormente o seu próprio direito, o direito civil e o direito privado. O direito privado aplica-se às relações jurídicas entre famílias. Em segundo lugar, ao lado das relações oficiais de cidadania e sua divisão em ordens e "classes", sobreviveu

---

1. As fontes usadas aqui foram: Scullard, 1961; Gelzer, 1969; Brunt, 1971a; Brunt, 1971b; Bruen, 1974; Gabba, 1976; Ogilvie, 1976; Crawford, 1978; e os documentos reunidos por Jones, 1970, vol. 1.

um forte clientelismo, facções políticas e grupos fechados. É plausível remontar essas formações a alianças de clãs e agrupamentos quase-tribais. Em terceiro lugar, havia uma dualidade na estrutura política oficial entre o Senado, provavelmente originário do papel de clã e anciãos tribais, e o povo – resumida pelo famoso lema de Roma, SPQR, *Senatus Populusque Romanus* (O Senado e o povo romano). Estes dualismos tipicamente romanos entre tribo e cidade-Estado sugerem a modificação de uma federação grega de *poleis* densas, de acordo com as exigências de expansão territorial.

A estrutura política oficial tinha dois elementos principais. O primeiro era o dualismo do Senado contra as assembleias populares. Essa foi a origem das "ordens", senatoriais e equestres, bem como das facções políticas, a Popular e a Melhor (i. e., a oligárquica), importantes na república tardia. Isto coexistiu com uma segunda hierarquia, aquela de *classe* em seu sentido latino.

Nossa palavra "classe" é derivada da *classis* romana, uma gradação de obrigação de serviço militar de acordo com a riqueza. Os romanos posteriores atribuíram a origem do termo a Servius Tullius. Naquela época, a medida da riqueza estaria no gado e nas ovelhas. A forma mais antiga que nos foi transmitida por Lívio e Cícero é a do século IV, que mede a riqueza por um peso de bronze. A classe mais rica (eventualmente a ordem equestre) fornecia 18 centúrias (cada uma compreendia cem homens). Estes eram chamados de *assidui*, porque davam assistência financeira ao Estado. Abaixo deles estavam os *proletarii*, capazes de fornecer apenas filhos (*proles*) para o Estado, formando uma centúria nominal sem obrigação de serviço militar. Cada centúria tinha direitos de voto iguais na principal assembleia popular, a *comitia centuriata*. O sistema atribuía o peso da propriedade à cidadania, mas não privou nenhum homem, nem mesmo os proletários, do direito de voto. Desde o início, a organização coletiva misturou as relações econômicas e militares. .

Era também um verdadeiro sistema de "classe" no sentido sociológico (discutido no capítulo 7). As classes foram *extensivamente* organizadas por todo o Estado no seu conjunto, e eram *simétricas* a esse respeito, embora o clientelismo tenha introduzido organizações "horizontais" que enfraqueceram a luta de classes vertical. Contudo, como na Grécia, a entrada substancial de forças militares/políticas tornou-o diferente dos sistemas de classe modernos. O sucesso romano foi baseado na fusão da organização militar e econômica no Estado, ligando estratificação e cidadania às necessidades da guerra terrestre.

O militarismo romano combinou dois elementos que (até os hoplitas gregos) tinham sido antagônicos nas sociedades antigas: um sentido compartilhado de "comunidade étnica" e estratificação social. A fusão também estava cheia de tensão criativa, encorajando duas tendências sociais contraditórias. Diferentemente do caso grego, onde a cavalaria foi substituída pela infantaria pesada, em Roma houve desenvolvimento simultâneo da cavalaria pesada e da infantaria pesada. O papel da infantaria leve das classes mais baixas foi dado aos auxiliares dos povos aliados. Eles mesmos tornaram-se hoplitas fortemente armados, porém seu equipamento era fornecido pelo Estado e não por eles mesmos. No entanto, a luta de classes preservou parte da base social, tanto da infantaria pesada quanto da cavalaria. Os patrícios foram forçados a admitir plebeus ricos (*commoners*), revitalizando-se. Enquanto isso, os proprietários camponeses em 494 fizeram a primeira de talvez cinco greves militares, recusando-se a cumprir o serviço militar até que lhes fosse permitido eleger suas próprias tribunas do povo, para interceder por eles e junto aos magistrados patrícios. O primeiro grande ataque da história foi um sucesso. As lutas de classes contribuíram muito para a eficácia militar da República Romana.

A combinação de formas tribais e cidade-Estado, e igualdade e estratificação dos cidadãos, também permitiu aos romanos lidar de forma flexível e construtiva com povos conquistados e clientes na Itália. A alguns foi dada a cidadania, exceto pelo direito de voto (o qual, no entanto, eles poderiam desfrutar se migrassem para Roma); outros foram tratados como aliados autônomos. O principal objetivo era desmantelar ligas de estados potencialmente hostis. Cada Estado preservou seu próprio sistema de classes e diminuiu seu interesse em se organizar contra Roma em uma base "nacional" popular. Os aliados federados foram importantes durante as Guerras Púnicas, contribuindo com grandes números de tropas auxiliares em lugar de impostos ou tributos. Roma era ainda um (pequeno) império de dominação, não um império territorial, dominando por meio de aliados e estados clientes e sem penetração territorial direta.

Estas táticas, militares e políticas, permitiram a Roma, ao longo de vários séculos, dominar o sul da Itália. Por volta de 272 a.C., Roma era um Estado federado com um núcleo de cerca de 300.000 cidadãos, todos teoricamente capazes de portar armas, dominando cerca de 100.000km², com uma administração alfabetizada, um censo regular, uma constituição desenvolvida e leis. Por volta de 290 a.C. apareceram as primeiras casas da moeda. Mas Roma era ainda um ramo provincial do Mediterrâneo Oriental.

A primeira transformação ocorreu durante o longo conflito com os cartagineses, que bloquearam a expansão para o sul e pelo mar. Nas Guerras Púnicas, que duraram intermitentemente de 264 a 146, Roma desenvolveu uma marinha e acabou por destruir Cartago, apropriando-se de todo o seu império terrestre e marítimo. A Segunda Guerra Púnica (218-201) foi épica e decisiva. O ponto de viragem veio após o ataque brilhante de Aníbal com um pequeno exército na Itália, culminando na sua esmagadora vitória em Canas em 216. Naquela altura, os cartagineses não conseguiram suprir o exército para um ataque final contra Roma. A habilidade romana de fazer sacrifícios revelou o militarismo impregnado em sua estrutura social. Por um período de cerca de 200 anos, cerca de 13% dos cidadãos estiveram à disposição dos militares em qualquer momento, e cerca de metade serviu por pelo menos um período de 7 anos (HOPKINS, 1978: 30-33). Contra Cartago lutaram uma guerra de atrito, colocando constantemente um maior número de pessoas em campo, substituindo seus mortos e feridos mais rapidamente do que os cartagineses. Lentamente, eles expulsaram os cartagineses da Itália e de toda a Espanha. No caminho eles acertaram contas com os povos celtas, aliados de Aníbal, pois eles costumavam ser inimigos de Roma. O Norte e o Ocidente estavam agora abertos à conquista imperial. Então eles cruzaram para a África, destruindo o exército de Aníbal na Batalha de Zama em 202. Termos de paz humilhantes foram impostos, incluindo o exílio de Aníbal. O Mediterrâneo Ocidental estava agora aberto. Por fim, Cartago foi incitada à revolta e destruída em 146 a.C., a sua capital arrasada, a sua biblioteca simbolicamente doada ao rei bárbaro da Numídia.

Não sabemos nada sobre a versão cartaginense acerca dos acontecimentos. É comum atribuir a vitória romana à maior coesão e compromisso por parte dos cidadãos agricultores-soldados em detrimento dos comerciantes e mercenários oligárquicos de Cartago – uma espécie de repetição parcial do que aconteceu na relação da Grécia com a Pérsia e a Fenícia. Podemos apenas supor por que os cartagineses não puderam substituir suas perdas de tropas tão rapidamente. Pode ser curiosamente indicativo dessa diferença o fato de que, quando nossa principal fonte, Políbio, atribui vantagens relativas às tropas na campanha italiana, ele apresenta os números do exército do campo cartaginês (cerca de 20.000), mais o número de todos os romanos e aliados capazes de carregar armas (770.000 homens)! Políbio era um grego feito refém de Roma em 167 a.C. e depois levado para lá. Simpático a Roma, mas com crescente preocupação com o tratamento a Cartago (ele tinha estado presente em sua destruição), ele articulou a visão militarista dos romanos sobre sua sociedade (MOROIGLIANO, 1975: 22-49). O tamanho dos exércitos do campo romano, embora geralmente maior que o de Aníbal, não era nada de especial – talvez os 45.000 derrotados em Caná constitua o maior, e este foi apenas dois terços dos que foram convocados pelas monarquias helenísticas do Oriente. Mas a *centralidade* desses exércitos para a sociedade romana era incomparável. Havia, portanto, algum sentido nas imagens distorcidas apresentadas por Políbio – todos os cidadãos romanos eram importantes no campo de batalha, e o mesmo não se dava entre os cartagineses.

Também vale a pena comentar sobre a facilidade com que os romanos conquistaram o poder marítimo. Políbio o atribui à coragem de seus fuzileiros, que garantiam a superioridade cartaginense na navegação. A guerra naval não havia se desenvolvido muito durante um período de tempo bastante longo. Somos informados por Políbio que os romanos capturaram uma galé cartaginense e a reproduziram. O equilíbrio do poder havia se deslocado de volta para a terra. Um poder terrestre como o de Roma poderia levar ao mar. Os cartagineses tentaram o movimento inverso, do poder do mar para o território, e falharam – em termos militares, por causa da inferioridade e da armadura leve de suas principais forças de infantaria. Em termos econômicos, eles supostamente mantiveram seu império terrestre unido por meio da instituição da escravidão, em minas e extensas plantações. Isso dificilmente poderia ter conduzido a uma moral efetiva para a defesa coletiva dos territórios.

Contudo, a vantagem decisiva pode ter sido política. Os romanos se depararam gradualmente com a invenção da cidadania territorial extensiva. A cidadania foi concedida aos aliados leais e acrescentada à cidadania intensiva, de estilo grego, da própria Roma para produzir o que era provavelmente a maior extensão de envolvimento coletivo já mobilizado.

Na verdade, a invenção virou-se contra a própria Grécia. Explorando conflitos entre as cidades-Estado e o reino macedônio, Roma subjugou ambos. O processo suscitou controvérsia entre os estudiosos, muitos dos quais ficaram perplexos com o fato de que os romanos não fizeram da Macedônia uma província depois de derrotá-la em 168 a.C. Pergunta-se: havia dúvidas em Roma sobre o imperialismo? (BADIAN, 1968; WHITTAKER, 1978; HARRIS, 1979).

Mas isso implica impor concepções de imperialismo tardias e *territoriais* a uma fase anterior da história romana. Como vimos em capítulos anteriores, os impérios precedentes governaram dominando e suplementando as elites locais. Isto é o que os romanos tinham feito até então, embora começassem a seguir na direção de uma estrutura diferente, de forma um tanto pragmática e algo instável. A destruição quase total do domínio cartaginês na Espanha, Sardenha, Sicília e finalmente no norte da África foi motivada pela feroz vingança por causa da humilhação imposta por Aníbal e seus antecessores. Mas essa política necessariamente resultou, não como até agora, em aliados dominados, mas em *províncias*, territórios anexados. Eles eram governados diretamente por magistrados designados, apoiados por guarnições legionárias. Isso criou novas oportunidades imperiais, mas também dificuldades políticas internas em Roma e entre os aliados. Também custou dinheiro até que a aparelhagem provincial pudesse ser criada para extrair impostos para apoiar as legiões. Os romanos levaram algum tempo para criar a máquina porque primeiro tinham que resolver as dificuldades políticas. Afinal, as conquistas minaram toda a estrutura do Estado tradicional.

Primeiro, as guerras minaram o exército de cidadãos voluntários. As legiões tornaram-se praticamente permanentes e remuneradas (cf. GABBA, 1976: 1-20). As obrigações de serviço militar e as lutas reais na Itália tinham minado muitas fazendas camponesas, submetendo-as a dívidas. Suas terras foram adquiridas por grandes latifundiários, e os camponeses migraram para Roma. Lá eles foram forçados a baixar para a próxima classe de obrigação de serviço militar, o proletariado. A escassez de proprietários camponeses significava que o proletariado contribuía com soldados, não o tendo feito mais cedo. Dentro do próprio exército, a hierarquia aumentou enquanto a soldadaria perdeu sua base politicamente autônoma. Não se sabe bem se foi o conquistador da Espanha e África do Norte, Cipião, "o Africano", ou se um general algum tempo institui a cerimônia do triunfo romano, honraria concedida ao *imperator*, isto é, um processo de santificação daquele que deveria conduzir Roma, incialmente um "general" e, mais tarde, a figura do próprio "imperador".

Em segundo lugar, a estratificação alargou-se para o próximo século e meio. Escritores romanos mais tardios costumam exagerar o grau de igualdade no início de Roma. Plínio nos conta que, quando o último rei foi expulso em 510, todos os povos receberam um terreno de sete *iugera* (a medida romana de área – cerca de 1,75ha, a área circunscrita por dois bois em um dia). Isso não seria suficiente para a subsistência de uma família, e sua afirmação deve ser um eufemismo. No entanto, a imagem de igualdade foi provavelmente baseada na realidade. Mas então, como resultado de um imperialismo bem-sucedido, a riqueza das pessoas privadas e as escalas salariais do exército ampliaram as desigualdades. No primeiro século a.C., Crassus, considerado o homem mais rico de sua época, teve uma fortuna de 192 milhões de sestércios (HS), aproximadamente o suficiente para alimentar 400.000 famílias por um ano. Outro notório contemporâneo calculou que uma pessoa precisava de 100.000 HS por ano para viver confortavelmente e 600.000 HS para viver bem. Esses rendimentos são 200 e 1.200 vezes o nível de subsistência de uma família. No exército, as diferenças aumentaram. Por volta de 200 a.C. os centuriões tinham direito a duas vezes mais despojos do que os soldados comuns; no primeiro século, sob o comando de Pompeu, eles tiveram 20 vezes mais, e os oficiais superiores tiveram 500 vezes mais. As disparidades salariais regulares aumentaram, os centuriões receberam 5 vezes mais do que os soldados no fim da república e de 16 a 60 vezes mais do que durante o reinado de Augusto (HOPKINS, 1978, cap. 1).

A explicação para essa ampliação da estratificação é que os lucros do império eram destinados apenas para poucos, não para a maioria. Na Espanha, os antigos domínios cartagineses continham ricas minas de prata e grandes plantações agrícolas cultivadas por escravos. Quem quer que controlasse o Estado romano poderia adquirir os frutos da conquista, os escritórios administrativos novos e suas colheitas. Os elementos mais populares da constituição romana eram aqueles destinados a defender o povo de injustiças arbitrárias. Entretanto, os poderes *iniciáticos* e o escritório militar e civil no exterior foram concentrados entre as duas ordens superiores: senadores e cavaleiros. Os impostos, por exemplo, foram criados para os publicanos, principalmente membros da ordem equestre. Os lucros do império eram vastos, e foram desigualmente distribuídos.

Terceiro, a intensificação da escravidão por meio da conquista produziu dificuldades políticas. De fato, isso provocou os conflitos que resultaram em uma solução. Roma havia criado um vasto número de escravos em grandes concentrações. Tais escravos eram capazes de organização coletiva.

Em 135, a primeira grande revolta de escravos eclodiu na Sicília. Talvez até 200.000 escravos tenham sido envolvidos. Após quatro anos de luta, a revolta foi esmagada sem piedade, sem trégua. Tal crueldade era principalmente romana, sem dúvida. Mas a escravidão estava tendo um impacto desastroso sobre os cidadãos romanos mais pobres. Seu porta-voz passou a ser Tibério Graco, um senador proeminente. Após serviço prolongado no exterior, havia retornado a Itália em 133, tendo ficado horrorizado com a extensão da escravidão e o declínio do campesinato livre. Propôs recuperar uma antiga lei para distribuir ao proletariado a terra pública adquirida por meio da conquista. Isso mitigaria sua aflição e aumentaria o número de proprietários responsáveis pelo serviço militar. Ele argumentou que ninguém deveria ser capaz de possuir mais de 500 *iugera* de terra pública. Isto era contra os interesses dos ricos, que tinham adquirido terras públicas em maiores quantidades.

Tibério Graco era um político implacável e um orador poderoso. Ele usou a recente revolta dos escravos num discurso, parafraseado por Ápia em *Guerras Civis*:

> Ele pesou contra a multidão de escravos como inúteis na guerra e nunca fiéis aos seus senhores, e aduziu a recente calamidade trazida aos senhores pelos seus escravos na Sicília; onde as exigências da agricultura tinham aumentado muito o número destes últimos; recordando também a guerra travada contra eles pelos romanos, que não foi fácil nem curta, mas de longa duração e cheia de vicissitudes e perigos (1913: 1, 9).

Os escravos não importavam, mas os cidadãos sim. A difícil situação em que se encontrava despertou nele sua melhor retórica, como nos é relatado por Plutarco na sua *Vida de Tibério Graco*:

> Os animais selvagens que perambulam pela Itália, diria ele, têm cada qual uma caverna ou covil para repousar; mas os homens que lutam e morrem pela Itália gozam do ar e da luz comuns, mas nada mais. Sem lar e sem teto vagam com suas esposas e filhos. E é com lábios mentirosos que seus generais exortam os soldados em suas batalhas para defender os sepulcros e santuários do inimigo, porque nenhum deles tem um altar hereditário; nem um daqueles muitos romanos, mas eles lutam e morrem para sustentar outros em riqueza e luxo, e embora eles sejam senhores do mundo, não possuem um único torrão de terra que seja seu (1921: 10).

Em meio a uma crescente tensão, com Roma coberta de grafites (o que é indicativo de alfabetização), Tibério Graco foi eleito tribuno do povo naquele ano. Sobrepondo-se aos procedimentos tradicionais, ele pôs de lado o veto de seus colegas conservadores, aprovou a lei de terras e tentou distribuir o tesouro real de Pérgamo (cf. mais adiante neste capítulo) para os novos agricultores. No ano seguinte, ele novamente ignorou a tradição, tentando ser reeleito para o cargo. Obviamente, havia mais em jogo do que a questão da terra pública em si – a questão era: O povo deveria participar dos lucros do império?

A resposta foi violenta. No dia da eleição, um bando de senadores liderados pelo sumo sacerdote (ele próprio ocupando grandes extensões de terras estatais!) assassinou Tibério Graco e os seus desarmados defensores. A luta foi assumida por seu irmão mais novo, Gaio, que conseguiu manter o esquema de distribuição de terras até sua morte, também em estado de desordem civil, em 121. Esta foi abandonada em 119, quando os conservadores da ordem senatorial recuperaram o controle político.

A cidadania participativa havia fracassado. O conflito político dentro da própria Roma havia sido dirimido em duas explosões de violência – talvez a primeira violência organizada nas ruas de Roma na história da república. O domínio das ordens superiores foi confirmado e acentuado. Os pobres foram comprados por meio de subsídios ao trigo, mais tarde pela ampla distribuição gratuita de trigo e pelo estabelecimento de colônias militares camponesas, primeiro na Itália e depois em todos os territórios conquistados. Isso implicava um maior compromisso com a expansão imperial. Na verdade, levou a uma espécie de "imperialismo do Estado de bem-estar", comparável ao fenômeno do século XX de duas maneiras, sendo uma resposta às exigências induzidas pelo expansionismo imperialista e pela guerra de mobilização de massas, e conseguindo desviar essas exigências das estruturas fundamentais de poder. O cidadão comum já não era importante nas instituições políticas centrais. Roma era governada cada vez menos por uma "comunidade étnica", cada vez mais por uma "classe" exploradora.

O imperialismo continuou. O exército profissional era considerado indispensável. As derrotas na Gália provocaram pânico em Roma e a reforma do exército do Cônsul Mário em 108 a.C. Mário selou a política de recrutar um exército de voluntários da classe proletária, pagando-lhes salários e prometendo-lhes pensões de terra após dezesseis anos de serviço. Os aliados forneceriam quase toda a cavalaria, bem como os auxiliares. A ligação entre o exército e a gradação de classe da cidadania romana foi rompida. O comando superior ainda seria assumido por indivíduos das classes e ordens superiores, mas a própria estrutura de comando já não era também a hierarquia da gradação cidadã. O exército estava se tornando autônomo.

Mas as reformas de Mário acentuaram um segundo problema igualmente importante. O que fazer com os aliados? Quando se calcula o tamanho real dos auxiliares aliados nos exércitos, eles superavam em número as próprias legiões. Brunt (1971a: 424) fornece números de 44.000 legionários e 83.500 aliados em 200 a.C. Embora esta seja a maior desproporção conhecida em qualquer ano,

Brunt demonstra que os aliados superam continuamente o número de legionários. Consequentemente, os aliados começaram a exigir plenos direitos de cidadania. Durante as Guerras Sociais (embora o latim deva ser realmente traduzido como "Guerras entre os Aliados") entre Roma e alguns de seus aliados italianos em 91-89 a.C., isto foi efetivamente concedido para evitar mais problemas. Era consistente com as tradições romanas de governar em cooperação com as elites locais. A concessão de direitos às elites italianas não era perigosa agora que a estratificação entre os cidadãos estava aumentando.

A Itália começara a parecer mais uniforme em sua estrutura à medida que os direitos e deveres romanos eram estendidos a outras cidades, municípios e colônias de soldados. Sob César, isso se tornou verdade para o império como um todo. Uma vez que ficou claro que outros podiam ser tratados mais como aliados do que Cartago, a antipatia das elites em relação ao domínio romano tornou-se menor. As cidades gregas se adaptaram à dominação romana. O noroeste da Ásia Menor foi legado a Roma em 133 a Attalos III, o rei de Pérgamo, sem filhos, porque a elite de Pérgamo temia a revolução e buscava proteção em Roma. Os romanos gradualmente desenvolveram a unidade política entre as classes superiores em toda a sua república-império

Agora que os lucros do império eram vastos, agora que os estratos superiores italianos como um todo foram admitidos nas facções, agora que os estratos inferiores já não deviam ser temidos, as lutas das facções políticas entre a classe alta intensificaram-se. Elas poderiam, sem dúvida, ter sido contidas dentro das estruturas políticas tradicionais, mas pela natureza mudada do exército. O principal instrumento de controle sobre a república/império era o exército. Como o exército perdeu sua conexão com a cidadania participativa republicana, ameaçou se tornar um fator autônomo na situação. Mais do que isso: A sua própria unidade interna tornou-se problemática.

Mário tinha aumentado ligeiramente o tamanho da legião para 6.200 mais uma tropa de 600 cavaleiros. Ele também havia reduzido o tamanho do comboio de bagagem, carregando os seus soldados ("mulas de Mário") com suprimentos, utensílios e equipamento para construção de estradas. A legião individual tornou-se uma unidade eficaz de consolidação política, melhorando os sistemas de comunicações à medida que conquistava (mais informações posteriormente). No entanto, a integração entre legiões era um problema. As legiões eram estabelecidas individualmente ou em exércitos de até cerca de seis, separados por centenas de quilômetros. O exército dificilmente poderia operar como uma estrutura de comando unificada, dadas as deficiências das comunicações existentes. O controle tradicional do Senado e do corpo de cidadãos estava enfraquecendo, de modo que o exército não podia ser mantido unido pelo Estado. Tendia a fragmentar-se em exércitos separados, liderados por generais divididos por uma mistura de ambição pessoal, segregações entre a classe alta e acordos políticos genuínos. Todos eram senadores, mas alguns favoreciam o Senado e outros as assembleias populares (os partidos chamados de Melhores e Populares); outros ainda se aliaram sem aderir a uma única facção política ou de classe. Mas nenhum deles operou ou procurou operar sem legitimidade política. Todos receberam poderes consuetudinários específicos, ainda que vastos, para lidar com problemas de desordem e rebelião nas províncias conquistadas, bem como para conquistar novas províncias.

A estrutura política que deveria contê-los foi descrita por Políbio como uma "constituição mista". Ele afirmou:

> Era impossível até mesmo para um nativo pronunciar com certeza se o sistema inteiro era aristocrático, democrático ou monárquico. Isto era de fato apenas natural. Pois se alguém reparasse nos poderes dos cônsules, a constituição parecia completamente monárquica e real; se sobre a do senado parecia novamente ser aristocrática; e quando se olhava para o poder das massas parecia claramente ser uma democracia (1922-1927, VI: 11).

Mas o poder e a necessidade estavam com os generais consulares, e assim a mudança foi em direção à monarquia. O general precisava intervir politicamente. A lealdade das suas tropas dependia da sua capacidade de assegurar a legislação para as pensões, que mais tarde seriam asseguradas sob a forma de concessões de terras. E, como vimos, a legislação agrária era controversa. O cônsul, que ocupava o cargo por apenas um ano, precisava construir uma facção política, usando violência, suborno e ameaça de violência para conseguir a legislação necessária. A contradição entre poder militar e poder político foi resolvida pelo general.

Durante os cem anos seguintes, o general com suas legiões dependentes foi o árbitro do poder romano, às vezes isoladamente como ditador, às vezes em aliança difícil como igual cônsul com os generais rivais, às vezes em guerra civil aberta com eles. A história desse período é genuinamente, a um nível, a história de Mário e Sula, Pompeu, Crassus e César, e Antônio e Otávio. Havia dois prováveis resultados alternativos: O império poderia fragmentar-se (como acontecera com Alexandre) em reinos diferentes; ou um general poderia se tornar o comandante supremo, o *imperator*. Quando Otaviano recebeu o título de Augustus em 27 a.C., tornou-se efetivamente imperador, e seus sucessores foram designados eventualmente como tais. A república/império tornou-se, finalmente, um império propriamente dito.

O Império Romano: com ou sem imperador

A maioria das histórias de Roma periodizam pela constituição oficial. A república durou até os vários aumentos dos poderes de Augusto entre aproximadamente 31 e 23 a.C. Então o principado (primeiro entre iguais) deu lugar ao domínio com a adesão de Diocleciano em 284 d.C. No entanto, a estrutura essencial de Roma permaneceu a mesma durante tais mudanças constitucionais, desde cerca de 100 a.C. até o início do declínio, depois de 200 d.C., ou talvez até cerca de 350 d.C. Durante esse período, Roma era um *império*, com ou sem "imperador" – governando vastos territórios com um exército e burocracia que seriam centralizados, incorporando enormes desigualdades de riqueza e poder, e tendo efetivamente privado seus cidadãos comuns do poder.

Era um império de dominação, mas também havia incorporado as características da Idade do Ferro que, em outros lugares, tenderam a subverter as estruturas de cooperação compulsória. Era uma economia monetária e uma sociedade alfabetizada. Continha os portadores da propriedade privada. Era cosmopolita e, em muitos aspectos, permanecia discretamente no topo de um grande número de relações de poder descentralizadas e provinciais. No entanto, não tomou o caminho persa. Incorporou em sua própria classe dominante todas as elites nativas do império, e impôs a forma mais intensa e extensa de cooperação compulsória no mundo antigo, que chamarei de *economia legionária*. Essas duas fontes de poder fizeram de Roma o primeiro império territorial da história, de cerca de 100 a.C. em diante.

Eu abordo tal configuração original do poder romano examinando por sua vez os atores principais do poder (ou destituídos de poder) envolvidos no império. Havia inicialmente quatro: escravos, cidadãos livres, a classe superior de proprietários de terras, em grande parte composta de homens das ordens senatoriais e equestres de Roma e das elites nativas, e a elite estatal[2]. Com o tempo, porém, os dois primeiros coalesceram em um grupo, "as massas". Vou considerá-los primeiro.

As massas do Império Romano: escravos e homens livres

As origens da escravidão romana são muito semelhantes às da escravidão grega. Roma e Grécia mantiveram por muito tempo pequenos grupos de escravos, geralmente oriundos dos povos conquistados. Em nenhum desses contextos havia a tradição de cidadãos livres trabalhando regularmente para outros cidadãos livres. Ambos vivenciaram escassez em virtude das demandas feitas pela cidadania política e pelo serviço militar. Ambos adquiriram repentinamente grandes quantidades de escravos, embora Roma, ao contrário da Grécia, tenha adquirido seus escravos mediante conquista.

As plantações cartaginenses baseadas no uso de escravos demonstraram que uma cultura/agricultura mais intensiva gera um excesso maior do que o pequeno lote cultivado pelos camponeses poderia fornecer. Os tratados de agricultura

---

2. Essa divisão é apenas aproximativa. A posição das mulheres será discutida no capítulo 10, quando será pontuado como o cristianismo revelou seu *status* problemático.

romanos começaram a recomendar que pequenos conglomerados de trabalhadores cultivassem uma propriedade com centenas de *iugera*. Os cidadãos não podiam ser mobilizados dessa maneira; os escravos podiam. Enquanto perduraram as conquistas, a compra de escravos era barata. As vantagens econômicas da escravidão foram aproveitadas de bom grado. Dado que os escravos geralmente vinham sozinhos, não como famílias (como no caso da mão de obra livre), era barato mantê-los e não geravam subemprego rural.

Não sabemos muito bem o quão difundidos era a utilização de escravos. Estimativas em relação à Itália romana no auge da escravidão no final do primeiro século a.C. variam entre 30 e 40% da população total (p. ex., WESTENNANN, 1955; BRUNT, 1971a: 124; HOPKINS, 1978: 102). Nosso conhecimento sobre as províncias é incompleto, mas a proporção de escravos era quase certamente muito menor. Dados confiáveis do censo no Egito mostram que apenas cerca de 10% de escravos eram de fora de Alexandria (onde a escravidão teria sido maior). O famoso médico Galen diz-nos que os escravos contribuíram com cerca de 22% da população no território de Pergamum. Essa taxa de escravos permaneceu no mesmo nível por cerca de 100 a 150, de 50 a.C. a 50 ou 100 d.C., momento em que o número decresceu em virtude da interrupção do período de conquistas. Os romanos não costumavam comprar escravos na mesma escala do que os gregos, nem promoviam a procriação em grande número (tal como acontecia nas Américas em nossa era). Qualquer uma dessas estratégias poderia ter mantido a escravidão de forma estável, e a escravidão comercial já era comprovadamente viável. Portanto, uma questão relevante é perguntar por que permitiram que a escravidão desaparecesse.

A resposta não está em razões humanitárias ou no medo de revoltas de escravos. A grande revolta de Espártaco irrompeu em 70 a.C., e sabemos a partir de nossos registros em que medida a supressão de Crassus afetou sua carreira política, mas pouco sabemos sobre aquele ou seus seguidores. Dizem-nos que Crassus crucificou 6.000 rebeldes. Nenhuma revolta de escravos mais significativa ocorreu depois disso.

Escravos agrícolas, disse Varro, eram "ferramentas articuladas"; bois eram "ferramentas semiarticuladas"; e carrinhos eram "ferramentas burras". A formalidade das palavras era necessária porque os escravos eram *possuídos* como propriedade privada. Dado que na tradição romana não havia a instituição do trabalho livre permanente, poderiam mais facilmente legitimar a propriedade da terra e das ferramentas. Aos escravos da agricultura (e mineração) eram negados o estatuto de pertencimento à raça humana. Por outro lado, nem todos os escravos poderiam ser tratados assim. Dificuldades particulares surgiram com a conquista da Grécia. Muitos daqueles agora escravizados possuíam um nível mais elevado de civilização do que seus conquistadores. No oeste havia professores, doutores e burocratas escravos. Alguns deles dirigiram efetivamente a administração central durante o império principado e primitivo. A teoria de Varro dificilmente poderia aplicar-se a tais pessoas sem grande inconveniente, e de fato esse não foi o caso. Esses escravos eram capazes de celebrar contratos, receber salários e comprar sua liberdade, em condições que eram formalizadas juridicamente, e outras vezes apenas em circunstâncias *ad hoc*. A escravidão aos poucos se transformou em liberdade e em trabalho assalariado livre.

Uma transição semelhante também estava em curso do lado dos cidadãos livres, sobretudo na esfera agrícola. A escravidão era parte do processo pelo qual os proprietários camponeses eram empurrados para baixo. Alguns, endividados, perderam suas terras, e migraram para Roma ou para colônias de camponeses-soldados nas províncias. Outros mantiveram sua terra, mas como arrendatários dos proprietários, prestando-lhes serviços laborais. Outros, ainda, mantiveram seus direitos de propriedade, mas trabalharam cada vez mais para os senhores da terra como trabalhadores ocasionais na época da colheita e em outros períodos sazonais. O arrendamento e o trabalho assalariado informal estavam criando formas alternativas de exploração do trabalho entre cidadãos e também em relação à escravidão. Pouco tempo depois do crescimento da escravidão também cresceram esses outros dois estatutos, que acabaram por obter amparo legal mesmo quando a escravidão estava ainda em seu auge (o processo é bem-descrito em JONES, 1964, II: 773-802; FINLEY, 1973: 85-87; STE. CROIX, 1981: 205-259).

Isso foi extremamente importante. Nas antigas economias camponesas, aumentar o excedente geralmente implicava fazer com que os camponeses trabalhassem mais. Todo desenvolvimento econômico adicional exigia isso. A fusão entre escravidão e liberdade favoreceu tal processo em uma escala geral. O controle sobre o trabalho alheio, seja sob a forma de trabalho livre ou de dependência baseada em arrendamento, era considerado compatível com a participação comum na mesma comunidade de poder. Mesmo que a cidadania se tornasse nominal, os trabalhadores e arrendatários livres tinham direitos e obrigações legais. Os membros do mesmo grupo podiam agora ser plenamente explorados, provavelmente mais plenamente do que nos impérios anteriores. A escravidão deixara de ser essencial; outras formas de trabalho exploratório intenso haviam se desenvolvido.

Um dos dois estatutos alternativos, o arrendamento dependente, tornou--se gradualmente predominante, provavelmente em virtude da continuidade da pressão econômica sobre o campesinato livre. Temos pouca evidência direta, mas geralmente se argumenta que, sob o princípio do *colonus*, o arrendamento camponês vinculado por cinco anos a um senhorio da terra começou a ser o vínculo predominante. Mais tarde, a dependência tornou-se permanente e hereditária. Camponeses livres passaram à servidão, assim como escravos passaram a ser servos. Mais tarde, aproximadamente por volta de 200 d.C., os grandes bandos de prisioneiros bárbaros foram distribuídos não mais como escravos, mas como *coloni*. Os escravos já não eram necessários à exploração intensiva do trabalho. Durante um bom tempo do império os dois estatutos inicialmente separados, do cidadão livre e do escravo, acabaram por permanecer fundidos. Talvez a mais importante expressão simbólica dessa fusão tenha sido o famoso edito do Imperador Caracalla, de 212-213 d.C. "Eu concedo a cidadania romana a todos os estrangeiros em todo o mundo, todos os tipos de direitos municipais permanecendo inalterados. [...] Pois a multidão não deve apenas compartilhar todas as nossas labutas, mas agora também ser incluída em nossa vitória" (apud JONES, 1970, II: 292). Todos, exceto os escravos remanescentes, eram agora cidadãos. Mas os números envolvidos e as desigualdades entre eles eram muito grandes para que houvesse uma participação genuína. Isso significava igualdade perante a lei, perante o Estado e perante a classe alta – compartilhando mais as fadigas do que as vitórias prometidas por Caracalla! A cidadania participativa e ativa chegara ao fim.

Com a importante mas decrescente exceção da escravidão, faz cada vez mais sentido falar dos povos circunscritos pelos domínios imperiais romanos como *massificados*, compartilhando uma experiência e um destino comuns. As gradações dos tipos de nacionalidade, cidadania e posse tornaram-se, em certa medida, erodidas.

Contudo, as massas não eram uma força *ativa* na estrutura de poder romana. Não eram sequer uma "classe extensiva", muito menos uma classe política. No fim da república, até mesmo a população de Roma havia sido excluída de quase todas as instituições políticas do Estado. Quanto à ação não oficial, os estudiosos normalmente apontam uma "surpreendente" ausência de revoltas camponesas em Roma imperial (p. ex., JONES, 1964, II: 811; MacMULLEN, 1974: 123-124). Na verdade, não sabemos ao certo se não houveram revoltas ou se apenas nos faltam os registros destas, afinal, as classes letradas não pareciam interessadas em notar e relatar o descontentamento de seus subordinados. Onde o fizeram, no entanto, os relatos raramente os tratam como fenômenos válidos em si mesmos: Eles estão relacionados especialmente com as lutas entre os poderosos. Isso parece razoável, dada a natureza aparente da maioria das revoltas.

O conflito social grave era endêmico ao Império Romano, como o fora em todos os impérios antigos. Em uma sociedade pouco pacificada, longe das principais vias de comunicação, aqueles que podiam se dar ao luxo de fortificar suas casas o faziam. Os bandidos nunca foram eliminados. Em um sentido, o banditismo era uma forma pervertida de guerra entre as classes. Seus recrutas eram geralmente escravos fugitivos, camponeses, e soldados para quem o fardo da exploração tornara-se intolerável. Todavia, não conseguiam resistir aos cobradores de aluguel ou de impostos: ou fugiram ou cooperaram com eles. De fato, como Shaw (1984) aponta, os bandidos eram, ocasionalmente, aliados "semioficiais" de senhores locais ou mesmo de funcionários públicos, uma fonte alternativa de repressão em uma sociedade na qual não havia força policial civil.

Também não é difícil encontrar conflitos mais organizados envolvendo questões de classe e objetivos voltados à transformação social. Podemos identificar quatro tipos principais. O primeiro e mais comum são os tumultos urbanos, que geralmente não são uma revolta propriamente dita, mas um apelo ao Estado por ajuda e justiça, geralmente contra as elites e autoridades locais (CAMERON, 1976; STE. CROIX, 1981: 318-321). Para além deste processo semi-institucionalizado, podemos identificar mais três tipos de distúrbios com potencial disruptivo. As mais significativas foram as revoltas de escravos, normalmente organizadas por grupos escravizados recentemente e, portanto, muito menos frequentes no império do que na república. Essas revoltas visavam matar (ou mesmo escravizar) os fazendeiros e restabelecer o cultivo livre; infelizmente, nada mais sabemos sobre a forma de produção que eles estabeleceram. Esses conflitos visavam acabar com a exploração econômica, mas eram locais e pouco difundidos (THOMPSON, 1952; MacMULLEN, 1966: 194-199, 211-216; MacMULLEN, 1974).

Duas outras formas de conflito alcançaram uma forma organizacional mais ampla. Uma concerne às guerras civis dinásticas baseadas em descontentamento de classe (uma minoria de tais casos). Rostovtzeff (1957) argumentou que as guerras civis do século III d.C. foram a vingança dos soldados camponeses contra seus inimigos de classe nas cidades. Embora esta seja hoje uma visão fora de moda, podemos reconhecer dois elementos plausíveis: O exército era uma via principal de mobilidade social ascendente, e para um camponês, o saque das cidades era uma forma de melhorar substancialmente de vida. No entanto, para conseguir isso, era preciso submeter-se à autoridade de seu comandante, quase certamente um rico proprietário de terras. A segunda forma de conflito ocorreu principalmente no império posterior: o cisma religioso. Vários desses movimentos, especialmente os Donatistas da Numídia no início do quarto século, tinham propósitos sociais e redistributivos, embora estes coexistissem com as tendências separatistas regionais e religiosas, que eu discuto no próximo capítulo.

Os elementos de classe desses distúrbios foram minados pela tendência dos camponeses locais de se colocarem sob a tutela do poder local, contra a autoridade da tributação do Estado, em organizações patrono-clientes em lutas "horizontais". Eles também dependiam de formas não econômicas de organização, de um exército preexistente ou de uma Igreja/seita. E tenderam a ser desintegradores (a procurar autonomia regional) ou a reconstituir o Estado de forma inalterada (como no caso de uma facção dinástica bem-sucedida). Eles não transformaram o Estado ou a economia – a não ser em uma direção regressiva. Quando o povo era politicamente ativo, isso se dava geralmente em facções clientelistas, não em organizações de classe. A luta de classes era predominantemente "latente", e suas demandas eram canalizadas em lutas horizontais. A análise de classe do tipo sociológico moderno é aplicável (com as devidas ponderações) às lutas que se deram no início da República, mas logo depois sua relevância diminuiu.

Nada disso é realmente surpreendente se considerarmos a extensão e a natureza da economia camponesa. Como em praticamente todas as economias pré-industriais, cerca de 80-90% das pessoas trabalhavam na terra. Foram necessários 90% da produção agrícola para libertar os restantes grupos urbanos e de elite. Seu próprio nível de consumo estava próximo da subsistência, e consumiam principalmente aquilo que produziam. Portanto, a maior parte da economia era local. Do ponto de vista do chefe da família camponesa, a economia era em grande parte celular, ou seja, suas relações de troca eram limitadas por uma área de poucos quilômetros, dentro da qual ele podia transportar seus bens para venda ou troca com alguma facilidade. A tecnologia e os custos de transporte (para os quais voltarei em breve) contribuíram para isso de modo fundamental. Tal estrutura celular era modificada quando havia uma proximidade a um mar ou rio navegável, de modo que maior contato com o mundo era mais provável. No entanto, até mesmo as cidades, geralmente em um rio ou na costa do Mediterrâneo, dependiam esmagadoramente de seus interiores imediatos (JONES, 1964, II: 714). Mesmo contando com esses mercados locais, o volume de comércio era baixo: De acordo com uma estimativa (talvez duvidosa), no século IV d.C. o novo imposto de Constantino sobre o comércio da cidade teria produzido apenas 5% do imposto sobre a terra (JONES, 1964, I: 466; para uma abordagem que coloca um pouco mais de ênfase no comércio, cf. HOPKINS, 1977).

Portanto, as redes de interação econômica da massa da população foram restritas aos confins de sua própria localidade, suficiente para suprir as necessidades básicas. Que tipo de ação de classe podemos esperar a partir desse cenário em um império extensivo? As "classes extensivas" podem existir somente se houver interação. Dado que Roma foi construída a partir de um número de unidades de produção virtualmente autossuficientes, ela poderia conter *muitas* "classes" de produtores diretos, locais, pequenos e semelhantes, mas não uma classe produtora em toda a sociedade, capaz de impor seus interesses. As massas estavam confinadas aos "organogramas" mais extensos de seus governantes, organizados de forma *flanqueada*. Nas economias camponesas que examinamos até agora, a ação coletiva foi possível apenas em comunidades pequenas e concentradas, reforçadas pela organização militar cidadã (especialmente na Grécia e no início de Roma). À medida que o império se expandia e o povo era excluído de suas estruturas políticas, sua capacidade de organização extensiva diminuía. A estrutura de classes romana tornou-se menos "simétrica", e a luta de classes, apenas latente, tornou-se cada vez menos importante para o seu desenvolvimento social. Eu prefiro chamar o povo de "massas", em vez de lhes dar a designação mais ativa de "classe".

Contudo, o segmento que estava acima da linha de subsistência e autossuficiência, ainda que bastante estreito, é de igual interesse para nós. Afinal de contas, Roma nos interessa justamente por não ser uma comunidade primitiva de agricultores de subsistência; afinal, os camponeses estavam ligados, ainda que tenuamente, a um mundo maior, mais próspero e "civilizado". Os benefícios do império, descritos no capítulo 5, também estavam presentes aqui e, até certo ponto, podemos novamente tentar quantificá-los.

Os benefícios econômicos do império para as massas

O nível de rendimento das plantações é uma das cinco pistas que indicam que os padrões de vida aumentaram com a conquista do império e diminuíram quando este declinou. Em quase todas as economias agrárias, a dieta básica foi proporcionada pela cultura de cereais. Parte do ganho tinha que ser replantada como sementes para a colheita do ano seguinte. A proporção do rendimento total da colheita em relação à semente replantada oferece-nos um indicativo das forças produtivas, porque tal processo incorpora todas as melhorias técnicas. Em vez de discutir longamente diferentes técnicas de aragem, sistemas de rotação de culturas, e assim por diante, basta apresentar a proporção colheita/semente. Os dados disponíveis são esporádicos e duvidosos, mas algumas comparações podem ser feitas ao longo da história europeia. Os dados dizem respeito ao período do primeiro século a.C. até o segundo século d.C. – o pico do poder de Roma. Eles variam.

Cícero nos diz que as terras titularizadas na Sicília renderam entre 8:1 e 10:1, naquilo que era obviamente uma boa terra vulcânica. Varro afirma que a Etrúria rendeu entre 10:1 e 15:1. Esta era presumivelmente também uma região fértil, pois Colomella relata que a Itália como um todo rendeu 4:1. A maioria dos estudiosos confia nesta estimativa. Qualquer que seja a precisão alcançada por estas cifras romanas, o que se sabe é que houve uma queda substancial na taxa de produção com o colapso do império no Ocidente. Isso deve ser percebido também a partir de outros índices, mas estes que trouxemos já são suficientes. Nos séculos VIII e IX d.C., dispomos de números sobre a produção de dois núcleos de produção italianos e um francês, que segundo Duby (1974: 37-39) mostram rendimentos não superiores a 2.2:1 – e alguns bastante inferiores a isto. Isto significaria que metade da colheita foi replantada, uma proporção perigosamente próxima do nível de fome. Slicher van Bath (1963: 17), no entanto, acredita que Duby calculou e que a verdadeira cifra no século IX é de cerca de 2.8:1 – ainda substancialmente inferior aos rendimentos romanos. Numerosas cifras ao longo dos duzentos anos seguintes indicam que ocorreu um aumento lento mas constante. Os rendimentos do século XIII (em grande parte ingleses) variaram, geralmente no intervalo de 2.9:1 a 4.2:1; os rendimentos do século XIV (acrescentando França e Itália) variaram entre 3.9 e 6.5 (SLICHER

VAN BATH, 1963; TITOW, 1972; cf. tb. Tabela 12.1). Para os séculos XVI e XVII, podemos utilizar dados italianos que permitem uma comparação com os do Período Romano. Podemos perceber que são apenas ligeiramente mais elevados – variação entre 1:1 para áreas muito pobres e 10:1 para áreas férteis, com o valor médio em torno de 6:1 (CIPOLLA, 1976: 118-123). Os números nos permitem perceber a grandiosidade dos feitos econômicos do Império Romano, que no campo da agricultura não puderam ser equiparados nem mesmo naquele território por mais de 1.000 anos.

Uma segunda pista sobre os padrões de vida em termos comparativos deriva do pressuposto convencional de que o pagamento em dinheiro indica padrões de vida mais elevados do que o pagamento com permutas, porque o primeiro implica uma maior variedade de bens que são trocados como mercadorias. O edito do preço do imperador romano Diocleciano em 301 d.C. implica uma distribuição do salário aos trabalhadores urbanos e uma proporção de 1 em permuta para $1^{1/2}$ a 3 partes em dinheiro. Uma ordem governamental similar na Inglaterra do século XVI previa que a manutenção absorveria pelo menos metade dos salários dos trabalhadores. Isto pode indicar padrões de vida mais elevados em Roma e outras áreas urbanas do império do que na Inglaterra (DUNCAN-JONES, 1974: 11-12, 39-59). As cobranças de taxas ou impostos em dinheiro também tinham o mérito econômico de incentivar o comércio, com mercadorias negociadas para adquirir a moeda, enquanto as rendas ou impostos pagos com permutas eram simples extrações unidirecionais que não engendravam mais trocas. Os impostos de Roma envolviam consideravelmente mais dinheiro do que os de qualquer outro Estado anterior, excetuando-se, talvez, a Grécia.

Uma terceira pista é arqueológica. Hopkins conclui que "os níveis romanos na escavação revelam mais artefatos do que os níveis pré-romanos: mais moedas, vasos, lâmpadas, ferramentas, pedras entalhadas e ornamentos – em suma, um nível de vida mais elevado" (1980: 104). No caso das províncias conquistadas muito tarde, como a Grã-Bretanha, também podemos discernir um aumento na atividade agrícola, com extensas áreas sendo cultivadas pela primeira vez.

Uma quarta pista é fornecida pela melhoria das técnicas agrícolas. Por toda a república tardia e no início do principado é possível identificar a difusão gradual de uma maior variedade de culturas – vegetais, frutas e gado – e de fertilizantes (WHITE, 1970). Há, entretanto, indicações de uma estagnação tecnológica algum tempo depois, à qual eu retornarei mais tarde neste capítulo.

Uma quinta pista é o tamanho e a densidade da população. A evidência que dispomos sobre a Itália, baseada nos censos da república tardia, é bastante boa, embora a estimativa da população do império como um todo seja apenas conjectural. As pesquisas clássicas de Beloch (resumidas em inglês por RUSSELL, 1958) foram complementadas por trabalhos recentes (esp. pelo de BRUNT,

1971). Nós estimamos a população italiana em 225 a.C. em 5 milhões a 5,5 milhões, vivendo em uma densidade de 22 pessoas por km^2. No século XIV, aumentou para pelo menos 7 milhões, com 28 pessoas por km^2. De acordo com Russell, com o declínio e a queda do império ocidental esse número diminuiu, e por volta de 500 d.C. a população era de 4 milhões. Houve um aumento bastante lento em 600 d.C., mas somente no décimo terceiro século houve um pico semelhante ao do antigo império. A população do império como um todo é menos clara. Beloch estimou-a em 54 milhões em 14 d.C., mas atualmente se considera que esse número foi subestimado, especialmente no que diz respeito ao império ocidental (especialmente a Espanha). As estimativas médias recentes indicam cerca de 70 milhões, uma densidade populacional de cerca de 21 pessoas por km^2. Não é possível mapear completamente o declínio subsequente e depois o ressurgimento da população de todo o império, mas provavelmente seguiu o padrão italiano.

Há dois aspectos interessantes aqui. Primeiro, a população aumentou com o sucesso republicano/imperial e declinou com seu colapso. Os romanos propiciaram de forma bem-sucedida um aumento populacional maior do que havia sido possível anteriormente, ou mesmo daquele alcançado por mais de quinhentos anos após a sua morte política. Em segundo lugar, seu sucesso foi basicamente *extensivo*, espalhado por uma enorme área territorial de mais de 3 milhões de km^2. Havia uma província de notável densidade (o Egito, como sempre, com 180 pessoas por km^2) e duas províncias de extraordinária baixa densidade – o Danúbio e a Gália (embora esta última seja contestada pelos historiadores franceses). As cidades contribuíram de forma desproporcional para compor a densidade, mas estavam espalhadas por todo o império. A colonização foi principalmente contínua ao longo de uma gigantesca massa terrestre.

Em vista desses benefícios consideráveis, não é correto descrever o império de forma simplificadora, como se fosse meramente "explorador", quer a exploração seja de uma classe por outra, quer seja da cidade pelo campo, como fazem alguns classicistas (p. ex., STE. CROIX, 1981: 13). A exploração existia, mas dela também surgiram benefícios no padrão da cooperação compulsória, forma de organização já bastante familiar nesse momento. Quais eram os tênues vínculos entre exploração e benefícios na relação dos camponeses produtores e o restante, que mantinham tantos deles, tão densamente concentrados, mas também tão amplamente povoados, acima da subsistência? Havia duas dessas ligações – ligações horizontais, "voluntárias" na forma de troca e comércio de bens, e ligações verticais, compulsórias, na forma de extração de aluguel e impostos. Quais eram os seus pesos relativos? É necessário considerar a natureza do segundo maior ator do poder, a classe dominante, para responder a esta questão.

A extensão da classe dominante romana

A existência de uma classe dominante bem definida na Roma imperial é algo acima de qualquer disputa, mas a natureza de seu poder era complexa, mutável e até mesmo contraditória. O problema não concerne a sua relação com as massas, institucionalizada desde o início da república, e tornada cada vez mais clara, mas a sua relação com o Estado. Afinal, a contradição central era a seguinte: O "estrato mais alto" tornou-se uma classe no sentido moderno do termo – isto é, detentor de um poder baseado na "sociedade civil", sobre a posse de propriedade privada e gozando de uma autonomia real ante o Estado. Ainda assim, sua posição era em larga medida originada a partir do Estado e dependia continuamente deste para continuar a existir. Vejamos como se deu esse processo:

A "propriedade privada" desenvolveu-se no início de Roma, mas parece ter "decolado" como resultado do aumento de capital do Estado oriundo de suas conquistas. A conquista permitiu que a riqueza e o controle sobre o trabalho destruíssem a principal instituição coletiva original, a cidadania participativa. Isso se deu pela instituição de um funcionalismo público militar e civil. Todos os generais foram inicialmente escolhidos entre os membros da ordem senatorial que detinham magistraturas. Como foram designados por sorteio, é possível vislumbrar a estreita ligação entre o alto comando militar e a classe alta *como um todo*. Esses homens controlavam a distribuição de saques e escravos. A administração das províncias conquistadas gerava ainda mais riqueza líquida. Os governadores, questores, e outros magistrados eram oriundos da ordem senatorial; e os publicanos e recrutadores do exército, geralmente da ordem equestre.

Quanto às suas atividades, podemos vislumbrá-las a partir de fontes cínicas abundantes. Por exemplo, na segunda metade do século II a.C., encontramos este lamento: "Quanto a mim, preciso de um questor ou fornecedor, que me forneça ouro dos sacos de dinheiro do Estado". No século I a.C., repetiu-se muitas vezes que um governador provincial precisava de fazer três fortunas: uma para recuperar as suas despesas de eleição, outra para subornar o júri no seu esperado julgamento por desgoverno, e uma terceira para viver depois disso. Cícero resumiu tudo muito bem: "Finalmente, percebe-se que tudo está à venda" (todos citados em CRAWFORD, 1978: 78, 172).

O Estado *era* essas pessoas. Até a implementação de uma burocracia central separada, e mesmo depois, como veremos, a capacidade do principado de controlar seus administradores das classes mais elevadas era extremamente limitada. A riqueza foi saqueada dos povos conquistados e taxada pelo Estado, mas depois era adquirida por uma classe descentralizada. Os direitos sobre esse excedente foram institucionalizados sob a forma de direitos de propriedade privada "absoluta", garantidos pelo Estado, mas administrados por um grupo quase autônomo de juristas aristocráticos. Havia uma delicada reciprocidade entre o Estado e a classe dominante.

O que sustentou esse grau de integração entre essa classe? Por que Roma não se desintegrou em um sistema com múltiplas cidades-Estado ou em uma coleção de satrápias? A pergunta aponta na direção do principal feito do poder romano, a institucionalização do império por mais de 3 milhões de km^2 e cerca de 70 milhões de pessoas. Uma olhada no mapa revela que seu núcleo era o Mediterrâneo, embora tenha se expandido por distâncias consideráveis em relação a esse ponto, especialmente ao norte. As comunicações globais e limitações de controle do mundo antigo, descritas em capítulos anteriores, ainda estavam em vigor. Até então, haviam conduzido apenas a regimes hierárquicos e territorialmente federais, desintegrados e reconstituídos muitas vezes por meio da conquista por marqueses. No entanto, Roma permaneceu muito mais unificada e estável por meio de suas vicissitudes. Por quê?

A resposta nos remete às duas estratégias mais eficazes de governo imperial discutidas no capítulo 5. A primeira diz respeito principalmente às relações hierárquicas do império. Defendo que a dominação se tornou territorializada em virtude da "economia legionária", uma forma complexa da cooperação compulsória, para usar os termos de Spencer. A segunda estratégia diz respeito às relações horizontais, a crescente integração ideológica da classe alta. Esta segunda forma de poder é discutida mais detalhadamente no próximo capítulo, mas por ora pode ser esboçada.

Como a maioria de impérios precedentes, Roma governou geralmente por meio das elites nativas locais apoiadas por seus próprios governadores, tropas e campos legionários. Nos termos do contraste apresentado no capítulo anterior, adotava a opção persa, não a assíria. No entanto, a política logo desenvolveu novas formas. Os governantes locais podiam permanecer em seus postos (com a conspícua exceção dos cartagineses). Livy coloca as seguintes palavras na boca de um tirano de Esparta dirigindo-se a um general romano: "Seu desejo é que alguns se sobressaíam em riqueza, e que as pessoas comuns estejam sujeitas a elas" (apud STE. CROIX, 1981: 307). Em troca, os governantes locais tornaram-se romanizados na sua cultura, pelo menos nas partes ocidentais do império. Tal política consciente envolvia o ensino da língua e da alfabetização, a construção de teatros e anfiteatros e a integração livre dos cultos locais aos romanos. Depois de cerca de um século de domínio romano, tornou-se impossível detectar sobreviventes das culturas locais entre as elites das províncias ocidentais. Todos falavam latim (e até o século III d.C. muitos também falavam grego). No Oriente a situação era mais complexa em virtude do *status* da Grécia e pela absorção parcial de sua língua e cultura pelos romanos. Havia duas línguas oficiais no Oriente. Embora o grego fosse a principal língua unificadora dos governantes políticos, o latim também era falado, principalmente nos tribunais de justiça e no exército. À parte essa complicação, o Oriente era semelhante ao Ocidente: ambos possuíam alto grau de integração cultural entre as elites. O processo foi descrito por Millar et al. (1967) ao longo do período de 14 a 284 d.C. O pertencimento ao Senado foi difundido por todo o império, assim como a sucessão imperial. A cor púrpura usada pelos aristocratas romanos passou a ser incorporada pelos burgueses "italianos", depois para colonos italianos na Espanha e na Gália do Sul, depois para africanos e xiitas, e depois para homens das áreas do Danúbio e dos Bálcãs. Apesar da violência do processo de sucessão vigente no período, esta difusão foi um processo notável e sem precedentes: pois em meio a tudo isso, o império se manteve unido. Nenhum concorrente parece ter se tornado um líder provincial "nacional", buscando quer a secessão provincial, quer a conquista que teria envolvido o estabelecimento da hegemonia de uma província sobre todo o império. A hegemonia de Roma permaneceu incontestada. Isso também era novidade: A hegemonia em impérios precedentes havia se deslocado entre províncias e cidades capitais, como resultado de tal conflito civil e dinástico.

A alfabetização tornou-se crucial. A integração ideológica não era possível nos impérios anteriores, porque não havia a infraestrutura necessária para tanto. Até o momento em que as mensagens puderam ser transmitidas de um território a outro, gozando de algum grau de estabilidade, a emergência da similitude de pensamento e de hábitos permanecera um processo bastante lento. A cultura de elite já havia se desenvolvido por meio da alfabetização entre gregos e persas. Os detalhes sobre a alfabetização em Roma são apresentados no capítulo seguinte, mas podemos já destacar duas de suas características principais. Primeiramente, entre os homens da classe superior tratava-se, seguramente, de uma alfabetização *plena*, e talvez também no caso das mulheres, pois havia o ensino oficial a essa classe, e que acabou se estendendo também a outras classes. Em segundo lugar, a alfabetização era usada dentro do contexto predominantemente oral e informal das relações face a face entre a classe alta. Portanto, o tipo de solidariedade cultural viabilizada pelo processo de alfabetização estava em grande parte confinada à classe alta. As massas foram excluídas. A escrita não se desenvolveu muito fora das instituições informais da classe alta. O desenvolvimento de registros e relatos era rudimentar: Nem o Estado nem os indivíduos privados desenvolveram a escrituração simples ou dupla (STE. CROIX, 1956). O Estado possuía poucos recursos de poder independentes da classe alta. Em períodos anteriores, vislumbramos a alfabetização desempenhando dois papéis ideológicos "imanentes" – como instrumento do poder estatal e como cimento da solidariedade de classes. Em Roma, esses papéis foram mais estreitamente fundidos do que nunca.

Assim, surgiu uma *classe dominante universal* – extensa, monopolizadora da terra e do trabalho de outros, politicamente organizada e culturalmente consciente de si mesma. A república/império plenamente desenvolvida não era governada por congregações de governantes locais particularistas, ou por um núcleo conquistador romano sobre ou por meio das elites nativas, mas por uma *classe*.

A estrutura de classes era do tipo que no capítulo 7 chamei de "assimétrica": Havia uma classe dominante em termos políticos e extensivos, mas sem uma classe subordinada. É difícil para os autores modernos aceitar essa descrição. Estamos acostumados à simetria das estruturas de classe contemporâneas, nas quais há uma classe dominante e uma classe subordinada organizada sobre o mesmo espaço social em uma relação de luta e compromisso. Dado que não encontramos isso em Roma, exceto em seus primeiros anos, muitos escritores concluem que as classes não existiam nesse contexto (p. ex., FINLEY, 1973, cap. 3; RUNCIMAN, 1983). Todavia, a elite fundiária romana era tão "classista" quanto qualquer outro grupo em qualquer sociedade conhecida, passada *ou* presente. A conclusão é que as estruturas de classe são altamente variáveis; apenas algumas são simétricas, divididas pelo tipo de luta de classes descrita por Marx.

Uma caracterização deve ser feita: a cultura literária romana da classe alta era sulcada pela divisão entre as culturas latinas e gregas, o que acabou por dividir o império. Reforçada por diferenças geopolíticas, tal divisão provou ser duradoura entre a civilização da Europa e seus vizinhos orientais.

Embora historicamente singular, Roma não foi única em seu próprio tempo. Sua quase contemporânea, a Dinastia Han, na China, também desenvolveu uma homogeneidade cultural na classe dominante – na verdade, provavelmente maior do que a de Roma. Nesse caso o fenômeno também foi centrado na transmissão de uma cultura predominantemente secular (confucionismo) por meio da alfabetização. O desenvolvimento da alfabetização continua a desempenhar papel crucial na forma e na durabilidade das relações de poder. Constituía a infraestrutura logística do poder ideológico, capaz de cimentar uma classe dominante extensiva. Pouco depois o processo de letramento passou a ocorrer também em outras classes, desestabilizando o próprio regime romano que outrora desenvolvera. Esta história de *transcendência* ideológica terá que aguardar o próximo capítulo.

A outra forma principal de poder envolvida na integração romana foi a territorialização daquilo que nos capítulos anteriores chamei de cooperação compulsória. Tal processo tomou a forma de uma "economia legionária", cuja infraestrutura logística foi fornecida por uma economia militarizada que começou a ganhar território. Foi historicamente anterior à integração ideológica de classes, pois esta última só se aplicava a territórios já conquistados pela força. Os romanos não encorajaram estratégias de assimilação através das suas fronteiras.

As melhores análises da economia imperial romana são aquelas feitas por Keith Hopkins. Começo por sua análise sobre o comércio (1980). Baseando-se no trabalho de Parker (1980) sobre naufrágios no Mediterrâneo, ele deduz um aumento acentuado (mais de três vezes) no comércio marítimo depois de 200 a.C. O comércio permaneceu estável por algum tempo, por volta de 200 d.C., quando, então, começou a diminuir. Similarmente, valendo-se do trabalho de

Crawford (1974) sobre os moldes usados para cunhar moedas, deduz que o estoque da moeda corrente permaneceu completamente estável por um período de cerca de cem anos antes de 157 a.C. e depois aumentou a passos firmes até crescer mais de dez vezes o montante daquele momento, o que se deu aproximadamente em 80 a.C., permanecendo em torno desse nível até ao redor de 200 d.C., quando o movimento de queda tornou inúteis todas as inferências sobre o volume de comércio. Ele também comparou estoque de moedas encontrados em sete províncias diferentes no período de 40 a 260 d.C., o que lhe permitiu fazer deduções sobre a uniformidade da fonte do dinheiro ao longo de todo o império. Considerando os prováveis erros implicados nesse método, que supõe confiar no fato quase acidental de encontrar esses reservatórios de moeda, não deixa de ser impressionante que tenha encontrado tendências similares em todas as províncias até logo após 200 d.C. O império era uma economia monetária única durante esse período. Isto implica negar que estivesse ligada à atividade econômica também fora do império, mas supõe chamar a atenção para a natureza sistemática da interação econômica dentro dos limites do império. Isso não tinha ocorrido em impérios anteriores na mesma medida. Estamos diante da "sociedade unitária" na qual essa característica é a mais marcante dentre todas as que existiram até então.

A moeda é apenas um meio de troca; o comércio é apenas a sua forma. O que realmente *engendrou* essa economia, com a sua cunhagem e o seu comércio? "Conquista" é uma resposta inicial, mas como isso se traduziu em integração econômica? Há três formas possíveis de integração: *impostos*, implicando integração vertical entre cidadão e Estado; *arrendamento*, implicando integração vertical entre senhorio e camponês; e o próprio *comércio*, implicando integração horizontal que poderia ser o produto dos dois primeiros ou independente deles.

Em primeiro lugar, consideremos o desenvolvimento espontâneo do comércio. As conquistas romanas removeram as fronteiras políticas do outro lado do Mediterrâneo e tornaram o noroeste permeável à riqueza há muito estabelecida e às redes comerciais autônomas do sul e do leste. Isso foi particularmente evidente na troca de bens de luxo e escravos, com os quais o Estado pouco se envolveu após a conquista inicial. A elite romana no centro do império e nas províncias valeu-se das pilhagens para comprar bens de luxo e escravos, e isso impulsionou as relações de intercâmbio da "sociedade civil". Em segundo lugar, consideremos os arrendamentos: O uso dos escravos, dos servos, e do trabalho livre por proprietários aumentou também o excesso, o fluxo de caixa, e o comércio do império. Nós não sabemos muito sobre este. Mas, em terceiro lugar, podemos afirmar com alguma segurança que essas duas formas de integração da sociedade civil eram menos importantes do que a integração fornecida da cobrança de impostos por parte do Estado, algo passível de constatação a partir dos fluxos comerciais globais. Cito a conclusão de Hopkins de um artigo anterior:

A principal causa desta unificação monetária de todo o império foi o fluxo complementar de impostos e comércio. As províncias mais ricas do império (Espanha, norte da África, Egito, Gália do Sul e Ásia Menor) pagaram impostos em dinheiro, a maioria dos quais foram exportados e gastos, quer na Itália, quer nas províncias fronteiriças do império, onde os exércitos estavam estacionados. As províncias mais ricas tiveram que repor o ganho com impostos que fora perdido, vendendo alimento ou bens às regiões que passaram a cobrar impostos [...]. Assim, o principal estímulo ao comércio de longa distância no império romano eram as exigências fiscais do governo central e a distância entre o local onde a maioria dos produtores (contribuintes) trabalhavam e onde a maioria dos dependentes do governo (soldados e funcionários) estavam estacionados (1977: 5).

Roma desenvolveu um sistema econômico liderado pelo Estado. A esse respeito, portanto, é inapropriado chamar Roma de "economia capitalista", como faz Runciman (1983), embora houvesse propriedade privada e instituições monetárias.

Contudo, a economia protagonizada pelo Estado não possuía uma infraestrutura bancária para injetar suas moedas na economia sob demanda (como fazem os estados modernos). Seu único mecanismo de desembolso era sua própria despesa. Como a maioria dos estados antigos, ele não via a moeda como um meio de troca entre seus súditos, mas como um meio de coletar receitas, pagar despesas e armazenar reservas, e realizava tal papel ciosamente. Quando o Imperador Hostiliano ouviu que pessoas particulares estavam cunhando seu próprio ouro, ele o confiscou: Os timbres imperiais existiam para suprir necessidades do governo, não para a conveniência pública (JONES, 1964, I: 441). O papel da cunhagem no comércio e na vida urbana em geral era um *subproduto* das próprias necessidades administrativas do Estado (CRAWFORD, 1970: 47-84; 1974: 633).

Assim, apesar das enormes acumulações de propriedade privada e da sua efetiva autonomia política, a classe alta dependia do Estado para a manutenção do sistema econômico que os beneficiava. Eles tinham sequestrado os ativos de um Estado conquistador, mas o Estado ainda era necessário para a existência desses ativos.

Resolvemos também o problema do bem-estar econômico das massas, colocado na seção anterior. Afinal, o seu consumo de bens especializados (como tecidos, facas, sal ou vinho) também dependia da economia monetária liderada pelo Estado. Não podemos distinguir completamente nem um grande grupo da "sociedade civil" nem do "Estado". Depois de um período em que a fragmentação do Estado de conquista romano ameaçava desintegrar toda a ordem social, Roma consolidou-se num Estado central-despótico, imperial. Essa foi uma forma mais evoluída da cooperação compulsória encontrada nos primeiros impérios de dominação descritos no capítulo 5. Vamos, então nos voltar para o último, e fundamental ator de poder: o próprio Estado.

O Estado imperial e a economia legionária despótica

A forma constitucional dos domínios romanos – república, principado ou império – importa menos no período de cerca de 100 a.C. a 200 d.C. do que a sua unidade e continuidade subjacentes. Descrever a "verdadeira" constituição romana, o verdadeiro local do poder político, é tarefa difícil e trabalhosa, pois supõe lidar com arranjos informais e formais, e estes muitas vezes não são escritos. No entanto, eu encurto esse processo e uso uma forma simples de mensurar o poder do Estado, sua contabilidade fiscal: o lado da despesa fornece uma medida das funções do Estado; o lado das receitas representa a autonomia relativa e a dependência do Estado em relação aos grupos situados na sociedade civil. Obviamente, os registros que restam são limitados. Esta metodologia será ampliada em capítulos posteriores, quando nos depararmos com estados que deixaram registros mais sistemáticos, e então discutirei suas bases e limitações com mais detalhes. Por enquanto, cito a justificação geral de Schumpeter para esse método:

> As finanças públicas são um dos melhores pontos de partida para uma investigação da sociedade. [...] O espírito de um povo, o seu nível cultural, a sua estrutura social, as ações que a sua política pode engendrar – tudo isto e muito mais está escrito na sua história fiscal, despido de todas as frases. Aquele que sabe ouvir a mensagem discerne o trovão da história mundial mais claramente do que em qualquer outro lugar (1954: 7).

Ou, como Jean Bodin expressou mais sucintamente, o dinheiro é o tendão do Estado.

Nós dispomos de detalhes sobre as finanças imperiais em apenas um ponto no tempo. Isso se deve à sobrevivência do testamento do Imperador Augusto, o *Res Augustae* (reproduzido em FRANK, 1940: 4-17; comentado por MILLAR et al., 1977: 154-155, 189-201). Deve-se supor que os dois relatos ali mencionados, do *aerarium* (tesouro público) e da casa pessoal de Augusto, eram, na realidade, separados. Frank acredita que foi assim.

As despesas do *aerarium* totalizavam cerca de 400 milhões de *sesterces* (a moeda romana básica) anualmente. Cerca de 70% foram gastos com as forças armadas (60% com as legiões e a marinha, 60% com as cortes pretoriana e urbana de Roma); cerca de 15% com a distribuição com a população romana (o *dole*, cujo nome se mantém); cerca de 13% na folha de serviço público; e os pequenos resíduos em edifícios públicos, estradas e jogos públicos. As despesas pessoais anuais de Augusto totalizaram mais de 100 milhões de *sesterces*, dos quais 62% foram para doações, salários, terras e pensões para seus soldados; 20% foram distribuídos à população romana em dinheiro ou milho; 12% compraram terras para si mesmo; e o restante foi gasto na construção de templos e jogos públicos. A semelhança dos dois orçamentos, apesar de nossas expectativas de que seus títulos deveriam oferecer padrões diferentes, não revela nenhuma divisão real entre as funções "públicas" e "privadas" de Augusto. Como a maioria foi gasta no exército e em outras formas de pacificar a população romana, Augusto certificou-se de assegurar um grau de lealdade a ele pessoalmente, bem como ao Estado. Este não era um Estado muito institucionalizado.

O tamanho do exército permaneceu bastante estável em pouco mais de 300.000 homens durante os três séculos seguintes. Não temos nenhuma evidência a respeito de qualquer aumento na burocracia civil ou nas funções durante esse período. Portanto, os gastos militares permaneceram preponderantes. Entre os outros gastos, a pacificação do povo de Roma, literalmente através do pão e dos circos (bem como por intermédio das coortes pretoriana e urbana), foi a mais importante, com funções civis mais positivas na retaguarda. Tais gastos revelam o militarismo do Estado romano. Como vemos em capítulos posteriores, eles diferem dos do Estado medieval e do Estado moderno primitivo pela implacável *estabilidade* de seu militarismo – ao contrário de seus sucessores, o Estado romano nunca experimentou aumentos e quedas significativos em seu montante financeiro, porque estava sempre em guerra. Esses gastos também se distinguem daqueles característicos do Estado contemporâneo pela insignificância das funções e funcionários públicos.

A burocracia real era minúscula – talvez 150 funcionários públicos em Roma, e 150 administradores senatoriais e equestres, além de suas pequenas equipes de escravos públicos nas províncias. O Estado era, em grande parte, um exército. A economia liderada pelo Estado era uma economia liderada pelo exército.

Por isso, temos de olhar atentamente para o exército, elemento tão importante naquele contexto. Quais eram as suas funções? Para discutir esse ponto, combino a análise econômica da última seção com considerações militares estratégicas derivadas do livro *The Grand Strategy of the Roman Empire*, de Luttwak (1976). Os diagramas que se seguem são baseados no seu.

No período de 100 a.C a 200 d.C. houve duas fases estratégicas. O primeiro é chamado por Luttwak de "império hegemônico" (em um sentido similar ao que chamo de "império de dominação"), que durou até por volta de 100 d.C. Nessa fase (Figura 9.1) não havia limites exteriores claros para o império, nem fortificações fronteiriças. O efetivo poder das legiões era maior do que os poderes consolidados do Estado (como seria de esperar de Lattimore). Era mais vantajoso usar os estados clientes para influenciar e saquear as regiões externas ao império. Isto era mais fácil nas partes orientais, onde os estados civilizados controlavam parcialmente os seus próprios territórios; era mais difícil na Europa sem Estado, onde a paz tendia a exigir a presença de legiões romanas.

Na primeira fase, a maioria das legiões não estava estacionada nas fronteiras. Sua função era a pacificação interna. A conquista da zona de controle direto foi pelas legiões que traçaram uma rota de penetração através de territórios hostis para capturar grandes centros populacionais e capitais políticas. O passo seguinte foi estender essa penetração sem perder a vantagem militar da legião: o poder de luta concentrado e disciplinado de 5.000 homens mais auxiliares. Pequenas guarnições dispersas teriam dissipado essa vantagem. A solução foi o *acampamento de marcha*. A legião continuou em movimento, mas a um ritmo lento e metódico, construindo suas próprias fortificações e vias de comunicação. As reformas de Mário tinham selado essa estratégia, convertendo a infantaria pesada em uma unidade dual de combate e engenharia civil.

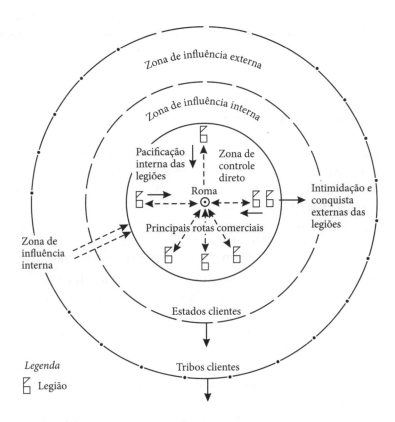

Figura 9.1 Fase 1 do Império Romano: o império de dominação
Fonte: Luttwak, 1976

Isso é mostrado claramente em imagens e descrições das tropas legionárias. O historiador judeu Josefo oferece uma admirável descrição da organização das tropas romanas, exaltando sua coesão, disciplina, exercícios diários, métodos de construção de acampamentos e até mesmo hábitos coletivos nas refeições. Ele então descreve suas ordens e equipamentos de marcha. Note o que eles carregam: "Os soldados de pé têm uma lança, e um longo broquel, além de uma serra, um cesto, uma picareta, e um machado, uma tanga de couro, e um gancho, com provisões para três dias, de modo que um criado de libré não tem grande necessidade de mula para carregar seus pesos" (1854: livro III, cap. V, 5). Este estranho sortimento foi amarrado em torno de uma longa vara, carregada como uma lança, idealizada pelo comissariado de Mário. Apenas a lança e o broquel eram equipamentos de campo de batalha. Eles não são nada notáveis, tampouco as provisões para três dias. Todo o resto do equipamento é composto por "armas logísticas", destinadas a ampliar a infraestrutura do domínio romano. A maioria construía fortificações e vias de comunicação: O cesto servia para terraplenagem; a cinta de couro era para mover turvas; a picareta com duas lâminas diferentes era para cortar árvores e cavar valas. Outros eram principalmente para aumentar os suprimentos: a foice para cortar, a serra para equipamento de madeira e lenha (para discussão sobre este equipamento, cf. WATSON, 1969: 63; WEBSTER, 1979: 130-131). Contraste isso com o equipamento da maioria das tropas de outros líderes ou cidades-Estado – que tinham transportado apenas equipamento de campo de batalha. Os romanos foram os primeiros a governar consistentemente através do exército, não só com terror, mas também com projetos de engenharia civil. As tropas não dependiam de enormes trens de bagagem, nem precisavam de mão de obra local para construir suas estradas. A necessidade de entrar em negociações elaboradas com quem quer que fosse que controlasse o abastecimento local de alimentos foi reduzida. Dependia de uma economia monetária, disponível apenas para alguns impérios anteriores. Diante disso, a legião podia mover-se lentamente, como uma unidade independente, em todos os terrenos que possuíam excedentes agrícolas – que, como vimos, era quase todo o território do império – consolidando seu domínio e sua retaguarda à medida que se movia.

O equipamento amarrado à volta do mastro de Mário foi a contribuição final da Idade do Ferro para as possibilidades de um regime *extensivo*. As legiões construíram estradas, canais e muros enquanto marchavam e, uma vez construídas, as vias de comunicação aumentaram a sua velocidade de movimento e poderes de penetração. Uma vez cruzada uma província, implementava-se a cobrança de impostos e o alistamento militar de auxiliares, e mais tarde de legionários. Isso muitas vezes precipitou a primeira grande revolta nativa pós-conflito, que seria esmagada com força máxima. Depois dessa etapa as pressões militares eram suavizadas, implementando-se o governo político romano. As novas rotas de comunicações e a economia conduzida pelo Estado poderiam promover o crescimento econômico. Porém, essa não era efetivamente uma economia guiada pelo Estado, em sentido moderno, mas uma economia guiada pelo exército – uma *economia legionária*.

Com o aumento da pacificação, mais legiões foram liberadas para expansão externa. No entanto, as opções expansionistas não eram ilimitadas. As legiões romanas foram eficazes na guerra de alta intensidade contra povos assentados e concentrados. Quando se deparavam com povos nômades em territórios esparsos, tanto sua capacidade quanto sua vontade de conquistar diminuíam. Havia pouco sentido em penetrar mais ao sul através do Saara. Ao norte, as florestas alemãs não eram impenetráveis, mas dificultaram a organização militar. As ambições romanas nunca se recuperaram depois do tumulto na Floresta de Teutoburgo, no ano 9 d.C., quando Varus levou três legiões à confusão e à destruição total nas mãos dos alemães, lideradas pelo ex-comandante auxiliar Hermann. A partir de então, semibárbaros perigosos sempre existiriam ao longo das fronteiras do norte.

A leste havia um obstáculo diferente: o único grande Estado civilizado deixado nas fronteiras de Roma, Pártia (o conquistador da Dinastia Helênica Selêucida da Pérsia por volta de 240 a.C.). Por causa do uso de estados clientes no Oriente, as tropas romanas eram de baixa qualidade, e como todos os exércitos romanos, estavam bastante carentes de cavalaria, algo útil em desertos orientais. Crassus estava malpreparado para os partianos em sua campanha de 53 a.C., e ele e sete legiões foram aniquilados em Carrae, no norte da Síria. Os partianos combinaram a cavalaria pesada com arqueiros montados: a cavalaria obrigou os romanos a se manterem em formação estreita. Os romanos puderam reverter essa derrota quando devidamente protegidos por cavaleiros e arqueiros. Mas os partianos eram expansionistas e, portanto, não foram uma ameaça. Para conquistá-los teria sido necessário um grande esforço, algo que não aconteceu.

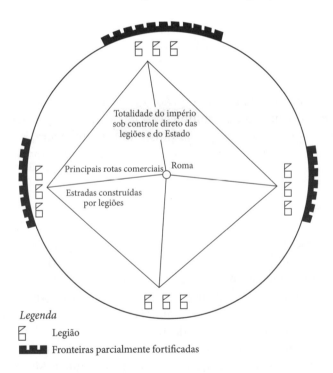

Figura 9.2 Fase 2 do Império Romano: o império territorial
Fonte: Luttwak, 1976.

Com a crescente pacificação interna, as legiões passaram a ser necessárias ao redor das fronteiras do império. Roma seguia em direção à segunda fase do império, aquela territorial, representada na Figura 9.2. Nessa fase, a maior ameaça era a de que os estrangeiros invadissem as províncias pacificadas. Eles não podiam ser eliminados, pois não estavam solidamente assentados, de modo que a única estratégia era a contenção. Infelizmente, isso exigiu tropas em todo o perímetro. Fortificações de fronteira poderiam ajudar a reduzir os custos das tropas. Eles não tinham a intenção de manter os barris de madeira fora do local, mas melhorar as comunicações e forçar os invasores a se concentrarem em seus pontos de entrada e saída, tornando-os mais fáceis de interceptar em seu caminho de volta (daí talvez a aparente estranheza de construir grandes valas *dentro*, e não fora do Muro de Adriano), a preservação da economia legionária exigia um grande e implacável gasto de dinheiro e energia humana. Não poderia haver fim para o militarismo de Roma, mesmo que suas estratégias pudessem mudar.

A cooperação compulsória nos primeiros impérios de dominação descritos no capítulo 5 tinha sido composta por cinco elementos: pacificação, multiplicação militar, a atribuição de valor econômico, a intensificação do processo de trabalho e a difusão e inovação coercivas. A economia legionária continha todas as cinco características de forma intensificada e com sólidas fronteiras externas.

1) *A pacificação*. A pacificação interna dominou durante a fase hegemônica/ de dominação, a externa durante a fase territorial. Ambas proporcionaram o ambiente estável e seguro para a atividade econômica racional; ambas assumiram um caráter cada vez mais territorial.

2) *A multiplicação militar*. A coerção interveio sob a forma de economia, fornecendo infraestruturas de comunicação e comércio e um mercado de consumo nas legiões e em Roma que impulsionou a cunhagem, o comércio e o desenvolvimento econômico. Este era o coração da economia legionária, um "keynesianismo militar".

3) *A atribuição de valor econômico*. Isto tinha mudado consideravelmente desde os primeiros impérios de dominação. Como vimos nos capítulos precedentes, o crescimento do poder econômico do camponês e do comerciante bem como o desenvolvimento da cunhagem tiveram por efeito a destruição da economia central. Nesse novo contexto, o valor era atribuído por meio de um equilíbrio de poder entre o Estado e a "sociedade civil" a partir de uma combinação de autoridade estatal e oferta e demanda organizadas de forma privada. O Estado romano fornecia a moeda, distribuída através de suas próprias necessidades de consumo. Dado que o Estado era o consumidor principal no setor monetário da economia, suas necessidades tiveram um grande impacto sobre a escassez relativa e do valor dos produtos. Mas os produtores e os intermediários, comerciantes e empreiteiros eram os detentores de poder privado, seus direitos eram garantidos pela lei e pelo valor de uma economia

monetária. Os setores público e privado, entrelaçados, geraram um gigantesco mercado comum, penetrando em todos os confins do império e suas fronteiras se mostraram importantes para a clivagem na rede de comércio. A economia monetária contribuiu substancialmente para o desenvolvimento de um império territorial.

4) *Intensificação do processo de trabalho*. Isso ocorreu inicialmente por meio da escravidão, depois da servidão e do trabalho assalariado. Produto da conquista milenar do Estado, tinha sido descentralizado sob o controle da classe alta como um todo. Como observa Finley, quanto mais livre o camponês, mais precária sua posição econômica. Os tratados agrícolas que ofereciam conselhos mostravam "o ponto de vista do policial e não o do empreendedor" (1973: 106-113).

5) *Difusão forçada e inovação*. Este elemento foi proeminente na fase anterior de hegemonia/dominação e depois declinou de forma acentuada. A difusão se deu como um processo de sentido único, de leste para oeste, tal como os romanos aprenderam com a civilização dos gregos e do Médio Oriente. Todavia, tal inovação foi levada coercivamente para a costa atlântica. Seguindo a lógica da Pax Romana, uma cultura comum começou a se desenvolver. Entretanto, erguer fortificações na fronteira simbolizou o início de uma orientação defensiva ao mundo exterior, sendo responsável em parte pela estagnação do império, a ser discutida mais tarde.

Esses cinco aspectos levaram a uma economia legionária, permeando o império por meio de fluxos interdependentes de trabalho, troca econômica, cunhagem, lei, alfabetização e outras aparições de um Estado romano que era pouco mais do que um comitê para gerenciar os assuntos comuns dos governantes das legiões.

Voltemos agora mais sistematicamente à logística das comunicações e às limitações à possibilidade de controle territorial. Embora as restrições de transporte tenham permanecido em geral as mesmas, os romanos fizeram três avanços notáveis.

O primeiro avanço foi que, ao gerar um nível tão elevado de excedentes e ao assegurar parte deles para si próprios, a elite romana – parte Estado, parte proprietários de terras – podia agora suportar um nível muito mais elevado de despesas com infraestruturas de controle do que qualquer Estado anterior. O transporte terrestre, digamos de suprimentos para as legiões, poderia ser extremamente caro, mas se fosse considerado essencial, poderia ser pago.

O decreto de preços de Diocleciano é relevante nesse contexto. O edito oferece-nos números que permitem calcular os custos das diferentes formas de transporte (texto integral em FRANK, 1940: 310-421; DUNCAN-JONES, 1974: 366-369, fornece um bom guia para isso). Há uma ambiguidade: as interpretações do *kastrensis modius* (uma medida de peso) podem variar por um fator de 2. Se o custo do transporte marítimo é fixado em 1, então o custo do transporte fluvial é 4,9 vezes maior, e o do vagão rodoviário é 28 ou 56 vezes maior (e o transporte por camelo seria 20% menor do que o do vagão rodoviário). Dada a escolha, o Estado abastece-se por via aquática. Mas se tal não fosse possível (p. ex., no inverno), o transporte terrestre, por muito dispendioso que fosse, seria utilizado se fosse fisicamente possível. O edito de Diocleciano revela que os custos de transporte para mover um vagão de grãos de 100 milhas seria 37 ou 74% do custo do trigo, o que é um aumento considerável, mas na primeira estimativa ainda aparentemente praticável. Distâncias maiores não são dadas, sugerindo que eles não eram geralmente cobertos por terra. É importante quando se lida com os romanos para separar o lucro da praticabilidade. O transporte foi organizado principalmente para pacificar, não para obter lucros. Se o movimento de suprimentos era necessário para a pacificação, e se fosse praticável, seria tentado, quase independentemente dos custos. A organização estava lá para fazê-lo – em um nível logístico mais elevado do que qualquer sociedade anterior tinha possuído. Apesar de seu custo, era o instrumento perfeito para lidar com emergências. Mas, como *rotina*, consumiria os lucros do império – o que acabou por acontecer.

O segundo avanço foi organizar a aquisição de excedentes. Os cálculos de Diocleciano supunham que as mulas ou os bois seriam alimentados ao longo da rota. Se isso não ocorresse, então eles próprios comeriam os grãos. Em um império em que cada área não desértica era extensivamente cultivada, alguns excedentes de alimentos estavam disponíveis em todos os lugares. Numa economia monetária totalmente organizada, os bois e as mulas podiam ser alimentados com forragens menos caras e de baixa qualidade, mantendo o aumento dos custos de transporte bem abaixo do nível de 100%. Por causa das restrições gerais (que ainda operavam), o sistema era capaz apenas de transporte eficiente em distâncias médias – digamos, 80-200km. As rotas marítimas ou fluviais seriam necessárias para distâncias maiores. Combinadas, elas se estenderam por *todo* o império. Não havia praticamente nenhuma região que não produzisse excedentes suficientes para suportar os postos de paragem organizados em redes contínuas. Isto era diferente do que ocorria nos antigos impérios, cujas áreas de baixa fertilidade sempre produziram grandes lacunas logísticas em seus sistemas de abastecimento.

O terceiro avanço foi organizar a aquisição desse excedente. Isto foi feito por meio da estrutura logística da economia legionária. Cada *município* do império era obrigado a abastecer as tropas locais. Governadores provinciais e comandantes legionários podiam requisitar transporte terrestre e marítimo para concentrar esses suprimentos, de modo que uma legião, uma força de cerca de 5.000 homens, era manobrável como uma única unidade, mesmo durante o inverno. Forças maiores poderiam ser concentradas e movidas apenas com alguma preparação, mas o movimento dos exércitos de cerca de 20.000 homens parece ter sido uma operação logística quase rotineira durante esse período. A organização das legiões penetrou em todo o território do império.

A fraqueza da economia legionária: um impasse no poder

Contudo, a economia legionária também continha uma contradição. Por um lado, tanto o bem-estar e, em muitos casos, a própria sobrevivência do povo e da classe alta dependiam da economia legionária proporcionada pelo Estado imperial. Sua própria atividade, sua própria práxis, não podia ser produtiva sem ajuda em suas necessidades de subsistência. E, no entanto, ao mesmo tempo, o Estado tinha descentralizado parcialmente muitas de suas funções para a classe alta. A eficácia da estrutura global dependia da institucionalização bem-sucedida dessas tendências contraditórias. Mas, a partir da contabilidade da receita, podemos ver que o sucesso foi apenas parcial.

Retorno ao testamento de Augusto. A renda anual do *aerarium* sob o governo de Augusto totalizou cerca de 440 milhões de *sestércios*. Sua própria renda pessoal anual provavelmente totalizou cerca de 100 milhões a 120 milhões de *sestércios*[3]. A renda "pública" veio principalmente de impostos e tributos das províncias (cidadãos romanos na Itália permaneceram isentos de cobrança 167 a.C. até o final do século III d.C.). A renda "privada" veio de duas fontes principais: saque de guerras civis e estrangeiras, e dinheiro e heranças de terras de testamentos dos ricos (uma forma de suborno para garantir títulos e favores para seus filhos), além de uma fonte menor de propriedades próprias de Augusto. Nessa fase, portanto, o Estado romano era financiado principalmente pela conquista. As duas fases de obtenção dos lucros da guerra – o saque seguido do tributo, depois a tributação dos conquistados e os subornos para os oficiais – dominam os registros.

Esse modelo não foi mantido – de fato, na ausência de uma expansão contínua, é difícil ver como isso poderia acontecer. Não temos números exatos para qualquer período subsequente, mas sabemos de três mudanças ao longo dos próximos dois séculos. Em primeiro lugar, tornou-se cada vez mais difícil para os contemporâneos distinguir, em qualquer sentido, entre os fundos do imperador e os fundos públicos. Em segundo lugar, a tributação foi institucionalizada de forma constante, imposta novamente à Itália, e depois mantida sem negociações públicas significativas (aparentemente, também com aumento) em um nível que não pode ter atingido mais de 10% do valor anual da produção. Esta foi a maior fonte de receita. Em terceiro lugar, as propriedades do imperador cresceram enormemente por volta de 300 d.C. Jones (1964: 416) estima que elas correspondam a 15% de toda a terra. Essa teria sido a segunda principal fonte de receita. Os novos fundos combinados foram administrados em meados do terceiro século por um *fiscus* imperial, controlado apenas pelo imperador.

---

3. Isso é estimado com base nas suposições (feitas por Frank) de que as despesas e as receitas eram relativamente equilibradas. Esse total é a soma de todas as despesas listadas por Augusto, divididas pelos 20 anos cobertos pela lista.

Ambas as fases continham elementos de tensão não resolvida. No tempo de Augusto, o papel imperial dominante era o de comandante supremo de uma grande potência militar. Seu poder era limitado pela lealdade de seus confederados e subordinados militares, não por poderes institucionalizados na "sociedade civil". Por outro lado, as receitas provenientes das suas próprias propriedades e das heranças – que também derivavam principalmente das propriedades de grandes famílias – depositavam poder nas relações propícias da sociedade civil. O primeiro conferia poder autônomo, o segundo implicou dependência da sociedade civil.

A tensão foi também sentida no sistema de arrecadação de impostos, desde a época de Augusto. A avaliação dos impostos era nominalmente compartilhada entre o imperador e o Senado, mas os poderes reais do Senado estavam agora em declínio, e Augusto e seus sucessores tinham poderes arbitrários. No entanto, sua capacidade de arrecadar impostos era fraca. Os agricultores fiscais (e mais tarde os proprietários de terras e governantes locais) eram obrigados a pagar uma quantia total de impostos pela sua área, e eles próprios organizavam a avaliação detalhada e a cobrança. Desde que entregassem o total solicitado, seus métodos eram de sua própria conta, sujeitos apenas a um apelo *ex post facto* ao imperador, alegando motivos de corrupção. Embora a tributação tenha aumentado, os seus métodos permaneceram inalterados. Na fase posterior, os poderes arbitrários do imperador aumentaram à medida que ele ganhou controle total sobre o *fiscus* e seus gastos, mas ele não ganhou mais controle sobre a *fonte* da receita. Essa era uma tensão não resolvida, um *impasse de poder* entre o imperador e o estrato superior. O sistema funcionou bem na entrega de uma soma relativamente fixa ano após ano a um custo insignificante para o orçamento; todavia, ao não instituir relações arbitrárias *ou* consultivas entre os níveis central e local, o sistema não podia ajustar-se facilmente às mudanças. Depois de 200 d.C., começou a desintegrar-se sob pressões externas.

No seu auge, portanto, o Império Romano não era uma estrutura particularmente coesa. Os seus três principais elementos constitutivos, povo, classe alta e Estado, tinham algum grau de autonomia. O povo romano, reduzido a um estatuto de semilivre e privado de participação no Estado, era em grande parte provinciano e controlado pela classe alta local. Os jovens mais pobres entre eles também podiam ser mobilizados em exércitos mediante recrutamento da classe alta, ou pelos líderes oficiais do Estado; nenhuma dessas formas garantia acesso a instituições de poder estáveis. Tal situação contrastava com as tradições romanas, cuja perda foi muitas vezes lamentada, mas que não haviam desaparecido por completo: cidadania, direitos sob a lei, posse de moeda e um grau de alfabetização. Todas essas tradições deram ao povo algum poder e confiança, que agora não eram aproveitados pelo imperador romano. No próximo capítulo, veremos esse poder exercido a serviço de outro deus. Os membros da classe alta haviam obtido um controle seguro de suas próprias localidades, incluindo as pessoas nelas presentes, mas foram privados do poder coletivo e institucionalizado no centro. A influência estável no centro dependia da pertença à facção informal certa, isto é, de se tornarem *amici* (amigos) do imperador. Maior poder poderia ser obtido por meio da violência da guerra civil, o que poderia levar à vitória militar, mas não à garantia do poder institucionalizado. A elite estatal na pessoa do imperador e seus exércitos era indispensável para os objetivos do povo e da classe alta e no controle incontestável do centro. Seus poderes de penetração na "sociedade civil" eram muito maiores do que a da elite da Pérsia, mas ainda era fraca em comparação aos padrões modernos. Os próprios exércitos podiam se desintegrar – e efetivamente se desintegraram – sob a pressão da luta das facções da classe alta e do provincialismo do povo.

Nenhuma dessas relações foi plenamente institucionalizada. Os direitos e deveres para além desses extraídos à força não eram claros. Não havia um quadro institucionalizado para lidar com situações anormais prolongadas. Isso era exatamente o oposto da república de cerca de 200 a.C., cujo sucesso se baseava em construir amplas bases de sacrifício comum em face do perigo durante um período muito longo. Esse mesmo sucesso tinha destruído as instituições de sacrifício comum e, em vez disso, levou à institucionalização de um impasse de poder entre o Estado, a classe alta e o povo. Assim, a economia legionária, embora combinasse a mais rebuscada articulação entre organização social intensiva e extensiva já vista, era inerentemente inflexível, pois não possuía qualquer instância de legitimidade para a tomada de decisões finais.

O declínio e a queda do império ocidental

O colapso de Roma é a maior história trágica e moral da cultura ocidental[4]. Os contadores de histórias mais famosos têm sido aqueles que combinaram uma apreciação da própria tragédia com uma moral clara e retumbante para sua época. Gibão, ao atribuir a queda ao triunfo da barbárie e da religião, construía uma defesa do Iluminismo do século XVIII: Confiança na razão, e não superstição aliada à selvageria! As várias fases e facções da era democrática subsequente tenderam a centrar-se mais no declínio da democracia política e econômica, preferindo, sem quaisquer dúvidas, a república primitiva à forma imperial. A versão marxista, do próprio Marx a Perry Anderson e Ste. Croix, culpou a escravidão e o enfraquecimento do campesinato livre (a base da cidadania). A versão "burguesa-democrática" representada por Rostovtzeff culpou o Estado por impedir a emergência da classe média representada pelos *decuriões*, responsáveis pela administração provincial. A versão "burguesa-industrial" tem enfatizado

---

4. As principais fontes utilizadas aqui foram: Jones, 1964; Millar, 1967; Millar, 1977; Vogt, 1967; Goffart, 1964.

a ausência de inventividade técnica no império. Isso tem sido quase universalmente endossado por escritores do século XX (mesmo se sua forma extrema, de atribuir o colapso à fraqueza da indústria manufatureira romana, tenha sido menos comum).

Há dois erros contidos nessas histórias. O primeiro é que a realidade que está sendo descrita e sobre a qual se emite juízos morais muitas vezes se refere aos séculos XVIII a XX d.C. e não aos tempos romanos. Isto é mais flagrante para nós em suas manifestações anteriores, é claro. Os propósitos e erros de Gibão são evidentes. Nossos próprios não são. Mas há um segundo erro, não tão presente na narrativa de Gibão. Ao perceber continuidade entre suas próprias épocas e as romanas, os contadores de histórias enfatizaram demais a continuidade entre as épocas romanas. Praticamente todos os escritores dos séculos XIX e XX pensaram que a forma mais eficaz e progressista de uma sociedade complexa seria algum tipo de democracia. A era democrática de Roma recuou na idade republicana. Portanto, as razões para a perda de eficácia e progresso no império posterior devem ser remontadas ao declínio das instituições republicanas. Somente Gibão se desviou desse argumento, afinal, ele desejava atribuir o colapso a novas forças, ao cristianismo (especialmente) e a pressões bárbaras posteriores. Portanto, ele observou uma ruptura acentuada em torno de 200 d.C., apontando o início do declínio após esse momento. Gibão estava certo nisso, mesmo que suas razões nem sempre estivessem corretas.

A coesão de Roma dependia da integração da classe governante e da dupla função da economia legionária, para derrotar os inimigos de Roma no campo de batalha e então institucionalizar algum grau de desenvolvimento econômico e segurança. Pouca coisa abalou essa coesão entre cerca de 100 a.C. e 200 d.C. Esse é o período do desenvolvimento de uma cultura de classe dirigente. O comércio e a circulação da moeda permaneceram estáveis durante todo esse período, assim como a defesa dos territórios de Roma, que se estabilizaram por volta do ano 117 d.C. Guerras civis endêmicas dominaram o nosso registro político desses séculos, mas não foram piores do que as guerras civis da república tardia. Nada ameaçava a sobrevivência de Roma no seu nível existente de desenvolvimento econômico e integridade territorial. Nenhum dos indicadores de declínio posterior pôde ser rastreado a um momento anterior ao governo de Marco Aurélio (161-180 d.C.), durante o qual o rebaixamento da moeda tomou um rumo mais complicado, uma grande praga atingiu o lugar, o despovoamento em algumas localidades causou preocupação imperial e as tribos alemãs invadiram as fronteiras[5]. Mas nesse momento essas ameaças ainda eram ocasionais,

---

5. As subvenções de Trajano aos proprietários de terras para a manutenção de orfanatos na Itália são algumas vezes interpretadas como indicando uma escassez de população. Não há outras provas disso, e é mais provável que indiquem uma escassez específica de voluntários do exército ou um declínio na viabilidade da família ampliada, em consequência do crescimento das cidades.

não persistentes. A maioria dos indicadores de declínio estabilizou-se a partir de meados do século III.

Contudo, um segundo rótulo pouco lisonjeiro, muitas vezes aplicado ao período de 100 a.C. a 200 d.C., tem alguma pertinência. Havia uma qualidade *estática* em grande parte do Império Romano, uma vez que ele havia reprimido os Gracchi e Espártaco e admitido que os aliados tivessem direito à cidadania. O debate centrou-se na estagnação tecnológica. O argumento é às vezes aplicado ao mundo clássico como um todo, mas tem maior força em relação ao caso romano. Os romanos não apreciaram a inventividade técnica como nós apreciamos, nem se apressaram a aplicar de maneira prática os frutos da descoberta científica como nós fazemos. O registro é um pouco desigual. Como seria de se esperar, eles foram inventivos na esfera militar. Por exemplo, o desenvolvimento de motores de cerco foi bastante rápido em todo o império. Mas na esfera vital para a sua economia, a agricultura, ficou para trás. Os casos célebres são o moinho de água, conhecido na Palestina no século I d.C., e a máquina ceifadora, conhecida na Gália ao mesmo tempo, nenhum dos quais tendo se espalhado ampla ou rapidamente. Os historiadores da tecnologia podem produzir ainda muitos outros exemplos, de parafusos, alavancas, polias etc., cujo desenvolvimento e difusão não aconteceram (cf. revisão em PLEKERT, 1973: 303-334). Por quê?

Uma resposta tradicional tem sido a escravidão, tal como defendido por alguns marxistas (p. ex., ANDERSON, 1974a: 76-82), mas ela não se sustenta. Como observa Kieckle (1973: 335-346), o período em que a escravidão floresceu, 500 a.C.-100 d.C., foi mais fértil em invenções e aplicações técnicas do que o período de declínio da escravidão, que por sua vez foi mais fértil do que o período após o declínio. Um argumento mais plausível, desenvolvido por Finley (1965: 29ss.), incorpora a escravidão a uma explicação mais ampla. O trabalho dependente era abundante no mundo antigo. Assim, as invenções, quase todas substitutas da maquinaria do músculo humano, tinham menos apelo porque o músculo humano não era escasso, nem em número nem em motivação (coagida). Esse argumento é mais convincente. Um de seus pontos fortes é oferecer uma resposta à objeção de Kieckle à tese da escravidão. Como vimos, o problema da mão de obra não foi resolvido pela escravidão, mas pela forma de trabalho que a sucedeu – com o surgimento dos *coloni*, trabalhadores assalariados semilivres, trabalhando para sua subsistência, e assim por diante. Havia mais necessidade de inventividade durante o período de escravidão devido à disseminação desigual da escravidão e seus efeitos nocivos sobre o campesinato independente em suas regiões centrais. Mas ainda é uma explicação incompleta, porque o maquinário também não foi substituído pelo músculo animal, mas os animais eram caros e escassos. Por que não?

Duncan-Jones (1974: 288-319) acredita que a política data do reinado anterior de Nerva (96-98 d.C.), mas observa que a escala era pequena. Talvez fosse o que dizia ser um ato de caridade.

A "inventividade", tal como a concebemos normalmente, é apenas uma forma particular e limitada de inventividade. Ela é *intensiva*, visando extrair mais produtos na forma de energia e recursos a partir de menos insumos, em particular de menos insumos de mão de obra. Em contraste, as principais invenções romanas foram *extensivas*, extraindo mais produtos de insumos mais coordenados e organizados. Eles se destacaram na extensa organização social. Esta não é uma dicotomia simples entre história moderna e história antiga. A revolução da Idade do Ferro (descrita no capítulo 6) foi intensa em suas técnicas pioneiras – elas penetraram fisicamente no solo a uma profundidade maior enquanto reduziam a extensão da organização social autorizada. Os romanos capitalizaram sobre essa base, estendendo-se para fora, pacificando o espaço e organizando-o, como vimos reiteradas vezes. Lembrem-se do que estava pendurado no mastro de Mário! As peças individuais de equipamento legionário não eram notáveis como invenções (embora um general atribuísse suas vitórias ao *dolabrum*, a picareta). O que era notável era sua combinação em uma complexa e extensa organização social. Os cérebros do comissariado de Mário não estavam pensando de forma intensiva, mas extensiva. Não admira que o resultado tenha sido o "primeiro" de seu tipo a ser produzido pela criatividade humana, o império territorial.

A preocupação dos romanos com a organização extensiva deixou-os com um ponto cego em relação ao tipo de invenções que valorizamos – tal como os escritores modernos argumentam. Eles não estavam interessados em substituir o músculo humano por máquina ou músculo animal (a menos que as economias fossem óbvias e nenhum desembolso de capital estivesse envolvido). Ocasionalmente, eles se moviam (como nós *nunca* fazemos) na direção oposta, movendo suprimentos do exército de mulas para homens, se houvesse ganhos resultantes em uma organização extensiva. Eles estavam mal-equipados para o que chamamos de desenvolvimento tecnológico, porque todas as suas principais realizações eram voltadas não para a redução de insumos, mas para sua *expansão* e *organização*.

Esse modelo levanta uma pergunta que não posso responder. Será que os romanos *também* estavam desacelerando sua taxa de poderes extensivos inovadores? A resposta talvez seja sim, porque por volta do ano 100 d.C. eles tinham alcançado os limites que percebiam como naturais; estavam explorando a maior parte da terra que podia ser aproveitada na agricultura, e sua organização política e fiscal também havia penetrado todo o império. Uma resposta completa envolveria fazer novas perguntas sobre o material original, concentrando-se na logística da organização.

Mas, em última análise, identificar uma desaceleração no império em torno de 200 d.C. pode não ser decisivo para responder à pergunta sobre o processo de "declínio e queda". Àquele ponto, os desenvolvimentos romanos nativos não permaneceram intactos. No final do século II d.C. podemos constatar novas ameaças externas à sua estabilidade. Pelos padrões de construção de fortes, sabemos que lhes faltava confiança na defesa de linha única sobre o fosso entre as partes superiores do Reno e do Danúbio. Entre 167 e 180, Roma teve de lutar duas vezes para defender o Danúbio contra as incursões de uma confederação tribal germânica, a Marcomanni. Os romanos foram incapazes de manter as províncias fronteiriças sem uma transferência em massa de tropas do leste, onde uma guerra contra os partas tinha acabado de ser concluída com sucesso. Isso foi duplamente sinistro. Ele revelou como poderia ser perigosa uma guerra simultânea no leste e no oeste. E mostrou que os marcomanni eram sintomáticos da crescente capacidade organizacional dos "bárbaros" do norte.

O Império Romano estava melhorando o nível de seus marqueses, da mesma forma que os impérios haviam feito anteriormente. Isso estava ocorrendo de várias maneiras (TODD, 1975). Primeiro, as inovações agrícolas de Roma que não dependiam de uma organização social em grande escala – uma maior variedade de plantas, maquinaria simples e fertilizantes – espalharam-se por toda a Eurásia e África. Depois de cerca de 200 d.C., os produtos agrícolas destas áreas começaram a oferecer uma séria concorrência à agricultura romana. Em segundo lugar, as técnicas militares foram difundidas. Como antigos comandantes auxiliares, vários líderes bárbaros usaram técnicas romanas. Estavam cientes da persistente fraqueza romana na cavalaria, e exploraram conscientemente a sua própria mobilidade superior. Mas em terceiro lugar (como uma resposta ao sucesso das pilhagens), sua própria estrutura social tornou-se mais centralizada. Ao comparar os relatos de César, escritos em meados do primeiro século a.C., e Tácito, escritos no segundo século a.C., Thompson (1965) relatou o desenvolvimento dos direitos de propriedade privada, bem como as tendências para o império real. Ambos foram baseados na autoridade na guerra. Ambos foram conscientemente encorajados pelos romanos para a segurança diplomática. E ambos foram impulsionados pelo comércio com os romanos, o que encorajou ataques mais organizados de escravos entre os alemães para pagar as importações romanas. A organização social alemã avançou consideravelmente. As cidades fortificadas que cobrem de 10-35 hectares foram descobertas, e suas populações não muito menores do que as cidades provinciais romanas. As redes de interação de Roma tinham fragmentado sua fortificação. Até mesmo essa já não era uma sociedade unitária.

A reorganização romana é visível no período de 20 anos após a adesão de Sétimo Severo em 193. Severo começou a recuar as legiões das fronteiras para posições de reserva móveis, substituindo-as na fronteira por uma milícia de assentamentos. Essa foi uma postura mais defensiva e menos confiante. Também custou mais, e assim ele tentou a reforma financeira, abolindo a agricultura tributária e a isenção de impostos para Roma e Itália. Será que este aumento foi suficiente? Presumivelmente não, pois ele rebaixou a moeda de prata (como Marco Aurélio fizera antes dele) e introduziu mais moedas. Seu filho, Caracalla, manifestou preocupações semelhantes. Sua extensão da cidadania tinha uma motivação financeira, além de tentar mobilizar o compromisso político do povo. Ele também rebaixou a cunhagem e aumentou sua oferta. Hopkins calcula que entre os anos 180 e 210, o conteúdo de prata dos *denarii* cunhados em Roma caiu 43% (1980b: 115).

Seria bom saber mais sobre esse período crucial e a sua combinação entre mudanças políticas suaves e drásticas. Os Severi tentaram uma estratégia fiscal e militar inteligente, com duas vertentes: ressuscitar um exército camponês-cidadão na fronteira e combiná-lo com um exército de reserva profissional apoiado por um sistema fiscal mais equitativo. A abolição dos poblanos sugere mesmo uma tentativa de resolver o problema crucial da exação. Porém, presumivelmente, as exigências de curto prazo – ora sua própria sobrevivência contra os requerentes rivais, ora uma enxurrada de incursões no Reno, no Danúbio e no Oriente – levaram-nos à degradação, uma política tão desastrosa quanto se poderia imaginar naquele contexto. Um Estado que emitiu a sua moeda tendo como base suas exigências de despesa, deixando a questão da oferta por conta dos produtores e intermediários privados, só poderia ter como consequência a destruição da confiança na sua moeda. Se a depreciação foi observada, a acumulação artificial e a inflação seguiriam. Emitir mais moedas de prata poderia não ter tido esse efeito (eu não me disponho a emitir uma opinião sobre a disputa keynesiana-monetarista de nosso próprio tempo), mas reduzir o volume de prata estava rebaixando uma das principais funções do Estado aos olhos de seus cidadãos. Por vezes, argumenta-se que os imperadores não se aperceberam das consequências das suas ações. Eles podem não ter feito a conexão técnica entre rebaixamento e a inflação. Porém, como acreditavam que o valor de uma moeda dependia apenas de seu conteúdo metálico, o rebaixamento só poderia ser uma tentativa consciente de enganar seus súditos. Eles devem ter percebido que a descoberta final e o descontentamento eram inevitáveis. A degradação só poderia ser uma estratégia racional para assegurar um espaço para respirar.

Não obstante, tal espaço já não estava disponível. Os alemães, agora capazes de incursões em larga escala, foram encorajados pelas deficiências do sistema defensivo romano. Mas pior ainda, e mais estranho para Roma, foram os desenvolvimentos no Oriente Médio. Por volta de 224-226 o Estado parta foi derrubado pelos invasores persas liderados pela Dinastia Sassânida, cujo governo durou quatrocentos anos. Muito mais centralizados do que o Estado parta, e capazes de uma campanha mais sustentável e de uma guerra de cerco, os sassânidas também eram expansionistas. Mesmo assim, os romanos (e seus vizinhos) aprenderam a explorar sua fraqueza: a tensão não resolvida entre o Estado e a nobreza feudal. Durante mais de um século, Roma teve de montar uma defesa prolongada de suas províncias orientais e, ao mesmo tempo, de sua fronteira Reno-Danúbio. O custo da defesa havia aumentado enormemente nesses cinquenta anos após 175. Para poder mantê-la no contexto de uma estrutura social inalterada foi necessário um sacrifício coletivo maior. O impasse entre o Estado, o estrato superior e o povo teria de ser superado. As políticas dos Severi foram tentativas nessa direção. Mas não havia tempo suficiente. Os imperadores pegaram dinheiro onde podiam encontrá-lo, do débito, do confisco, mas não de um aumento geral nas taxas de imposto, pois a maquinaria política para isso não tinha ainda sido construída. O fim dos Severi era inevitável. Uma guerra inconclusiva com os persas em 231 foi seguida, no ano seguinte, por mais incursões marcomanianas. O exército do Reno não recebeu seu pagamento e amotinou-se em 235, assassinando Alexandre Severo e substituindo-o pelo seu General Maximino, o primeiro de uma série de soldados-imperadores.

Entre 235 e 284, o sistema fiscal-militar romano desmoronou-se, com efeitos desastrosos sobre a economia em geral. O conteúdo de prata das moedas caiu de 40% em 250 para menos de 4% em 270. Na ocasião, há notícias de locais que recusam aceitar a moeda imperial atual. Os preços subiram, embora seja difícil ser preciso sobre quando ou por quanto. A evidência do declínio urbano pode ser encontrada em inscrições em pedras, que comemoram coisas tais como edifícios novos, instituições de caridade, presentes, e manumissão dos escravos. O número de naufrágios diminuiu (indicando, supomos, uma queda no comércio, e não melhores condições climáticas). As queixas sobre campos e aldeias desertas começaram em meados do século. Em terras marginais pode ter havido uma perda substancial de população, em terras mais típicas muito menos – o que é uma forma indireta de dizer que não podemos ser precisos sobre a extensão do *deserto agrícola*. O pior aspecto do declínio foi o fato de se tratar de uma espiral descendente que reforça a si mesma. À medida que se tornava mais difícil apoiar as tropas, estas se amotinavam. Dos vinte imperadores seguintes, dezoito morreram violentamente um morreu numa prisão persa e outro morreu de peste. Assim, os invasores acharam fáceis colheitas, causando mais deslocamento econômico. Os anos 260 eram o nadir, vendo um ataque simultâneo de godos no norte e persas no leste. Os romanos afirmaram que havia 320.000 guerreiros góticos em 2.000 navios. Os números são exagerados, mas revelam a seriedade com que levaram a ameaça sofrida. Os godos chegaram até Atenas, que eles saquearam, antes de serem derrotados, enquanto os persas derrotaram e capturaram o imperador Valério e saquearam Antioquia.

O império poderia ter entrado em colapso nesse ponto, seja totalmente ou em vários reinos latinos e gregos (da mesma forma que o império de Alexandre o Grande). A população em geral e a atividade econômica teriam diminuído ainda mais e as relações fiscais-militares do tipo feudal poderiam ter surgido. Mas os soldados-imperadores conseguiram uma série de vitórias nas décadas de 270 e 280, o que parece ter dado uma margem de manobra de cerca de cinquenta anos. Diocleciano (284-305) e seus sucessores, principalmente Constantino (324-337), aproveitaram-na ao máximo.

As grandes reformas de Diocleciano são fascinantes, pois revelam uma compreensão profunda (por parte de quem? Seria do próprio Diocleciano?) da estrutura social romana e da sua capacidade decrescente de resistir a ameaças externas. Romperam radicalmente com o passado, aceitando a espiral descendente do século anterior, reconhecendo que uma estrutura de sacrifício comum não poderia ser recriada. Na verdade, Diocleciano tentou romper o poder autônomo da classe alta tradicional, dividindo a ordem senatorial da ordem equestre e privando-a de cargos militares e civis.

Obviamente, o sucesso dessa estratégia dependia da capacidade do Estado de penetrar na própria "sociedade civil", o que ele havia feito no passado de forma muito fraca. A *tentativa* foi sistemática. Na esfera militar, o alistamento foi reintroduzido de modo permanente, e o tamanho do exército praticamente dobrou. Contudo, embora tanto os exércitos de fronteira quanto os de reserva tenham sido fortalecidos, o aumento não denotou melhoria na capacidade organizacional do exército. Havia mais exércitos independentes do mesmo tamanho do que antes. A força de Juliano, de cerca de 65.000 homens, reunida contra os persas em 363, foi provavelmente a maior desse período, mas não maior do que a dos maiores exércitos da república tardia. Ademais, a maior parte dos novos recrutas estava estacionada em unidades relativamente pequenas, ao longo das principais vias de comunicação do império. Eles foram usados para patrulhar e pacificar todas as áreas centrais e, especificamente, para ajudar na extração de impostos. Da mesma forma, a burocracia civil foi ampliada (provavelmente duplicada). As províncias foram subdivididas em unidades administrativas menores, talvez mais manejáveis, mas certamente menos capazes de ação autônoma (incluindo a rebelião). O sistema tributário foi racionalizado, combinando um imposto fundiário e um imposto comunitário. O censo foi revivido e realizado regularmente. A taxa de imposto foi avaliada anualmente de acordo com uma estimativa das necessidades orçamentais. Esta cobrança anual, anunciada antecipadamente, foi provavelmente o primeiro *orçamento* efetivo na história de qualquer Estado.

Tudo isso pode parecer uma racionalização bastante sensata, mas nas condições do mundo antigo exigiu enorme grau de coerção. Em um contexto no qual a maior parte da riqueza, certamente quase toda a riqueza do campesinato, nunca indicava seu valor de forma visível, como poderia ser avaliada e depois extraída? Sobre esse processo de avaliação, temos um relato contemporâneo sobre um dos censos de Diocleciano, feito por Lactâncio:

> A maior calamidade pública e tristeza geral foi o censo imposto às províncias e cidades. Os oficiais de recenseamento foram colocados por toda a parte e sob a sua ação tudo se dava como uma invasão hostil ou um cativeiro cruel. Os campos eram medidos pelo joio, as videiras e as árvores eram numeradas, animais de todo tipo eram registrados, as cabeças dos homens eram contadas, os pobres urbanos e rurais eram

confinados nas cidades, todas as praças estavam cheias de famílias, todos estavam lá com seus filhos e escravos. Tortura e golpes reverberavam, filhos eram enforcados na presença de seus pais, os escravos mais fiéis eram torturados para denunciar seus senhores, esposas contra seus maridos. Se relatassem as torturas que sofreram para incriminar-se, e quando o medo ganhou o dia, as coisas que não possuíam eram registradas em seus nomes. [...] O que os antigos fizeram aos conquistados por direito de guerra, ele ousou fazer aos romanos [...]. Mas ele não confiava nos mesmos funcionários do censo, outros eram enviados para suceder-lhes, como se pudessem encontrar mais, e os retornos eram sempre duplicados, não que encontrassem alguma coisa, mas que acrescentassem o que desejassem, para justificar a sua nomeação. Enquanto isso, os animais pereciam e os homens morriam, mas o tributo era pago pelos mortos, para que ninguém pudesse viver ou morrer gratuitamente (apud JONES, 1970, II: 266-267).

Tal relato é sem dúvida exagerado, mas não deixa de ser revelador. Diocleciano, como todo cobrador de impostos antes do século XIX, tinha apenas três estratégias. As duas primeiras – tributar por meio do conhecimento e do poder local dos grandes proprietários, ou tributar em verdadeira consulta local com as pessoas – não conseguiam obter verbas suficientes para satisfazer as crescentes necessidades orçamentais. Os senhores de terra pegavam seu quinhão, e o povo subestimava sua riqueza. A estratégia dos proprietários era precisamente aquela que estava sendo abandonada; ao mesmo tempo, nenhuma instituição de consulta popular genuína existia desde o início da república. Tudo o que restava era a terceira estratégia – extrair com força máxima tudo o que era possível, tendo como limite o que era preciso para manter a população viva e produtiva. Uma parte essencial dessa estratégia, como Lactâncio apontou, era garantir revezamento entre os funcionários do Estado – antes que eles pudessem fazer compromissos com os moradores locais, envolvendo negociação pessoal. Essa era uma forma incrementada de cooperação compulsória. A compulsão foi ampliada, a cooperação tornou-se mais passiva. Dada ausência de revoltas, tudo indica que a necessidade de um exército maior, a burocracia e a tributação foram aceitas de forma geral, mas diminuiu a participação tanto do povo quanto da alta sociedade.

O aumento da coerção implicou mais do que apenas força militar. Implicava também a fixidez social e territorial. Como vimos em capítulos que tratam de sociedades muito mais antigas, o poder do Estado dependia, em grande medida, de *confinar* seus súditos em espaços e papéis particulares. As reformas de Diocleciano envolveram o mesmo processo, não como um ato consciente de política, mas como um subproduto do novo sistema. O sistema tributário funcionou melhor, mais previsivelmente, com menos necessidade de avaliação e policiamento, se os camponeses estivessem ligados a um centro específico para fins de censo. Os camponeses eram alocados em aldeias ou cidades e forçados a pagar seus impostos e a se reunirem para o censo. Isso era tradicional (como sabemos desde o nascimento de Cristo), mas agora que os censos eram mais regulares e as exações fiscais anuais, os camponeses (e seus filhos) eram amarrados à sua aldeia natal. Condições semelhantes foram aplicadas ao setor urbano e artesanal, onde as pessoas estavam ligadas a ocupações particulares.

Isso estava interferindo no equilíbrio entre oferta e demanda (forças que não eram reconhecidas na época). Na verdade, a tendência da regulação coerciva estava longe de uma economia descentralizada, de mercado e de cunhagem, em direção a uma alocação de valores central e autoritária. A inflação era considerada o produto, não da economia como um todo, mas da avareza daqueles que se aproveitavam de condições de colheita desiguais. Foi remediável apenas pela força, "uma vez que" – na linguagem do edito de Diocleciano que estabelece os preços máximos de centenas de *commodities* – "como guia, o medo é sempre o professor mais influente no desempenho do dever, é nosso prazer que qualquer um que tenha resistido a este estatuto esteja, por sua audácia, sujeito à pena capital" (apud JONES, 1970, II: 311). A subida dos preços resultaria em morte, desde que o Estado dispusesse de recursos para sustentar todas as transações monetárias no império! A economia central tinha outra alternativa para impor se não conseguisse reduzir a inflação (como era obrigada a fazer). O objetivo era deslocar o poder de compra do Estado do mecanismo de preços para a demanda em espécie. Algumas dessas medidas foram tomadas, embora a sua extensão precisa não seja clara. Estava certamente implícito no posicionamento descentralizado das tropas e nas pequenas unidades administrativas – cada uma podia obter seus suprimentos diretamente de sua localidade.

Julgado pelas suas próprias pretensões, o sistema de Diocleciano não podia funcionar porque o Estado não tinha poderes de supervisão e coerção suficientes para fazer cumprir a lei. A economia foi descentralizada o bastante para que os compradores pagassem preços mais altos em vez de reportar o vendedor ao funcionário mais próximo com tropas. Na prática, a avaliação dos impostos tinha de se basear em notáveis locais. Este é o aspecto mais interessante do sistema. Afinal, podemos reconstruir o ímpeto que ele exerceu sobre o desenvolvimento do *colonus* camponês, preso a um pedaço de terra e a um senhorio. Como o contribuinte rural poderia, na prática, estar vinculado a uma cidade ou aldeia? Isso era especialmente complicado em províncias relativamente pouco urbanizadas, como em grande parte do norte da África. Mas a resposta era clara: colocá-lo sob o controle de uma propriedade. Sucessivos decretos crônicos narram a evolução dessa solução. Um edito de Constantino em 332 demonstra de forma clara as consequências da conveniência administrativa, bem como a noção de que a coerção era necessária para a preservação da liberdade:

> Qualquer pessoa em cuja posse um arrendatário que pertence a outro é descoberto não só restituirá o referido inquilino ao seu local de origem, mas também assumirá o imposto de caução para esse homem, pelo tempo em que esteve com ele. Também os inquilinos que pro-

curam a fuga podem ser amarrados com correntes e reduzidos a uma condição servil, de modo que, em virtude de uma condenação servil, sejam obrigados a cumprir os deveres que competem aos homens livres (apud JONES, 1970, II: 312).

O camponês foi finalmente entregue ao senhorio pelo Estado[6].

O impasse havia sido alterado, mas não encerrado. Os papéis militares e políticos da classe alta da sociedade civil haviam sido rompidos, mas a economia local havia sido restituída. O primeiro foi um ato de política, o segundo uma consequência não intencional das necessidades econômico-militares do Estado. Uma política mais popular, democrática e consultiva nunca foi seriamente considerada, pois ela teria implicado a inversão das principais tendências coercivas do Estado.

Na medida em que falhou, o sistema de Diocleciano provavelmente reprimiu as possibilidades de maior desenvolvimento econômico. A sabedoria de nossa própria época capitalista nos leva a conceber que mesmo se Diocleciano tivesse obtido sucesso em seus objetivos, o resultado teria sido o mesmo. Isso mostra o viés entre os classicistas contra as possibilidades inovadoras dos estados centralizados. Parece-me que a administração romana, dadas as suas urgentes necessidades fiscais, tinha tanto incentivo para melhorar as técnicas agrícolas como qualquer proprietário privado, capitalista ou não. Foi precisamente porque *não* controlava a produção agrícola que o desenvolvimento nesta esfera foi sufocado. Afinal de contas, como é muitas vezes apontado (p. ex., JONES, 1964, II: 1.048-1.053), uma inovação considerável foi encontrada nas esferas que controlava – a difusão do moinho de água era principalmente para serrar mármore para monumentos e apenas secundariamente para moer milho, ao passo que nenhuma máquina agrícola podia competir com motores de cerco em sua sofisticação. O desenvolvimento da agricultura dava-se agora em linhas sub-reptícias, escondidas do Estado e, portanto, era de lenta difusão.

Pelos padrões mais modestos de sobrevivência, o sistema de Diocleciano era um sucesso. Aparentemente, havia algo como um "renascimento do quarto século" (cujos detalhes são incertos). Mas qualquer reavivamento tem de ser considerado bastante notável, dado que o Estado aumentava continuamente os níveis de exigência sobre a mesma economia básica. O exército continuou a expandir-se para mais de 650.000 homens – quase quatro vezes o tamanho das forças de Augusto. As cifras orçamentárias dobraram entre 324 e 364.

No entanto, os marqueses e persas não foram embora. Os grupos germânicos foram cada vez mais utilizados como seus aliados e foram autorizados a estabelecer-se dentro das regiões fronteiriças. Mais uma vez, uma ameaça exó-

---

6. Em cidades sem administração governamental do norte da África, Shaw (1979) mostrou uma variante desse padrão, na qual os mercados sociais periódicos eram colocados sob o controle de um senhorio.

gena agravou a situação. Por volta de 375, o reino ostrogodo do sul da Rússia foi destruído pelos hunos da Ásia Central, pressionando os povos germânicos contra o império. O assentamento, não a invasão, era a intenção dos povos germânicos. Em vez de lutar contra eles, Hostiliano autorizou a entrada dos visigodos. Em 378 eles se rebelaram. Hostiliano permitiu que sua cavalaria fosse colocada contra as paredes de Adrianópolis, e ele e seu exército foram destruídos. Mais assentamentos de visigodos, ostrogodos e outros não puderam ser evitados, e eles agora eram invocados para defender diretamente as fronteiras do norte. Uma força armada que não exigia impostos economizava dinheiro, mas em termos políticos isso era um recuo ao "feudalismo". Por volta de 400, as unidades chamadas legiões ainda existiam, mas eram na verdade forças regionais, com fortes posições defensivas e geralmente sem capacidade de engenharia para consolidar as vitórias do exército. O único exército de campo central remanescente protegia o imperador. A economia legionária não existia mais.

Internamente, o processo de declínio acelerou a partir de cerca de 370. Começou a desertificação urbana. Nas zonas rurais, as terras deixaram de ser cultivadas e podemos ter quase a certeza de que muitas pessoas morreram de subnutrição e de doenças. Provavelmente como reação à pressão, ocorreram duas grandes mudanças sociais. Em primeiro lugar, homens até então livres se colocaram como colonos sob o apadrinhamento dos proprietários de terras locais – a proteção dos coletores de impostos imperiais. Aldeias inteiras passavam para as mãos de um patrono a partir de cerca de 400 pessoas. Agora, o crescimento dos *coloni* contrariava os interesses do Estado. Em segundo lugar, houve descentralização da economia, à medida que os latifundiários locais tentavam aumentar sua independência do poder imperial por meio da autossuficiência de uma economia imobiliária (*oikos*). O declínio do comércio interprovincial foi acelerado pelas próprias invasões, uma vez que as vias de comunicação se tornaram inseguras. Os latifundiários locais e os *coloni*, juntos, consideravam as autoridades imperiais cada vez mais exploradoras e, conjuntamente, criaram uma estrutura social que antecipou o trabalho da casa senhorial feudal por servos dependentes. As políticas coercivas de Diocleciano tinham deixado em aberto a possibilidade do recuo em uma economia local controlada por senhores quase-feudais. Assim, no último século de sua existência, o Estado romano inverteu sua política em relação à classe alta; incapaz de captar a coerção local contra ela, as autoridades imperiais estavam dispostas a devolvê-la à administração civil. Eles procuravam incentivar os proprietários de terras e os *decuriões* a cumprir as responsabilidades cívicas em vez de fugir delas. Mas eles já não possuíam incentivos para oferecer, pois a economia legionária havia entrado em colapso, finalmente. Em algumas áreas, as massas e, em menor medida, as elites locais parecem ter acolhido o governo bárbaro.

A principal controvérsia nesta descrição é se o colapso teve efeitos tão drásticos sobre os camponeses. Bernardi (1970: 78-80) argumenta que os camponeses não morreram; ao contrário, em aliança com seus senhores, escaparam dos duros impostos. Assim, "a organização política falhou, mas não o esquema da vida rural, as formas de propriedade e os métodos de exploração". Finley (1973: 152) também questiona se o campesinato romano poderia ter sido mais duramente oprimido ou faminto do que os atuais camponeses do Terceiro Mundo, que se reproduzem satisfatoriamente. A explicação de Finley é que a economia do império repousava "quase inteiramente sobre os músculos dos homens" que – para a subsistência – não tinham mais nada para contribuir com um "programa de austeridade" que tinha sobrevivido a duzentos anos de ataques bárbaros. Assim, o aumento das necessidades de consumo do exército e da burocracia (e também da parasitária Igreja cristã – e aqui relembramos a tese de Gibão!) levou a uma escassez de mão de obra. O argumento diz respeito apenas ao calendário preciso do colapso. O colapso político e militar é precisamente datável: Em 476 d.C. foi deposto o último imperador do oeste, ironicamente chamado Rômulo Augusto. Seu conquistador, Odoacer, líder de um grupo misto germânico, foi proclamado não imperador, mas rei de acordo com as tradições alemãs. O colapso econômico presumivelmente tanto antecedeu como perdurou a esse evento.

Com este relato sobre o declínio e a queda, atribuí o papel de precipitador dos eventos à pressão militar dos bárbaros. Esse movimento teve importância considerável e, para os romanos, foi algo inesperado, com um aumento significativo por volta de 200 d.C., tendo diminuído apenas durante um tempo, por volta de 280-330. Sem essa mudança na geopolítica, toda a conversa sobre os "fracassos" internos de Roma – o estabelecimento da democracia, do trabalho livre, da indústria, de uma classe média, ou o que for – não teria surgido. Antes de 200 d.C., a estrutura imperial tratou adequadamente de suas dificuldades internas, bem como externas, e ao fazê-lo produziu o mais alto nível de poder coletivo ideológico, econômico, político e militar já vistos no mundo, com a possível exceção da China da Dinastia Han.

Ademais, como Jones argumentou (1964 II: 1.025-1.068), diferentes níveis de pressão externa provavelmente explicam a sobrevivência continuada do império oriental, com a sua capital em Constantinopla, por mais 1.000 anos. Após a divisão administrativa do império, o império ocidental teve de defender todos, menos os últimos 500km da vulnerável fronteira Reno-Danúbio. As defesas orientais robustas ao longo desta pequena distância tenderam a desviar os invasores do norte para o oeste. O Oriente teve de defender-se contra os persas, mas isso poderia ser feito por uma sucessão ordenada de guerras, tratados de paz e diplomacia. Os persas sofriam dos mesmos problemas organizacionais e numéricos que os romanos. Os povos germânicos não podiam ser regulamentados desta maneira. Havia muitos deles, em termos de número de organizações políticas com as quais os romanos precisavam lidar. Não podemos ter *certeza* deste argumento, pois o Oriente também diferia em sua estrutura social (como

Jones admite; cf. tb. ANDERSON, 1974a: 97-103). No entanto, é plausível encerrar com as palavras da famosa conclusão de Piganiol: "A civilização romana não morreu de morte natural: foi assassinada" (1947: 422).

É claro que não podemos abandonar o assunto assim. Como tenho enfatizado repetidamente, as pressões externas raramente são verdadeiramente estranhas. Dois eventos na pressão externa parecem relativamente estranhos à história de Roma, é verdade: a derrubada da Pérsia pelos sassânidas e a pressão dos godos pelos hunos. Se as influências romanas eram sentidas mesmo aqui, elas eram presumivelmente bastante indiretas. Mas o resto da pressão, especialmente a pressão germânica, não era estranha em qualquer sentido real, pois as influências romanas eram fortes e causais. Roma forneceu aos seus inimigos do norte a organização militar que a assassinou. Roma forneceu grande parte da técnica econômica que sustentou o assassinato. E o nível de desenvolvimento de Roma proporcionou também o motivo. Os alemães adaptaram essas influências para produzir uma estrutura social capaz de conquistar. Eles não eram totalmente bárbaros, exceto na propaganda romana: eram povos marchadores, semicivilizados.

Portanto, se podemos falar de "fracasso" romano, trata-se de fracasso em responder ao que Roma mesma havia criado em suas fronteiras. As causas do fracasso foram internas, mas devem ser vinculadas à sua política externa. Duas estratégias de poder estavam em curso, predominantemente militares e ideológicas.

A estratégia militar era subjugar os bárbaros da forma tradicional, estendendo as conquistas a toda a Europa, parando apenas nas estepes russas. Os problemas fronteiriços de Roma teriam sido, então, semelhantes aos da China, controláveis porque confrontados com um número relativamente pequeno de nômades pastorais. Mas essa estratégia pressupunha o que Roma não possuía desde as Guerras Púnicas, a capacidade de sacrifício militar coletivo proporcionada por uma cidadania relativamente igualitária. Não foi viável em 200 d.C. e teria exigido mudanças profundas e seculares na estrutura social para torná-la possível.

A estratégia ideológica teria sido aceitar as fronteiras, mas civilizar os invasores, de modo que uma eventual derrota não teria significado destruição total. Isso poderia ter tomado uma forma elitista ou democrática – ou uma dinastia germânica poderia ter dirigido o império (ou vários estados romanos civilizados) ou os povos poderiam ter se fundido. A variante elitista foi a forma chinesa bem-sucedida de incorporar seus conquistadores; a variante democrática foi apresentada como uma possibilidade, não explorada, pela disseminação do cristianismo. Mas Roma nunca havia levado sua cultura para fora da área já pacificada por suas legiões. Uma vez mais, teria exigido uma revolução no pensamento político. Não surpreendentemente, nem a variante elitista nem a democrática foram exercidas. Stilicho e seu povo vandálico eram os verdadeiros defensores de Roma por volta de 400 d.C.: Era inconcebível que Stilicho pudesse vestir a cor púrpura imperial, mas ainda mais desastroso para Roma que ele não pudesse. Foi igualmente desastroso que virtualmente nenhum dos alemães tenha se convertido ao cristianismo antes de suas conquistas (como argumentado em BROWN, 1967). Novamente, as razões são basicamente internas: Roma não havia desenvolvido qualquer estratégia entre sua própria elite ou povo. O impasse de três vias que descrevi significou que a integração do Estado e da elite em uma classe dominante civilizada tinha limites, enquanto o povo era amplamente irrelevante para as estruturas imperiais. Na China, a homogeneidade da elite foi simbolizada pelo confucionismo; em Roma, as possibilidades de homogeneidade popular foram apresentadas pelo cristianismo. Obviamente, tal questão demanda uma análise mais detalhada das religiões da salvação mundial, aqueles importantes portadores de poder ideológico. Os próximos capítulos tratam disso.

Por ora, podemos concluir que o fracasso de Roma depois do ano 200 d.C. em lidar com um nível mais alto de pressão externa estava no impasse de três vias entre a elite do Estado, a classe alta e o povo. Para lidar com os semibárbaros, seja de forma bélica ou pacífica, teria sido necessário preencher as suas lacunas de poder. As lacunas não foram colmatadas, embora tenham sido feitas três tentativas. Os Severi fizeram uma incursão imperfeita, Diocleciano uma segunda, Constantino e os imperadores cristãos uma terceira. Mas seu fracasso não parece ter sido inevitável: Eles foram surpreendidos pelos acontecimentos. Assim, ficamos incertos quanto às plenas potencialidades deste primeiro império territorial, com a sua elite ideologicamente coesa e a sua versão econômico-legionária de cooperação compulsória. Tais formas de poder não voltaram a surgir na área abrangida ou influenciada pelo Império Romano. Em vez disso, como no caso do império de dominação persa, o desenvolvimento social estava ligado a aspectos intersticiais da estrutura social, mais notavelmente com as forças que geraram o cristianismo.

Conclusão: a conquista romana

A principal instituição romana foi sempre a legião. No entanto, a legião nunca foi uma organização puramente militar. Sua capacidade de mobilizar compromissos econômicos, políticos e, por um tempo, ideológicos foi a principal razão de seu sucesso sem precedentes. No entanto, a sua mobilização social, ao ser bem-sucedida, transformou-se nas formas que observamos neste capítulo. Essas mudanças são a chave para todo o processo de desenvolvimento social romano.

A primeira fase da conquista apresenta os romanos como uma cidade-Estado em expansão. Eles possuíam um grau de compromisso coletivo entre os agricultores camponeses da Idade do Ferro, comparável aos gregos antes deles, cujas raízes estavam em uma combinação de poder econômico e militar relativamente intensivo. Mas eles adotaram técnicas militares macedônias mais extensivas (podemos supor), possuindo também elementos tribais na sua estrutura social inicial. O resultado foi a legião cidadã, integrando a estrutura de classes de Roma (no seu sentido latino) a um instrumento eficaz de conquista militar. Parece que a legião de cidadãos foi a máquina militar mais eficaz em terra na área do Mediterrâneo (e provavelmente em qualquer lugar do mundo naquela época) até a derrota de Cartago e a apropriação de seu império.

Mas o sucesso militar voltou-se contra a estrutura social romana. A guerra contínua – os combates ao longo de dois séculos geraram um exército profissional, separado das classes de cidadania. Um enorme influxo de saques, escravos e propriedades expropriadas exacerbou as desigualdades e aumentou a propriedade privada das elites senatoriais e equestres. De fato, nos séculos II e I a.C. ocorreram todos os desenvolvimentos normais para a conquista de estados: aumento da desigualdade; diminuição da participação popular no governo; uma dialética entre o controle militarista centralizado e a subsequente fragmentação do Estado como os generais, governadores e agricultores fiscais "desapareceram" na "sociedade civil" provincial levando consigo os frutos das conquistas do Estado como uma propriedade "privada". Como sempre, esse império de dominação parecia bastante menos poderoso na realidade infraestrutural do que em suas pretensões – e suas fraquezas geravam os conflitos habituais com os aliados, seu próprio povo e seus próprios generais.

No entanto, Roma não era um império de dominação "normal", como foi demonstrado por sua capacidade de estabilizar o seu governo e de resolver pelo menos os dois primeiros conflitos acima mencionados. Houve realmente duas conquistas principais. (Eu não considero como uma grande conquista a repressão da cidadania de base popular original de Roma, pois os estados conquistadores são normalmente capazes de "flanquear" suas classes mais baixas da forma que descrevo neste capítulo. Em sociedades extensas, os grupos dominantes normalmente têm uma base organizacional mais ampla do que os grupos subordinados. As massas ficam presas ao "organograma" das classes dominantes.)

A primeira grande conquista foi o tratamento de Roma de seus aliados, os *socii*. Tomando a rota persa ao invés da assíria, Roma estava preparada para governar por meio das elites conquistadas (com a notável exceção da vingança dos cartagineses). Mas então algo adicional ocorreu: A maioria das elites nativas tornou-se romanizada, de tal forma que se tornou quase impossível detectar suas origens nativas após um século de domínio romano. Assim, por exemplo, quando a república se tornou um império tanto de direito quanto de fato, a sucessão imperial deslocou-se pela maioria das províncias ao redor. Assim, o *socius*, que significava originalmente uma federação de aliados, tornou-se mais uma "sociedade" em nosso sentido quase unitário moderno. Ou, para ser mais preciso, tornou-se uma "sociedade de classe dominante", pois apenas as elites foram admitidas como membros reais.

É verdade que havia uma área específica de fraqueza nesta sociedade de classe dominante. Ela dizia respeito a um certo grau de impasse de poder entre a burocracia estatal e a classe dirigente, entre funcionários públicos provinciais e proprietária das terras, que ocupava o cargo. Roma nunca institucionalizou essas relações de modo totalmente estável, e as tensões e as guerras civis com frequência surgiam. Somente depois de 200 d.C., no entanto, isso representou uma séria fraqueza. O grau de unidade das classes dirigentes era formidável pelos padrões de outros impérios de dominação.

Os recursos de poder ideológicos, em particular a alfabetização e o racionalismo helenista, agora ofereciam certo grau de infraestrutura para a solidariedade cultural entre as elites. Discuto esses recursos no próximo capítulo, em conexão com o surgimento da Cristandade. Contudo, a existência de um segundo conjunto de recursos estruturais foi claramente demonstrada neste capítulo. Refiro-me ao que chamo de economia legionária, a versão romana da cooperação compulsória. Essa foi a segunda realização de Roma.

Destaquei um símbolo-chave da economia legionária: o mastro criado pelo comissariado do General Mário, por volta de 109 a.C. Em torno deste mastro, levado pela maioria dos da infantaria, foi amarrada uma variedade de ferramentas de engenharia civil que superavam as armas de campo de batalha transportadas. Com estes instrumentos, as legiões pacificaram sistematicamente os territórios que conquistaram, construindo rotas de comunicação, fortalezas e depósitos de abastecimento. À medida que o espaço era pacificado, os excedentes agrícolas e a população aumentavam. As legiões eram *produtivas*; portanto, seu consumo estimulou uma espécie de "keynesianismo militar". Mais especificamente, os gastos militares do Estado impulsionaram uma economia monetária. À medida que mais e mais espaço habitado contíguo foi sendo trazido para esta economia, o domínio romano tornou-se territorialmente contínuo e os recursos, econômicos e outros, difundidos uniformemente através de sua enorme extensão. A existência de uma economia uniforme entre 100 a.C. e 200 d.C. é de enorme importância, mesmo que estivesse operando dentro de uma faixa bastante estreita acima da subsistência. Foi a primeira sociedade civil extensiva, em nosso sentido moderno do termo[7]. Após o colapso de Roma, tal sociedade reapareceu apenas no final da Idade Média na Europa (cf. capítulo 14). Roma foi, portanto, o primeiro império *territorial*, a primeira sociedade extensiva predominantemente não segmentada, pelo menos nos seus pontos mais altos.

---

7. Nem mesmo a China da Dinastia Han se aproximou desse grau de unidade econômica. P. ex., seu sistema tributário era um sistema complexo envolvendo requisições em dinheiro e em vários bens em espécie, como pedaços de tecido, sedas e cânhamo, e cordas de contas. O valor de troca desses itens exigia decisões autoritárias dos negociadores que detinham o poder para fazê-lo — portanto, não se difundiu por toda a sociedade.

Como resultado dessa análise, neste capítulo fui capaz de atacar as noções convencionais sobre a suposta estagnação tecnológica de Roma. Certamente, Roma estava relativamente desinteressada no que eu chamei de tecnologia intensiva: aumentar a produção sem aumentar as entradas de forma correspondente. Mas Roma fez contribuições enormes à tecnologia extensiva: aumentando as saídas mediante a ampliação de entradas. O mastro de Mário era um exemplo excelente de tal engenhosidade. No capítulo 12 ofereço mais evidência sobre este ponto, ao contrastar a tecnologia arquitetônica romana e a medieval.

Os poderes extensivos romanos foram sem precedentes. Eles foram responsáveis pela longevidade do império. Mas – sem repetir em detalhe a complexa conclusão sobre a questão do "declínio e queda" – eles também ajudam a explicar a violência da sua eventual morte. Os impérios federais de dominação tinham tradicionalmente grandes problemas com as suas regiões fronteiriças. No entanto, em princípio, qualquer vizinho pode receber o estatuto de marquês (i. e., "semimembro"). Mas o controle *territorial* extenuante de Roma enfatizava o abismo entre civilização e barbárie. Era mais claramente *delimitado* do que outros impérios. Os limites foram enrijecidos também por sua conquista do poder ideológico. Como veremos no capítulo seguinte, sua cultura de elite era exclusiva e eventualmente voltada para dentro. Os bárbaros não poderiam ser inteiramente civilizados a menos que as legiões tivessem primeiramente desbravado o caminho pela força. Todavia, como em todas as civilizações, quanto mais bem-sucedida era Roma, mais atraía a cupidez dos vizinhos. Roma considerou difícil institucionalizar essa cupidez e só lhe foi possível combatê-la. Finalmente, a economia começou a vacilar sob a tensão, e a compulsão começou a predominar sobre a cooperação. Como a cidadania efetiva já não existia, as massas não podiam ser mobilizadas para maiores sacrifícios (como tinham sido para superar Cartago séculos antes). Da mesma forma, o impasse de poder entre o Estado e a classe dominante frustrou tentativas maiores de mobilização da elite. A economia legionária não era um instrumento flexível. Uma vez interrompida sua rotina, Roma desceu ao patamar de outros impérios de dominação, e nesse campo de comparação suas habilidades de oportunismo não eram notáveis. Se seu legado ao mundo foi maior do que o de quase todos os outros impérios, foi porque suas conquistas no poder ideológico foram transmitidas de uma forma inovadora: por meio de uma religião mundial.

Referências

ANDERSON, P. (1974a). *Passages from Antiquity to Feudalism*. Londres: New Left Books.

APPIAN (1913). *The Civil Wars* [Vol. 3 de *Roman History*]. Londres: Heinemann.

BADIAN, E. (1968). *Roman Imperialism*. Oxford: Blackwell.

BERNARDI, A. (1970). The economic problems of the Roman Empire at the time of its decline. In: CIPOLLA, C.M. (ed.). *The Economic Decline of Empires.* Londres: Methuen.

BROWN, P. (1967). *The Later Roman Empire.* Rev. de A.H.M. Jones. In: *Economic History Review*, 20.

BRUNT, P.A. (1971a). *Italian Manpower 225 B.C.-A.D. 14.* Oxford: Clarendon.

_____ (1971b). *Social Conflicts in the Roman Republic.* Londres: Chatto & Windus.

CAMERON, A. (1976). *Bread and Circuses*: The Roman Emperor and his People – Inaugural Lecture. Londres: Kings College.

CIPOLLA, C.M. (1976). *Before the Industrial Revolution.* Londres: Methuen.

CRAWFORD, M. (1978). *The Roman Republic.* Londres: Fontana.

_____ (1974). *Roman Republican Coinage.* Cambridge: Cambridge University Press.

_____ (1970). Money and exchange in the Roman world. In: *Journal of Roman Studies*, 60.

DUBY, G. (1974). *The Early Growth of the European Economy*: Warriors and Peasants from the Seventh to the Twelfth Centuries. Londres: Weidenfeld & Nicolson.

DUNCAN-JONES, R. (1974). *The Economy of the Roman Empire*: Quantitative Studies. Cambridge: Cambridge University Press.

FINLEY, M.I. (1973). *The Ancient Economy.* Londres: Chatto & Windus.

_____ (1965). Technical innovation and economic progress in the ancient world. In: *Economic History Review*, 18.

FRANK, T. (1940). *An Economic Survey of Ancient Rome* – Vol. V: Rome and Italy of the Empire. Baltimore: Johns Hopkins University Press.

GABBA, E. (1976). *Republican Rome, the Army and the Allies.* Oxford: Blackwell.

GARNSEY, P.D.A. & WHITTAKER, C.R. (1978). *Imperialism in the Ancient World.* Cambridge: Cambridge University Press.

GELZER, M. (1969). *The Roman Nobility.* Oxford: Blackwell.

GOFFART, W. (1974). *Caput and Colonate*: Towards a History of Late Roman Taxation. Toronto: University of Toronto Press.

GRUEN, E.S. (1974). *The Last Generation of the Roman Republic.* Berkeley: University of California Press.

HARRIS, W.V. (1979). *War and Imperialism in Republican Rome.* Oxford: Clarendon.

HOPKINS, K. (1980). Taxes and trade in the Roman Empire (200 B.C.-A.D. 400). In: *Journal of Roman Studies*, 70.

_____ (1978). *Conquerors and Slaves*: Sociological Studies in Roman History. Cambridge: Cambridge University Press.

_____ (1977). Economic growth and towns in classical antiquity. In: ABRAMS, P. & WRIGLEY, E.A. (eds.). *Towns in Societies*: Essays in Economic History and Historical Sociology. Cambridge: Cambridge University Press.

JONES, A.H.M. (1970). *A History of Rome through the Fifth Century* – Selected Documents. Londres: Macmillan.

_____ (1964). *The Later Roman Empire 284-602*. Oxford: Blackwell.

JOSEPHUS, F. (1854). *Works*. Trad. de W. Whiston. Londres: Bohn.

KIECKLE, F.K. (1973). Technical progress in the main period of ancient slavery. In: *Fourth International Conference of Economic History*. Bloomington, Ind., 1968 [Paris: Mouton].

LUTTWAK, E.N. (1976). *The Grand Strategy of the Roman Empire*. Baltimore: Johns Hopkins University Press.

MacMULLEN, R. (1974). *Roman Social Relations*. New Haven, Conn.: Yale University Press.

_____ (1966). *Enemies of the Roman Order*. Cambridge, Mass.: Harvard University Press.

MILLAR, F. et al. (1977). *The Emperor in the Roman World*. Londres: Duckworth.

_____ (1967). *The Roman Empire and its Neighbours*. Londres: Weidenfeld & Nicolson.

MOMIGLIANO, A. (1975). *Alien Wisdom*: The Limits of Hellenization. Cambridge: Cambridge University Press.

OGILVIE, R.M. (1976). *Early Rome and the Etruscans*. Londres: Fontana.

PARKER, A.J. (1980). Ancient shipwrecks in the Mediterranean and the Roman Provinces. In: *British Archaeological Reports* – Supplementary Series.

PIGANIOL, A. (1947). *L' Empire Chretien 325-395*. Paris: Presses Universitaires de France.

PLEKERT, H.W. (1973). Technology in the Greco-Roman World. In: *Fourth International Conference of Economic History*. Bloomington, Ind., 1968 [Paris: Mouton].

PLUTARCH (1921). *Life of Tiberius Gracchus* [Vol. 10 de *Lives*]. Londres: Heinemann.

POLYBIUS (1922/1927). *The Histories*. Londres: Heinemann.

ROSTOVTZEFF, M. (1957). *The Social and Economic History of the Roman Empire*. Oxford: Clarendon.

RUNCIMAN, W.G. (1983). Capitalism without classes: the case of classical Rome. In: *British Journal of Sociology*, 24.

RUSSELL, J.C. (1958). Late ancient and medieval population. In: *Transactions of the American Philosophical Society*, vol. 48, parte 3.

SCHUMPETER, J. (1954). The crisis of the tax state. In: PEACOCK, A. et al. (eds.). *International Economic Papers*: Translations Prepared for the International Economic Association. Nova York: Macmillan.

SCULLARD, H.H. (1961). *A History of the Roman World, 753 to 146 B.C.* Londres: Methuen.

SHAW, B.D. (1984). Bandits in the Roman Empire. In: *Past and Present*, 105.

_____ (1979). Rural periodic markets in Roman North Africa as mechanisms of social integration and control. In: *Research in Economic Anthropology*, 2.

SLICHER VAN BATH, B.H. (1963). Yield ratios, 810-1820. In: *A.A.G. Bijdragen*, 10.

STE. CROIX, G.E.M. (1981). *The Class Struggle in the Ancient Greek World*. Londres: Duckworth.

_____ (1956). Greek and Roman accounting. In: LITTLETON, A.C. & YAMEY, B.S. (eds.). *Studies in the History of Accounting*. Londres: Sweet and Maxwell.

THOMPSON, E.A. (1965). *The Early Germans*. Oxford: Clarendon.

_____ (1952). Peasant revolts in Late Roman Gaul and Spain. In: *Past and Present*, 7.

TITOW, J.Z. (1972). *Winchester Yields*: A Study in Medieval Agricultural Productivity. Cambridge: Cambridge University Press.

TODD, M. (1975). *The Northern Barbarians 100 B.C.-A.D. 300*. Londres: Hutchinson.

VOGT, J. (1967). *The Decline of Rome*. Londres: Weidenfeld & Nicolson.

WATSON, G.R. (1969). *The Roman Soldier*. Londres: Thames & Hudson.

WEBSTER, G. (1979). *The Roman Imperial Army of the First and Second Centuries A.D.* Londres: Black.

WESTERMANN, W.L. (1955). *The Slave Systems of Greek and Roman Antiquity*. Filadélfia: American Philosophical Society.

WHITE, K.D. (1970). *Roman Farming*. Londres: Thames & Hudson.

WHITTAKER, C. (1978). Carthaginian imperialism in the fifth and fourth centuries. In: GARNSEY, P. & WHITTAKER, C. (eds.). *Imperialism in the Ancient World*. Cambridge: Cambridge University Press.

10
A ideologia transcendente: a *ecumene* cristã

Introdução

Nos capítulos anteriores, vislumbramos ambas as configurações do poder ideológico identificadas no capítulo 1. Nos exemplos dos impérios assírio e persa, vimos a ideologia como *imanência* e como moral, ou seja, como a solidificação dos estados e das classes dominantes por meio das infraestruturas do poder ideológico – comunicações, educação e estilo de vida. Essa foi predominantemente uma infraestrutura oral, e não letrada. Anteriormente, na primeira emergência da civilização, vimos a ideologia como *poder transcendente*, ou seja, como poder que atravessa as redes de poder econômico, militar e político existentes, legitimando-se com autoridade divina, mas, ainda assim, respondendo a necessidades sociais reais. No entanto, nesses casos, a evidência que restou foi algo fragmentária. Na história posterior, com melhores evidências, podemos observar esses processos com bastante clareza.

Este capítulo apresenta evidências de uma "competição" entre as duas configurações do poder ideológico no Império Romano tardio. Por um lado, a ideologia solidificou a moral imanente da classe dominante romana. Mas, por outro lado, ela apareceu como o poder transcendente do cristianismo – o que devo chamar de *ecumene* cristã. Isso foi inovador, combinando poder extensivo e intensivo, em grande parte de um tipo difuso e não impositivo, que se espalhou por todas as classes principais de uma sociedade ampla. Tal transcendência de classe, ainda que parcial, foi histórico-mundial em sua influência. Ambas as configurações do poder ideológico responderam a necessidades sociais reais, ambas dependiam criticamente das suas próprias infraestruturas de poder. Após um período de conflito, elas efetuaram um compromisso parcial que durou (precisamente) toda a Idade Média, fornecendo uma parte essencial do dinamismo europeu tardio descrito no capítulo 12.

Mas a emergência dramática de uma religião transcendente muito mais poderosa não foi um evento único. Em cerca de 1.000 anos, desde o nascimento de Buda até a morte de Maomé, surgiram quatro grandes "religiões do Livro", que permaneceram dominantes em todo o globo: cristianismo, hinduísmo, budismo e islã. Podemos comprimir ainda mais essa datação para cerca de 700 anos, se considerarmos que o budismo e o hinduísmo alcançaram suas formas finais por volta de 100 a.C. Desde então, essas últimas, como as outras duas primeiras, tornaram-se criticamente preocupadas com a *salvação* individual e universal – o objetivo de aliviar os sofrimentos terrenos por meio de algum tipo de plano sistemático de vida moral disponível a todos, independentemente de classe ou identidade particularistas[1].

Este capítulo trata apenas de uma religião de salvação, o cristianismo. No próximo capítulo, discuto brevemente o islã e o confucionismo. Seguirei com uma análise mais completa do hinduísmo e do budismo, concentrando-se na primeira dessas duas fés. Argumentarei que o hinduísmo representa o auge dos poderes da ideologia na experiência humana até hoje. Tomo todas essas religiões como sendo as principais incorporações de uma ideologia de poder autônoma e transcendente na história da humanidade. A natureza desse poder é o tema deste capítulo e do próximo.

O cristianismo era uma forma de poder ideológico. Não se espalhou por meio da força das armas; não foi institucionalizado nem apoiado pelo poder do Estado durante vários séculos; oferecia poucos incentivos econômicos ou sanções. Ele reivindicava o monopólio do, e a autoridade divina para, conhecimento do supremo "significado" e "propósito" da vida, e se espalhou quando as pessoas acreditaram nisso. Apenas se tornando um cristão é que se poderia viver uma vida verdadeiramente significativa. Assim, seu poder residiu originalmente no ajuste entre a mensagem cristã e as motivações e necessidades dos convertidos. É essa equação que precisamos reconstruir para explicarmos o poder do cristianismo.

O próprio cristianismo nos ajuda a reconstruir um lado da equação. É, como Maomé observou pela primeira vez, uma das "religiões do livro". Quase desde o início, seus crentes escreveram sua mensagem e comentários sobre essa mensagem. Além disso, as doutrinas estão preocupadas com processos históricos reais (ou que se dizem ser reais). O cristianismo se legitima com documentos históricos, o mais importante dos quais constitui o Novo Testamento. Com um pouco de sofisticação histórica e linguística, os acadêmicos têm usado esses documentos para acompanhar o desenvolvimento das doutrinas cristãs.

Mas o outro lado da equação, as necessidades e motivações dos convertidos, é mais obscuro. Ele tem sido negligenciado pelos acadêmicos por causa de outros aspectos da história do cristianismo: uma história de grande, quase inacreditável, sucesso. Ele se espalhou tão rápida e amplamente que o processo parece quase

---

1. Para um breve *tour* pelas religiões e filosofias universais, cf. McNeill, 1963: 336-353, 420-441. Reconheço a grande influência de Weber neste capítulo e no seguinte – menos na apropriação direta de suas explicações específicas do que no reconhecimento geral de sua ênfase no papel da religião de salvação no desenvolvimento histórico. Reservo a discussão direta de suas ideias para o volume 3.

"natural". O domínio do cristianismo sobre a nossa cultura se enfraqueceu nos últimos séculos, mas paradoxalmente isso apenas reforçou a inclinação dos acadêmicos para interpretar o surgimento do cristianismo como "natural". Afinal, a maioria dos céticos ao longo dos últimos séculos não deu continuidade à narrativa de Gibão. Eles ignoraram a história eclesiástica, deixando-a para os clérigos. Os clérigos caracteristicamente escrevem um desses dois tipos de livros sobre cristianismo. O primeiro é o livro inspiracional sobre a mensagem de Cristo, a bravura e luta de seus seguidores, e a relevância disso para os dias de hoje. "Relevância" significa identificar uma similaridade básica entre as necessidades humanas de então e de agora, de tal forma que a mensagem cristã encontre (ou deva encontrar) uma resposta pronta sobre a "natureza humana". O segundo tipo é o livro teológico sobre questões doutrinárias, que dá pouco espaço para motivações e necessidades, exceto na medida em que essas podem ser inferidas a partir da popularidade de certas doutrinas. Na raiz dessa falta de interesse no destinatário está a convicção simples e última de que o cristianismo se espalhou porque era verdade.

A consequência é uma literatura desigual sobre o poder do cristianismo. Um produto típico é o livro introdutório de Chadwick (1968), bastante conhecido, sobre o cristianismo primitivo – útil para influências doutrinárias e seu desenvolvimento, mas superficial na análise das causas do seu crescimento. Esse campo contém pouca sofisticação sociológica, então minha análise tem que começar mais atrás do que eu idealmente desejaria.

Uma segunda dificuldade é a natureza dual do apelo do cristianismo primitivo. A mensagem se espalhou por vários meios particulares, começando pela Palestina rural de língua aramaica; depois para as comunidades urbanas judaicas, de língua grega; depois para as comunidades urbanas gregas; depois para as cidades romanas em geral; então à corte imperial e ao interior. Ela se espalhou primeiro no leste e sul, depois no oeste e norte, e finalmente entre os bárbaros. Como a mensagem viajou, mudou sutilmente. Até mesmo uma análise da doutrina por si só permite a conclusão de que as necessidades também devem ter sido diferentes. No entanto, a mensagem, apesar de uma viagem tão complicada, permaneceu reconhecidamente a mesma e nunca perdeu nenhum dos seus elementos constituintes (exceto, até certo ponto, os dois primeiros): isso indica um segundo nível universal de apelo, reforçando a convicção de que o apelo do cristianismo era simples e "natural". Mas esse apelo "universal" está quase inteiramente confinado dentro dos limites ou da influência do Império Romano. Assim, para lidarmos igualmente com particularismos e universalismos, temos de voltar a discutir aquele império.

O apelo universal do cristianismo no Império Romano

Há três peças principais de evidência doutrinária para o apelo relativamente universal do cristianismo. A primeira peça de evidência é anterior a Cristo:

o crescimento de correntes monoteístas, salvacionistas e sincréticas no pensamento do Oriente Médio durante vários séculos desde o tempo de Zaratustra. Não foi um crescimento constante – como vimos no capítulo 8, o salvacionismo monoteísta de Zaratustra se enfraqueceu diante da resistência da religião tradicional iraniana –, mas foi ganhando ritmo rapidamente no século que precedeu Cristo. Os primeiros filósofos gregos avançaram a noção de uma única força motora principal. Em tempos clássicos tardios, ela tomou uma qualidade mais "religiosa": por exemplo, uma força espiritual transcendental estava implícita na concepção de "forma pura" de Platão. Na era helenística, a filosofia especulativa, frequentemente fundida com cultos misteriosos populares – alguns gregos (como os de Orfeu, Dionísio e da cidade de Elêusis), alguns persas (como Mitras, deus da luz) – produzem cultos cuja participação poderia levar, após a morte e salvação, à ressurreição. Esses cultos se espalharam, assim como a própria filosofia grega, por todo o Império Romano. A fusão foi apenas parcial, pois a salvação resultou da participação no ritual, e às vezes também da experiência extática, não de uma compreensão sistemática e racional do mundo ou de seu derivado ético, um código moral de conduta. O outro elemento principal no crescimento sincrético era o rigoroso monoteísmo do judaísmo. Ele provavelmente se desenvolveu de forma autóctone (depois de influências persas iniciais). Somente no final do segundo século a.C. os judeus encararam o desafio da cultura grega. Eles se dividem em dois, um grupo se tornando relativamente helenizado (os saduceus), o outro enfatizando uma judaicidade distintiva (os fariseus). Os fariseus eram popular-democráticos, de modo a compensar os saduceus colaboradores e aristocratas, e colocavam intensas exigências éticas nas relações familiares individuais, em oposição à ênfase dos saduceus na civilização mais ampla. Mas havia em comum a ambos os grupos uma dependência crescente sobre a palavra escrita, sobre textos sagrados e comentários. Portanto, a alfabetização e a escolaridade foram encorajadas.

Esses movimentos continham muitas peculiaridades relacionadas às necessidades de determinados povos, lugares e tempos. Isso é especialmente verdadeiro para os judeus, subordinados pelos romanos enquanto ainda não reconciliados com o helenismo, e assim experimentando agitações nacionais, bem como religiosas e filosóficas. No entanto, podemos perceber também em todo o mundo mediterrâneo um crescente fluxo de correntes em direção ao monoteísmo, à moral ética e à salvação, utilizando cada vez mais os meios da palavra escrita[2].

O segundo elemento de evidência é posterior a Cristo. Após o estabelecimento de uma irmandade cristã, mas antes do surgimento de uma ortodoxia "católica", era muitas vezes difícil distinguir os cristãos dos adeptos de algumas dessas outras filosofias, religiões e cultos. De fato, entre cerca de 80 e 150 d.C.,

---

2. Sobre esses antecedentes doutrinários do cristianismo, cf. esp. Bultmann, 1956; Cumont, 1956; Cochrane, 1957; e Nock, 1964.

pelo menos uma dúzia de seitas se separaram da irmandade cristã. Conhecemos a maioria delas como "gnósticas", sendo *gnosis* a palavra grega para conhecimento de um tipo experiencial, até mesmo intuitivo, em vez de racional. A maioria combinava correntes filosóficas e de cultos (talvez recebendo influências tão longínquas quanto as dos brâmanes e de Buda). Apesar de variadas, pareciam mais com os cultos anteriores do que com o próprio cristianismo. Os ritos de iniciação e as experiências místicas eram importantes. Algumas praticavam a magia como antídoto para os males do mundo, algum ascetismo e mortificação da carne, e algumas se tornaram orgíacas (embora a evidência a esse respeito geralmente venha dos seus inimigos). Os rivais usavam a salvação como a solução para o mal e o sofrimento terreno mais do que o cristianismo ortodoxo. Assim, há um sentimento de sobreposição de necessidades, bem mais amplo do que qualquer ortodoxia isolada poderia provavelmente tolerar, perdurando mesmo após o estabelecimento da Igreja[3].

A terceira peça de evidência é o próprio Cristo. Eu sigo a ortodoxia atual entre os acadêmicos de que havia tal homem, um profeta, mesmo que as reivindicações ao estatuto de divindade fossem provavelmente acrescentadas tardiamente[4]. Sua mensagem tal como transmitida por seus primeiros seguidores (o mais próximo que podemos chegar até ele) era simples e direta, e canalizou várias correntes para um grande número de pessoas. Ele pregou a vinda do Reino de Deus, como todos os profetas fizeram, mas acrescentou que *qualquer um* poderia entrar no reino, desde que purificasse seus corações e acreditasse em um único Deus transcendente. Não eram necessários qualificações sociais, conhecimento esotérico, rituais ou experiências extraordinárias. A purificação não pressupunha uma conduta ética *prévia* – a conversão (desde que genuína) purificava ela mesma. Nada poderia ser mais simples, mais radical, e mais igualitário do que isso. Embora provavelmente Cristo nunca tenha pensado diretamente sobre o mundo para além da Palestina, por implicação, sua mensagem teria apelo universal.

De acordo com os evangelhos, Cristo teve o cuidado de mencionar explicitamente a maioria dos tipos de pessoas que seus seguidores poderiam supor não estar incluídos em sua mensagem – crianças (mesmo bebês), mulheres, soldados pagãos, cobradores de impostos e pedintes (considerados, segundo nos dizem, pecadores), pecadores e criminosos (homens e mulheres), e leprosos marginais. "Deus amou todo o mundo", dizem-nos, "que deu o seu único Filho para que todo aquele que nele crê não pereça, mas tenha a vida eterna" (Jo 3,16).

---

3. Para os gnósticos, cf. Jonas, 1963; e Pagels, 1980. Para as primeiras heresias em geral, cf. a disputa entre Turner, 1954 e Bauer, 1971.

4. Cf. Vermes, 1976; Schillebeeckx, 1979; e Wilson, 1984 para revisões das controvérsias – lembrando, no entanto, que a identificação religiosa contemporânea (judaica, católica, protestante) e a censura da Igreja são frequentemente evidentes, às vezes dominantes, na literatura.

A nossa era está habituada a contrastar fé e razão. Mas não era assim no tempo de Cristo. A filosofia grega estava caminhando na direção de articulá-las. De fato, ao rejeitar mistérios, rituais e magia, Cristo (ou os escritores do Evangelho) estava apelando para formas racionais de fé. A conexão entre fé e conduta ética também era popular e racional. Se a fé pressupunha moralidade, então manter as pessoas fiéis significava mantê-las morais. Se um cristão(ã) pecou repetidamente, ele ou ela já não era capaz de ver a Deus. Portanto, o peso da comunidade seria usado para reforçar a fé e a moralidade. A comunidade estava mais interessada em manter as pessoas do que em lhes dar pontapés – a expulsão era rara (FORKMAN, 1972). Da mesma forma, sob pressões sociais, a maioria dos cristãos poderia se comportar bem – um ponto ao qual retornarei.

Por essas três razões, se o ensino de Cristo que nos é relatado fosse colocado em contato com a maioria dos grupos de pessoas desse tempo, eles encontrariam um grau de resposta simpática dentro do império. Os primeiros cristãos reconheceram que o seu apelo era aos habitantes do império, que dependiam da sua paz, da ordem e das comunicações romanas. O apelo universal deve, portanto, ter correspondido às necessidades particulares dos romanos. O mundo romano estava de alguma forma falhando em satisfazer seus habitantes. Em que residia o seu fracasso? Essa é a questão com a qual muitos estudos começam.

Mas, de certa forma, é a pergunta errada. Como indicado no capítulo anterior, o império era um sucesso impressionante por volta da época de Cristo. Como outros impérios quase contemporâneos (Pérsia e China da Dinastia Han), ele tinha contribuído notavelmente para o desenvolvimento social e econômico. Pelo contrário, os próprios *sucessos* desses impérios levaram a dificuldades que exigiam solução. Todos sentiram o impacto das religiões de salvação, embora tenham lidado com elas de maneiras diferentes. As religiões ofereciam uma solução para as contradições imperiais, a mais severa no caso de Roma, precisamente porque suas realizações imperiais foram as maiores.

O cristianismo como solução para as contradições do império

O Império Romano e outros quase contemporâneos tiveram cinco contradições principais:

1) *Universalismo* versus *particularismo*. Quanto mais centralizado e territorial se tornava um império, mais ele fomentava laços universalistas de pertença entre seus membros e apego a ele mesmo. Em Roma, o universalismo consistia na forma de um membro ativo, o cidadão; na Pérsia e na China, a adesão era passiva, o súdito. Ambos eram relativamente independentes dos laços particularistas com parentes, classes, tribos, aldeias e afins. No entanto, o universalismo minou o controle estatal por meio da solidariedade de parentesco particularista de uma aristocracia hereditária, que, por sua vez, negou a noção de membresia universal. O problema poderia ser resolvido, no mais alto nível, convertendo

essa aristocracia em uma classe dominante universal. Mas a questão era mais difícil para os grupos medianos dentro do império.

2) *Igualdade* versus *hierarquia*. O universalismo ativo da cidadania gerou noções de participação política e de igualdade. Como vimos no capítulo 9, isso foi frustrado pelo Estado hierárquico romano, mas a cidadania supostamente permanecia central no governo romano. A cidadania genuína da Grécia e do início da República Romana também permaneceu importante nas tradições culturais mediterrâneas (embora não na China ou na Pérsia).

3) *Descentralização* versus *centralização*. Como vimos, a constituição formal dos impérios *parecia* altamente centralizada e despótica; no entanto, o poder infraestrutural real era muito mais frágil. Os recursos que fluíam para o Estado voltavam novamente para o controle de grupos descentralizados da "sociedade civil". Como as conquistas centralizadoras do Estado romano – a cultura homogênea da classe dominante, a economia legionária, o império territorial – tinham sido muito maiores do que os da Pérsia, isso significava que poderes muito mais formidáveis eram então descentralizados. Entre os mais importantes estavam os direitos quase absolutos de propriedade privada, cunhagem e letramento, o que conferiu poderes consideráveis aos cidadãos privados. O maior poder foi descentralizado para a aristocracia provincial, mas também para moradores, comerciantes, artesãos e grupos étnicos da cidade, como gregos ou judeus estrategicamente localizados nas cidades. Tais pessoas poderiam desenvolver uma autoconfiança individual e uma rede de interação social capaz de ser utilizada como atalho em relação à rede oficial do Estado centralizado.

4) *Cosmopolitismo* versus *uniformidade*. O tamanho territorial aumentado desses impérios elevou seu caráter cosmopolita: uma mistura mais variada de línguas, culturas e religiões foi absorvida. Seu sucesso tendeu a quebrar vínculos étnicos preexistentes e outros, semelhantes. No entanto, como as três primeiras contradições revelam, essas identidades não podiam ser simplesmente substituídas por uma nova uniformidade "oficial", universalista, igualitária ou hierárquica, e centralizada. Os impérios excluíram as massas das suas comunidades culturais oficiais. A possibilidade existia para a emergência de um sentido mais cosmopolita e rival de apego normativo, uma *comunidade*.

5) *Civilização* versus *militarismo*. Isso foi mais especificamente localizado: o que fazer com os bárbaros fronteiriços e os estrangeiros? Os impérios se expandiram por meio da dominação militar. No entanto, os impérios também forneceram a civilização, que os forasteiros sempre quiseram. Se o poder militar imperial se desvaneceu, seus cidadãos e súditos poderiam ser conquistados pelos forasteiros, a menos que a civilização pudesse ser separada do militarismo e oferecida pacificamente aos forasteiros. Alguns nesses impérios estavam dispostos a fazer essa mudança do militarismo para um papel civilizador pacífico, embora (em Roma e na China, mas não na Pérsia) contradissesse esse militarismo estatal.

Minha explicação sobre o aspecto universal do apelo do cristianismo sustenta que ele forneceu uma solução para essas contradições, uma solução imperfeita, mas durante um longo período de confronto provou ser melhor do que a oferecida pelo Império Romano. Os outros dois casos imperiais diferiram em seus resultados, e os deixarei para o próximo capítulo. Mas as contradições não devem ser consideradas separadamente, pois o cristianismo encontrou uma solução em sua combinação: uma comunidade universalista, igualitária, descentralizada, civilizadora – uma *ecumene*.

No entanto, há uma segunda fase posterior da história. Ao encontrar uma solução que lhe permite tomar o poder oficial, o cristianismo assimilou as contradições dentro de seu próprio corpo. No Ocidente ele não enfrentou essas contradições e finalmente ajudou a presidir o catastrófico e quase total colapso da antiga civilização no Mediterrâneo Ocidental.

Modelos de "contradições" são bastante comuns entre os acadêmicos – por exemplo, Harnack tem um ponto de partida semelhante em seu estudo clássico sobre a difusão do cristianismo (1908: 19-23). Os detalhes das contradições nos permitem localizar com bastante precisão as necessidades dos convertidos, especialmente a natureza dos "sofrimentos" dos quais esses romanos se voltaram para a libertação da salvação. Aqui, porém, chegamos ao ponto mais baixo da erudição convencional sobre o cristianismo primitivo: a noção de "sofrimento terreno". É obviamente crucial para a doutrina cristã da salvação como libertação do sofrimento terreno, e podemos assumir que muitos dos convertidos foram atraídos por tal promessa. Mas libertação de quê? Infelizmente, nossa própria era concebe isso como "sofrimento material". Na verdade, há duas versões disso.

A primeira relaciona o surgimento do cristianismo com a crise econômica e a consequente repressão política. Isso é persistente entre os escritores marxistas, emanando do desejo geral de Marx de explicar o surgimento de todas as religiões como "o grito de um povo oprimido". Kautsky (1925) deu a explicação mais completa do surgimento do cristianismo nesses termos.

É simples refutar isso. Se a crise econômica e a consequente repressão política tivessem desempenhado um papel importante no surgimento do cristianismo, ela teria se espalhado em grande parte depois do ano 200 d.C. Não houve crise antes dessa data; na verdade, provavelmente não houve nenhuma grande crise até cerca de 250 d.C. No entanto, as evidências apontam para uma contínua disseminação do cristianismo logo após a própria crucificação. O máximo que poderia ser argumentado para o papel da crise econômica e política diria respeito à fase final da propagação, da cidade para o campo, a partir de cerca de 250 d.C. Veremos que até mesmo isso foi mais complexo do que o modelo de "crise econômica" indicaria.

Esse ponto não foi contestado por nenhum estudioso sério hoje. Mas a teoria da crise econômica continua a viver sob outra roupagem. Geralmente se argumenta que o cristianismo se espalhou desproporcionalmente entre as classes mais pobres, "os pobres e os oprimidos". Eu lido com isso em detalhes mais adiante neste capítulo e mostro que não é verdade. Mas a popularidade da noção indica a dificuldade que nossa era tem em lidar com o sofrimento não econômico.

A parte religiosa da nossa era, no entanto, tem um modo específico de lidar com isso: argumentar que o próprio materialismo é uma forma de sofrimento do qual as pessoas desejam fugir. Essa é a famosa explicação de Troeltsch. Ele primeiro mobiliza o argumento econômico acima referido, observando que as primeiras comunidades cristãs, localizadas nas cidades, "compartilhavam da melhoria gradual das condições sociais que ocorriam na vida urbana". Por outro lado, considera que é "inegável" que o cristianismo apelou mais para o social e economicamente "oprimido" (eu nego isso ainda neste capítulo). Então ele prefere falar da "vasta crise social" da Idade Antiga tardia em termos espirituais: "um afastamento do materialismo e... um anseio pelo puramente místico e pelos valores religiosos da vida" (1931: 39-48). O próprio mundo é rejeitado aqui. E esse é um argumento comum. Neill (1965: 28, 33, 40), por exemplo, escreve: "O segundo século foi uma era ansiosa e conturbada" no "decadente Império Romano", especialmente entre "as classes mais pobres", das quais a Igreja inicialmente "atraiu seus membros". A ansiedade resultou da "transitoriedade de todas as coisas e do desejo de imortalidade". Ambos os autores têm os dois caminhos: se há crise ou "decadência" no sentido material, as pessoas naturalmente desejam escapar das mesmas; mas se não houver, elas querem escapar do materialismo. Tal análise não nos leva a lugar algum para explicar por que uma determinada religião surgiu num determinado momento e lugar.

Nem pode ser assim até que nos desfaçamos do dualismo materialismo-idealismo subjacente a esses argumentos. Nisso, eles seguem a afirmação de Jesus de fundar a sua Igreja sobre esse último e não sobre o primeiro. Mas nenhum movimento social pode ser fundado em tal separação. Assim como nenhum grupo de pessoas pode viver "materialmente" sem exigir uma infraestrutura "espiritual", um movimento religioso "espiritual" não pode rejeitar toda a infraestrutura "material". Assim, a verdadeira realização da religião cristã primitiva não foi a constituição de um reino "espiritual" separado, mas uma nova fusão de dois reinos em uma comunidade transcendente e normativa, uma *ecumene*.

O cristianismo não foi uma resposta à crise material, nem uma alternativa espiritual ao mundo material. A crise foi de identidade social: a que sociedade pertenço? Isso foi gerado pelos próprios sucessos do Império Romano e da civilização helenística, que produziram intersticialmente – a partir de suas próprias estruturas sociais – princípios transcendentes de organização social.

Assim, não havia "crise profunda" da sociedade antiga. Na verdade, escrever sobre contradições pode induzir a erro. As contradições são apenas princípios opostos. Os impérios poderiam optar por reprimir um ou outro, fazer concessões entre eles, ou simplesmente se virar. *Não* houve crise geral, objetiva ou subjetivamente experimentada, em Roma por volta da época de Cristo. Assim, nenhuma dessas crises poderia ter desempenhado qualquer papel significativo na disseminação inicial do cristianismo. De fato, os primeiros cristãos eram pessoas relativamente felizes e prósperas, conscientes das novas riquezas, poderes e vitalidade, buscando articular sua identidade social e pessoal emergente e intersticial na filosofia, ética e no ritual. Seu "sofrimento" estava confinado à esfera normativa, ou decidindo a que *comunidade* eles pertenciam. Isto é – como sociológicos sofisticados notarão – um modelo muito durkheimiano, um ponto ao qual eu volto no final do próximo capítulo.

Mas nenhuma concepção de "sofrimento" pode explicar o surgimento de um movimento social. Se os romanos estavam sofrendo ou felizes, prósperos ou pobres, isso nos diz pouco. Nem o sofrimento, nem a felicidade, nem a crise econômica, nem a política, nem a espiritual, nem mesmo a repressão têm nenhum efeito causal necessário sobre a emergência de novos movimentos sociais. Às vezes as crises econômicas e repressões políticas podem produzir um movimento unido de reação entre o povo; às vezes o divide. Às vezes geram uma revolução política, reação ou reforma; às vezes, revolução religiosa, reação ou reforma. Principalmente, não têm outro resultado senão um recrudescimento do desespero com a dureza geral da vida. O resultado depende não da profundidade da crise, mas das *formas organizacionais* das pessoas afetadas. Quem exatamente é afetado pela crise? Com quem estão em comunicação? Com quem compartilham o compromisso normativo e um estoque de conhecimento sobre o mundo? Que contatos e conhecimentos sociais são susceptíveis de os levar a culpar seus governantes pela crise e conceber alternativas práticas? Que recursos de energia podem mobilizar, contra quem? Essas são as perguntas decisivas sobre as respostas às crises e a outras mudanças sociais dramáticas, sejam elas políticas, espirituais etc. A organização dos recursos de poder – o tema principal deste livro – é o determinante crucial do surgimento de um movimento religioso, como é o de qualquer movimento. As contradições de Roma eram essencialmente organizacionais: a falha em encontrar uma solução para uma série de alternativas organizacionais.

Assim, a análise do poder cristão deve ser essencialmente a mesma que a de todos os outros poderes. Temos de começar pela infraestrutura em que foi capaz de se apoiar. Temos de tornar central a *infraestrutura do poder ideológico*. O cristianismo não foi inicialmente uma conquista militar ou uma expansão da produção, mas um processo de conversão. Foi também – não imediatamente, mas justa e brevemente – uma religião do livro, a Bíblia. Portanto, a comunicação de ideias e práticas culturais, e as redes específicas de *letramento* eram de grande importância.

A infraestrutura do poder ideológico no Império Romano

A transmissão de ideias e práticas culturais estava sujeita aos mesmos constrangimentos globais impostos pelas tecnologias da comunicação, constrangimentos que já deveriam ser conhecidos. As vias de comunicação marítimas e fluviais eram as mais rápidas e longas, mas estavam sujeitas a interrupções no inverno. As vias rodoviárias eram mais lentas e possibilitavam apenas comunicações relativamente locais. Não existiam outros meios de comunicação. Dentro desses constrangimentos, podemos identificar quatro possibilidades principais. Eu os chamo de *canais* de poder ideológico.

O primeiro canal foi feito a partir do mosaico de aldeias, cidades, tribos e povos aos quais os romanos impuseram seu governo. A maioria dos organismos menores, com uma história de experiências compartilhadas, intercasamentos, línguas, rituais e crenças, foi integrada em culturas únicas. Dada uma história solidária, cada organismo poderia alcançar o tamanho de uma "comunidade étnica", da qual os judeus eram o exemplo proeminente. A maioria era muito menor. A experiência religiosa de sua intensidade localizada foi uma multiplicidade de cultos locais, tribais, familiares e de cidades-Estado, fortemente enraizados, mas com baixa capacidade de conversão das pessoas de qualquer outra localidade. As novas mensagens que surgiam na localidade, no entanto, poderiam ser rapidamente espalhadas no seu entorno se parecessem verdadeiras e úteis para a experiência local. Como os romanos interferiram pouco na composição interna de suas localidades, ainda estavam amplamente disponíveis como transmissores de mensagens dentro de seus estreitos limites. No entanto, a transmissão por meio da camada dessas unidades – digamos, por meio de um povo inteiro como os judeus, ou de uma região distinta como a da província do norte da África – seria parcialmente dependente dos outros três canais logísticos a serem explorados. As "tradições culturais" poderiam comunicar sem ajuda apenas em pequenos espaços. As ligações *entre* esses espaços e culturas, muitas vezes de caráter extremamente variado, eram o principal problema das comunicações antigas em geral.

O segundo canal era o impositivo, oficial, o canal político-comunicacional do império. Ele ligava horizontalmente os governantes de todas aquelas localidades mencionadas, e as organizou em cidades e seus territórios. Ele pressupunha o sistema de controle hierárquico da própria cidade-território, embora muitas vezes não fosse utilizado. O canal político foi enormemente fortalecido pela homogeneidade cultural da classe dominante referida no último capítulo. Um século após a conquista, as elites governantes locais eram quase indistinguíveis umas das outras em suas línguas, crenças e costumes. Eu explorarei mais neste capítulo o papel infraestrutural universalizante e difusor da alfabetização para a solidificação da classe dominante.

Esses dois primeiros canais eram os "oficiais" do império, proporcionando um reforço ideológico de dois passos para o seu governo. Contanto que as classes dominantes provinciais se considerassem como romanas ou greco-romanas e permanecessem no controle de suas localidades, o império seria reforçado. Era provável que as elites provinciais perdessem o controle ideológico mesmo romanizadas, a menos que as massas também o fossem. Isso era particularmente provável nas áreas rurais, pois a aldeia (e seus cultos) não tinha nenhum *status* reconhecido dentro da estrutura oficial dominada pela cidade de Roma. Nessa eventualidade, as elites locais podiam voltar ao controle pela repressão direta, pois cada povo estava "preso" à sua própria localidade e cultura, sem uma base para a ideologia ou organização translocal: poderia ser flanqueado organizacionalmente pelo uso do poder impositivo.

Mas o terceiro e especialmente o quarto canal eram potencialmente desterritorializados. Ambos envolviam conexões alternativas entre as pessoas. O terceiro canal era o exército. No capítulo precedente realcei o papel das legiões em contribuir para a infraestrutura de comunicação do império. Adicionalmente, o exército era o principal meio pelo qual as pessoas comuns, geralmente camponeses, eram removidas da prisão cultural de sua localidade e colocadas em contato com o mundo mais amplo. Isso não gerou ideologias revolucionárias entre os soldados. Eram, afinal, o âmago do Estado romano. Uma mistura de rígida hierarquia e disciplina militar, salários regulares e práticas locais de recrutamento e aquartelamento geralmente mantinham o exército como uma espécie de microcosmo da estrutura de dois passos já descrita – uma classe oficial compartilhando uma cultura homogênea, exercendo fortes controles sobre uma série de destacamentos locais.

No entanto, quando as tropas se misturavam em grande número em várias localidades, novos – e, para a classe dominante, ligeiramente preocupantes – cultos de soldados se desenvolveram entre eles. O culto de Mitras, o antigo deus iraniano da luz, foi o mais difundido. Isso demonstrou que uma extensão relativamente igualitária das redes de comunicação por meio do exército levaria à inovação cultural. Os soldados, misturando seus estoques de conhecimento, valores e normas, não ficaram satisfeitos com seu provincialismo separado, nem se satisfizeram com os cultos oficiais do Estado. O império teria que lidar com inovação cultural mesmo no seu núcleo militar.

O quarto e mais importante canal do ponto de vista do cristianismo foi fornecido pelas redes comerciais do império. A produção agrícola estava fragmentada em pequenas propriedades e aldeias ou era controlada por grandes latifundiários, que eram também os governantes políticos locais. Assim, as relações de produção agrícola faziam principalmente parte do sistema de comunicação oficial em dois passos. Mas as relações comerciais e artesanais eram algo intersticiais a esse fluxo de mensagens, apesar de utilizarem as mesmas rotas de comunicação oficialmente protegidas. Comerciantes e artesãos tendiam a ter as suas próprias organizações sociais: as guildas. E embora vivessem nas cidades, não eram tão poderosos na política urbana quanto os grandes latifundiários. Assim, as cidades, o núcleo do sistema oficial de comunicação e controle, também continham uma espécie de "infraestrutura alternativa" de relações comerciais e artesanais que se estendiam por todo o império e até mesmo além dele. Desproporcionalmente representados estavam povos tradicionais do comércio, como os gregos e os judeus. As suas ideias estavam sobrerrepresentadas em qualquer fluxo de comunicação por meio dessa infraestrutura.

Esse setor comercial e artesanal dependeu inicialmente do poder impositivo da economia legionária do Estado romano. Mas quanto mais essa economia se tornou institucionalizada, mais seus recursos tenderam a se difundir na sociedade civil. Na época de Cristo, a economia da bacia do Mediterrâneo havia se tornado profundamente institucionalizada. Artesãos e comerciantes tinham direitos de propriedade privada, apoiados pela lei civil (ou, se fossem estrangeiros, pela sua extensão, o *ius gentium* – lei dos povos). Eles tinham bens móveis como ferramentas, navios e mulas, que (como notei no capítulo 2 ao lidar com a pré-história) são inerentemente "privados". Eles tinham oficinas e estábulos, que são, como casas, geralmente considerados como propriedade privada mesmo em sociedades relativamente comunais. Tinham ativos líquidos sob a forma de moedas, que podiam ser trocadas por matérias-primas ou produtos acabados ou que podiam ser acumuladas, privadamente. Em tudo isso, o Estado atuava apenas como pano de fundo para atividades essencialmente "privadas" – privadas no sentido latino de escondidas do olhar público. A lei garantia os direitos de propriedade, o Estado estabelecia os parâmetros dentro dos quais a corporação operava, mas somente os olhos do imperador sobre as moedas vigiavam o próprio processo de interação. As transações eram essencialmente não impositivas, entre indivíduos ou famílias autônomas e livres, ou pequenas "empresas" – diferindo assim da estrutura interna, impositiva e hierárquica dos outros canais. Se esse setor gerasse a sua própria ideologia, procuraria tornar significativas e valiosas duas coisas que a ideologia "oficial" negligenciou: o que constituía a experiência individual (ou talvez as experiências familiares ou das "pequenas empresas"); e como as relações normativas e éticas poderiam perdurar entre esses indivíduos. A "afinidade eletiva" (para usar o termo de Weber) entre tais necessidades individuais e interpessoais e o cristianismo é óbvia (tão óbvia que espero não discutir em retrospectiva!).

Além disso, esse canal de comunicação continha um segundo nível, mais baixo, paralelo ao da oficialidade. Pois o setor comercial e artesanal interagiu com estratos sociais mais baixos, especialmente o proletariado urbano, mas mesmo com o campesinato. As ligações com o campesinato não eram especialmente próximas ou frequentes. O camponês estava mais aberto ao escrutínio das elites rurais do que o comerciante ou artesão. Mas a conexão estava, no entanto, lá, por meio de redes cambiais monetarizadas que penetraram em todo o império. Em suma, isso constituía toda uma infraestrutura alternativa por meio da qual a ideologia poderia ser comunicada difusamente – gerada pelo próprio sucesso do império, e não pelos seus fracassos. Quanto mais econômica e politicamente bem-sucedida se tornou, mais pronunciada se tornou a "quinta coluna".

Ao longo desses quatro canais, mensagens e controles passaram. Um meio de comunicação específico teve uma importância considerável em todos os canais. Isso foi *escrito*, amplamente difundido porque os materiais, canetas e pergaminhos de papiro estavam geralmente disponíveis e porque grande parte da população era letrada. É difícil dizer exatamente quem era letrado e em que padrão, mas uma tentativa de precisão é essencial para entender a infraestrutura disponível para uma "religião do livro"[5].

Começo com o segundo canal, as comunicações entre a classe dominante. Eles eram quase todos letrados, e com um padrão bastante alto – e isso provavelmente incluía as mulheres, quase tanto como os homens. Práticas políticas em todas as cidades requeriam um grau de habilidade de leitura, assim como a participação ativa na propriedade e assuntos jurídicos matrimoniais. A própria literatura era de grande importância, e a partir de cerca de 100 a.C. os autores famosos, especialmente historiadores e poetas históricos – homens como Horácio, Virgílio, César, Lívio e Tácito – estavam escrevendo e lendo em voz alta para uma grande audiência difundida por toda a república/império.

A infraestrutura era um sistema universal de educação, modelado no sistema tripartido helenístico: escola primária, ensinando os "três Rs" dos 7 aos 11 ou 12 anos; escola de gramática, ensinando principalmente gramática e literatura clássica, até talvez 16; e (geralmente após uma pausa para o serviço militar) as escolas superiores, focando principalmente na retórica, entre 17 e 20. As escolas eram geralmente financiadas de forma privada por associações de pais dentro de cada cidade, embora houvesse uma crescente regulamentação estatal no período do império. A universalidade da escolaridade entre a classe dominante foi enfraquecida no topo, onde os ricos muitas vezes optaram por usar tutores privados, especialmente para as filhas. Também não se sabe ao certo quantos dos filhos dessa classe passaram para as escolas superiores (e depois para as universidades), especialmente as moças.

Assim descrito, há semelhanças com o nosso próprio sistema de ensino. Há também duas diferenças: o conteúdo da educação era surpreendentemente literário, e ligado a um modo oral de transmissão de conhecimento. Literatura, gramática e retórica ensinavam as habilidades verbais utilizadas no debate público, na advocacia jurídica e na leitura em voz alta em companhia. Stratton (1978: 60-102) argumentou convincentemente que a literatura romana era pouco mais do que um vasto sistema mnemônico, um meio técnico de armazenar

---

5. Confiei em Marrou, 1956: 229-313; Jones, 1964, II, cap. 24; e Bowen, 1972: 167-216.

significados e entendimentos culturais e de recuperá-los por meio de atividades comunitárias de leitura e discurso.

Enfatizei no capítulo anterior a *extensão* da civilização romana. Manter unido o enorme império exigia um grande investimento em tecnologia da comunicação. O letramento era parte importante disso. Por isso, os romanos eram obcecados com sua língua, sua gramática, e seu estilo, e com as conexões desses com a alfabetização e os textos históricos que tratam do crescimento do poder romano. Por isso também a sua preocupação com a retórica, a arte da comunicação e o debate. Isso também teve uma ligação prática com o sistema legal e com a aristocrática profissão de jurista. Mas temos ainda de perguntar por que razão essa formação profissional foi em retórica, e não em estatuto ou jurisprudência (como a nossa). A resposta reside na importância da comunicação letrada, mas mnemônica, para dar moral à classe dominante do império, dando-lhes acesso comum ao estoque de conhecimento cultural e reforçando a sua solidariedade cultural por meio de atividades de leitura e debate em comum.

Desses, as massas foram excluídas. A participação na maioria dessas atividades comunais era geralmente outorgada, confinada às ordens senatoriais e equestres, aos *decuriões*, e às outras fileiras de *status* mais elevado da sociedade imperial. Esse aspecto da cultura literária era exclusivo, útil para preservar o amplo domínio da classe alta. Os proprietários de terras ausentes se encontravam com os outros face a face em contextos cívicos, governados localmente por meio do debate, e escreviam para – e especialmente viajavam entre – outras cidades. Era uma classe dirigente "privada", bastante fechada a estranhos por meio de suas práticas culturais, bem como por meio da política deliberada.

No entanto, as massas não foram excluídas de toda a atividade letrada. Tal como os gregos, a cultura letrada não se preocupava em preservar o dogma sagrado, mas em refletir e comentar sobre a experiência da vida real. O conhecimento em si não era restrito, nem a educação. A educação elementar era amplamente difundida, mesmo em algumas aldeias. Os mestres de escola eram de baixo *status*. De acordo com o inestimável edito de Diocleciano, o salário e as taxas fixas para um mestre de escola primária sugerem que, em uma classe de trinta alunos, ele ganharia tanto quanto um pedreiro ou carpinteiro. Isso sugere classes bastante grandes. Havia também muitos homens letrados de origens bastante simples que atingiram um alto padrão de letramento, seja nessas escolas ou de seus pais. Esses frequentemente entravam no exército, na esperança de usar suas habilidades para obter avanços. Por exemplo, um recruta naval egípcio no reinado de Augusto escreve a seu pai porque ele deseja "homenagear a sua caligrafia, porque me educou bem e espero assim ter um rápido avanço" (carta citada na íntegra em JONES, 1970, II: 151). Isso indica a educação doméstica entre a gente comum, mas não a maioria, uma vez que ele está esperando pelo avanço de seu letramento. A partir dos comentários de Petrônio também duvidamos sobre o nível médio da escola, pois ele indica que o menino que sabe ler fluentemente é a maravilha de sua classe. Muitos, segundo ele, "não tinham estudado geometria ou literatura ou quaisquer outras coisas tolas como essas, mas estavam bastante satisfeitos por poderem ler algo em letras grandes e compreender frações, pesos e medidas" (1930: 59, 7).

A educação exigia riqueza, geralmente em moedas, para pagar o professor. O pedreiro ou carpinteiro podiam ser capazes de pagar um trigésimo do seu salário para prover a educação elementar de uma única criança, mas o camponês comum não seria capaz de pagar talvez um vigésimo do seu salário mais baixo, e certamente não em moeda. As capacidades de sustentar duas ou mais crianças também são duvidosas. O ensino básico teria conduzido, em geral, ao que Petrônio indica: maior fluência, mas não realizações culturais. Para esses, o ensino secundário seria necessário, mas as crianças se tornavam úteis para trabalho familiar por volta dessa idade. Era preciso riqueza genuína para sustentar jovens ociosos.

Assim, não faz sentido estabelecer uma única estimativa da alfabetização entre os romanos – exceto dizer que era muito mais elevado do que em qualquer sociedade discutida até agora, exceto na Grécia – porque variava muito. Podemos identificar três níveis distintos. No topo, uma classe altamente letrada, numérica e culturalmente coesa se estendeu ligeiramente por todo o império. Seu letramento era uma parte importante da sua moral de classe dominante. O segundo nível consistiu em pessoas funcionalmente letradas e numeradas que não eram membros plenos da cultura literária e que foram excluídas do governo. Elas poderiam se tornar funcionários da burocracia, proprietários, do exército e comerciantes; poderiam se tornar professores primários; poderiam ajudar a elaborar testamentos, petições e contratos; provavelmente poderiam compreender alguns dos conceitos que sustentam os produtos da literatura clássica romana e grega, mas provavelmente não poderiam lê-los, e talvez não entrassem ordinariamente em contato com eles. A localização e a extensão desse segundo nível são suposições, mas devem ter sido desiguais. Dependiam de tradições letradas entre os povos assujeitados (o que é presumivelmente como a educação doméstica poderia ser transmitida). Gregos, povos descendentes de arameus (especialmente judeus) e alguns egípcios eram desproporcionalmente letrados nesse segundo nível. Esse nível também dependia de cidades, nas quais a função de letramento foi valorizada e na qual o dinheiro fluiu. Nas cidades, o letramento estava concentrado entre mercadores e artesãos pelas mesmas razões. Esses no terceiro nível eram iletrados ou parcialmente letrados no nível mencionado por Petrônio – a massa da população rural e do proletariado urbano, e os filhos e filhas mais novos dos que estão um pouco acima deles na escala social. Foram totalmente excluídos da cultura letrada da república/império.

Os níveis eram distintos em sua localização social, e existia uma grande lacuna cultural entre a classe dominante e o resto. No entanto, é possível discernir alguma sobreposição. A sobreposição nos níveis superiores ocorreu em grande parte entre os povos mais letrados que possuíam instituições mais democráticas e menos excludentes. Gregos e judeus de diferentes realizações letradas trocaram experiências culturais mais difusas do que a maioria das outras populações provinciais. A sobreposição entre o segundo e o terceiro níveis foi mais generalizada, especialmente entre esses povos e nas cidades. Além disso, não importa o quanto culturalmente exclusivo fosse o nível superior, os padrões de letramento abaixo dele só poderiam resultar em um desejo de maior acesso ao mundo letrado e culto. Para a cultura letrada, o *poder* era transmitido: quanto mais acesso se tivesse a ela, mais controle poderia ser exercido sobre a vida. Essa não era mera crença, mas realidade objetiva, dado que o poder no império foi baseado na comunicação letrada. Se a participação na cultura oficial fosse impedida, contraculturas não oficiais, talvez radicais, pudessem aparecer. Em tempos modernos uma grande expansão da alfabetização implicou mudanças importantes: Stone (1969) notou que três grandes revoluções modernas, a guerra civil inglesa e as revoluções francesa e russa, ocorreram todas quando aproximadamente metade da população masculina se tornou letrada. É improvável que os níveis de letramento romano fossem tão altos assim. Mas as massas podiam participar da transmissão oral de informações escritas "radicais", desde que as contraelites pudessem ajudar.

Nos estudos das redes de comunicação entre povos altamente letrados no século XX, notou-se um fluxo de comunicação em "dois passos". Decatur, Illinois, no ano de 1945 d.C., está a 8.000km e 2.000 anos de nosso tema atual. Mas lá Katz e Lazarsfeld (1955) descobriram que a mídia de massa moderna teve pouco impacto direto sobre uma grande amostra de mulheres americanas. Em vez disso, a influência da mídia foi em grande parte indireta, mediada por "líderes de opinião" da comunidade, que reinterpretaram as mensagens da mídia antes de canalizá-las para seus conhecidos. Apesar das qualificações e das críticas, a teoria do fluxo de dois passos tem resistido bem em pesquisas posteriores (KATZ 1957; e, para uma revisão, McQUAIL, 1969: 52-57 esp.). Porém mais pertinente ainda é o modelo de dois passos para o contexto romano, de comunidades parcialmente letradas. Quando informações valiosas entraram em tal comunidade na forma escrita, elas poderiam ser lidas em voz alta para os outros pelos poucos letrados. Mais adiante neste capítulo, veremos que essa era de fato a norma entre as comunidades cristãs, uma vez que foram estabelecidas, e assim permaneceram até a Idade Média.

Contudo, a classe dominante do império não era susceptível de desempenhar esse papel de líder da informação, tendo uma vida cultural insular e um desprezo pelos intelectos daqueles que estão em posições inferiores. Por outro lado, os literatos de segundo nível tinham relações de intercâmbio mais igualitárias com aqueles menos prósperos, e seu maior letramento não era qualitativamente dividido pela cultura. Eram os potenciais transmissores orais.

O meio de letramento reforçou a natureza dos canais de comunicação. Eu delineei a existência no Império Romano de um sistema de comunicação alternativo, intersticial, usado principalmente para interações econômicas, mas que poderia transmitir ideologia em um fluxo de dois passos: o primeiro passo passando mensagens entre as pessoas da cidade, o segundo passo acabando por atingir a maioria das pessoas do império. Era reforçada pelo meio de letramento, que (ao contrário dos aspectos culturais do sistema de comunicações oficiais) não tinha nenhum desejo de confinar ou restringir. Podemos agora rastrear a ativação de como o cristianismo começou o seu movimento por meio das particularidades do sistema do Império Romano. Como uma antecipação do argumento, ofereço a Figura 10.1, que representa por meio do diagrama os dois canais de informação e afirma que o segundo, o canal não oficial, tornou-se o canal cristão.

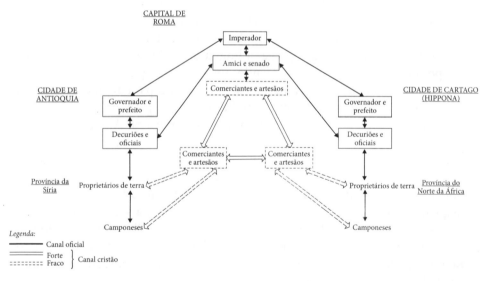

Figura 10.1 O Império Romano: canais oficiais e cristãos de comunicação e controle (exemplos de duas províncias)

A primeira difusão do cristianismo

Os contornos sucessivos do surgimento do cristianismo são bem conhecidos. Com duas exceções, sua base de classe e sua posterior penetração no interior não colocam problemas particulares para a análise. A evidência sobre a disseminação é encontrada no clássico estudo de Harnack de 1908, ainda inigualável, e em outros estudos pioneiros (p. ex., GLOVER, 1909: 141-166; LATOURETTE, 1938, I: 114-170).

Cristo foi considerado por alguns como o Messias dos judeus. Ele não foi de modo algum o primeiro a pretender ser o Messias, um papel profético (não divino) reconhecível na Palestina rural de língua aramaica, onde começou sua trajetória. Ele era presumivelmente um homem notável, e o que se afirma que Ele teria dito fez muito sentido. Ele ofereceu a promessa de uma ordem racional e moral a uma área politicamente conturbada, cujos distúrbios também podem ter levado a uma crise econômica local. Isso pode ser considerado "sofrimento" nos termos convencionalmente descritos. Cristo também ofereceu uma solução de compromisso ao dilema helenização/nacionalismo dos judeus, evitando deliberadamente, ao que parece, o papel potencial de líder nacional contra Roma.

No entanto, seus seguidores provavelmente se surpreenderam ao encontrar uma resposta à mensagem de Cristo entre os judeus helenizados das cidades da Palestina, Cesareia, Jope, Damasco e até Antioquia, a terceira cidade do império. Isso pode ter encorajado a sensação de que Cristo era divino. Milagres, a história da ressurreição e outros elementos divinos foram provavelmente adicionados à lenda. O proselitismo nas cidades significava um maior compromisso com os textos escritos, e com a língua grega, a língua da maioria dos judeus urbanos. Nesse ponto, por volta de 45 d.C., Paulo, um dos principais saduceus, converteu-se. Suas habilidades de organização se estenderam para além das sinagogas das cidades helenísticas do Oriente Médio. Como os primeiros debates dentro da irmandade geralmente se referiam à versão grega do Antigo Testamento (a Septuaginta), a base rural original de língua aramaica na Palestina tinha sido deixada para trás. Esses judeus de língua grega, envolvidos em comércio e artesanato em tempos de prosperidade, não foram afetados pela pobreza, opressão ou sofrimento. O ensino de Cristo, provavelmente modificado, combinou a filosofia grega e a ética judaica em uma explicação melhor, mais livre e mais libertadora de seu modo de vida do que o judaísmo tradicional. Ele também apelou aos gentios, em sua maioria gregos, no mesmo ambiente. "Amai os vossos inimigos e orai por aqueles que vos perseguem" (Mt 5,44) era uma mensagem dramaticamente voltada para o exterior.

Assim, tão logo a atividade missionária urbana começou, surgiram controvérsias entre judeus e gregos sobre, especialmente, se os cristãos precisavam ser circuncidados. De acordo com At 15, Paulo e seu companheiro missionário Barnabé de Ciro não exigiram isso e criaram uma irmandade mista judaico-gentia em Antioquia e em outros lugares. Os "homens da Judeia" (provavelmente incluindo parentes de Jesus) se opuseram, e um concílio foi realizado em Jerusalém, no qual Paulo e sua facção supostamente triunfaram. Emissários com cartas foram enviados às novas comunidades, confirmando sua legitimidade. A comunidade mista de Antioquia se reuniu, a carta foi lida e eles se alegraram – assim dizem nossas fontes paulinas. A vitória da facção da religião universal foi decisiva. Os "bispos da circuncisão", entrincheirados em Jerusalém, foram provavelmente destruídos no esmagamento das revoltas judaicas de 70 e 133 d.C. Então os textos escritos passaram a comunicar mensagens entre comunidades; dentro da comunidade eram lidos em voz alta e debatidos. Os meios de comunicação de dois passos se tornaram predominantes. À medida que as epístolas viajavam entre as comunidades gregas, o seu conteúdo se tornou mais grego. O desafio gnóstico forçou mais sincréticos a filosofar sobre o cristianismo. Entretanto, a filosofia era "de homens e mulheres comuns", não esotéricos.

O mais antigo documento cristão datável após o tempo dos apóstolos é uma longa carta enviada por Clemente de Roma aos cristãos de Corinto nos anos 90. Os coríntios se dividiram em questões doutrinárias e organizacionais. Clemente usou os dispositivos retóricos da literatura clássica para persuadi-los a se unirem. A mensagem é simples: a coordenação disciplinada é necessária para a unidade do corpo de Cristo, assim como é para a pólis, para a legião romana e para o próprio corpo humano. A verdadeira comunidade ética se baseia não na doutrina teológica formal, mas na "respiração" comum, no espírito comum. Isso envolve humildade diante da autoridade, que ele diz ser a parte principal da mensagem de Cristo.

A carta de Clemente teve grande impacto sobre os coríntios e foi frequentemente lida em seus cultos durante o século seguinte[6]. Implícita no estilo, nas alusões e no argumento substantivo estava uma tremenda reivindicação: os verdadeiros herdeiros da virtude cívica ateniense e espartana, e da *virtu* militar romana, eram os cristãos. Era um apelo aos gregos, mas à sua concepção mais ampla de si mesmos: não como limitados pela etnia ou língua, mas como os portadores da própria civilização aos seres humanos racionais em geral. Este terceiro nível da realização grega clássica referida no capítulo 7 pode agora ser renovada por causa da localização estratégica dos gregos em todo o império.

Em meados do segundo século, comunidades cristãs foram estabelecidas em todas as cidades das províncias orientais, muitas nas províncias centrais e algumas nas ocidentais. Essas comunidades eram dominadas pela língua grega. Havia ainda pouca organização rural. Cada comunidade era uma *ecclesia* ("assembleia") amplamente autônoma, embora todas tivessem estruturas organizacionais semelhantes, trocavam epístolas e começavam a chegar a um

---

6. Para influência grega e um comentário sobre a epístola de Clemente, cf. Jaeger 1962: 12-26 esp. A epístola está em Lake, 1912.

consenso sobre um conjunto comum de evangelhos e doutrinas. Cada sentido de comunhão da *ecclesia* se intensificou pela perseguição feroz, ainda que intermitente. Relatos de testemunhas oculares de martírios foram prontamente escritos e circularam pelas comunidades. O sistema de comunicações foi ativado e o "povo" cristão se mobilizou.

Por que os cristãos foram perseguidos? A mobilização da *ecumene* popular

Os cristãos estavam atraindo a atenção das autoridades. A história das perseguições é complexa e controversa. Parte da dificuldade foi criada por dois fatores conjunturais. Primeiro, a religião cristã foi durante muito tempo manchada aos olhos dos imperadores com as desordens endêmicas da Palestina. Segundo, de modo idiossincrático, Nero perseguiu os cristãos em 64 d.C. com base no argumento ilusório de que eles (e não ele mesmo, como era suspeito na época) tinham começado o grande fogo de Roma. Esses fatores à parte, ainda havia perseguição bastante sistemática. Ser cristão era uma ofensa na época de Trajano, embora as autoridades não estivessem interessadas em persegui-los de todo o coração. Mas a cada 50 anos ou mais, uma perseguição feroz e em grande escala era iniciada pelas autoridades, e isso durou até a conversão de Constantino em 312 d.C. Por quê?

Parece haver três vertentes principais na perseguição. Primeiro, os cristãos foram acusados de todos os tipos de "abominações". Eles foram rotulados de criminosos no sentido moral de *mali homines* (pessoas más) e tratados pelo direito penal. Em sua defesa, os cristãos explicaram que a Eucaristia não era canibalismo; que não eram ateus, apesar da sua recusa em adorar os deuses pagãos; e que incesto não estava implícito na sua preferência pelo casamento dentro de sua irmandade, nem orgias sexuais pela sua doutrina de amor universal. Até o início do terceiro século, essas acusações eram suficientemente populares para a continuação da política de bodes expiatórios de Nero. Como Tertuliano observou: "Se o Tibre sobe muito alto ou o Nilo muito baixo, o grito é 'Os cristãos ao leão'".

As outras duas vertentes surgiram em virtude do monoteísmo implicado no cristianismo. A recusa em reconhecer a divindade do imperador parece ter sido um grande fator na perseguição de Domiciano (81-96), um dos poucos imperadores a levar a sério sua própria divindade. Mas a terceira vertente foi mais significativa, pois o monoteísmo forçou os cristãos a se recusarem a adorar todos os deuses pagãos. Isso foi decisivo, uma ruptura com a ideologia romana oficial. Não que a classe dominante romana parecesse fanática por seus deuses. Sua religião era menos um sistema de crenças do que uma série de rituais cívicos e cortejos, reafirmando a solidariedade dos cidadãos em plena vista dos deuses. Com as conquistas imperiais a religião tinha desenvolvido rituais de dois níveis de controle social: as religiões locais podiam ser toleradas e até mesmo usadas, vinculando seus deuses e eventos rituais àqueles do Estado. A integração do império dependia ideologicamente da *pax deorum*, da paz dos deuses: respeito pelos outros deuses, não apenas a sua tolerância. Mas quando Cristo enfrentou o problema da lealdade ao império, Ele disse: "Dai, pois, a César as coisas que são de César, e a Deus as que são de Deus" (Mt 22,21). Somente em relação aos assuntos espirituais era "o Senhor teu Deus, um Deus ciumento". O respeito secular era devido a César. Mas Roma não separou autoridade espiritual e mundana. Nem, como veremos, poderia ser totalmente separada pelo cristianismo. Por isso a recusa em respeitar os deuses da comunidade era um desafio político para Roma e um ato impiedoso em si mesmo. Essas foram as principais acusações contra os cristãos que as próprias autoridades acreditavam ser verdadeiras e sérias (cf. as contrainterrogações registradas em *Os atos dos mártires cristãos* (MURSURILLO, 1972)).

Mas essa não pode ser uma explicação suficiente para a perseguição enquanto permanecermos no nível da doutrina. Uma ênfase na autonomia da crença era cristã, não romana. Dado que a crença não importava tanto assim para as autoridades romanas, poderiam ter encontrado uma maneira de contornar as dificuldades do monoteísmo. Afinal, os reis persas tinham conseguido usar o monoteísmo de Zaratustra para reforçar o seu próprio governo e os imperadores romanos posteriores também fizeram o mesmo. Plínio, eivado de dúvidas, escreveu a Trajano em busca de orientações. Ele descobriu que os cristãos não praticavam abominações, o que faziam não faltava com respeito ao imperador, que tinham deixado obedientemente de partilhar uma refeição comum depois de ele ter proibido reuniões secretas da sociedade. Ele também não gostou de ter que lidar com uma enchente de informantes e panfletos resultantes da divulgação da perseguição. Trajano também não gostou, e aconselhou a inação. Por razões pragmáticas, Roma poderia ter procurado chegar a um compromisso, tal como Cristo o fez.

Se o compromisso não aconteceu (até muito mais tarde), a explicação mais provável é que a ideia de monoteísmo estava sendo transmitida através de canais que eram rivais aos do próprio império. As comunicações alternativas e a rede de controle, referidas anteriormente, foram ativadas para produzir um conjunto concorrente de *comunidades* intersticiais interligadas. Essa era a ameaça ao império.

Tudo se encaixa nessa explicação. A religião foi comunicada por meio de redes comerciais intersticiais, e pessoas intersticiais, especialmente os gregos. Essas atividades eram em grande parte invisíveis para o Estado. As comunidades cristãs apareceram de repente – por isso o alarme com as "sociedades secretas" e os rumores de abominações. Eram comunidades pequenas, fortemente interligadas, devendo mais lealdade umas às outras do que era convencional entre subgrupos localizados no coração urbano do império. O escritor pagão Celsius, escrevendo em cerca de 180, achou sua coerência interna notável (embora a atribuísse à perseguição). Como seu título de *ecclesia* (originalmente o nome para a assembleia da pólis grega) revela, essa comunidade privada era política, o que criava barreiras à penetração e ao controle oficiais do Estado.

Além disso, a organização interna de cada *ecclesia* era perturbadora, pois dispensava divisões verticais e horizontais normais. Deus transcendia a estrutura social – não a expressava, como as religiões anteriores haviam feito. A salvação estava aberta a qualquer pessoa, depois de um esforço individual. Cabia ao indivíduo elaborar sua própria salvação por meio de uma relação direta com o divino. Os evangelhos eram repetidamente específicos sobre esse ponto, e assim continham um elemento profundamente universalista e radical. Causava forte impressão em seus contemporâneos que a Igreja era particularmente ativa em seu recrutamento de mulheres, escravos e pessoas comuns livres. Isso foi pronunciado como uma acusação pelos críticos. Mas foi proclamada orgulhosamente por alguns apologistas cristãos.

Isso levou à crença de que a Igreja recrutou "os pobres e os oprimidos" em números desproporcionais (p. ex., HARNACK, 1908, II: 33-84 e muitos outros). Mas é necessário algum ceticismo em relação a esse ponto. Primeiro, depois da morte de Cristo e antes de aproximadamente 250 d.C., o cristianismo era quase exclusivamente urbano. As pessoas da cidade eram a parte principal dos 5-10% da população liberada do trabalho agrícola pesado e incessante em nível de subsistência. Eram privilegiados no sentido econômico, particularmente nas cidades que recebiam a doação gratuita de grãos do Estado.

Em segundo lugar, as declarações contemporâneas sobre as práticas de recrutamento são ambíguas. Os acusadores pagãos transmitem menos estatísticas do que surpresa de que os cristãos devem ser ativos entre as pessoas comuns. Os apologistas cristãos deixam claro que o apelo popular é a essência de sua mensagem, mas eles normalmente acrescentam que também recrutam no ponto mais alto da escala social.

Em terceiro lugar, os dados relativos ao trabalho sustentam uma conclusão diferente. Mesmo em sua primeira fase rural palestina os ativistas cristãos tenderam a ser artesãos rurais em vez de camponeses ou trabalhadores. Essa base artesanal sobreviveu ao movimento na direção das cidades. A descoberta mais surpreendente de uma pesquisa em inscrições de túmulos cristãos primitivos é a variedade de ocupações especializadas que são mencionadas – uma grande lista de artesãos, habilidosos em tudo, desde fazer baixos-relevos até falsificar mulas; comerciantes de qualquer coisa, do incenso ao marfim; escriturários e vendedores, como coletores de contas ou copistas; artistas como mestres de coro, trompetistas ou ginastas. Eles coexistem ao lado de praticantes de ocupações de serviço pessoal mais humildes como camareiras ou estribeiros e ocupações de trabalho como garimpeiros ou jardineiros. Há também ocupações mais importantes, como as de magistrados e médicos (CASE, 1933: 69-70). Isso parece menos com o recorte de pobres e oprimidos do que uma seção transversal da vida urbana. Esses são os tipos de ocupações que predominam no meio dos nossos esquemas contemporâneos de censo (muitas vezes difíceis de atribuir a uma "classe social" intermediária em vez de outra).

A conclusão de Grant (1978: 88) é que a maioria dos cristãos pertencia à "classe média". Mas é possível que os cristãos também estivessem bem representados entre as pessoas urbanas que não podiam pagar inscrições em túmulos. Em todo caso, a denominação "classe média" é da nossa própria era, e não da romana. Os cristãos e seus oponentes falavam principalmente do "povo", *populus*, e essa é a chave. Os cristãos recrutavam do povo, em oposição à classe dominante. Portanto, em termos econômicos e ocupacionais, eles eram uma coleção extremamente variada. E se lembrarmos que o "povo" urbano incluía talvez 20-30% de escravos ou homens livres em quase exatamente o mesmo número de ocupações (com exceção dos magistrados), podemos ver que essas categorias também não indicam pobreza e opressão. Nem, é claro, a categoria "mulher"! Além disso, essas comunidades cristãs adquiriram um razoável excedente econômico, porque sustentavam um número considerável de funcionários em tempo integral, assim como obras de caridade (o que indica alguma pobreza em seu interior). Como observa Case em sua discussão sobre o dogma social, a mudança para as cidades envolveu o abandono da indiferença da irmandade original pela riqueza mundana, bem como sua identificação ideológica com os humildes, os fracos e os pobres.

Alguns acadêmicos ainda ligados a uma noção material de "sofrimento" transformam-no em "privação relativa". Gager (1975: 27, 95) argumenta que os cristãos não eram absolutamente empobrecidos, mas pobres e oprimidos em relação às suas expectativas ou aspirações. Como Gager se afastou de uma concepção puramente econômica da privação, é pertinente perguntar: de que foram privados? Nenhuma resposta é dada por ele.

Mas tendo estabelecido mais precisamente quem eram os primeiros cristãos, talvez possamos chegar a uma resposta mais precisa sobre a sua privação. Não era econômica: sua base ocupacional, sua riqueza comunitária e sua doutrina sustentam a conclusão de que eles estavam confortavelmente fora dos padrões da época. Se queriam mais riqueza e eram impedidos de alcançá-la (privação econômica relativa), eles nunca expressaram isso por escrito. De fato, sua mudança doutrinária no sentido de justificar um pouco de riqueza, não de luxo, sugere o contrário. Mas todas essas pessoas urbanas, precisamente porque eram as pessoas, compartilhavam uma característica da possível privação: a exclusão do poder oficial. Eles não faziam parte do governo do império ou de suas próprias cidades. Entre esses grupos urbanos intermediários, precisamente na época da maior prosperidade do império – nos reinados de Trajano e Adriano –, lemos sobre protestos e motins contra a exclusão política nas cidades orientais. Dião

Crisóstomo nos diz que os artesãos "se distanciam dos sentimentos de interesse comum, injuriados como são e vistos como forasteiros" (apud LEE, 1972: 130). No entanto, Lee comenta que essas pessoas "querendo entrar" dificilmente se tornariam ainda mais excluídas da participação cívica, tornando-se cristãs. Essa é uma objeção séria, mas apenas a uma concepção estreita de exclusão política.

Recordemos que o império mantinha um forte controle sobre as associações comunitárias. A troca de cartas sobre o tema dos bombeiros entre Plínio e Trajano é famosa (reproduzida em JONES, 1970, II: 244-245). Plínio, governador da província de Bitínia na Ásia Menor, relata que um terrível incêndio devastou recentemente a importante cidade de Nicomédia. Não existe brigada de incêndio, e Plínio pergunta se pode formar uma. É bastante estranho a nossos olhos que ele tenha que pedir permissão para isso, e estamos também surpreendidos com a sua garantia de que serão tomadas todas as precauções para regular a brigada de bombeiros e para garantir tratar-se apenas de incêndios. Mas a resposta de Trajano parece bizarra. Ele diz que, onde estabelecido, "esse tipo de sociedade tem perturbado muito a paz [...]. Seja qual for o nome que lhes dermos, e para quaisquer fins que possam ser fundados, eles não deixarão de formar assembleias perigosas". Portanto, ele recusa a permissão e aconselha o fornecimento de máquinas de fogo que podem ser usadas pelos próprios donos das casas em chamas. A exclusão foi aplicada a todas as formas de associação comunitária. As massas urbanas foram privadas de toda a vida pública coletiva, todas sancionadas oficialmente pela comunidade normativa. O império não era a sociedade *deles*.

No entanto, a economia da vida urbana, em muito maior medida do que a vida rural, envolveu atividades coletivas nos locais de trabalho e no mercado de trabalho. E essas atividades exigiam que alguém fosse letrado e capaz de ler e escrever para os outros participantes menos letrados. Ideias e escritos circularam entre essas pequenas coletividades e grupos de discussão surgiram. Entretanto, o governo procurou impedi-lo. Adicione a isso o fato de que o núcleo dos grupos cristãos era de gregos com alta mobilidade; que o grego era a língua franca de quase todas as cidades orientais e de muitas cidades ocidentais também; que os gregos tinham uma história de associações coletivas da pólis; e que os tumultos "políticos" apenas mencionados ocorreram nas cidades gregas do império oriental. Nós podemos deduzir que os cristãos estavam procurando não a participação política, mas a participação significativa na vida coletiva em geral. E eles a encontraram em uma Igreja que afirmava ser apolítica, transcendente. É improvável que considerassem isso como um desafio político ao império. Ainda que alguns possam ter participado em alguns motins, eles eram dualistas preocupados com a salvação espiritual, deixando as preocupações de César para César. Mas a salvação espiritual os envolveu, a torto e a direito, em associações comunitárias. Contra a sua própria doutrina, foram atraídos para a política no sentido mais lato.

No nível da doutrina, a fusão do espiritual com o associativo tem sido frequentemente comentada. Nock conclui sua análise do conteúdo helenístico do cristianismo com uma paráfrase de escritores anteriores: "Os homens não queriam buscar a verdade, mas fazer do universo seu lar" (1964: 102). A frase "fazer do universo seu lar" é perfeita. O "lar" era um lar social, uma comunidade, cujo significado tinha caráter universal em relação ao sentido último e à moralidade. Fundiu o sagrado e o secular, o espiritual e o material, para produzir uma *sociedade* transcendente. Os primeiros cristãos sempre se referiam a si mesmos como "irmandade", "fraternidade", "irmãos e irmãs em Cristo". Eram uma organização social rival do império.

A ameaça era clara quando as autoridades deixaram de acreditar nos rumores das "abominações". Eles estavam convencidos de se tratar precisamente do contrário: os cristãos eram virtuosos. Tertuliano relatou um pagão exclamando: "Veja como esses cristãos se amam", e embora ele não fosse um comentarista imparcial, o trabalho caritativo cristão atraiu muita inveja. O último grande oponente dos cristãos, o imperador Juliano, que sempre se referiu a eles como "ateus", confessou abertamente: "Por que não observamos que é a sua benevolência para com desconhecidos, o cuidado com os túmulos dos mortos e a pretensa santidade de suas vidas que mais têm feito para aumentar o ateísmo?" (apud FREND, 1974: 285). O dualismo de Cristo não pode ser rigorosamente mantido. No mínimo, mesmo sem hierarquias sociais disruptivas, o cristianismo representava uma ameaça ética. Era aparentemente superior ao império em sua capacidade de fomentar a ética social necessária para o relacionamento interpessoal e as relações familiares. Mesmo que se concentrasse nessas áreas, representava um foco alternativo de vínculos normativos.

O império foi confrontado com uma organização alternativa de poder, extensiva em capacidade de cobertura, intensiva em capacidade de mobilização, ética e (por seus padrões) democrática. Dependia de um poder difuso mais do que impositivo, de modo que a execução de seus líderes não poderia interromper seu impulso organizacional. De muitas maneiras, o cristianismo representava como Roma gostava de idealizar seu passado republicano. Isso atraiu cidadãos comuns e trouxe de volta tendências políticas niveladoras que supostamente haviam sido estabelecidas em torno de 100 a.C. A liderança populista dos cristãos também foi capaz de gerar uma facção de oposição mais radical e igualitária dentro da Igreja – como os gnósticos ou os donatistas (a serem discutidos mais tarde neste capítulo). O cristianismo foi baseado espiritual e socialmente no povo. Era subversivo, desde que mobilizasse o povo para seus próprios propósitos, sejam eles quais fossem.

O que Cristo, conforme relatado por seus seguidores, percebeu é que o conhecimento – neste caso o conhecimento espiritual – é realmente um assunto muito simples. Uma vez que alfabetos simplificados e sistemas numéricos surgiram, eventualmente permitindo um extenso fluxo de informação através de canais escritos e orais mistos, a maior parte do conhecimento relevante para a vida social passou a estar disponível para o indivíduo comum. As perguntas "espirituais" são particularmente simples: as contradições entre vida e morte, a finitude material e o sentido último, a ordem e o caos, o bem e o mal, são tão completas e reconhecíveis por todos nós como em toda a história; filósofos e teólogos sofisticados acrescentam apenas detalhes técnicos. A constituição genética dos seres humanos confere igualdade fundamental à maioria dos atributos mentais relevantes para a aquisição do conhecimento geral do mundo. Uma vez que as sociedades permitem a grandes grupos de pessoas fazer perguntas semelhantes sobre a existência e seu significado, uma força igualitária poderosa é liberada. Os fatores facilitadores foram desenvolvidos em sociedades arcaicas tardias e as consequências se mostraram revolucionárias.

Assim, o cristianismo levava uma mensagem radical, profunda, mas simples e verdadeira para o mundo, pelo menos em termos ideais. Uma vez que o ser humano é universalizado, surge uma noção da existência coletiva da humanidade em geral, em uma organização universal, a Igreja universal, a *ecumene*. Como seu título grego implica, está pressuposto o universalismo filosófico grego. Mas os gregos tinham apenas uma sociedade participativa em uma área minúscula. A *ecumene* pressupunha uma cultura ampla e letramento do Império Romano. Como os romanos se estenderam, tornaram-se menos participativos. Permitiu a um movimento ideológico de poder, uma religião, levar uma mensagem fundamental, ainda que nominalmente "espiritual", de igualdade e participação em um espaço social de milhões de pessoas. O cristianismo implicava que a própria sociedade humana não precisava ser limitada pelos estados existentes, pelas divisões de classe ou étnicas, que a integração poderia ser trazida por algo diferente da força, pelo próprio poder ideológico transcendente. A perseguição foi feroz enquanto a questão se limitou a esses aspectos.

A *ecumene* espiritual e a *ecumene* secular: em direção a um compromisso?

O compromisso entre a Igreja emergente e o Estado imperial era claramente possível, no entanto. O cristianismo dificilmente poderia permanecer sem ser afetado pela hostilidade do Estado. Talvez a fé, a lealdade comunitária e a coragem pudessem resistir à perseguição – embora, evidentemente, de modo muito vacilante. Alguns acreditam que o cristianismo não teria sobrevivido a muito mais perseguição (p. ex., FREND, 1974). O dualismo trouxe dificuldades aos cristãos, pois implicava ambiguidades, e essas poderiam ser esclarecidas no interesse das autoridades cristãs e seculares. A mensagem de Cristo, conforme relatada nos evangelhos, era clara: a igualdade de todos os homens e mulheres, de todos os homens livres e escravos, era espiritual e não secular. Então, quais eram os limites do espiritual? O cristianismo começou a se acomodar ao Império Romano, definindo esses limites de forma mais restrita.

Considere primeiro os casos específicos de mulheres e escravos. As mulheres estavam aparentemente bem representadas no cristianismo primitivo (p. ex., Lc 8,1-3). Como Cameron observa (1908), isso não foi particularmente "revolucionário". As mulheres, mais marginais para a cultura romana oficial, também foram atraídas para outras religiões, como o culto de Ísis. O cristianismo recrutava fortemente entre pessoas intermediárias no comércio e, nesse setor, as mulheres eram frequentemente agentes ativos em seus negócios familiares. No entanto, quando as seitas cristãs se tornaram mais importantes, a participação das mulheres em posições de autoridade começou a parecer bastante radical. Elaine Pagels comparou o papel inicial das mulheres na Igreja e nas seitas gnósticas rivais. Muitas das seitas permitiam que as mulheres fossem participantes de pleno direito, profetas, sacerdotisas e até mesmo bispas. Seus textos continham muitas referências às características femininas ou andróginas de Deus (alguns apresentaram o Espírito Santo como feminino, de modo que a Trindade se tornou um casal conjugal com um único filho). Tudo isso foi suprimido por Paulo, por escritores que mais tarde se fizeram passar por Paulo (especialmente na Primeira Epístola a Timóteo: "Que a mulher aprenda em silêncio com toda a sujeição"), e pela maioria dos primeiros bispos. As mulheres poderiam ser membros plenos, mas não oficial. Deus e Cristo eram definitivamente homens (PAGELS, 1980: 48-69).

Nesse desenvolvimento há uma grande incerteza. Há evidências, reproduzidas por Ste. Croix (1981: 103-111), de que as instituições oficiais romanas estavam se tornando menos patriarcais, em particular trabalhando para uma noção mais igualitária do casamento. Mas o relato histórico mais fundamentado de uma única província, a de Hopkins (1980) sobre o Egito, chega à conclusão oposta – que houve um declínio constante nos poderes das mulheres dentro do contrato de casamento, iniciado pela conquista grega e promovido pelos romanos. No entanto, ambos partilham a opinião de que o cristianismo intensificou o patriarcado. As suas ligações com o judaísmo patriarcal acabaram por reduzir a liberdade das mulheres, dando à subordinação secular uma autoridade sagrada. A novidade do cristianismo e o seu apelo distintivo às mulheres fizeram com que as relações de gênero fossem, em primeiro lugar, uma questão social viva – que depois a estrutura de autoridade emergente da Igreja a suprimiu.

Uma atenuação semelhante ocorreu em relação à escravidão. Esse foi um assunto delicado para Paulo, e para a comunidade como um todo. A Epístola de Paulo a Filêmon, que trata do retorno do escravo fugitivo de Filêmon, contém uma dica sutil de que talvez "os laços do Evangelho" deveriam ter precedência sobre os laços da escravidão dentro da comunidade cristã, nada mais. A doutrina da Igreja Ortodoxa teria sido reconhecida por Aristóteles: a escravidão era lamentável, mas inevitável, dado o pecado original. Os escravos podiam ser membros comuns da Igreja, os mestres cristãos deveriam ser encorajados a libertar os escravos fiéis, e os libertos poderiam subir bem alto na Igreja. Era um pouco liberal, mas não uma atitude subversiva. Nisso, talvez, tenha se assemelhado ao tratamento para com as mulheres.

Essas revisões eram parte de um movimento geral em direção à hierarquia, autoridade e ortodoxia que produziu uma Igreja "católica" reconhecível em cerca de 250 d.C. Mas elas não eram uma solução ideológica baseada em princípios para o problema da organização social. Cristo não tinha fornecido nenhuma orientação, e assim a Igreja se tornou parasitária do império nessas matérias.

O Império Romano (como a maioria das sociedades antigas) falhou em penetrar na vida cotidiana das massas populares, urbanas ou rurais. Não conseguiu mobilizar seu compromisso ou práxis, ou dar sentido e dignidade a suas vidas. No entanto, forneceu os parâmetros essenciais de ordem dentro dos quais a vida poderia continuar. As comunidades cristãs primitivas não podiam defender o império: o aumento de impostos; a proteção à navegação contra piratas, ou a caravanas de mula contra camelo de bandidos; a organização de representantes para o exército e a burocracia; a manutenção do letramento exigido por uma religião do livro; ou a satisfação de muitas outras precondições essenciais da vida cristã. Cristo pouco disse sobre essas questões, e a irmandade primitiva não produziu uma cosmologia social. Embora dissessem coisas importantes e socialmente verdadeiras sobre a condição universal da humanidade, e as reforçassem com uma pequena estrutura comunitária contendo rituais simples e satisfatórios, pouco falavam sobre a organização macrossocial e a diferenciação social. Os primeiros seguidores de Cristo tiveram de produzir soluções a partir de seus *próprios* recursos, o estoque de crenças e práticas que vieram da cidadania romana – gênero, posição de estratificação e comunidade étnica.

Em um aspecto, sua resposta foi distintamente cristã. Sua fé continuou a fornecer um populismo geral. Isso poderia tomar formas bastante radicais no campo (como veremos), mas normalmente era paternalista. As comunidades cristãs eram estratificadas, mas os mais privilegiados cuidavam dos menos privilegiados. As obras de caridade eram um sinal disso, mas também a forma de transmissão da religião. Só a elite cristã podia ler fluentemente em latim ou grego, mas eles estavam orientados em sentido descendente, dispostos a transmitir a mensagem dos textos aos iletrados. As cerimônias centrais eram a Eucaristia participativa e a leitura em voz alta de textos sagrados, de epístolas que circulavam entre as comunidades e de sermões preparados a partir dessas fontes. Momigliano (1971) notou a quase total ausência no cristianismo de uma lacuna entre a elite e a cultura de massas, em contraste impressionante com as tradições romanas. Na verdade, no final do século IV, ele argumenta, os escritores pagãos tinham sido forçados a responder à mesma altura, então a divisão cultural entre massa e elite não existia de todo. Assim, mesmo quando a autoridade começou a emergir dentro da irmandade, ela ainda era um pouco desconcertante para as autoridades romanas. Pois bispos, diáconos e padres emergiam em áreas urbanas centrais com um poder mobilizador mais intenso sobre seu povo do que as autoridades seculares tinham sobre o seu. Brown (1981, p. 48) observa que estamos então num mundo em que os grandes cristãos raramente nos são apresentados sem uma multidão admirável. Ele chama a capacidade dos notáveis cristãos de soar acordes nas profundezas do povo de "democratização a partir de cima". A capacidade de mobilizar para baixo, de *intensificar* as relações de poder, era distintamente cristã nessa área do mundo – e distintiva das outras religiões universais de outras áreas. Era um produto dessa era de desenvolvimento histórico, e até agora nunca o perdemos.

Mas a hierarquia aumentou. Cristo não deixou nenhuma organização que possamos discernir. Até mesmo os discípulos parecem ter alcançado o poder coletivo somente depois de uma discussão com uma facção liderada pelo irmão de Cristo, Tiago. Como os Doze foram extraídos dos muitos que haviam "testemunhado" Cristo? A verdade precisa ser organizada: como ensiná-la, como mantê-la pura, como manter sua infraestrutura, como decidir o que ela é, em toda a potência necessária. Embora as influências sobre a organização da Igreja fossem diversas, a influência imperial romana cresceu. A Igreja desenvolveu uma estrutura municipal; cada cidade-comunidade era governada por um bispo (um equivalente a governador) cuja autoridade funcionava dentro da província vizinha. O bispo de Roma derivou seu prestígio crescente da preeminência secular dessa cidade. Os dízimos da Igreja eram impostos. Suas heresias tinham fortes bases provinciais. Seu eventual cisma entre as Igrejas oriental e ocidental seguiu a divisão política do império. Os dois testes extremos de seu universalismo, mulheres e escravos, desapareceram da participação plena. O Papa Leão observou o seguinte sobre a prática anterior de admitir escravos ao sacerdócio:

> As pessoas que não são livremente admitidas às ordens sagradas pelo mérito nem do seu nascimento nem do seu caráter, e aquelas que não puderam obter a sua liberdade dos seus proprietários, são elevadas à dignidade do sacerdócio, como se a seriedade servil pudesse legitimamente receber tal honra. [...] Há um duplo erro nessa matéria: o ministério sagrado é poluído por uma companhia tão vil, e os direitos dos proprietários são violados na medida em que se trata de uma atribuição audaciosa e ilícita (apud JONES, 1964, II: 921).

Mais importante, a *ecumene* foi romanizada. O cristianismo foi limitado. A maior parte da atividade missionária fora do império estava entre estados rivais orientais "civilizados". Os "bárbaros" germânicos foram largamente ignorados. Somente um povo bárbaro (menor) do norte, os rúgios, foi convertido ao cristianismo enquanto ainda vivia fora da fronteira romana. Cem anos após o colapso do império ocidental, provavelmente apenas mais um povo bárbaro importante, os lombardos, foi convertido enquanto habitava um território que não tinha sido formalmente romano (THOMPSON, 1963; porém VOGT, 1967: 218-223 não está tão certo a respeito). A *ecumene* ocidental era tripulada por guardas de fronteira romanos.

À medida que a romanização prosseguia, as relações com as autoridades seculares se tornavam mais ambivalentes. As autoridades da Igreja e do Estado se tornaram as maiores rivais, mas a sua semelhança significava que podiam se fundir. As reformas de Diocleciano, vastamente espraiadas pela burocracia estatal, deram oportunidades de ascensão-mobilidade para homens letrados, intermediários e urbanos no final do terceiro século. Essa "nobreza de serviço" continha muitos cristãos, ao contrário de seus antecessores senatoriais e equestres, dando patrocínio estatal não oficial à religião (JONES, 1963). Então veio a conversão de Constantino (312 d.C.) e seu patrocínio estatal do cristianismo (324). Os motivos de Constantino são um assunto de debate quente – provavelmente a sinceridade e o oportunismo estavam tão estreitamente ligados que ele mesmo não podia distingui-los. Ele parece ter sido um homem supersticioso, basicamente monoteísta, disposto a dar graças pelo sucesso no campo de batalha a um deus que às vezes era o Deus dos cristãos, às vezes o deus Sol. Ele apreciou o apoio sacerdotal da estrutura de autoridade da Igreja para a sua própria posição – o topo do sistema de direito público romano (cf. ULLMAN, 1976). Mas o apoio se dava de duas maneiras. Se o cristianismo não podia ser suprimido, ele deveria disciplinar seus próprios membros no interesse da ordem social. O próprio Constantino presidiu o decisivo Conselho de Niceia em 325. O Credo Niceno ratificou Cristo como Deus e cristianismo como uma ortodoxia assistida pelo Estado. A assistência era necessária porque o cristianismo ainda gerava muita heresia e agitação social.

O cristianismo era uma religião do livro. O livro continha dogmas. Aceitando o dogma, alguém se tornava cristão. Todos podem se juntar; é um ato de livre-vontade. Mas e se o sentido de verdade de alguém fosse diferente, se preferisse, digamos, uma filosofia grega mais elaborada, ou as virtudes republicanas dos deuses pagãos, ou o êxtase do culto místico? O cristianismo, como o zoroastrismo e o islã, definiu a essência da humanidade como aceitação racional da *sua* verdade. Portanto, a rejeição da fé torna uma pessoa não humana. Essa característica das religiões do livro diminui seu universalismo. As religiões antigas tenderam a ou excluir as massas da participação na verdade superior, ou aceitar que diferentes grupos ascendentes tivessem suas próprias verdades. Se outro grupo fosse pensado como destituído de humanidade, isso tinha origens não religiosas. Então a religião definiu e restringiu a humanidade.

A intolerância também foi mostrada a outros cristãos. A doutrina sem uma cosmologia social clara levou a dificuldades em determinar qual era a verdadeira doutrina e quem deveria guardá-la. As diferenças eram evidentes entre os próprios evangelhos. No segundo século surgiram seitas – gnósticos, marcianistas, montanistas, maniqueus, arianos, donatistas – com muitos seguidores, em sua maioria suprimidos com considerável fúria. As disputas que levaram às seitas se voltaram contra a doutrina: se Cristo era divino, humano ou ambos; se Ele nasceu de uma mulher; se os sacerdotes deveriam participar mais do divino do que do humano; e que autoridade deveria se pronunciar sobre todos esses assuntos. O centro das disputas foi a tentativa de mediar o dualismo de Cristo com Deus e César e gerar uma organização capaz de se pronunciar sobre questões espirituais e também gerar uma organização comunitária dos fiéis. O Estado tinha um forte interesse em resolver disputas doutrinárias, pois queria estabelecer um poder favorável à sua própria estrutura.

Por volta do ano 250 d.C., as relações entre a Igreja e o Estado tomaram novo rumo em algumas áreas. As estruturas de poder de ambas eram urbanas, mas a conversão de algumas áreas rurais tinha começado. Em 250, as províncias do Egito e da África do Norte, e a maioria das províncias da Ásia Menor, foram fortemente cristianizadas. A penetração na terra natal e em áreas rurais adjacentes, na Palestina e em torno de Antioquia, parece escassa até depois de Constantino. Isso também era verdade na Grécia e na Itália, enquanto o oeste celta rural estava quase completamente intocado. Além das peculiaridades da região de Antioquia (cf. LIEBESCHUTZ, 1979) e do interior da Grécia, a penetração seguiu as rotas comerciais e culturais helenísticas. As províncias mais cristãs forneciam produtos agrícolas em massa para a região central romana nas, ou adjacentes a, esferas de influência helenística. Não eram as regiões mais pobres; muito pelo contrário.

Muito é obscuro sobre a penetração rural (cf. FREND, 1967, 1974, 1979), mas uma província, o Norte de África, está bem documentada. O Norte da África gerou a seita herética mais importante do século IV, os donatistas, e um dos seus opositores católicos, Agostinho, bispo de Hipona (Cartago), foi também o principal teórico da Igreja. Seu conflito revela muito sobre os dilemas organizacionais enfrentados pela Igreja ao assumir gradualmente o manto do império.

A heresia donatista e Agostinho: o fracasso do compromisso

Os donatistas se levantaram em protesto contra os bispos locais que tinham se comprometido com as autoridades imperiais durante a última das perseguições anticristãs depois do ano 250 d.C. Argumentaram que o cristianismo deveria permanecer puro, imaculado por assuntos mundanos. Ao criar seus próprios bispos (cujo principal era Donato), eles desafiaram a Igreja Católica. Os caprichos da sucessão imperial – a conversão de Constantino e o apoio à facção católica; a acessão do pagão Juliano, hostil aos católicos; e depois mais imperadores católicos – podem ser encontradas tanto dentro quanto fora do favor imperial. Mas misturadas em seu movimento estavam as tendências social-revolucionárias. Algumas flertaram com a rebelião de um dirigente numidiano, Gildo, assegurando a perseguição incessante nas mãos conjuntas de autoridades católicas e imperiais.

Há uma importante disputa acadêmica sobre o donatismo: a contribuição relativa de queixas "nacionais/sociais" e "religiosas". O trabalho principal é o de Frend (1962), que descobriu muitas das questões "nacionais/sociais". Ele argumentou que os donatistas estavam concentrados esmagadoramente no interior, em oposição às cidades, e entre áreas berberes, em vez de latinas ou púnicas. Ele enfatizou a conexão entre os donatistas e os revolucionários sociais, os circunceliões, trabalhadores sem terra ou pequenos proprietários camponeses que se levantaram contra os grandes latifundiários da província. Argumentou ainda que a conexão com Gildo emergiu diretamente do sentimento antirromano provincial, rural e tribal. Frend foi interpretado por Brown (1961, 1963, 1967) e MacMullen (1966) como reduzindo a heresia donatista a fatores "nacionais/ sociais". Afirmam que, apesar da contribuição de todos esses fatores de fundo, as questões decisivas eram religiosas. Argumentam que os donatistas eram liderados a partir das cidades e obtinham apoio das mesmas, qualquer que fosse a concentração rural; que no sul da província eram tão dominantes que representavam todos os grupos sociais; que os circunceliões foram usados como tropas de choque na luta das facções de classe alta por homens proprietários donatistas; e que não houve "plano revolucionário" ou reconstrução política nas áreas controladas por donatistas. Estava em jogo principalmente a crença religiosa, embora Brown (1961: 101) explique que isso significa "nada menos que o lugar da religião na sociedade".

Qualquer historiador que trabalhe com dimensões de longo alcance ou sociólogo comparativo reconhecerá o sabor dessa disputa e preverá seu futuro desenvolvimento ao longo de linhas materialistas e idealistas. Mas tal controvérsia confunde as questões essenciais. Na verdade, ambos os lados concordam sobre o essencial. Frend rejeitou a noção de que a própria doutrina estava em questão. Como ele argumentou, Donato também escreveu um texto ("Sobre a Trindade") que era doutrinariamente herético, seguindo a linha ariana. Mas isso não fazia parte da controvérsia na África, ao contrário do Oriente. Ambos os lados na África sublinharam a sua unidade de doutrina na maioria dos pontos. Eles diferiam na organização da Igreja: "Foi a natureza da Igreja como sociedade e sua relação com o mundo, mais do que suas crenças distintivas, que formaram o coração da controvérsia" (FREND, 1962: 315). Brown concorda. Os donatistas, ele observa, afirmavam que a Igreja deveria ser "pura", a única preservadora da santa lei: "Só me interessa a lei de Deus, que aprendi. Isso eu guardo, por isso morro; nisso serei queimado. Não há nada na vida além dessa lei". Essa é uma típica reivindicação sectária de uma relação direta com a lei divina em um mundo hostil e caótico. Ela realmente representava, como seus seguidores afirmavam, parte do verdadeiro espírito da Igreja primitiva. Mas era um espírito defensivo, derrotista, argumentou Agostinho. Os donatistas não perceberam que a história estava do lado do cristianismo. "As nuvens rolam com trovões, para que a Casa do Senhor seja edificada em toda a terra: e essas rãs se assentam no seu pântano e coaxam – Nós somos os únicos cristãos."

Por trás da intolerância e dos assassinatos de ambos os lados está não apenas uma combinação de agitação material-social e "doutrinária", porém, mais importante e ligando as duas, noções diferentes de *organização e identidade social*. Os donatistas foram fortificados por um separatismo verdadeiramente transcendente – um povo escolhido e puro em relação direta com Deus, ignorando todas as bases alternativas do poder social. Agostinho e as autoridades católicas possuíam uma identidade cristã-imperial mais mundana e menos transcendente. Eles poderiam organizar o mundo civilizado como um todo, gozando da graça divina, mas também com a obrigação de impor uma disciplina secular ao mundo (BROWN, 1967: 212-43). Assim, a disputa girava em torno de mais do que uma organização eclesiástica. A questão, dado que o cristianismo estava tomando conta tanto da ordem social romana local quanto da ordem social romana extensa, era a que *sociedade* eu pertenço: a uma sociedade eclesiástica ampla, ainda que pragmática, ou a uma Igreja-sociedade local, pura – a uma *ecumene* ou a uma seita?

A resposta donatista foi clara, mas errônea. Uma verdadeira sociedade cristã incluía apenas os puros. Se o resto da Igreja se corrompesse, então ela poderia ir para o inferno. O localismo é sua característica principal, mais do que as identidades rurais *versus* urbanas, ou de quase-classe, ou étnicas. Mas o separatismo não era viável nos níveis existentes de produção agrícola, densidade populacional ou organização social. Os donatistas estavam, e estavam cientes disso, em retirada do mundo. Sua posição purista repetia a própria tendência de Cristo de ignorar Roma. Eles não aceitaram que o cristianismo era parasitário em Roma, que sua comunidade ética só poderia existir em sua forma atual em cima de uma estrutura terrivelmente extensa de pacificação e ordem. Seria necessário um compromisso com este quadro para evitar uma regressão social.

Em suas discussões com os donatistas, Agostinho mostrava apreço por isso. Mas, em última análise, ele não o fez. Seu fracasso é revelador. Em sua obra mais importante, *A Cidade de Deus*, há seções em que ele diz que o cristianismo não deve ignorar Roma, mas tomar seu manto. Essas seções trazem uma história de Roma do ponto de vista da teleologia cristã. Suas virtudes são louvadas como antecipações da era cristã; seus homens possuem coragem e generosidade de espírito, embora admiráveis, estavam condenados a ser uma minoria em um mundo pagão. Também os seus sucessos mundanos, o seu Estado, as suas leis e as suas relações de propriedade são aceitas como necessários à existência social, dado o pecado original. Se as práticas romanas tivessem sido infundidas apenas com a justiça e a moralidade do cristianismo, "a comunidade romana enriqueceria agora todo esse mundo presente com a sua própria felicidade, e ascenderia às alturas da vida eterna para reinar na felicidade". Infelizmente, isso não aconteceu. A resposta de Agostinho foi não tentar que isso acontecesse. Além de algumas observações casuais sobre a necessidade de justiça e autoridade paterna para a harmonia da família e do Estado, Agostinho não disse praticamente nada sobre o lado terreno da desejada "cidade de Deus". Em vez disso, a mensagem dizia respeito à paz espiritual interior e à redenção na vida após a morte. Os cristãos, disse ele, foram convidados a "suportar a maldade de um Estado totalmente corrupto, e por essa resistência a ganhar para si mesmos um lugar de glória naquela santa e majestosa assembleia [...] dos anjos, na Comunidade Celestial, cuja lei é a vontade de Deus" (Livro II, cap. 19). A conclusão era virtualmente a mesma que a dos donatistas: apenas uma *ecumene* altamente especializada, tomando o lado espiritual da existência, e deixando o mundo secular para um César, que – ao contrário de César confrontando Cristo – infelizmente estava se deteriorando rapidamente.

A atitude de Agostinho, como a de muitos de seus contemporâneos ocidentais, diferia das vozes ouvidas no Oriente. Um líder cristão sírio disse que o Império Romano "nunca será conquistado. Não temeis, pois o herdeiro cujo nome é Jesus virá com poder, e seu poder sustentará o exército do império" (apud FREND, 1979: 41, que também fornece outros exemplos orientais). Foi isso que aconteceu, e ajudou a salvar o império oriental por 1.000 anos. A Igreja oriental cada vez mais hierática sustentou a regra dos imperadores orientais, mas não dos ocidentais.

O que é impressionante no livro de 1.000 p. de Agostinho, escrito entre 413 e 427, é que a partir de sua leitura não se podia adivinhar que os imperadores cristãos haviam governado (com exceção apenas dos quatro anos de Juliano) durante um século inteiro, e que o Estado tinha, desde 391, oficialmente proibido a prática de cultos pagãos. A *Cidade de Deus* foi escrito para refutar acusações pagãs de que o saque de Alarico a Roma em 410 resultou da adoção da religião cristã pela cidade. A principal linha de defesa de Agostinho era que, como Roma ainda era realmente pagã, os cristãos não podiam ser responsabilizados por isso. Para Agostinho, Roma ainda era o principal inimigo. Parece apropriado que ele tenha morrido durante o cerco final de Hipona, pouco antes dos vândalos atravessarem as defesas e massacrarem os cidadãos, cristãos e pagãos. A mensagem de Cristo foi reiterada, não apenas de forma mundana. Agostinho falhou ao responder aos donatistas. Ele havia recusado a aceitar a fusão de poder oferecida por Constantino.

Os donatistas e a Igreja Católica ocidental subestimaram a sua dependência de Roma. Suas próprias atividades pressupunham isso, mas eles podiam aceitar isso apenas de uma forma pragmática, não doutrinariamente, se é que podiam fazê-lo. Isso está claro na esfera do letramento. Eu argumentei que a disseminação do cristianismo era fortemente dependente das rotas e formas de comunicação romanas, especialmente do letramento. A leitura das escrituras, os comentários sobre as mesmas e textos como o de Agostinho pressupunham um sistema educacional. Os cristãos não estavam felizes com as escolas pagãs. Proclamavam que o veneno pagão dominava a educação no tempo do colapso do império. Contudo, não rivalizaram com elas, nem adentraram nelas. Os principais estabelecimentos educacionais cristãos eram monásticos. Eram necessários às pessoas que se retiravam da sociedade, caso quisessem garantir alfabetização. Mas para aqueles que permaneceram na sociedade, a educação pagã era aceita relutante e pragmaticamente. Somente no colapso final do império ocidental algumas escolas episcopais emergiram ao lado das escolas monásticas, para transmitir o letramento na sociedade independentemente de Roma.

Podemos afirmar, então, que Gibão estava parcialmente correto. Ele exagerou ao concluir que o colapso do império foi devido ao "triunfo do barbarismo e da religião". O império caiu porque não conseguiu responder à pressão bárbara, como argumentei no capítulo anterior. O cristianismo perdeu sua chance de produzir sua própria *ecumene* altamente civilizada sobre a base fornecida por Roma. Toda vez que os cristãos afirmavam a supremacia do reino espiritual, recuavam de uma solução para as contradições da sociedade romana que identifiquei no início deste capítulo. Diziam que "esses não são os nossos problemas"; estavam errados. Pois o tecido da vida cristã dependia de uma solução. Como veremos em breve, a maior parte desse tecido se perdeu. Pode ter sido mero acidente que nem tudo tenha se perdido.

Havia duas soluções típico-ideais – e, portanto, também muitos níveis de solução de compromisso entre elas. A primeira era a solução hierática encontrada no império oriental. Isso teria exagerado todas essas características da Igreja ocidental primitiva a que chamamos católica. Mas poderia não ter funcionado no Ocidente, ameaçada por bárbaros mais poderosos, pois era relativamente fraca em seus poderes de mobilização popular. O próprio império oriental foi posteriormente varrido, exceto em seu centro em torno de Constantinopla, por uma religião com maior poder de mobilização, o Islã. A segunda solução típico-ideal era a popular, que teria sido mais radical e inovadora, pois não havia precedente histórico e teria antagonizado o Estado romano. Teria envolvido o estabelecimento de instituições eclesiásticas amplas e relativamente democráticas, mobilizando o povo para a defesa da civilização. A própria Roma falhou em desenvolver tais instituições, e o cristianismo repetiu o fracasso. Ainda não havia uma combinação a longo prazo de poder intensivo e extensivo porque o cristianismo não podia encarar diretamente o poder social em si mesmo.

Além de Roma, na Cristandade: a *ecumene* especializada

No entanto, caso se admitisse que o império estava condenado, pagava-se caro para mantê-lo bem afastado, encaminhando um acordo de paz com os conquistadores bárbaros. Os conquistadores estavam interessados em se apropriar dos diversos frutos da civilização, mas eram incapazes de fornecer formas amplas de organização. O seu número total era pequeno. Do ponto de vista político, poderiam gerar reinos pequenos; do ponto de vista militar, não eram mais do que federações frouxas de aristocracias de guerreiros; do ponto de vista econômico, agricultura e pastoreio de pequena escala; do ponto de vista ideológico, havia apenas transmissão oral de culturas "tribais"[7]. Eles destruíram as amplas redes de poder do Estado romano, em vez de suplantá-las, mesmo que não intencionalmente. No entanto, eles poderiam apreciar e se apropriar das virtudes do império, que poderiam tomar uma forma descentralizada e em pequena escala, adequada a seu modo de vida. Parece ter havido duas principais esferas de continuidade e adaptação entre Roma e os bárbaros: na religião e na vida econômica.

Na religião, uma vez que os bárbaros se estabeleceram dentro do império, os cristãos estavam muito mais interessados em proselitismo do que os romanos pagãos. Para os cristãos tratava-se de continuar com as práticas missionárias dos últimos quatro séculos. Tal atividade nunca tinha sido centralizada e assim não era dependente da vitalidade do Estado romano ou mesmo do bispo de Roma. Na verdade, muitos dos bárbaros foram convertidos à heresia ariana porque os principais missionários entre eles, nomeadamente Úlfilas, era ariano das partes orientais do império. Por seu lado, os bárbaros provavelmente se convertiam ao cristianismo como símbolo da civilização em geral. Era também a principal oferta de assistência de letramento aos seus governantes mais ambiciosos (mesmo que derivadas em última instância das escolas pagãs romanas, mas essas não estavam abertas para eles). Os seus motivos eram provavelmente semelhantes aos de muitos convertidos ao cristianismo no Terceiro Mundo na história colonial recente.

Os bárbaros foram rapidamente convertidos. Nenhum dos maiores povos germânicos que entraram nas províncias romanas nos séculos IV e V permaneceram pagãos por mais de uma geração depois que cruzaram a fronteira (THOMPSON, 1963: 77-88; VOGT, 1967: 204-23). Eles aceitavam a civilização romana sem o Estado romano. Após o final do império ocidental em 476, o cristianismo era o fornecedor monopolista do legado dessa civilização, especialmente do letramento. "O que o Império Romano perdeu, a Igreja Católica recuperou", diz Vogt (1967: 277).

A segunda esfera de continuidade era econômica. É mais difícil de discernir, mas diz respeito à semelhança da vila romana tardia com a casa senhorial emergente do início da Idade Média. Ambos envolviam unidades de produção descentralizadas e em pequena escala, controladas por um senhor que usava o

---

7. Cf. esp. Wallace-Hadrill, 1962; e Thompson, 1966, 1969.

trabalho de camponeses dependentes. Nós só podemos supor a história da transição da vila para a casa senhorial, mas ela deve ter envolvido um compromisso entre os líderes bárbaros e a aristocracia provincial sobrevivente do império. O "galo-romano", o "romano-britânico", e assim por diante, as aristocracias estavam então a uma distância suficiente do Estado romano. As ordens senatorial e equestres romanas resistiram ao cristianismo enquanto sua própria organização ampla foi capaz de suportar. Mas quando expulsas do centro, somaram seus recursos aos cristãos locais. Eram letrados, e assim que foram aceitos como membros valiosos da Igreja provincial. Muitos se tornaram bispos, como Sidônio Apolinário na Gália. O descendente de prefeitos pretorianos romanos nunca perdeu a esperança de restaurar o domínio romano. A sua aversão ao iletramento, à cultura, à maneira de vestir e ao cheiro dos bárbaros era tradicional na sua classe. Mas o final do século V também o tinha tornado um cristão sincero. O cristianismo era então a parte mais saliente da civilização (cf. HANSON, 1970 para um breve relato de Sidônio; e STEVENS, 1933 para um longo).

Do quinto século em diante, as instituições cristãs eram o principal baluarte da civilização contra a regressão social bárbara. É uma história que tem sido contada com frequência (p. ex., WOLFF, 1968; BROWN, 1971). O relato normalmente se centra no letramento, cuja transmissão era então quase inteiramente feita por meio de escolas da Igreja. No final do quarto e no começo do quinto séculos, a Igreja respondeu ao colapso do sistema escolar romano no oeste. Cada monge e freira deveriam ser ensinados a ler e escrever dentro do mosteiro, para que os textos sagrados e os comentários pudessem ser lidos e copiados. Havia menos interesse nesse período de declínio em escrever novas obras, muito mais em preservar o que existia. Às escolas monásticas há muito estabelecidas, então revigoradas, foram acrescentadas escolas episcopais supervisionadas por cada bispo. Não se pode dizer que os dois sistemas escolares tenham florescido. A maioria desabou, apenas alguns sobreviveram. A falta de professores letrados se tornou crônica. As bibliotecas sobreviveram – mas no século oitavo, apenas por pouco (cf. THOMPSON, 1957). Curiosamente, a forma como os cristãos praticavam a alfabetização realmente ameaçou sua sobrevivência. Como Stratton (1978: 179-212) argumenta, a noção cristã da *lectio divina*, o uso privado do letramento como uma comunicação entre si mesmo e Deus, ameaçava o social mais amplo, a base funcional do letramento. Ela afastou a alfabetização das tradições greco-romanas e o colocou em direção ao conhecimento sagrado restrito do Oriente Médio.

Portanto, a continuidade da tradição letrada, e com ela do próprio cristianismo, foi algo de curto prazo. Tal processo não traz a marca da inevitabilidade, tendo sido impulsionado pela irregularidade da penetração bárbara. Enquanto a Gália estava em colapso no século VI, a Itália romana e a Grã-Bretanha resistiam. Quando a Itália entrou em colapso em face da invasão lombarda de 568, os francos na Gália e os saxões na Inglaterra foram convertidos por missionários de outros lugares. Governantes ambiciosos e fortes como Carlos Magno ou Alfredo de Wessex reconheceram que a missão da Igreja cristã era a mesma que as suas próprias. Encorajaram a alfabetização, o trabalho missionário e a promulgação do cânone, bem como a lei secular. Ao fazê-lo, preservaram tanto aspectos públicos e funcionais da alfabetização quanto aqueles restritos e sagrados e pavimentaram o caminho para a restauração de uma cultura letrada difusa na Idade Média. Havia sempre em algum lugar uma Igreja florescente e estados revitalizantes, e a colaboração e disputa entre eles eram partes importantes da dialética medieval posterior.

A Igreja era o principal agente da organização social translocal ampla. As formas organizacionais dos invasores estavam confinadas nas intensas relações locais da aldeia ou tribo – mais uma confederação solta e instável, sem dúvida. A Igreja possuía três amplos dons para tais povos (discutidos em profundidade no capítulo 12). Primeiro, seu letramento representava um meio estável de comunicação, além das relações face a face e das tradições orais de um único povo. Em segundo lugar, sua lei e moralidade representavam a regulação de longa distância. Isso era particularmente importante para o comércio, se fosse para recuperá-lo. Se os cristãos tratassem os outros cristãos como tal, com respeito, humildade e generosidade, o comércio não seria pilhado casualmente. E terceiro, em seu recuo do mundo romano, ela tinha criado um microcosmo monástico de amplitude romana – uma rede de mosteiros, cada um com sua própria economia, mas não autossuficientes, negociando com outros mosteiros, com as propriedades dos bispos, e com propriedades e casas senhoriais seculares. Essa economia monástico-episcopal era sustentada por normas cristãs, mesmo que a pilhagem casual tivesse prevalecido em outros lugares da sociedade. A *ecumene* sobreviveu na forma material e econômica, exemplo de progresso social e civilização para os governantes seculares. Os Carlos Magnos e Alfredos se converteram sinceramente a ela e a encorajavam.

Ao sobreviver, no entanto, a *ecumene* havia se transformado. Pela primeira vez, ela existia sem um Estado, não mais parasitária em sua forma. Os estados vinham e iam, em muitas formas. Embora a Igreja fosse assistida por Carlos Magno, ela poderia fornecer regulação para os domínios francos, mesmo após o colapso da unidade política carolíngia no final do século IX. Ullmann resume o "renascimento" carolíngio como religioso: "O renascimento individual dos cristãos, a *nova creatura* efetuada por uma infusão da graça divina, se tornou o padrão para um renascimento coletivo, uma transformação ou o renascimento da sociedade contemporânea" (1969: 6-7; cf. McKITTERICK, 1977). Por "graça divina", leia-se poder transcendente. A Igreja providenciava a regulação normativa sobre uma área mais ampla do que a espada do senhor podia defender, do que a sua lei podia ordenar, do que as relações de mercado e produção podiam espontaneamente cobrir. Dentro dessa ampla esfera de regulação, essas formas de poder poderiam, com o tempo, recuperar. Mas quando a recuperação se completou, quando em termos materiais a população e a produção econômica se igualaram e então ultrapassaram os níveis romanos, a *ecumene* não murchou. Um império territorial nunca ressuscitou na Europa. Se a Europa era uma "sociedade", era uma sociedade definida pelos limites do poder ideológico, a Cristandade.

A solução que o cristianismo encontrou para as contradições do império foi a *ecumene* especializada. Não se preocupava apenas com o "reino espiritual", como Cristo havia reivindicado, pois seus papas, príncipes-bispos e abades também controlavam grandes recursos de poder não espiritual e muitos funcionários, camponeses e comerciantes dependentes. Nem possuía monopólio sobre o reino "espiritual" – incluindo nessa matéria os domínios ético e normativo. A esfera secular gerava moralidade também – por exemplo, a literatura de amor cortês, ou a preocupação com a honra e cavalheirismo. Era antes uma esfera especializada de poder ideológico, derivando originalmente de uma reivindicação de conhecimento sobre o reino espiritual, mas institucionalizado numa mistura mais secular de recursos de poder.

Mesmo naquela esfera, não resolveu todas as contradições. Tinha internalizado uma delas, a da igualdade *versus* hierarquia, em uma nova forma doutrinária. Os impérios haviam inconscientemente encorajado a racionalidade humana individual, mas conscientemente a suprimiram. A Igreja cristã fez ambos, conscientemente. Ambos os níveis principais da sua consciência, os sentimentos religiosos populares e a teologia, incorporaram a autoridade *versus* a contradição individual ou democrático-comunitária desde então (assim como o islã, embora de forma diferente). A estratificação estava então envolvida em elementos morais e normativos, mas esses não eram consensuais. Durante os 1.000 anos seguintes, tanto a revolta como a repressão foram camufladas no fervor da justificação cristã. Por fim, a Igreja não conseguiu manter o equilíbrio; primeiro o protestantismo, depois a secularização a enfraqueceu. A fraqueza esteve presente desde o início: o cristianismo carecia de uma cosmologia social própria. Mas isso o tornava uma força extremamente dinâmica. Extrairei todas as implicações disso para as conquistas do poder ideológico na conclusão do próximo capítulo. Primeiro, porém, vamos considerar as outras religiões mundiais.

Referências

AUGUSTINE (1972). *The City of God.* Org. de D. Knowles. Hannondsworth, Ingl.: Penguin Books.

BAUER, W. (1971). Orthodoxy and Heresy. In: *Earliest Christianity.* Filadélfia: Fortress.

BOWEN, J. (1972). *A History of Western Education* – Vol. I: 2000 B.C.-A.D. 1054. Londres: Methuen.

BROWN, P. (1981). *The Cult of the Saints*. Londres: SCM.

_____ (1971). *The World of Late Antiquity*. Londres: Thames & Hudson.

_____ (1967). *Augustine of Hippo*. Londres: Faber.

_____ (1963). Religious Coercion in the Later Roman Empire: the Case of North Africa. In: *History*, 48.

_____ (1961). Religious Dissent in the Later Roman Empire: the Case of North Africa. In: *History*, 46.

BULTMANN, R. 1956. *Primitive Christianity in its Contemporary Setting*. Londres: Thames & Hudson.

CAMERON, A. (1980). Neither Male nor Female. In: *Greece and Rome*, 27.

CASE, S.J. (1933). *The Social Triumphs of the Ancient Church*. Freeport, N.Y.: Books for Libraries.

CHADWICK, H. (1968). *The Early Church*. Londres: Hodder & Stoughton.

COCHRANE, C.N. (1957). *Christianity and Classical Culture*. Nova York: Oxford University Press (Galaxy Books).

CUMONT, F. (1956). *Oriental Religions in Roman Paganism*. Nova York: Dover Books.

FORKMAN, G. (1972). *The Limits of the Religious Community*. Lund, Suécia: Gleerup.

FREND, W.H.C. (1979). Town and Countryside in Early Christianity. In: *Studies in Church History*, 16.

_____ (1974). The Failure of Persecutions in the Roman Empire. In: FINLEY, M.I. (org.). *Studies in Ancient Society*. Londres: Routledge & Kegan Paul.

_____ (1967). The Winning of the Countryside. In: *Journal of Ecclesiastical History*, 18.

_____ (1965). *Martyrdom and Persecution in the Early Church*. Oxford: Blackwell.

_____ (1962). *The Donatist Church*. Oxford: Clarendon.

GAGER, J.G. (1975). *Kingdom and Community*: The Social World of Early Christianity. Englewood Cliffs, N.J.: Prentice-Hall.

GLOVER, T.R. (1909). *The Conflict of Religions in the Early Roman Empire*. Londres: Methuen.

GRANT, R.M. (1978). *Early Christianity and Society*. Londres: Collins.

HANSON, R.P.C. (1970). The Church in 5th Century Gaul: Evidence from Sidonius Apollinaris. In: *Journal of Ecclesiastical History*, 21.

HARNACK, A. (1908). *The Mission and Expansion of Christianity.* Londres: Williams & Norgate.

HOPKINS, K. (1980). Brother-Sister Marriage in Roman Egypt. In: *Comparative Studies in Society and History*, 22.

JAEGER, W. (1962). *Early Christianity and Greek Paideia.* Londres: Oxford University Press.

JONAS, H. (1970. *A History of Rome through the Fifth Century*: Selected Documents. Londres: Macmillan.

_____ (1964). *The Later Roman Empire 284-602.* Oxford: Blackwell.

_____ (1963). The Social Background of the Struggle between Paganism and Christianity. In: MOMIGLIANO, A. (org.). *The Conflict between Paganism and Christianity in the Fourth Century.* Oxford: Clarendon.

KATZ, E. (1957). The two-step flow of communications. In: *Public Opinion Quarterly*, 21.

KATZ, E. & LAZARSFELD, P. (1955). *Personal Influence.* Glencoe, Ill.: Free.

KAUTSKY, K. (1925). *Foundations of Christianity.* Londres: Orbach and Chambers.

LAKE, K. (1912). *The Apostolic Fathers.* Vol. I. Trad. de K. Lake. Londres: Heinemann.

LATOURETTE, K.S. (1938). *A History of the Expansion of Christianity* – Vol. I: The First Five Centuries. Londres: Eyre & Spottiswoode.

LEE, C.L. (1972). Social Unrest and Primitive Christianity. In: BENKO, S. & O'ROURKE, J.J. (orgs.). *Early Church History*: The Roman Empire as the Setting of Primitive Christianity. Londres: Oliphants.

LIEBESCHUTZ, W. (1979). Problems Arising from the Conversion of Syria. In: *Studies in Church History*, 16.

McKITTERICK, R. (1977). *The Frankish Church and the Carolingian Reforms.* Londres: Royal Historical Society.

MacMULLEN, R. (1966). *Enemies of the Roman Order.* Cambridge, Mass.: Harvard University Press.

McNEILL, W. (1963). *The Rise of the West.* Chicago: University of Chicago Press.

McQUAIL, D. (1969). *Towards a Sociology of Mass Communications.* Londres: Collier-Macmillan.

MARROU, H. (1956). *A History of Education in Antiquity.* Londres: Sheed & Ward.

MOMIGLIANO, A. (1971). Popular Religious Beliefs and the Late Roman Historians. In: *Studies in Church History*, 8.

MURSURILLO, H. (org.) (1972). *The Acts of the Christian Martyrs*: Texts and Translations. Londres: Oxford University Press.

NEILL, S. (1965). *Christian Missions*. Harmondsworth, Ingl.: Penguin Books.

NOCK, A.D. (1964). *Early Gentile Christianity and its Hellenistic Background*. Nova York: Harper & Row.

PAGELS, E. (1980). *The Gnostic Gospels*. Londres: Weidenfeld & Nicolson.

PETRONIUS (1930). *Satyricon*. Londres: Heinemann.

STE. CROIX, G. (1981). *The Class Struggle in the Ancient Greek World*. Londres: Duckworth.

_____ (1974). Why Were the Early Christians Persecuted? In: FINLEY, M.I. (org.). *Studies in Ancient Society*. Londres: Routledge & Kegan Paul.

SCHILLEBEECKX, E. (1979). *Jesus*: An Experiment in Christology. Nova York: Crossroads.

SHERWIN-WHITE, A.N. (1974). Why Were the Early Christians Persecuted? – An Amendment. In: FINLEY, M.I. (org.). *Studies in Ancient Society*. Londres: Routledge & Kegan Paul.

STEVENS, C.E. (1933). *Sidonius Appollinaris and His Age*. Oxford: Clarendon.

STONE, L. (1969). Literacy and Education in England, 1640-1900. In: *Past and Present*, 42.

STRATTON, J.G. (1978). *The Problem of the Interaction of Literacy, Culture and the Social Structure, with Special Reference to the Late Roman and Early Medieval Periods*. University of Essex [Tese de doutorado].

THOMPSON, E.A. (1969). *The Goths in Spain*. Oxford: Clarendon.

_____ (1966). *The Visigoths in the Time of Ulfila*. Oxford: Clarendon.

_____ (1963). Christianity and the Northern Barbarians. In: MOMIGLIANO, A. (org.). *The Conflict between Paganism and Christianity in the Fourth Century*. Oxford: Clarendon.

THOMPSON, J.W. (1957). *The Medieval Library*. Nova York: Harper.

TROELTSCH, E. (1931). *The Social Teaching of the Christian Churches*. Londres: Allen & Unwin.

TURNER, H.E.W. (1954). *The Pattern of Christian Truth*. Londres: Mowbray.

ULLMANN, W. (1976). The Constitutional Significance of Constantine the Great's Settlement. In: *Journal of Ecclesiastical History*, 27.

_____ (1969). *The Carolingian Renaissance and the Idea of Kingship*. Londres: Fontana.

VERMES, G. (1976). *Jesus the Jew.* Londres: Fontana.

VOGT, J. (1967). *The Decline of Rome.* Londres: Weidenfeld & Nicolson.

WALLACE-HADRILL, J.M. (1962). *The Long-Haired Kings.* Londres: Methuen.

WILSON, I. (1984). *Jesus, the Evidence.* Londres: Weidenfeld & Nicolson.

WOLFF, P. (1968). *The Awakening of Europe.* Harmondsworth, Ingl.: Penguin Books.

11
Excurso comparativo pelas religiões universais: confucionismo, islã e (especialmente) a casta hindu

Não há leis possíveis em sociologia. Podemos começar a procurar por fórmulas gerais do feitio "se *x*, então *y*", em que *y* é o surgimento do poder ideológico; mas percebemos rapidamente que o poder ideológico no nível do cristianismo primitivo é algo raro. De fato, até agora, na história bem documentada, tal poder permaneceu circunscrito a uma época histórica particular, entre cerca de 600 a.C. e 700 d.C. (e principalmente nos dois últimos terços desse período). Além disso, cada uma das quatro religiões universais ou filosofias que ascenderam ao poder nesse período foi singular de várias maneiras. Com essa base empírica, não podemos construir leis das ciências sociais, pois o número de casos é muito menor do que o número de variáveis que afetam o resultado. Uma tentativa de descrição do surgimento das religiões e filosofias é tudo o que podemos almejar.

No entanto, não devemos evitar as questões comparativas e teóricas que emergiram a partir do surgimento das religiões universais. Isso não apenas em virtude de sua importância intrínseca. Afinal, elas parecem ter acompanhado, na realidade, ter reorganizado – desempenhando o papel de "rastreadoras", no sentido que descrevi no capítulo 1 – um grande ponto de inflexão na história universal. Até esse período se completar, as histórias das várias grandes civilizações da Eurásia, diferentes como eram, pertenciam à mesma família de sociedades e desenvolvimentos sociais. Por exemplo, embora não tenha discutido os desenvolvimentos na China e Índia, eles teriam sido reconhecidamente similares aos descritos até agora no Oriente Médio e no Mediterrâneo. A partir da ampla base aluvial, descrita no capítulo 4, eles também desenvolveram impérios de dominação, adotando as mesmas quatro estratégias de governo – centros de comércio, cidades-Estado, alfabetização e monetarização –, formas variantes da economia legionária romana e assim por diante. Poderíamos aplicar à Ásia os modelos dos capítulos anteriores, embora acrescentássemos as modificações regionais. Não exagero nas similaridades. Mas há um sentido no qual a fase da religião universal viu uma ramificação de caminhos: o surgimento de, no mínimo, quatro trajetórias diferentes de desenvolvimento futuro. A ramificação ocorreu, pelo menos parcialmente, como uma resposta ao desafio trazido por uma grande religião ou filosofia, a qual podemos conceber, portanto, como uma forma de rastreador da história. As quatro foram nas regiões cobertas pelo cristianismo, islã, hinduísmo e confucionismo. Por volta de 1000 d.C., existiam quatro tipos reconhecidamente diferentes de sociedade, cada qual com seu próprio dinamismo e desenvolvimento. Suas diferenças permaneceram por mais de quinhentos anos, até que um deles, o cristianismo, provou ser tão superior aos outros que todos tiveram de se adaptar às suas invasões, tornando-se, assim, novamente uma família de sociedades.

Hoje, pode-se pensar que a presença nessas regiões de diferentes religiões ou filosofias foram acidentes. Não foram. Mas, mesmo que tivessem sido, o problema da religião e da filosofia ainda seria um índice crucial de motivos para a separação dos caminhos. É um problema que vale a pena estudar em alguma profundidade.

Mas o fato de que as trajetórias do desenvolvimento foram diferentes torna imensa a tarefa de análise comparativa. Seria um grande empreendimento acadêmico analisar todos os casos, maior até do que Weber se comprometeu em sua inacabada série de estudos sobre as religiões mundiais. Neste capítulo, miro mais baixo. No capítulo anterior, resumi as conquistas de poder do cristianismo. Das demais, as conquistas de poder do hinduísmo parecem até maiores. Elas formam a substância principal deste capítulo, precedida por breves notas sobre o confucionismo e o islã. O budismo figurará aqui apenas como um concorrente do hinduísmo, moderadamente bem-sucedido na própria Índia.

China e Confúcio: um comentário

A China foi o único grande império a absorver todo o ímpeto das religiões de salvação e emergir intacta, até mesmo fortalecida[1]. A China resolveu as contradições do império dividindo as correntes salvacionistas em várias filosofias ou religiões distintas, e usando a mais importante delas, o confucionismo, para legitimar sua própria estrutura de poder.

Confúcio, que viveu no final do sexto e início do quinto século a.C. (ao mesmo tempo que Buda e no período de fermentação da filosofia grega; mais tarde do que Zaratustra), deu uma resposta predominantemente secular ao problema levantado também pela noção grega de *paideia*, o cultivo da razão humana. Além da sociedade, não havia padrões últimos ou desvendáveis de razão, ética ou sentido. A mais alta moralidade reconhecida era o dever social; a única

---

1. Não há melhor fonte geral sobre o confucionismo e sua relação com o Império Chinês do que *The Religion of China* (1951), de Weber. Para uma biografia de Confúcio, cf. Creel, 1949. Os *Analetos* de Confúcio foram editados por Waley, 1938.

ordem no cosmos em que poderíamos participar era a ordem social. É uma doutrina que ainda apela aos agnósticos[2]. A conduta virtuosa implicava qualidades como honestidade ou integridade interior, retidão, conscienciosidade, lealdade aos outros, altruísmo ou reciprocidade, e acima de tudo amor pelos outros seres humanos. Mas tais qualidades não são realmente "substantivas", ou seja, não são objetivos individuais ou sociais; ao contrário, são meios ou *normas*. Elas nos dizem como devemos nos entender com os outros enquanto perseguimos nossos objetivos, pressupondo uma sociedade com determinados objetivos sociais. Por isso o conservadorismo fundamental da filosofia de Confúcio: sendo uma negação da salvação transcendente, é igualmente uma negação da política radical e do que chamamos de "religião". Mas por essa razão é a verdadeira "religião" durkheimiana: a sociedade, tal qual ela é, é o sagrado. O papel do confucionismo, portanto, é, em grande parte, o de estimular a moral; ele não introduz nenhum princípio de transcendência ideológica.

Mas havia também um lado original no ensino de Confúcio: como essas qualidades de caráter eram distribuídas entre os humanos, e como poderiam ser encorajadas? Confúcio ofereceu a essas questões uma resposta humanista, reconhecidamente a mesma de Buda e da *paideia* grega: a conduta ética poderia ser cultivada pela educação. No Mediterrâneo Oriental, tal noção era politicamente radical, como vimos, pois se pensava que todos os seres humanos possuíam uma razão cultivável, e a infraestrutura da pólis grega e da alfabetização em massa tornou tal noção potencialmente praticável. A noção de Confúcio era um pouco menos radical. A palavra para seu principal ideal, *chun-tzu*, em suas mãos, passou por uma mudança de sentido: de ser a palavra para "filho do governante" ou "aristocrata", *chun-tzu* passou a significar "homem de habilidade", no sentido de nobreza de caráter. A maioria das línguas, incluindo o inglês, tem o mesmo duplo sentido: "nobreza" e "cavalheirismo"; ambos denotam ética e nascimento, um aspecto da moral da classe dominante. Para Confúcio, a nobreza de caráter não era particular, mas social. Expressa pela cultura, etiqueta e ritual, ela podia ser aprendida e ensinada. Assim, a nobreza hereditária era insuficiente.

A mensagem de Confúcio se tornou uma importante força social bem depois de sua morte. Depois de 200 a.C., a Dinastia Han se aliou a um grupo social mais amplo do que a nobreza hereditária, geralmente chamada em inglês de *gentry* [pequena nobreza], indicando proprietários de terra sem conexões particulares ou dinásticas com a família imperial. A *pequena nobreza* participava do governo como proprietários de terra e como autoridades educadas, *literati*

---

2. Cf., p. ex., o tratamento compreensivo de Gore Vidal a Confúcio em seu romance *Creation* (1981), uma magnífica reconstrução imaginativa das correntes religiosas e filosóficas que circulavam entre a Ásia, o Médio Oriente e o Mediterrâneo Oriental no final do sexto e início do quinto séculos a.C.

[literatos][3], que passava por um longo sistema de educação regulamentado pelo Estado, reconhecidamente confucionista. Isso durou inacreditáveis 2.000 anos, até os tempos modernos. Foi, na prática, uma meritocracia muito restrita. Por razões óbvias (mais a dificuldade inerente da escrita chinesa) apenas os ricos poderiam colocar seus filhos no longo processo de educação.

O confucionismo foi um instrumento maravilhoso de domínio do governo imperial/de classe. Apropriou-se do lado racionalista das correntes salvacionistas, deixando as correntes mais espirituais, místicas e turbulentas, como o taoismo, serem expressas em cultos quietistas ou privados. O que poderia ter sido um desafio religioso transcendente foi cindido. Isso também resolveu várias das contradições do império enumeradas no capítulo anterior, em que as dinastias do Império Chinês (incluindo a Han) também experimentavam. Isso acrescentou valores universais e legitimação a um particularismo modificado da aristocracia e da dinastia; confinou valores igualitários a uma classe dominante ampliada; forneceu cultura unificada a uma classe dominante de outra forma propensa à descentralização; e, ao permitir novos ingressantes na categoria cavalheiro, podia admitir bárbaros educados em sua elite dirigente e, desse modo, na civilização. Essas foram soluções para quatro das cinco contradições que destruíram Roma.

Como isso foi possível? A resposta é muito complexa para ser discutida aqui, mas inclui a ausência da contradição remanescente (número 4 da minha lista romana): a relativa uniformidade da China. Outros grandes impérios, reinos e cidades-Estado euro-asiáticos eram parte de um ambiente cosmopolita, mais em contato uns com os outros, e os maiores eram ecológica, cultural e linguisticamente misturados. Isso tornou problemática a questão que vimos do aumento dos cristãos: "Qual comunidade moral, qual sociedade normativa pertenço?" O principal problema da identidade social para os chineses era mais hierárquico – "Faço parte da classe dominante?" – do que horizontal – "Sou chinês?" – para a qual a resposta mais provável para a maioria era "sim". Havia menos referência a modos estrangeiros de pensamento, ou mesmo a qualquer coisa "suprema" ou "espiritual" que poderia ser pensada para transcender a sociedade chinesa. Então a China produziu, como sua ideologia dominante, uma filosofia secular, em vez de uma religião transcendente.

Islã: um comentário

As origens do islã só poderiam residir na solução para as contradições do império, pois as tribos árabes nômades e comerciantes de Meca e Medina justa-

---

3. O termo em inglês é *literati*, cuja tradução mais aproximada em português é literato, ainda que em nosso vernáculo ambas expressões não denotem exatamente a mesma coisa, razão pela qual optou-se por indicar a expressão original. O mesmo vale para a expressão "pequena nobreza", que utilizamos como tradução da expressão *gentry*, também sem equivalente em nosso idioma [N.Ts.].

mente se colocavam fora de tal sociedade[4]. Maomé ofereceu uma solução para diferentes contradições sociais. A crescente riqueza do entreposto comercial de Meca foi monopolizada pelos anciãos dos clãs mercantis nobres, levando descontentamento entre os homens mais jovens de outros clãs, alimentado pelo igualitarismo das tribos. O oásis do Deserto de Medina tinha uma contradição diferente: as rixas tribais levaram ao surgimento de duas confederações quase iguais, cujas lutas sangrentas produziram uma ordem social precária. Podemos, portanto, oferecer uma explicação plausível de por que se formou um bando de filhos mais novos descontentes, provenientes de uma variedade de clãs em Meca, e de por que adotaram uma doutrina quase igualitária e universal. Tais grupos se formavam frequentemente em torno de um homem vigoroso como Maomé. É possível também compreender a racionalidade dos medinenses em chamar o forasteiro Maomé e seu bando para arbitrar suas diferenças e, de modo pouco rígido, governar sobre eles.

Mas por que esse homem, bando, e grupo governante deveriam adotar uma nova religião? Talvez os árabes tenham se impressionado com o poder e a civilização de dois impérios, o bizantino e o persa sassânida, adjacentes a eles. A cultura do império foi levada a eles pelo cristianismo ortodoxo e monofísico e, no caso persa, por uma mistura de judaísmo, cristianismo nestoriano e (em menor medida) zoroastrismo. Todos eram monoteístas, salvacionistas, éticos e (com exceção do judaísmo) universalistas. Os árabes pouco antes de Maomé foram aparentemente atraídos por essas ideias. Até mesmo Maomé se viu na tradição de Abraão e Cristo. Reagindo a Maomé, os árabes podem ter endossado a civilização, como fizeram os germânicos em torno do Império Romano. A solução para as contradições do império era também o caminho a seguir para seus vizinhos. O que é problemático, porém, é por que os árabes não adotaram uma dessas religiões, mas desenvolveram a sua própria. Não sei o motivo; nem, penso eu, os estudiosos. Mas uma causa relevante foi o sucesso militar imediato de Maomé em Medina. Deixe-me explicar isso.

O islã é simples, do ponto de vista da doutrina. Ele contém o credo mais curto dentre qualquer religião conhecida: "Não há deus senão Deus e Maomé é o seu Profeta (ou Mensageiro)". Repetir isso faz de alguém um muçulmano, embora deva ser apoiado pelos outros quatro pilares do islã: a doação de esmolas, as cinco orações diárias, o mês de jejum e a peregrinação anual. Durante a vida de Maomé, o credo e os pilares não se cristalizaram. As primeiras passagens do Alcorão continham cinco crenças: a noção de um Deus bom e onisciente; o Dia do Juízo Final, com julgamento baseado na conduta ética dos homens; a exigência de adorar a Deus; a exigência de agir de forma ética, especialmente

---

4. Utilizei os estudos de Watt, Muhammod e Meca, 1953; Muhammod e Medina, 1956; e *Islam and the Integration of Society*, 1961, complementados por Levy, 1957; Cahen, 1970; Rodinson, 1971; Holt et al., 1977; Engineer, 1980; Gellner, 1981.

praticar a generosidade; e o reconhecimento de que Maomé tinha sido enviado por Deus para avisar sobre o Dia do Juízo Final. Durante a vida de Maomé, houve dois outros desenvolvimentos: o monoteísmo se tornou explícito, e se passou a acreditar que Deus vindicaria os seus profetas e os seus seguidores contra os seus inimigos.

Essa mensagem simples implicou a noção de uma comunidade, a *umma*, baseada parcialmente na crença *per se*, em vez do parentesco. Qualquer ser humano poderia, assim, se juntar a essa comunidade universal, assim como poderia se juntar ao cristianismo. Em dois anos, esse conceito de comunidade se mostrou, em uma atividade extremamente importante, superior ao conceito de comunidade de tribos fragmentadas: a luta corpo a corpo entre centenas de homens. Maomé recomendava uma "norma de reciprocidade": "Nenhum de vocês acredita verdadeiramente até ele desejar para o seu irmão o que ele deseja para si mesmo". O consenso normativo foi deliberadamente arquitetado. A moral militar dos crentes foi suficiente para vencer as cruciais primeiras batalhas, necessárias por conta de suas atividades facínoras.

Desde o primeiro ano, o islã foi e continuou a ser uma religião guerreira. Isso provavelmente ajuda a explicar a subordinação das mulheres, apesar de outros aspectos do universalismo igualitário na doutrina islâmica. O patriarcado não vacilou no início do islã como no início do cristianismo – ele foi provavelmente reforçado pela religião.

O principal ativo militar do islã era a moral da sua cavalaria – guerreiros profissionais sustentados materialmente pelas esmolas, para quem o zelo pelo saque era também um zelo sagrado, e para quem uma vida disciplinada implicava exercícios militares. Meca caiu em 630, a Síria em 636, o Iraque em 637, a Mesopotâmia em 641, o Egito em 642, o Irã em 651, Cartago em 698, a Índia em 711 e a Espanha em 711. Em muitos casos, as forças islâmicas derrotaram exércitos melhor equipados por meio de coordenação e mobilidade superiores, e não por ataques militares de fanáticos indisciplinados (como tem sido a imagem cristã acerca dos mesmos). As conquistas vieram surpreendentemente rápido, e numa escala sem paralelo. Provavelmente o islã se tornou uma grande força mundial apenas porque ele alterou o equilíbrio das relações do poder militar. Ele conquistou aquelas áreas cujos exércitos dos governantes não eram sustentados por uma moral comparável. Os exércitos da Pérsia eram multirreligiosos, sendo a maior religião (o zoroastrismo) a mais impraticável a essa altura; Bizâncio produziu áreas do cristianismo menos integradas na sua própria ortodoxia emergente – as terras das Igrejas Síria, Armênia e Copta; o norte da África era o território disputado entre Igrejas cristãs.

Os dois xeques militares finais – o fracasso da tomada de Constantinopla em 718 e as derrotas nas mãos de Charles Martel em Tours e Poitiers em 732 – encerram esse aspecto. Em ambos os casos, os agressores islâmicos encontraram nos defensores os seus *alter egos*: a fortaleza moral da hierática Igreja Ortodoxa Oriental, a honra aristocrática e a fé do cavaleiro fortemente blindado. Os dois impasses militares e religiosos duraram, respectivamente, 750 e quase 1.000 anos. Nesses limites, Deus *estava* do lado do islã. O islã parecia varrer o Oriente Médio e o norte da África porque era legítimo: Maomé pode ter criado uma ordem social e um cosmos profundo por meio de uma comunidade ética cuja moral militar conquistou extensos territórios.

Após os dois xeques por Bizâncio e pelos francos, o império se separou e nunca se reunificou politicamente. Grande parte dessa soberba moral militar foi então gasta na luta de uns contra os outros (embora a expansão fosse possível no Oriente contra inimigos mais fracos) – uma condição que ainda prevalece nos dias de hoje. O paralelo com o cristianismo é evidente.

As divisões religiosas também se igualaram às do cristianismo: a questão tem sido como traçar a linha divisória entre o espiritual e o mundano, e se há uma fonte última de autoridade hierárquica dentro da fé. Esse último debate tomou formas distintas porque a burocratização da autoridade religiosa sempre foi mais fraca. O islã nunca possuiu uma organização comparável à da Igreja Romana ou Bizantina. A sua ala mais "autoritária", os xiitas, tem defendido o governo por imãs carismáticos, dando continuidade à tradição de Maomé. E a ala "libertária", os sunitas, enfatiza menos o indivíduo (como no protestantismo) do que o consenso da comunidade de crentes. Mas, como nos cismas do cristianismo, não houve nenhuma questão de qualquer grande grupo de se separar da religião de origem. A semelhança de todas as religiões do mundo a esse respeito é notável. Tanto faz o poder e a fúria das seitas tardias islâmica, cristã, budista, jainista ou hindu, eles são menos significativos do que as atividades dos fundadores e suas primeiras lições. As religiões universais permaneceram verdadeiras *ecumenes*.

Por que o islã teve apelo não só aos árabes, mas também a quase todos os povos que conquistaram? Parte da resposta reside na fraqueza dos seus rivais, parte nas suas próprias forças. O cristianismo falhou no sudeste ao integrar sua doutrina e organização às necessidades da área; por isso, a organização e a doutrina separadas das Igrejas Armênia, Siríaca e Copta eram dependentes de fronteiras políticas com viabilidade limitada, uma vez que o Oriente Médio não era mais do que uma série de províncias do tipo romano ou reinos insignificantes. Não apoiou nem identidades locais-tribais, nem um sentido muito mais amplo de ordem e sociedade. O islã, a princípio, forneceu uma ligação entre os dois níveis, tendo uma espécie de estrutura "federal". Suas origens e unidades constituintes eram tribos e, portanto, ele era um verdadeiro herdeiro da religião de Abraão; contudo, era também uma religião de salvação universal, em cuja comunidade qualquer um podia participar. Nos primeiros anos, um cristão ou judeu que se juntava à comunidade estava ligado a uma tribo árabe em particular como um "cliente". Mas o elemento tribal enfraqueceu à medida que a religião se espalhou. O islã poderia oferecer aos burocratas e mercadores do Império Persa a participação numa sociedade que atingiu efetivamente a ordem social mais ampla aspirada pela Dinastia Persa-sassaniana. Tal estrutura federal era flexível e frouxa.

Uma vez que as conquistas se concluíram, a sobrevivência e a vitalidade da comunidade islâmica, a *umma*, não se deveram fundamentalmente à organização secular. Os governantes reforçaram o seu controle com impostos e exércitos, mas o islã atravessou os seus domínios. Aqueles com interesse no comércio desejavam participar da religião que proporcionava uma enorme área de livre--comércio, mas os comerciantes não governavam o islã. O controle, como nas outras religiões universais, era parcialmente ideológico. Seus mecanismos são bem mais complexos do que os do cristianismo; no entanto, sua estrutura federal não incluiu uma organização eclesiástica impositiva. Não obstante, as infraestruturas de controle eram, em outros aspectos, similares. O árabe tornou-se a língua franca e o único meio de alfabetização no final do século VIII. O controle islâmico do árabe, e mais amplamente da educação em geral, permaneceu monopolista até o século XX na maioria dos países. A tradução do Alcorão do árabe permaneceu proibida porque o texto árabe é considerado o discurso de Deus. Tal como no cristianismo, tem havido uma certa divisão entre a lei sagrada e a lei secular, mas a área controlada pela lei sagrada, a Xaria, tem sido mais ampla. No geral, a vida familiar, o casamento e a herança têm sido regulados pela Xaria, administrada por eruditos (os *ulema*) que têm sido geralmente mais receptivos a uma concepção de consenso comunitário do que aos ditames dos governantes seculares. O ritual também tem proporcionado provavelmente mais integração do que o cristianismo – há pouco mais do que cinco orações diárias mais o jejum e a peregrinação coletiva, e cada muçulmano sabe que, no momento preciso em que ele ou ela está rezando, milhões de outros estão a fazê-lo da mesma forma e na mesma direção.

Assim, o sentido mais amplo da comunidade possui uma infraestrutura técnica de linguagem, alfabetização, educação, direito e ritual, cujos transmissores primários têm sido a cultura e a família. Um sentido difuso e extenso de comunidade cultural, uma infraestrutura precisa centrada no monopólio da alfabetização, um nível bastante alto de penetração intensiva da vida cotidiana e uma cosmologia social relativamente fraca – a mistura não é diferente daquela do cristianismo.

Hinduísmo e casta

A Índia é o lar da terceira das religiões mundiais, o hinduísmo, e o coração da quarta, o budismo. Tratarei do último somente de modo periférico, como um ramo do hinduísmo que não triunfou sobre seu adversário na Índia. Pois o hinduísmo gerou a *casta* (ou vice-versa), essa forma extraordinária de estratificação social. Muitos que estudaram o sistema de castas indiano o consideram como o ápice do poder da "ideologia". Qual é a natureza desse poder?

Os materialistas percebem a tenacidade da casta face a suas teorias. Alguns retratam a casta como uma versão extrema da classe (um conceito econômico), outros como uma forma de propriedade (um conceito político e econômico). Outros ainda se concentram no papel da casta como forma extraordinariamente eficaz de legitimação das desigualdades materiais (também a principal guinada feita por WEBER, 1958). Esses argumentos deixam escapar características essenciais da casta, como veremos.

Os defeitos do materialismo tradicional levam outros a se apoiar no idealismo tradicional e a afirmar que as "ideias" têm governado a Índia. Assim disse o discípulo de Durkheim, o sociólogo francês Celestin Bouglé: "Na civilização indiana são sobretudo as crenças religiosas, e não as tendências econômicas, que fixam a posição de cada grupo". E, novamente, o poder dos brâmanes (a casta mais alta) é "inteiramente espiritual" (1971: 39, 54). Dumont segue essa tradição. Ele argumenta que a hierarquia de castas é o princípio da unidade indiana, "não de sua unidade material, mas conceitual ou simbólica [...] a hierarquia integra a sociedade por referência aos seus valores"; a casta é "antes de mais nada [...] um sistema de ideias e valores". Assim, não é surpreendente que Dumont também cite Parsons, concordando com seu argumento sobre o papel integrador dos valores fundamentais (1972: 54, 73, 301). Inúmeros outros apontam várias características do pensamento indiano – a sua preocupação com a pureza, com a classificação, com a harmonia divina – consideradas em última análise decisivas no desenvolvimento da casta (para uma breve revisão, cf. SHARMA, 1966: 15-16). Nos lugares em que as conclusões são mais cautelosas, as "ideias" ainda estão listadas ao lado de "fatores sociais/materiais", como fatores tribais e raciais, como determinantes da casta – como, por exemplo, nos estudos influentes de Hutton (1946) e Hocart (1950). Mesmo Karve (1968: 102-103), com a intenção de descobrir os mecanismos específicos e a infraestrutura da interação das castas, todavia, os lista como "fatores", ao lado do "sistema religioso e filosófico do hinduísmo". Ela acredita que essa foi uma fonte independente de legitimação para grupos inferiores e superiores, assim como uma cosmologia. Na verdade, ela dedica capítulos separados à filosofia e aos mecanismos. O dualismo do idealismo *versus* materialismo é difícil de romper. No entanto, o modo pelo qual o faço surge dos casos anteriores. Discuto que a casta é, de fato, uma forma de poder ideológico, com autonomia significativa do poder econômico, militar e político. Mas ela repousa não em "ideias", como um "fator" independente na vida social, mas em técnicas organizacionais específicas que são social e espacialmente *transcendentes*.

Permitam-me admitir, contudo, em primeiro lugar que é difícil reconstruir até mesmo um esboço histórico da casta hindu, pois ela é ideologicamente a-histórica. Seus textos sagrados veem o tempo como um único processo pelo qual o mundo está gradualmente se esgotando. Os "eventos históricos" figuram nos textos somente para ilustrar esse esquema conceitual prévio. Isso separa o hinduísmo do cristianismo e do islã, pois ambos se legitimam primordialmente em relação a eventos históricos particulares que têm um *status* autônomo. Por meio da sua história de degeneração cósmica, as nossas fontes exageram no poder e na estabilidade da religião hindu. Não é fácil descobrir o que realmente aconteceu, muito menos por que aconteceu. Neste capítulo, descrevo as técnicas organizacionais do poder ideológico e traço sua emergência geral. Mas em geral não provo por que elas surgiram[5].

Definição de casta

O termo *caste* em inglês deriva da palavra portuguesa casta, que significa algo puro, não misturado. Foi usado pelos portugueses, e depois por outros estrangeiros na Índia, para denotar uma forma de estratificação em que cada casta é uma comunidade hereditária, profissionalmente especializada, maritalmente endogâmica, em um sistema hierárquico que distribui não só poder num sentido geral, mas também honra e direitos à interação social centrados em noções de "pureza". Cada casta é mais pura do que a que está abaixo, e cada uma pode ser poluída por contato impróprio com a que está abaixo.

Categorizar de forma tão geral, no entanto, é também simplificar de duas maneiras principais. Primeiro, a categoria de casta combina duas categorias indianas, denominadas *varna* e *jati*. Os *varna* são as quatro posições antigas, em ordem decrescente de pureza, de brâmanes (sacerdotes), xátrias (senhores e guerreiros), vaixás (agricultores e mercadores variados), e sudras (servos). Um quinto *varna*, dos intocáveis, foi adicionado por último muito mais tarde. Esses *varna* são encontrados em toda a Índia, embora com variações regionais. O *jati* é, na sua essência, um grupo de linhagem local e, mais geralmente, qualquer comunidade de interação que reproduza a maior parte das características da casta. O *jati* individual pode ser geralmente encaixado na posição do *varna*, mas a ligação é mediada por um terceiro nível, uma proliferação caótica e regionalmente variada de "subcastas", que compreendem mais de 2.000 conglomerados de *jatis* por toda a Índia.

Em segundo lugar, no entanto, tal descrição sugeriria um conjunto de estruturas sociais muito ordenadas e interligadas. Seria uma visão "substanti-

---

5. Usei extensivamente a história, em vários volumes, editada por Majumdar, 1951-, complementada por Ghurye, 1979 sobre a Índia védica; as duas obras de Sharma, 1965, 1966 sobre o Período Védico Tardio Clássico e Feudal; as análises de Bannerjee, 1973; Chattopadhyaya, 1976; e Saraswati, 1977 sobre o desenvolvimento da doutrina brâmane; e o estudo da sociedade na época de Buda de Wagle, 1966. Thapar, 1966 é uma breve introdução à história indiana útil. Os estudos de casta referidos em outra parte do capítulo têm sido minhas principais fontes sobre a casta contemporânea.

vista" da casta. Casta é o que os antropólogos chamam de sistema segmentar e hierárquico: ele relaciona grupos e atividades que são meramente diferentes (i. é, não superiores) uns dos outros, e isso tem a consequência de que a mesma pessoa pode realmente se ver como pertencendo a unidades de diferentes ordens em diferentes contextos. O que é característico da casta nesses diferentes contextos é que todas elas incorporam hierarquias binárias: aquelas em que se pode comer com ou se aproximar ou tocar *versus* aquelas em que não se pode; os doadores de esposa *versus* os tomadores de esposa; os agnatos juniores *versus* os agnatos seniores – mesmo a subordinação do arrendatário ao senhorio ou do sujeito político ao governante é expressa em linguagem simbólica semelhante. Assim, a casta não é apenas um conjunto de estruturas específicas, mas também uma ideologia mais geral e dominante. Ela compartilha com todos os aspectos da estratificação social: uma ênfase na *hierarquia, especialização* e *pureza.* Também exagera a contradição normal da estratificação social, em que cada estrato social é em si mesmo uma comunidade, mas na sua interdependência com outros estratos cria uma segunda comunidade no nível da sociedade geral[6].

Apenas um amplo contorno das origens iniciais é discernível. Entre 1800 e 1200 a.C., grupos arianos entraram na Índia vindos do noroeste. Talvez eles tenham conquistado e destruído a antiga civilização do Vale do Indo, embora já pudesse estar em declínio (cf. capítulo 4). Depois de 800 a.C., eles penetraram no sul da Índia e gradualmente se tornaram dominantes sobre todo o subcontinente e seus povos indígenas. Desses, apenas os dravidianos do sul são claramente identificáveis para nós. Não é certo se os povos indígenas possuíam uma estrutura social com características de casta.

Da literatura subsequente dos arianos, os *Vedas* (que significa literalmente "conhecimento"), aprendemos que os arianos da primeira era védica (até cerca de 1000 a.C.) eram uma confederação tribal liderada por uma classe guerreira, transportada por pesados carros de combate, que governava sociedades "feudais" de pequena escala e frouxamente unidas. Introduziram o arado profundo com bois na Índia. Sua religião era similar a outras religiões indo-europeias da era heroica, e a mitos e sagas da Escandinávia ou da Grécia homérica. Os sacerdotes, já chamados de brâmanes, tiveram um importante papel nos rituais sociais, mas como uma profissão, não um grupo hereditário. Eles não controlavam exclusivamente o ritual central do sacrifício, pois os senhores e chefes de família também podiam iniciar e presidir um sacrifício. A maioria dos guerreiros também não era profissional: o estrato superior dos chefes de família camponeses lavraria e lutaria. Nem a hereditariedade das ocupações nem a proibição de casamentos e refeições mistos são sequer sugeridas nas primeiras passagens do *Rigveda,* o texto mais antigo.

---

6. Esse parágrafo faz muito uso de Béteille, 1969, esp. Introdução e cap. 1 e 5; e Parry, 1979.

Mas a luta contínua com os dravidianos e outros provavelmente teve três consequências. As duas primeiras são mais diretas: a consolidação do governo sobre os dravidianos e a emergência de estados de maior escala governados por senhores com guerreiros profissionais. Os dravidianos foram explorados de modo normal no período pós-conquista – vistos como serviçais, se não como escravos, seu *status* se cristalizou como o quarto *varna*, os sudras. Eles tinham uma compleição mais escura do que os arianos, que é a única indicação evidente do fenótipo racial, tomada por algumas autoridades como importante para o sistema de castas como um todo. Os sudras não foram considerados "nascidos duas vezes"; ou seja, eles não participaram originalmente do ciclo de renascimento. Assim, a brecha de estratificação acima deles, no antigo sistema *varna,* foi mais ampla.

Aparentemente antes disso, contudo, a diferenciação também ocorria entre os próprios *varna* arianos. Não é incomum em tais casos que os senhores/guerreiros tenham se cristalizado em uma posição xátria profissional e hereditária. A conquista foi liderada por estados melhor organizados e em conflitos melhor coordenados, ajudados pelo desenvolvimento de armas de ferro a partir de cerca de 1050 a.C. O carro de combate foi substituído por exércitos mais variados e coordenados de infantaria e cavalaria, que requeriam formação profissional e administração. É de se esperar em tal situação o aumento da diferenciação entre esses senhores guerreiros e os camponeses chefes de família arianos, os vaixás (os "multidão"). Por exemplo, é da mesma ordem geral a distinção feita pelos bárbaros germânicos tardios entre nobres guerreiros livres e camponeses servis.

A terceira mudança é mais complicada: a ascensão do *varna* brâmane. Parte dessa ascensão é fácil de entender. O crescimento de reinos maiores e mais hierárquicos exigiu uma forma mais hierática de legitimação. Como nas religiões arcaicas em geral, a cosmologia estava, nesse momento, menos preocupada com os deuses vitalistas do que com as relações entre os seres humanos, especialmente as relações de obediência. Faz parte, inclusive, dessa transição geral, o desenvolvimento de uma arte sacerdotal privada – mistérios nos quais só os sacerdotes podem participar. O segundo grupo de textos, conhecidos como os *Brahmanas* (compostos talvez no século X ou IX, talvez muito mais tarde), passou da preocupação do *Rigveda*, com problemas práticos de sobrevivência física, para uma discussão mais esotérica dos efeitos dos rituais mágicos na regulação das relações sociais e na preservação do *dharma*, a ordem divina. O sacrifício se tornou mais importante, assim como o controle dos brâmanes sobre ele. Então apenas os brâmanes podiam liderar os sacrifícios, embora os xátrias e vaixás pudessem pedir por eles. Esse controle se tornou importante, pois os sacrifícios eram frequentes – em ocasiões rotineiras como concepções, nascimentos, puberdade, casamentos, mortes e contratos, e mesmo de manhã, ao meio-dia, à noite e em tomadas de decisão irregulares. Os sacrifícios uniram a comunidade no ritual (para a não anulação do contato pessoal era ainda mais evidente), consistindo em banquetes e eventos redistributivos. Os brâmanes foram assim implantados precocemente nos rituais das cortes, das cidades e até da vida cotidiana das aldeias. Em quaisquer crenças teológicas esotéricas desenvolvidas mais tarde, esse controle intensivo, ritualístico em vez de teológico, permaneceu no cerne do controle hindu. Falta-nos evidências para explicar isso, mas, uma vez estabelecido, podemos ver os seus efeitos.

O papel sacrificial dos brâmanes levou a afirmações de que eles eram superiores aos próprios deuses, pois eles eram os reafirmadores reais do ciclo eterno de morte e renascimento. Essa pode ser uma introdução brâmane posterior; mas, se não for, é uma reviravolta distintamente indiana na tendência encontrada em grande parte do mundo arcaico para a teocracia. A realeza não era divina. O rei deveria ser firme e deveria ser obedecido como parte da obediência à lei sagrada do cosmos, o *dharma*. A visão majoritária dos brâmanes era de que o *dharma* deveria ser interpretado por sábios e sacerdotes. Mas isso não era incontestável, e alguns textos afirmavam a supremacia dos xátrias. Quaisquer que fossem os seus interesses comuns, essas duas ordens não estavam se fundindo numa única classe teocrática governante, como na Suméria ou no Egito. As tendências diferenciadoras foram reforçadas pela primeira emergência de subcastas na forma de guildas ocupacionais. O casamento misto ainda não era proibido, mas era objeto de preocupação e estigma, associado ao fato de uma mulher brâmane ou xátria casar-se com alguém abaixo de sua casta. Existiam restrições às refeições mistas, mas não com base no *varna* – certamente, com base em uma preocupação mais difusa com parentesco e relações de sangue. A impureza de toque ainda era desconhecida.

Assim, duas importantes tendências indianas eram evidentes, mas não dominantes nessa época antiga: primeiro, uma crença de que a ordem divina não repousava na autoridade secular; segundo, uma tendência de proliferar diferenciações sociais, especialmente dentro da própria classe dominante, levando pedidos elevados para a autoridade do *varna* brâmane. Essas tendências podem ser explicadas pelo desenvolvimento de uma cultura regional transcendente, tal como a que encontramos na maioria das civilizações antigas nos capítulos 3 e 4, e pela habilidade dos brâmanes de se apropriarem do poder ideológico neles representado. Dada a escassez de evidências, no entanto, isso só pode ser uma hipótese para esse período.

Os arianos parecem ter penetrado uniformemente em quase toda a Índia. Encontramos basicamente o mesmo modo de vida – as mesmas formas econômicas, políticas e militares, e rituais religiosos e crenças – em toda a Índia, exceto no extremo sul. Os aborígenes também estavam espalhados pela maior parte do subcontinente como servos, aumentando a semelhança das práticas e problemas sociais. Essa semelhança cultural era mais ampla do que as redes de interação da economia, da política ou da organização militar. Assim, a ordem social de uma variedade mínima era mais ampla do que a autoridade secular poderia reforçar – uma ocorrência comum no mundo antigo, como vimos. Era o "poder transcendente". Conceitos como *dharma* desempenham assim o mesmo tipo de papel ideológico que o panteão diplomático de deuses sumério, ou a cultura da hélade, ligando organizações impositivas de poder locais como aldeia, tribo ou cidade-Estado a uma organização de poder mais ampla e difusa centrada na cultura, religião e regulação diplomática do comércio. Obviamente a estrutura e o dogma da casta hindu se tornaram bem peculiares na Índia. No entanto, nas suas origens, eles aparecem como parte de um padrão reconhecidamente comum de poder ideológico transcendente em civilizações históricas.

Todavia, em outros lugares, geralmente encontramos um dos dois resultados históricos para essa dupla ligação: fragmentos da cultura como um todo, uma tribo individual ou uma localidade triunfam sobre a cultura em geral; ou (mais comumente registrada para a posteridade) a consolidação política e militar cria autoridades seculares maiores que se apropriam do legado cultural – como vimos no caso da apropriação acadiana da Mesopotâmia no capítulo 5. Na Índia, o primeiro parece não ter ocorrido (embora seja difícil ter certeza), o último progrediu apenas intermitentemente (como veremos), e um terceiro resultado foi obtido: os brâmanes se apropriaram do legado cultural sem depender tanto dos estados, da força militar ou do poder econômico – como qualquer outro movimento de poder conhecido na história. Essa é a singularidade indiana, sugiro.

Infelizmente, o trabalho de adivinhação deve assumir a explicação, em parte por causa de materiais de origem inadequada, e em parte por causa da falta de ajuda dos acadêmicos. O domínio acadêmico ocidental da Índia tem sido tal que até mesmo muitos acadêmicos indianos insistem que o hinduísmo não tinha organização social. Porque nunca existiu uma hierarquia eclesiástica, eles proclamam que houve pouca organização brâmane. Essa é geralmente a fonte de sua ênfase em "ideias" como forças sociais. No entanto, na era dos *Brahmanas*, emergiu uma forma coerente de organização em toda a Índia, controlada exclusivamente pelos brâmanes, na esfera da educação. As escolas védicas, dirigidas por seitas brâmanes, existiram em todo o país. A educação unia sentido e ciência – a instrução era em hinos e rituais, linguagem, gramática e aritmética. Era administrada a todos os jovens brâmanes e alguns xátrias e vaixás, geralmente levados de suas casas para aprender na casa de um professor brâmane ou em escolas organizadas. O progresso educacional era marcado por iniciações. Não possuímos datas precisas, mas podemos supor que a alfabetização se estabeleceu sob o controle exclusivo dos brâmanes nessa época ou um pouco mais tarde. Uma língua sânscrita derivada dos textos védicos se tornou bem mais tarde o único meio da alfabetização (à parte de alguma penetração pelo aramaico no extremo noroeste). O conhecimento técnico foi associado de perto com ciência, sentido e ritual.

Não se trata apenas de que os brâmanes se agarraram firmemente nas tradições culturais: eles também possuíam apoio infraestrutural do conhecimento e progresso úteis. A combinação dos dois fatores oferecia regulação normativa, paz e legitimidade a qualquer pessoa preocupada com uma extensão da interação social secular, mais notavelmente governantes políticos e comerciantes. A esse respeito, seria provavelmente errado enfatizar os conflitos entre os *varna* superiores nesse momento. Eles governaram juntos e progrediram juntos. A consolidação política, a expansão econômica e o conhecimento cultural agiram de mãos dadas durante a era védica tardia, até aproximadamente 500 a.C. Politicamente, podemos perceber uma consolidação do poder real, apoiado por conselheiros brâmanes. O intervalo social e econômico entre esses dois *varna* e os dois mais baixos se alargou; eles também regularam conjuntamente a proliferação ocupacional de guildas e grupos mercantis em subcastas. Entre eles, monopolizaram a lei, na qual o *varna* então se intrometia: as taxas de juros e as punições variavam de acordo com o *varna*. (Os brâmanes pagavam menos por suas dívidas e crimes.) Dentro dessa unidade da classe dominante, a divisão da função entre sagrado e secular foi mantida. Os verdadeiros brâmanes eram às vezes governantes, mas mais comumente a distinção de um papel *ideológico* brâmane, como estudioso, sacerdote e conselheiro do governante, era fortalecida. Na esfera da educação, seu monopólio foi reconhecido e ampliado. As matérias ensinadas incluíam ética, astronomia, ciência militar, ciência das cobras e outras. Os ritos de iniciação ocorriam aos oito, onze ou doze anos, de acordo com a casta. O título dos *Upanixades* (escritos entre 1000 e 300 a.C.) significa "conhecimento secreto". Sua frase mais repetida foi "aquele que sabe disso", sendo a conclusão de que tal conhecimento trouxe poder mundano. Essa reivindicação e apelo foram dirigidos por governantes leigos – dois grupos diferenciados estavam se confrontando como aliados e até certo ponto como inimigos. Eles não estavam ainda fundidos em um sistema de castas. Embora o poder e a consciência coletiva do sacerdote *varna* já fossem provavelmente maiores do que na maioria dos casos comparáveis, os desenvolvimentos subsequentes precisos não foram na direção da casta.

Ao longo dos três séculos seguintes, de cerca de 500 a 200 a.C., podemos perceber uma luta entre rotas alternativas de desenvolvimento social. Só no final desse período é que o poder brâmane, e a casta, foram assegurados.

Duas ameaças surgiram aos brâmanes. A primeira veio de uma contradição dentro de sua própria tradição. Os *Upanixades* tinham elevado o ascetismo e uma busca esotérica para o conhecimento pessoal sobre a *performance* correta do ritual social como a chave para a salvação. A renúncia do mundo é o objetivo último dessas tendas. Contudo, o poder social brâmane veio dos rituais envolvendo o contato "poluído" com os leigos. A contradição existe ainda hoje (KEESTERMAN, 1971; PARRY 1980). Portanto, seria necessário pouco para empurrar essa teologia completamente para longe do controle sacerdotal e do sacrifício. Tais passos foram feitos tanto por Mahavira, o fundador da seita jaina, como por Gautama Buda, em torno de 500 a.C. Ambos tornaram a salvação pessoal primordial. A salvação resultou de uma busca por esclarecimento e conduta ética. Ambos desafiaram o particularismo da casta, argumentando que a salvação era igualmente aberta a todos e que se alguém se tornou brâmane foi por conduta, e não por nascimento. Preocupado com a salvação alcançada por conduta ética em vez do ritual, o budismo tinha um apelo especial para grupos de comércio urbanos buscando uma estrutura moral, em vez de comunitária, para suas vidas. Como ambos, budismo e jainismo, defendiam a retirada do mundo durante a busca, tendiam a preferir deixar a superioridade terrena aos xátrias. Assim, foram úteis às autoridades seculares, de quem surgiu a segunda ameaça.

Os desenvolvimentos econômico e militar criaram estados territoriais maiores, especialmente sob os governantes Nanda, de 354 a 324 a.C., que conseguiram colocar exércitos maiores em campo do que até então. Sob a Dinastia Máuria, de 321 a 185 a.C., surgiu um poder imperial em grande escala. Asoka (cerca de 272-231 a.C.) foi bem-sucedido em conquistar virtualmente toda a Índia, o único governante autóctone que alguma vez o fez. O governo máuria se espalhou por grandes exércitos (fontes gregas e romanas dão números de 400.000 a 600.000 homens, que são inacreditáveis por razões logísticas dadas em capítulos anteriores). Foram empreendidas obras centralizadas de irrigação e desenvolvimento estatal das terras virgens, bem como a panóplia normal de poderes econômico-imperiais descrita nos capítulos anteriores – pesos e medidas, costumes e impostos, controle da mineração e metalurgia, monopólios estatais sobre bens essenciais como o sal, e assim por diante. Na frente ideológica, a origem divina e o direito da realeza foram afirmados e foi feita uma tentativa de libertar a realeza dos laços da casta xátria. O *Artaxastra*, provavelmente escrito nessa época, supostamente por Cautília, primeiro-ministro do primeiro imperador máuria, também elevou o decreto real e a lei racional em relação à lei sagrada. Os máurias não usavam o sânscrito. Imperadores, senhores e pessoas da cidade gravitavam em direção ao budismo e ao jainismo, cujas teologias universais se encaixavam melhor na racionalidade formal exigida tanto pelo governo imperial quanto pelo mercado urbano. O caminho estava aberto para o desenvolvimento paralelo às linhas do tipo cristão – uma religião de salvação individual em uma relação simbiótica com o governo imperial – ou paralelo às linhas do tipo chinesa – um sistema de crença racionalista que sustentava o governo imperial e de classe.

A tradição védica ortodoxa respondeu vigorosamente. A sua teologia tendia para o monoteísmo, mas acomodava os vários budas num vasto panteão de deuses subordinados. Retornou também às práticas anteriores de acomodar deuses populares e tribais diversos. A etiqueta sincrética de "hinduísmo" convencionalmente data desse período de assimilação. Mas seus impulsos organizacionais reais permaneceram no ritual local e na educação. O viajante grego Megástenes nos dá o primeiro relato detalhado da vida de um brâmane na era máuria (seus contornos são confirmados por viajantes chineses posteriores). Durante os primeiros 37, o brâmane era um estudante ascético, primeiro vivendo com os professores, depois sozinho, mas sentado em lugares públicos, filosofando e aconselhando a todos que vêm a ele. Então ele se recolhia em sua casa de família, tomava esposas e vivia luxuriosamente como um chefe de família, oficiando nos rituais aldeãos. De outras fontes sabemos que a alfabetização era então generalizada entre os brâmanes, sendo o sânscrito finalmente padronizado por Panini no quarto século a.C. Com a idade de 5 anos, o aluno começava a aprender seu alfabeto, escrevendo, e aritmética. O currículo educacional estava agora em seu pico, e incluía "estudos graduados" em eremitérios, que possuíam departamentos especializados em assuntos como estudos védicos, botânica, transporte e ciência militar. Essas organizações foram copiadas pelo budismo e pelo jainismo.

A batalha foi travada. Perto de 200 a.C., os brâmanes estavam triunfando, e por volta de 200 d.C. a vitória se completou. Parece ter havido duas razões principais. Primeiro, a Índia imperial entrou em colapso com a morte de Asoka. Nenhum governante hindu subsequente controlou diretamente mais do que uma região do subcontinente. Podemos atribuir esse colapso, em parte, à geografia pura e simples. A preponderância do continente, mais montanhas e florestas, sobre a linha costeira e rios navegáveis, ofereceu enormes obstáculos logísticos ao controle impositivo de um centro político. Mas, como veremos em um momento, foi possível preservar *difusamente* parte do poder máuria sem um Estado impositivo. O império tinha sobrevivido à sua utilidade. Segundo, os brâmanes mantiveram o controle no nível local com as suas preocupações rituais, enquanto os seus rivais religiosos de teologias mais sofisticadas tinham um apelo a uma minoria intelectual e urbana, uma vez que os seus patronos seculares declinaram no poder. O budismo sobreviveu mais fortemente nas margens da Índia, onde as monarquias regionais o toleravam.

A forma do seu triunfo enfatizou a sua integralidade, pois os estados "voluntariamente" entregaram muitos dos seus poderes aos brâmanes. Esse processo é geralmente chamado de "feudalização". Na verdade, é semelhante a eventos consequentes à decadência imperial em todo o mundo. Como o Estado imperial perdeu seu poder de controlar seus territórios periféricos, ele entregou o controle efetivo aos notáveis provinciais ou aos oficiais imperiais, que então "desapareceram" nas províncias, reemergindo como notáveis provinciais independentes. O processo já foi descrito para vários impérios de dominação (especialmente nos capítulos 5 e 9). Começou a aparecer de imediato na Índia pós-máuria, em ritmo acelerado nos primeiros cinco séculos d.C., e permaneceu prática intermitente até as conquistas muçulmanas.

Mas havia uma diferença na Índia – o controle foi entregue tanto aos brâmanes locais quanto aos senhores locais. Sharma (1965) mostra que isso começou como concessão de terras virgens a grupos de brâmanes (e ocasionalmente a budistas), muitas vezes anexando aldeias vizinhas ao presente para que surtisse efeito. Essa foi ainda uma política de desenvolvimento social e econômico, então descentralizada para as elites locais. Os brâmanes ensinavam os locais, transferiam aos camponeses o uso do arado e do esterco e os instruíam sobre as estações do ano e o clima; essas técnicas foram finalmente registradas em um texto chamado *Krsi-Paresa*. Mas as inscrições do segundo século d.C. sobrevivem indicando que as terras cultivadas foram doadas junto com direitos administrativos. As inscrições geralmente detalham esses direitos: que as tropas e os oficiais reais não deveriam entrar na terra, e que determinados direitos de rendimento são doados enquanto a existência do sol e da lua durar. No final da era gupta (século V e início do VI d.C.), todas as receitas, todo o trabalho devido e todos os poderes coercivos, até mesmo o julgamento dos ladrões, estavam sendo distribuídos. Os templos eram os ganhadores, tanto quanto os brâmanes. Por volta da primeira metade do século sétimo, sob o governante relativamente poderoso do norte, Harsha, a escala do feudalismo religioso foi vasta. O mosteiro budista de Nalanda desfrutava da receita de duzentas aldeias, como provavelmente fez o centro de educação em Valabi. Em uma ocasião, Harsha doou cem aldeias, equivalentes a 2.500 hectares, na véspera de partir para uma expedição militar. Mais tarde, os governantes entregaram cerca de 1.400 aldeias de uma só vez. Encontramos também subvenções a funcionários laicos. No período após 1000 d.C., o poder central estava desmoronando tão rapidamente que a vassalagem, a subfeudalização, e as outras características do feudalismo europeu se tornaram comuns. Mas, antes disso, a grande maioria dos benefícios era dada a grupos religiosos.

Há também uma segunda diferença em relação ao feudalismo europeu: os brâmanes não eram obrigados a cumprir o serviço militar ou pagar imposto fundiário. O que eles faziam, então? O que os governantes recebiam por seus presentes?

A resposta é a pacificação normativa. Os brâmanes e os budistas e outras seitas eram poderosos e mantinham a lei e a ordem nas áreas doadas, usando uma força impositiva apoiada por uma organização ritual mais difusa. Na verdade, havia dois subtipos. Nas áreas primitivas, os brâmanes integraram populações tribais na estrutura social hindu. Eles introduziram o aprendizado agrícola e a alfabetização; e inseriram as tribos no sistema de castas, proliferando subcastas e castas mistas. Nesse processo, eles próprios se espalharam por toda Índia. Nas áreas relativamente civilizadas e assentadas, também levaram adiante conhecimento útil. A sua língua se tornou a dos imperadores gupta. Provavelmente, no final do século III d.C., foram pioneiros no sistema numérico simplificado que mais tarde conquistou as ciências e os mercados mundiais como numerais "arábicos". Eles enfatizavam as obrigações do *varna*, e a noção completa de casta desenvolvida.

Entre cerca de 200 a.C. e 200 d.C., *O livro de Manu* atingiu a sua forma final, sagrada. Ele deu as instruções do criador do universo ao primeiro homem e rei, Manu. Explicou o *status* de casta como consequência do *karma* acumulado em encarnações anteriores. O dever essencial era cumprir o dharma, "os deveres, o caminho a ser seguido", qualquer que seja a posição em que se nasça. Morrer sem anseios ou desejos realiza o brâman, a verdade eterna. O que quer que seja, é sagrado. Reforçado pelos livros de leis subsequentes, os *Dharma Shastras*, *O livro de Manu* sugeriu que a sociedade de castas era uma estrutura conceitualmente conectada. Na verdade, se examinada como doutrina, é cheia de inconsistências e contradições. Mas enfatiza as *performances* corretas do ritual sob supervisão brâmane como a chave para o dharma. O poder infraestrutural brâmane sobre a aldeia e sobre a pacificação normativa mais ampla poderia colocar isso em prática. Os conselhos locais, *panchayats*, se tornaram menos representativos da aldeia ou cidade, mais da casta e subcasta. A lei secular foi desvalorizada na teoria e na prática. Manu descreveu o rei como defensor da casta, não como um promulgador independente da lei. As leis brâmanes penetravam então intensamente em toda a vida social e extensivamente toda a Índia, envolvendo família, ocupação, comércio de guildas e as relações capital-trabalho, e unindo a lei com injunções sobre pureza e poluição. O papel secular do sânscrito declinou como linguagem regional e se tornou intertradutível, sob supervisão brâmane; mas o seu *status* sagrado como o verdadeiro discurso dos deuses foi realçado.

A casta agora vinha num pacote que não podia ser facilmente desempacotado. Seus textos sagrados também ofereciam a única fonte principal de conhecimento científico, técnico, legal e social; forneciam a ordem sem a qual a vida social regredia; explicavam a origem da sociedade; davam sentido ritual ao cotidiano e ao ciclo de vida; e forneciam uma cosmologia. Não se podia escolher entre esses elementos, porque as alternativas viáveis eventualmente pereceram.

Permitam-me concentrar sobre a ordem social. Viajantes chineses para a Índia de Gupta nos tempos seguintes ficaram espantados com sua paz e ordem, que, eles pensavam, não dependiam do controle da polícia, da justiça criminal, da tributação ou do trabalho forçado. "Cada homem mantém sua ocupação hereditária e cuida de seu patrimônio", disse Xuanzang no século VII. De fato, isso não foi feito sem coerção, mas as sanções eram locais. O desvio da obediência trazia a impureza, o mal e o ostracismo. A pena final era a exclusão da vida social. A organização que a mantinha estava sem um centro, mas cobria toda a Índia.

Assim, devemos rejeitar a noção de comunidade aldeã autossuficiente que muitas vezes tem dominado os relatos sobre a casta indiana. Eles enfatizam a autossuficiência da aldeia; argumentam que as relações translocais só são possíveis com estados políticos relativamente poderosos, formando "pequenos reinos" de relações sociais; e argumenta que a proliferação de subcastas e a predominância do *jati* sobre o *varna* é o resultado da fragmentação do poder político (JACK-

SON, 1907; SRINIVAS, 1957: 529; COHN, 1959; DUMONT, 1972: 196-211). No entanto, isso não pode explicar a uniformidade cultural e ritual da Índia, a preservação da paz e da ordem na ausência de estados poderosos, a regulação por casta da etnicidade e a divisão do trabalho. Como Dumont e Pocock polemicamente proclamaram em "For a Sociology of India", a Índia é única, constituída por sua "tradição superior, a civilização sanscrítica" (1957: 9).

Há evidências disso em vários níveis. Em relação ao nível local, isso foi demonstrado pelo estudo seminal de Miller (1954) sobre a costa de Querala, na história recente. As castas mais baixas tinham relações sociais fora da sua apenas em sua aldeia, e dentro da sua casta apenas nas aldeias agrupadas em uma chefia local. As castas-chefe tinham relações sociais mais amplas, mas ainda estavam confinadas pelo território do chefe suserano por eles reconhecido – e lá geralmente existiam três desses em Querala. Apenas os brâmanes viajavam livremente e interagiam por todo o Querala. Os brâmanes podiam, assim, se defender organizadamente de quaisquer ameaças ao seu poder.

No nível "nacional", podemos perceber maior similaridade cultural entre os brâmanes do que entre outros grupos. Saraswati endossa a divisão tradicional de muitos traços culturais em áreas do norte e do sul, mas ele então argumenta que, na maior parte das atividades culturais, existe uma unidade essencial entre as áreas. Ele conclui:

> Os brâmanes são culturalmente muito mais homogêneos do que parecem ser física, linguística e até socialmente. O que os brâmanes compartilham em comum são as tradições dos *Vedas*, a filosofia dos *Upanixades*, os mitos e lendas, a peregrinação e a prática dos samsaras (rituais) que influenciam de modo total as suas vidas; esses são os fundamentos de suas tradições que os tornam culturalmente unidos e distintos (1977: 214).

Ghurye (1961: 180) identifica um ponto semelhante: "O direito hereditário e prescritivo dos brâmanes de agir como sacerdotes a todas as castas dos hindus, com poucas exceções, tem sido o único princípio geral uniforme herdado na sociedade de casta, por todas as suas vicissitudes". Como Saraswati comenta, naturalmente isso tem de ser *organizado*. Os textos sagrados não são infinitamente recitados e distorcidos por sacerdotes locais em grande parte iletrados, os músicos não compõem essencialmente os mesmos temas e cadências, os arquitetos não erguem templos semelhantes, as práticas de casamento entre famílias não são padronizadas por causa da "similaridade cultural espontânea" durante pelo menos 1.000 anos. Podemos também traçar, desde o tempo de Manu, a organização gradual do *jati* no *varna*; o fechamento gradual das oportunidades alternativas de casamento nos textos brâmanes e livros de leis; a padronização dos rituais de sacrifício e da doação de presentes; o uso de mantras que apenas o sacerdote brâmane pode cantar; e o desenvolvimento da casta *panchayat*. Não estou argumentando que a integração se estendeu à identidade de crença, seja sobre a Índia entre os brâmanes ou sobre as castas, como talvez Dumont e Pocock (1957) sugerem. Essa posição idealista tem sido refutada por escritores que mostram a incoerência intelectual dos textos sagrados e o limitado entendimento e interesse pela doutrina demonstrados igualmente por aldeões e sacerdotes (p. ex., PARRY, 1984). O hinduísmo é uma religião menos de mobilização doutrinária do que de penetração ritual. O ritual é o núcleo da organização brâmane e assim, por sua vez, da integração social indiana.

A integração dessa forma parece também ter contribuído para a estagnação social geral. A alfabetização foi altamente restrita em sua difusão e suas funções. A casta também provavelmente ajudou a estagnação econômica (embora isso seja controverso e possa ser facilmente exagerado). Sendo descentralizada, a casta não poderia substituir as infraestruturas imperiais – assim, os sistemas de irrigação se tornaram localizados, a cunhagem diminuiu drasticamente ao longo de muitos séculos, o comércio de longa distância decaiu. Os brâmanes lideraram algo como um recuo em direção a uma economia de aldeia local (mitigado parcialmente pelo desenvolvimento posterior de economias de templo maiores). Mas sendo hierárquicos, não libertaram a racionalidade e a iniciativa individuais. Em um sentido econômico, talvez a Índia tenha tido o pior dos dois mundos – nem a racionalidade universal do Estado imperial nem a racionalidade individual de uma religião de salvação.

Política e militarmente, uma Índia descentralizada também estava mal-equipada para lidar com ameaças estrangeiras, e sucumbiu às sucessivas ondas de conquistadores islâmicos e cristãos. Em âmbito local, porém, a casta era resiliente porque não possuía nenhum centro que pudesse ser capturado por estrangeiros ou por camponeses revoltados. A sua fraqueza era a sua força, como indica Karve (1968: 125). A resistência passiva era o seu forte. Gandhi foi o último a explorá-la politicamente.

De um modo mais geral, existe uma certa ineficiência em um sistema que dava as cartas com a interdependência social por meio da redução da reciprocidade direta. Como ressalta Dumont, a casta não observa a norma da complementaridade – enterro seus mortos, você enterra os meus. Em vez disso, concebeu uma função especializada de enterrar os mortos, que só os menos "limpos" podem empreender (1972: 86). Essa elaboração extremista e ossificada da divisão do trabalho foi agravada ao se evitar fisicamente a presença daqueles cujos serviços estavam baseados. Todos esses inconvenientes vieram no mesmo pacote das vantagens da casta. O poder da casta permitia um grau de ordem, mas menos desenvolvimento social.

O pacote da casta se manteve dominante na Índia até o século XX. Então começou a mudar e provavelmente enfraquecer sob o impacto do imperialismo britânico, do desenvolvimento industrial, do nacionalismo político e da educação secular. Até então, os brâmanes conseguiram regular frouxamente a diferenciação social. Para além dos europeus, as funções econômicas, as diferenças entre conquistadores e conquistados e as relações interétnicas e intertribais foram todas cobertas pela fantástica elaboração de castas e subcastas. Mas os brâmanes permaneceram no controle apenas aparentemente. Ao lidar com as relações econômicas, políticas e militares subsequentes, eles eram flexíveis e oportunistas. A casta intocável foi inventada como uma forma de os forasteiros subordinados entrarem no sistema, enquanto os conquistadores ou aqueles que de alguma forma conseguiram adquirir terras ou outros recursos econômicos, na prática, entraram em níveis mais altos. E a proliferação de subcastas significava que a gestão central e impositiva do sistema era impossível (como toda a politicagem dos recenseadores britânicos revelada).

A existência de limites para a hierarquia de castas significa que há limites para o poder brâmane em relação a outros grupos. Os brâmanes conseguiram se elevar acima dos senhores e dos economicamente poderosos em termos de pureza e valor moral. Apenas os invasores estrangeiros, islâmicos e cristãos, conseguiram se impor a eles. A Índia parece representar o único caso em que a figura eticamente superior deva ser sempre, e de modo consistente, aquele que se julga possuir santidade e pureza, ao invés de poder econômico, militar ou político. O "ao invés de" é apropriado aqui, pois os brâmanes, embora tenham tendido, enquanto casta como um todo, a serem ricos e bem-armados, mantiveram o poder secular a uma distância razoável. Dentro da casta, o *status* mais elevado é dado ao renunciante do mundo, depois ao estudioso, depois ao sacerdote (parcialmente contaminado pelo serviço a outras castas), depois ao titular do cargo e ao proprietário da terra. Externamente, aqueles que podem mobilizar o apoio mais popular têm sido os homens ascetas e santos como Gandhi. Mas essa é uma dominância restrita. A casta não rejeitou outras fontes de poder ao incorporá-las. Pelo contrário, ela tem mostrado um grau de indiferença para com os mesmos. A religião brâmane elevou o espiritual, o eterno, o imutável, a pura verdade, o *dharma*. Desde que isso seja respeitado, a sociedade secular pode mais ou menos fazer o que a agradar.

De um ponto de vista materialista e cínico, isso pode parecer como uma conspiração para compartilhar poder entre elites sagradas e seculares. Em certos aspectos, é isso mesmo. Mas isso também desvaloriza o sentido último do secular e desvia recursos potenciais, tanto de compromisso material quanto humano, para o sagrado. É importante perceber que nenhuma tendência teocrática tem sido observada na Índia desde os tempos védicos – líderes religiosos poderosos não procuraram conquistar o Estado ou as classes fundiárias, mas se afastar deles. Isso tem consequências paradoxais, pois, embora os brâmanes tenham estado firmemente estabelecidos na vida social cotidiana, "secular", eles eram conservadores e, do ponto de vista do desenvolvimento material e social, regressivos. Eles redistribuíram e consumiram grande parte do excedente, em vez de direcionar seu reinvestimento. Ajudaram a distribuir tributo político aos estados, mas não lutaram muito para influenciar os objetivos do Estado. A sociedade da Índia era profundamente *dual* e contraditória, o sagrado oposto ao secular e minando as conquistas do último.

O hinduísmo pode refletir o auge do poder social passível de ser alcançado por uma religião salvacionista. Afinal, a rejeição sincera do mundo em favor da salvação levaria ao rápido colapso da vida social. Assim, a verdadeira conquista e incorporação do poder econômico, militar e político por uma religião salvacionista destruiria a sociedade. As conquistas aparentes, pelo cristianismo e pelo islã, foram na realidade retiradas pelo poder ideológico, pois suas instituições assumiram um caráter profundamente secular. O hinduísmo tinha um caráter muito maior de influência de longo prazo na sociedade indiana, abstendo-se de uma estratégia de conquista total.

Depois de tudo isso, não é preciso dizer que a casta não pode ser reduzida a fatores econômicos ou de classe. Não apenas ou essencialmente legitimou os interesses dos grupos econômicos, políticos e militares dominantes, porque reduziu seu poder em relação aos brâmanes, sua liberdade de ação e os recursos de poder disponíveis para eles. Isso é verdade como afirmação histórica, e também é verdade na perspectiva comparativa, se a Índia for contrastada com outras civilizações pré-industriais. A casta reorganizou o curso dos desenvolvimentos econômicos, políticos e militares indianos. Ajudou a estruturar a estratificação social indiana. Ela representou, de fato, o domínio das relações de poder ideológico na Índia. Mas não era mais um sistema de ideias do que um sistema de classes ou um Estado político. Como todas as formas de organização social, exigia a interpenetração de ideias e práticas. Precisava de uma infraestrutura de tipo transcendente.

Vimos que o hinduísmo desenvolveu uma forma de pacificação, eventualmente se tornando uma espécie de feudalismo religioso – preservando a ordem sem um Estado central como o feudalismo militar, mas também com muito menos assistência de uma classe guerreira. O seu poder assentava nos seguintes fatores infraestruturais, que vimos emergir ao longo de um longo intervalo da história indiana:

1) Intensa penetração ritual na vida cotidiana, maior do que qualquer outra religião universal.

2) Quase monopólio do conhecimento socialmente útil, especialmente alfabetização e a organização educacional.

3) Provisão de direito, inicialmente de forma competitiva com os estados, depois como fornecedor de quase monopólio.

4) Ampla organização da sua casta sacerdotal, os brâmanes, em toda a Índia, em contraste com as relações mais locais de outros grupos, incluindo até mesmo os governantes políticos.

5) A habilidade, por meio de todos os fatores acima referidos, de regular as relações interétnicas e a divisão do trabalho através da organização de casta.

O poder do hinduísmo se assemelhava ao do cristianismo e do islamismo em sua capacidade de gerar uma identidade social transcendente, independente de relações militares, políticas ou econômicas. Mas, mais do que as outras religiões, foi capaz de sustentá-la com uma organização transcendente mais desenvolvida. A casta deu caráter à *ecumene* e depreciou o poder da autoridade secular. Dessa forma, a *ecumene* encontrou uma ligação mais completa e duradoura entre o indivíduo e a realidade social última. Assim, possivelmente, se tivéssemos nos aventurado com questionários e gravadores na Índia pré-colonial, teríamos encontrado um grau de consenso valorativo nessa área substantiva, a estratificação social, que provou ser mais intratável em outros casos. A aceitação moral da hierarquia é, como argumenta Dumont, parte integrante da casta. Naturalmente, a aceitação (como em toda parte) é parcial, contraditória e contestada. Mas, na Índia, contradição e contestação não giram apenas em torno da tendência dos grupos inferiores de se considerarem como sendo factualmente inferiores. Aqui, ao contrário de outros lugares, isso também implica a sua tendência a admitir que são, até certo ponto, impuros e até mesmo o mal. Isso é notável, e não apenas para "o ocidental" (como é frequentemente observado). Encontramos poucas aproximações em qualquer outro lugar do globo.

Então a *ecumene* hindu tinha uma forma paradoxal: ela se uniu por meio da diferenciação, tanto no plano material como no moral. Mas talvez não devêssemos chamar o hinduísmo de uma *ecumene*, pois ele parece negar a fraternidade e irmandade nessa vida (que gerou uma literatura hindu angustiada negando isso). Casta é inversão da *ecumene* e da *umma*, reconhecidamente a mesma ordem de fenômeno, mas quase o seu contrário.

A casta forneceu uma conexão mais clara entre os dois tipos de poder: coletivo e distributivo. Não só poderia mobilizar uma coletividade, como também poderia, clara e impositivamente, estratificá-la também. A casta é uma forma de estratificação, não estratificação econômica (classe), não estratificação política (propriedade), baseada em uma forma distintiva de organização transcendente. Isso é o que o hinduísmo alcançou para além da realização ecumênica comum das religiões universais.

Assim, a cosmologia foi usada para dar significado a tudo isso, "constituir sentido". Era um sistema de crenças plausível porque levava a resultados. Sua exatidão parecia justificada pela existência de ordem e um grau de progresso social geral. A casta hindu não pressupõe uma obsessão indiana inata com a classificação, com a pureza ou com outros esquemas conceituais ou valores. Em vez disso, suas organizações de poder distintivas proporcionaram a estratificação das necessidades humanas reais em uma situação social incomum – incomum, mas receptiva às ferramentas conceituais da sociologia. Elas satisfizeram essas necessidades até eventualmente, como veremos mais adiante, defrontar-se com os grandes recursos de poder, aqueles do modo de produção capitalista industrial e do Estado-nação.

As conquistas do poder ideológico: uma conclusão para os capítulos 10 e 11

Ao longo de vários capítulos, discuti um número de sistemas de crença que se tornou proeminente no período de aproximadamente 600 a.C. até cerca de 700 d.C.: zoroastrismo, filosofia humanista grega, hinduísmo, budismo, confucionismo, judaísmo, cristianismo e islã. Eles se tornaram proeminentes por causa de uma característica crucial por eles compartilhada: um sentido translocal de identidade pessoal e social, que permitiu uma mobilização extensiva e intensiva em uma escala suficiente para entrar no registro histórico. A esse respeito, todos eles foram "rastreadores" da história. E todos eles foram originais. Mesmo aqueles que mais se comprometeram com o contexto local (o hinduísmo com o seu *jati*, o elemento localizado da casta, o islamismo com o seu tribalismo) e mesmo aqueles mais restritos em termos de classe ou etnicidade (zoroastrismo, confucionismo e talvez judaísmo) ofereceram, no entanto, adesão mais ampla e universal do que qualquer organização de poder social anterior. Essa foi a primeira grande conquista reorganizadora dos movimentos ideológicos de poder nesse período.

Tal conquista teve duas precondições e causas. Primeiro, ela foi construída sobre as vastas realizações anteriores de relações de poder econômico, político e militar. Especificamente, dependia de sistemas de comunicação e controle forjados a partir das redes comerciais de antigos modos de produção, das ideologias transmitidas pelas classes dominantes, das estruturas de pacificação militar e das instituições estatais. Os sistemas de crenças são mensagens – sem infraestruturas de comunicação não podem se tornar amplos. Essas infraestruturas se tornaram mais desenvolvidas nos últimos impérios de dominação arcaicos. Porém, quanto mais os impérios eram bem-sucedidos no desenvolvimento de tal infraestrutura, mais certas contradições sociais se intensificavam. Especifiquei cinco contradições principais em algum detalhe no capítulo 10. As principais dessas contradições são entre universalismo e particularismo, entre igualdade e hierarquia, entre descentralização e centralização, entre cosmopolitismo e uniformidade e entre civilização e barbárie nas fronteiras. Os impérios "inconscientemente" encorajaram o desenvolvimento de todas as primeiras dessas qualidades nas relações sociais, mas as estruturas imperiais oficiais estavam institucionalmente comprometidas com essas últimas (no último caso, comprometidas em manter os bárbaros de fora desse papel, em vez de civilizá-los). Assim, grupos não oficiais emergiram como os principais portadores de práticas e valores universais, igualitários, descentralizados, cosmopolitas e civilizadores. Desenvolveram *redes intersticiais* de interação social, comunicando nos interstícios dos impérios e (em menor medida) através das suas fronteiras. Essas redes se centraram no *comércio*, que vimos, encorajado pelo sucesso dos impérios, mas cada vez mais fora do controle oficial.

Em segundo lugar, esses grupos intersticiais se apoiavam, e foram promovidos, em algo que tendia a se tornar uma infraestrutura especificamente ideológica, *letrada*. Uma mensagem ampla e discursiva mudará a sua forma e seu sentido quando percorrer distâncias consideráveis, se a sua forma original não puder ser preservada. Antes da simplificação das letras e dos materiais escritos no começo do primeiro milênio a.C., as mensagens discursivas não podiam facilmente ser estabilizadas. As religiões não letradas (como observado em GOODY, 1968: 2-3) tendem a ser instáveis e ecléticas. Mas gradualmente o alfabeto se desenvolveu até ao ponto em que um sistema de crenças único e ortodoxo poderia contar com o tipo de processo de transmissão em duas etapas encontrado no Império Romano (descrito em pormenor no capítulo 10). Mensagens escritas poderiam ser transportadas entre indivíduos-chave em cada localidade, e então transmitidas aos demais por meios orais. Essa foi a *infraestrutura de dois passos da alfabetização* que apoiou a extensão do poder ideológico que então ocorreu.

Esse sistema de comunicação pode não parecer particularmente impressionante aos olhos modernos. Em particular, a alfabetização ainda era um fenômeno minoritário, mas não se exigia do processo de alfabetização que realizasse tarefas muito complexas. As mensagens transmitidas, sobre as quais essas filosofias e religiões estavam construídas, eram simples. Elas tocavam em três áreas principais de experiência. Primeiro vieram as "questões fundamentais da existência": o sentido da vida, a criação e a natureza do cosmos, o problema do nascimento e da morte. A filosofia e a teologia tenderam a produzir formas cada vez mais complicadas de formular essas questões. Mas as próprias questões permaneciam, e ainda permanecem, simples e profundas para todos os seres humanos. A segunda área de experiência era a ética interpessoal – abrangendo o campo das normas e da moralidade. "Como posso ser uma boa pessoa?" é também uma questão perene, simples, mas provavelmente não respondível pelos seres humanos nas relações sociais. A terceira área dizia respeito às esferas associadas da família e do ciclo de vida – focando os dois primeiros conjuntos de problemas no grupo social mais íntimo em que ocorrem o nascimento, o casamento, as relações trigeracionais e a morte. Praticamente todos os seres humanos enfrentam todos os três tipos de problemas mais ou menos da mesma maneira – são aspectos universais da condição humana. Eles foram, de fato, universais desde o início da sociedade. Mas *esse* foi o primeiro período histórico em que uma experiência semelhante pôde ser extensiva, estabilizada e difusamente comunicada. Onde quer que as suas técnicas de comunicação tenham sido construídas, as ideologias floresceram, representando uma explosão extraordinária dos poderes coletivos da consciência humana. A identidade pessoal e social se tornou muito mais extensa e difusa, potencialmente *universal* – a segunda grande conquista "rastreadora" do poder ideológico. A maioria dos sistemas de crença levou essa comunicação de verdades universais através dos gêneros, classes e, tanto através das fronteiras do Estado quanto em seus interstícios, suas estruturas de comunicação não oficiais. Eram *transcendentes* em toda a outra organização de poder.

Nesse ponto, porém, devemos começar as eliminações, primeiro removendo o zoroastrismo e o confucionismo da discussão. Ambos expandiram predominantemente a consciência e os poderes coletivos dos homens das nobrezas persa e chinesa, mas não ajudaram significativamente outros grupos. Esse foi um compromisso considerável com o particularismo social. Foi um exemplo de ideologia *imanente*, predominantemente impulsionando a moral e a solidariedade de uma classe dominante ou comunidade étnica existente.

Em todos os casos restantes, os sistemas de crença deram um impulso considerável à troca transcendente de mensagens e, portanto, de controles, entre níveis hierárquicos, gêneros, divisões étnicas e fronteiras estatais. Os efeitos mais comuns foram sobre diferentes classes e "povos", trazidos para um senso comum de identidade. Esta foi também uma mudança profunda, pois levou potencialmente à mobilização das massas. Até agora, como argumentei em capítulos anteriores, as sociedades tinham sido fortemente federais. O poder foi dividido entre vários níveis de coordenação hierárquica e regional. As massas normalmente não estavam ao alcance direto dos níveis de poder mais altos e centralizados. As crenças das massas não eram relevantes para o exercício do poder macrossocial. Então as massas e os centros de poder se conectaram ideologicamente. A conexão poderia assumir uma variedade de formas, desde a democracia ao autoritarismo, mas a partir de então as crenças das massas se tornaram muito mais relevantes para o exercício do poder. Esse foi o terceiro grande feito de "rastreamento" do poder ideológico.

Vamos continuar com o processo de eliminação. Em outro caso, o do humanismo grego, o florescimento desse sistema de crença popular também reforçou e legitimou a estrutura de poder existente, o da civilização multiestatal federal e relativamente democrática da pólis. Mas, nos casos restantes, o sistema de crença popular era indiretamente subversivo, pois estava localizado em última instância no conhecimento, sentido e significado fora das fontes tradicionais de poder econômico, político e militar – em um domínio considerado transcendente. Em outras palavras, esses casos eram "religiosos", preocupados ostensiva e principalmente com o domínio "espiritual", "sagrado", devolvendo os poderes "material" e "secular" a autoridades seculares e não religiosas. Todas eram filosoficamente duais. As religiões que subverteram a autoridade secular o fizeram de uma forma "espiritual" especializada. Elas intensificaram as instituições de um poder *especificamente ideológico*. Essa foi a quarta grande conquista de "rastreamento" do poder ideológico.

Vamos fazer uma pausa aqui, pois as conquistas mencionadas até agora se somam a uma revolução na organização do poder social. Os sistemas de crença, e mais especificamente as religiões, não desempenham o mesmo papel geral ao longo do processo histórico. Nos capítulos anteriores, tanto a extensão como a forma da autonomia de poder ideológico variaram consideravelmente. Obviamente, não poderia justificar tais mudanças nos termos das qualidades supostamente inatas dos seres humanos ou das sociedades, que figuraram em grande parte nos debates entre materialismo e idealismo – isto é, a relação geral entre "ideias" e "realidade material" ou "ação material". No volume 3, devo argumentar, baseado em motivos gerais, que esses debates não são úteis para a teoria social. Mas aqui podemos notar que um exame cuidadoso do registo histórico revela uma explicação superior.

Em qualquer período histórico há muitos pontos de contato entre os seres humanos que as estruturas de poder existentes não organizam efetivamente. Se esses pontos de contato se tornam de maior importância para a vida social, eles levantam problemas sociais gerais que exigem novas soluções organizacionais. Uma solução particular tem grande plausibilidade quando as estruturas de poder existentes permanecem incapazes de controlar as forças emergentes. Essa é uma concepção de poder "transcendente": a autoridade divina invocada pelas contraelites emergentes. No caso das primeiras civilizações, discutidas nos capítulos 3 e 4, isso surgiu como a principal força integradora de uma civilização regional. Mas, dada a infraestrutura da época, sua força deve ter sido relativamente fraca, e se confinou a um nível básico de identidade: uma identidade civilizacional difusa e normas apenas suficientes para confiar em estranhos comerciantes e para sustentar a diplomacia multiestatal. Os poderes penetrativos *intensivos* dessas primeiras grandes ideologias foram restritos.

Nos dois primeiros milênios da história da humanidade, existia pouca infraestrutura para a comunicação de ideias através de um amplo espaço social. Até o tempo da Assíria e da Pérsia, nem mesmo as classes dominantes podiam trocar e estabilizar as ideias e os costumes de seus membros em grandes espaços. As principais bases infraestruturais para a combinação de poder extensivo e intensivo foram estruturas militares e econômicas de "cooperação compulsória" e federações políticas de cidades-Estado e elites tribais e regionais, às vezes existentes em civilizações regionais mais frouxas e predominantemente orais. Gradualmente, no entanto, as duas precondições do poder ideológico autônomo muito mais extensivo e intensivo se desenvolveram: (1) Redes amplas de interação social se desenvolveram nas redes intersticiais do poder oficial. (2) Essas redes carregavam especificamente uma estrutura de duas etapas de comunicação local alfabetizada. Gradualmente, massas maiores e mais difusas de pessoas se tornaram parte dessas redes intersticiais. Elas foram colocadas em uma situação social original, mas comum, cujo sentido não foi dado pelas crenças e rituais tradicionais das estruturas oficiais locais ou extensas existentes. As pessoas articuladas podiam gerar novas explicações e sentidos para a sua situação no cosmos. Como esse sentido não podia ser encapsulado por tradições locais ou oficiais, era intersticial a elas, isto é, socialmente transcendente. A crença na divindade transcendente com relação direta a elas mesmas era a expressão imaginativa de sua situação social intersticial. Como tanto a estrutura oficial do império como as suas redes comerciais intersticiais encorajavam a racionalidade individual, havia uma tensão persistente na sua religião para o monoteísmo racional. Assim, uma situação social intersticial foi expressa como uma religião de salvação e comunicada por meio da alfabetização parcial em um movimento religioso do livro.

Essa é uma explicação reconhecidamente "materialista" (desde que não se restrinja a fatores econômicos). Ou seja, uma situação social gerou um sistema de crenças que, em grande parte, "refletiu" suas características em uma forma imaginativa. Mas porque tais grupos e seus substratos eram intersticiais, seus poderes resultantes de reorganização social eram originais e autônomos. Sua capacidade de estabelecer novos caminhos históricos foi reforçada pelo compromisso normativo, ou seja, pela ideologia como *moral*, agora adquirida pela conversão religiosa. Os cristãos podiam resistir à perseguição; os guerreiros islâmicos podiam vencer seus inimigos supostamente extraordinários. Eles criaram novas "sociedades" para rivalizar com as já constituídas por combinações tradicionais de relações de poder. Em alguns casos, eles superaram ou sobreviveram às redes tradicionais. O poder ideológico era, nesse sentido e nesse período, transcendente.

Por estarem no mundo, contudo, também tiveram de se adaptar às organizações de poder tradicionais de três maneiras principais. Primeiro, o chamado reino espiritual estava centrado em uma esfera social particular, na vida do indivíduo, na sua progressão no ciclo de vida e nas suas relações interpessoais e familiares. Como forma de poder, era extremamente *intensiva*, centrada na experiência direta de vida de grupos íntimos. Pode ter sido a forma mais intensiva de poder replicada em redes sociais relativamente largas até esse período. Esse reino espiritual, entretanto, e qualquer mobilização popular consequente a ele, poderia ser meramente uma agregação de localidades, semelhantes, mas sem conexões orgânicas. Tal esfera não poderia, por si só, manter facilmente um nível elevado e amplo de mobilização social. Para isso, dependeria em grande parte de outras organizações de poder. Voltando a um argumento que construí no capítulo 1: nas sociedades amplas, a estrutura familiar não é uma parte crítica dos arranjos macrossociais de poder. Essa dependência da família restringiu o alcance e a autonomia do poder ideológico.

Segundo, essa esfera da vida não era na realidade puramente "espiritual". Como toda a vida social, também era um domínio misto espiritual/material, sagrado/secular. Por exemplo, decisões devem ser tomadas sobre a conduta ética correta, sobre o ritual correto de nascimento ou casamento, ou sobre a natureza da morte e do além. Isso envolve poder, criação de órgãos de decisão para entrar em acordo e implementar decisões e sanções contra os desobedientes. O poder amplo poderia assim ser estabilizado. Nesse sentido, as religiões não fizeram tanto para transcender a organização de poder existente como paralela a elas, institucionalizando o sagrado, rotinizando o carisma (como Weber colocou) – trata-se de uma segunda restrição sobre a autonomia do poder ideológico.

Em terceiro lugar, a esfera social com a qual as religiões estavam primariamente preocupadas, na verdade, pressupunha a existência de outras estruturas de poder, particularmente as suas infraestruturas de comunicação. As religiões tinham de aceitar e utilizar as instalações de estruturas de macropoder anteriores.

O caminho pelo qual o exato equilíbrio de poder funcionou, entre as conquistas e as restrições que identifiquei, variou consideravelmente entre as diferentes religiões. Em um extremo, todas conseguiram obter poderes de quase monopólio sobre a regulação do núcleo da esfera social, especialmente da família e do ciclo de vida. Eles, de fato, mantiveram muitos desses poderes até os dias de hoje. Essa foi a quinta grande conquista do poder ideológico.

Em outro extremo, todos estabeleceram relações de compromisso com as estruturas de macropoder existentes, aceitando sua legitimidade e as usando para controlar suas próprias comunidades religiosas. Assim, a despeito das primeiras pressões religiosas universais, o domínio dos homens sobre as mulheres e o fato geral do domínio de classe não foram desafiados pelo surgimento das religiões universais. Essas foram uma quarta e uma quinta restrições à autonomia do poder ideológico.

Entre esses extremos, existe uma grande variedade. Um poder bastante particular, mas importante, foi exercido através do impacto religioso sobre o poder militar. Em dois dos casos, havia uma ligação entre uma forte ética interpessoal e a moral militar. No caso do islã, a solidariedade religiosa da cavalaria árabe conquistou enormes territórios, assegurando de um só golpe as conquistas de poder do islã na maior parte desta área. Na Bizâncio cristã e na Europa Ocidental, a moral religiosa-militar ficou confinada e consideravelmente reforçada nas hierarquias sociais, aumentando a autoridade à custa do universalismo. O cristianismo não apenas se comprometia com as autoridades mundanas, mas também influenciava a sua forma. Ficou provado, de fato, a existência de uma ligação entre essas duas religiões e a guerra, particularmente entre a fé e a solidariedade, fervor e ferocidade das tropas. Era costume tomar formas bastante desagradáveis – o inimigo infiel era suscetível de ser tratado como menos do que totalmente humano, sendo massacrado de acordo. Essa sexta conquista do poder ideológico reduziu o universalismo da segunda, indicando a natureza contraditória dessas conquistas.

Outro problema, e oportunidade, foi colocado às religiões universais pela hesitação geral dos amplos estados que testemunharam o seu surgimento. Os dois processos estavam obviamente ligados. Mesmo que os estados como o romano também tenham sido atingidos por outros grandes problemas, isso não ajudou as suas chances de sobrevivência por ter uma comunidade concorrente de identidade e vínculo operando dentro e fora das suas fronteiras. Os estados chinês e persa aproveitaram a oportunidade para unir essa comunidade a si mesmos, ajudando a prevenir a emergência de uma religião universal nos seus domínios. Nos casos restantes, os estados desmoronaram, repetidamente.

Nesse contexto, todas as religiões universais alcançaram uma estratégia comum: assegurar o controle quase monopolístico da infraestrutura da alfabetização, às vezes alargando-o a todos os documentos escritos, incluindo as leis. O hinduísmo foi o que mais conquistou nesse aspecto, seguido do budismo e do islamismo, com o cristianismo geralmente partilhando o controle com os estados mais fortes dentro do seu domínio. Essa foi a sétima grande conquista do poder ideológico.

Em outros aspectos, a luta pelo poder variou. Somente o hinduísmo assumiu a estrutura de controles amplos, instituindo a casta como o mecanismo distintivo pelo qual o poder amplo poderia ser exercido. Partes substanciais de *todas* as grandes relações de poder, econômicas, políticas e militares, foram desenvolvidas por sua própria estrutura de autoridade, enfraquecendo-as, e tornando a Índia vulnerável à conquista, ao governo político estrangeiro e à estagnação econômica. No entanto, esse foi o auge das conquistas do poder ideológico. Só o hinduísmo passou para uma oitava conquista: o estabelecimento de uma cosmologia ritual e de uma sociedade religiosa. No entanto, ao fazer isso, subverteu completamente a segunda conquista, a comunidade popular e universal. Pois a casta cuidadosamente escalonou a humanidade em graus de valor.

Nem o budismo, o islã ou o cristianismo conseguiram tanto. O budismo tendeu a permanecer mais subordinado, operando nos interstícios do hinduísmo na Índia e dependente do poder secular em outros lugares. O islamismo e o cristianismo assumiram muitas vezes poderes econômicos, políticos e militares, mas geralmente num molde definido por formas seculares tradicionais, não pela sua própria estrutura religiosa. Eles sentiram a força da terceira restrição mencionada acima. Mas, ao assumir soluções de compromisso, mantiveram-se vivos e recuaram em uma profunda contradição entre suas naturezas universal e autoritária, tornando-os muito mais dinâmicos do que o hinduísmo. No capítulo 12 exploro as consequências histórico-mundiais desse dinamismo.

É óbvio que as diversas conquistas das religiões mundiais não foram simplesmente cumulativas. Uma parte de suas conquistas, resultado de suas lutas com autoridades seculares, foi que a humanidade foi conduzida ao longo de vários caminhos diferentes de desenvolvimento. No entanto, havia um núcleo naquilo que fizeram: a mobilização de uma comunidade popular, que diferia consideravelmente de qualquer coisa até então vista em sociedades relativamente amplas. Eles introduziram *uma intensidade hierárquica* nas relações de poder amplas. As pessoas foram mobilizadas para uma comunidade normativa.

Enfatizei o nível normativo, argumentando que ele nos permite atravessar o dualismo estéril de "ideias" ou "o espiritual" *versus* "o material". Essa é uma questão que discutirei em termos mais teóricos no volume 3. Mas cabe a mim acrescentar aqui uma palavra sobre Durkheim, pois esse grande sociólogo confere suporte a meu argumento. Durkheim argumentou que relações sociais estáveis requerem entendimentos normativos prévios entre os participantes. Nem a força nem o interesse próprio mútuo ofereceram uma base suficiente para a estabilidade. Assim, a sociedade dependia de um nível normativo e ritual algo distante do mundo "secular" baseado em força, interesses, trocas e cálculos. A sociedade, enquanto cooperação social, era sagrada. Durkheim então se propôs a interpretar a religião com foco no sagrado, interpretando-a como reflexo das necessidades normativas da sociedade.

É um argumento profundo, mas ainda muito limitado. Pois ao longo dos últimos capítulos vimos a religião não apenas como um reflexo da sociedade, mas também como realmente *criando* a comunidade ritual normativa que efetivamente *é* uma sociedade. A *ecumene* cristã, a *umma* islâmica, o sistema de castas hindu foram sociedades. As religiões criaram uma ordem social, um *nomos*, em situações em que os reguladores tradicionais da sociedade – as relações de poder econômicas, ideológicas, políticas e militares existentes – hesitavam. Assim, suas cosmologias foram, socialmente falando, *verdadeiras*. O mundo *foi* ordenado, e por suas próprias concepções de sagrado, sua transcendência normativa e suas comunidades rituais. Ampliei Durkheim, mas não o rejeitei.

Permitam-me, contudo, afastar-me de qualquer sugestão de que ainda posso imitar Durkheim produzindo uma teoria *geral* do papel da religião na sociedade. Até agora, a maior característica da religião tem sido a sua extraordinária *irregularidade*. Primeiro, ela provavelmente teve um papel importante, ainda que um pouco obscuro, nas redes de poder federais e segmentadas das primeiras civilizações regionais. Então durante mais de um milênio dos maiores impérios de dominação, seu papel foi largamente confinado ao fortalecimento imanente das classes dominantes. Então, no milênio seguinte, explodiu transcendentalmente na forma das religiões universais salvacionistas.

Expliquei a explosão menos nos termos das necessidades fundamentais e estáveis dos indivíduos ou das sociedades por sentido, normas, cosmologia, e assim por diante – eles podem ter tais necessidades, mas tiveram precioso pouco significado social para o milênio anterior – do que em termos do desenvolvimento histórico-mundial das técnicas de poder. Só então as mensagens ideológicas poderiam ser estabilizadas em amplos espaços sociais. Só então surgiu uma série de contradições fundamentais entre as redes de poder oficiais e intersticiais dos antigos impérios. Apenas então essas últimas foram gerando organizações socialmente transcendentes nas quais pareceu plausível uma cosmologia de uma divindade universal e salvação individual e racional. Essa foi, portanto, uma oportunidade histórico-mundial única.

Até mesmo dizer isso é aparentemente generalizar. A religião salvacionista não explodiu universalmente nesse terreno histórico particular. O Império Chinês redirecionou a religião para os seus próprios fins imanentes, assim como a Pérsia. O último dos impérios helenísticos a manteve amortecida até que fosse superada de fora. Somente o cristianismo, o islã e o hinduísmo desenvolveram o poder transcendente para superar estruturas existentes do poder. Desses, o cristianismo e o islã adotaram uma forma de poder peculiarmente dinâmica e contraditória, enquanto que o hinduísmo e o seu ramo budista adotaram outra forma, mais monolítica. Posteriormente, os padrões de desenvolvimento de todas as regiões em que essas religiões predominaram diferiram extraordinariamente. Como comentei no início do capítulo, o que tinha sido até agora uma ampla "família" de sociedades em toda a Eurásia se dividiu nessa era.

É claro que os caminhos subsequentes dessas sociedades divergentes não estavam desconectados de suas características e história anteriores: a China não tinha cosmopolitismo, a Índia não tinha força imperial, a Europa já tinha testemunhado mais luta de classes, e assim por diante. Mas uma generalização pode ser feita sobre o impacto do salvacionismo nesse período: ele *ampliou* cada variação. Tal foi seu aprimoramento de técnicas de poder, de solidariedade social, das possibilidades para uma comunicação difusa, tanto vertical como horizontalmente, que quem quer que tenha tomado suas organizações poderia mudar sua estrutura social mais radicalmente do que tinha sido provavelmente o caso na história anterior. Uma série de verdadeiras revoluções transcorreu através da Eurásia, liderada por técnicas e organizações ideológicas de poder. A partir de então, a China, a Índia, o islã e a Europa seguiram caminhos muito diferentes. A sociologia global comparativa – sempre, na minha opinião, um empreendimento difícil – então se torna muito difícil. A partir de então narro apenas um caso, o da Europa cristã e suas ramificações.

As chances de construir uma teoria geral diretamente a partir do papel social da religião são, portanto, escassas. Ela não teve um papel geral de qualquer significado, apenas momentos histórico-mundiais. Pode ter havido tais momentos entre as primeiras civilizações, e certamente houve na era de Cristo e São Paulo, Maomé, e os brâmanes e Buda. Sobre esses homens e seus seguidores está construída minha noção de poder religioso transcendente. Então eu a secularizo ligeiramente para incluir o sabor mais mundano das primeiras culturas civilizacionais – mais a possibilidade de analisar ideologias modernas (como o liberalismo ou o marxismo) em termos semelhantes. O resultado é a minha noção de poder ideológico – baseada menos nas propriedades gerais das sociedades do que em algumas poucas oportunidades apresentadas pelo desenvolvimento histórico-mundial do poder. Não é muito para uma teoria geral da ideologia, mas pode refletir o real papel histórico das ideologias.

Referências

BANNERJEE, P. (1973). *Early Indian Religions*. Delhi: Vikas.

BETEILLE, A. (1969). *Castes*: Old and New. Londres: Asia Publishing House.

BOUGIE, C. (1971). *Essays on the Caste System*. Cambridge: Cambridge University Press.

CAHEN, C. (1970). *L'Islam*: des origines au debut de l' Empire Ottoman. Paris: Bordas.

CHATTOPADHYAYA, D. (1976). Sources of Indian idealism. In: *History and Society*: Essays in Honour of Professor Nohananjan Ray. Calcutá: Bagchi.

COHN, B.S. (1959). Law and change (some notes on) in North India. In: *Economic Development and Cultural Change*, 8.

CREEL, H.G. (1949). *Confucius*: The Man and the Myth. Nova York: John Day.

DUMONT, L. (1972). *Homo Hierarchicus*. Londres: Paladin.

DUMONT, L. & POCOCK, D.F. (1957). For a Sociology of India. In: *Contributions to Indian Sociology*, 1.

ENGINEER, A.A. (1980). *The Islamic State*. Delhi: Vikas.

GELLNER, E. (1981). *Muslim Society*. Cambridge: Cambridge University Press.

GHURYE, G.S. (1979). *Vedic India*. Bombay: Popular Prakeshan.

_____ (1961). *Class, Caste and Occupation*. Bombay: Popular Book Depot.

GOODY, J. (org.). (1968). *Literacy in Traditional Societies*. Cambridge: Cambridge University Press.

HEESTERMAN, J.C. (1971). Priesthood and the Brahmin. In: *Contributions to Indian Sociology*, new series, 5.

HOEART, A.M. (1950). *Caste*: a Comparative Study. Londres: Methuen.

HOLT, P.M. et al. (orgs.) (1977). *The Cambridge History of Islam*. Cambridge: Cambridge University Press [esp. Vol. 1: A, The Central Islamic Land, from Pre-Islamic Times to the First World War, partes I e II].

HUTTON, J.H. (1946). *Caste in India*: Its Nature, Function and Origins. Cambridge: Cambridge University Press.

JACKSON, A. (1907). Note on the History of the Caste System. In: *Journal of the Asiatic Society of Bengal*, new series, 3.

KARVE, I. (1968). *Hindu Society*: an Interpretation. Poona, India: Deshmukh.

LEVY, R. (1957). *Social Structure of Islam*: The Sociology of Islam. Cambridge: Cambridge University Press.

MAJUMDAR, E.C. (org.) (1957). *The History and Culture of the Indian People* – Vol. V: The Struggle for Empire. Bombay: Bhavan.

_____ (1954). *The History and Culture of the Indian People* – Vol. II: The Age of Imperial Unity. Bombay: Bhavan.

_____ (1951). *The History and Culture of the Indian People* – Vol. I: The Vedic Age. Londres: Allen & Unwin.

MILLER, E.J. (1954). Caste and Territory in Malabar. In: *American Anthropologist*, 56.

PARRY, J.H. (1984). *The Text in Context* [mimeo.].

_____ (1980). Ghosts, Greed and Sin. In: *Man*, new series, 15.

_____ (1979). *Caste and Kinship in Kangra*. Londres: Routledge & Kegan Paul.

RODINSON, M. (1971). *Mohammed*. Londres: Allen Lane.

SARASWATI, B. (1977). *Brahmanic Ritual Traditions in the Crucible of Time*. Simla: Indian Institute of Advanced Study.

SHARMA, R.S. (1966). *Light on Early Indian Society and Economy*. Bombay: Manaktalas.

_____ (1965). *Indian Feudalism*: c. 300-1200. Calcutá: Calcutta University Press.

SRINIVAS, M.N. (1957). Caste in Modern India. In: *Journal of Asian Studies*, 16.

THAPAR, R. (1966). *A History of India*. Vol. I. Harmondsworth, Ingl.: Penguin Books.

VIDAL, G. (1981). *Creation*. Londres: Heinemann.

WAGLE, N. (1966). *Society at the Time of the Buddha*. Bombay: Popular Prakashan.

WALEY, A. (1938). *The Analects of Confucius*. Londres: Allen & Unwin.

WATT, M.W. (1961). *Islam and the Integration of Society*. Londres: Routledge.

_____ (1956). *Muhammad at Medina*. Oxford: Clarendon.

_____ (1953). *Muhammad at Mecca*. Oxford: Clarendon.

WEBER, M. (1958). *The Religion of India*. Nova York: Free.

_____ (1951). *The Religion of China*. Glencoe, Ill.: Free.

12
A dinâmica europeia I
A fase intensiva, 800-1155 d.C.

É impossível para o sociólogo da história contemplar a história medieval europeia "em seus próprios termos" sem ser influenciado pelas premonições do Leviatã que surgia por trás dela – o capitalismo industrial. É necessária pouca defesa para esse viés teleológico. Ele é justificado por quatro fatores.

Primeiro, a revolução capitalista na agricultura e na indústria dos séculos XVIII e XIX foi o impulso mais importante para o poder humano coletivo na história. As sociedades industriais já não dependiam quase inteiramente do gasto dos músculos humanos e animais. Elas poderiam adicionar a exploração das próprias fontes de energia da natureza. Em todas as medidas infraestruturais de poder coletivo mencionadas nestes volumes – em taxas de rendimento, densidades populacionais, extensão de redes de interação, poderes destrutivos e assim por diante – um salto significativo incomparável ocorreu nesse curto espaço de tempo.

Segundo, podemos discernir o movimento em direção a este salto para frente, reunindo forças no decorrer de todo o Período Medieval e do início da Modernidade. Retrocessos ocorreram, mas os bloqueios não duraram muito tempo até que o movimento de avanço fosse retomado.

Terceiro, todas as fontes de poder social – relações econômicas, políticas, militares e ideológicas – tendiam a se mover em uma única direção geral de desenvolvimento. É convencional descrever esse movimento como a "transição do feudalismo para o capitalismo". Argumentarei que esta é uma descrição insuficiente (como faz HOLTON, 1984, ao concluir sua valiosa revisão dos debates sobre a transição), mas ainda assim transmite a sensação de um movimento geral.

Quarto, isso ocorreu em uma única ampla área sociogeográfica, a fusão do Império Romano do Ocidente e as terras dos bárbaros alemães, que conhecemos como "Europa". Essa região não possuía uma unidade social, mas a partir de então passou a ter, até o século XX.

Assim, a Europa continha um único conjunto de dinâmicas inter-relacionadas, uma transição, rompendo todas as periodizações mais específicas, subdivisões geográficas, bem como excentricidades e conjunturas históricas que a história mais detalhada sempre requer. Por isso, deixarei as conjunturas de lado – especialmente as que interferem na Europa por fora – até o capítulo 15. O tema deste capítulo é o dinamismo e suas origens, o motor do desenvolvimento que a Europa medieval possuía e que a ajudou a avançar para o capitalismo industrial.

Vamos tentar nos concentrar um pouco mais de perto nesse estado final para ver o que precisamos explicar. Em primeiro lugar, não podemos deixar de ficar impressionados com o aumento dos poderes econômicos, a capacidade de se apropriar dos frutos da natureza, ocorridos em meados do século XIX. Este poder econômico acelerou *intensiva* e *extensivamente*. Intensivamente, o rendimento de qualquer parcela particular de terra ou grupo de pessoas aumentara enormemente. Os seres humanos estavam penetrando mais profundamente na terra e rearranjando suas propriedades físicas e químicas para extrair seus recursos. Mas socialmente também, suas atividades coordenadas, usando trabalho incorporado (ou seja, capital) nas máquinas, também foram muito mais intensamente organizadas. A práxis das pessoas comuns intensificou seu poder. Essas atividades também eram mais extensivas, sistematicamente na maior parte da Europa e, em seguida, cobrindo rotas mais estreitas de penetração no mundo. Estas tomaram várias formas, mas as principais foram a ampliação dos circuitos de produção e troca de mercadorias. Nenhum império, nenhuma sociedade de qualquer tipo, havia penetrado tão intensivamente ou extensivamente. O principal mecanismo nessa reorganização da história foi o poder econômico – "circuitos de práxis" como eu os denominei. Se esses desenvolvimentos econômicos não foram mero acidente, a estrutura social medieval anterior deve ter possuído um enorme dinamismo, tanto intensivo como extensivo. Nossa explicação deve ser capaz de lidar com ambos.

Meu argumento é que a transição incluiu duas fases antes e depois de aproximadamente 1150 d.C. A primeira viu a aceleração em grande parte dos poderes intensivos de *praxis* econômica; a segunda acompanhou como crescimento do poder extensivo dos circuitos de mercadorias, desacelerando a princípio e acelerando por volta de 1500. A primeira foi uma precondição da segunda e foi o fundamento original da transição. Esse é o assunto deste capítulo; o crescimento do poder extensivo será reservado para os dois próximos.

Mas o estado final mudou qualitativa e quantitativamente. Chamamos esse processo de revolução *capitalista* ou *industrial* (ou fazemos uma aposta segura e combinamos as duas), cada qual indicando o ponto de vista de uma importante teoria social. No momento, limito a discussão das duas à cronologia.

O capitalismo – a ser definido em seguida – precedeu a Revolução Industrial. Suas técnicas de organização gradualmente se desenvolveram durante o

Período Moderno inicial. Mais imediatamente, algumas das principais técnicas organizacionais usadas na indústria foram aplicadas um século antes na revolução agrícola do século XVIII. Assim, temos que explicar primeiro a transição para o capitalismo. No volume 2 veremos que o industrialismo subsequentemente também exerceu influências sociais fortes e uniformes, independentemente de ter ocorrido em uma sociedade capitalista. Mas isso é um problema para o próximo volume.

Permitam-me definir o modo de produção capitalista. A maioria das definições pressupõe dois componentes que se combinam para produzir um terceiro. Os três são:

1) *Produção de mercadorias.* Cada fator de produção é tratado como um meio, não como um fim em si mesmo, e é trocável com todos os outros fatores. Isso inclui o trabalho.

2) *Propriedade monopolista privada dos meios de produção.* Os fatores de produção, incluindo a força de trabalho, pertencem formal e inteiramente a uma classe privada de capitalistas (e não são compartilhados com o Estado, a massa de trabalhadores, a comunidade, Deus ou qualquer outra pessoa).

3) *O trabalho é livre e separado dos meios de produção.* Os trabalhadores estão livres para vender sua força de trabalho e retirá-lo como bem entenderem; eles recebem um salário, mas não têm direitos sobre o excedente produzido.

O desenvolvimento da forma mercadoria tinha sido longo e tortuoso. Alguns períodos continham bolsões de capitalismo no sentido de que mercadores, banqueiros, latifundiários e fabricantes poderiam estar investindo dinheiro para ganhar mais dinheiro, pagando trabalho assalariado e calculando os custos do trabalho contra outros fatores de produção. Mas em nenhuma sociedade antes da era moderna essas atividades eram *dominantes*. A liberdade dessas pessoas de organizar seus empreendimentos de acordo com o valor das mercadorias era restringida pelo Estado, pela comunidade, por potências estrangeiras ou pelas limitações técnicas do tempo (p. ex., falta de cunhagem para o valor de troca). As principais restrições eram que a propriedade privada nunca era absoluta (nem mesmo em Roma) e que a mão de obra indígena não poderia ser tratada integralmente como mercadoria.

Nesses aspectos, a estrutura social europeia antiga era tradicional. Começo com sua economia "feudal" (embora acabe rejeitando o "feudalismo" como um rótulo abrangente para o contexto europeu). As definições do modo de produção feudal variam. A mais simples é: *a extração de mão de obra excedente por meio de renda do solo por uma classe de proprietários de um campesinato dependente* (p. ex., DOBB, 1946). Dois elementos nesta definição exigem explicação. "Dependência" significa que o camponês estava legalmente ligado a um determinado pedaço de terra ou a um senhor em particular, de modo que a livre-circulação fora do relacionamento feudal não era possível. A servidão era a forma mais usual de tal dependência. "Arrendamento" sugere que uma classe de proprietários de terra possuía a terra coletivamente (p. ex., não como proprietários privados e individuais) e que um campesinato tinha que pagar um aluguel normalmente em serviços de mão de obra para trabalhar e, portanto, viver. Assim, o senhor individual não detinha posse absoluta. E como o trabalho estava ligado à terra e ao senhor, não podia ser facilmente tratado como uma mercadoria, trocável em outros fatores de produção.

Assim, podemos acrescentar mais duas questões para nossa explicação da transição: *como a propriedade se tornou individual e absoluta? Como o trabalho se tornou uma mercadoria?* O presente capítulo apenas começa a abordar essas questões, porque na primeira fase intensiva da transição as mudanças nas relações de propriedade só ocorreram de forma embrionária. A discussão continuará nos próximos capítulos.

Até agora, discuti a transição como se fosse meramente econômica. No entanto, não podemos equacionar essa transição econômica específica com todo o movimento da história europeia. O modo de produção capitalista, como todos os modos de produção, é um tipo ideal, uma abstração. Se o capitalismo viesse a dominar a vida social real, provavelmente não seria tão puro quanto a definição poderia implicar. Como todos os modos de produção, exigia força, institucionalização política e ideologia, e suas exigências provavelmente resultariam em formas de compromisso de organização social. Para explicar a ascensão do capitalismo – na verdade, do feudalismo – devemos traçar as inter-relações de todas as quatro principais organizações de poder: econômicas, militares, políticas e ideológicas. Assim, nem o feudalismo nem o capitalismo, se forem usados como periodizações gerais da história europeia, seriam meramente rótulos econômicos. Em vista disso, parece imprudente usá-los como designações gerais da Europa medieval ou moderna. O processo do dinamismo europeu *não* é a transição do feudalismo para o capitalismo. A demonstração disso vai me guiar no decorrer deste capítulo e nos próximos dois.

Nos dois capítulos seguintes mostro que o estado final da sociedade europeia, além de ser capitalismo e industrialismo, também tem sido uma série segmentária de redes nacionais de interação social, isto é, uma rede diplomática e geopolítica multinacional internacional. Não podemos explicar a estrutura ou o dinamismo europeu sem uma análise da ascensão de estados nacionais competitivos, aproximadamente iguais. Por outro lado, descobriremos que eles foram, em parte, talvez em grande parte, produtos de reorganizações induzidas pelo desenvolvimento de relações militares de poder.

Neste capítulo discuto similarmente a respeito da sociedade medieval. A dinâmica que continha não era puramente econômica, localizada dentro do modo de produção feudal, como defini, ou como qualquer outra pessoa poderia defini-lo. A maioria dos historiadores concorda, argumentando que uma explicação da "transição" deve abranger muitos fatores, alguns econômicos, outros não econômicos. Mas seus argumentos tendem a ser detalhados e, em pontos cruciais, *ad hoc*. Acredito que podemos ser mais sistemáticos do que isso – examinando as formas organizacionais das quatro fontes de poder. Teorias sistemáticas anteriores da "transição" tenderam a ser materialistas – neoclássicas ou marxianas. A transição é apenas explicável em termos de uma combinação de organizações de poder econômicas, militares, políticas e ideológicas.

Resumo do argumento

A estrutura social que se estabilizou na Europa após o fim das migrações e invasões bárbaras (ou seja, em 1000 d.C.) foi uma federação múltipla acéfala. A Europa não tinha cabeça, nem centro, mas era uma entidade composta por diversas pequenas redes de interação transversais. Nos capítulos anteriores descrevi tipos anteriores de federação acéfala, no início da Suméria e na Grécia clássica. Mas as estruturas deles eram mais simples do que essa. Nesses casos, cada unidade política (cidade-Estado ou liga federada de estados ou tribos) havia coordenado o poder econômico, militar e, até certo ponto, ideológico em seus territórios. As federações da Suméria e da Grécia eram predominantemente geopolíticas, compostas por várias unidades territoriais monopolistas. Isso não era verdade no início da Europa medieval (embora tenha se tornado mais verdadeiro posteriormente), em que redes de interação baseadas em poder econômico, militar e ideológico diferiam em seu espaço geográfico e social e nenhuma era unitária por natureza. Consequentemente, nenhuma agência única de poder controlava um território bem definido ou as pessoas dentro dele. Como resultado, a maioria das relações sociais era extremamente localizada, concentrada intensamente em uma ou mais comunidades celulares – o mosteiro, a aldeia, a casa senhorial, o castelo, a cidade, a guilda, a irmandade e assim por diante.

Mas as relações entre essas múltiplas redes de poder foram reguladas. Prevaleceu a ordem, e não o caos. A principal agência reguladora era a Cristandade, de longe a mais extensa das redes de poder. Veremos que a Cristandade combinou de maneira contraditória, e de fato dialética, as duas principais características organizacionais do poder ideológico. Foi *transcendente*, mas reforçou a moral *imanente* de um grupo social existente, uma classe dominante de senhores. Essa combinação ajudou a garantir um nível básico de pacificação normativa, confirmando as relações de propriedade e mercado dentro e entre as células. Segundo, cada rede de poder local era relativamente voltada para fora, sentindo-se parte de um todo muito maior e, portanto, potencialmente expansionista. As civilizações anteriores haviam fornecido infraestrutura de poder extensivo apenas com grande custo, geralmente através do que chamei em capítulos anteriores de cooperação compulsória. Agora, o suficiente disso foi fornecido por meios ideológicos, pelo cristianismo sem um Estado, que a expansão e a inovação poderiam irromper da célula local intensiva. A dinâmica feudal inicial centrada na economia era primordialmente intensiva porque o poder extensivo já era fornecido pela Cristandade. A infraestrutura econômica, a economia aldeia-casa senhorial, que introduziu inovações cruciais como o arado pesado e o sistema de três campos, e a própria economia comercial centrada na cidade, dependiam da "infraestrutura" do cristianismo. A metáfora é perversa, deliberadamente, pois desejo atacar novamente a infraestrutura/superestrutura e os modelos materiais/ideais.

Isso deixa claro que em certa medida meu argumento é pouco ortodoxo: o cristianismo como um sistema *normativo* tem sido negligenciado como fator causal no surgimento do capitalismo. Não foi apenas o impacto psicológico de suas doutrinas (como em abordagens weberianas do problema) que impulsionaram o capitalismo; ele forneceu pacificação normativa, em um sentido durkheimiano. Esse contraste será discutido em termos teóricos no volume 3.

Uma segunda parcialidade pouco ortodoxa também está implícita nessa abordagem: localizo o dinamismo muito mais cedo do que se convencionou. Afinal de contas, os fatores que acabamos de mencionar já estavam em vigor por volta de 800 d.C. Uma vez que os últimos saqueadores – vikings, muçulmanos e hunos – foram repelidos, digamos, em 1000 d.C., o dinamismo deveria ter sido evidente. Argumentarei que esse foi realmente o caso. Assim, boa parte dos fatores que tiveram parte na maioria das explicações da dinâmica feudal – o surgimento de cidades, reações camponesas e senhoriais à crise do século XIV, o renascimento do direito romano, a ascensão do Estado burocrático e de contabilidade, a revolução da navegação, o Renascimento do século XV, o protestantismo – foram as fases posteriores de uma dinâmica já bem estabelecida. Por conseguinte, eles não figurarão em lugar central neste capítulo.

Eu não reivindico originalidade em situar essa dinâmica em um período tão anterior ao usualmente considerado. Duby (1974), Bridbury (1975) e Postan (1975) localizaram o renascimento econômico bem antes de 1000 d.C. Muitos historiadores enfatizaram as realizações políticas, militares e culturais das elites dominantes francas e normandas, argumentando que um genuíno Renascimento ocorreu em seus domínios entre 1050 e 1250. Trevor-Roper (1965) argumenta que suas conquistas foram maiores do que as do Renascimento do século XV, processo que obteve maior notoriedade.

Muitos outros historiadores subvalorizaram as conquistas da Europa medieval em virtude de um uso imprudente da sociologia comparada. Tornou-se lugar-comum comparar a Europa com seus contemporâneos na Ásia e no Oriente Médio e contrastar a barbárie dos primeiros com a civilização dos últimos, particularmente da China. Segue-se que o ponto em que a Europa "superou" a Ásia deve ser tardio. O ano de 1450 ou 1500 é geralmente escolhido como o momento de ultrapassagem, geralmente porque esse é o período da expansão naval da Europa e da revolução galileana na ciência. Um escritor típico é Joseph Needham (1963), que ao contrastar Europa e China enfatiza o papel de Galileu: Com "a descoberta da técnica básica de descoberta científica em si, então a curva da ciência e tecnologia na Europa começa a subir de forma violenta, quase exponencial, ultrapassando o nível das sociedades asiáticas". Se esta é a cronologia da ultrapassagem, então a dinâmica da transição também pode ser encontrada em causas tardias.

Mas isso é sociologia comparada superficial. Apenas algumas sociedades podem ser simplesmente colocadas acima ou abaixo umas das outras em uma única escala de desenvolvimento medindo seus poderes coletivos. Mais frequentemente, as sociedades *diferem* em suas conquistas. Foi assim no caso da Europa medieval e da China. A autodifamação europeia é mal-explicada. Isso vem da obsessão pelo "poder extensivo". Se medido por esse padrão, a Europa teria ficado defasada até depois de 1500. Pouco antes, Marco Polo podia ver o esplendor e o poder político e militar de Kublai Khan: nenhum monarca europeu poderia apropriar-se de tais riquezas, pacificar esses espaços, mobilizar um número tão grande de tropas. Os governantes cristãos do norte do Mediterrâneo também travaram uma longa e inconclusiva luta contra os estados islâmicos durante muitos séculos medievais. Além disso, a maioria das inovações que provaram ter grandes implicações para o poder extensivo (principalmente a pólvora, a bússola do navio e a impressão) vieram do Oriente. A Europa era muitas vezes inferior, e nunca superior, em poderes amplos até depois de 1500. Mas, como veremos, em outra série de conquistas de poder, *intensivas*, especialmente na agricultura, a Europa estava à frente em 1000 d.C. Vista nessa luz, a revolução galileana foi um desenvolvimento dessas realizações. De fato, as maiores realizações de nossa era capitalista, industrial e científica, podem ser encontradas por volta dessa data.

Começo com uma descrição expandida das múltiplas redes de poder até 1155 d.C. Essa data tem um significado no contexto inglês, pois marca o início do reinado de Henrique II, notável construtor de estados. Em termos europeus, a data é arbitrária, mas a periodização geral que ela indica é significativa em três aspectos. Primeiro, todas as redes de poder foram colocadas em jogo na forma geral em que as descrevo. Segundo, o dinamismo essencial da Europa já era evidente. Terceiro, qualquer data significativamente posterior começaria a distorcer as redes de poder, particularmente aquelas que resultaram das mudanças militares-fiscais-políticas discutidas no próximo capítulo. Essas tendiam a favorecer redes de interação mais unitárias, territorialmente centralizadas, na direção de "estados nacionais", a promover métodos mais extensivos de controle social e a enfraquecer o papel integrador da Cristandade. Por volta dessa data, portanto, o modelo que acabei de descrever se torna menos aplicável e a segunda fase da transição começa. Mas se o dinamismo já era evidente, devemos primeiro eliminar esses desenvolvimentos de nossa explicação.

A datação também evidencia uma limitação empírica da minha análise ao longo dos próximos capítulos. Centralizo a discussão sobre o caso da Inglaterra, embora as comparações com outras regiões da Europa sejam feitas eventualmente.

Feudalismo como redes de interação múltipla: poder ideológico, militar/político e econômico

Poder ideológico

A mais extensiva rede de interação era centrada em torno da Igreja Católica[1]. A Cristandade católica se estendia por uma área de algo como 1 milhão de km^2, aproximadamente a mesma área dos impérios mais extensos da história anterior, o romano e o persa. Ela se espalhou pela conversão, processo organizado mais ou menos depois de 500 d.C., sob a autoridade do bispo de Roma. Daquele tempo também datam as reivindicações deste bispo à supremacia sobre a Igreja, dada a infraestrutura administrativa sob o Papa Gregório I o Grande (590-640). A reivindicação devia muito de sua força ao apelo da Roma imperial. Isso pode ser visto na ampla circulação no oitavo século da Doação de Constantino, supostamente uma carta do grande imperador cristão doando a cidade de Roma e o império ocidental ao papa, mas na realidade uma falsificação papal.

A infraestrutura do poder papal sobre tal enorme terreno foi severamente limitada. Mas no final do século XI, essa rede de poder ideológico foi firmemente estabelecida em toda a Europa em duas hierarquias autoritárias paralelas de comunidades monásticas e dos bispos, cada qual responsável perante o papa. Sua infraestrutura de comunicação era fornecida pela alfabetização em uma língua comum, a latina, sobre a qual desfrutou de quase monopólio até o século XIII. Sua subsistência econômica era fornecida pelos dízimos de todos os fiéis e pelas receitas de seus próprios patrimônios extensivos. O Domesday Book revela que em 1086 a Igreja recebeu 26% de todas as receitas de terras agrícolas na Inglaterra, caso típico, aproximadamente, da Idade Média na maior parte da Europa (cf. GOODY, 1983: 125-127). Ideologicamente, foi sustentada por uma concepção monárquica de autoridade religiosa, afirmada como superior em um sentido último à autoridade secular. Em termos reais, havia uma luta de poder contínua e flutuante entre governantes seculares e a Igreja. Mas a última sempre possuía sua própria base de poder. Internamente, era governada pela lei canônica. Os clérigos, por exemplo, foram julgados em seus próprios tribunais, sobre os quais os governantes seculares não tinham poder. Os tentáculos desta instituição alcançaram a vida de toda corte, toda casa senhorial, toda aldeia, toda cidade da Europa. Seus poderes permitiram transformar as regras do casamento e a vida familiar, por exemplo (cf. GOODY, 1983). Na verdade, essa era

---

1. Boas referências gerais para essa seção são Trevor-Roper, 1965; e Southern, 1970.

a única rede de interação autoritária que se espalhava tão extensivamente, ao mesmo tempo em que penetrava intensivamente na vida cotidiana.

Houve três conquistas e uma limitação e contradição de tal extensividade. Primeiro, a *ecumene* católica sobreviveu e se fortaleceu como uma forma de identidade social difusa maior do que a fornecida por qualquer outra fonte de poder. Isso permanece verdade mesmo se compararmos a identidade ecumênica àquela conferida por um país relativamente grande, homogêneo e centrado no Estado, como a Inglaterra, depois da conquista normanda. Com uma mistura tão recente de populações e línguas, era difícil que surgisse uma identidade territorial local – embora tenha ocorrido a tempo, dada a estabilidade da população. A identidade da Cristandade era transnacional, baseada não em território ou localidade, como qualquer pessoa poderia realmente experimentá-los, mas em algo mais amplo, algo mais abstrato e transcendente.

Vamos tentar uma pequena reconstrução hipotética do caso da Inglaterra. Se pudéssemos viajar de volta à Inglaterra por volta de 1150, munidos com questionários, gravadores e as habilidades linguísticas necessárias para perguntar a uma amostra da população com toda a devida circunspecção a qual grupo social eles pertenciam, obteríamos respostas bastante complexas. A maioria não seria capaz de apontar uma única identidade. Os senhores, a quem entrevistaríamos em francês normando (embora pudéssemos tentar o latim), poderiam indicar que eram nobres; cristãos, claro; eles elaborariam uma genealogia indicando também que eram descendentes de normandos, mas ligados intimamente ao Rei Angevino da Inglaterra e ao baronato inglês. Eles pensariam que, no final das contas, seus interesses estavam com os senhores do reino da Inglaterra (talvez incluindo suas possessões francesas, talvez não) e não com, digamos, os senhores do reino da França. Eu não tenho certeza de onde eles colocariam "o povo" – cristãos, mas rústicos bárbaros e iletrados – em seu mapa normativo. Os mercadores, que entrevistaríamos numa diversidade de línguas, poderiam dizer que eram ingleses, ou das cidades de Hansa da costa do Báltico, ou da Lombardia; se fossem ingleses, provavelmente mostrariam mais "nacionalismo" antiestrangeiro do que qualquer outra pessoa, por interesse setorial; eles eram cristãos, claro; e seus interesses residiam em uma combinação de autonomia de guildas e aliança com a coroa inglesa. O clero superior, a quem nós entrevistaríamos em latim, diria serem cristãos em primeiro lugar. Mas, então, normalmente encontraríamos tanto uma clara solidariedade de classe baseada em parentesco com os senhores, quanto uma identidade sobreposta com alguns senhores e mercadores, mas excluindo definitivamente as pessoas, centradas na posse de alfabetização. O pároco, com quem poderíamos tentar o latim (e, na falta disso, o inglês médio), poderia dizer-se cristão e inglês. Alguns diriam, talvez duvidosamente, serem *literati*. Os camponeses, a grande maioria de nossa amostra, entrevistaríamos nos vários dialetos do Oriente Médio e amálgamas de saxões, dinamarqueses, celtas e normandos franceses (dos quais temos apenas os contornos mais vagos). Eles seriam, mas não se chamariam, *illiterati*, um termo abusivo que denotava exclusão, não pertencendo a uma comunidade. Eles se diriam cristãos, e então eles poderiam se dizer ingleses ou diriam que são dos povos de Essex ou de Northumbrian ou Cornish. Suas alianças seriam misturadas: ao seu senhor local (temporal ou espiritual); para sua aldeia local ou outra rede de parentesco; e (se fossem homens livres) ao seu rei, a quem juraram lealdade anual. O último caso foi raro na Europa, denotando novamente a força excepcional da coroa inglesa. Nós gostaríamos de saber se os vários estratos do campesinato tinham qualquer sentido real de ser "inglês". Imediatamente após a conquista normanda eles provavelmente tinham – em oposição aos seus novos governantes. Mas eles mais tarde, quando os normandos se tornaram anglo-normandos? Nós não sabemos.

A principal conclusão é inconfundível. O mais poderoso e extensivo senso de identidade social era cristão, embora fosse uma identidade transcendente unificadora e dividida pelas barreiras verticais de classe e alfabetização. O corte transversal de todas essas divisões era um compromisso com a Inglaterra, mas elas eram variáveis e, em todo caso, incluíam conexões e obrigações dinásticas menos extensivas. Assim, a identidade cristã forneceu tanto uma humanidade comum quanto uma estrutura para divisões comuns entre os europeus.

Vamos primeiro considerar a identidade transcendente comum. Seu aspecto mais interessante foi o modo como foi construído em *extensividade*. Para além das atividades comerciais, o tipo de movimento mais frequente em toda a Europa era provavelmente de natureza religiosa. Os clérigos viajaram muito, mas também os leigos em peregrinação. A peregrinação foi chamada de "terapia da distância". A maioria das pessoas capazes de pagar, em algum momento de suas vidas, expia seus pecados viajando através da região ou mesmo através do continente para receber a bênção conferida pelas relíquias sagradas. Os cínicos disseram que havia fragmentos suficientes da cruz verdadeira espalhados em todos os santuários para construir uma frota de batalha para retomar a Terra Santa. Mas a Europa foi integrada pela dispersão, a jornada constante até eles, e a experiência cultivada e culminante da *praesentia*, a suposta ressurreição física de Cristo ou no santo santuário (BROWN, 1981).

No nível ético, a Igreja pregava consideração, decência e caridade para com todos os cristãos: pacificação normativa básica, um substituto para a pacificação coerciva normalmente exigida em sociedades extensivas anteriores. A principal sanção que a Igreja poderia fornecer não era a força física, mas a exclusão da comunidade – em última análise, a excomunhão. *Extra ecclesiam nulla salus* (fora da Igreja não há salvação) foi aceito quase universalmente. Até mesmo o pior bandido era cauteloso com a excomunhão, desejava morrer absolvido e estava disposto a pagar à Igreja (se não sempre, para modificar seu comportamento, ao menos) para receber a absolvição. O lado mais sombrio da pacificação normativa foi o tratamento selvagem dispensado aos que estavam fora da *ecumene*, aos cismáticos, hereges, judeus, islamitas e pagãos. Mas sua grande conquista foi a criação de uma sociedade normativa mínima perpassando fronteiras estatais, étnicas, de classe e de gênero. Não incluiu em nenhum sentido significativo a Igreja Bizantina. Mas integrou as duas principais áreas geográficas da "Europa", as terras mediterrâneas com sua herança cultural, suas técnicas de poder predominantemente *extensivas* (alfabetização, cunhagem, propriedades agrícolas e redes comerciais) e o noroeste da Europa, com suas técnicas de poder mais intensivas (aração profunda, solidariedades entre aldeias e parentes e guerra localmente organizada). Se os dois pudessem ser mantidos em uma única comunidade, o desenvolvimento europeu seria uma consequência possível de seu intercâmbio criativo. Não olhemos para essa comunidade religiosa em termos modernos e piedosos. Era também folclore obsceno, satirizando a religião comum, transmitida por jogadores viajantes e mendicantes cujas peças e sermões consideravam as congregações modernas como blasfemas, como nas paródias de todos os principais rituais religiosos. Pregadores atraindo audiências de milhares estavam conscientes de seus truques. Um deles, Olivier Maillard, escreveu notas marginais para si mesmo como "sente-se – levante-se – limpe-se! uhum! uhum! – agora grite como um demônio" (apud BURKE, 1979: 101; cf. 122-123).

A segunda conquista da extensiva identidade da Igreja foi que ela se tornou a principal guardiã da civilização, em maior extensão do que as únicas unidades políticas, militares ou econômicas do início do Período Medieval. A natureza transcendente da identidade era óbvia em quatro níveis. Primeiro, no nível regional, bispos e padres coordenaram campanhas para livrar um bairro de bandidos e senhores agressivos. Um desses movimentos, o *Pax Dei*, proclamado na França em 1040, deu proteção a padres, camponeses, viajantes e mulheres. Estranhamente para os nossos olhos, também declarou um armistício para durar de quarta-feira ao entardecer às segundas-feiras de manhã. Embora o sucesso desses movimentos fosse limitado, tanto os governantes leigos quanto o papado foram capazes de crescer em cima deles (COWDREY, 1970). Eles deram origem a distinções medievais entre guerras "justas" e "injustas" e às regras que regem o tratamento de não combatentes e os vencidos. Nenhuma dessas normas e regras foi aceita universalmente. As violações eram tão frequentes que produziam literatura cínica e moralizadora durante toda a Idade Média. Erasmo herdou de uma longa tradição quando escreveu sobre aqueles que "descobriram o caminho como um homem pode desembainhar sua espada e embainhá-la nas entranhas de seu irmão, e, ainda assim, não ofender ele é o dever da segunda mesa, em que somos obrigados a amar nossos vizinhos como a nós mesmos" (apud SHENNAN, 1974: 36). Mas a moralização e as advertências foram sentidas como tendo alguma força potencial, e não dentro do Estado, mas da Europa como um todo.

Segundo, no nível político, os bispos e os abades ajudaram o governante a controlar seus domínios, fornecendo tanto autoridade sacra quanto clérigos alfabetizados para sua chancelaria, apoiando sua autoridade judicial com legitimidade e eficiência. Mais tarde, vemos que essa autoridade provou ser a fonte de muito mais.

Terceiro, no nível continental, o papado foi o principal árbitro da política interestatal, preservando um equilíbrio de poder, restringindo os monarcas arrogantes em seus conflitos com os governantes menores. A excomunhão poderia liberar os vassalos de um monarca de seu juramento de fidelidade. Qualquer um poderia, assim, tomar sua terra. A Igreja garantiu a ordem continental, mas poderia desencadear o caos. Essa ameaça levou à humilhação tanto de Henrique II quanto de João, rei da Inglaterra. Mais espetacular foi o tratamento do grande imperador alemão Henrique IV, obrigado em 1077 a aguardar três dias de pleno inverno no pátio externo de Canossa para a absolvição do papa.

E quarto, na política intercontinental, o papado coordenou a defesa da Cristandade e os primeiros contra-ataques, as Cruzadas na Terra Santa, que, embora fossem transitórias, indicavam que a Cristandade ocidental não cairia no islã (embora revelando a divisão entre as Igrejas orientais e ocidentais, provavelmente contribuíram para a queda dos Bálcãs e o isolamento de Constantinopla). A grandeza da Cristandade latina e seu papado não era meramente espiritual. Em um sentido secular e diplomático, a Igreja era superior – sem comandar diretamente um único exército.

A terceira conquista extensiva da Igreja foi econômica. Sua pacificação normativa permitia que mais produtos fossem comercializados em distâncias mais longas do que poderia ocorrer entre os domínios de um número tão grande de estados e governantes pequenos, geralmente altamente predatórios. Como veremos mais adiante, a sobrevivência do comércio de longa distância impulsionou a produção de bens para troca de mercado no Período Medieval.

Mas os efeitos econômicos também foram qualitativos. Assim como a Igreja politicamente superou os governantes, ela também o fez economicamente. Na medida em que a pacificação foi fornecida pela Cristandade, ela não foi fornecida pelos estados. Naturalmente, os estados suplementaram esse nível de pacificação e, após cerca de 1200, como veremos no próximo capítulo, eles começaram a substituí-lo. Mas, a princípio, o controle que podiam exercer sobre a produção e o comércio em virtude das funções fornecidas por eles era limitado. Isso foi especialmente acentuado na esfera da produção, logisticamente mais difícil para um Estado controlar do que o comércio a longa distância (que se movia visivelmente ao longo de algumas rotas de comunicação).

As relações de produção, incluindo as relações de propriedade, foram amplamente escondidas da interferência do Estado. A pacificação normativa garantiria que a propriedade fosse respeitada.

Além disso, a *ecumene* cristã afetou a forma das relações de propriedade. Quando todas as classes e etnias, e ambos os sexos, compartilhavam (talvez apenas isso!) uma humanidade comum, com igualdade aos olhos de Deus, formas de propriedade dando poder monopolista a uma classe, etnia ou gênero eram, em teoria, improváveis de emergir. No extremo, a escravidão estava em declínio entre os cristãos europeus. Mas as pretensões de propriedade monopolistas da classe de latifundiários dominantes podem estar tão sujeitas à superação cristã quanto as dos governantes políticos.

Na medida em que o cristianismo, em sua forma original, tinha poder sobre a economia, ele iria dispersar os direitos de propriedade, não os concentrar. Então, ainda era a religião universal e salvacionista de Cristo?

A questão levanta novamente o problema da limitação e contradição fundamental do cristianismo, evidente no capítulo 10. A Cristandade reivindicou apenas uma *ecumene* especializada, sagrada e supostamente não secular. O papado não aspirava ao poder mundano monopolista. Se as autoridades seculares apoiassem seu poder espiritual e admitissem questões fronteiriças – seus poderes de concentrar seus próprios bispos e ungir governantes leigos, disciplinar clérigos em tribunais eclesiásticos, monopolizar instituições educacionais – então, disse o papado, eles poderiam governar em sua própria esfera com sua bênção. Mas na prática as duas esferas eram inseparáveis. Em particular, o secular havia entrado no coração do sagrado. No capítulo 10, descrevi como, antes do colapso do Império Romano do Ocidente, a Igreja havia hesitado, incapaz de abandonar suas origens comunais, relativamente igualitárias e antipagãs romanas, mas acomodando-se silenciosa e pragmaticamente às estruturas imperiais romanas. Após o colapso romano, ela herdou o manto imperial. Papas como Gregório I, Leão II (que coroou Carlos Magno) e Gregório VII receberam bem isso. Tal visão hierárquica da missão cristã foi reproduzida nos níveis inferiores da Igreja por bispos e sacerdotes. Reforçou as tendências hierárquicas nas estruturas seculares de poder (a serem analisadas em seguida).

A Igreja estava contradizendo suas próprias origens mais humildes. Foi legitimando uma distribuição altamente desigual de recursos econômicos. Mais importante para a nossa história era legitimar uma diferença qualitativa entre senhores e camponeses. Havia uma teoria secular e uma realidade secular também de que esses grupos desempenhavam papéis qualitativamente diferentes na sociedade: os senhores defendiam, os camponeses produziam. A Igreja marcou um papel sagrado. Se a nova ortodoxia da Igreja pudesse ser expressa em uma única frase, seria o adágio frequentemente repetido: "O padre ora, o cavaleiro defende, o camponês trabalha". Há nisso uma separação qualitativa entre a propriedade e o trabalho: somente os camponeses trabalham!

A Igreja aumentou a moral de classe dos senhores, revestindo suas explorações com qualidades sagradas. Não é fácil para nós compreendermos isso. As classes dominantes em nossa própria época há muito abandonaram as justificativas sagradas pelas pragmáticas ("o capitalismo funciona"). É mais fácil para nós compreender o elemento que sobreviveu por mais tempo – o que, de fato, foi aprimorado ao longo do Período Medieval: os direitos e deveres sagrados da monarquia. No entanto, esse não foi o principal impulso da ideologia medieval primitiva. Enquanto as reivindicações dos reis ingleses e franceses sobre seus senhores geralmente cresceram ao longo do século XII, as do imperador alemão enfraqueceram. De qualquer forma, mais atenção foi dada em todos os países às qualidades e vínculos compartilhados pelo senhor e vassalo. O culto da nobreza e da ordem da cavalaria era compartilhado pelo príncipe e o cavalheiro celibatário com uma casa senhorial. A cavalaria foi definida, assim como seus deveres: lealdade, declínio da pilhagem, defesa da fé, luta pelo bem comum e proteção dos pobres, das viúvas e dos órfãos. Estes foram encaixados em um padrão mais amplo de moralidade, ordenando as virtudes cardeais de cavalheirismo, bravura, justiça, prudência e continência, e um desenvolvimento especial: a homenagem do cavaleiro à sua dama. Rituais de torneio, cerimoniais judiciais e missões de busca surgiram.

Tudo isso foi celebrado dentro da grande literatura europeia do século XII e início do século XIII, os romances da corte e a poesia lírica levada pelos poetas, trovadores e *Minnesänger* da baixa nobreza. Os limites do espiritual e do secular estão no centro de algumas das literaturas mais duradouras e especialmente dos romances arturianos. A pureza de Galahad, que encontra e assegura o Santo Graal, não é para este mundo. As pequenas manchas de Percival e Gauvain, que podem apenas vislumbrar o Santo Graal, representam o melhor que os humanos reais podem alcançar. As grandes fragilidades de Lancelot, Genebra e o próprio Arthur representam as maiores conquistas e os trágicos comprometimentos morais do mundo real. Quase toda essa literatura europeia comum é bastante introspectiva em termos de classe. Como Abercrombie, Hill e Turner (1980) astutamente apontam, relativamente pouca ideologia literária estava preocupada com o povo ou com justificar o domínio sobre ele. É menos uma ideologia de exploração de classe do que uma ideologia preocupada com o comportamento moral dentro de uma classe cuja exploração já está firmemente institucionalizada. É por isso que muitos dos romances medievais podem apelar tão fortemente para nós. A busca por honra, decência e pureza toma como certo o quadro social particular e frequentemente brutal da época e parece "atemporal". No entanto, essa qualidade emerge, paradoxalmente, de suas suposições ligadas à classe. Ao combinar a busca pelo significado, pelas normas, e pela expressão ritual e estética tão poderosamente, a literatura é um exemplo extraordinariamente vívido de ideologia como moral de classe imanente.

Parentesco e genealogia forneceram uma espécie de infraestrutura por meio da qual as mensagens de classe viajavam. A genealogia foi ativamente criada e manipulada. Como diz Tuchman:

> Os casamentos eram o tecido das relações internacionais e também entre as nobres, a principal fonte de território, soberania e aliança e

o principal negócio da diplomacia medieval. As relações entre países e governantes não dependiam em nada de fronteiras comuns ou interesse natural, mas de conexões dinásticas e primos fantásticos que poderiam fazer um príncipe da Hungria herdar o trono de Nápoles, e um príncipe inglês o de Castela. [...] Valois da França, Plantagenetas da Inglaterra, Luxemburgo da Boêmia, Wittelsbachs da Baviera, Habsburgo da Áustria, Visconti de Milão, as casas de Navarra, Castela e Aragão, duques da Bretanha, condes de Flandres, Hainault e Savoia estavam todos entrelaçados em uma rede entrecruzada, fazendo com que duas coisas nunca fossem consideradas: os sentimentos das partes ao casamento, e o interesse das populações envolvidas (1979: 47).

Essas conexões levaram quase tão frequentemente à guerra quanto à paz, mas ambas foram ritualizadas em alto grau. Os espetáculos estéticos do namoro diplomático – o cortejo teatral do pretendente ou de seus representantes, os banquetes, os torneios e até os encontros de rivais genealógicos no campo de batalha – solidificaram a classe nobre como um todo.

Tuchman fornece um esboço organizado que resume os conflitos, mas também a solidariedade final da nobreza (1979: 178-180). Ele é produzido a partir de um período um pouco mais tardio que este, mas pode ser tomado como típico de vários séculos de vida nobre. Dois grandes nobres do sul da França, o Captal de Buch, um gascão, e Gastão III Febo, conde de Foix (cujos nomes e títulos exemplificam a diversidade étnica de origens nobres), estiveram durante toda a vida em lados opostos da grande luta pela França. O Captal era o principal aliado gascão dos reis ingleses, enquanto o conde devia fidelidade aos reis franceses. Eles estavam nos exércitos opostos na grande vitória inglesa em Poitiers em 1356. Mas sendo primos e desocupados na paz que se seguiu, eles seguiram em frente, indo para campanha junto à Prússia. Lá eles desfrutaram de um dos grandes e gloriosos prazeres da nobreza cristã, caçando e matando camponeses pagãos lituanos. Voltando com seus cortejos em 1358, eles se depararam com um dos principais eventos de uma revolta camponesa no norte da França, o cerco de Meaux. "À cabeça de 25 cavaleiros de armadura brilhante, com galhardetes argenta e azuis exibindo estrelas e lírios e leões deitados" (símbolos da França e da Inglaterra), os dois atacaram diretamente o "exército" camponês em uma ponte confinada. A força de sua carga e de suas lanças e machados superiores infligiam terríveis carnificinas nas fileiras da frente camponesa. Os restantes fugiram, sendo massacrados em pequenos grupos por cavaleiros nos dias seguintes. Experimentar um segundo episódio tão glorioso em tão curto período foi, de fato, cavalheirismo, e os feitos foram muito recontados. Quaisquer que fossem os conflitos da nobreza, eles poderiam se unir contra pagãos e camponeses[2] – essas duas palavras sendo, naturalmente, cognatos linguísticos!

---

2. No original, "*pagans*" e "*peasants*" [N.Ts.].

Assim como eles se depararam com uma *jacquerie* ("revolta") camponesa, nós também devemos nos deter sobre esse ponto. Os grandes rituais estéticos da nobreza causavam, alternadamente, espanto e fúria naqueles que tinham que pagar por eles, os habitantes da cidade e camponeses. O contraste entre a realidade e o que muitas vezes era considerado o cristianismo autêntico dificilmente poderia ser maior.

As duas formas principais de poder ideológico, transcendência e imanência de classe dominante, normalmente mantidas separadas na história anterior no Oriente Próximo e na Europa, estavam agora firmemente incorporadas nas mesmas instituições. Obviamente, contradições resultaram disso. Como William Langland escreveu em *Piers the Plowman* (pouco depois de 1362): "Quando Constantino dotou a Igreja tão generosamente e deu a ela terras e vassalos, propriedades e rendas, um anjo foi ouvido chorando no ar sobre a cidade de Roma, dizendo: 'Hoje em dia a riqueza da Igreja está envenenada, e aqueles que têm o poder de Pedro beberam veneno'" (1966: 194).

A Igreja primitiva não pôde ser totalmente suprimida. Os movimentos em direção a uma Igreja de classe hierárquica provocaram duas respostas persistentes. A primeira foi uma série de reavivamentos e reformas do monasticismo, geralmente denunciando compromissos mundanos voltando as costas para o mundo, mas às vezes também tentando reformar o mundo. A Reforma Beneditina de 816-817, o movimento cluníaco dos séculos X e XI, a maioria das novas ordens dos séculos XI a XIII – Cartuxos, cistercienses, franciscanos, os mendicantes e as primeiras ordens de freiras faziam parte dessa primeira reação. Como a maioria começou localmente, eles visavam a mundanidade dos bispos e sacerdotes locais e seu parentesco com os governantes locais, e não com o papado. Os papas interessados em reforma os usaram como contrapeso ao poder tanto dos governantes episcopais quanto dos governantes seculares.

A segunda reação foi mais séria, uma série de heresias que negavam a autoridade papal e episcopal. Para combatê-los, entre 1215 e 1231 foram fundadas a Inquisição e a Ordem Dominicana. Isso pode ter sido uma má notícia para os hereges, mas é uma boa notícia para o historiador. A partir dos registros da Inquisição, surgiram algumas das mais fascinantes e vívidas documentações da vida medieval e do papel da Igreja dentro dela. Vou me basear em dois estudos recentes que demonstram vividamente as dificuldades internas da Igreja.

Le Roy Ladurie baseou-se nos registros da Inquisição sobre a heresia cátara ou albigense na aldeia montanhosa dos Pirineus de Montaillou. O inquisidor, o bispo local, "pedante como um estudioso", era movido pelo desejo de conhecer e persuadir os outros da verdade da Igreja que excedia todas as exigências práticas da situação local. "Ele passou uma quinzena de seu precioso tempo convencendo o judeu Baruch do mistério da Trindade, uma semana fazendo-o aceitar a natureza dual de Cristo e não menos que três semanas de comentário explicando a vinda do Messias" (1980: XV). Os fazendeiros e pastores também estavam interessados em assuntos doutrinários, não como teologia desencarnada, mas como uma explicação de seu próprio mundo. A Igreja era uma parte importante desse mundo – forneceu o principal elo com o mundo exterior e sua civilização, foi o principal cobrador de impostos, aplicador da moral e educador. As contradições óbvias no papel da Igreja parecem ter sido o principal combustível para a disseminação da heresia cátara em Montaillou. O principal herege da aldeia, Belibaste, disse:

> O papa devora o sangue e o suor dos pobres. E os bispos e os sacerdotes, que são ricos e honrados e autoindulgentes, comportam-se da mesma maneira... enquanto São Pedro abandonou sua esposa, seus filhos, seus campos, suas vinhas e suas posses para seguir a Cristo (p. 333).

Ele tirou as mais extremas conclusões:

> Há quatro grandes demônios governando o mundo: o Senhor Papa, o grande demônio a quem eu chamo de satanás; o Senhor Rei da França é o segundo demônio; o bispo de Pamiers, o terceiro; e o Senhor Inquisidor de Carcassonne, o quarto (p. 13).

As visões apocalípticas eram uma parte aceita da comunicação cultural medieval. Embora a maioria dos videntes místicos tenha se retirado do mundo, o cristianismo (como o islamismo) gerou muitos visionários políticos como – em seu pequeno caminho – Bélibaste. O apocalipse político foi encontrado em quase toda agitação social, uma parte do que Weber chamou de "incansável racionalidade" do cristianismo – um tremendo compromisso com a melhoria do mundo.

Quase todos os aldeões eram mais cautelosos do que Bélibaste. Mas o ressentimento deles pelo poder da Igreja não se deveu apenas ao ressentimento dos camponeses contra os dízimos e à intervenção em sua moral. Foi encorajado pelo conhecimento da Bíblia e da suposta simplicidade da Igreja primitiva. Tal conhecimento foi iniciado por clérigos e livros, transmitidos oralmente por leigos letrados, e ocasionaram discussões animadas e muitas vezes heréticas dentro e fora da casa. A transmissão descendente da heresia foi encorajada por vários níveis de demonstração de respeito dentro da estrutura social medieval: deferência com a autoridade da Bíblia, com a alfabetização, com o *status* social da aldeia, com os chefes de família e com a idade.

Aqui está um exemplo disso em relação à alfabetização. Um homem letrado diz:

> Eu estava tomando sol ao lado da casa que possuía em Ax [...] e a quatro ou cinco vãos de distância, Guillaume Andorran estava lendo em voz alta um livro para sua mãe, Gaillarde. Eu perguntei: "O que você está lendo?"

"Você quer ver?", disse Guillaume.

"Tudo bem", eu disse.

Guillaume me trouxe o livro, e eu li: "No princípio era o Verbo [...]".
Era o "Evangelho" em uma mistura de latim e romance, que continha muitas coisas que eu tinha ouvido o herege Pierre Authie dizer.
Guillaume Andorran me disse que ele tinha comprado de um certo comerciante (p. 237).

(Pierre Authie, um escrivão letrado, era um cátaro de liderança em Ax e foi queimado na fogueira.)

No nível não letrado, um homem conta como havia combinado encontrar um Pierre Rauzi para cortar feno:

> E enquanto afiava sua foice, ele disse: "Você acredita que Deus ou a bem-aventurada Maria é alguma coisa – realmente?"
> E eu respondi: "Sim, claro que acredito".
> Então Pierre disse: "Deus e a Virgem Maria não são nada além do mundo visível ao nosso redor; nada além do que vemos e ouvimos".
> Como Pierre Rauzi era mais velho do que eu, considerei que ele havia me contado a verdade! E permaneci nessa crença por sete ou dez anos, sinceramente convencido de que Deus e a Virgem Maria não eram mais do que esse mundo visível a nossa volta (p. 242).

Esses exemplos ajudam a mostrar que a heresia não foi uma insurreição espontânea e popular contra a autoridade da Igreja. A própria Igreja possuía um "canal alternativo de comunicação" paralelo, baseado na inculcação da alfabetização, na simplicidade das regras monásticas (nem sempre das práticas monásticas), dos pregadores e mendigos itinerantes, até mesmo do próprio púlpito, que atraíram a atenção popular para as contradições doutrinais e práticas construídas diretamente no coração do cristianismo: Embora seu oficiado encorajasse a submissão à hierarquia, sua autoridade sombria encorajava tanto a confiança na racionalidade humana quanto o julgamento de toda a hierarquia pelo apocalipse. O canal de comunicações alternativas lembra o do Império Romano, mediante o qual o cristianismo se espalhou (descrito no capítulo 10).

Tais conclusões são reforçadas por um segundo conjunto de transcrições de julgamentos relativos à heresia de um Menocchio, um moleiro italiano, que foi levado a julgamento em 1584 e novamente em 1599, igualmente fascinante, embora um pouco mais tardio. Estes foram apresentados por Ginzburg, para quem a heresia deriva de "uma religião camponesa intolerante ao dogma e ritual, ligada aos ciclos da natureza e fundamentalmente pré-cristã" (1980: 112). Infelizmente, este argumento é refutado pelas evidências que o próprio Ginzburg acumula. Menocchio era alfabetizado e com vasta leitura, sua posição como moleiro colocá-lo montado no centro de um sistema de comunicações econômica translocal. Ele se defendeu em termos das características da Igreja primitiva e a qualidade ética do próprio ensinamento de Cristo, e mesmo após o primeiro veredito da heresia, ele foi nomeado administrador dos fundos da Igreja local. Isto não é ortodoxia da Igreja contra a cultura camponesa; é a inevitabilidade de uma Igreja gerar heresia de suas contradições inerentes. E o fez durante toda a Idade Média, culminando no Grande Cisma protestante do século XVI.

Estes foram expressos como movimentos de protesto religioso. No entanto, a linha divisória entre a subversão religiosa e a secular estava embaçada. A influência do cristianismo significava que virtualmente todas as revoltas camponesas e urbanas tinham um elemento religioso substancial. A revolta dos camponeses na Inglaterra em 1381 foi essencialmente política e econômica em seus objetivos. Mas um de seus líderes, John Ball, era um padre. Seu famoso sermão inflamatório foi baseado em um mito cristão primitivo, amplamente divulgado por Lagland em *Piers the Plowman*:

> Quando Adão arava a terra, e Eva fiava
> quem era, então, o patrão?

E um dos principais atos dos rebeldes foi estripar o arcebispo de Canterbury, considerado o principal arquiteto do odiado Poll Tax de 1377. Dentro de cada aldeia da Cristandade a Igreja desempenhava seus papéis contraditórios: legitimando o poder do papa, rei e senhor, mas simultaneamente subvertendo-os.

Não se trata somente de que a luta de classes foi expressa na linguagem do cristianismo; antes, o cristianismo ampliou e reorganizou a própria luta de classes. Lembremos as várias "fases" da luta de classes enumeradas no capítulo 7. A primeira foi a luta de classes *latente*. Isso é inevitável e onipresente (dada qualquer divisão entre produtores e expropriadores), mas é "cotidiano", localmente confinado, clandestino e usualmente invisível ao olhar do historiador. Há sempre classes e lutas de classes nesse sentido, mas sua capacidade de estruturar sociedades é limitada. Formas mais extensas de organização do poder nesta fase são normalmente horizontais e clientelistas, lideradas por membros das classes dominantes que mobilizam seus dependentes. A segunda fase foi uma *extensiva* luta de classes, na qual predominavam organizações de classe extensivas e verticalmente divididas sobre o clientelismo horizontal. E a terceira fase foi a luta de classes *política*, destinada a transformar a estrutura de classes, capturando o Estado.

Com exceção da Grécia clássica e do início da Roma republicana, a luta de classes ainda não mudou para as fases dois e três. Agora, no entanto, encontramos o cristianismo intensificando a luta latente e desenvolvendo parcialmente uma luta extensiva. A importância das instituições econômicas locais e a interdependência local da aldeia, da casa senhorial e do mercado em qualquer caso aumentaram a intensidade da luta latente. Mas o igualitarismo difuso, transcendente e apocalíptico do cristianismo e sua frustração por uma sociedade altamente desigual e pelo moral ideológico de classe dos senhores, alimentaram muito isso. A luta local é visível em toda a Idade Média, e a maioria dos historiadores atribui grande parte da dinâmica europeia a ela. A "estrutura de autoridade paralela" do cristianismo também acrescentou uma extensiva organização às revoltas camponesas, como acabamos de ver. Mas numa sociedade em que os camponeses estavam economicamente confinados às "células" locais, isso dificilmente poderia coincidir com a extensiva capacidade de organização dos senhores. Portanto, esse caráter extensivo não equivale ao que chamo de simétrico. Os senhores poderiam flanquear os camponeses. Os movimentos camponeses dependiam das divisões da classe dominante. e sobre a liderança de senhores e eclesiásticos descontentes para o sucesso extensivo (como aconteceu no final do Império Romano, discutido no capítulo 9).

Aspectos transcendentes da ideologia cristã impulsionaram tal liderança: os descontentamentos particularistas e regionais dos senhores podiam ser expressos na moral universal. Isso foi o que ocorreu na heresia albigense no sul da França no século XIII, e até mesmo na revolta do norte conhecida como a Peregrinação da Graça na Inglaterra em 1536. Em outras palavras, as lutas sociais desse tipo não eram lutas de classes "puras". Eles foram reorganizados por instituições religiosas em uma mistura distinta de parte de classe, parte de lutas extensivas clientelistas. O território envolvido pode ser local ou regional, mas no início da Idade Média raramente se referia ao território do Estado. Seu *organizador* foi predominantemente ideológico, em vez de poder político. Assim, o poder ideológico encorajou e depois recanalizou a luta de classes.

Mas talvez se concentrar nas heresias e revoltas não seja o melhor caminho. Estes não eram os resultados normais, no sentido dos mais frequentes, mesmo que fossem os mais divulgados. Normalmente, as contradições eram postas por meios institucionalizados, de acordo com os pontos fortes das partes em disputa nessas instituições. O costume, a lei, a sátira e o mercado eram todas formas de institucionalização. Em todos eles, o papel comprometedor do cristianismo pode ser vislumbrado, tendendo a legitimar a posse de recursos de poder autônomos por ambos os senhores e camponeses.

Poder militar/político

Havia muitos estados europeus. Desde o começo, essa era uma região multiestatal. O Império Romano foi finalmente sucedido por uma surpreendente variedade de unidades geográficas, algumas das quais tinham centros políticos claramente definidos ("estados"), enquanto outras não. Alguns correspondiam a áreas econômicas ou geográficas naturais, alguns tinham uma relação mais clara com o espaço militarmente defensável, e alguns cobriam um terreno cuja única lógica era o acaso e o acréscimo dinástico. Eles eram principalmente unidades bastante pequenas. Por vários séculos, estados de mais de 10.000km^2, digamos, tinham uma história imprevisível, embora curta.

O tamanho pequeno era geralmente o resultado de dois estágios de guerra. No primeiro estágio, os bandos de guerra germânicos, organizados em confederações tribais sob reis, tenderam a se fragmentar depois de conquistarem as províncias romanas. No segundo estágio, unidades consolidadas maiores novamente se fragmentaram sob a pressão de novas invasões bárbaras como resistência recuaram para a fortaleza individual e, no campo, para o pequeno grupo de cavaleiros fortemente armados. Esses pequenos bolsões de "coerção concentrada" (como eu defini poder militar) foram eficientes na defesa contra invasores mais dispersos. Essa lógica militar, dada sua importância para a manutenção da vida e da propriedade na Idade das Trevas, teve importantes consequências reorganizadoras para a vida social como um todo. Veremos que enfraqueceram os estados, aprofundaram a estratificação social, aumentaram a moral de classe dos nobres e aumentaram as contradições dinâmicas do cristianismo.

Da fortaleza e do cavaleiro surgiu a principal forma da política medieval inicial, o Estado feudal fraco. Isto teve quatro elementos principais.

Primeiro, o poder supremo usualmente estava com um único governante, um senhor, que poderia ter uma variedade de títulos – rei, imperador, príncipe, bispo-príncipe, conde, bispo, além de muitas variantes locais dos títulos menores.

Segundo, o poder formal do senhor estava em uma das formas variantes de contrato militar: o vassalo subordinado prestava homenagem e prestava serviço, principalmente assistência militar, em troca de proteção e/ou a concessão de terras do senhor. Este contrato é geralmente considerado elemento central das definições militares/políticas do feudalismo como um todo (em contraste com as econômicas).

Terceiro, o senhor não possuía direitos claros de acesso à população como um todo. A maioria das funções que ele desempenhava para a sociedade era exercida por meio de outros atores autônomos do poder, os vassalos. Em um dos maiores estados, a Inglaterra após a conquista normanda, o Domesday Book de 1086 indica entre 700 e 1.300 inquilinos-chefes, mantendo as terras do rei. Todos os outros inquilinos mantiveram suas terras e/ou contribuíram com seu trabalho como resultado de um contrato com um desses vassalos (exceto aqueles dependentes das propriedades do próprio rei). Até mesmo esse número de inquilinos-chefes era grande demais para a organização política. A maioria dos inquilinos-chefes menores era cliente dos principais. Painter colocou o número de magnatas – isto é, grandes proprietários de terra com uma presença política efetiva regional ou nacional – em cerca de 160 no período de 1160 a 1220 (1943: 170-178). O Estado feudal era uma aglomeração de propriedades familiares em grande parte autônomos.

Essa regra indireta era ainda mais fraca em casos, frequentes na França e na Alemanha, onde o vassalo devia lealdade a mais de um superior – geralmente em partes diferentes de suas propriedades. Em um conflito, o vassalo escolheu qual superior seguir. Nessa situação, não havia sequer uma única pirâmide hierárquica de poder militar/político, mas uma série de redes de interação sobrepostas. Complexidade e competição foram intensificadas em todas as áreas urbanas. Autoridades urbanas – comunas, oligarquias, príncipes-bispos – geralmente gozavam de um grau de autonomia dos príncipes de áreas adjacentes. Este não era um problema inglês, porque os normandos tinham estendido sua conquista uniformemente pela cidade e pelo campo. Ela prevaleceu em um cinturão central da Europa que se estendia de noroeste a sudeste, de Flandres até o leste da França, o oeste da Alemanha e a Suíça até a Itália. A instabilidade mais a prosperidade desta zona envolvia intensas atividades diplomáticas de autoridades leigas e eclesiásticas.

Mesmo sem tais complexidades, em que de fato existia a pirâmide de autoridade, os poderes do governante eram fracos e indiretos. Suas funções rituais e a infraestrutura de alfabetização de sua burocracia eram controladas por uma Igreja transnacional; sua autoridade judicial era compartilhada com a Igreja e os tribunais senhoriais locais; sua liderança militar foi exercida apenas em tempos de crise e sobre serviçais de outros senhores; e ele praticamente não tinha poderes fiscais ou economicamente redistributivos. Essa fraqueza do Estado feudal inicial o diferencia dos estados antigos e modernos. De fato, de certa forma, é enganoso chamar qualquer um deles de "estados", de modo que descentralizados eram funções políticas e, portanto, eles eram carentes de territorialidade.

Quarto, a natureza militar do Estado feudal ampliou consideravelmente a distância da estratificação entre senhores feudais e povo. A esmagadora superioridade do cavaleiro armado e da fortaleza sobre o camponês e o soldado de infantaria urbano até o século XIV, e a necessidade funcional de cavaleiros e fortalezas em áreas ameaçadas pela invasão, aumentaram o rendimento do "aluguel de proteção" exigido pelos cavaleiros. Apenas um homem relativamente rico poderia manter um cavalo e equipar-se com uma armadura de corpo. As leis francas do século VIII atribuem ao equipamento o custo equivalente a 15 éguas ou 23 bois – uma quantia enorme (VERBRUGGEN, 1977: 26). A eficácia militar do cavaleiro permitiu-lhe aumentar a sua riqueza por meio da exploração do campesinato. Como Hintze (1968) expressou, a distinção *cavaleiro não cavaleiro* substituiu o *livre não livre* como principal critério de classificação.

Embora não possamos quantificar a estratificação, ela aumentou no Período Medieval. Um sinal disso foi o aumento da dependência política da família camponesa de seu senhor, tipificada pela servidão. Assim, mesmo que os poderes políticos tivessem se fragmentado, eles não se dispersaram completamente. Eles estavam com o senhor vassalo e, especialmente, nos poderes de sua corte senhorial. A sujeição econômica e política do camponês colocou em risco a mensagem igualitária de Cristo e agravou as contradições internas da Igreja.

Estados maiores e mais centralizados começaram a surgir, principalmente onde a organização militar exigia isso. A expulsão dos bárbaros, organizada, por exemplo, por Carlos Magno ou Alfredo, criou monarquias com poderes territoriais mais extensivos, centrados em um grande número de serviçais armados e pessoais que formavam o que era na prática, se não em teoria, um exército profissional. A conquista territorial, como as conquistas normandas da Inglaterra e da Sicília, também exigiu tal exército. Mas em uma economia bastante primitiva, nenhum senhor poderia gerar a riqueza líquida para pagar um grande número de mercenários. A única solução foi a concessão de terras, o que deu ao soldado vassalo uma base de poder potencialmente autônoma.

No entanto, se um Estado extensivo perdurasse, a mera estabilidade aumentaria seus poderes. As redes de costumes locais e privilégios possuídos por senhores, cidades, aldeias e até mesmo camponeses individuais tendiam a estabelecer-se em uma estrutura ordenada, tendo os tribunais do príncipe como árbitro final. A maioria das pessoas comuns e medianas tinha interesse na sobrevivência do príncipe, mesmo que apenas por medo das incertezas resultantes de sua queda. O príncipe era árbitro judicial entre pessoas e instituições comunais, atuando como mediador. Seu poder de infraestrutura era insuficiente para coagi-los coletivamente, mas pretendia apenas humilhar qualquer pessoa ou associação que tentasse a usurpação arbitrária. Onde estabilizado, tais poderes valiam a pena de serem apoiados. Eles também poderiam ser apoiados pela unção da Igreja. Esta foi a vantagem do príncipe, cuja reivindicação genealógica de herança era inquestionável.

A partir de cerca de 1000 d.C., podemos detectar tanto o crescimento econômico sustentado quanto o início de um crescimento nos poderes do Estado, o que conferiu um papel maior à dimensão judicial implicada na pacificação normativa da Cristandade. Depois de 1200, os estados mais poderosos estavam entrando em relações diretas com seu povo. Eu discuto isso no próximo capítulo. Mas as mudanças foram tardias, lentas e irregulares. O crescimento do poder real ocorreu mais cedo na Inglaterra e foi mais completo do que em outros países. Em 1150, o Estado inglês era provavelmente o mais centralizado da Europa. Somente os clérigos e os vassalos com propriedades fora e dentro dos domínios anglo-normandos deviam fidelidade a qualquer fonte concorrente de autoridade; sobre todas as outras pessoas, a soberania do rei da Inglaterra era universal. O rei havia estabelecido sua soberania legal sobre todos os homens livres, mas ainda não sobre os *villeins* dependentes (ainda sujeitos à corte senhorial) ou sobre o clero (embora Henrique II remediasse isso em seus assuntos seculares). As outras duas áreas principais do crescimento subsequente do Estado, econômico e militar, eram apenas um pouco mais avançadas do que em outros países. Nenhum poder geral de tributação, nenhuma taxa alfandegária extensivamente cobrada, e nenhum exército profissional existia. Na batalha, o imposto de cada senhor podia agir de forma independente – era livre para deixar o campo a qualquer momento, um persistente calcanhar de Aquiles dos reis medievais. Tanto pelos padrões antigos quanto pelos modernos, até esse Estado era insignificante. Muita coisa permaneceu *privada,* escondida do Estado, excluído do âmbito público. As redes de poder político não eram unitárias, mas duais, em parte públicas, em parte privadas, controladas por uma classe de magnatas locais.

Poder econômico

A economia medieval primitiva era complexa. Era uma economia atrasada, quase de subsistência, dominada por duas instituições celulares locais penetrantes e intensivas, a aldeia e a casa senhorial. Mas, em outro nível, gerou a troca de mercadorias por meio de extensivas redes comerciais, nas quais desenvolveram duas instituições, cidades e corporações mercantis, que eram organizacionalmente separadas da economia agrícola local. A coexistência dessas tendências aparentemente contraditórias destaca uma característica central da economia medieval: as relações econômicas de poder não eram unitárias, mas múltiplas.

Começo com as economias celulares da aldeia e da casa senhorial. Não é difícil traçar suas origens gerais e desenvolvimento – a casa senhorial sendo uma fusão da vila romana e do senhorio germânico, a vila sendo primariamente o crescimento de aspectos livres e comunais da vida germânica; a primeira continha a relação vertical fundamental da economia medieval primitiva, a segunda, sua relação horizontal fundamental.

As relações hierárquicas no início do Período Medieval usualmente envolviam a dependência pessoal e a falta de liberdade. Os camponeses eram vinculados legalmente/habitualmente a um senhor em particular e/ou a um terreno particular, de modo que a livre-circulação fora dessa relação não fosse permitida. A forma mais geral de dependência era a servidão. A economia mais característica em que a servidão foi incorporada era a casa senhorial. A casa senhorial espalhou-se rapidamente onde quer que existisse o domínio romano e mais lentamente sobre a Europa mais setentrional. Os assentamentos dinamarqueses desaceleraram seu progresso no leste e no norte da Inglaterra. Mas, na época do Domesday Book, era dominante em relação ao resto da Inglaterra e disseminada até lá.

Na casa senhorial inglesa ideal e típica, o servo possuía seu próprio terreno, uma terra de quintal ou cerca de doze hectares, geralmente distribuída em faixas dispersas misturadas com o território do suserano (embora elas se concentrassem como uma casa cercada por tiras de camponeses). Cada casa servil devia serviços de trabalho "semanais" – geralmente um trabalho de três dias por semana na propriedade senhorial. Além disso, devia várias dívidas feudais, geralmente pagas em espécie, ao senhor. A aldeia também continha homens livres e outros com posseiros mais idiossincráticos, que pagavam formas de aluguel (novamente, geralmente em espécie), o que implicava um contrato livre entre eles e o senhor. Mas na prática eles não podiam fugir da relação, digamos, vendendo suas terras, mais do que poderia o servo. Entrelaçada a essa economia local havia um sistema administrativo e um tribunal senhorial, ambos controlados pelo senhor, mas em que os servos e os homens livres podiam participar como oficiais subordinados, como um capataz[3]. Essa era uma economia densa e fortemente integrada, na qual os serviços de trabalho formavam o núcleo da relação, uma relação de poder extremamente intensiva, mas não aparentemente extensiva.

Mas em torno do uso e organização das faixas camponesas formou uma segunda economia local, densa e intensiva, a da aldeia. Sabemos menos dessa organização porque ela geralmente não depende de registros escritos. Os agregados familiares camponeses formaram uma comunidade da aldeia que julgava disputas de propriedade e posse, estabelecia regras comuns de criação (partilha de arados e estrume, rotação de campos, recuperação de bosques e pântanos etc.), angariou impostos feudais e impostos e ordem forçada. As relações entre as duas unidades econômicas e administrativas de casa senhorial e vila variavam de área para área. Onde existia mais de uma casa senhorial dentro de uma vila ou de corte transversal, então a comunidade da aldeia parece ter sido de considerável importância. Mas mesmo onde a regra de "uma casa senhorial, uma vila" operava, os dois não eram idênticos (principalmente porque nem todos os habitantes eram arrendatários do senhor).

Isso significava que nenhuma organização de poder monopolista existia na economia local. Por mais formidáveis que fossem os poderes do senhor, eles foram contidos pelo fato de que até mesmo o servo poderia encontrar apoio da comunidade da aldeia e do direito consuetudinário. As duas redes de poder também se interpenetravam – o camponês e o senhor eram parte independentes entre si e parte implicados na organização um do outro, como revela a distribuição de suas faixas de terra. A interpenetração era mais pronunciada ao longo das antigas províncias fronteiriças romanas, onde as aldeias germânicas livres e a propriedade romana se misturavam – na Inglaterra, nos Países Baixos, no norte e centro da França, e no oeste da Alemanha.

Essa organização local dual também foi implicada em comércio mais extensivo, mesmo na Idade das Trevas (BRUTZKUS, 1943; POSTAN, 1975: 205-208). Como era de se esperar de minhas discussões anteriores sobre os bárbaros, esses invasores não eram tão atrasados ou tão preocupados com pilhagens e assassinatos, com a exclusão do comércio, como os cristãos gostavam de reivindicar. Na verdade, os vikings foram os principais comerciantes do norte da Europa entre os séculos IX e XII, levando peles, armas de ferro e especialmente escravos para

---

3. A discussão sobre casa senhorial e vila pode ser encontrada em Postan, 1975: 81-173. A casa senhorial inglesa diferia em detalhes das práticas dominantes nas outras partes da Europa. Cf. Bloch, 1961: 241-279.

o leste, trazendo itens de luxo em troca. Este tipo de comércio (e seu corolário no sul com o mundo árabe) tinha sido tradicional ao longo de três milênios de comércio de bens que eram ricos em relação valor/peso ou eram "autopropulsionados" (como escravos). Entre este tipo de comércio e produção de mercadorias agrícolas há uma grande divisão de desenvolvimento. A grande flutuação do comércio medieval tardio não surgiu sobre essa base viking, com exceção da única mercadoria viking, madeira, transportada por longas distâncias por mar e ao longo dos rios. Neste único aspecto, os vikings contribuíram para a integração econômica da Europa, garantindo a continuidade do papel do comércio entre o Báltico e a Europa central e meridional.

Se o comércio exterior, seja ele feito por vikings ou por qualquer outra pessoa, tinha agora um efeito dinâmico na Europa medieval, isso se devia aos ímpetos adicionais dos estados e das instituições da Igreja. Tanto os reis quanto os monges, os abades e os bispos poderiam pacificar localidades e garantir contratos suficientes para a negociação de empórios e feiras em seus portões (HODGES, 1982; e vários ensaios em BARLEY, 1977). Mas eles não eram alternativas. O cristianismo dos reis era relevante para seu papel econômico. Os missionários frequentemente acompanhavam os comerciantes e as expedições eram geralmente recompensadas tanto em bens quanto em almas. Houve continuidade suficiente de Roma, levada em grande parte pela Igreja, para o conhecimento das antigas rotas comerciais e técnicas romanas a serem conhecidas. O primeiro surto de comércio na Inglaterra provavelmente ocorreu no sétimo e no início do oitavo século. Um grande número de moedas locais que datam desse período foi descoberto. Significativamente, nenhuma tem o nome de um rei. Apenas mais tarde, com o Rei Ofa da Mércia (757-96), os reis locais parecem ter entrado em ação. Comerciantes vikings eram receptivos ao cristianismo, e um processo dual de comércio e conversão promoveu a integração da Europa setentrional e meridional. A pacificação normativa da Cristandade foi uma pré-condição para o renascimento dos mercados.

Mecanismos mais precisos foram acrescentados pela economia senhorial local. O aumento da estratificação e as formas militaristas que ela tomou aumentaram a demanda por certos luxos e pelos comerciantes artesãos associados a eles. Os senhores e cavaleiros precisavam de armadura, armas, cavalos, arreios, roupas e mobília de distinção, e comida e bebida de refinamento. Suas demandas aumentaram como uma resposta às exigências militares. No século XI, a construção de castelos de pedra gerou o comércio de materiais de construção. A Igreja acrescentou demanda especializada por maior habilidade na construção, por materiais de pergaminho e escrita, e para a arte. O aprofundamento e a militarização da estratificação significaram que mais excedentes poderiam ser extraídos para pagar por tudo isso. Alguns senhores, felizmente controlando minas, portos ou encruzilhadas, poderiam extrair excedente de atividades não agrícolas; muito mais nas áreas de criação de animais poderia extraí-lo da fabricação de couro, lã ou tecido; mas a maioria teve que extraí-lo da agricultura arável. Sabemos que o processo de extração não foi suficiente para satisfazer a demanda de luxo dos senhores até o século XIII, porque houve uma perda líquida de barras de ouro e prata da Europa para o Oriente até essa data. O déficit comercial da Europa foi compensado pela exportação de moedas de metais preciosos que pôde reunir. No entanto, o estímulo à produção e troca de produtos agrícolas foi considerável. Quando os registros aduaneiros sistemáticos começaram na Inglaterra, no final do século XII, as exportações de lã e grãos já eram consideráveis. Em uma carta de Carlos Magno a Ofa, ele se queixa da baixa qualidade do tecido enviado para os uniformes do exército carolíngio. Em outra ocasião, Ofa ameaçou cortar as exportações inglesas se Carlos Magno não concordasse com uma aliança matrimonial. Por volta da virada do século IX, uma expansão do comércio aparece associada ao surgimento da produção de bens básicos nas casas senhoriais. Os vínculos locais já estavam se fortalecendo. As esferas produtivas independentes do camponês também foram influenciadas pelo mercado, pois a própria casa senhorial era em grande parte "uma aglomeração de pequenas fazendas dependentes" (conforme colocado por BLOCH, 1966: 246).

O senhor e o camponês sentiram a força do mercado. À medida que a casa senhorial se desenvolveu, o mesmo aconteceu com a produção de bens de consumo juntamente com os bens de subsistência. Eventualmente cidades emergiram, no período de 1050 a 1250. Na época em que o comércio era realmente flutuante, era acompanhado por instituições mercantis e artesãs com uma autonomia sem paralelo em outras civilizações (cuja observação está no centro das partes mais "materialistas" da análise comparativa de Weber do Oriente e do Ocidente). A autonomia assumiu várias formas: a predominância de estrangeiros no comércio de um país (p. ex., na Inglaterra, o processo foi iniciado pelos frísios no século VII e continuado por vikings, flamengos, lombardos e outros italianos e judeus até o século XIV), os poderes autorreguladores das corporações artesanais e mercantis e dos bancos, a autonomia política das comunas urbanas contra os príncipes territoriais e o poder das repúblicas mercantis (Veneza, Gênova, a Liga Hanseática). A influência da cidade penetrou no campo. Embora o mercado tenha entrado na casa senhorial e na aldeia por meio da produção de mercadorias controladas principalmente pelo senhor, a influência urbana trouxe noções de liberdade, resumidas pelo famoso aforismo medieval: "O ar da cidade o faz livre". No mínimo, a fuga física da servidão para a liberdade era possível.

Conclusão: múltiplas redes e propriedade privada

Uma conclusão óbvia e uma conclusão bastante sutil podem ser extraídas de tudo isso: nenhum grupo isolado poderia monopolizar o poder; inversamente, todos os atores de poder tinham esferas autônomas. Na esfera política, o senhor, o vassalo, a cidade, a Igreja e até a aldeia camponesa tinham recursos próprios para contribuir para um delicado equilíbrio de poder. No campo ideológico, as contradições tradicionais do cristianismo permaneceram, transbordando em conflitos políticos e econômicos gerais. Na economia, os senhores, os camponeses (livres e não livres) e as cidades eram todos atores parcialmente autônomos capazes de ação apoiados pelo costume na busca de objetivos econômicos.

O que quer que essa federação extraordinariamente múltipla e acéfala alcançasse, era improvável que fosse a estagnação organizada. Os historiadores repetidamente usam a palavra "inquieta" para caracterizar a essência da cultura medieval. Como McNeill coloca: "Não é um conjunto particular de instituições, ideias ou tecnologias que marcam o Ocidente, mas sua incapacidade de descansar. Nenhuma outra sociedade civilizada jamais se aproximou de tal instabilidade inquieta [...]. Nisso [...] reside a verdadeira singularidade da civilização ocidental" (1963: 539). Mas tal espírito não precisa induzir o desenvolvimento social. Não poderia induzir outras formas de estagnação: a anarquia, a guerra hobbesiana de todos contra todos; ou *anomia*, cuja ausência de controle e direção social leva à falta de objetivos e ao desespero? Podemos nos casar com os *insights* de dois grandes sociólogos para mostrar por que o desenvolvimento social, não a anarquia ou a anomia, resultou.

O primeiro é Weber, que, ao notar a inquietação peculiar da Europa, sempre acrescentou outra palavra: "racional". "Inquietude racional" era a composição psicológica da Europa, o oposto do que ele encontrava nas principais religiões da Ásia: aceitação racional da ordem social pelo confucionismo, sua antítese irracional no taoismo, aceitação mística da ordem social pelo hinduísmo, a fuga do mundo no budismo. Weber localizou a inquietação racional, especialmente no puritanismo. Mas o puritanismo enfatizava as vertentes da psique cristã que estavam tradicionalmente presentes. Salvação para todos em troca de conduta ética individual e julgamento de toda autoridade mundana na visão feroz e igualitária do apocalipse – o cristianismo encorajou um impulso para a melhoria moral e social, mesmo contra a autoridade mundana. Embora muito cristianismo medieval tenha sido posto a serviço do mascaramento piedoso da brutal repressão, suas correntes de insatisfação sempre se mantiveram fortes. Podemos ler uma enorme literatura de crítica social. Visionária, moralista, satírica, cínica, essa literatura pode ser trabalhada e repetitiva, mas seu pico inclui algumas das maiores obras da época – em inglês, Langland e Chaucer. É permeado pela qualidade psicológica identificada por Weber.

Mas colocar essa inquietude racional a serviço da melhoria social provavelmente também exigia um mecanismo identificado pelo segundo grande sociólogo, Durkheim. Não anarquia ou anomia, mas a regulamentação normativa foi fornecida pela Cristandade. As lutas políticas e de classe, a vida econômica e até as guerras eram, até certo ponto, reguladas por uma mão invisível, não de Adam Smith, mas de Jesus Cristo. Ao unir as teorias dos dois homens nessa metáfora, podemos observar que as mãos cristãs foram piedosamente unidas nas orações de toda uma comunidade normativa e foram ativamente empregadas na melhoria racional de um mundo imperfeito. Na próxima seção, exploro o dinamismo econômico estimulado por essa multiplicidade de redes de poder, regulada de maneira invisível.

A conclusão mais sutil diz respeito ao impacto dessas autonomias em uma instituição que deveria assumir um importante papel posterior: *a propriedade privada*. Como é convencionalmente entendido hoje, a propriedade privada confere a propriedade *exclusiva* dos recursos econômicos por *lei*. Nestes dois aspectos, a Europa feudal inicial não possuía propriedade privada. Bloch observa que o feudalismo, ao contrário das concepções romanas e nossas, não tinha a concepção de relações "puramente" econômicas na terra. Era raro alguém falar em propriedade. Processos judiciais não se voltaram para a propriedade, e menos ainda para documentos escritos de "lei", mas sobre costume e *seisin* – a posse feita venerável pela passagem do tempo. A propriedade não poderia existir onde a terra estivesse sobrecarregada com obrigações particularistas para com os superiores e a comunidade (1962, I: 115). Aqueles que partem desse contraste criam para si mesmos um problema formidável na explicação da transição do feudalismo para o capitalismo. A maioria achou necessário invocar um *deus ex machina*: o renascimento do direito romano principalmente pelo Estado europeu, mas também pelos possuidores de propriedades em geral, que se tornaram influentes por volta de 1200 (cf., p. ex., ANDERSON, 1974b: 24-29).

No entanto, embora o reavivamento da lei romana não tenha sido irrelevante, a ruptura foi menos decisiva do que isso insinua. A lei não é uma parte necessária da propriedade privada efetiva – caso contrário, sociedades sem alfabetização mal poderiam possuir tal propriedade. Mas uma preocupação com a lei como critério de propriedade privada oculta o que é, na verdade, a relação normal entre o Estado e a propriedade privada. Entendimentos modernos convencionais assumem que a posse privada efetiva ocorre primeiro e que, então, o Estado é trazido para legitimá-la. Até certo ponto isso realmente aconteceu a partir do século XII no movimento de fechamento, parte da transição para o capitalismo. Mas, como vimos nos capítulos anteriores, a posse privada efetiva até então tinha sido criada normalmente pelo Estado. Normalmente, a desintegração de um Estado expansivo permitiu que seus agentes provinciais e aliados assumissem e mantivessem seus recursos públicos e comunitários para si próprios. A precondição essencial disso era literalmente "privacidade" – a capacidade de esconder recursos do domínio público.

No início da Idade Média, isso aconteceu novamente quando os vassalos obtiveram posse efetiva de terras supostamente mantidas por seu senhor. Na Europa medieval, os camponeses podiam fazer o mesmo com seus senhores. Realmente, o fato de que nenhuma comunidade ou organização de classe possuía poderes de monopólio significava que quase todos possuíam seus próprios recursos econômicos, que eram "privados" no sentido latino de estarem *escondidos* do controle do Estado ou de outros. Nesse sentido, o feudalismo europeu conferiu um grau extraordinário de propriedade "privada". A propriedade não estava sob a forma de terra controlada exclusivamente por uma única pessoa ou agregado familiar. Mas a atividade econômica "privada", ou seja, oculta, era mais difundida do que na própria era capitalista madura (na qual cerca de 10% das pessoas possuem efetivamente 80% da riqueza privada e em que estados e corporações infraestruturalmente poderosos restringem a privacidade real ainda mais). Já em 800 d.C., o feudalismo europeu era dominado pela propriedade privada, no sentido de posse oculta e efetiva.

Assim, o surgimento da propriedade privada capitalista apresenta um problema explicativo um pouco diferente daqueles encontrados na maioria das explicações convencionais. Primeiro, não é uma questão de como as pessoas adquiriram seus próprios recursos privados de instituições "feudais" mais comunais, mas uma questão de como algumas delas as *preservaram* através de circunstâncias variáveis – para aparecer eventualmente como "capitalistas" – e de como a massa da população *perdeu* seus direitos à propriedade, para aparecer eventualmente como trabalhadores sem-terra. Segundo, a ascensão do Estado não era antitética à ascensão do capitalismo, mas um elemento necessário na eliminação de obrigações múltiplas e particularistas por uma propriedade unitária e exclusiva. Volto ao primeiro problema mais adiante neste capítulo e ao segundo nos próximos capítulos.

A dinâmica feudal

Crescimento econômico

Obstáculos importantes interpõem-se às tentativas de mapear a cronologia da economia europeia. Por volta de 1200, os registros melhoram à medida que os estados e as propriedades começaram a manter contas mais detalhadas, mas isso torna perigoso comparar os períodos anteriores a 1200 àqueles posteriores. No entanto, acredito que podemos discernir uma continuidade essencial, talvez de cerca de 800 para a revolução agrícola do século XVIII. A continuidade tem três aspectos principais: crescimento econômico; uma mudança no poder econômico na Europa do Mediterrâneo para o noroeste; e, portanto, uma mudança em direção a formas de organização de poder predominantes.

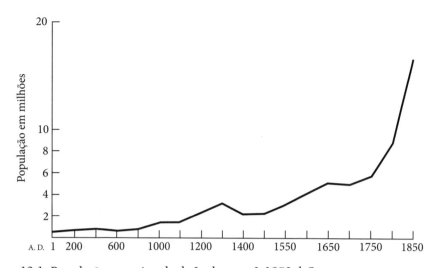

Figura 12.1 População aproximada da Inglaterra, 1-1850 d.C.

Fontes: Russell, 1948; McEvedy e Jones, 1978: 43; Wrigley e Schofield, 1981; 208-209, 566-569.

Podemos começar com as tendências populacionais. Devemos combinar informações do censo ocasional e incompleto de arrendatários (Domesday Book, de 1086) ou contribuintes (Poll Tax Returns, de 1377) com estimativas do tamanho médio das famílias e com escavações arqueológicas de números de hectares recuperados ou abandonados. Mesmo os números mais cuidadosamente compilados para a Inglaterra (os de RUSSELL, 1948 para 1086 e 1377) são debatidos (por POSTAN, 1972: 30-35). É melhor arredondar os números e uniformizar os números disponíveis para diferentes anos, formando um gráfico. A Figura 12.1 é um desses gráficos. Embora os números para os primeiros anos sejam palpites, eles correspondem à avaliação da maioria dos historiadores de que por cerca de 800 d.C. a população havia se recuperado aos níveis mais altos sob a ocupação romana e que na época do Domesday Book havia dobrado. Ele dobrou novamente no início do século XIV, mas depois vacilou antes de mergulhar em talvez um terço, ou talvez em 40%, durante a peste negra e as pragas subsequentes. Estatisticamente, no entanto, a crise do século XIV foi apenas um pequeno contratempo. Em 1450 a população estava subindo, para nunca mais cair novamente. Entre 800 e 1750, com exceção do século XIV, o crescimento foi provavelmente contínuo. Outras áreas da Europa revelam um crescimento semelhante, embora os seus ritmos sejam diferentes (cf. Figura 12.2).

The European dynamic: I

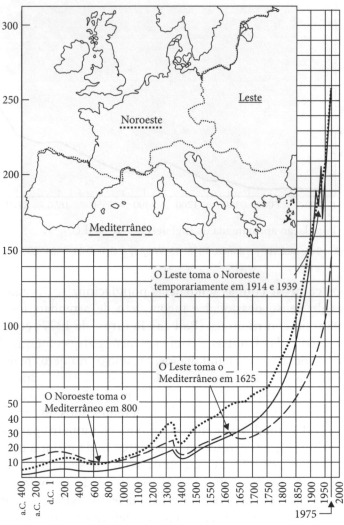

Figura 12.2 Europa: subdivisão em regiões
Fontes: McEvedy e Jones 1978, fig. 1.10.

Assim, o crescimento rápido e inicial da Inglaterra era característico do noroeste da Europa como um todo. Embora a região do Mediterrâneo também tenha crescido, não recuperou seus antigos níveis romanos até cerca de trezentos ou quatrocentos anos depois, por volta de 1200. Além disso, por volta de 1300, a densidade populacional da Itália era igual à da Flandres, enquanto a da Espanha e a da Grécia agora eram inferiores aos de praticamente todas as regiões do norte e do oeste.

Portanto, em uma data que variou de cerca de 800 a 1200 de acordo com a área, os países europeus estavam acolhendo populações maiores do que nunca. Com um salto ou dois, eles continuaram seu movimento ascendente ao longo dos períodos medievais e dos primeiros tempos modernos. Esta é a nossa primeira indicação da persistência da dinâmica europeia, especialmente na parte noroeste do continente.

Uma população agrícola maior pode ser sustentada apenas de duas maneiras: ou extensivamente, trazendo mais terras para cultivo; ou intensivamente, aumentando as taxas de rendimento das terras cultivadas existentes. Ambos ocorreram na Europa, embora em combinações variadas em diferentes épocas e regiões. Até que as populações atingissem seus níveis anteriores, a extensão poderia ser em campos anteriormente cultivados pelos romanos. No sul, o cultivo romano tinha sido frequentemente tão completo, que pouco tempo depois foi possível. No norte, grandes áreas de pântanos e florestas nunca antes cultivadas poderiam ser recuperadas. Este processo domina os registros de países como Inglaterra e Alemanha até cerca de 1200. A partir dessa data, no entanto, a qualidade de novas terras marginais não foi alta. A exaustão do solo e a escassez de esterco animal provavelmente provocaram uma crise do século XIV, deixando a população débil para resistir à peste negra, uma praga que atingiu a Europa entre 1347 e 1353 em sua primeira e principal onda. Se o cultivo extensivo tivesse sido a única solução europeia, o continente agora teria experimentado um ciclo malthusiano semelhante a cada século – e não teria gerado o capitalismo.

Mas maior intensidade de cultivo também estava ocorrendo. Aqui podemos usar taxas de rendimento. O período anterior a 1200 é pouco documentado e controverso. Discuti os números no capítulo 9. Se aceitarmos as estimativas de Slicher van Bath em vez das de Duby, podemos discernir um aumento modesto nas taxas de rendimento entre o século IX e o início do século XII – na Inglaterra, o rendimento do trigo subiu de 2.7 para 2.9 ou 3.1 da semente plantada. Na maioria das regiões, o incentivo à melhoria foi diminuído pela disponibilidade de boas terras virgens, mas depois de 1200 essa alternativa era menos atraente. Slicher van Bath (1963: 16-17) resumiu os dados (cf. Tabela 12.1). Ele divide a Europa em quatro grupos de países modernos de acordo com seus rendimentos, mas eles também se transformam em agrupamentos regionais. São eles:

Grupo I: Inglaterra, Irlanda, Bélgica, Holanda

Grupo II: França, Espanha, Itália

Grupo III: Alemanha, Suíça, Dinamarca, Suécia, Noruega

Grupo IV: Checoslováquia, Polônia, Lituânia, Letônia, Estônia, Rússia

Os números referem-se a trigo, centeio, cevada e aveia, pois as tendências para cada colheita são uniformes.

Em 1250, os países do Grupo I estavam aumentando substancialmente seus rendimentos. Embora houvesse recessões no décimo quarto (início), décimo quinto e décimo sétimo séculos, o aumento continuou. Por volta de 1500, eles superaram os melhores números da grande área na Europa antiga. No final do século XVIII, chegaram a um ponto em que uma parte substancial da população poderia ser liberada para empregos não agrícolas – pela primeira vez[4]. E, novamente, vemos um crescimento desproporcional e anterior no noroeste, aumentando a liderança agrícola da região a partir do século XIII.

Tabela 12.1 Taxa de rendimento das colheitas europeias, 1200-1820

Estágio	Grupo	País	Anos	Produção
A	I	Inglaterra	1200-1249	3.7
	II	França	Ca. 1190	3.0
B	I	Inglaterra	1250-1499	4.7
	II	França	1300-1499	4.3
	III	Alemanha, Escandinávia	1500-1699	4.2
	IV	Europa Oriental	1550-1820	4.1
C	I	Inglaterra, Holanda	1500-1699	7.0
	II	França, Espanha, Itália	1500-1820	6.3
	III	Alemanha, Escandinávia	1700-1820	6.4
D	I	Inglaterra, Irlanda, Bélgica, Holanda	1750-1820	10.6

Essas taxas de rendimento são cruciais. Tratava-se do único meio de evitar os ciclos malthusianos depois de cerca de 1200: a única maneira pela qual uma população maior poderia ser suportada em um determinado território, a única maneira de a população ser liberada para o emprego secundário e terciário. Os números indicam que essa potencialidade foi incorporada na estrutura social europeia desde uma data muito precoce, especialmente no noroeste. Eles são apenas um indicador da dinâmica feudal, não sua causa. Contudo, indicam quão cedo a dinâmica começou. Podemos nos aproximar um pouco mais das causas, examinando as mudanças técnicas que foram os precipitadores imediatos de maiores rendimentos.

Técnica e invenção na Idade Média

Alguns historiadores caracterizam a Idade Média como um período "no qual as inovações tecnológicas se sucederam em uma velocidade acelerada" (CIPOLLA, 1976: 159), como possuindo um "dinamismo tecnológico", uma

---

4. Os números da produção do século XVIII subestimam as melhorias agrícolas da época, muitas das quais aumentaram o uso de campos e a variedade de culturas em vez da produção de cereais. Cf. capítulo 14.

"criatividade tecnológica" (WHITE, 1972: 144, 170). Outros, em contraste, argumentam que "a inércia da tecnologia agrícola medieval é inconfundível" (POSTAN, 1972: 49). Muitos argumentam que a criatividade em geral só se acelerou mais tarde, na Renascença do século XV. Antes disso, a maioria das principais invenções se difundiu para a Europa a partir de outros lugares. Mas é inútil falar de "inventividade" nesse nível geral, como argumentei no capítulo 9 a respeito do Período Romano, que é frequentemente caracterizado como "estagnado". Os romanos foram pioneiros em uma série de invenções apropriadas às suas próprias organizações de poder, mas menos às de nossos tempos. Rotulei essas invenções como *extensivas*, pois elas facilitaram a conquista e a exploração mínima de grandes espaços de terra. Da mesma forma, não podemos rotular a Idade Média europeia como simplesmente "criativa" ou "estagnada". Mais uma vez, encontramos um tipo particular de invenção predominando, o oposto da invenção romana, a invenção *intensiva*.

Permitam-me aprofundar ainda mais o contraste com Roma. Uma das principais invenções romanas foi o arco, um método de ligação entre o espaço que não preenche o vão central mais do que as colunas que o cercam. As cargas que o arco poderia suportar eram muito maiores do que o método de construção anterior: as vigas transversais colocadas no topo das colunas. As cargas romanas eram principalmente de trânsito: pessoas andando em anfiteatros; soldados e carroças atravessando pontes; e a carga mais pesada de todas, a água fluindo pelos aquedutos para abastecer as cidades. O arco foi, portanto, parte importante da conquista romana do espaço horizontal. Foi um avanço tão grande que foi adotado por todos os sucessores de Roma em seus empreendimentos construtivos mais modestos. Mas por volta de 1000 d.C. no islã ocorreram mudanças importantes no arco, que passou a ter maior sustentação do que seu equivalente nas terras cristãs. O círculo, a forma romana do arco, deu lugar a um eixo oval ou vertical, e depois ao arco gótico pontudo. O aumento do impulso ascendente tirou o peso das paredes da coluna como um todo. O comprimento das paredes poderia ser diminuído e perfurado com vidro e luz. Mas um problema permaneceu, pois quanto maior o impulso para cima, mais a tensão fluía para o exterior da parede da coluna. O problema foi resolvido no século XII com o contraforte voador, que foi adicionado ao lado de fora da parede da coluna para absorver sua tensão (BRONOWSKI, 1973: 104-113). Esta foi um tremendo e sustentado surto de invenção arquitetônica, que produziu alguns dos maiores, mais resistentes e mais belos edifícios já vistos. Sabemos disso porque ainda podemos vê-los: as catedrais europeias. Esse uso especializado de tais técnicas – por não terem sido aplicadas a outros tipos de construções por vários séculos – nos diz muito sobre a sociedade medieval. A conquista foi em termos de *altura*. As técnicas permitiam que os arcos carregassem pesos maiores do que os do arco romano, mas não para transportar tráfego, não para transportar bens ou pessoas. O peso era o de uma estrutura vertical: os 38m da abóbada de Reims (o arco de Beauvais de 46m desmoronou), o da torre de Ulm. Todos estavam alcançando Deus nas alturas.

Parece particularmente apropriado que os construtores da catedral medieval tenham convertido a conquista romana do espaço horizontal em uma conquista do espaço vertical. Afinal, estavam adorando a Jesus Cristo, que havia realmente conquistado o espaço horizontal por meios alternativos, pela conversão de almas!

Também indica uma negligência mais ampla da inovação extensiva por parte da sociedade medieval. Jesus e São Paulo, ajudados pelo legado da infraestrutura do mundo antigo, unificaram a Cristandade. A extensividade bastou. Nenhuma inovação importante foi feita no Período Medieval em termos de comunicação de mensagens ou, com uma grande exceção, na tecnologia de transporte (cf. LEIGHTON, 1972, para uma discussão detalhada). Essa exceção diz respeito ao uso de cavalos, desenvolvido principalmente para melhorar, não os sistemas de comunicações, mas a aragem. A Europa medieval não inovou ao longo das extensas linhas romanas.

A metáfora até agora é que a Europa medieval não estava interessada em extensão, mas em altura. Podemos continuar: as inovações econômicas mais significativas foram em *profundidade*. A metáfora deve evocar o que geralmente se considera serem as principais invenções tecnológicas: na lavoura, nas mudanças na rotação de campo e nas ferraduras e arreios dos animais de tração. A isso devemos adicionar o moinho de água (que talvez estenda indevidamente a metáfora da profundidade). Todas essas inovações foram difundidas até cerca de 1000 d.C., aumentando desproporcionalmente o rendimento de solos mais pesados, isto é, do norte e do oeste da Europa. Cipolla resume os principais desenvolvimentos tecnológicos do Ocidente:

a) A partir do século VI: difusão do moinho de água.

b) Do século VII: difusão, no norte da Europa, do arado pesado.

c) A partir do século VIII: difusão do sistema de três campos.

d) A partir do século IX: difusão da ferradura: difusão de um novo método de aproveitamento de animais de tração (1976: 159-160).

White resume seu efeito:

> Entre a primeira metade do século VI e o final do século IX, o norte da Europa criou ou recebeu uma série de invenções que rapidamente se fundiram em um sistema inteiramente novo de agricultura. Em termos do trabalho de um camponês, esse foi, de longe, o mais produtivo que o mundo já viu (1963: 277).

Bridbury (1975) argumentou fortemente que essas inovações estavam enraizadas firmemente na "idade das trevas" e não eram resultado de reavivamentos urbanos e marítimos ocorrendo (especialmente na Itália) a partir do século XI.

Vamos considerar o caráter dessas inovações. O arado pesado tinha um disco de corte de ferro para fazer sulcos, uma parte de ferro para cortá-lo mais fundo e uma placa de molde inclinada para rasgar e revolver a terra fatiada em direção ao lado direito. Poderia revolver solos mais profundos e pesados, levantá-los e fornecer-lhes sulcos de drenagem. As planícies alagadas do norte da Europa poderiam ser drenadas e exploradas. Mas o arado precisava de mais energia para puxar. Isto foi proporcionado pela melhor ferradura e aproveitamento de grupos maiores de bois ou cavalos. A rotação de campo é mais complexa. Mas a própria complexidade e desigualdade da difusão dos sistemas de "dois campos" contra o de "três campos" indica que os agricultores estavam cientes tanto das potencialidades mais ricas dos solos mais pesados para grãos e alguns rendimentos de hortaliças quanto de problemas de fertilização específicos criados por tais solos. A interdependência da agricultura arável e da criação de animais aumentou, e isso também deslocou o poder para o noroeste, para áreas como o sudeste da Inglaterra ou Flandres, onde zonas de bons pastos e campos de milho se interpenetravam. Em termos globais, além disso, provavelmente deu à Europa Ocidental uma vantagem agrícola decisiva sobre a Ásia e particularmente sobre as técnicas intensivas chinesas de cultivo de arroz. A energia e o esterco dos animais deram ao europeu um "motor mais ou menos cinco vezes mais poderoso do que o possuído pelo homem chinês", segundo Chaunu (1969: 366). Nenhuma delas foi meramente uma inovação técnica. Eles também envolviam organização social intensiva. Uma unidade econômica do tamanho da aldeia ou da casa senhorial era útil para equipar um grupo de bois ou cavalos, organizando seu uso cooperativo (que encorajava as longas faixas características da agricultura medieval) e organizando a rotação de campo e a adubação. Tal organização poderia aumentar o rendimento de grãos pesados do solo. O moinho de água poderia eficientemente moê-los.

Nada indica mais claramente o caráter do dinamismo agrícola medieval inicial do que o moinho de água, inventado durante o Período Romano, mas não amplamente difundido até esse ponto. Aqui nós temos uma estatística. O Domesday Book registra 6.000 usinas na Inglaterra em 1086 (HODGEN, 1939), uma cifra que Lennard (1959: 278) considera que há uma subestimação em pelo menos 10%, mas que tem uma média de 2 por aldeia e cerca de 1 por 10-30 arados. Alguns desses moinhos de água estavam sob o controle do senhor local, outros eram independentes. Mas todos mostraram que o poder econômico e a inovação haviam passado para a localidade, completamente descentralizados.

A tecnologia do aumento das taxas de rendimento e, portanto, da população, foi intensiva, não extensiva, produto dessa autonomia local discutida anteriormente. Os mecanismos causais estão começando a se esclarecer. Elas foram geradas pela posse local efetiva de recursos econômicos autônomos, posse que foi institucionalizada e legitimada pelos poderes extensivos da Cristandade. Vamos examinar os mecanismos de abrangência econômica um pouco mais de perto. Como o comércio era regulamentado e por que havia tanto, relativamente, dele?

Um fator é a ecologia simples, que geralmente ocupa um lugar importante na teoria econômica neoclássica. Como Jones (1981) argumenta, parte do "milagre europeu", quando a Europa é comparada à Ásia, reside nos contrastes ecológicos da Europa, que produziu um "portfólio disperso de recursos", por meio do qual bens utilitários – como grãos, carne, frutas, azeitonas, vinho, sal, metais, madeira, couro de animais e peles – foram trocados em todo o continente. A alta proporção de costas e rios navegáveis manteve os custos de transporte baixos. Então, continua Jones, as consequências fluem da racionalidade econômica: os estados não tinham interesse em saquear os volumosos bens de subsistência negociados como *commodities*, apenas em taxá-los; em troca, os estados forneceriam ordem social básica. A Europa evitou a "máquina pilhagem" do Estado, e com isso veio o desenvolvimento econômico. Como economista neoclássico que acredita que os mercados são "naturais", Jones cita seu mentor, Adam Smith: Se você tem paz, impostos leves e uma administração tolerável de justiça, então o resto é provocado pelo "curso natural das coisas" (1981: 90-96, 232-237).

Mas esta abordagem perde de vista várias precondições essenciais. Primeiro, porque a Europa é considerada um continente? Este não é um fato ecológico, mas social. Não tinha sido um continente até então: foi criado nesse momento pela fusão dos bárbaros germânicos com as partes do noroeste do Império Romano, e foi limitado pela presença bloqueadora do Islã ao sul e leste. Sua identidade continental era primariamente cristã. Era conhecido como Cristandade em vez de Europa. Segundo, para que a produção atinja níveis suficientes para o comércio extensivo, são necessárias essas precondições sociais da inovação técnica descritas acima. Terceiro, para que os bens sejam "mercadorias", é necessária uma forma social particular e incomum, conhecida como propriedade privada, também discutida acima. Quarto, os principais atores sociais identificados por Jones, mercadores e estados capitalistas, na verdade são oriundos de períodos posteriores do capitalismo e não desse período. Esse ponto nos levará à raiz dos extensivos poderes da Cristandade e eu a expandirei.

Vamos para o centro da antiga rede de comércio medieval. Era um corredor, ou melhor, duas linhas diagonais paralelas, correndo do noroeste para o sudeste. Uma linha reunia os produtos da Escandinávia e do Norte até a foz do Reno, subindo o Reno para a Suíça e daí para o norte, e especialmente o nordeste, da Itália, recebendo produtos mediterrâneos e orientais em troca. A outra linha começou em Flandres, reunindo produtos do Mar do Norte; em seguida, movendo-se principalmente por transporte terrestre através do norte e leste da

França para o Loire e daí para o Mediterrâneo e noroeste da Itália. Esta segunda rota foi mais importante e enviou uma subsidiária ao meio do Reno. O que é impressionante sobre essas rotas é que ou elas eram ausentes ou foram um tanto periféricas para os estados que fornecem a maior parte da ordem centralizada – para a Inglaterra e para as terras centrais da França e para o Império Alemão. A equação entre estados e comércio não é totalmente falsa; em vez disso, os estados mais envolvidos eram de um tipo diferente do Estado "moderno".

Em primeiro lugar, podemos notar um grande número de "estados" eclesiásticos ao longo de grande parte das rotas. De Flandres ao Ródano e ao Reno encontramos grandes aglomerações de propriedades religiosas, governos de bispados e arcebispados como Noyon, Laon, Reims, Châlons, Dijon, Besançon, Lyon, Viena, Colônia, Trier e Mainz, assim como monastérios poderosos como Clairvaux e Cluny. Também descobrimos que os governantes seculares tendiam a ser pequenos príncipes governando informalmente um conglomerado de senhores. Ambos os pequenos príncipes e seus vassalos também mantinham os olhos abertos para sinais de vantagem e movimento dos estados mais poderosos da França, Alemanha e Inglaterra para os lados. Assim, os ducados da Alta e Baixa Lorena, o ducado e o condado da Borgonha, o condado de Flandres e de Champagne e da Provença, entraram e saíram de aliança e/ou da vassalagem, às vezes através do casamento, às vezes através de contrato livre, para a França, Inglaterra e Alemanha. Embora os grandes estados quisessem ter um controle mais permanente, por causa da riqueza dessas terras, eles não poderiam.

Portanto, há uma correlação de riqueza econômica e dinamismo com estados fracos. Isso encoraja muitos a considerar o comércio medieval inicial como algo "intersticial" para o mundo dos grandes senhores e estados latifundiários. Embora isso fosse verdade na Itália, no extremo inferior do corredor, é enganoso aplicá-lo em qualquer outro lugar. Não era um corredor *de comércio*, separado da produção agrícola. O corredor tinha vantagens naturais iniciais para o comércio, pois ligava o Mar do Norte e o Mediterrâneo (lembre-se que o islã havia fechado o Estreito de Gibraltar) por meio de algumas das terras mais férteis da Europa. Mas uma vez estabelecida, a atividade agrícola no entorno mudou. Flandres desenvolveu culturas de rendimento, criação de gado e horticultura; mais tarde possuía lã inglesa. O rico solo do norte da França fornecia trigo. O Ródano concentrou-se na mineração de sal e no que é o maior significado sobrevivente da palavra "Borgonha". Os senhores dessas áreas, leigos e eclesiásticos, se beneficiaram enormemente. Eles não forneceram simplesmente ordem local em troca de impostos sobre o comércio; suas próprias propriedades se tornaram mais como uma agricultura capitalista, produzindo mercadorias para troca. E sua ordem puramente local não se degenerou em anarquia regional, porque eles compartilhavam lealdade não a um Estado comum, mas a uma classe comum. Eles viajaram em torno dos tribunais uns dos outros; escutaram os mesmos romances, épicos e sermões; discutiam os mesmos dilemas morais; casaram-se entre si; enviaram seus filhos mais jovens em cruzadas; e mantiveram um olhar cauteloso sobre as grandes potências. Sua racionalidade econômica tinha uma base normativa: *o etos de classe* fornecido pela Cristandade.

Como veremos no próximo capítulo, essa área em particular manteve uma longa associação entre o Estado fraco e o dinamismo econômico, com a ascensão do ducado da Borgonha nos séculos XIV e XV. As relações entre estados fortes e desenvolvimento protocapitalista podem ter sido estabelecidas em outras áreas europeias nessas datas, mas não nos séculos anteriores discutidos aqui. A solidariedade normativa dos senhores, leigos e eclesiásticos (e, em menor grau de camponeses), como expresso por estados fracos e verdadeiramente "feudais" era uma precondição necessária para prover ordem aos mercados; e assim, extensivamente, ao início de dinamismo europeu.

Eu não pretendo uma explicação de "fator único". Em todo o processo de desenvolvimento europeu há também uma persistência extremamente duradoura de uma economia baseada na mão de obra camponesa e do ferro, distintamente "europeia", que se encaixa perfeitamente numa explicação neoclássica do milagre europeu. Como vimos, depois da Idade do Ferro, a maior parte da Europa foi dominada por famílias camponesas que usavam ferramentas de ferro e animais de tração para cavar em solos úmidos ricos, mas pesados, e trocar bens de subsistência como quase-mercadorias. Uma família predominantemente nuclear restringia sua fertilidade por meio de uma idade adiantada do casamento (demonstrada para o século XVI por HAJNAL, 1965). Formas "individuais" de propriedade existiam desde o século XII na Inglaterra (McFARLANE, 1978 – embora ele a considere distintivamente inglesa, e não comum no noroeste da Europa, uma afirmação para a qual ele não oferece provas). Talvez tenham se estabelecido muito mais anteriormente e fizessem parte do surgimento posterior do capitalismo. Mas meu argumento é que, sem uma compreensão de mais macroestruturas de poder – começando com as do Mediterrâneo Oriental, continuando com as do Império Romano e culminando com as da Cristandade – não conseguimos encontrar as precondições, tanto do poder intensivo quanto o extensivo, para o milagre europeu.

A transição embrionária para o capitalismo

A parte difícil da explicação acabou. A partir daqui podemos prosseguir com a ajuda de duas teorias materialistas bem-estabelecidas sobre o processo de transição. Chegamos ao ponto em que famílias individuais e comunidades de aldeia e casa senhorial participavam de uma rede mais ampla de interação econômica sob normas institucionalizadas que governavam a posse de propriedade, relações de produção e troca de mercado. Eles possuíam autonomia e privacidade suficientes para manter para si mesmos os frutos de sua própria empresa e, assim, calcular os prováveis custos e benefícios de estratégias alternativas para eles próprios. Assim, com oferta, demanda e incentivos para a inovação bem-estabelecidos, a economia neoclássica pode começar a explicação. E como esses atores não eram apenas famílias e comunidades locais, mas também classes sociais, senhores e camponeses, o marxismo pode ajudar nossa análise de suas lutas.

De fato, apesar das polêmicas entre essas duas escolas de história econômica, elas oferecem descrições essencialmente semelhantes da transição. É verdade que diferem na ênfase dada aos vários fatores que afetam os cálculos racionais, a competição e a luta de classes. Neoclassicistas preferem fatores tratados como estranhos à estrutura social (ou pelo menos à estrutura de classe), como crescimento e declínio da população, mudanças climáticas ou fertilidade diferencial do solo. Os marxistas preferem variações na organização de classes. Obviamente, uma explicação mais detalhada da transição do que estou tentando aqui teria que escolher entre esses argumentos. Mas, em geral, as duas escolas complementam-se bastante e oferecem uma boa descrição coletiva do desenvolvimento posterior da dinâmica feudal. O que lhes falta – e o que eu espero ter fornecido – é uma explicação de como o mundo chegou pela primeira vez a uma situação na qual seus modelos podem ser aplicados.

Duas tendências paralelas ao surgimento da exclusividade dos direitos de propriedade foram desenvolvidas no Período Medieval. A exclusividade se desenvolveu a partir da privacidade. Uma delas atribuiu propriedade exclusiva aos lordes, enquanto a outra a concedeu aos setores mais ricos do campesinato. Ambas faziam parte de uma tendência geral em direção às relações capitalistas na agricultura, embora diferentes regiões e períodos tendessem a desenvolver um ou outro, porque existia uma relação inversa entre elas até perto do fim do modo feudal de produção. O melhor exemplo de ambas as tendências foi a crise do século XIV. Então, vou avançar em minhas divisões cronológicas de capítulos para descrever brevemente e relacionar esta crise às tendências gerais do feudalismo. A descrição é tirada em grande parte de dois relatos neoclássicos (NORTH & THOMAS, 1973: 46-51, 59-64, 71-80; POSTAN, 1975) e de dois relatos marxistas (ANDERSON, 1974a: 197-209; BRENNER, 1976). Eles não diferem muito.

Na primeira fase da crise do século XIV, mudanças nos valores relativos dos produtos e fatores favoreceram os senhores. Durante o século XIII, o crescimento demográfico prolongado preenchera o mapa da Europa. Terras marginais de menor qualidade estavam sendo trabalhadas e havia o risco de superpopulação. Assim, o trabalho era abundante, mas a boa terra não era. O poder de barganha daqueles que controlavam a terra de maior qualidade, isto é, os senhores, aumentava em relação ao poder daqueles que dependiam de seu trabalho, isto é, os camponeses. Os senhores aumentaram sua taxa de exploração e receberam o cultivo direto de suas terras através de serviços de trabalho. Isso costumava acontecer sempre que as condições favorecessem os senhores da economia medieval. Sua estratégia básica era atrair a parte independente da atividade camponesa para a casa senhorial, reduzindo a posse independente dos camponeses a um nível suficiente para manter a casa camponesa viva e reproduzir a força de trabalho da próxima geração. Agora os senhores poderiam se apropriar diretamente de qualquer excedente (HINDESS & HIRST, 1975: 236; BANAJI, 1976). Eles também poderiam usar economias de larga escala e investimento de capital em seus próprios domínios para controlar ainda mais o campesinato. Assim, nas palavras de Marx, o senhor tornou-se "o administrador e mestre do processo de produção e de todo o processo da vida social" (1972: 860-861). Por exemplo, o moinho de água tendia a ficar sob seu controle e a ser explorado como um monopólio feudal. Os camponeses eram forçados a levar seus grãos ao moinho do senhor, pois usavam seus fornos, tiravam sua água, queimavam sua madeira e usavam seu lagar. Tais compulsões vieram a ser as odiadas *banalidades*, parte dos direitos feudais do senhor. Eles haviam se espalhado amplamente nos séculos X e XI, quando os senhores tomaram a ofensiva econômica (cf. BLOCH, 1967: 136-168). Essas estratégias eram todas voltadas para o desenvolvimento da coerção econômica e, se bem-sucedidas, tendiam a transformar as relações sociais de produção. Independentemente dos direitos legais ou consuetudinários, a posse efetiva dos camponeses da terra estava sendo expropriada. Cada senhor forçou para obter exclusividade da posse da terra. Este foi o primeiro caminho para o capitalismo.

Mas depois das fomes e pragas da primeira metade do século XIV, os valores relativos de produto e fator foram revertidos. Os camponeses eram agora favorecidos. A terra agora era abundante e a mão de obra escassa. Os camponeses alongaram seus arrendamentos, e os servos adquiriram direitos exclusivos sobre suas terras com maior possibilidade de acumulação de capital. Eles poderiam adquirir um excedente e usar parte dele para pagar quaisquer dívidas em espécie ou em dinheiro, em vez de serviços de mão de obra. Os mais favorecidos em termos da extensão e qualidade de suas terras acabariam adquirindo equipamento de capital e contratariam trabalhadores que possuíam terras mais pobres. Esses ricos camponeses "kulak" desenvolveram o que é frequentemente chamado de "pequeno modo de produção", usando cada vez mais os fatores de produção, incluindo o trabalho camponês mais pobre, como mercadorias. Esta é a segunda rota de ricos camponeses para a propriedade privada exclusiva e para o capitalismo (enfatizada, p. ex., em DOBB, 1976: 57-97). A maioria dos historiadores aceita tanto que o campesinato desempenhou um papel importante no crescimento da produtividade medieval e que esse crescimento levou a uma diferenciação entre o campesinato que estimulou a acumulação inicial de capital (p. ex., BRIDBURY, 1975). É um lembrete da natureza descentralizada da dinâmica feudal.

Por fim, essas duas tendências e agrupamentos sociais (senhores e camponeses ricos) fundiram-se, destruindo a estrutura de duas classes de senhores e camponeses e substituindo-a por duas novas classes, uma minoria de detentores de propriedade exclusiva e a massa de trabalhadores sem-terra – os fazendeiros capitalistas e o proletariado rural. O mercado deixou de ser primariamente um instrumento da classe dos senhores e tornou-se um instrumento de propriedade e capital em geral. Essa é uma descrição da transição do modo de produção feudal para o modo capitalista.

Mas antes que isso pudesse ocorrer, outra possibilidade inerente ao modo feudal foi encenada. Pois, se o modo feudal dava aos senhores o monopólio dos meios de violência física, eles não poderiam responder com força militar nos momentos em que os valores relativos de produto e fator não os favoreciam? Em particular, uma escassez relativa de mão de obra aumentaria necessariamente o poder de barganha do campesinato? Por que a coerção extraeconômica, monopolizada pelos senhores, decidiu a questão? Esta não é uma questão inútil, pois em muitos outros tempos e lugares a resposta dos senhores à escassez de mão de obra tem sido aumentar a dependência de seus trabalhadores. Vimos isso ocorrer no capítulo 9, no final do Império Romano, e o resultado foi a estagnação econômica. A resposta imediata a essas perguntas é que os senhores europeus tentaram a repressão e obtiveram sucesso nominalmente, mas não com grande proveito. Voltando ao exemplo da escassez de mão de obra do final do século XIV, houve uma onda de reação dos proprietários de terra. Com uso de violência e de manobras da legislação, os senhores tentaram amarrar o campesinato à casa senhorial e manter os salários baixos (assim como faziam os latifundiários romanos). Por toda a Europa, o campesinato se rebelou, e em todos os lugares (exceto a Suíça) eles foram reprimidos. Mas a vitória de seus senhores mostrou-se vazia. Os senhores não eram obrigados pelos camponeses, mas pelo mercado capitalista transfigurado e pelas oportunidades de lucro e ameaça de perda dentro dele. O Estado fraco não poderia implementar legislação sem a cooperação local dos senhores; ele *era* os senhores. E os senhores individuais cediam, arrendavam seus bens e convertiam os serviços de trabalho em aluguéis de dinheiro. Anderson conclui sua pesquisa sobre essa "crise geral do feudalismo" com a afirmação: "As herdades cultivadas pelo trabalho servil era um anacronismo na França, na Inglaterra, no oeste da Alemanha, no norte da Itália e na maior parte da Espanha em 1450" (1974a: 197-209). O modo de produção feudal foi finalmente quebrado pelo mercado.

Agora, isso seria uma frase profundamente insatisfatória – se interrompêssemos a explicação nesse ponto. Os economistas neoclássicos encerram aqui, porque assumem, em primeiro lugar, a existência de um mercado. A "variante do mercado" do marxismo (p. ex., SWEEZY, 1976) também a deixa por isso mesmo, porque emergiu apenas da sensibilidade empírica para o mundo medieval, não de uma consciência teórica de mercados como formas de organização social. Os marxistas ortodoxos respondem que a produção precede a troca e, portanto, que as relações de produção determinam as forças do mercado.

Mas isso é falso. A questão não é o mero fato das relações de produção, mas sua *forma*. As oportunidades de mercado podem influenciar facilmente a forma das relações de produção e das relações sociais em geral, como vimos no capítulo 7, nos casos da Fenícia e da Grécia. Nesse caso, as oportunidades de mercado, originalmente a criação de uma classe dominante feudal e cristã, reagiram à classe, embora ela possuísse o monopólio da força física. O mercado é em si uma forma de organização social, uma mobilização do poder coletivo e distributivo. Não é eterno; requer explicação. O argumento deste capítulo forneceu o início dessa explicação – apenas o começo, no entanto, porque, ao chegar à crise do século XIV, adiantei o percurso da minha história. No próximo capítulo mostrarei como as cidades e os estados promoveram a pacificação normativa e os mercados na Europa.

Conclusão: uma explicação da dinâmica europeia

Como prometido, eu apresentei um panorama detalhado da múltipla e acéfala Federação da Europa medieval. O dinamismo medieval, que assumiu a forma de um impulso para o desenvolvimento capitalista, era principalmente atribuível a dois aspectos dessa estrutura. Primeiro, a multiplicidade de redes de poder e a ausência de controle monopolista sobre elas conferiam um grande grau de autonomia local aos grupos sociais medievais. Segundo, esses grupos locais poderiam operar com segurança dentro das extensivas redes e pacificações normativas proporcionadas pela Cristandade, embora esta estivesse dividida entre ser uma ideologia imanente da moral da classe dominante e uma ideologia mais transcendente, sem classes. Assim, paradoxalmente, o localismo não sufocou uma orientação expansionista externa, mas assumiu a forma de uma competição intensa, regulada e dividida em classes.

Esses paradoxos do localismo e expansionismo e do conflito de classes, competição e ordem são o cerne do dinamismo das invenções da época. Os europeus medievais estavam preocupados principalmente com a exploração intensiva de sua própria localidade. Eles se aprofundaram mais em solos mais úmidos e pesados do que qualquer povo agrário anterior. Eles aproveitaram mais efetivamente a energia de seus animais. Eles alcançaram um equilíbrio mais produtivo entre os animais e as colheitas. A sua práxis econômica foi reforçada e isto provou ser uma das reorganizações de poder decisivas da história mundial. Novas faixas foram lançadas não apenas para a Europa, mas para o mundo. A imagem é de pequenos grupos de camponeses e senhores, observando seus campos, ferramentas e animais, descobrindo como melhorá-los, de costas para o mundo, relativamente despreocupados com técnicas e organização social extensivas, certos de que elas já estavam disponíveis a um nível minimamente aceitável. Sua práxis encontrou circuitos extensivos "prontos", e sua combinação implicava um aumento revolucionário nas capacidades organizacionais do poder econômico.

Notemos duas implicações particulares desses circuitos de práxis. Primeiro, eles eram relativamente populares. Envolveram a massa da população na atividade econômica autônoma e na inovação e na extensiva luta de classes. Esta foi a primeira vez que tal nível de participação popular nas relações de poder ocorreu em uma área tão extensiva – como é frequentemente observado por historiadores comparativos (p. ex., McNEILL, 1963: 558). Deveria ser o alicerce da democracia dividida em classes da era moderna. Segundo, ofereceram um ambiente intelectual propício para o crescimento do que conhecemos como as ciências naturais – penetrando sob a aparência fenomênica da natureza na expectativa segura de que suas propriedades físicas, químicas e biológicas serão ordenadas, mas por meio de dinâmicas e também leis eternas. A agricultura medieval fomentou o dinamismo e a penetração da natureza; a teoria da lei natural cristã forneceu a segurança da ordem natural. Em ambas as áreas de participação popular e ciência encontramos a mesma combinação frutífera de preocupação intensiva e confiança extensiva.

A dinâmica medieval era forte, sustentada e penetrante. Ela pode ter sido implantada já em 800 d.C. O Domesday Book, com sua profusão de moinhos de água, documenta sua presença na Inglaterra em 1086. A transição que viu a Europa dar um salto não foi primordialmente a transição medieval – tardia do feudalismo para o capitalismo. Esse processo foi em grande parte a institucionalização de um salto que ocorrera muito antes, no período em que apenas nossa falta de documentação nos leva a rotular a Idade das Trevas. Em 1200 d.C., esse salto, essa dinâmica, já estava levando a Europa Ocidental a novos patamares de poder social coletivo. No próximo capítulo, veremos como isso começou a tomar uma forma diferente depois dessa data.

Referências

ABERCROMBIE, N.; HILL, S. & TURNER, B. (1980). *The Dominant Ideology Thesis*. Londres: Allen & Unwin.

ANDERSON, P. (1974a). *Passages from Antiquity to Feudalism*. Londres: New Left Books.

_____ (1974b). *Lineages of the Absolutist State*. Londres: New Left Books.

BANAJI, J. (1976). The peasantry in the feudal mode of production: towards an economic model. In: *Journal of Peasant Studies*, vol. 3.

BARLEY, M.W. (ed.) (1977). *European Towns*: Their Archaeology and Early History. Londres: Academic Press.

BLOCH, M. (1967). *Land and Work in Medieval Europe*. Londres: Routledge & Kegan Paul.

_____ (1962). *Feudal Society*. Londres: Routledge & Kegan Paul.

BRENNER, R. (1976). Agrarian class structures and economic development in pre-industrial Europe. In: *Past and Present*, 76.

BRIDBURY, A.R. (1975). *Economic Growth*: England in the Later Middle Ages. Londres: Harvester.

BRONOWSKI, J. (1973). *The Ascent of Man*. Boston: Little/Brown.

BROWN, P. (1981). *The Cult of the Saints*. Londres: SCM.

BRUTZKUS, J. (1943). Trade with Eastern Europe, 800-1200. In: *Economic History Review*, 13.

BURKE, P. (1979). *Popular Culture in Early Modern Europe*. Londres: Temple Smith.

CHAUNU, P. (1969). *L'expansion européenne du XIIIe au XVe siècle*. Paris: Presses Universitaires de France.

CIPOLLA, C.M. (1976). *Before the Industrial Revolution*. Londres: Methuen.

COWDREY, H. (1970). The Peace and the Truce of God in the eleventh century. In: *Past and Present*, n. 46.

DOBB, M. (1976). A reply – From feudalism to capitalism. In: HILTON, R. (ed.). *The Transition from Feudalism to Capitalism*. Londres: New Left Books.

_____ (1946). *Studies in the Development of Capitalism*. Londres: Routledge.

DUBY, G. (1974). *The Early Growth of the European Economy*: Warriors and Peasants from the Seventh to the Twelfth Centuries. Londres: Weidenfeld & Nicolson.

GINZBURG, C. (1980). *The Cheese and the Worms*: The Cosmos of a Sixteenth--century Miller. Londres: Routledge & Kegan Paul.

GOODY, J. (1983). *The Development of the Family and Marriage in Europe*. Cambridge: Cambridge University Press.

HAJNAL, J. (1965). European marriage patterns in perspective. In: GLASS, D.V. & EVERLEY, D.E.C. (eds.). *Population in History*. Londres: Arnold.

HILTON, R. (1976). *The Transition from Feudalism to Capitalism*. Londres: New Left Books.

HINDESS, B. & HIRST, P.Q. (1975). *Pre-capitalist Modes of Production*. Londres: Routledge & Kegan Paul.

HINTZE, O. (1968). The nature of feudalism. In: CHEYETTE, F.L. (ed.). *Lordship and Community in Medieval Europe*. Nova York: Holt, Rinehart & Winston.

HODGEN, M.T. (1939). Domesday water mills. In: *Antiquity*, vol. 13.

HODGES, R. (1982). *Dark Age Economics*. Londres: Duckworth.

HOLTON, R. (1984). *The Transition from Feudalism to Capitalism*. Londres: Macmillan.

JONES, E.L. (1981). *The European Miracle*. Cambridge: Cambridge University Press.

LANGLAND, W. (1966). *Piers the Ploughman*. Harmondsworth, Ingl.: Penguin.

LE ROY LADURIE, E. (1980). *Montaillou*. Harmondsworth, Ingl.: Penguin.

LEIGHTON, A.C. (1972). *Transport and Communication in Early Medieval Europe*. Newton Abbot, Ingl.: David & Charles.

LENNARD, R. (1959). *Rural England 1086-1135*. Londres: Oxford University Press.

LLOYD, T.H. (1982). *Alien Merchants in England in the High Middle Ages*. Brighton: Harvester.

McEVEDY, C. & JONES, R. (1978). *Atlas of World Population History*. Harmondsworth, Ingl: Penguin.

McFARLANE, A. (1978). *The Origins of English Individualism*. Oxford: Blackwell.

McNEILL, W. (1963). *The Rise of the West*. Chicago: University of Chicago Press.

MARX, K. (1972). *Capital*. Vol. III. Londres: Lawrence & Wishart.

NEEDHAM, J. (1963). Poverties and triumphs of Chinese scientific tradition. In: CROMBIE, A.C. (ed.). *Scientific Change*. Nova York: Basic Books.

NORTH, D.C. & THOMAS, R.P. (1973). *The Rise of the Western World*: A New Economic History. Cambridge: Cambridge University Press.

PAINTER, S. (1943). *Studies in the History of the English Feudal Barony*. Baltimore: Johns Hopkins University Press.

POSTAN, M. (1975). *The Medieval Economy and Society*. Harmondsworth, Ingl.: Penguin.

RUSSELL, J.C. (1948). *British Medieval Population*. Albuquerque: University of New Mexico Press.

SHENNAN, J.H. (1974). *The Origins of the Modern European State 1450-1725*. Londres: Hutchinson.

SLICHER VAN BATH, B.H. (1963). Yield ratios, 810-1820. In: *A.A.G. Bijdragen*, 10.

SOUTHERN, R.W. (1970). *Western Society and the Church in the Middle Ages*. Londres: Hodder & Stoughton.

SWEEZY, P. (1976). A critique. HILTON, R. (ed.). *The Transition from Feudalism to Capitalism*. Londres: New Left.

TAKAHASHI, K. (1976). A contribution to the discussion. In: HILTON, R. (ed.). *The Transition from Feudalism to Capitalism*. Londres: New Left.

TREVOR-ROPER, H. (1965). *The Rise of Christian Europe*. Londres: Thames & Hudson.

TUCHMAN, B.W. (1979). *A Distant Mirror*: The Calamitous Fourteenth Century. Harmondsworth, Ingl.: Penguin.

VERGRUGGEN, J.F. (1977). *The Art of Warfare in Western Europe during the Middle Ages*. Amsterdã: North-Holland.

WHITE JR., L. (1972). The Expansion of Technology 500-1500. In: CIPOLLA, C.M. (ed.). *The Fontana Economic History of Europe*: The Middle Ages. Londres: Fontana.

_____ (1963). What accelerated technological progress in the Western Middle Ages. In: CROMBIE, A.C. (ed.). *Scientific Change*. Nova York: Basic Books.

WRIGLEY, E.A. & SCHOFIELD, R.S. (1981). *The Population History of England, 1541-1871*. Londres: Arnold.

13
A dinâmica europeia II
O surgimento dos estados coordenados, 1155-1477

No final do século XII, a federação múltipla e acéfala descrita no capítulo anterior entrou em um longo colapso. Finalmente, em 1815, as redes de poder da Europa Ocidental tomaram uma forma diferente: uma série segmentar de redes quase-unitárias, espalhadas por todo o globo. As unidades eram os principais estados "nacionais" e suas colônias e esferas de influência. Este capítulo explica o início de seu surgimento e sua interpenetração com as forças dinâmicas descritas no capítulo anterior.

Descrevo duas fases principais. Na primeira, discutida neste capítulo, uma mistura de forças econômicas, militares e ideológicas colocou em destaque um conjunto de estados territoriais "coordenados" e centralizados. Os estados centrais (normalmente monarquias), impulsionados por seu papel central de fiador de direitos e privilégios, coordenaram gradualmente algumas das principais atividades dos seus territórios. Formas locais e transnacionais de regulação cristã e "feudal" declinaram diante da regulação política nacional. Mas o grau de autonomia local permaneceu considerável, de modo que a constituição política "real" ainda era uma forma de federalismo territorial, cimentada por relações particularistas, muitas vezes dinásticas, entre monarcas e senhores semiautônomos. Essa fase vai até 1477, uma data significativa não para a história da Inglaterra, mas por causa do colapso do último grande Estado "feudal" alternativo, o ducado da Borgonha. Na segunda fase, reservada para o próximo capítulo, essas relações territorialmente centradas começaram a tomar uma forma "orgânica", em que o Estado foi o organizador centralizado de uma classe dominante.

O meu argumento mais geral pode ser expresso nos termos do modelo do capítulo 1. O dinamismo europeu, então essencialmente econômico, engendrou uma série de redes intersticiais emergentes de interação, bastante beneficiadas pela forma de organização centralizada e territorial. Na estrutura competitiva da Europa, alguns estados, por meio dessa solução, floresceram e prosperaram. Ali, o poder do Estado, centralizado e territorial, foi reforçado.

Apresento esse argumento de uma forma simples, no entanto. No caso da Inglaterra, possuímos uma maravilhosa fonte de dados. De 1155 em diante, dispomos de registros financeiros do Estado inglês suficientes para vislumbrar os seus padrões de despesa e, mais importante, para construir uma série temporal mais ou menos contínua das suas contas de receitas totais. Discuto a natureza do Estado durante um período de 8 séculos com a ajuda de uma série de quadros estatísticos.

Podemos começar a nossa análise do surgimento do Estado sabendo como o Estado gastou o seu dinheiro e como angariou esse dinheiro. As despesas nos dão um indicador, embora não perfeito, das funções do Estado, enquanto a receita indica a sua relação com os vários agrupamentos de poder que compõem a sua "sociedade civil". Nesse período, temos que usar um método ligeiramente indireto para estabelecer as primeiras. Há duas maneiras de deduzir a significância quantitativa de cada função estatal das contas financeiras. A maneira mais direta seria decompor as contas de despesas em seus principais componentes. Eu farei isso para o período após 1688, no próximo capítulo. Infelizmente, as contas de despesas anteriores são geralmente insuficientes para esse fim. Mas, a partir de 1155, as contas de receita são suficientes para construir uma série cronológica. Assim, o segundo método para estimar as funções do Estado é analisar totais de receita no tempo, explicando suas variações sistemáticas nos termos de variação das demandas feitas sobre o Estado. Esse será o principal método que aplicarei para o período que vai até 1688.

Tal método nos permite compreender algumas das principais questões da teoria do Estado. Elas serão discutidas no volume 3, em uma perspectiva de tempo maior do que a abordada neste capítulo. Por enquanto, basta lembrar que a teoria do Estado foi dividida em dois campos, que afirmam visões fundamentalmente opostas das funções do Estado. A teoria do Estado dominante na tradição anglo-saxônica tem visto o papel fundamental do Estado como *econômico* e *doméstico*: o Estado regula, judicial e repressivamente, as relações econômicas entre indivíduos e classes localizadas dentro das suas fronteiras. Escritores tão diversos como Hobbes, Locke, Marx, Easton e Poulantzas operaram aproximadamente com essa visão. Mas a teoria do Estado dominante do mundo alemão tem sido bastante diferente, pois concebe o papel do Estado como fundamentalmente *militar* e *geopolítico*: os estados arbitram as relações de poder entre si, e como as mesmas são em grande parte sem norma, eles o fazem pela força militar. Essa visão, hoje antiquada na era liberal e marxiana marcada pelo impasse nuclear, foi dominante outrora, especialmente por meio da obra de Gumplowicz, Oppenheimer, Hintze, e – em menor grau – Weber. Quem está correto sobre esse período da história?

Seria absurdo aderir a uma dessas perspectivas à custa da total exclusão da outra. Obviamente, os estados desempenham ambos os conjuntos de funções e em relação a ambas arenas, doméstica e geopolítica. Depois de estabelecer a importância histórica aproximada dos dois conjuntos de funções, procuro relacioná-los com maior embasamento teórico. Minha conclusão geral é apresentada no capítulo 15.

Fontes de receita e funções do Estado do século XII

As primeiras receitas foram analisadas por Ramsay (1925). Sua pesquisa foi submetida a críticas consideráveis[1]. Mas aqui eu uso suas contas, complementadas pelo trabalho de escritores posteriores[2] para um propósito simples, sobre o qual as críticas têm pouco peso. Estabeleço as principais fontes de receita do Estado do século XII, de modo a dizer algo sobre a relação do Estado com a sua "sociedade civil".

Tabela 13.1 As receitas de Henrique II, exercícios 1171-1172 e 1186-1187

	1171-1172		1186-1187	
Fonte de receita	£	%	£	%
Rendas de terras da coroa	12,730	60	15,120	62
Rendas de bispados vagos	4,168	20	2,799	11
Scutage (ou seja, taxa de guerra)	2,114	10	2,203	9
Tallages (imposto sobre as cidades e os inquilinos da coroa)	–	0	1,804	7
Amercements (multas legais e taxas)	1,528	7	1,434	6
Fines (presentes ao rei por favores)	664	3	1,219	5
Receita total	21,205	100	24,582	100

Fonte: Ramsay, 1925, I: 195.

As receitas de Henrique II (1154-1189) foram preservadas ao longo do tempo com algum detalhe. A Tabela 13.1 contém as contas de dois anos bem documentados. Elas ilustram as funções e os poderes de um rei do século XII relativamente forte. As receitas totais eram minúsculas: quaisquer que fossem as funções do rei, envolviam poucos oficiais e pouco dinheiro. O tamanho da "burocracia" excedeu apenas ligeiramente as domiciliares dos barões-chefes e clérigos. Logo depois, o Rei João (1199-1216) estimou que seu próprio orçamento era menor do que o do arcebispo da Cantuária (PAINTER, 1951: 131).

---

1. Para a discussão das fontes de dados, cf. Mann 1980.

2. Os principais trabalhos usados nesta seção são: Poole, 1951; McKisack, 1959; Powicke, 1962; Wolffe, 1971; Miller, 1972, 1975; Braun, 1975; Harris, 1975.

A maior parte das receitas veio das terras da coroa, ou seja, das "fontes privadas" do rei. Tal circunstância permaneceu da mesma maneira até que Eduardo I desenvolveu amplas receitas aduaneiras na década de 1270 e poderia perfeitamente voltar a ocorrer se um rei tentasse "viver de seus próprios recursos", ou seja, sem consultas financeiras e políticas a grupos externos. Henrique VII foi o último rei inglês a fazê-lo com sucesso, no início do século XVI. Outros monarcas europeus eram geralmente mais dependentes de suas próprias propriedades, notadamente os franceses até o século XV, os espanhóis até os lingotes do Novo Mundo começarem a fluir no século XVI, e os prussianos até o final do século XVIII. Esse domínio das receitas privadas era paralelo nas despesas, em que um grande item era sempre o custo da própria casa do rei. Assim, o nosso primeiro vislumbre real da natureza das atividades do Estado revela uma ausência de funções públicas e um grande elemento privado. O monarca era o maior magnata (*primus inter pares*) e tinha maiores rendimentos e despesas pessoais do que outros; e o Estado, embora autônomo da "sociedade civil", tinha pouco poder sobre a mesma.

A segunda fonte mais importante das receitas de Henrique II era o seu direito a desfrutar das rendas e dízimos dos bispados vacantes. Esse é um exemplo de "prerrogativas feudais" que todos os príncipes europeus possuíam. Elas revelam uma função de proteção interna, nesse caso confinada a crises que afetam a própria classe do monarca. Quando os bispados ficavam vacantes ou quando os herdeiros das propriedades eram menores ou mulheres, a sua sucessão precisava de garantia real. Em troca, o príncipe recebia a totalidade ou parte das rendas ou dízimos das propriedades até a maioridade ou o casamento do herdeiro. Uma segunda prerrogativa estava relacionada com a própria sucessão do príncipe: ele tinha o direito de taxar seus súditos pela cavalaria do seu filho mais velho e pelo casamento de sua filha mais velha. Essas fontes de renda "feudais" eram comuns em toda a Europa (embora os poderes do monarca sobre os bispados fossem controversos em todo o lado). Elas eram uma fonte de renda errática, a menos que o príncipe os explorasse (p. ex., recusando-se a se casar com herdeiras, como a Magna Carta afirma que foi feito pelo Rei João). Elas derivavam do papel *primus inter pares* do rei – aceito como árbitro e pacificador entre sua própria classe em momentos de incerteza.

A terceira fonte derivava da autoridade judicial, que implicava tanto os lucros formais de justiça (*"amercements"* na Tabela 13.1) quanto os subornos (*"fines"*) para os favores do rei. Os favores eram variados: reverter uma decisão judicial, conceder um mandato, arranjar um casamento, conceder um monopólio comercial ou de produção, dispensar do serviço militar, e muitos outros. Os favores e as multas foram difundidos por meio de um sistema de tribunais com jurisdição sobre uma área territorialmente definida, o reino de Inglaterra. Havia ainda três áreas de jurisdição duvidosa: sobre os assuntos seculares do clero, sobre ofensas menores (em grande parte dentro da competência dos tribunais senhoriais e outros tribunais autônomos), e sobre os domínios de vassalos que também deviam lealdade a outro príncipe.

O século XII viu um avanço considerável na territorialidade da justiça, na Inglaterra e em outros lugares. Isso constituiu a primeira fase de construção do Estado na Europa. As primeiras instituições estáveis do Estado foram os altos tribunais de justiça (e os tesouros, é claro). Os primeiros oficiais foram os inspetores e os inspetores do condado da Inglaterra, os prepostos da França e os ministeriais da Alemanha. Por quê?

Strayer (1970: 10-32) assinala três fatores relevantes, a partir dos quais construirei minha análise, acrescentando mais alguns argumentos. Primeiro, a Igreja apoiou um papel judicial para o Estado. Cristo teria afirmado apenas instituir uma *ecumene* especializada. Os assuntos seculares foram deixados às autoridades seculares, a quem a Igreja ordenava obediência. Depois de cerca de 1000 d.C., toda a Europa foi cristianizada, e o apoio papal em relação ao Estado foi sentido de forma mais uniforme.

Em segundo lugar, por volta da mesma data, as migrações populacionais significativas cessaram, permitindo o desenvolvimento de um senso de continuidade no espaço e no tempo entre as populações locais. A proximidade territorial e a estabilidade temporal têm sido a base historicamente normal do estabelecimento de normas sociais e judiciais. A capacidade da Cristandade de prover um grau de pacificação translocal normativa resultou de uma situação bastante incomum: a intensificação de diversos povos nos mesmos espaços locais, todos os quais ainda querendo adquirir a civilização mais ampla que a Cristandade possuía. Se essas populações se estabelecessem, se casassem e interagissem durante, digamos, um século, exigiriam regras e normas locais, territorialmente mais elaboradas. Uma parte importante dessa acomodação foi a emergência gradual de novas línguas territoriais da Europa. Mais tarde, apresento o processo de desenvolvimento do inglês. Além disso, uma segunda fase de estabilização populacional (não mencionada por Strayer) foi a conquista das fronteiras internas da Europa. Pouco depois de 1150, não restaram espaços virgens significativos. Populações assentadas devido à fidelidade, mesmo que apenas temporária, a um Estado ou outro, cobriram a parte ocidental do continente. Embora a Igreja ainda possuísse poderes normativos, esses foram verificados nas fronteiras dos estados. A verificação mais espetacular ocorreu no século XIV com um cisma papal. Um papa, em Avignon, foi apoiado pela coroa francesa; o outro, em Roma, dependia do imperador alemão e do rei da Inglaterra. Todos os estados envolvidos estavam cientes de uma contradição entre o seu desejo de reunificação da Cristandade e o interesse da *realpolitik* em enfraquecer o papado.

Em terceiro lugar, Strayer argumenta que o Estado secular era o provedor mais eficiente de paz e segurança, e afinal, "em uma era de violência a maioria dos homens almejava isso acima de qualquer outra coisa". Tal aspecto suscita duas questões. A primeira é que, em algumas áreas, não estava claro *qual* Estado proporcionaria paz e segurança. Havia uma grande quantidade de território dinástico contestado – incluindo toda a França Ocidental, contestada pelas coroas inglesa e francesa.

O progresso da Guerra dos Cem Anos é instrutivo quanto aos poderes do Estado. Uma vez que os franceses perceberam (após a batalha de Poitiers) que provavelmente perderiam grandes batalhas, eles as evitaram. Quando atacados, recuavam para seus castelos e cidades muradas[3]. A guerra se instalou em uma série de *chevauchées*, "passeios de guerra", em que um pequeno exército inglês ou francês invadia o território inimigo taxando, pilhando e matando. Os *chevauchées* demonstravam aos vassalos da coroa oposta que seu atual suserano não lhes proporcionava paz e segurança, e eram movidos pela expectativa de que pudessem provocar a ruptura desse vínculo. No final da guerra, grande parte da França teria ficado melhor sem a submissão a qualquer coroa, mas essa opção não estava disponível. No final, a versão francesa da "paz e segurança" venceu. A barreira logística do Canal da Mancha impediu os ingleses de apoiar os seus vassalos franceses, bretões e gasconistas numa base rotineira ou mobilizando as grandes forças permanentes necessárias para os cercos sustentados. Gradualmente, a garantia da coroa francesa de uma densa rede de costumes, direitos e prerrogativas locais foi se arrastando para oeste e para sul a partir do seu núcleo da Ilha de França. A invasão inglesa só poderia interromper isso brevemente, embora de modo desagradável. Talvez também tenham surgido as primeiras manifestações de "nacionalismo" francês, em que áreas centrais da França partilhavam uma "comunidade étnica" com o rei francês e hostilidade para com os ingleses. Mas como conclui Lewis (1968: 59-77), esse foi realmente o *resultado* de uma guerra prolongada que confirmou que o governo das duas coroas era territorial e não dinástico. De qualquer forma, a "comunidade étnica" foi construída sobre um interesse comum na estabilidade das regras e dos costumes judiciais. Onde os estados territoriais existiam, por mais frágeis que parecessem, era difícil remover seus núcleos. Os usurpadores e invasores geralmente se saíram mal no período que se seguiu às expansões normandas, porque ameaçavam os costumes estabelecidos. Era mais fácil para a Cristandade e o Islã desalojar os estados um do outro do que mudar a ordem geopolítica da própria Cristandade. Mas a Guerra dos Cem Anos revelou uma consolidação crescente da soberania judicial em estados territoriais maiores, mesmo que ainda fracos, em parte por causa da logística da guerra.

---

3. Azincourt, 1415, foi a exceção; mas os franceses tinham razões para pensar que poderiam ganhar. Henrique V tinha tentado evitar a batalha por causa da fraqueza das suas tropas. Sobre a Guerra dos Cem Anos, cf. Fowler, 1971, 1980; Lewis, 1968.

Mas os estados territoriais não existiam em todo lugar. De Flandres até o oeste da França e do oeste da Alemanha até a Itália e cada litoral mediterrâneo que permaneceu cristão, instituições políticas diferentes prevaleceram. Condes, duques e até mesmo reis compartilharam o poder com instituições urbanas, especialmente comunas independentes e bispados. E essa foi também uma área economicamente dinâmica. Isso levanta a segunda questão proposta por Strayer. Nem todo desenvolvimento econômico ainda exigia a pacificação do Estado, como ele sugere. Se isso então aconteceu, resultou de novas características da economia. O desenvolvimento econômico trouxe *novos* requisitos de pacificação.

Esses requisitos eram mais elaborados e principalmente técnicos: como organizar mercados, honrar contratos específicos mas repetitivos, organizar a venda de terras em uma sociedade em que elas eram até então raras, garantir bens móveis, organizar a captação de capital. A Igreja não lidava amplamente com tais assuntos: no Império Romano, tinham sido a preocupação do Estado e do direito privado; na Idade Média, não tinham sido problemáticos. A Igreja tinha pouca tradição de serviço nesse campo, e de fato algumas de suas doutrinas não eram particularmente úteis (p. ex., leis de usura). A maioria dessas questões técnicas eram territorialmente amplas em seu escopo, e embora o Estado não fosse a única agência de poder capaz de intervir sobre as rupturas (as associações de comerciantes e de habitantes das cidades o faziam, p. ex., na Itália e em Flandres), onde já existiam grandes estados, a sua dimensão relativa era adequada para isso. Assim, de comum acordo, sem realmente oprimir ninguém, a maioria dos grandes estados começou a desempenhar um papel regulatório maior em assuntos econômicos, especialmente direitos de propriedade, e estavam intimamente preocupados com o amplo crescimento econômico. Contudo, assumir o controle sobre tais questões era, em parte, uma atitude reativa: o dinamismo inicial do desenvolvimento veio de outros lugares, das forças descentralizadas identificadas no capítulo anterior. Se os estados *tivessem* fornecido a infraestrutura inicial para desenvolvimento, eles teriam sido seguramente mais poderosos do que realmente eram, nesse ou em séculos posteriores.

A extensão judicial do Estado não foi muito longe. A organização da justiça nesse século deve ser vista com algum ceticismo. No reinado de João, encontramos um exemplo bastante trágico no Fine Roll, que registra que "a esposa de Hugh de Neville oferece ao senhor rei 200 galinhas para que ela possa se deitar por uma noite com seu marido". A entrega das galinhas foi organizada a tempo da Páscoa, pelo que podemos presumir que a senhora ficou satisfeita.

As excentricidades de João oferecem um corretivo às visões modernas dos sistemas judiciais. Henrique II tinha avançado na centralização, confiabilidade e "racionalidade formal" do sistema judicial inglês. No entanto, ele ainda era ordenhado como uma fonte de riqueza, e o clientelismo e a corrupção eram inseparáveis da justiça. Os juízes, xerifes e oficiais de justiça que trabalhavam na maquinaria administrativa provincial eram apenas fracamente controlados pelo rei. Lido com essa logística do poder impositivo mais adiante no capítulo.

Outros estados tinham ainda menos controle sobre os seus agentes e senhores locais do que tinha a Inglaterra Normanda, Estado de conquista relativamente unitário. Em outros lugares, a maioria das funções judiciais não era exercida pelo Estado, mas por senhores e clérigos locais. O ímpeto por uma maior centralização geralmente vinha da conquista, como na França depois da grande expansão de Filipe Augusto (1180-1223), e na Espanha, em que cada província foi arrancada do Islã. Por volta de 1200, príncipes como os reis de Inglaterra, França e Castela e o imperador alemão tinham imposto uma medida de controle judicial sobre os territórios sob a sua soberania. Mas isso nos leva para a segunda fase de construção do Estado, apenas iniciado na era de Henrique II e revelado por meio de suas receitas.

A fonte final de receita na Tabela 13.1 é a tributação representada por *tallages* e *scutage*, reveladora da segunda função pública do Estado: fazer guerra internacional. Além do item de sucessão feudal mencionado anteriormente, a coroa inglesa possuía direitos de tributação com uma única finalidade: "necessidade urgente", que significava guerra. Isso não mudou até a década de 1530. Os príncipes foram encarregados da defesa do reino, e isso envolveu contribuições de seus súditos. Mas cada contribuição tendeu a ser levantada de forma diferente, e de maneira *ad hoc*. Ademais, a maioria dos príncipes não pedia dinheiro, mas serviço de pessoal – o recrutamento feudal. Em um reino conquistado como a Inglaterra, isso poderia ser organizado sistematicamente: x número de cavaleiros e soldados fornecidos pelo recrutamento para cada y área ou z valor da terra assegurada em teoria pelo rei.

Ao longo do século XII, várias tendências minaram a eficácia militar do recrutamento e conduziram à segunda fase de crescimento do poder estatal. Padrões complexos de herança, especialmente a fragmentação dos bens, tornaram a avaliação da obrigação militar cada vez mais difícil. Alguns senhores viviam em ambientes pacíficos e seus recrutas eram cada vez mais inúteis do ponto de vista militar. No final do século XII, o caráter da guerra também mudou, à medida que o espaço da Europa se enchia de estados organizados – então as campanhas ficaram mais longas, envolvendo um trabalho de cerco prolongado. Na Inglaterra, o recrutamento feudal serviu sem pagamento durante dois meses (e apenas 30 dias em tempo de paz): depois disso, seu custo caiu sobre o rei. Assim, no final do século XII, os príncipes começaram a precisar de mais dinheiro para a guerra, ao mesmo tempo em que alguns de seus súditos estavam menos dispostos a desabar pessoalmente. Expedientes como o *scutage* (um pagamento em vez de fornecer um *scutum* – escudo), e o *tallage*, um imposto sobre as cidades (grupos urbanos sendo menos bélicos) foram o resultado do compromisso.

O Estado era bem maior no setor urbano. A ausência de direitos absolutos de propriedade privada significava que as transações de terras envolviam negociações complicadas, seladas por uma autoridade independente, nesse caso o rei. Como as cidades atraíram uma imigração considerável durante a expansão econômica desses séculos, o rei podia esperar, lá, uma receita considerável das transações de terras. Em segundo lugar, o papel de protetor externo do rei tinha particular relevância para os comerciantes "estrangeiros" internacionais. O rei recebia pagamento deles em troca de proteção (LLOYD, 1982). As duas potências se combinaram para exercer uma considerável regulação estatal das corporações mercantis nos séculos XIII e XIV. Veremos que a aliança cidade-Estado assegurada por lei – a pacificação normativa – começou pela Igreja.

Fora do setor urbano, as atividades econômicas dos estados ainda eram restritas. É verdade que a monarquia inglesa tentou regular intermitentemente os preços e a qualidade dos alimentos básicos, embora o tenha feito em colaboração com os senhores locais. Essa regulamentação se tornou mais rígida, e também se aplicava aos salários, nas circunstâncias especiais do final do século XIV, depois da Peste Negra. Em geral, porém, o Estado forneceu poucos apoios infraestruturais à economia que encontramos nos impérios antigos. Por exemplo, a Inglaterra não possuía uma cunhagem uniforme até os anos de 1160 e a França até 1262, e nenhum país possuía pesos e medidas uniformes até o século XIX. A cooperação obrigatória tinha sido posta de lado pela pacificação normativa da Cristandade, e o Estado europeu nunca a recuperou.

Assim, o Estado era pouco maior do que os maiores clérigos ou magnatas. Essas primeiras contas de receita revelam um pequeno Estado vivendo de "aluguel de proteção" (LANE, 1966: 373-428). A defesa externa e a agressão, e a preservação da ordem pública básica, foram as funções públicas esmagadoras, e até mesmo parcialmente descentralizadas. Esse quadro ainda é consistente com o pintado no último capítulo: de um Estado fraco, se então territorializado, sem poderes de monopólio. Em 1200, porém, duas coisas estavam começando a ameaçar essa forma de governo. A primeira era o desenvolvimento de uma nova lógica militar que promovia territorialidade estatal. O segundo era o problema da pacificação entre os estados territoriais. Os grupos agindo nesse espaço – especialmente os comerciantes – se voltariam cada vez mais em direção ao Estado para buscar proteção e, ao fazê-lo, contribuíam para o aumento do seu poder. Podemos ver ambas as tendências por meio da construção de uma série temporal de receitas totais de 1155 em diante.

Tendências nas receitas totais, 1155-1452

Nessa seção, apresento na Tabela 13.2 a primeira parte da minha série cronológica de receitas totais. A primeira coluna de contas apresenta as receitas reais em preços correntes. Também corrigi os totais das receitas em função da inflação, calculando preços constantes com base no seu nível de 1451-1475. As contas à prova de inflação também têm limitações em termos de sentido. Se os preços estão subindo, o monarca precisará levantar dinheiro adicional e seus súditos irão, sem dúvida, grunhir, mesmo que em termos reais a taxa de extração não seja alterada. Assim, ambos os conjuntos de contas têm uma importância real, ainda que parcial.

Primeiro, o índice de preços revela que em torno de 1200 os preços começaram a subir acentuadamente, talvez quase dobrando durante o reinado de João e caindo apenas ligeiramente depois disso. Por volta de 1300 eles subiram novamente, dessa vez por quase um século, caindo novamente um pouco depois disso. A comparação direta entre os totais de receitas de diferentes períodos tem as suas limitações. Deixe-nos tomar separadamente os dados atuais e constantes de preço.

A receita a preços correntes aumentou ao longo de quase todo o período. Exceto para a primeira década do reinado de Henrique II (antes de ter efetivamente restaurado autoridade central depois da anarquia do reinado de Estêvão), o primeiro aumento substancial ocorreu sob o comando de João. Então ela caiu ligeiramente até a acessão de Eduardo I. Seguiu-se uma tendência ascendente constante durante um século até Ricardo II, após o que se seguiu um declínio (interrompido por Henrique V), que durou até os Tudors. Os reis que requereram grandes aumentos no rendimento foram João, o primeiro, três Eduardos (especialmente I e III) e Henrique V. Além disso, Henrique III, Ricardo II e Henrique IV conseguiram, cada um, manter a maior parte do aumento de seu antecessor imediato.

Passando para preços constantes, o aumento global não é tão estável. Em termos reais, a exação de João aumentou, embora não tanto quanto as suas cobranças de dinheiro, e elas são inigualáveis até Eduardo III, cujo longo reinado viu uma taxa de extração continuamente alta. Sua manutenção (e aumento) sob Ricardo II é algo como um artefato, contribuído pela queda dos preços em vez de um aumento das receitas monetárias. Henrique V ainda emerge como rei com uma receita crescente, e os baixos rendimentos dos reis das Guerras das Rosas são também ainda evidentes. Mas, em termos reais, o tamanho financeiro do Estado inglês atingiu um pico no século XIV. Na verdade, não cresceu substancialmente depois disso até o final do século XVII, quando voltou a explodir (como veremos no próximo capítulo). Essas são as tendências que devemos agora explicar.

Tabela 13.2 Finanças do Estado inglês, 1155-1452: receita anual média a preços correntes e constantes (1451-1475)

Reino	Anos	Receita anual em £ (000)		Índice de preços
		Corrente	Constante	
Henrique II	1155-1166	12.2	–	–
	1166-1177	18.0	60.0	30
	1177-1188	19.6	55.9	35
Ricardo I	1188-1198	17.1	60.9	28
João	1199-1214	37.9	71.5	53
Henrique III	1218-1229	31.1	39.4	79
	1229-1240	34.6	54.1	64
	1240-1251	30.3	43.2	70
	1251-1262	32.0	40.5	79
	1262-1272	24.0	26.7	90
Eduardo I	1273-1284	40.0	40.0	100
	1285-1295	63.2	67.9	93
	1295-1307	53.4	41.1	130
Eduardo II	1316-1324	83.1	54.3	153
Eduardo III	1328-1340	101.5	95.8	106
	1340-1351	114.7	115.9	99
	1351-1363	134.9	100.0	135
	1363-1375	148.4	103.8	143
Ricardo II	1377-1388	128.1	119.7	107
	1389-1399	106.7	99.7	107
Henrique IV	1399-1410	95.0	84.8	112
Henrique V	1413-1422	119.9	110.0	109
Henrique VI	1422-1432	75.7	67.0	113
	1432-1442	74.6	67.2	111
	1442-1452	54.4	55.5	98

Fontes: *Receita*, 1155-1375. • Ramsay, 1925, com fator de correção adicionado; 1377-1452. • Steel, 1954. *Índice de preços*: 1166-1263. • Farmer, 1956, 1957, 1264 em diante. • Phelps-Brown e Hopkins, 1956. Para mais detalhes de todas as fontes e cálculos, cf. Mann, 1980. Essas contas são diretamente comparáveis com as apresentadas na Tabela 14.1.

Receitas e despesas, de João a Henrique V

O reinado (1189-1199) de Ricardo I, o Coração de Leão, produziu pouca mudança. Apesar de Ricardo ter travado uma guerra durante o seu reinado, ele o fez geralmente com o exército feudal e pedidos *ad hoc* de ajuda financeira. Durante o seu reinado, porém, o papado cobrava taxas sobre todas as receitas leigas e eclesiásticas (sob ameaça de excomunhão) em toda a Europa, para financiar as Cruzadas de 1166 e 1188.

O precedente não se perdeu no meio-irmão e sucessor mais astuto de Ricardo, João. Em 1202-1203, a receita total estimada de João tinha subido seis vezes, para cerca de £ 134,000, dos quais um imposto nacional de um sétimo sobre o valor de todos os bens móveis contribuiu com £ 110,000. No reinado de João (1199-1216), a receita média anual mais do que dobrou em relação às receitas de Henrique II. O controle da inflação faz o aumento menos dramático, mas é o maior aumento que João realmente extraiu. Ele fez isso principalmente por meio da tributação, que contribuiu com mais da metade de sua receita e que foi cada vez mais cobrada de modo uniforme da maior parte da população. Por que o aumento em seu reinado?

O conflito de João com a Igreja (fornecido por todos os cronistas) assegurou que ele recebesse a pior pressão de qualquer outro rei inglês. No entanto, dois fatores extrínsecos do início de seu reinado – colheitas desastrosas e inflação galopante e pouco compreendida –, o colocaram sob um fardo insuportável. João não conseguia resistir a essas tempestades, passando por um período de dívidas crescentes e redução da atividade do Estado (como fez seu sucessor Henrique III). Suas possessões francesas estavam sob ataque da ressurgente coroa francesa e, de fato, estavam na sua maioria perdidas. O caráter da guerra estava mudando, se tornando mais profissional e mais caro. Suas necessidades de fundos para pagar as tropas precipitaram o aumento das receitas, assim como para todos os reis do século XIII (e os dos séculos subsequentes, como veremos). As flutuações nos dados do século XIII de Ramsay são consistentes. Em 1224-1225, as receitas triplicaram em relação ao ano anterior; em 1276-1277, dobraram; em 1281-1282, triplicaram; em 1296-1297, dobraram – tudo ocasionado pelo início da guerra.

Tais pressões não ocorriam só na Inglaterra. No final do século XII, na Europa como um todo, o número de cavaleiros (e serviçais) que se proviam por si mesmos foi igualado pelo número de cavaleiros mercenários que exigiam pagamento. A tensão financeira foi sentida pelo governo das cidades flamengas do século XIII (VERBRUGGEN, 1977), pela comuna de Siena de 1286 (BOWSKY, 1970: 43-46), por Florença do século XIV (DE LA RONCIERE, 1968; WALEY, 1968), e pela França nos séculos XIII a XV (STRAYER & HOLT, 1939; REY, 1965; HENNEMAN, 1971; WOLFE, 1972). Desde o final do século XII até o século XVI, os exércitos europeus combinaram elementos profissionais e feudais, e estiveram em campo por mais tempo. Depois disso, eles se tornaram plenamente profissionais – a Inglaterra incluída. E durante o século XIII, o seu tamanho, e o seu tamanho em relação à população, aumentou dramaticamente[4]. Tal guerra precisava de dinheiro. Todos os príncipes recorreram a empréstimos de judeus e banqueiros e comerciantes estrangeiros, mas como expediente temporário. No reinado de Eduardo I, a tributação estava normal, como revela a Tabela 13.3.

Tabela 13.3 Fontes médias anuais de receita em três reinados, 1272-1307 e 1327-1399 (em porcentagem)

Fonte de receita	Eduardo I (1272-1307)	Eduardo III (1327-1377)	Ricardo II (1377-1399)
Receitas hereditárias da coroa	32	18	28
Alfândega	25	46	38
Tributação dos leigos e subsídios	24	17	25
Tributação dos clérigos e subsídios	20	18	9
Porcentagem total	100	100	100
Total anual médio £ (preços correntes)*	63,442	105,221	126,068

* Os totais não são consistentes com os totais apresentados na tabela 13.2, que são os mais fiáveis (cf. MANN, 1980). A contribuição relativa de cada tipo de receita não é afetada pela falta de fiabilidade dos totais.
Fonte: Ramsay, 1925, II: 86, 287, 426-427.

A tendência mais óbvia é o aumento global das receitas, que duplicou em cem anos. Mas também ocorreram mudanças substanciais nas fontes de rendimento. A primeira dessas categorias, "receita hereditária da coroa", é heterogênea, sendo seus dois principais componentes as rendas das terras da coroa e os lucros da justiça. Do ponto de vista moderno, os primeiros são "privados", os segundos "públicos", embora os contemporâneos não conhecessem a distinção. As receitas hereditárias permaneceram estáveis em volume e diminuíram na proporção das receitas totais, à medida que as receitas aduaneiras e tributárias aumentaram. Em 1275, Eduardo I estabeleceu pela primeira vez uma taxa de exportação sobre a lã, e outros impostos alfandegários e de consumo foram logo adicionados. Esse foi um passo substancial, não apenas para um financiamento estatal adequado, mas também para o surgimento do Estado unitário e territorial. As taxas alfandegárias não foram impostas unilateralmente, mas após considerável debate e conflito. As exportações eram tributadas de modo

---

4. Sorokin estimou o aumento da dimensão do exército em relação à população total, entre 1150 e 1250, entre 48 e 63%, para quatro países europeus (1962: 340-341).

que – de acordo com a teoria econômica atual – os recursos ingleses não fossem drenados para fora em tempo de guerra. Uma segunda causa foi o reconhecimento pelos comerciantes de que as suas atividades internacionais precisavam de proteção militar. Na verdade, a receita deveria ser usada para propósitos navais e não podia ser contada como parte dos recursos hereditários do próprio rei. Nenhum sentimento poderia ter resultado em impostos aduaneiros se os operadores econômicos não sentissem um interesse e uma identidade nacional coletiva, uma identidade que provavelmente não existia dois séculos antes.

Outros estados partilhavam uma estreita relação fiscal com os comerciantes. A coroa francesa dependia fortemente dos impostos e empréstimos dos comerciantes de Paris, bem como dos impostos sobre objetos de comércio altamente perceptíveis (como o infame *gabelle*, imposto sobre o sal). A coroa espanhola tinha uma relação especial com a *mesta* (corporação de pastores de ovelhas). Os estados alemães mais fracos exploravam os tributos internos, com a consequente proliferação de barreiras aduaneiras internas. A aliança Estado-comerciante tinha um núcleo fiscal-militar.

A tributação direta formou uma parte substancial e bem estabelecida das receitas do século XIV, como revela a Tabela 13.3. Se acrescentarmos a ela os impostos aduaneiros indiretos, mais da metade das receitas da coroa inglesa provieram então da tributação. De fato, McFarlane (1962: 6) estima que, em todo o período de 1336 a 1453 (ou seja, da Guerra dos Cem Anos), a coroa inglesa aumentou £ 3,25 milhões em impostos diretos e £ 5 milhões em impostos indiretos, dos quais as taxas aduaneiras e impostos de consumo sobre a lã contribuíram com pelo menos £ 4 milhões. Tais impostos foram sempre voltados para fins militares, embora devamos notar que as contrapartidas militares se alargavam à teoria econômica agressiva que acabamos de mencionar.

Assim, vemos as mesmas duas tendências: a escalada das receitas totais e o papel crescente da taxação, ambos ligados aos custos da guerra. A Tabela 13.2 revelou que o salto nas receitas no início da Guerra dos Cem Anos foi real. Mais uma vez, tanto o tamanho dos exércitos como o seu tamanho em relação à população aumentaram no século XIV (SOROKIN, 1962: 340-341). O caráter da guerra também mudou. Os cavaleiros de quatro grandes potências, Áustria, Borgonha, o condado da Flandres e Inglaterra, foram derrotados pelos exércitos de infantaria dos suíços, flamengos e escoceses, numa série de batalhas entre 1302 e 1315. Isso foi seguido pela batalha de Crecy em 1346, em que mais de 1.500 cavaleiros franceses foram mortos por arqueiros britânicos (ou seja, galeses). Essas inversões inesperadas não conduziram a mudanças massivas no equilíbrio de poder internacional (embora tenham preservado a independência dos suíços, flamengos e escoceses) porque as grandes potências reagiram. Exércitos combinaram infantaria, arqueiros e cavalaria em formações cada vez mais complexas. As infantarias, com um novo papel independente no campo de batalha, precisavam de mais treinamento do que a infantaria medieval, lançada apenas como apoio aos cavaleiros. Um Estado que procurava sobreviver tinha de participar dessa corrida tática, por isso os custos de guerra intensificados para todos[5].

Os dados sobre as despesas, disponíveis esporadicamente desde 1224, dão um quadro mais completo, embora não sejam fáceis de interpretar. Os usos modernos dessas contas teriam sido dificilmente compreensíveis para os homens que as elaboraram. Eles não distinguiam entre funções "militares" e "civis" ou entre as despesas domésticas "privadas" do rei e as mais "públicas". Às vezes, ficamos incertos sobre qual "departamento" tem a responsabilidade preliminar sobre a despesa. É preciso lembrar que os dois principais "departamentos" eram originalmente a *câmara* em que o rei dormia e o *guarda-roupa* em que ele pendurava suas roupas! No entanto, ao longo do século XIII, as despesas da casa real permaneceram na faixa de £ 5,000-£ 10,000, enquanto que as despesas militares e estrangeiras poderiam acrescentar números que variam de £ 5,000 a £ 100,000 por ano, de acordo com a situação de guerra ou paz. A inflação se limitou, em grande medida, aos custos militares.

Tabela 13.4 Médias anuais das contas de despesas em 1335-1337, 1344-1347 e 1347-1349 (preços correntes)

Despesa	1335-1337		1344-1347		1347-1349	
	£	%	£	%	£	%
Despesas domésticas	12,952	6	12,415	19	10,485	40
Despesas estrangeiras e outras despesas	147,053	66	50,634	76	14,405	55
Prests (amortização da dívida)	63,789	29	3,760	6	1,151	54
Total	223,796*	100	66,810	100	26,041	100

* As contas apresentadas nos orçamentos estatais raramente batem exatamente até meados do século XIX.

Mais contas sobrevivem a partir do século seguinte. Algumas das mais completas estão contidas na Tabela 13.4. Os três tipos das despesas listados na tabela são os antepassados daquelas categorias modernas de "civil", "militar" e "reembolso da dívida", que figurarão durante toda minha análise das despesas. O que pode explicar as variações enormes no volume total e no tipo de despesa do Estado? A resposta é simples: guerra e paz. Em 1335-1337, Eduardo III estava em guerra, conduzindo pessoalmente, na maior parte do período, uma campanha nos Países Baixos; durante parte do período de 1344 a 1347,

---

5. Para os desenvolvimentos militares, cf. Finer, 1975; Howard 1976: 1-19; Verbruggen, 1977. Para relatos vívidos das humilhações da nobreza francesa, cf. Tuchman, 1979.

ele estava novamente em guerra, na França; e de 1347 a 1349 ele estava em paz, na Inglaterra.

Essas contas não nos permitem separar totalmente as despesas militares das despesas civis. Embora a maior parte das despesas domésticas continue quando o rei está em paz, o seu agregado familiar o segue no estrangeiro em campanha, e é mais caro lá (como as contas revelam). Da mesma forma, as despesas "estrangeiras e outras" são, na sua maioria, mas não inteiramente, bélicas – por exemplo, subornos pagos a vassalos vacilantes pela sua lealdade, ou esmolas distribuídas durante a campanha, são difíceis de categorizar. O reembolso da dívida, de empréstimos concedidos geralmente por comerciantes e banqueiros, também pode parecer se misturar com a distinção entre civil e militar, mas, na verdade, esses empréstimos foram invariavelmente contraídos para pagar despesas militares extraordinárias. Finalmente, se quisermos estimar a dimensão financeira total do Estado nesse período, devemos realmente somar os *lucros* das atividades do Estado, nomeadamente o judiciário, às despesas. Esses acrescentariam cerca de £ 5,000-£ 10,000 à despesa de custo das funções civis.

Quando essas dificuldades são devidamente levadas em conta, podemos estimar que, tal como no século anterior, as atividades civis do Estado permaneceram bastante estáveis em volume, não excedendo ainda muito as principais famílias baroniais, enquanto o desembolso total do Estado foi enormemente inflacionado pelo início da guerra. Em tempo de paz, as atividades "civis" do Estado podem representar entre metade e dois terços de todas as finanças, mas na guerra normalmente diminuíam para cerca de 30% e poderia ir tão baixo quanto 10%. (As contas mais completas estão espalhadas nos volumes de Tout (1920-1933); cf. tb. Tout e Broome, 1924: 404-419. • Harris, 1975: 145-149, 197-227, 327-340, 344-345, 470-503.) Como talvez metade dessas atividades pacíficas eram essencialmente "privadas", pois diziam respeito às atividades domésticas do rei, as funções públicas do Estado eram em grande parte militares. Se um rei travou guerras frequentemente, as suas funções se tornavam esmagadoramente militares. Henrique V, mais ou menos continuamente em guerra, durante a década de 1413-1422 gastou cerca de dois terços das suas receitas inglesas mais todas as suas receitas francesas na guerra (RAMSAY, 1920, I: 317).

Mas ainda não compreendemos o impacto total da guerra nas finanças do Estado. A Tabela 13.4 também revela o início de uma tendência que, posteriormente, veio a desempenhar um importante papel de suavização das finanças públicas: o reembolso da dívida. Entre o século XIV e o século XX, os estados que contraíram empréstimos avultados para financiar guerras viram as flutuações das despesas reduzidas. As dívidas eram normalmente reembolsadas ao longo de vários anos, se prolongando para além da duração da guerra. Assim, as despesas em tempo de paz não regressavam aos níveis anteriores à guerra. O Estado foi aumentando o seu volume real lenta e constantemente. As receitas e despesas de Eduardo III e Ricardo II (1327-1399) flutuaram menos (exceto por uma triplicação em 1368-1369). O custo absoluto da guerra significava que o reembolso da dívida dificilmente poderia ser financiado com as receitas privadas ou hereditárias do monarca. A tributação em tempo de paz era quase inevitável. Além disso, todos esses métodos fiscais aumentaram o mecanismo de financiamento em si mesmo. A cobrança de custos se tornou um item importante e quase permanente. A coroa inglesa minimizou os custos políticos da tributação, ao decidir a taxa de tributação por meio de consulta *ad hoc* com os próprios contribuintes. Numa época em que a riqueza era impossível de determinar, nenhum outro sistema era em última instância factível. Mas em um sistema relativamente centralizado, como o da França do século XV, os custos da cobrança poderiam chegar a 25% ou mais de todas as receitas (Wolfe 1971:248). Esses também foram em grande parte o efeito da guerra.

Dessa análise das finanças do Estado medieval emergem respostas claras: ele predominantemente cumpria funções *militares* externas; e o crescimento da dimensão financeira do Estado a preços correntes e constantes foi um produto dos crescentes custos da guerra. Os teóricos do Estado militarista parecem vindicados. Mas as implicações desse desenvolvimento estatal liderado por militares levarão a uma conclusão mais complexa.

Implicação I: a emergência do Estado nacional

Talvez os parágrafos anteriores sejam demasiadamente permeados por uma lógica funcionalista, implicando a suposição de que a guerra era funcional para o povo da Inglaterra como um todo. O povo da Inglaterra não tinha sido uma entidade sociológica significativa no início do século XII (como vimos no cap. 12). A guerra favoreceu uma aliança entre um "grupo de guerra" específico e o monarca. A partir do início do século XIV, a superioridade de um exército de infantaria-cavalaria mista e parte de mercenários sobre um exército feudal puro foi demonstrada repetidamente. Se essas forças pudessem ser aumentadas, qualquer um com interesse na guerra deveria então se aliar ao rei, que poderia autorizar o aumento das somas para financiar tal exército. Havia formas variantes desse padrão. Em áreas geopolíticas onde não havia príncipe para exercer tal autoridade fiscal, predominantemente forças mercenárias menores poderiam ser aumentadas pelo rei e pelos condes e duques locais para preservar os *status quo*. E em Flandres e na Suíça, a "moral de classe" dos burgueses livres foi convertida numa força de infantaria disciplinada e eficaz para preservar a sua autonomia. Mas todas as variantes significavam o fim do exército feudal.

O grupo de guerra era misto, e variava de país para país. Dois principais grupos podem ser identificados. Em primeiro lugar, os sistemas de herança de filho único estabeleceram uma pressão demográfica contínua por meio dos filhos mais novos dos grupos da nobreza, do senhorio e da guarda real, sedentos de terra. A eles podemos acrescentar outros nobres menores, periodicamente empobrecidos pela mudança nas tendências econômicas. Ambos foram alimentados pela ideologia e pelo senso de honra da classe nobre em geral. Na Inglaterra, a nobreza superior em geral, no controle das campanhas militares, teve um excelente desempenho nas questões bélicas (McFARLANE, 1973: 19-40).

O segundo grupo era composto por aqueles interessados no comércio externo – vamos chamá-los de mercadores, ainda que, na realidade, pudessem ser grandes barões ou clérigos, ou o próprio rei, envolvidos em empreendimentos comerciais. A autonomia dos comerciantes medievais continuou em seus centros tradicionais da Itália, Flandres, e nas rotas de comércio entre eles. A Europa prosperou tão logo as oportunidades cresceram. Em tamanho e eficiência técnica, as casas comerciais e bancárias se desenvolveram de forma constante. A contabilidade de dupla entrada é uma invenção que muitas vezes foi enfatizada pelos comentadores (mais notavelmente Weber) como permitindo controle muito mais preciso de atividades vastas. Parece ter sido inventada no século XIV, embora não estivesse difundida até ao final do século XV. Como Weber viu, ainda não era "capitalismo". Era demasiado dedicada às necessidades da grande nobreza – seus casamentos, expedições militares e resgates, todos exigindo o movimento de enormes somas de crédito e bens. Assim, a "contabilidade racional do capital" era dedicada a necessidades particularísticas, sua lógica restringida pela inadimplência, pela incitação ocasional de uma aliança matrimonial, ou pela coerção nua e crua, na qual a nobreza se sobressaiu. Em áreas onde os estados territoriais cresciam, as redes mercantil e bancária se tornaram mais dependentes do príncipe único e mais vulneráveis ao seu padrão. O conjunto do mercado monetário italiano foi abalado pela inadimplência de Eduardo III de 1339. Esse não era ainda um sistema financeiro único e universal, pois continha tanto um setor bancário e mercantil autônomo, como um setor nobre e estatal que incorporava princípios diferentes. Mas começaram a aparecer os mecanismos de integração nacional. Onde a territorialidade dos estados aumentou, as relações interestatais eram politicamente reguladas. Sem a proteção do Estado, os comerciantes eram vulneráveis a pilhagem no estrangeiro. Não estava claro que um príncipe tivesse o dever de proteger os comerciantes estrangeiros, e eles pagavam subornos diretos ou "empréstimos" generosos (que lhes seria periodicamente revogado) por esse privilégio. Como a consolidação do Estado prosseguiu, tais grupos perderam sua autonomia à medida que essa relação se tornou um espaço fiscal/de proteção normal, e como espaço territorial livre desapareceu no oeste e sudoeste da Europa.

Assim, os comerciantes "se naturalizaram" gradualmente em algumas áreas nos séculos XIII e XIV. Na Inglaterra, a Companhia de Staple, uma associação nativa, monopolizou as exportações de lã – a principal exportação inglesa – em 1361. Em troca, proporcionou ao Estado sua fonte de renda mais remuneradora e estável, o imposto de exportação de lã. As relações fiscais/de proteção similares entre rei e mercadores surgiam em todos os estados. Elas durariam até o século XX. Eles tinham um interesse comum não só na pacificação defensiva, mas também na guerra agressiva e bem-sucedida. Na Inglaterra, durante a Guerra dos Cem Anos, um grupo de guerra comercial se desenvolveu, fazendo aliança com setores agressivos da nobreza, e até mesmo desafiando os esforços de Ricardo II (1379-1399) para fazer a paz quando a guerra estava indo mal. Seus interesses principais eram se tornar contratantes do exército e, mais importante, trazer Flandres dentro da órbita do comércio inglês de lã. Daquele momento em diante as motivações comerciais – a conquista de mercados, bem como de terras – desempenhariam importante papel nas guerras.

Outra forma de avaliar o grau de naturalização do comércio seria calcular a proporção do comércio intranacional sobre o comércio total. Quanto maior essa proporção, maior também o limite estatal da interação econômica. Utilizo essa metodologia para os séculos seguintes. Não podemos, no entanto, julgar a importância quantitativa do comércio internacional *versus* nacional nesse período. Até o século XVI, não temos estimativas do volume total de importações e exportações. Mas temos estatísticas sobre as exportações de lã e tecidos, que eram uma parte significativa das exportações totais (estatísticas apresentadas em CARUS-WILSON & COLEMAN, 1963). O mercado interno é ainda mais problemático, pois a grande maioria das trocas locais escapou totalmente às notificações oficiais. A maioria teria sido de transações em espécie, não em dinheiro. No que diz respeito à economia total, essas devem ter sido quantitativamente *muito* maiores do que o comércio de longa distância, nacional ou internacional, durante todo esse período. Mas o comércio internacional, especialmente as exportações de lã e tecidos, também tinha um significado particular. Em primeiro lugar, incluíam uma grande proporção das transações não governamentais em dinheiro na economia, com importantes consequências de inflação e padrões de crédito. Em segundo lugar, por essa razão, foram extremamente visíveis para um governo dominado por considerações fiscais. Terceiro, exigiam um grau muito mais elevado de regulamentação política. Dessa forma, as exportações de lã e tecido eram provavelmente a "ponta de lança" de um movimento para uma maior naturalização política da economia, com importância maior do que o seu tamanho por si só teria garantido.

O grupo mais diretamente interessado na extensão do Estado era o rei e seu grupo doméstico/sua burocracia. O desenvolvimento de máquinas fiscais permanentes e exércitos de mercenários aumentam o poder monárquico. Quaisquer que fossem os interesses dos nobres ou mercadores na guerra ou pacificação, eles resistiriam a isso. Desde o início da tributação, lemos queixas de senhores, clérigos e comerciantes, de que os impostos acordados para fins de guerra temporária se tornaram permanentes. A cláusula 41 da Carta Magna reivindica liberdade para os comerciantes "de todos os males, exceto em tempos de guerra". A cláusula 50 desfaz a tentativa de João de comprar mercenários estrangeiros e imortaliza um deles: "Vamos remover dos bailiados as relações de Gerard de Athée e no futuro eles não terão nenhum cargo na Inglaterra". Os mesmos conflitos surgiram em outros países. Em 1484, o general dos estados franceses denunciou a tendência para que o *taille* e outros impostos "instituídos em primeiro lugar por causa da guerra" se tornaram "imortais". Carlos VIII respondeu vagamente que precisava do dinheiro "para que o rei pudesse, como deveria, empreender grandes coisas e defender o reino" (apud MILLER, 1972: 350).

Praticamente todas as disputas entre um monarca e seus súditos desde a Carta Magna até o século XIX foram ocasionadas pela tentativa do monarca de gerar, independentemente dos súditos, dois recursos críticos, impostos e força de trabalho militar, a necessidade desse último geralmente levando à necessidade do primeiro (ARDENTE, 1975: 194-197; BRAUN, 1975: 310-317. • MILLER, 1975: 11). Tilly, escrevendo sobre o período de 1400 a 1800, resume um ciclo causal recorrente no desenvolvimento do Estado (alterei a sua quinta etapa):

(1) mudança ou expansão nos exércitos;

(2) novos esforços do Estado para extrair recursos dos súditos;

(3) o desenvolvimento de novas burocracias estatais e inovações administrativas;

(4) resistência dos súditos;

(5) [coerção estatal renovada e/ou ampliação das assembleias representativas;]

(6) aumentos duradouros no volume extrativo do Estado.

Tilly conclui: "A preparação para a guerra foi a grande atividade de construção do Estado. O processo vem decorrendo de forma mais ou menos contínua há, pelo menos, quinhentos anos" (1975: 73-74). Essa é uma estimativa conservadora no que diz respeito ao período de tempo em questão. Veremos que o padrão, iniciado na Inglaterra em 1199 com a acessão do Rei João, continuou até o século XX. Na verdade, continua hoje, embora em associação com a segunda tendência mais recente, inaugurada pela Revolução Industrial.

No entanto, devem ser feitas duas observações. Em primeiro lugar, o aumento do volume do Estado foi pouco dramático, como se pode ver na coluna "preços constantes" da Tabela 13.2. A construção do Estado parece bastante menos grandiosa e menos projetada se controlarmos a inflação. O "aumento durável no volume extrativo do Estado" referido por Tilly é uma duplicação ao longo de quase cinco séculos – dificilmente impressionante. É verdade que os monarcas que lideraram os aumentos reais – João, Eduardo III e Henrique V até o momento – o fizeram em resultado de pressões militares. Mas a maioria dos aumentos a preços correntes e, portanto, a maioria das lutas políticas de quase todos os monarcas, surgiu de pressões inflacionárias. O crescimento do Estado foi menos o resultado de um aumento consciente do poder do que de buscas desesperadas por expedientes temporários para evitar o desastre fiscal. As fontes da ameaça foram menos as ações deliberadas de um poder rival do que as consequências involuntárias das atividades econômicas e militares europeias como um todo[6]. Tampouco houve uma grande mudança no poder entre a elite estatal e os grupos dominantes na "sociedade civil". O poder doméstico do Estado ainda era fraco.

A segunda qualificação diz respeito à importância das lutas tributárias. Os conflitos entre reis e súditos não foram a única, ou mesmo a principal, forma de conflito social durante esse período. Para além do conflito interestatal, existiam conflitos violentos entre classes e outros grupos da "sociedade civil" que não eram sistematicamente dirigidos contra o Estado ou mesmo travados sobre o seu campo. Tais conflitos geralmente assumiam uma forma religiosa. Conflitos entre reis e imperadores e papas, heresias como a Cruzada Albigense ou os Hussitas, e revoltas camponesas e regionais até a Peregrinação da Graça de 1534 – todos misturaram variedades de queixas e variedades de organização territorial sob uma bandeira religiosa. Desvendar os motivos dos participantes é difícil, mas um ponto é claro: a Europa medieval tardia ainda apoiava formas de luta organizada, incluindo a luta de classes, que não estavam sistematicamente relacionadas com o Estado, nem como ator de poder nem como unidade territorial. Essas formas eram em grande parte religiosas, pois a Igreja cristã ainda fornecia um grau significativo de integração (e, portanto, de desintegração) na Europa. Embora dificilmente possamos quantificar a saliência de várias lutas de poder, a política que ocorre no nível do Estado territorial emergente era provavelmente ainda menos saliente para a maioria da população do que a política da localidade (centrada nos costumes e nos tribunais senhoriais) e da Igreja transnacional (e da Igreja *versus* Estado). Na medida em que podemos falar de "lutas de classes" no período, elas foram resolvidas sem muita regulamentação estatal: o Estado pode ter sido *um* fator na coesão social, mas dificilmente foi *o* fator (como na definição de POULANTZAS, 1972).

Portanto, as revoltas dos camponeses e dos citadinos, por mais frequentes que fossem, dificilmente poderiam levar a uma virada revolucionária. Se o Estado não era *o* fator de coesão social, também não o era na exploração social ou na solução para a exploração. Camponeses e citadinos às vezes identificavam a Igreja nesses papéis e assim se determinavam a transformar a Igreja por meios revolucionários, substituindo-a (pelo menos em sua própria área) por uma comunidade mais "primitiva" de fiéis, sem sacerdotes. Mas eles olharam para o Estado, em seu papel medieval de árbitro judicial, para corrigir os erros cometi-

---

6. Na Tabela 13.2 (e também na Tabela 14.1), os períodos de inflação foram também períodos de crescimento nas necessidades da despesa pública. Em uma economia de circulação restrita de moedas, as necessidades militares-fiscais do Estado em tempos de guerra podem ter *causado* inflação. Essa hipótese requer testes por períodos de tempo mais curtos do que os que as minhas tabelas representam.

dos por outros e para restaurar os costumes corretos e privilégios. Mesmo onde o rei tinha sido parte da sua exploração, os rebeldes muitas vezes atribuíam isso ao "mal", muitas vezes ao "estrangeiro" – conselheiros que não conheciam os costumes locais. Em muitas ocasiões, os camponeses e citadinos, no momento da vitória na rebelião, se colocaram nas mãos de seu príncipe – e foram recompensados com morte, mutilação e mais exploração. Por que não aprenderam com os seus erros? Porque tais revoltas foram experimentadas nas áreas talvez apenas uma vez em cinquenta ou cem anos, e entre esses períodos pouca atividade rotineira (para além da reparação de queixas ou preparação para a guerra) concentrou a atenção popular no Estado. Nem o Estado moderno, nem as revoluções modernas, existiam.

No entanto, ao longo desse período, ocorreram mudanças. Um impulso foi dado pela expansão econômica. Cada vez mais, o excedente da casa senhorial e da aldeia era trocado por bens de consumo produzidos em outras áreas. A partir do século XI, algumas áreas passaram a ser dominadas pela produção de uma única mercadoria – vinho, grãos, lã ou mesmo produtos acabados, como tecidos. Não temos os dados exatos em relação ao comércio, mas supomos que a expansão primeiro aumentou a troca de bens de luxo à longa distância mais do que a troca de alimentos básicos à média distância. Isso reforçou a solidariedade transnacional dos proprietários e consumidores desses bens, dos senhores de terra e dos moradores urbanos. Em algum momento, porém, o crescimento mudou para o desenvolvimento de relações de troca dentro das fronteiras do Estado, encorajado não só pelo aumento da demanda geral, mas também pela naturalização dos comerciantes. É muito cedo para falar de mercados nacionais, mas nos séculos XIV e XV é possível discernir um núcleo territorial em alguns dos principais estados – Londres e os Condados de Origem, o entorno de Paris, Castela Velha – em que cresciam os laços de interdependência econômica e uma cultura protonacionalista que se desenvolveu dialeticamente (KIERNAN, 1965: 32). Foi principalmente nessas regiões que surgiram os movimentos que incorporaram um grau de organização e consciência coletiva de classe – como o fez a Revolta dos Camponeses de 1381. Classe e consciência nacional estão longe de serem opostos; cada uma foi uma condição necessária para a existência da outra.

Tais mudanças aconteceram também no âmbito da religião. Até o século XVII, as queixas expressas em termos religiosos eram primordiais nas lutas sociais; no entanto, elas assumiam uma forma cada vez mais vinculada ao Estado. A desagregação da unidade religiosa da Europa no século XVI foi predominantemente em unidades politicamente demarcadas. As guerras religiosas vieram a ser travadas por estados rivais ou por facções que lutaram pela constituição do Estado único e monopolista em que estavam localizados. Ao contrário dos albigenses, os huguenotes procuraram a tolerância de um único Estado, a França. A Guerra Civil Inglesa moldou quase-classes e grupos da corte e do país em dois lados que se definiram em termos predominantemente religiosos. Mas eles lutaram pelo destino religioso, político e social da *Inglaterra* (mais suas dependências celtas) enquanto uma sociedade. Dado que os grupos sociais têm feito isso desde então, é fácil esquecer a novidade implicada nisso. Tal conflito "político" não havia sido predominante no Período Medieval.

Tampouco os fenômenos econômicos ou religiosos podem, em si mesmos, explicar esses desenvolvimentos. A expansão econômica tendeu a gerar classes criadoras de história, mas os "fatores econômicos" não conseguem explicar por que essas "classes" vieram a ter seu poder organizado. A luta de classes aberta e organizada dependia primeiro de organizações ideológicas e religiosas e, posteriormente, de organizações políticas, limitadas nacionalmente. As Igrejas tinham cismas e guerras religiosas, mas "fatores religiosos" não podem explicar por que esses tomaram uma forma cada vez mais nacional.

De fato, a explicação exigida é bem menos grandiosa e depende menos da ação humana consciente do que as explicações ideológicas ou de classe. O único grupo de interesse que desejava conscientemente o desenvolvimento do Estado nacional era a própria elite estatal, o monarca e suas criaturas, que eram insignificantes e pressionados pela inflação. O resto – os mercadores, os filhos mais novos, os clérigos e, finalmente, quase todos os grupos sociais – abraçaram formas nacionais de organização como um subproduto dos seus objetivos e dos meios disponíveis de alcançá-los. O Estado nacional foi um exemplo das consequências não intencionais da ação humana, da "emergência intersticial". Toda vez que as lutas sociais desses grupos foram ocasionadas por queixas tributárias, elas foram empurradas para um molde nacional. As lutas políticas dos comerciantes acima de tudo, mas da nobreza da terra e do clero também, se concentravam cada vez mais no nível do Estado territorial.

A esse respeito, os enormes aumentos das receitas do Estado a preços correntes têm um significado genuíno: qualquer tentativa do monarca de angariar mais receitas o levou a consultar ou a entrar em conflito com aqueles que poderiam fornecer as receitas. A inflação e a guerra se combinaram para acentuar a concentração das lutas de classe e religiosas no Estado territorial e centralizado. Dois possíveis campos concorrentes de relações sociais, o local e o transnacional, declinaram em importância; o Estado, a religião e a economia tornaram-se mais interligados; e a geografia social do mundo moderno emergiu.

Mas esse processo envolvia mais do que a geografia: começava a gerar uma cultura compartilhada. O indicador mais claro é o desenvolvimento das línguas vernáculas nacionais a partir da combinação anterior do latim transnacional e de uma infinidade de línguas locais. No capítulo anterior, eu me referi à variedade linguística encontrada em meados do século XII, na Inglaterra. Mas a proximidade territorial, a continuidade da interação e as fronteiras políticas começaram a se homogeneizar. No final do século XIV, a fusão das línguas em algo que conhecemos como inglês estava acontecendo entre as classes superiores. A grande literatura ainda era diversificada. *Sir Gawain and the Green Knight*, escrito no dialeto do (provavelmente) norte de Cheshire e sul de Lancashire, era em termos gerais inglês médio, mas também incorporou palavras e estilo escandinavo e normando-francês. John Gower escreveu seus três trabalhos principais em normando-francês, latim e inglês (significativamente, seu último trabalho foi em inglês). Geoffrey Chaucer escreveu quase inteiramente em um inglês que ainda hoje permanece apenas parcialmente compreendido. Por volta de 1345, os mestres de gramática de Oxford começaram a dar aulas de tradução do latim para o inglês, em vez de para o francês. Em 1362, o uso do inglês foi autorizado nos tribunais de justiça pela primeira vez. E nos anos 1380 e 1390, os lollardistas traduziram e publicaram toda a Bíblia vulgata. As mudanças foram lentas – e no caso dos lollardistas foram contestadas – mas duraram. Depois de 1450, as crianças de classe alta estavam aprendendo francês como um feito da sociedade culta, não como uma língua vernácula. O colapso final do latim veio mais tarde, paradoxalmente, com o renascimento da aprendizagem clássica no início do século XVI – pois o grego se juntou ao latim como uma realização do cavalheiro humanamente educado, não como um vernáculo – com o estabelecimento da Igreja inglesa. Em 1450, o surgimento do inglês mostrou onde o poder podia, e onde não podia, se estender de forma estável. Ele se difundiu livre e universalmente pelo território do Estado nacional, mas parou nas fronteiras (a menos que um Estado possuísse poder militar suficiente sobre seus vizinhos para impor sua língua).

Implicação II: o crescimento do poder amplo e do Estado coordenado

No capítulo anterior, argumentei que o dinamismo do início da Europa feudal, a base original do desenvolvimento capitalista, assentava em relações de poder locais e *intensivas*. Podemos agora traçar uma segunda fase no desenvolvimento dessa dinâmica, um aumento do poder amplo, no qual o Estado estava profundamente envolvido.

O crescimento econômico exigiu uma infraestrutura ampla tanto como uma infraestrutura intensiva. Como argumentei no capítulo anterior, a maior parte disso foi inicialmente ajudada não diretamente pelos atores econômicos, mas pela pacificação normativa fornecida em toda a Europa pela Igreja cristã – tanto transcendentemente, por meio de todas as fronteiras sociais, como também na forma de uma moral de classe dominante "transnacional". No entanto, no século XII, o crescimento econômico foi gerando problemas técnicos, envolvendo relações econômicas mais complexas entre estranhos, para os quais a Igreja era mais marginal. A relação mais estreita entre mercados, comércio e regulação da propriedade, por um lado, e o Estado, por outro, concedeu ao Estado novos recursos que podiam ser usados para aumentar o seu próprio poder, especialmente contra o papado. Esses foram reforçados consideravelmente na segunda fase militarista do seu desenvolvimento. Tais recursos eram mais obviamente dinheiro e exércitos; mas, mais sutilmente, foram também um aumento no seu controle logístico sobre os seus territórios relativamente amplos.

Para começar, contudo, os estados eram apenas um entre vários tipos de agrupamento de poder que faziam parte do desenvolvimento de poderes amplos. Muitas inovações comerciais dos finais dos séculos XII e XIII – arranjos contratuais, parcerias, empréstimos de seguros, letras de câmbio, direito marítimo – tiveram origem nas cidades italianas. De lá, eles se espalharam para o norte, passando pelas duas linhas de comércio politicamente intersticiais e paralelas que identifiquei no capítulo anterior. Todos reduziram os custos de transação e permitiram redes de comércio amplo mais eficientes. Se o poder econômico tivesse permanecido no Mediterrâneo central e em suas linhas de comunicação para o norte, talvez as cidades, mais os contratos tradicionais soltos de vassalagem, e não os estados, teriam eventualmente fomentado o desenvolvimento do capitalismo industrial. De fato, um protótipo desses arranjos alternativos sobreviveu até quase o século XVI. Antes de continuar a narrar o que de outra forma poderia parecer o "inevitável" surgimento do Estado nacional, devemos parar para considerar o ducado da Borgonha.

A alternativa não territorial: o surgimento e declínio do ducado da Borgonha

No capítulo anterior, examinei as duas principais redes comerciais medievais paralelas, que iam do Mediterrâneo ao Mar do Norte. A mais importante foi a rota ocidental, desde a foz do Ródano até Flandres, passando pelo leste de França. Ela foi controlada não por poderosos estados territoriais, mas por um número de leigos e príncipes eclesiásticos, entre os quais existiam complexos contratos de vassalagem cimentados por um alto nível de moral da classe nobre. Então (como tendeu a acontecer em algum lugar na Europa a cada século ou coisa assim) acidentes dinásticos e uso agudo de influência (mais a diminuição do poder eclesiástico autônomo) garantiu grande poder para um único príncipe, dessa vez o duque de Borgonha[7]. A expansão se deu por meio dos reinados de uma notável série de duques, Filipe, o Corajoso (1363-1404), João, o Destemido (1404-1419), Filipe, o Bom (1419-1467), e Carlos, o Corajoso (1467-1477). No final, quase a totalidade dos atuais Países Baixos e a França Oriental até Grenoble reconheceram a suserania do duque. Ele foi reconhecido com um poder igual pelos reis da Inglaterra e da França (passando por um mau momento) e o imperador alemão.

---

7. As principais fontes sobre o ducado de Borgonha foram Cartellieri, 1970; Vaughan, 1975; Armstrong, 1980 (esp. cap. 9). Vaughan também escreveu uma série vívida de biografias individuais dos duques. Especialmente boa é a de Carlos o Corajoso (1973).

No entanto, o poder borgonhês era menos centrado territorialmente e, portanto, menos "estatal" do que seus rivais. O duque não tinha uma única capital, uma corte fixa ou um tribunal de justiça. O duque e a sua família viajavam pelos seus domínios, exercendo a dominação e resolvendo disputas, às vezes dos seus próprios castelos, às vezes dos seus vassalos, entre Gante e Bruges, no norte, e Dijon e Besançon, no sul. Havia dois blocos principais de território: no sul as "duas Borgonhas" (ducado e condado), no norte Flandres, Hainault e Brabante. Esses blocos foram adquiridos por casamento, intriga, e ocasionalmente guerra aberta, e os duques então lutaram para consolidar suas administrações. Eles centraram seus esforços (significativamente) nas duas instituições que enfatizei, um supremo tribunal de justiça e uma máquina fiscal-militar. Eles alcançaram sucessos proporcionais às suas reconhecidas habilidades. Mas o ducado era uma colcha de retalhos. Falava três línguas, francês, alemão e flamengo; combinava as forças até então antagônicas das cidades e dos magnatas territoriais; enfrentava uma brecha de território estrangeiro entre suas duas metades, normalmente de mais de 150km (que se reduziu, de forma promissora, a 50km, apenas dois anos antes da catástrofe final). Não havia nenhuma palavra territorial para o ducado dinástico. Quando o duque estava no norte, ele se referia a seus territórios como "nossas terras por aqui" e às duas Borgonhas como "nossas terras por lá". Quando no sul, ele invertia a terminologia. Mesmo sua legitimidade dinástica era incompleta. Ele queria o título de rei, mas, formalmente, devia homenagem por suas terras ocidentais à coroa francesa (que ele tinha estreita relação), e por suas terras orientais ao imperador alemão. Eles poderiam ter lhe concedido o título, mas era improvável que o fizessem.

Ele andava numa corda bamba. Ele tinha unido os dois principais grupos (as cidades e a nobreza) do corredor central europeu ameaçado pelas pretensões de dois estados territoriais, França e Alemanha. Nem os grupos internos, nem os estados rivais, queriam ver a Borgonha como um terceiro grande Estado, mas todas essas partes eram mutuamente antagônicas e podiam ser jogadas umas contra as outras. O duque desempenhou o seu equilíbrio com habilidade, embora inevitavelmente ele tenha ficado do lado da nobreza, e não das cidades.

A corte borgonhesa exerceu fascínio sobre as mentes de contemporâneos e sucessores. O seu "brilho" era geralmente admirado. A sua celebração da cavalaria agradou extraordinariamente a um mundo europeu em que as verdadeiras infraestruturas da cavalaria (o imposto feudal, a casa senhorial, a Cristandade transcendente) estavam em declínio. Sua Ordem do Velo de Ouro, combinando símbolos de pureza e valor de antigos e novos testamentos e fontes clássicas, foi a honra mais apreciada da Europa. Seus duques, como seus apelidos revelam, eram os governantes mais elogiados do seu tempo. Posteriormente, o ritual da corte borgonhesa se tornou o modelo para os rituais do absolutismo europeu, embora nesse processo tenha se tornado estático. Pois o ritual borgonhês representava *movimento*, não centralização territorial: as *joyeuses entrées,* procissões cerimoniais dos duques nas suas cidades; os torneios, durante os quais os campos eram gloriosamente, embora temporariamente, decorados; a busca de Jasão pelo Velo de Ouro. E dependia de uma nobreza livre, que se apresentava voluntariamente e com dignidade pessoal para o seu senhor.

No século XV, esse Estado feudal enfrentava dificuldades logísticas. A guerra exigia arranjos fiscais e de mão de obra permanentes, e um corpo disciplinado de aristocratas, senhores, burgueses e mercenários que apresentariam tais recursos em uma base rotineira a seu governante. As classes dirigentes borgonhesas eram muito livres para serem totalmente confiáveis. A riqueza do corredor ajudava a compensar, mas a lealdade das cidades era incerta e não aumentava pela própria consciência de classe dos duques. Filipe, o Corajoso gostava de andar sobre um tapete representando os líderes de uma rebelião nas cidades de Flandres – pisando nos plebeus que o haviam desafiado. Os pontos fortes e fracos da Borgonha foram testados no campo de batalha. E lá o exército feudal, mesmo endurecido pelos mercenários e pelos canhões mais avançados da Europa, não possuíam maiores vantagens sobre exércitos menos centrados nos cavaleiros. Como em todos os estados feudais, mas não em estados territoriais centralizados, muita coisa dependia das qualidades pessoais e dos acidentes de sucessão.

Dificuldades subitamente combinadas em 1475-1477 levaram à sua rápida extinção. A coragem do Duque Carlos se tornou insensatez. Tentando acelerar a consolidação territorial de suas terras orientais, ele enfrentou muitos inimigos ao mesmo tempo. Ele se aventurou em desvantagem numérica contra a formidável falange de pique das cidades suíças. O seu misturado ducado estava perfeitamente representado nas suas forças para as duas batalhas finais: um núcleo de cavaleiros borgonheses fortemente blindados e montados; infantaria flamenga de lealdade não confiável (a maioria dos quais ainda estava viajando para o sul no momento da batalha); e mercenários estrangeiros, que aconselharam a retirada (como mercenários sensatos muitas vezes fizeram). A batalha final de Nancy em 1477 foi uma derrota, uma vez que os cavaleiros borgonheses não conseguiram quebrar a falange de pique. Duque Carlos fugiu, talvez já ferido. Ele tentou galopar um riacho e foi derrubado. Com sua armadura pesada, ele era um alvo fácil. Seu crânio foi esmagado, provavelmente por um machado. Dois dias depois, seu cadáver nu, despido de roupas refinadas, armaduras, e joias e parcialmente comido por lobos, foi arrastado para fora de um riacho de lama. Identificado por meio de suas longas unhas e velhas feridas, ele era uma imagem horrível do fim do feudalismo.

Sem um herdeiro masculino, o ducado foi rapidamente desmembrado, em uma imagem espelhada de seu crescimento original. A filha de Carlos foi tomada por casamento por seu "aliado" Maximiliano de Habsburgo, o imperador alemão. Suas terras foram submetidas uma por uma a cada monarca Habsburgo ou Valois.

No século seguinte, as terras borgonhesas eram ainda uma parte fundamental de outro Estado algo dinástico e territorialmente descentralizado, o Império Habsburgo de Carlos V e Filipe II. No entanto, mesmo esses regimes tinham desenvolvido em cada um dos seus núcleos – Áustria, Nápoles, Espanha e Flandres – muitas das aptidões do Estado "moderno", concentrado e centrado territorialmente. Como Braudel observa (1973: 701-703), em meados do século XVI, o que importava era a concentração territorial de recursos. Os recursos mais vastos porém mais dispersos dos Habsburgos não podiam ser mobilizados numa concentração fiscal-militar igual à de um reino de tamanho médio com um núcleo fértil e dócil, como a França. De ambos os extremos, os estados convergiram para esse modelo. Tanto os domínios dos Habsburgos se desintegraram na Espanha, Áustria e Holanda, como as cidades suíças confederadas mais de perto. Na Alemanha e na Itália, o processo demorou muito mais tempo, mas o modelo era evidente. Vejamos o porquê.

A logística da centralização territorial

A concentração de recursos provou ser a chave da geopolítica. Os estados beneficiados não eram tanto seus principais atores quanto seus beneficiários inconscientes. A expansão econômica era o motor. Sua penetração em toda a economia de um núcleo estatal, o "condado de origem" (que a Borgonha não possuía), deu a oportunidade de estabelecer direitos e deveres rotineiros, relativamente universais, em uma área central territorialmente definida, útil tanto para a economia quanto para o campo de batalha. A mudança de longo prazo do poder econômico para o norte e o oeste também colocou algumas dessas áreas fora do alcance dos tentáculos ítalo-burgúndios. Os estados do norte e do oeste estavam cada vez mais envolvidos em desenvolvimentos comerciais. Para começar, novos sistemas de contabilidade surgiram virtual e simultaneamente no Estado, Igreja e casas senhoriais. Os próprios registros de Henrique II, usados neste capítulo, indicam maior capacidade logística do Estado. Mas eles foram paralelizados por contas das casas senhoriais – o mais antigo ainda desenterrado é o das propriedades do bispo de Winchester de 1208-1209. O letramento foi se difundindo mais amplamente entre as pessoas de substância, revelado no crescimento dos escritos reais, tais como os dirigidos por Henrique II aos seus agentes provinciais, e na circulação simultânea de tratados de gestão imobiliária. O período mostra um renascimento do interesse pela comunicação através do território e por sua organização central. Esse interesse e organização eram predominantemente seculares, compartilhados tanto por estados impositivos quanto por elementos mais difusos da "sociedade civil".

Uma parte importante desse reavivamento foi a recuperação da aprendizagem clássica[8]. A ala utilitarista da recuperação foi a redescoberta do direito

---

8. As principais fontes para isso foram Paré et al., 1933; Rashdall, 1936; Murray, 1978.

romano – de uso óbvio para o Estado porque codificava regras universais de conduta nos territórios do Estado. Mas a filosofia clássica e as letras em geral também estavam repletas da importância da comunicação e organização amplas entre os seres humanos racionais (como argumentei no cap. 9). Essa sempre foi uma alternativa secular latente ao amplo papel normativo do cristianismo. Esse conhecimento clássico estava disponível em textos gregos e latinos preservados no limite da Cristandade, na sobrevivência da cultura grega no sul da Itália e da Sicília, e de modo mais importante, em todo o mundo árabe. No século XII, nos reinos normandos do Mediterrâneo central e na reconquista da Espanha, os escritos clássicos com comentários islâmicos adicionados foram recuperados. Era provável que o papado os mantivesse a distância segura! O conhecimento foi apropriado por professores que já se encontravam fora das tradicionais escolas catedralícias. Eles o institucionalizaram nas três primeiras universidades europeias, em Bolonha, Paris e Oxford, no início do século XIII, depois em cinquenta e três outras em 1400. As universidades misturaram a teologia e o direito canônico das escolas catedralícias com o direito romano, a filosofia, letras e medicina da aprendizagem clássica. Elas eram autônomas, embora a sua relação funcional com a Igreja e o Estado fosse próxima, pois seus graduados, cada vez mais, trabalhavam nos níveis médios, não nos níveis nobres das burocracias eclesiásticas e estatais. Seus graduados eram chamados de escriturários. A evolução dessa palavra, desde denotar um homem tonsurizado em ordens sagradas a qualquer um que aprenda, ou seja, um "acadêmico", no final do século XIII, é um testemunho da parcial secularização da aprendizagem. Assim, a comunicação das mensagens melhorou significativamente a partir dos séculos XII ao XIV, oferecendo maiores possibilidades de controle por meio do espaço a um número crescente de pessoas letradas (CIPOLLA, 1969: 43-61; CLANCHY, 1981). Isso foi impulsionado pela primeira vez para além das capacidades dos antigos sistemas de comunicação do final do século XIII e início do século XIV por uma revolução técnica: a substituição do pergaminho por papel. Innis (1950: 140-172) descreveu isso com precisão. Como ele diz, o pergaminho é durável, mas caro. Portanto, é apropriado para organizações de poder que enfatizam tempo, autoridade e hierarquia, como a Igreja. Papel, por ser leve, barato, e dispensável, favorece o poder amplo, difuso e descentralizado. Como a maioria das invenções posteriores, que serão discutidas em breve, o papel não era original da Europa. O papel tinha sido importado do Islã durante vários séculos. Mas quando foram criadas fábricas de papel europeias – sendo a primeira em funcionamento na Europa em 1276 – o potencial barateamento do papel poderia ser explorado. Escribas, livros, e o comércio de livros proliferaram. Os óculos foram inventados na Toscana na 1280 e se difundiram em duas décadas pela Europa. O volume de toda correspondência papal era três vezes maior do que a do século XIII (MURRAY, 1978: 299-300). O uso de escritos com instruções para agentes da coroa inglesa se multiplicou: assim, entre junho de 1333 e novembro de 1334, o xerife de Bedfordshire e Buckinghamshire recebeu 2.000! Isso desenvolveu simultaneamente a burocracia do rei e dos xerifes locais (MILLS & JENKINSON, 1928). Cópias de livros também se multiplicaram. *Travels*, de Sir John Mandeville, escrito em 1356, sobreviveu em mais de duzentas cópias (uma estava na pequena biblioteca do infeliz herege Menocchio, que encontramos no cap. 12). Indicativo do Estado de transição linguística da Europa, com as línguas territoriais vernaculares substituindo gradualmente o latim, é o fato de 73 exemplares estarem em alemão e holandês, 37 em francês, 40 em inglês, e 50 em latim (BRAUDEL, 1973: 296).

Por outro lado, até que a impressão fosse inventada, o letramento e a propriedade de livros estavam restritos aos relativamente ricos e urbanizados e à Igreja. Estimativas estatísticas de letramento estão disponíveis para períodos ligeiramente posteriores, embora saibamos que ele estava crescendo em toda a Inglaterra medieval. Cressy (1981) mediu a alfabetização pela capacidade de assinar o nome de alguém com base em provas dadas em tribunais locais, tal como registado na diocese de Norwich na década de 1530. Enquanto todos os clérigos, profissionais e quase todo senhorio podiam assinar naquela década, apenas um terço dos guardas reais, um quarto dos comerciantes e artesãos, e cerca de 5% dos lavradores podiam assinar. Níveis igualmente baixos foram encontrados por Le Roy Ladurie (1966: 345-347) no Languedoc rural dos anos 1570 aos 1590: apenas 3% dos trabalhadores agrícolas e 10% dos camponeses mais ricos podiam assinar. O não especialista pode duvidar se assinar o nome de uma pessoa é uma boa medida de "letramento". Mas os historiadores argumentam que ela pode ser usada como uma medida da capacidade de leitura mais um pouco da capacidade de escrita. Ler, não escrever, foi a realização mais amplamente valorizada e amplamente difundida. Não havia nenhuma vantagem a ser obtida a partir de aprender a assinar um nome antes que se pudesse ler, e não havia incentivo geral para aprender a escrever, a menos que a posição de poder particular de uma pessoa o exigisse. No Período Medieval Tardio, a leitura e a escrita eram ainda atividades relativamente "públicas". Os documentos importantes, tais como a Carta Magna, foram exibidos em público e lidos alto às assembleias locais. Documentos, testamentos e contabilidades eram ouvidos; nós ainda temos sobreviventes da cultura de "ouvir a palavra", por exemplo, na "auditoria" das contas e "Eu não ouvi dele" (CLANCHY, 1981). O letramento ainda era, paradoxalmente, oral e ainda em grande parte confinado a arenas de poder público, nomeadamente a Igreja, o Estado e o comércio.

No final do século XIV, veio um caso de teste que reforçou esses limites. John Wycliffe estava na longa linha de defensores radicais da salvação individual e universal sem mediação sacerdotal: "Pois cada homem que for condenado será condenado pela sua própria culpa, e cada homem que for salvo será salvo pelo seu próprio mérito". Ele começou o lollardismo, que traduziu a Bíblia para o inglês e espalhou a literatura vernácula por meio de uma "rede alternativa de comunicações" de artesãos, guardas reais, e mestres de escola locais. A hierarquia da Igreja convenceu o governo de que isso era heresia. Seguiram-se a perseguição e a rebelião reprimida. No entanto, 175 cópias do manuscrito Bíblia vernácula de Wycliffe ainda sobrevivem. E o lollardismo sobreviveu nas sombras históricas.

Isso confirmou as restrições de classe e de gênero (poucas mulheres sabiam ler e menos ainda escrever) da alfabetização pública. No entanto, dentro desses limites, a alfabetização se espalhou por todo o Período Medieval Tardio, difundindo-se amplamente entre os grupos sociais dominantes. O vernáculo nacional os integrava, começando a reforçar uma moral de classe territorialmente centrada, que era uma alternativa viável às redes de moral de classe tradicionais, não territoriais, tipificadas pelo ducado de Borgonha.

Se passarmos da comunicação simbólica para a comunicação de objetos, podemos ver que os sistemas de transporte se desenvolveram de forma mais desigual. Em terra, as estradas e os aquedutos romanos não foram igualados durante todo o período, e assim a velocidade das comunicações terrestres ficou para trás. No mar, uma lenta série de melhorias em navios antigos começou no início no Mediterrâneo e continuou durante todo o período, com um crescimento constante do norte e do Atlântico. A bússola magnética chegou da China no final do século XII; o leme de sinalização foi descoberto (independentemente da invenção chinesa muito anterior) no Norte no século XIII. Esses e outros desenvolvimentos aumentaram a tonelagem de navios, permitiu-lhes navegar durante parte do inverno, e melhorou a navegação costeira. Mas o desenvolvimento realmente revolucionário da navegação oceânica não ocorreu até mais tarde, em meados do século XV.

Paremos o relógio no ponto em que os relógios se tornaram parte da vida civilizada, no início do século XV, e vejamos a que distância a logística do poder amplo se desenvolveu. Não é, à primeira vista, uma visão impressionante. O controle de longa distância e as comunicações eram da mesma ordem geral que nos tempos romanos. Por exemplo, a logística da mobilidade militar era mais ou menos como tinha sido ao longo da maior parte da história antiga. Os exércitos ainda podiam se mover por três dias sem nenhum suprimento e por cerca de nove se não tivessem que carregar água. Houve melhorias específicas. Mais mensagens escritas podiam ser passadas e mais pessoas podiam lê-las (se não escrevê-las); existiam rotas de navegação costeira mais fiáveis e mais rápidas; e a comunicação vertical entre as classes tinha sido facilitada por uma identidade cristã comum e por línguas cada vez mais partilhadas em áreas "nacionais". Mas, do lado do débito, o transporte terrestre provavelmente não era melhor, enquanto as rotas de comunicações genuinamente de longa distância eram parcialmente bloqueadas por fronteiras estatais, pedágios, acordos comerciais algo *ad hoc*, e incerteza sobre relações Igreja-Estado. As amplas recuperações e inovações eram ainda partilhadas entre várias agências de poder concorrentes e sobrepostas.

Mas essa combinação de vantagens e inconvenientes tendeu a facilitar o controle sobre um campo em particular: o Estado "nacional" emergente. A comparação com Roma é, afinal, inapta, se considerarmos o controle político. O Estado inglês do século XIV buscou controle sobre uma área apenas um pouco maior do que um vigésimo do tamanho do Império Romano. Se suas técnicas infraestruturais fossem mais ou menos comparáveis com as romanas, ele poderia, em princípio, exercer quase 20 vezes os poderes de coordenação que Roma poderia exercer. Em particular, o seu alcance provincial era muito mais seguro. No século XII, os xerifes e outros agentes provinciais eram obrigados a apresentar as suas contas a Westminster duas vezes por ano. Nos séculos XIII e XIV, à medida que o Tesouro se tornava mais sofisticado, foi reduzida a uma visita, durante cerca de duas semanas para cada condado; mas o escrutínio era então mais agudo. Tal coordenação física tinha sido impossível para os romanos, exceto dentro da província individual. Em 1322, o processo foi revertido, quando o Tesouro e todos os seus registos se mudaram para York. O fato de que sua jornada levou treze dias para cobrir 300km é geralmente tomado como uma indicação da fraqueza das comunicações (JEWELL, 1972: 26). O fato de ter ocorrido de tudo, e de forma regular ao longo dos dois séculos seguintes, indica a força do controle estatal. Pelos padrões romanos, os xerifes ingleses foram inundados com instruções escritas e pedidos, sitiados por comissões de investigação e presos a uma rotina de relatórios regulares[9]. As estradas, os rios e a navegação costeira, a alfabetização, a disponibilidade de suprimentos para os exércitos – tudo isso era apropriado para a penetração rotineira de uma área territorial tão restrita.

Claro que os poderes formais do próprio Estado eram muito menores na Inglaterra medieval. Nenhum rei acreditava seriamente, ou fomentava a crença, que ele era divino ou que apenas sua palavra era lei, como muitos imperadores. Ninguém agiu nesse período como se tudo o que ele precisasse era adicionar um exército para produzir essa realidade. O poder *despótico sobre* a sociedade não era uma característica formal da Europa medieval, ao contrário de Roma. A relação entre governante e classe dominante era entre membros da mesma classe difusa/ identidade nacional. Em Roma, vimos que a prática *infraestrutural* diferia do princípio, pois nenhum imperador poderia realmente penetrar na "sociedade civil" sem a ajuda de notáveis provinciais semiautônomos. Isso foi aceito na prática e em princípio pelo rei medieval. Na Inglaterra, o princípio da soberania mudou gradualmente, do governo pelo rei no conselho do governo para o rei no Parlamento, com períodos consideráveis de sobreposição entre os dois. O primeiro sistema envolvia os grandes magnatas, incluindo os eclesiásticos superiores;

---

9. O sistema administrativo inglês foi descrito por Chrimes 1966.

o segundo envolvia também os burgueses da cidade e o senhorio dos condados. Alguns outros estados europeus desenvolveram uma versão mais formal disso, o *Standestaat*, governado por um monarca juntamente com assembleias separadas, representando três ou quatro classes do reino (nobreza, clero, burgueses e, por vezes, camponeses ricos). Todas essas estruturas políticas tinham três características em comum: primeiro, o governo era por consentimento e por meio da coordenação dos grupos de poder envolvidos. Em segundo lugar, a coordenação permanente pressupunha um Estado territorial estabelecido, "universal", mais do que relações feudais particularísticas de vassalos com o seu senhor. Terceiro, os estados eram entidades externas, separadas umas das outras, não um todo orgânico, e tinham poderes limitados de interpenetração. O governo do Estado dependia da coordenação territorial de atores autônomos; mas se isso fosse eficaz, poderia alcançar uma formidável concentração de poder coletivo. Ao contrário dos grupos de poder romanos (depois do declínio do senado), eles podiam se reunir regularmente no conselho/parlamento/estados – geralmente para coordenar a política. Ao contrário dos romanos, os poucos magnatas poderosos poderiam ser solidificados por laços dinásticos. Como na situação romana, a coordenação também tinha que ocorrer em nível local. O xerife podia extrair impostos apenas com o consentimento dos ricos locais; o juiz de paz poderia obter testemunhas eficazes e júris apenas com o consentimento dos poderosos locais.

O ponto fraco do sistema era a falta de unidade orgânica. Nesse período, sempre houve tensões entre a administração do rei e as famílias de substância. O descontentamento se incendiou por causa do uso que o rei fez dos "novos homens", forasteiros, "maus conselheiros", e encontrou expressão quando o rei não conseguiu "viver por conta própria" com esses homens e foi forçado a chamar o seu conselho/parlamento/estados por dinheiro. Mas quando o sistema funcionou, foi forte em termos históricos na coordenação dos seus territórios e assuntos e na concentração dos recursos de seus principais "países de origem", mesmo que fosse fraco em poderes *sobre* eles. E vimos que a sua coordenação e concentração de poder cresciam. Em 1450, era uma coordenação territorial, mas não um Estado unitário, "orgânico". Consistia ainda de dois níveis territoriais distintos, o rei e o magnata local, e as relações entre eles equivaliam a um federalismo territorial.

Revolução técnica e sua base social

Francis Bacon, escrevendo no final do século XVI, disse que três invenções tinham "mudado todo o rosto e estado das coisas em todo o mundo" – pólvora, impressão e a bússola do marinheiro. Não podemos discutir com o que há de essencial nesse comentário, mesmo que alterássemos seus detalhes[10].

---

10. Para as três invenções, cf. Cipolla, 1965; White, 1972: 161-168; Baudel, 1973: 285-308.

Baterias de artilharia, impressão de tipo móvel e uma combinação de técnicas de navegação oceânica e navios "totalmente equipados" mudaram, de fato, a face extensiva do poder em todo o mundo. A todos foi dado provavelmente um impulso inicial do Oriente (embora a impressão possa ter sido redescoberta de modo na Europa), mas foi a sua ampla *difusão*, não a sua invenção, que foi a contribuição europeia para a história mundial do poder.

A artilharia foi a mais antiga e mais lenta a desenvolver qualquer eficiência: em uso em 1326, nem baterias nem pistolas foram uma arma decisiva em terra até depois que Carlos VIII da França invadiu a Itália em 1494, e o primeiro apogeu dos canhões navais ocorreu um pouco mais tarde. A "revolução da navegação", que levou à navegação oceânica em vez da costeira, durou a maior parte do século XV. A impressão de tipos móveis foi relativamente rápida. Datável por volta 1440-1450, ela produziu 20 milhões de livros até 1500 (para uma população europeia de 70 milhões de habitantes).

A coincidência cronológica do seu período de decolagem, 1450-1500, é impressionante. O mesmo acontece com a sua ligação com as duas principais estruturas de poder emergentes da sociedade europeia, o capitalismo e o Estado nacional. O impulso dado por essas duas estruturas parece ter sido decisivo lá e ausente na Ásia. O dinamismo capitalista foi evidente no desenvolvimento da navegação, bem como na bravura no serviço da ganância que levou os mercadores ao oceano desconhecido. A impressão, sob o patrocínio de grandes empretadores de dinheiro, era um negócio capitalista lucrativo e orientado para um mercado de massa descentralizado. As fábricas da artilharia, possuídas confidencialmente, foram a primeira indústria pesada do mundo. Mas a dependência do capital do Estado nacional era evidente em dois dos casos. Os navegadores encontraram finanças estatais, licenciamento e proteção primeiro de Portugal e Espanha, depois da Holanda, Inglaterra e França. A artilharia estava quase inteiramente ao serviço dos estados, e o seu fabrico era também licenciado e protegido pelos estados. Navegadores, artilheiros e outros trabalhadores qualificados eram então obrigados a serem letrados, e foram criadas escolas em que o ensino estava no vernáculo nacional (CIPOLLA, 1969: 49). No início, a impressão servia ao Deus mais tradicional do cristianismo. Até meados do século XVI, a maioria dos livros era religioso e em latim. Só então o vernáculo nacional começou a ser efetivamente difundido para que a impressão também reforçasse as fronteiras do Estado nacional, acabando com a viabilidade pública das línguas transnacionais do latim e do francês e dos dialetos das várias regiões de cada Estado principal.

O efeito das três invenções está reservado para o próximo capítulo. Mas, ao final deste, elas resumem o seu tema: à medida que o dinamismo original da Europa feudal foi se alargando, o capitalismo e o nacionalismo formaram uma aliança frouxa, mas coordenada e concentrada, que logo se intensificaria e conquistaria o céu e a terra.

Referências

ARDANT, G. (1975). Financial policy and economic infrastructure of modem states and nations. In: TILLY, C. (org.). *The Formation of National States in Western Europe*. Princeton, N.J.: Princeton University Press.

ARMSTRONG, C.A.J. (1980). *England, France and Burgundy in the Fifteenth Century*. Londres: Hambledon.

BOWSKY, W.M. (1970). *The Finances of the Commune of Siena, 1287-1355*. Oxford: Clarendon.

BRAUDEL, F. (1973). *Capitalism and Material Life*. Londres: Weidenfeld & Nicolson.

BRAUN, R. (1975). Taxation, Sociopolitical Structure and State-Building: Great Britain and Brandenburg-Prussia. In: TILLY, C. (org.). *The Formation of National States in Western Europe*. Princeton, N.J.: Princeton University Press.

CARTELLIERI, O. (1970). *The Court of Burgundy*. Nova York: Haskell House.

CARUS-WILSON, E.M. & COLEMAN, O. (1963). *England's Export Trade 1275-1547*. Oxford: Clarendon.

CHRIMES, S.B. (1966). *An Introduction to the Administrative History of Medieval England*. Oxford: Blackwell.

CIPOLLA, C. (1969). *Literacy and Development in the West*. Harmondsworth: Penguin Books.

_____ (1965). *Guns and Sails in the Early Phase of European Expansion 1400-1700*. Londres: Collins.

CLANCHY, M.T. (1981). Literate and Illiterate: Hearing and Seeing: England 1066-1307. In: GRAFF, H.J. (org.). *Literacy and Social Development in the West*: a Reader. Cambridge: Cambridge University Press.

CRESSY, D. (1981). Levels of Illiteracy in England 1530-1730. In: GRAFF, H.J. (org.). *Literacy and Social Development in the West*: A Reader. Cambridge: Cambridge University Press.

FARMER, D.L. (1957). Some Grain Prices Movements in 13th Century England. In: *Economic History Review*, 10.

_____ (1956). Some Price Fluctuations in Angevin England. *Economic History Review*, 9.

FINER, S.E. (1975). State and Nationbuilding in Europe: the Role of the Military. In: TILLY, C. (org.). *The Formation of National States in Western Europe*. Princeton, N.J.: Princeton University Press.

FOWLER, K. (1980). *The Age of Plantagenet and Valois*. Londres: Ferndale.

FOWLER, K. (org.) (1971). *The Hundred Years' War*. Londres: Macmillan.

HARRIS, G.L. (1975). *King, Parliament and Public Finance in Medieval England to 1369*. Oxford: Clarendon.

HENNEMAN, J.B. (1971). *Royal Taxation in Fourteenth-Century France*. Princeton, N.J.: Princeton University Press.

HINTZE, O. (1975). *The Historical Essays of Otto Hintze*. Org. de F. Gilbert. Nova York: Oxford University Press.

HOWARD, M. (1976). *War in European History*. Londres: Oxford University Press.

INNIS, H. (1950). *Empire and Communications*. Oxford: Clarendon.

JEWELL, H.M. (1972). *English Local Administration in the Middle Ages*. Newton Abbot: David & Charles.

KIERNAN, V.G. (1965). State and Nation in Western Europe. In: *Past and Present*, 31.

LANE, F.C. (1966). The Economic Meaning of War and Protection. In: LANE (org.). *Venice and History*. Baltimore: Johns Hopkins University Press.

LE ROY LADURIE, E. (1966). *Les Paysans de Languedoc*. Paris: Seupen.

LEWIS, P.S. (1968). *Later Medieval France – The Polity*. Londres: Macmillan.

LLOYD, T.H. (1982). *Alien Merchants in England in the High Middle Ages*. Brighton: Harvester.

MANN, M. (1980). State and Society, 1130-1815: an Analysis of English State Finances. In: ZEITLIN, M. (org.). *Political Power and Social Theory*. Vol. I. Greenwich, Conn.: JAI.

McFARLANE, K.B. (1973). *The Nobility of Later Medieval England*. Oxford: Clarendon.

_____ (1962). England and the Hundred Years' War. In: *Past and Present*, 22.

McKISACK, M. (1959). *The Fourteenth Century*. Oxford: Clarendon.

MILLER, E. (1975). War, Taxation and the English Economy in the Late Thirteenth and Early Fourteenth Centuries. In: WINTER J.M. (org.). *War and Economic Development*. Cambridge: Cambridge University Press.

_____ (1972). Government Economic Policies and Public Finance, 1000-1500. In: CIPOLLA, C.M. (org.). *The Fontana Economic History of Europe*: The Middle Ages. Londres: Fontana.

MILLS, M.H. & JENKINSON, C.H. (1928). Rolls from a Sheriff's Office of the Fourteenth Century. In: *English Historical Review*, 43.

MURRAY, A. (1978). *Reason and Society in the Middle Ages*. Oxford: Clarendon.

PAINTER, S. (1951). *The Rise of the Feudal Monarchies*. Ithaca: Cornell University Press.

PARÉ, G. et al. (1933). *La Renaissance du XIIe Siècle*: les Écoles et l'Enseignement. Paris/Ottawa: Urin/Institut des Etudes Medievales.

PHELPS-BROWN, E.H. & HOPKINS, S.V. (1956). Seven Centuries of the Price of Consumables. In: *Economica*, 23.

POOLE, A.L. (1951). *From Domesday Book to Magna Carta*. Oxford: Clarendon.

POULANTZAS, N. (1972). *Pouvoir Politique et Classes Sociales*. Paris: Maspero.

POWICKE, M. (1962). *The Thirteenth Century*. Oxford: Clarendon.

RAMSAY, J.H. (1925). *A History of the Revenues of the Kings of England 1066-1399*. 2 vols. Oxford: Clarendon.

_____ (1920). *Lancaster and York*. Oxford: Clarendon.

RASHDALL, H. (1936). *The Universities of Europe in the Middle Ages*. 3 vols. Oxford: Clarendon.

REY, M. (1965). *Les Finances Royales sous Charles VI*. Paris: Seupen.

RONCIÈRE, C.M. (1968). Indirect Taxes of "Gabelles" at Florence in the Fourteenth Century. In: RUBINSTEIN, N. (org.). *Florentine Studies*. Evanston, Ill.: Northwestern University Press.

SOROKIN, P.A. (1962). *Social and Cultural Dynamics*. Vol. III. Nova York: Bedminster.

STEEL, A. (1954). *The Receipt of the Exchequer 1377-1485*. Cambridge: Cambridge University Press.

STRAYER, J.R. (1970). *On the Medieval Origins of the Modern State*. Princeton, N.J.: Princeton University Press.

STRAYER, J.R. & HOLT, C.H. (1939). *Studies in Early French Taxation*. Cambridge, Mass.: Harvard University Press.

TILLY, C. (org.) (1975). *The Formation of National States in Western Europe*. Princeton, N.J.: Princeton University Press.

TOUT, T.F. (1920-1933). *Chapters in the Administrative History of Medieval England*. 6 vols. Manchester: Manchester University Press.

TOUT, T.F. & BROOME, D. (1924). A National Balance-Sheet for 1362-3. In: *English Historical Review*, 39.

TUCHMAN, B.W. (1979). *A Distant Mirror*: The Calamitous Fourteenth Century. Harmondsworth: Penguin Books.

VAUGHAN, R. (1975). *Valois Burgundy*. Londres: Allen Lane.

_____ (1973). *Charles the Bold*. Londres: Longman.

VERBRUGGEN, J.F. (1977). *The Art of Warfare in Western Europe during the Middle Ages*. Amsterdã: North-Holland.

WALEY, D.P. (1968). The Army of the Florentine Republic from the Twelfth to the Fourteenth Centuries. In: RUBINSTEIN, N. (org.). *Florentine Studies*. Evanston, Ill.: Northwestern University Press.

WHITE JR., L. (1972). The Expansion of Technology 500-1500. In: CIPOLLA, C.M. (org.). *The Fontana Economic History of Europe*: The Middle Ages. Londres: Fontana.

WOLFE, M. (1972). *The Fiscal System of Renaissance France*. New Haven: Yale University Press.

WOLFFE, B.P. (1971). *The Royal Demesne in English History*. Londres: Allen & Unwin.

14
A dinâmica europeia: III
Capitalismo internacional e estados nacionais orgânicos, 1477-1760

Os dois últimos capítulos centraram-se em diferentes aspectos do desenvolvimento europeu. O capítulo 12 concentrou-se na dinâmica feudal local e *intensiva*, especialmente em sua dinâmica econômica. O capítulo 13 avançou (como fez a própria Europa), focando em relações de poder mais *amplas*, especialmente no papel do Estado. Em geral, o desenvolvimento europeu foi uma combinação dos dois. No presente capítulo, vemos tal combinação emergir até a Revolução Industrial. O capítulo trata de aspectos do desenvolvimento mais extensivos do que intensivos e, especialmente, do papel do Estado. Portanto, falta a ele o que talvez devesse idealmente possuir, uma explicação bem fundamentada dos vários estágios do crescimento econômico rumo à Revolução Industrial. Uma explicação genuína exigiria tanto uma teoria econômica quanto uma metodologia comparativa, aplicada em várias regiões e países da Europa que se moveram em explosões irregulares em direção à industrialização. A Inglaterra, se transformando em Grã-Bretanha, foi a primeira a se industrializar, e a Grã-Bretanha é discutida aqui. Mas as respostas para a pergunta: por que não a Itália, ou Flandres, ou a Espanha, ou a França, ou a Prússia, ou a Suécia ou a Holanda? Seria uma parte necessária da explicação, que não será discutida aqui.

Isso poderia levar a um relato excessivamente britânico de todo o processo. A Grã-Bretanha o fez primeiro, mas talvez apenas por pouco. A França e partes dos Países Baixos estavam muito atrás. Quando se tornou claro em todo o sistema multiestatal que a Grã-Bretanha tinha encontrado em enormes novos recursos de poder, ela foi rapidamente copiada. O capitalismo industrial se difundiu rapidamente para outros cenários sociais, nos quais parecia estar igualmente em casa. Se tomássemos esses países como casos autônomos, não teríamos uma dinâmica – ou, se preferir, uma "transição do feudalismo para o capitalismo" –, mas várias. Essa é a conclusão, por exemplo, de Holton (1984), após cuidadosa revisão dos casos da Grã-Bretanha, França e Prússia. No entanto, não foram casos autônomos, mas atores nacionais em uma civilização geopolítica mais ampla e multiestatal. As forças desse todo (e também do exterior; cf. cap. 15) afetaram a Grã-Bretanha, cuja estrutura social e posição geopolítica lhe deram uma certa "vantagem" no processo de desenvolvimento num determinado período. Sua liderança, embora limitada, não foi acidental.

Infelizmente, essa não é uma declaração que eu possa sustentar plenamente aqui, devido à ausência de uma teoria e metodologia comparativas sustentadas. No entanto, uma teoria está implícita neste capítulo. Ela continua o argumento do capítulo anterior. O argumento é também comumente adotado por economistas contemporâneos: o crescimento de um mercado de consumo de massa – inicialmente de famílias de agricultores – que foi capaz de explorar o trabalho de um proletariado rural forneceu o principal estímulo para a decolagem econômica que ocorreu na Grã-Bretanha no final do século XVIII. O mercado era predominantemente doméstico, e o mercado doméstico equivale a nacional. Isso justifica a concentração contínua na emergência da organização do poder, que deu origem à rede de interação nacional: o Estado. Assim, lembrando que o dinamismo econômico descrito no capítulo 12 foi retumbante ao longo desse período, tomando formas cada vez mais capitalistas, vamos nos concentrar no Estado inglês. De vez em quando surgirão rumores mais fortes, e vou discuti-los de modo mais completo no final do capítulo.

Volto às finanças do Estado inglês como um indicador das suas funções. Neste capítulo, no entanto, as inadequações desse indicador se tornam evidentes, e eu o complemento com outras formas de análise.

Tabela 14.1 Finanças do Estado inglês, 1502-1688: receita média anual a preços correntes e constantes (1451-1475)

Reino	Anos	Receita anual (em milhares de £)		Índice de preços
		Corrente	Constante	
Henrique VII	1502-1505	126.5	112.9	112
Elizabeth	1559-1570	250.8	89.9	279
	1571-1582	223.6	69.0	324
	1583-1592	292.8	77.9	376
	1593-1602	493.5	99.5	496
Jaime I	1604-1613	593.5	121.9	487
Carlos I	1630-1640	605.3	99.4	609
Carlos II	1660-1672	1,582.0	251.1	630
	1672-1685	1,634.0	268.7	608
Jaime II	1685-1688	2,066.9	353.3	585

Nota: Esses cálculos são diretamente comparáveis com os apresentados na Tabela 13.2. Para detalhes de todas as fontes e cálculos, cf. Mann, 1980.

Fontes: Receitas: 1.502-1.505; Dietz, 1964a, corrigido por Wolffe, 1971: 1.559-1.602; Dietz, 1923: 1.604-1.640; Dietz, 1928: 1.660-1.668; Chandaman, 1975.

Índice de preços: Phelps-Brown e Hopkins, 1956.

Padrões de receitas do Estado, 1502-1688

A Tabela 14.1 apresenta a minha série cronológica de receitas totais durante o período de 1502 a 1688. Não estão disponíveis cálculos fiáveis para o período de 1452 a 1501, nem para os reinados de Henrique VIII, Eduardo VI e Maria I. Todos os cálculos apresentados antes de 1660 são baseados em um grau de suposição (como explicado em MANN, 1980)[1]. Em contraste, os valores pós-1660 são considerados bons. A tabela revela que Henrique VII restaurou as finanças do Estado, no nível de Henrique V, antes das perturbações das Guerras das Rosas. Em seguida, os números até a Guerra Civil mostram duas tendências: uma enorme inflação de preços que disparou as finanças estatais reais, e um nivelamento da receita se controlarmos a inflação. Essa última tendência é surpreendente, pois a maioria dos historiadores vê um grande desenvolvimento do Estado sob o governo de Tudor[2]. Vamos examinar essas tendências com mais detalhe.

Sem ser incomodado pela inflação ou por guerras duradouras, Henrique VII equilibrou seus registros e até mesmo acumulou um excedente. Sua renda vinha em proporções aproximadamente iguais de três fontes principais: aluguéis de terras da coroa, taxas alfandegárias e impostos parlamentares. Os últimos afastaram as ameaças de curta duração do seu trono por parte de rivais e potências estrangeiras. Apesar das reorganizações financeiras, seu Estado – em tamanho geral e principais funções – era tradicional. Pagar as despesas domésticas, comprar as sugestões políticas de alguns conselheiros, administrar a suprema justiça, regular o comércio para além das fronteiras territoriais, emitir moedas e fazer guerras ocasionais com a ajuda dos seus leais barões – era a soma das funções do Estado, que quase certamente envolveu menos de 1% da riqueza nacional e foram marginais para a vida da maioria dos súditos do Estado.

Ao longo dos dois séculos seguintes, esse Estado foi significativamente alterado por três forças, duas das quais tradicionais e uma nova. As primeiras são a escalada dos custos da guerra e a inflação, que temos encontrado repetidamente. Mas um aumento no papel do Estado como coordenador de uma classe dominante não havia chegado à fase "orgânica".

A primeira mudança, o aumento dos custos da guerra, era previsível na experiência medieval: as consequências da acessão de um rei mais guerreiro, Henrique VIII. A Tabela 14.2 contém a estimativa de Dietz das despesas totais em dinheiro durante os primeiros anos do seu reinado. Veja o aumento quadru-

---

1. Desde então, G.R. Elton me convenceu de que os cálculos do reinado de Elizabeth subestimam a receita total. Algumas receitas aparentemente recebidas são difíceis de rastrear nas contas do tesouro, talvez tanto quanto um terço das receitas rastreadas.

2. Mesmo que acrescentássemos um terceiro adicional sob Elizabeth, a tendência geral permaneceria inalterada: Elizabeth teria então aumentado a receita apenas um quarto acima do nível de Henrique VII, um acréscimo que parece menor pelo aumento após 1660. Então as receitas a preços constantes duplicaram em relação ao nível medieval tardio.

plicado em 1512, ano em que ele começou suas guerras francesas, e o aumento quase triplicado no ano seguinte, em que a campanha se intensificou! Os aumentos são inteiramente devidos às despesas militares. Como nos três séculos anteriores, a guerra torna o Estado substancial. Tais saltos no início da guerra chegam até aos nossos próprios tempos. Mas a altura do salto começa então a diminuir. As guerras francesas de Henrique aumentaram dez vezes as despesas nos dois anos 1511-1513. Suas guerras francesas e escocesas de 1542-1546 aumentam as despesas cerca de quatro vezes, se os cálculos de Dietz (1918: 74; 1964a: J, 137-158) podem ser invocados. Os aumentos quádruplos são a norma ao longo do século seguinte, embora depois de 1688 eles diminuam ainda mais. Não é que o Estado tenha mudado de lugar e travado uma guerra mais moderada; pelo contrário, as despesas militares em *tempo de paz* aumentaram. A Tabela 14.2 escondia que isso já estava sendo preparado nas primeiras guerras de Henrique VIII, pois pelo menos um item foi pago de uma conta separada: a manutenção da guarnição em Tournai, na França, custou £ 40,000 por ano entre 1514 e 1518 (quando foi rendida). Então, durante a maioria dos anos do século XVI, os gastos com guarnição em Berwick, Calais e Tournai, e na Irlanda, absorveram somas quase tão grandes quanto o resto dos gastos em tempo de paz juntos. O "estado de guerra permanente" estava chegando.

Tabela 14.2 Gastos em dinheiro, 1511-1520 (em libras)

Ano	Despesas totais	Despesas militares	Ajuda a aliados estrangeiros
1511	64,157	1,509	--
1512	269,564	181,468	(32,000 florins de ouro)
1513	699,714	632,322*	14,000
1514	155,757	92,000	--
1515	74,006	10,000	--
1516	106,429	16,538	38,500
1517	72,359	60	13,333
1518	50,614	200	--
1519	52,428	--	--
1520	86,020	--	--

* Mais 10,040 coroas.

Fonte: Dietz, 1964, I: 90-91.

A revolução militar e o sistema estatal

Os custos da guarnição foram a ponta de um iceberg de mudanças na organização militar ocorridas aproximadamente no período de 1540 a 1660. A essas mudanças, muitos historiadores, seguindo Roberts (1967), deram o rótulo de Revolução Militar. As armas de fogo foram uma parte da revolução, embora seu papel seja muitas vezes exagerado (como argumentado em Hale, 1965). Sua introdução na Europa nos séculos XIV e XV foi lenta, e tiveram pouco impacto inicial nas táticas dos exércitos. As armas de fogo foram meramente adicionadas aos batalhões de arqueiros que haviam dominado desde o início do século XIV. As armas de artilharia maiores tinham um maior efeito no fim das contas, especialmente na guerra naval, pois envolveram investimentos em uma escala que estava fora do alcance da nobreza provincial. O rei podia abater os castelos da nobreza feudal.

Mas a arma levou, então, ao triunfo de um novo tipo de guerra terrestre defensiva, o *trace italienne*, elaboradas fortificações baixas em forma de estrela, atrás das quais os mosqueteiros podiam abater os sitiantes, mesmo antes de chegarem às principais paredes do castelo (cf. DUFFY, 1979). A redução de tais bastiões com artilharia pesada, contra-aterro maciço ou inanição levou mais tempo, com campanhas prolongadas, retendo soldados, e custou mais caro. Associadas a isso estavam as inovações táticas móveis de generais como Maurício de Nassau e Gustavo Adolfo, que perceberam que a reintrodução de linhas de batalha, tornadas obsoletas no século XIV pelos suíços e flamengos, poderiam melhorar o poder de fogo das infantarias armadas com mosquetes. Mas as linhas precisavam de muito mais treinamentos do que os batalhões, e precisavam de proteção com aterros se fossem atacadas. Os métodos romanos de treinamento e escavação foram recuperados e revividos. Profissionais bem pagos, disciplinados e dispostos a trabalhar, bem como a lutar, foram necessários mais do que nunca. Isso aumentou a centralização das organizações militares, e o treinamento assegurou o domínio dos mercenários (e também um eventual fim de sua autonomia problemática). Além disso, o tamanho dos exércitos em relação à população aumentou novamente no século XVI em pelo menos 50% (SOROKIN, 1962: 340). Parker (1972: 5-6) argumenta que o tamanho do exército aumentou dez vezes naquele século em alguns casos (cf. BEAN, 1973). A dimensão e os custos navais também aumentaram a partir de meados do século XVI. No início, os navios de guerra especializados eram raros, mas mesmo os mercadores e marinheiros mercantes convertidos precisavam de se refazer e requalificar. O canonismo acabou por levar ao investimento em homens de guerra. Tudo isso não só aumentou os custos da guerra, mas garantiu que permaneceriam elevados. Na guerra *ou* na paz, os custos militares eram então consideráveis. Quando Luís XII perguntou ao seu conselheiro milanês Trivulzio como poderia ser assegurado o sucesso da sua invasão da Itália, recebeu esta resposta: "Rei mais generoso, três coisas são necessárias: dinheiro, dinheiro e ainda mais dinheiro" (apud ARDANT, 1975: 164). A cada nova escalada dos custos, os conselheiros poderiam ter acrescentado "[...] e ainda mais dinheiro."

Todas essas mudanças levaram a um papel maior para os suprimentos de capital intensivo e, portanto, para a administração centralizada e ordenada e para a contabilidade de capital, que poderia concentrar os recursos de um território.

As mudanças reforçaram o poder centralizado territorialmente (o Estado), mas também a difusão das formas de mercadorias dentro desse território (ou seja, o capitalismo). A primeira aparição de métodos capitalistas na Marinha de Elizabeth e no exército de Wallenstein foi comentada muitas vezes. A ligação entre o capitalismo e o Estado estava aumentando cada vez mais.

Acabo de comprimir um período da história militar que cobre cerca de dois séculos – digamos, desde a primeira companhia de artilharia regular paga formada por Carlos VII da França em 1444 até as mortes de Maurício de Nassau e Wallenstein, em 1625 e 1634, respectivamente. É necessário, portanto, enfatizar que os desenvolvimentos militares constituíram uma revolução não por serem repentinas, mas por causa de seu prolongado efeito cumulativo. A tecnologia das armas, táticas e estratégia, e as formas de organização militar e estatal se desenvolveram durante todo esse período. Somente no final a transformação foi completa, talvez simbolicamente com a morte desses dois grandes empreendedores da morte. Como Hintze expressou, "Os coronéis deixaram de ser empresários militares privados, e se tornaram servidores do Estado" (1975: 200; cf. McNEILL, 1982, cap. 4).

Mas que tipo de Estado foi favorecido? Estados muito pobres ficaram em apuros. E o Estado "feudal" estava acabado: a entrega contratual gratuita por vassalos de seus recrutas pessoais durante o sistema de campanha estava bastante obsoleta. Nem podiam ser reforçados por bandos mercenários, agora insuficientemente intensivos em capital. Dentro dos sistemas de cidade-Estado, como na Itália, os estados pequenos e médios – até mais ou menos o tamanho de Siena – não conseguiam encontrar dinheiro suficiente para manter sua independência na guerra de cerco. Administrações maiores e centralizadas eram necessárias. De fato, a consequência da consolidação e centralização dos exércitos parece ser mundial – sua introdução na Europa, no Japão e em várias partes da África aumentou o poder central do Estado (BROWN, 1948; KIERNAN, 1957: 74; STONE, 1965: 199-223; MORTON-WILLIAMS, 1969: 95-96; GOODY, 1971: 47-56; SMALDANE, 1972; BEAN, 1973; e Lei 1976: 112-132). Essas eliminações garantiram que a Europa se aproximasse de um sistema *estatal*, ou seja, que as unidades sobreviventes fossem relativamente centradas e territoriais. As confederações feudais mais frouxas, as máquinas militares itinerantes e as pequenas cidades intersticiais e principados foram as vítimas da guerra.

Assim, a Europa se tornou também um sistema *multi*estatal mais ordenado, em que os atores eram cada vez mais quase iguais, mais semelhantes nos seus interesses e mais formalmente racionais na sua diplomacia. Toda a Europa estava então repetindo a experiência anterior do sistema multiestatal italiano menor, e grande parte da técnica militar e diplomática inicial foi difundida a partir da Itália. Essas técnicas haviam assegurado um longo impasse geopolítico na Itália, preservando-a como um sistema multiestatal. A diplomacia defensiva dos estados visava impedir alguém de atingir a hegemonia.

A Revolução Militar não foi capaz de mudar esse impasse geopolítico ao destruir a frente de batalha ou grandes estados. A infraestrutura logística fundamental mal tinha mudado. Os exércitos ainda podiam marchar por um máximo de nove dias em campo europeu (onde a água era abundante). Depois paravam, pilhavam as colheitas locais e se assentavam para fazer pão durante mais três dias, antes de retomarem a marcha. No final do século XVII, vários generais – Marlborough, Le Tellier, Louvois – começaram a prestar atenção considerável à organização de suprimentos, mas eles ainda eram capazes de gerar apenas cerca de 10% de suas necessidades a partir de suas bases. Os exércitos ainda viviam do campo. Sem uma revolução no transporte terrestre, o constrangimento era a taxa de rendimento das culturas cultivadas em torno da linha de marcha. Como vimos na Tabela 12.1, isso foi melhorando lentamente até o século XVIII (quando saltou adiante). Esse pode ter sido o determinante predominante do crescimento do tamanho dos exércitos. Mas isso ainda coloca limites superiores no tamanho, mobilidade e padrões de implantação, de tal forma que nenhum Estado poderia sobrecarregar outros estados frontais ou grandes estados com números ou velocidade de movimento[3]. Assim, a recompensa da guerra não podia ser hegemonia, apenas evitar a derrota total. A Europa continuaria a ser um sistema multiestatal, jogando o que em terra equivalia a um jogo sem fim de soma zero. Os estados da frente do ranking poderiam escolher os mais fracos, mas um contra o outro havia um impasse na guerra terrestre – embora o mar apresentasse outras possibilidades. Uma contribuição importante para o impasse foi uma característica mais geral dos sistemas multiestatais: considerando que a potência de ataque cambaleia em novas técnicas de poder quanto mais bem-sucedidos os seus rivais reagem e copiam de uma forma mais ordenada e planejada. A vantagem da entrada tardia é não um traço de sistemas multiestatais que começaram com a industrialização.

Mas qual seria provavelmente a estrutura interna desses estados? Mais de uma opção estava ainda em aberto. Uma curiosidade que teve um bom desempenho foi a enorme empresa "capitalista" de Wallenstein na Guerra dos Trinta Anos. Concedeu grandes propriedades confiscadas dos protestantes em Friedland, ele ordenhou seus recursos para montar e treinar um exército. O exército se moveu então em torno de norte da Alemanha, cidades vacilantes em pagar impostos, que lhe permitiu expandir suas forças para 140.000. Mas para o seu assassinato, quem sabe que "Estado" um general tão eficaz poderia ter fundado? Essa exceção à parte, havia dois tipos principais de Estado que foram favorecidos por conquistar a vanguarda do poder militar. Isso porque havia dois requisitos principais: a aquisição de grandes e estáveis fontes de riqueza

---

3. Sou grato pelos detalhes desse parágrafo a Creveld, 1977.

e o desenvolvimento de uma grande e centralizada administração de recursos humanos militares. Assim, um Estado muito rico poderia pagar e administrar forças armadas bastante separadas do resto de suas atividades civis ou da vida de seus habitantes. Ou um Estado que tivesse alguma riqueza, mas que fosse mais rico em mão de obra, poderia gerar forças armadas grandes e competitivas com um sistema fiscal e de extração de mão de obra que fosse mais central para sua própria administração e para a vida social em geral. Mais adiante neste capítulo, veremos essas alternativas "fiscais" e "mobilizadas" se transformarem em regimes "constitucionais" e "absolutistas". Assim, grande riqueza ou tamanho da população, se razoavelmente concentrados e mobilizáveis por técnicas administrativas uniformes, passaram a ser consideravelmente privilegiados. Ao longo dos séculos seguintes, as principais repúblicas (Gênova e Veneza), Holanda e Inglaterra foram favorecidas por suas riquezas, e a Áustria e a Rússia pelas suas populações e relativamente uniformes máquinas de Estado. A Espanha e a França desfrutavam de ambas as vantagens e, na verdade, se aproximaram da hegemonia política liderada pelos militares sobre a Europa. Eles foram desfeitos pelo sistema multiestatal.

As principais monarquias e repúblicas da Europa se moveram de forma desigual em direção ao total controle da máquina de guerra, com Espanha e Suécia na vanguarda e Inglaterra e a Áustria na retaguarda. O impacto financeiro foi sentido mais cedo pela Espanha. Ladero Quesada (1970) mostra que o triplo aumento da produção real castelhana em 1481 e uma duplicação em 1504 foram preponderantemente resultados de guerra. Durante todo o período de 1480 a 1492, a conquista de Granada custou pelo menos três quartos de todas as despesas. Quando terminou, a maquinaria não estava totalmente desmantelada, mas voltada para outros empreendimentos internacionais. Parker (1970) nota que, no período de 1572 a 1576, mais de três quartos do orçamento espanhol foi para a defesa e pagamento de dívidas (cf. DAVIS, 1973: 211). O grave aumento das despesas públicas da Europa no século XVI deveu-se principalmente à escalada dos custos militares e à evolução de sistemas de reembolso da dívida mais permanente (PARKER, 1974: 560-582).

A Inglaterra ficou na retaguarda porque os custos da sua principal força armada, a marinha, não aumentaram até o século XVII. Só quando a Inglaterra e a Holanda suplantaram a pirataria, com a construção do império, e encontraram o poder naval um do outro, é que os seus estados decolaram. As três guerras navais anglo-holandesas datam das décadas de 1650, 1660 e 1670. De meados de 1660 até os dois séculos seguintes, a marinha era o maior item em despesas inglesas do Estado, exceto em alguns anos em que as forças de terra ou o reembolso de empréstimos da guerra o ultrapassaram. Sob Elizabeth e os dois primeiros Stuarts, as despesas militares combinadas podiam chegar a 40% de todas as despesas em anos de paz, mas sob Carlos II e Jaime II nunca caíram abaixo de 50% e foram reforçadas pelo pagamento mais pesado da dívida (DIETZ, 1923: 91-104; DIETZ 1928: 158-171; CHANDAMAN, 1975: 348-366). O Estado de guerra permanente chegou na Inglaterra em duas fases. Embora as guarnições Tudor fossem os seus precursores, a marinha de Pepys constituiu o seu impulso principal.

Isso foi reforçado pelo segundo perturbador tradicional do Estado: a inflação. A Tabela 14.1 mostra que somente depois de 1660 o tamanho financeiro do Estado aumentou substancialmente em termos reais (o salto provavelmente ocorreu durante o período sem documentos da Commonwealth na década de 1650), em grande parte devido a gastos militares e com o pagamento da dívida. A inflação de Tudor teve um efeito inovador sobre o Estado, como tradicionalmente tinha tido, o efeito se intensificou pela sua extensão. Os preços subiram seis vezes nos cem anos que se seguiram a 1520, provavelmente perto do valor de toda a Europa[4]. Foi então historicamente sem precedentes para os estados europeus (embora o nosso século [século XX] provavelmente excederá esses números). A riqueza real foi se expandindo ao longo do período, para que os preços mais altos pudessem ser suportados. Mas a inflação afetou negativamente algumas fontes de receitas da coroa, especialmente as rendas das terras. Pressionado pela inflação e pelos custos correntes crescentes da guerra, os governos de Henrique VIII, Eduardo VI, e Maria recorreram a manobras não repetíveis – expropriação da Igreja, rebaixamento da moeda, venda de terras da coroa, empréstimos por atacado. Sob Henrique VIII, ocorreu um desenvolvimento importante e permanente: a tributação do tempo de paz. A partir de cerca de 1530, não se pode presumir que a tributação tenha sido ocasionada pelo início da guerra (ELTON, 1975), embora os subsídios fiscais ainda fossem quase inteiramente dedicados para remediar a inflação e suportar os custos militares.

Esses anos podem marcar uma mudança importante. Em 1534, o preâmbulo da concessão parlamentar de tributação se refere, pela primeira vez, aos benefícios civis gerais do governo do rei. Isso parece se referir em grande parte às necessidades de pacificação na Irlanda e às fortificações e obras portuárias. Schofield, no entanto, o considera "revolucionário", porque referências bastante gerais à "grandeza e beneficência" do rei começam a pontilhar a linguagem parlamentar (1963: 24-30). Então, e as "funções civis" do Estado de Tudor e Stuart? Estavam se alargando? Isso surgirá o terceiro inovador, o aumento do papel de coordenação do Estado até o ponto em que o Estado nacional se torne uma unidade orgânica.

Se olharmos apenas para as finanças, um aumento das funções civis não é discernível no século XVI. As despesas domésticas aumentaram entre o reinado de Henrique VII e os últimos anos de Elizabeth cerca de cinco vezes (DIETZ,

---

4. As causas desse aumento não são claras. Muito do afluxo da prata espanhola do Novo Mundo – um fator contribuinte – foi contrabandeada, e, portanto, seu movimento não pode ser rastreado (OUTHWAITE, 1969).

1932), mais ou menos o mesmo que o aumento dos preços. Nenhuma outra despesa não militar aumentou mais. Ainda com Jaime I uma mudança ocorreu. Suas despesas civis aumentaram acima do nível de Elizabeth em um tempo de deflação de preço. Nos últimos cinco anos (1598-1603) do reinado de Elizabeth, a média anual de desembolso do reinado foi de cerca de £ 524.000, dos quais as despesas militares contribuíram com 75%. Jaime I fez a paz com todas as potências estrangeiras e reduziu suas despesas militares (em grande parte para as guarnições irlandesas) para 30% do seu orçamento. Durante o período de 1603 a 1608, sua despesa média anual foi de cerca de £ 420.000, assim as despesas civis aumentaram em um quarto (DIETZ, 1964, II: 111-113; com recálculos adicionados, explicado em MANN, 1980). Dietz (1928) mostrou três fatores contribuintes. Primeiro, ao contrário de Elizabeth, Jaime era casado e tinha filhos, e seus custos domésticos eram, portanto, maiores. Em segundo lugar, ele era extravagante, como afirmavam seus oponentes: gastando £ 15.593 em uma cama de criança para rainha Anne, mostrou prodigalidade! Mas a "extravagância" se fundiu em um terceiro fator de despesa, que estava se tornando parte integrante de todos os estados: recompensar os nobres titulares de cargos públicos. Jaime comprou a lealdade e o serviço de seus magnatas em parte porque se sentia inseguro como um estrangeiro escocês no trono. Mas o "sistema dos despojos" se tornou comum em toda a Europa, mesmo sob reis supostamente mais fortes do que Jaime. O custo dos despojos não era extraordinário, sendo reduzido pelos gastos militares. Mas o seu significado era maior do que o seu custo, pois eles anunciaram uma extensão das funções do Estado.

Do Estado coordenante ao orgânico

Vejamos primeiro o "sistema dos despojos" do ponto de vista da nobreza e do senhorio. As grandes famílias da época eram muito menores do que as suas antecessoras. Vários historiadores calcularam as receitas dos Tudor tardios e das primeiras famílias Stuart nobres. As receitas do nono conde de Northumberland totalizaram menos de £ 7.000 por ano no período de 1598 a 1604 e aumentaram para cerca de £ 13.000 em 1615-1633 (BATHO, 1957: 439). Sir Robert Spencer, considerado o homem mais rico do reino, recebeu £ 8.000, no máximo, no início do século XVII (FINCH, 1956: 38, 63). Os Cecils, os maiores titulares de cargos públicos na virada do século, superaram essas figuras: a renda do primeiro conde de Salisbury no período de 1608 a 1612 foi de cerca de £ 50.000, embora a renda do segundo conde, mais dependente da terra do que do gabinete, foi reduzida para cerca de £ 15.000 em 1621-1641 (STONE, 1973: 59, 143). No entanto, todos esses números são minúsculos em relação às receitas da coroa. Não tinha sido assim no Período Medieval. Os magnatas eram então grandes *como uma classe* e não como um punhado de famílias individuais e suas casas senhoriais.

Segue-se que a forma de governo conciliar medieval – o rei em seu conselho de cerca de vinte grandes homens – já não era mais apropriado como meio de consulta. Ou uma estrutura de gabinete centrada na corte ou assembleias representativas eram mais apropriadas – os caminhos relativamente "absolutistas" e "constitucionais" discutidos mais tarde neste capítulo. Segue-se também que os grandes homens não podiam estar envolvidos numa relação pessoal entre senhor e vassalo. Para impressionar um número muito maior, o monarca então se tornou público, exibindo qualidade com pompa ostentosa e opulência. No seu extremo, isso se tornou bizarro, como podemos ver a partir desta descrição de Luís XIV:

> O rei de França era completamente, sem resíduos, um personagem "público". Sua mãe o deu à luz em público, e desde aquele momento sua existência, até seus momentos mais triviais, foi representada diante dos olhos de assistentes que eram titulares de cargos dignos. Comia em público, ia para a cama em público, acordava e era vestido e tratado em público, urinava e defecava em público. Ele não se banhava muito em público; mas também não o fazia em particular. Não conheço nenhuma evidência de que ele copulasse em público; mas ele chegou perto disso o suficiente, considerando as circunstâncias sob as quais se esperava que ele deflorasse sua augusta noiva. Quando ele morreu (em público), seu corpo foi pronta e confusamente cortado em público, e suas partes cortadas foram cerimoniosamente distribuídas aos mais exaltados entre os personagens que o atenderam durante toda a sua existência mortal (POGGI, 1978: 68-69).

Mais importante do que a exibição pública foi o aumento da legislação pública. As regras de conduta podiam então ser menos facilmente transmitidas por meio da cadeia senhor-vassalo. Uma primeira etapa comum na mudança das regras particulares para as regras universais do governo na Inglaterra, França e Espanha foi a regra centrada nos "países de origem", referida no capítulo 13. Na Inglaterra, o rei iorquista Eduardo IV (1461-1483) havia recrutado homens menores – principais cavaleiros e senhorios – dos Condados de Origem para sua casa senhorial. Ele governou essa rica área central de forma mais direta (noutros lugares o governo era por meio dos grandes magnatas). Na época de Henrique VIII, os homens desses condados constituíam a maioria da Câmara Privada do Rei. Um mapa dos condados que fornecem dois ou mais Cavalheiros da sua Câmara Privada (FALKUS & GILLINGHAM, 1981: 84) revela um bloco de condados contíguos em East Anglia e no Sudeste, mais apenas três condados em outros lugares. Uma última etapa no processo pode ser discernida na Inglaterra do século XVIII: uma "classe-nação" que se estende por todo o país, incluindo o senhorio, a nobreza, os burgueses e os "agentes de paz" políticos – cuja riqueza foi toda adquirida ou usada de modo capitalista. No meio, houve uma transição complexa, muito afetada pelas peculiaridades da luta civil e religiosa. No geral, no entanto, foi um processo secular de desenvolvimento de classe capitalista dentro de uma nação.

Os homens poderosos, enquanto classe, eram igualmente úteis para o Estado. Embora seus recursos militares autônomos fossem agora menos necessários, o monarca exigia sua riqueza. Eles também estavam no controle da administração local e da justiça na maioria dos países, e assim tinham acesso à riqueza de seus vizinhos. Seus poderes de resistência passiva contra o Estado, especialmente contra o cobrador de impostos, eram consideráveis. Nenhum monarca poderia governar sem eles. Eles eram, cada vez mais, atraídos para os escritórios centrais do Estado, tanto militares quanto civis. Não a casa senhorial, mas a *corte* era agora o foco da atividade, e os *gabinetes* o foco dos desejos. O número de gabinetes aumentou, embora em de maneiras diferentes em países diferentes.

Podemos distinguir duas variáveis principais. Primeiro, os estados baseados em terra atraíram a nobreza mais para seus exércitos do que os poderes navais para suas forças armadas. Nos séculos XVII e XVIII, os comandos superiores e todo o corpo de oficiais do exército, com exceção da artilharia, foram dominados por nobres em todos os países, em contraste com os oficiais da marinha, mais de classe média (VAGTS, 1959: 41-73; DORN, 1963: 1-9). Em segundo lugar, alguns monarcas, relutantes ou incapazes de consultar sobre tributação direta, intensificaram o processo histórico de venda de gabinetes reais, especialmente através da agricultura tributária. A França é o exemplo mais claro, embora a prática fosse generalizada (SWART, 1949). Por toda parte, o favor do monarca, a "extravagância" de Jaime I, o "sistema dos despojos", aumentou em alcance e quantidade, *centralizando* a solidariedade social histórica do monarca com a nobreza fundiária e, portanto, também centralizando e politizando sua solidariedade e seus conflitos.

A centralização das tendências fez das finanças públicas um guia incompleto para as atividades do Estado. Nem os benefícios financeiros nem os custos do sistema de despojos foram enormes, mas o papel coordenador do monarca tinha crescido consideravelmente. As implicações políticas inauguraram um conjunto de conflitos entre partidos da "corte" e "nacionais", que foram um passo importante no desenvolvimento da luta de classes "simétrica" e "política", forçando a nobreza e reforçando os investidores em direção a um papel vinculado ao Estado.

Na Inglaterra, o tribunal e o parlamento se tornaram as duas principais arenas de conflito e coordenação nacionais. A corte foi a mais particularista, distribuindo direitos e deveres numa rede de relações patrono-cliente. Isso apenas acrescentava números, uma multidão de cortesãos, às velhas práticas conciliadoras. O parlamento era mais original, mesmo que ainda não fosse tão poderoso. Sua atividade legislativa havia aumentado enormemente. Nas primeiras sete sessões do reinado de Elizabeth, 144 públicas e 107 leis privadas foram aprovadas, e 514 leis adicionais não foram aprovadas (ELTON, 1979: 260). Note-se o número aproximadamente igual de atos públicos e privados. Esse último se relacionava com uma localidade, corporação ou outro tipo de relações. Indica o declínio dos grandes agregados familiares baroniais e religiosos, e que as disputas privadas eram agora frequentemente trazidas para Westminster. Regras universais *e* particulares foram estabelecidas num lugar dominante, embora o poder de coordenação central ainda fosse partilhado com o tribunal. Esse ainda não era um Estado unitário.

A esfera da legislação social é um bom exemplo dessas tendências. O Estado inglês, tal como a maioria dos grandes estados, há muito que aceitava a responsabilidade pelo controle final dos salários, dos preços e da mobilidade em condições de crise. Sob os Tudors e Stuarts, o âmbito legislativo foi alargado. A expansão econômica e populacional produziu turbulência social. Enclausuramentos forçados causaram muita discussão parlamentar; e um crescimento triplo na população desestabilizou Londres entre 1558 e 1625. O medo da desordem pública e os sentimentos de caridade foram combinados na Lei dos Pobres elizabetana. Formalmente, o escopo das novas leis era vasto. Os impostos locais pagariam por dinheiro e materiais de trabalho àqueles que queriam trabalhar, e castigo e correção para os preguiçosos. Os juízes de paz locais administrariam o sistema sob o controle geral do Conselho Privado. A Lei dos Pobres não era sequer o fio condutor da legislação, mas um apoio a uma vasta gama de estatutos destinados a regular os salários e condições de emprego, controlar a mobilidade da mão de obra e fornecer alimentos para os pobres em tempos de fome. Isso aparentemente representa um alargamento das funções do Estado: já não é apenas uma máquina de guerra e um tribunal de última instância, mas um controlador ativo das relações de classe.

A realidade era menos revolucionária. Não sabemos exatamente como a Lei dos Pobres foi aplicada, mas isso indica que a aplicação foi desigual e sob controle local. Os juízes de paz eram, é claro, a elite local. Os impostos cobrados eram pequenos, muito menos do que a quantia de caridade privada dada para fins semelhantes (exceto durante o Interregno, de cerca de 1650 a 1660). De 1500 a 1650, pelo menos £ 20.000 por ano foram legados por indivíduos privados para fins de caridade – esmolas, alívio direto, hospitais, casas de trabalho, e assim por diante (JORDAN, 1969, cap. 5). Essa soma excedeu a despesa total do Estado de Tudor em funções civis, se excluirmos a casa senhorial e as despesas da corte.

As *reivindicações* dos Tudor eram abrangentes: reforçar positivamente o bem-estar e a moralidade de seus cidadãos e expandir a indústria e o comércio. Mas as reivindicações não foram postas em prática. A razão era financeira – inflação, guerra e as necessidades privadas das casas senhoriais e da corte dominaram as despesas. "Praticamente nada foi gasto pelo Estado para a realização dos fins sociais previstos pelos publicistas contemporâneos", conclui Dietz (1932: 125). Pressões semelhantes foram sentidas por todos os monarcas europeus. É por isso que o título marcante do livro de Dorwart, *The Prussian Welfare State Before 1740* (1971), é fantasioso, fora do domínio da ideologia. A evidência de

Dorwart mostra que, na prática, o Estado prussiano dependia de grupos localmente poderosos, tanto quanto a Estado inglês (cf., p. ex., a sua descrição das funções policiais, p. 305-309).

No entanto, a mudança na ideologia do Estado indica declínio do poder transnacional da Igreja. Embora a legislação do período estivesse repleta de exortações caritativas, o Estado não estava tanto expressando um sentido de seus próprios deveres (como faz o Estado de bem-estar social moderno em sua legislação), mas dando voz à ideologia comum e à moral das classes dominantes, anteriormente expressas pela Igreja. O aparato administrativo aparece como uma ajuda oferecida à caridade local e ao controle dos pobres, e essa ajuda não era, em sua maior parte, necessária. A legislação social foi um exemplo não de maior despotismo dos poderes do Estado *sobre* a sociedade, mas de maior organização coletiva, maior *naturalização*, dos grupos dominantes na sociedade. Se eles conseguissem chegar a um acordo sobre questões políticas, seriam capazes de assegurar uma importante coesão nacional.

Na cultura e língua elizabetanas, a mudança foi mais evidente. Ajudada consideravelmente pela circulação de livros impressos e surtos de alfabetização (CRESSY, 1981), a língua inglesa se tornou padrão e padronizada em todo o reino. Essa padronização resistiu. Os falantes de inglês hoje podem ter certa dificuldade em entender alguns dos poemas mais elaborados e também padrões de linguagem cotidiana dos elizabetanos – se considerarmos as peças de Shakespeare como incorporando ambos –, mas há também um estilo de escrita elizabetano sobre sentimentos humanos que nos parecem diretos e transparentes hoje em dia. Aqui, por exemplo, é um versículo de Sir Walter Raleigh que, como um dos mais instruídos e cultivados cortesãos de seu tempo, estava tão distante do povo como qualquer um do seu tempo:

> Mas o amor é um fogo durável
> Na mente sempre a arder.
> Nunca doente, nunca velho, nunca morto,
> De si mesmo nunca se transforma.

Isso é poesia escrita no *nosso* vernáculo. O exemplo mais claro da relativa estabilidade do inglês como língua vernácula através dos séculos data do reinado seguinte: a Bíblia do Rei Jaime usada em todas as Igrejas protestantes inglesas, de 1611 à década de 1970. Ambos os exemplos apontam para uma única conclusão: como unidade cultural e linguística, a Inglaterra estava praticamente completa por volta de 1600. Quaisquer que fossem os novos grupos, classes e até mesmo países que se juntassem a ela posteriormente, suas maneiras de falar e escrever seriam absorvidas por uma comunidade existente.

Mas nem todos eram membros ativos dessa comunidade. Quem era? Mais uma vez, podemos olhar para os artefatos culturais, como o simbolismo do monarca no Parlamento. No final do seu reinado, em 1601, Elizabeth se rendeu a uma ofensiva parlamentar contra o seu controle dos monopólios. Caracteristicamente, ela fingiu que nenhuma disputa havia ocorrido. Em seu "discurso de ouro", ela disse:

> Ainda que Deus me tenha exaltado, ainda assim conto a glória da minha coroa, que eu tenho reinado com seus amores. [...] Eu nunca fui tão seduzida com o nome glorioso de um rei ou autoridade real de uma rainha, como se alegrava que Deus me tenha feito seu instrumento para manter a sua verdade e glória e defender o seu reino do perigo, da desonra, tirania e opressão. Embora você tenha tido e possa ter muitos príncipes mais poderosos e sábios sentados nesse assento, ainda assim você nunca terá nem deverá ter nenhum que ame vocês melhor. [...] E peço-lhes, Sr. Controlador, Sr. Secretário, e vocês do meu conselho, que antes dos cavalheiros partirem para os seus condados, traga-os a todos para me beijarem a mão (apud ELTON, 1955: 465).

Os seus protestos eram propaganda, não verdade. Mas como eram importantes como propaganda! Os monarcas medievais não se identificaram com os comuns dessa forma; nem invocavam Deus puramente como um símbolo de unidade nacional (significativamente, o maior propagandista de Elizabeth, Shakespeare, tenta nos convencer do contrário em suas peças históricas). Note também a completa unidade de classe e lealdades nacionais. São "os cavalheiros dos condados" (juntamente com os senhores, bispos e comerciantes) que *são* a nação no Parlamento. Como uma coletividade, uma *classe*, ampla e política, não mais como um conjunto de linhagens familiares, eles controlam a administração da nação, o exército, a política, o judiciário e a Igreja. Nesse momento, de acordo com o *Oxford English Dictionary*, a palavra "nação" perdeu o seu sentido medieval de um grupo unido por uma descendência de sangue comum e foi aplicado à população geral do Estado territorial. Naturalmente, isso não incluía as massas em nenhum sentido ativo; elas estavam excluídas da nação política. Elas não foram mobilizadas ou organizadas; permaneceram passivamente na base da estrutura. As relações de classe ainda eram assimétricas, embora agora uma classe estivesse total, universal e politicamente organizada.

O simbolismo se tornou completo quando um por um dos membros da Câmara dos Comuns passou pela velha rainha, beijando sua mão. A ideologia era universal e orgânica. A interdependência entre a coroa e as classes proprietárias era agora tão próxima que a ideologia poderia em breve se tornar também realidade. Mas, para chegar a esse ponto, temos de discutir duas outras características do século XVI, o protestantismo e a expansão europeia. Eles nos dirigem para o espaço internacional.

O cisma protestante e o fim do poder cristão amplo

Eu argumentei no capítulo 10 que o cristianismo, após o colapso de Roma, forneceu uma *ecumene*, uma fraternidade universal em toda a Europa, no âmbito da qual as relações sociais foram estabilizadas mesmo na ausência de unidade política. A Europa do Sul gradualmente recuperou seu nível de civilização anterior, e esse foi levado a grande parte do norte da Europa. A Igreja não era hostil ao desenvolvimento econômico, como vimos. Mas o crescimento econômico despertou quatro forças com as quais a Igreja teve notável desconforto. Essas foram o surgimento da ciência moderna, de uma classe capitalista, do noroeste da Europa, e do Estado nacional moderno. Os dois primeiros surgiram principalmente por meio do desenvolvimento da vida na cidade, os dois últimos por meio da geopolítica. Juntos, os quatro constituíram um enorme problema para Roma, que foi incapaz de superá-los sem induzir o cisma. Nas cidades, hábitos urbanos clássicos e pensamentos reviveram, especialmente na Itália. A confiança na atividade e energia humanas se tornaram exemplificadas no movimento renascentista – o orgulho do corpo humano, a confiança de que a racionalidade humana poderia sondar todos os problemas, a esperança que o governo pudesse ser dirigido por um aparelho de Estado fundamentado. Nada disso era estranho ao cristianismo estabelecido, e vários papas estavam no coração do movimento. Mas isso secularizou a *ecumene* para as classes alfabetizadas. O humanismo reavivou a aprendizagem clássica, o estudo do grego. Viajou além das fronteiras sem a ajuda da organização da Igreja. Ele enfatizou um dos eixos do dilema da religião de salvação – racionalidade individual em vez de autoridade eclesiástica – em uma Igreja que tendia, em seu compromisso com o poder secular, a enfatizar o outro eixo.

A Igreja estava inquieta com o desenvolvimento da racionalidade científica. Aqui cometeu um erro terrível. Sua ênfase na autoridade tinha elaborado um conjunto completo de doutrinas cosmológicas centrais para o seu legado imperial de autoridade, mas que não eram centrais para o dogma cristão original. Infelizmente eles também poderiam ser refutados. Durante séculos, a autoridade da Igreja foi inconscientemente minada por homens como Galileu (que mostrou que a Terra não estava em nenhuma posição "hierárquica" particular em relação a outros corpos celestes), Buffon (que mostrou que a terra era consideravelmente mais velha que 4.004 anos), e Darwin (que mostrou que a espécie humana era um ramo da vida sensível em geral). Os primeiros cientistas eram frequentemente perseguidos, geralmente para sua surpresa. O legado foi desastroso para a Igreja. Suas pretensões a uma cosmologia foram quebradas de uma forma particularmente prejudicial pela demonstração de que a sua a doutrina era falsa. Por volta do século XVII, até mesmo intelectuais leais como Pascal estavam separando a "fé" da "razão". A ciência não era mais incorporada na religião. Para muitos dos seus praticantes, a ciência moderna era considerada ativamente hostil à religião.

Vale a pena insistir na ruptura entre religião e ciência, dada a sua importância para o movimento anticlerical dos últimos séculos. A partir do Iluminismo, de Comte e Marx até o humanismo secular, tem operado uma corrente de pensamento que afirmava que a religião era apenas um espelho da história primitiva da humanidade, refletindo a impotência perante a natureza. Uma vez que a ciência e a tecnologia puderam domar a natureza, a religião seria obsoleta. Agora os nossos problemas são sociais, não cosmológicos, assim é afirmado. Os adeptos da religião não podem negar que a ciência tomou conta de muitas áreas que a religião tradicionalmente explicava: eles apenas respondem que essas são áreas triviais (p. ex., GREELEY, 1973: 14). Nós vimos em capítulos anteriores que eles estão certos. Desde os primórdios da civilização, as religiões discutidas nesse livro não dedicaram muita atenção ao mundo natural. As suas preocupações têm sido esmagadoramente sociais, não naturais: como uma sociedade, ou uma sociedade de crentes, deve ser estabelecida, e como ela deve ser governada? O núcleo de nenhuma dessas religiões seria afetado pelo crescimento da ciência e da tecnologia, a menos que as religiões mostrassem hostilidade a essas forças. Todo o aparato da ciência e tecnologia modernas provavelmente não afetariam o poder da religião de uma forma ou de outra, caso não surgissem conflitos ideológicos de base social entre eles.

Dois desses conflitos surgiram. O primeiro foi o conflito entre autoridade e razão. Um grande número de pessoas em toda a Europa interveio ativamente na natureza de modo sem precedentes históricos, e muitos especulavam sobre o significado científico geral de tal tecnologia. Era suicida para a Igreja reivindicar autoridade sobre o conhecimento então produzido. Não podia fazer cumprir a sua reivindicação sobre tais descobertas difusas. Mas o segundo conflito foi o mais importante, pois afetou todas as versões do cristianismo da mesma forma. O cristianismo não poderia incorporar facilmente duas formas emergentes de consciência, classe e ideologias nacionais, e assim elas se tornaram ideologias seculares e concorrentes. Essa é a história crucial a ser contada nesta seção.

O segundo problema da Igreja era com comerciantes e capitalistas emergentes. Isso levanta a questão nodal da tese da "ética protestante": o argumento de Weber que existe uma afinidade de reforço mútuo entre a "Ética Protestante" e o "espírito do capitalismo". Só posso abordar brevemente a tese aqui. Alguns dos pontos de Weber parecem aceitáveis no geral. Primeiro, houve uma tensão entre a autoridade centralizada da Igreja Católica e a tomada de decisões descentralizada exigida num sistema de mercado pelos detentores dos meios de produção e troca. Em segundo lugar, havia uma tensão entre uma ordem fixa de estatutos legitimados pela Igreja e os requisitos da produção de mercadorias, na qual nada além da propriedade privada é dado um *status* fixo e impositivo. Em particular, o trabalho não tem valor intrínseco sob o capitalismo: é um meio para atingir um fim e é permutável com outros fatores de produção. Em terceiro lugar, existia uma tensão entre o dever social dos ricos cristãos em serem "luxuriosos" (ou seja, para manter uma grande casa, fornecer empregos amplos e dar aos pobres) e a necessidade de o capitalista reivindicar direitos de propriedade privada sobre o excedente, de modo a proporcionar um elevado nível de reinvestimento.

Essas tensões significavam que os empresários que procuravam encontrar o sentido último das suas atividades, não teriam grande ajuda da Igreja estabelecida. Muitos seriam mais atraídos por uma doutrina "primitiva" de salvação individual, não mediada por uma hierarquia de sacerdotes ou estados, na qual o trabalho árduo e o ascetismo eram virtudes morais. Empresários, artesãos e "protoindustriais" organizados em larga escala territorial, com as suas atividades pressionadas no setor agrícola e assim ligada aos agricultores ricos, não acharam muito apropriado o sistema católico de significados ou a língua latina em que ele foi expresso. Eram então em grande parte alfabetizados em seus vernáculos nacionais e, portanto, eram capazes de explorar textos religiosos por si próprios. Os escritos de Erasmo, Lutero, Calvino, e outros exploradores religiosos os ajudariam a encontrar um sistema de significados mais apropriado que, por sua vez, aumentaria a sua solidariedade normativa. O resultado foi o que Weber descreveu: "solidariedade de classe" religiosa reforçada por parte dos burgueses e empresários, cujas convicções lhes deram melhores condições para mudar o mundo (cf. a brilhante interpretação de POGGI, 1984).

Essa classe pode procurar um novo *modus vivendi* dentro da Igreja ou irromper na direção de uma forma mais individual de salvação. Ambas as opções eram possíveis. O cristianismo é uma religião salvacionista; sua estrutura hierárquica medieval era um acréscimo oportuno; seus abusos e escândalos se deram em ciclos e eram periodicamente corrigidos; seus radicais sempre apontaram para uma Igreja mais simples, mais ascética e primitiva como modelo real da comunidade cristã; Lutero e os outros rebeldes lançaram insultos contra a simonia, o nepotismo, a venda de indulgências e uma interpretação sacerdotal da Eucaristia, como muitos outros fizeram antes. Para explicar por que em alguns lugares, mas não em outros, as pessoas fugiram da Igreja e fundaram o protestantismo, precisamos considerar as organizações de poder negligenciadas por Weber. Isso me leva ao terceiro e quarto problemas da Igreja.

A terceira ameaça era o produto geopolítico do desenvolvimento econômico. Uma vez que a Europa do Norte e do Extremo-ocidente foram trazidas para a *ecumene*, o desenvolvimento desigual discutido no capítulo 12 afetou o equilíbrio regional de poder. O norte e o oeste se tornaram mais poderosos. Depois da revolução navegacional do século XV, isso se tornou uma inclinação pronunciada, dando uma clara vantagem para as zonas adjacentes ao Atlântico e ao Báltico. Mas o centro organizacional da Igreja estava em Roma, e seu *locus* tradicional era o Mediterrâneo. A logística e a geopolítica faziam com que a sua capacidade para controlar centros de poder emergentes na Suécia, norte da Alemanha, Holanda e Inglaterra era baixa. As suas tradições diplomáticas se preocupavam em grande parte em equilibrar as pretensões dos poderes seculares dentro da sua área central – estados italianos, Espanha, França, Sul da Alemanha e Áustria. A Igreja estava geopoliticamente ameaçada. Isso forneceu a curva geográfica distintiva para a divisão católicos-protestantes que faz uma confusão nas explicações simplificadas de inspiração weberiana (ou inspirada em Marx) da emergência do capitalismo em termos de protestantismo (ou vice-versa). A Europa Setentrional e Ocidental (e algumas do nordeste europeu), independentemente da penetração do capitalismo, gravitou para o protestantismo. O súbito aumento do poder político e econômico do qual essas regiões se beneficiaram produziu uma crise de significado, ao qual os ideólogos tinham de se esforçar para conferir consenso.

Essa clivagem regional foi reforçada pelo quarto problema, o surgimento do Estado nacional. Isso emergiu de fora da Igreja e não foi causado por qualquer uma das suas ações. Diz respeito ao desenvolvimento tanto do poder militar como da classe-nação. No longo prazo, isso favoreceu o Estado relativamente territorial, relativamente centralizado e coordenado. A mobilização nacional liderada pelo Estado enfraqueceu a *ecumene* transnacional da Igreja. Os governantes então tinham capacidade militar e apoio nacional para resistir ao papado e aos seus aliados territoriais mais próximos, se o desejassem. Os grandes governantes do norte e do oeste assim o desejavam. Seus desejos e poder crescente reagiram sobre alguns dos *seus* tradicionais oponentes sub-regionais, que assim se tornaram apoiadores mais firmes de Roma. Isso explica a maior parte das exceções regionais, a Irlanda Católica e a Polônia em particular[5].

Esses quatro problemas se combinaram de forma complexa durante os séculos XVI e XVII. Somente se os considerarmos de forma articulada podemos explicar o surgimento do Protestantismo. Os cristãos de toda a Europa estavam cientes da importância das falhas intelectuais e morais da Igreja, e da necessidade de reforma. Entre os grupos de empreendedores no comércio, na indústria e na terra, surgiu uma necessidade especial de um sistema de sentido mais relevante expresso em língua vernácula. Quanto mais distante de Roma, mais se sentia essa necessidade. Qualquer inovação doutrinária que desvalorizava a autoridade de Roma também teria um sentido especial para as elites políticas governantes. O que se seguiu foi uma rápida interação entre as quatro fontes de poder, levando ao fim da *ecumene* cristã unida.

Em 1517, Lutero mal tinha pregado as suas teses à porta da igreja em Wittenberg antes de ser "protegido" por Frederico, o Sábio – eleitor da Saxônia, o maior oponente norte-alemão do imperador austríaco – da presença e possível punição na Cúria Romana. Isso impediu imediatamente um compromisso puramente religioso. Foi uma disputa política e teológica desde o início. O seu protesto se espalhou rapidamente entre os príncipes e as cidades do norte e do centro da Alemanha. Por meio de redes de mercado e de recrutamento militar, penetrou no campesinato, já confiante nas suas proezas militares servindo como *lansquenets* mercenários (lanceiros) em exércitos alemães e estrangeiros – um

---

5. Isso também pode ser explicado pelos Hugenotes do sul da França.

curioso resultado final da emergência da falange de lanceiros! Encorajados por um mal-entendido sobre o título do ensaio de Lutero, "A liberdade do homem cristão", se revoltaram na Grande Guerra Camponesa de 1524-1525. Lutero os corrigiu com seu tratado "Contra as hordas de camponeses assassinos e ladrões", pagando suas dívidas políticas. Os príncipes alemães, disse ele, tinham direito divino de governar e organizar a fé emergente como "bispos provisórios". Trinta anos de disputa e luta armada assistiram à supressão de protestantes radicais (como os anabatistas, que rejeitaram qualquer tipo de política ou autoridade eclesiástica). A Paz de Augsburgo, em 1555, consagrou o princípio de *cuius regia, eius religia*; isto é, todos os sujeitos devem seguir a religião de seu príncipe (embora as cidades imperiais tenham recebido tolerância religiosa). A revolta na Holanda contra a Espanha católica e o oportunismo dos governantes da Inglaterra e da Escandinávia produziram a curva geopolítica-religiosa até 1550. As potências capitalistas emergentes da Holanda e da Inglaterra promoveram maior grau de alfabetização e permitiram maior latitude de observância religiosa, se não a tolerância real. Depois de terríveis guerras político-religiosas, todas essas potências protestantes, mais a França católica que resiste à hegemonia espanhola, forçaram as potências católicas do sul e do centro a reconhecer a divisão política, religiosa e econômica na Paz de Westfália, em 1648. *Cuius Regia, Eius Religia* foi confirmado, e assim permanece. O mapa religioso da Europa elaborado em 1648 permanece hoje praticamente inalterado. Nenhuma força dinâmica surgiu de dentro do cristianismo para alterá-lo – o sinal mais claro do subsequente declínio do cristianismo e da ascensão de uma sociedade secular.

As guerras religiosas pareceram ameaçar a unidade da Europa, construída originalmente na Cristandade. O acordo dividiu a Europa em uma parte católica e outra parte protestante, uma divisão que teve muitas ramificações subsequentes. Em resumo, isso acelerou a velocidade da mudança na Europa Setentrional e Ocidental e retardou-a noutro lugar. Para escolher um exemplo, os estados protestantes traduziram a Bíblia em suas línguas vernáculas e alguns (especialmente a Suécia) encorajaram a alfabetização baseada na leitura da Bíblia. Os estados católicos não o fizeram. As identidades nacionais protestantes se desenvolveram mais depressa do que as católicas.

No entanto, a Europa manteve uma identidade ideológica, cada vez mais secular. Nisso o papel da França parece crucial. A França foi o principal país que olhou a ambas as direções, tanto geopolítica como geoeconomicamente – com pretensões no Mediterrâneo e no Atlântico, solos leves e pesados, comércio e terra aristocrata. O seu oportunismo na Guerra dos Trinta Anos – ao lado dos estados protestantes ainda que reprimindo os seus próprios protestantes – mostrou que a unidade europeia poderia ser mantida diplomaticamente dentro de uma civilização multiestatal ordenada enquanto o cimento religioso se desintegrava. Apesar do desenvolvimento das línguas nacionais, elas eram intertraduzíveis, e por muitos homens e mulheres instruídos e educados das classes dominantes. Durante os dois ou mais séculos seguintes, a França desempenhou um papel crucial de intermediário ideológico, especialmente entre os nobres, entre o que era potencialmente duas Europas. A sua língua tendeu a se tornar a língua tanto da nobreza quanto da diplomacia, proporcionando assim um sentido não religioso de normatividade aos governantes de toda a Europa.

Dentro desse quadro, em vários dos países protestantes e, em um nível inferior em alguns católicos, a religião se tornou uma parte essencial da unidade orgânica do Estado nacional. Isto era especialmente verdade para a Inglaterra, com a sua Igreja Protestante encabeçada pelo seu monarca. Mas o acordo elizabethano, como Hanson (1970) observou, encarnou uma contradição. A consciência orgânica e civil que procurava fomentar misturava duas teorias políticas tradicionais distintas. A primeira concebia o governo como autoridade que descende de cima, do monarca somente ou do privilégio e *status* em geral. A segunda via o governo como encarnando a liberdade que ascende do povo. Elas foram os pilares tradicionais gêmeos e as contradições da Cristandade, ideologia de classe e ideologia transcendente, agora completamente nacionalizada. Uma indicação de que a reconciliação foi possível e enfrentaria desafios tanto de cima como de baixo.

De cima, a reivindicação orgânica de Elizabeth foi contestada por Carlos I e Jaime II, que tropeçou para desfazer a unidade orgânica do monarca no Parlamento. Eles enfatizaram o tribunal à custa do Parlamento e tentaram "viver por conta própria" enquanto desenvolviam um exército permanente. Porque não conseguiram reverter todas as tendências fiscais e legislativas que descrevi, um regresso à prática medieval do governo coordenado era impraticável. O absolutismo foi para onde esse caminho cortês levou, como os seus oponentes perceberam. De baixo vieram murmúrios das classes excluídas, especialmente no Novo Modelo de Exército da Guerra Civil. Ambos os desafios estavam associados a crenças religiosas – despotismo com catolicismo e alto anglicanismo, populismo com dissidência – porque a Igreja Protestante da Inglaterra era uma parte essencial da identidade orgânica que eles estavam desafiando. As facções católica e calvinista da oposição eram mais transnacionais nas suas orientações, por isso a sua derrota aumentou o nacionalismo da nova comunidade.

Os acordos de 1660 e 1688 confirmaram mais ou menos o que Elizabeth tinha afirmado – o monarca governaria com o consentimento do povo no Parlamento, a sua unidade orgânica cimentada pelo Protestantismo. Assim, a Guerra Civil Inglesa não figura na minha narrativa como uma revolução, nem os acontecimentos de 1688. Essas não foram mudanças sociais massivas, mas golpes de Estado realistas que falharam. Na verdade, eles estimularam movimentos sociais potencialmente maiores, mas esses foram suprimidos. Nos acordos foram dadas definições claras e restritas aos dois termos principais, "o povo" e "Protestantismo".

O povo foi definido pelo Senhor Chanceler do Parlamento em 1661:

> É o privilégio [...] a prerrogativa do povo comum da Inglaterra ser representado pelas maiores e mais instruídas, ricas e sábias pessoas que podem ser escolhidos na nação; e a confundir os Comuns de Inglaterra [...] com as pessoas comuns da Inglaterra foram o primeiro ingrediente dessa dose amaldiçoada [...] uma Commonwealth (apud HILL, 1980: 12).

A franquia era restrita: em 1740, os Comuns foram eleitos por uma menor proporção da população do que em 1640. O critério de propriedade para o serviço do júri era dez vezes maior do que esse. O povo era então o proprietário – provavelmente uma proporção ligeiramente maior do que os 3% a quem o rei Gregório, na década de 1690, atribuiu um rendimento de £ 100 por ano. Eles então se encontravam em um lugar (embora em duas casas) em Westminster. O poder da corte estava em declínio. A nação *era* uma classe, e suas energias podiam ser mobilizadas.

O protestantismo também foi cuidadosamente definido. Os Altos Anglicanos, geralmente famílias substanciais, foram trazidos para uma Igreja mais doutrinariamente latitudinária. Os dissidentes eram tolerados fora da Igreja nas cidades (embora não nos condados), mas foram excluídos dos cargos públicos. Na época de George I, a única religião que importava na política inglesa era o catolicismo, e toda essa importância era para que ficasse no estrangeiro. Durante grande parte do século XVIII, uma classe dirigente da nobreza secular, letrada, racional, confiante e integrada, e burgueses, liderados por um monarca, *era* a nação da Grã-Bretanha[6]. Isso era a única classe ampla, organizada e politizada da nação. A luta de classes não era "simétrica" – embora as ações capitalistas dessa classe (tratando todos os recursos econômicos como mercadorias, cercando suas terras, e expropriando os direitos dos camponeses) foram também gradualmente homogeneizando os subordinados. Na década de 1760, surgiram os primeiros desafios significativos vindos de baixo (reservados para o volume 2).

A fraqueza similar do protestantismo e do catolicismo em relação ao Estado nacional foi logo revelada. O calvinismo transnacional sofreu com o fracasso da Inglaterra a intervir significativamente na Guerra dos Trinta Anos. Todo o transnacionalismo sofreu um abalo quando a França católica reprimiu a sua própria minoria protestante Huguenote e depois interveio na guerra do lado protestante. O "capitalismo nacional" estava começando a reinar supremo no Atlântico depois de 1652, quando as duas maiores potências protestantes, Inglaterra e Holanda, começaram os seus quarenta anos de batalha naval pela hegemonia comercial internacional.

---

6. Nestes capítulos, por razões de espaço, evitei uma grande complicação nacional, a incorporação do País de Gales, da Irlanda e da Escócia no Estado inglês/britânico. A defesa do meu imperialismo inglês é que ele reflete o que aconteceu na realidade.

O protestantismo era mais subordinado ao Estado nacional do que o catolicismo. Suas formas organizacionais, ainda não existentes, eram geralmente determinadas pelo Estado, como na Inglaterra, Escócia e toda a Escandinávia e o Báltico. Na Holanda e na França, a organização protestante tomou formas diferentes (por causa do envolvimento em guerras civis), mas foi igualmente subordinada a poderosos senhores e burgueses. Calvinistas suíços e puritanos ingleses deixaram marcas distintivas tanto na organização social eclesiástica como na organização social geral, especialmente os puritanos. Eles reforçaram as tendências em direção à monarquia constitucional na Inglaterra e estabeleceu colônias republicanas no Novo Mundo. Em outro lugar no Novo Mundo, a expansão do cristianismo foi em formas determinadas pela religião oficial do Estado natal dos colonizadores.

O efeito total da geopolítica na religião pode ser percebido em *A Teoria Geral da Secularização* (1978: esp. 15-27), de Martin. Ele observa que as principais formas de secularização no cristianismo podem ser preditas com base em três variáveis (as duas últimas das quais são geopolíticas): (1) as diferenças entre protestantismo e catolicismo; (2) se qualquer um dos tipos de Igreja está numa posição monopolística, duopolística ou pluralista dentro do Estado nacional; e (3) se as revoluções políticas têm sua origem dentro do Estado nacional ou fora dele. As variáveis (2) e (3) demonstram a importância da organização do Estado nacional. Como tantos sociólogos, Martin aceita implicitamente a primazia do Estado nacional, referindo-se a ele como uma "sociedade"; isto é, ele a assume como a unidade básica de análise. O protestantismo não era uma força transcendente e criadora da sociedade. Ao contrário do cristianismo original, ela tendeu a reforçar as fronteiras e a moral das redes de poder político existentes, os seus poderes penetrativos intensivos, contribuindo para a sua transformação em "sociedades" mais plenas. Esse é o elo comum, por exemplo, na explicação de Fulbrook (1983) sobre as reviravoltas das relações entre a Igreja e o Estado em três países: o protestantismo pode se tornar revolucionário (Inglaterra), absolutista-reforçador (Prússia), ou quietista (Württemberg), mas em toda a parte a sua reestruturação foi de "sociedades" dadas e definidas pelo Estado.

A força do protestantismo está em outro lugar, na intensidade da fé pessoal, na experiência de comunhão direta com Deus, na força das suas visões apocalípticas e na convicção da salvação pessoal. Como todas as religiões salvacionistas, ligava isso aos rituais de nascimento, casamento e morte, e aos rituais de rotina da vida local. As ramificações sectárias criaram pequenas comunidades religiosas altamente comprometidas e intensidade doutrinária. Assim, sua penetração na vida cotidiana e na vida intelectual esotérica era às vezes tão forte quanto na tradição cristã como um todo. Mas lhe faltava uma organização social secundária e uma teoria completa da ordem social. Era menos completa como uma cosmologia do que o cristianismo anterior. O seu maior impacto foi provavelmente no desenvolvimento da alta ciência, a última grande conquista da inquietação racional do cristianismo. (Não enfatizo essa fonte de dinamismo, porque eu não vejo uma continuidade subsequente entre o elevado nível de inovação científica e tecnológica até depois da Revolução Industrial estar bem encaminhada.)

O catolicismo foi um pouco melhor. Sua maior preocupação com a ordem social, com a hierarquia, com o dever social, o levou a intervir constantemente nos processos do poder secular – por meio de ordens de ensino, irmandades de empresários, sindicatos católicos e partidos políticos. Eles ainda estão conosco hoje, e geralmente têm mais poder do que os seus homólogos protestantes.

Mas não mais do que o protestantismo, a Igreja Católica evitou o secularismo fundamental da civilização europeia moderna. A Europa moderna foi integrada por quatro instituições seculares inter-relacionadas: (1) pelo modo capitalista de produção, que rapidamente assumiu a forma do (2) industrialismo, ambos os quais foram regulamentados normativa e geograficamente canalizadas por (3) um Estado nacional dentro de (4) uma civilização multiestatal, geopolítica e diplomática. Todas as quatro instituições geraram suas próprias ideologias, e em combinação com elas enfraqueceram severamente o cristianismo. Assim, o papel fundamental de "rastreamento" do cristianismo se tornou obsoleto por meio do seu próprio sucesso. Sua *ecumene* estabelecida, outras forças tomaram conta, ambas em mais intensa penetração da *ecumene* e na ampla penetração de grande parte do resto do globo terrestre. A sua própria *ecumene* se desfez em meio a terríveis guerras religiosas, em que as denominações negavam a humanidade básica uma da outra. Quando os estados e as igrejas atingiram o seu *modus vivendi*, a diplomacia estatal era o principal instrumento de paz. A *ecumene* foi secularizada. Os principais atores seculares dentro dele – príncipes, nobres, mercadores, banqueiros, protoindustriais, artistas, cientistas, intelectuais – tinham identidades duplas – tanto uma nacionalidade como uma identidade europeia transnacional. Trocavam bens, ideias, parceiros matrimoniais, e assim por diante, não muito "livremente", mas de forma restrita apenas por meio de uma boa regulamentação dos canais internacionais de comunicação.

Note que estou dando um significado específico ao processo de secularização: o poder *amplo* da religião declinou ao perder grande parte de sua capacidade de organização social para fontes de poder seculares e para uma cultura europeia predominantemente secular. Isso não torna o cristianismo obsoleto em geral; nem envolve prever qualquer outro declínio. O cristianismo reteve um quase monopólio sobre os problemas de significado que emanam de experiências humanas fundamentais – nascimento, desejo sexual, reprodução e morte. E o cristianismo fornece um quadro organizacional e ritual que liga essas experiências em um ciclo de vida familiar significativo; em suas áreas de maior sucesso, tais como a Irlanda e os Estados Unidos, integra ainda mais a família na vida da comunidade local e até desempenha um papel normativo mais amplo no Estado. Nessas funções, está florescendo. Os obituários que os sociólogos usavam para se pronunciar sobre o seu presumível assassinato pela sociedade secular foram retratados. Agora, os sociólogos observam sua vitalidade contínua, a sua estabilidade de filiação e, em alguns países (nomeadamente os Estados Unidos), a sua adesão até aumenta.

Sobre *essa* área de significado, ética e ritual, não há rival sério. Nem capitalismo, nacionalismo, nem forças posteriores como o socialismo têm meios eficazes de ligar a família, o seu ciclo de vida e a morte às forças macrossociais que encarnam. Mas sobre a organização ampla do poder, o cristianismo perdeu muito da sua força do século XVI ao século XVIII, quebrada pelo reforço mútuo do desenvolvimento do poder econômico, militar e político. Por conseguinte, dificilmente voltará a aparecer na minha narrativa.

Expansão inter-nacional

A tendência para a unidade orgânica da classe como nação foi reforçada pela mudança mais dramática dos séculos XVI e XVII: a ruptura das fronteiras europeias[7]. De certa forma, porém, a expansão europeia apenas continuou tendências anteriores. Geopoliticamente, reforçou o movimento do poder para o Ocidente. A revolução da navegação portuguesa coincidiu acidentalmente com a conquista islâmica final de Constantinopla. O Mediterrâneo tornou-se um lago, não uma rota comercial, e enormes oportunidades para a expansão foram dadas às potências Atlânticas. Elas podiam explorá-las porque na altura da revolução da navegação, os estados mais poderosos da Europa Ocidental já eram licenciantes monopolistas do comércio internacional, concedendo direitos de comércio a grupos de comerciantes (geralmente os seus próprios comerciantes nacionais) em troca de receita. Assim, a expansão do comércio internacional não poderia necessariamente reduzir a saliência econômica dos estados nacionais.

Volto às estatísticas comerciais. A essa altura, o comércio externo estava provavelmente aumentando a um ritmo mais rápido do que o rendimento nacional total, o que pode ter sido uma inversão da tendência dos últimos séculos. Ainda não temos bons números para a razão do comércio em relação ao rendimento nacional tal como eu apresento para períodos posteriores. No entanto, Gould (1972: 221) estima um aumento real de cinco vezes (ou seja, descontando inflação) no comércio externo entre 1500 e 1700, que é, provavelmente, de, pelo menos, o dobro do aumento do rendimento nacional no seu conjunto. Essa não era uma verdadeira economia internacional, pois o aumento do comércio foi de uma base muito pequena[8], e o Estado nacional

---

7. A discussão sobre a expansão europeia é feita principalmente a partir de Hechscher, 1955: 326-455; Cipolla, 1965; Lane, 1966; Davis, 1973; Parry, 1973, 1974; Wallerstein, 1974; Lang, 1975.

8. O comércio total (importações mais exportações, numa altura em que as reexportações eram insignificantes) durante os primeiros anos do reinado de Henrique VII podem ter atingido cerca de £ 500.000, ou seja, cerca de 3-4 vezes a dimensão financeira do Estado e provavelmente menos de 5% (um valor quase inteiramente nacional) da renda nacional.

ajudou a organizá-lo. No século XVI, vários estados começaram a recolher dados estatísticos sobre os seus padrões comerciais totais – prova suficiente da implicação do Estado. Na Inglaterra, o reinado de Elizabeth oferece as primeiras estatísticas. Por 1559-1561, lã e pano mantinham sua dominância medieval sobre as exportações, embora o tecido predominasse sobre a lã, indicando uma indústria têxtil nacional substancial. A roupa constituiu 78% exportações, e lãs e panos juntos mais de 90%. As importações eram mais diversificadas, mas em grande parte artigos de luxo. Dois terços do tráfego se concentraram na Antuérpia e, quase todo o resto, nos portos da França e da Península Ibérica. Em 1601-1602, pouco tinha mudado, exceto que Amsterdã e os portos alemães tinham substituído a Antuérpia (devido às perturbações causadas pela revolta nos Países Baixos). Mas um desenvolvimento importante foi a substituição gradual de navios estrangeiros pelos ingleses no comércio exterior – selados eventualmente pelos atos de navegação de 1650 e 1660. Os navios tinham uma nacionalidade (cf. STONE, 1949).

Assim, houve pouca integração do comércio internacional com a massa do comércio das pessoas como um todo: um *setor* estava envolvido nas exportações, e uma *classe* na importação de luxos. Isso não era uma economia nacional integrada como um todo em uma economia internacional. Embora o comércio da Inglaterra tenha diferido de outros países, o padrão habitual era de alguns importantes bens de primeira necessidade (pano, grão, ou talvez madeira), mais uma gama de produtos de luxo. A importância do comércio para a atividade econômica como um todo era ligeiramente maior nos Países Baixos, mas o comércio francês era menos do que um quarto per capita da sua população (assim estima BRULEZ, 1970).

O comércio também dependia da regulação estatal. A expansão para outros continentes reforçou o caráter estatal do desenvolvimento capitalista. Não existia regulamentação prévia das relações internacionais entre as potências europeias e entre elas e outros poderes. Elementos transnacionais da economia do início da Idade Média dependiam da regulamentação normativa cristã. Como a economia se tornou mais ampla, dependia mais da aliança com o Estado. A expansão para fora da Europa impulsiona o comércio e a guerra, os comerciantes e o braço militar do Estado, ainda mais unidos.

Isso pode ser visto nas políticas econômicas e na filosofia do mercantilismo. As políticas mercantilistas tiveram dois impulsos: internamente, para eliminar os privilégios feudais locais e costumes, ajudar nos *enclosures* e regular os termos do trabalho assalariado; e externamente, para tributar e licenciar o comércio internacional, impedir a saída para o exterior de lingote, e assim manter um excedente de exportação. Tais políticas começaram a ser aplicadas no século XV, ou seja, antes da expansão europeia, embora elas não dominassem a política estatal até meados do século XVIII. Sua dominância durou menos de cem anos.

Essas políticas foram sustentadas por uma filosofia mercantilista na qual a tese central era que a riqueza do mundo constituía uma soma finita e sua distribuição constituía, portanto, um jogo de soma zero. A prosperidade fluiu da distribuição ordenada dos recursos internos (ou seja, nacionais) e da proteção externa contra potências estrangeiras. O país A só poderia aumentar sua riqueza às custas do país B quando a ordem interna foi atingida. A influência exata da filosofia é controversa[9], mas o surgimento de políticas que incorporaram uma conexão estreita entre "poder e abundância" (para usar a frase contemporânea) era óbvio.

O mercantilismo reforçou duas tendências que percebemos a partir do século XIII: a naturalização da atividade econômica e a coordenação militarista do Estado e da economia. Isso era também racional, dadas as condições da época. A ideia de que a riqueza era finita era plausível até ao final do século XVIII. Isso foi reforçado pela clara relação entre a riqueza de um país e a capacidade do seu Estado de ganhar guerras. A conquista de mercados externos, ditado pelas necessidades de fabricação antecipada, foi em grande parte vencido à custa de vizinhos. Os holandeses enriqueceram à custa da Espanha e da França, infligindo pesadas perdas na indústria e no comércio franceses no final do século XVI. Os ingleses enriqueceram à custa da Espanha e da França; o francês às custas da Espanha. Quando a Espanha reforçou o protecionismo na década de 1620, isso imediatamente prejudicou os comerciantes e fabricantes franceses. Os franceses responderam com protecionismo (LUBLINSKAYA, 1968)[10]. Em teoria, o protecionismo pode ser encerrado se um poder se torna hegemônico e dita termos de "livre comércio" (como a Grã-Bretanha praticamente fez no início do século XIX), mas antes disso um equilíbrio do poder impediu a hegemonia. A alternativa era que cada país obtivesse os seus mercados dentro de uma esfera de influência colonial não europeia demarcada. Isso desviou, mas não pôde pôr um fim, deriva bélica da história europeia. Guerras coloniais curtas e acirradas foram racionais – o vencedor adquiriu a área colonial disputada, o vencido poderia ser apaziguado pela concessão de áreas coloniais menos desejáveis. Havia muitos despojos ainda por dividir.

É impossível decidir com precisão quem se beneficiou do mercantilismo e de uma guerra bem-sucedida. Sem dúvida, seções substanciais do campesinato permaneceram em grande parte não afetadas pela expansão do comércio. E a

---

9. Compare Hechsher, 1955 com os ensaios de Coleman, 1969.

10. Lublinskaya exagera o seu caso. Ela argumenta que a irregularidade da "crise do século XVII" pode ser totalmente explicada dessa forma. No entanto, outros fatores contribuíram. P. ex., a regulamentação interna do Estado para fins puramente fiscais foi provavelmente tão longe na França e na Espanha para asfixiar o crescimento econômico (cf. NORTH & TOMÁS, 1973: 120-31). Mas alguns contemporâneos teriam concordado com ela. Como James Beckford, um grande mercador, disse da França no Parlamento: "O nosso comércio melhorará na total extinção dos deles" (apud DORN, 1963: 9).

guerra – desde que não tenha ocorrido na sua própria área – não era visivelmente prejudicial para a população civil, especialmente se foi organizada de acordo com o princípio "fiscal" em vez do princípio "mobilizado" contrastado acima. Então a guerra era combatida por profissionais e não era cara em termos de riqueza social como um todo. Uma guerra bem-sucedida não era desvantajosa para ninguém no Estado vitorioso (a menos que muito fortemente tributado ou mobilizado) e era feita provavelmente em benefício da maioria. O povo da Inglaterra foi o maior ganhador, pois não houve guerras sobre o sua área e geralmente desfrutava dos frutos da vitória. Para eles não é fantasioso falar dos benefícios comuns da guerra. Schofield documenta um declínio gradual da oposição à tributação na primeira metade do século XVI. As classes mais ricas em geral se tornaram mais dispostas a conceder fundos para uma política externa agressiva (1963: 31-41, 470-472). Comuns ou não, os benefícios dividiam claramente os habitantes de cada Estado dos habitantes de outros estados. A economia estava agora fortemente vinculada ao Estado, e a satisfação e a insatisfação passaram a ser expressas dentro dos limites de cada Estado territorial.

Até o momento, então, o significado do desenvolvimento do Estado no século XVI e o início do século XVII está menos no seu volume total do que no seu crescente papel de *locus* da classe-nação. Ainda era pequeno em tamanho. Na verdade, como uma proporção da riqueza nacional num momento de expansão econômica geral, suas receitas e despesas devem ter diminuído, apesar de não termos nenhuma informação confiável dos valores sobre o rendimento nacional até muito mais tarde[11]. Vale a pena salientar a aparente indolência da extração de impostos na Inglaterra dos Tudor. As somas extraídas eram montantes fixos, avaliados pela riqueza líquida das comunidades locais por si próprias, e recolhidas durante um período de tempo muito curto. Schofield demonstrou que os montantes concedidos pelo Parlamento eram invariavelmente disponibilizados. Os montantes necessários ao Estado de Tudor devem ter sido uma proporção muito pequena dos recursos nacionais. Em termos das funções que exigem recursos, o Estado dos Tudor e os primeiros estados dos Stuart eram tardiamente medievais. À sua principal atividade tradicional de fazer guerra, apenas acrescentou um mecanismo administrativo e fiscal mais regular, o que, no entanto, ainda servia para fins militares. Mesmo quando o Estado começou a crescer formidavelmente em tamanho, sob a Commonwealth e depois com os Stuarts posteriores, ainda era quase inteiramente ao longo desses trilhos santificados ao longo dos séculos. Se falamos de uma revolução Tudor no governo (para ecoar o título da obra clássica de Elton), nós estamos descrevendo uma reorganização

---

11. Bean (1973: 212) afirma que menos de 1% do rendimento nacional foi gasto em guerra por estados no Período Medieval, mais de 2% no século XVI e 6-12% no século XVII. Isto é seguramente errado. Para que seja verdade, o rendimento nacional deveria ter entrado em declínio nos séculos XVI e XVII, uma suposição impossível.

social e administrativa dos recursos existentes, uma concentração das redes sociais ao nível do Estado territorial.

Se essa conclusão é válida para a Inglaterra, podemos, no entanto, duvidar da sua aplicação a outros países em que os estados eram mais numerosos. Isso levanta a questão do problema do "absolutismo". A discussão sobre isso nos levará além da data de 1688.

Regimes absolutistas e constitucionais

Como em todos os tipos ideais que emergiram de casos históricos particulares, o conceito de absolutismo pode nos conduzir a duas direções. Estamos mais preocupados em desenvolver o absolutismo como um tipo ideal, capaz de se estender a outros casos, ou queremos descrever e distinguir regimes europeus específicos? Abordo essa última questão. Os componentes do tipo ideal podem distinguir entre duas formas aparentemente diferentes de regime na Europa dos séculos XV ao XVIII – por um lado, as monarquias e repúblicas "constitucionais", principalmente Inglaterra e Holanda, e, por outro lado, as "monarquias absolutas" como a Áustria, França, Prússia, Rússia, Espanha, Suécia e o Reino das Duas Sicílias? Comecemos pelo tipo ideal. O absolutismo tinha dois componentes principais:

1) O monarca é a única fonte humana de lei, mas como ele está sujeito à lei de Deus, algum direito residual de rebelião existe se ele transgredir a "lei natural". No absolutismo não existem instituições representativas.

No final do Período Medieval, todos os monarcas europeus governavam com a concordância de pequenas assembleias informais, mas representativas, privilegiadas pela lei. Em muitos países, elas foram suprimidas no período seguinte. As assembleias se reuniram pela última vez ou pela penúltima vez em Aragão em 1592, na França em 1614, na Holanda espanhola em 1632 e em Nápoles em 1642 (LOUSSE, 1964: 46-47). Os regimes que os suplantaram são denominados absolutistas, até que as assembleias representativas ressurgissem no final do século XVIII. Esse critério demarca as "monarquias constitucionais" ("o rei *no* Parlamento") como a Inglaterra e a Holanda da maioria dos regimes "absolutistas" continentais.

2) O monarca governa com a ajuda de uma burocracia e exército permanente, profissional e dependente. Os oficiais, civis e militares, não têm nenhum poder autônomo ou *status* social significativo, exceto o conferido pelo seu cargo.

Tradicionalmente, o rei governou e fez guerra com a ajuda de magnatas que tinham importantes recursos independentes em terra, capital, poder militar e instituições eclesiásticas. Em 1544, foi pedido aos funcionários do Estado sob posse da coroa espanhola em Milão que dessem uma parte da sua riqueza à coroa, como tradicionalmente exigido pelo seu juramento pessoal de lealdade. Mas eles recusaram, alegando que os seus ganhos do cargo eram uma recompensa necessária pelos serviços ao Estado, não um presente da coroa. Isso, segundo Chabod (1964: 37), é um exemplo preciso da emergência de uma nova concepção "burocrática" e absolutista de gabinete estatal. No lado militar, uma consequência da mudança é um "exército permanente" que – para além da sua necessidade de defesa do domínio – pode ser usado para reprimir a dissidência interna e melhorar o poder do monarca sobre a "sociedade civil".

As teorias do absolutismo que considero primeiro relacionam o surgimento do poder monárquico com algum estado determinado da "sociedade civil" e, especialmente, com as relações de classe. Há três versões concorrentes: o absolutismo é explicado pela sobrevivência do modo de produção *feudal*, ou está associado ao surgimento do modo *capitalista*, ou é um produto de uma *transição* da estrutura de classe em que nem um nem outro são dominantes. Anderson (1974: 17-40) argumenta que a expansão das relações de produção e de troca significava que a servidão feudal já não podia ser politicamente apoiada pela autoridade senhorial dividida – as relações de classe dependentes requerem então uma autoridade centralizada. A nobreza feudal foi o principal suporte dos regimes absolutistas. Wallerstein (1974) e Lublinskaya (1968) argumentam que as relações capitalistas emergentes exigiam um Estado "forte" nas áreas centrais da Europa para legitimar sua revolução social e proteger sua expansão externa. Mousnier (1954) argumenta que o absolutismo surgiu num período de transição em que o monarca podia jogar a burguesia emergente e a nobreza tradicional uma contra a outra. Cada teoria tem mérito, e cada uma é notavelmente melhor em explicar alguns estados do que outros (a Europa Oriental é igual ao feudalismo tardio; a Espanha é igual ao capitalismo emergente; a França é igual à transição). Mas elas também têm fraquezas. Primeiro, elas têm uma visão muito pronunciada das diferenças entre as duas formas de regime e os dois tipos de estrutura de classes sobre as quais elas foram supostamente construídas. Em segundo lugar, elas negligenciam o papel crucial de intervenção da guerra na ligação entre classe e forma de regime. Para começar, a noção de um regime "forte" é supergeneralizada. Devemos distinguir entre os dois principais sentidos de um regime forte: poder sobre a sociedade civil, ou seja, o *despotismo*; e o poder de coordenar a sociedade civil, ou seja, a força *infraestrutural*. Os estados absolutistas não eram infraestruturalmente mais fortes do que os estados constitucionais. Internacionalmente, a Inglaterra, um Estado constitucional, acabou por emergir como dominante. No nível interno, a questão também não é clara, uma vez que *todos* os estados adquiriram o monopólio da legislação e aumentaram os seus poderes de coordenação, tanto na Inglaterra de Elizabeth como na Espanha de Filipe II. Tudo o que resta da diferença é o poder despótico, sobre o qual vou comentar daqui a pouco.

Em segundo lugar, a mudança essencial na estrutura de classes que afetou o Estado foi a mesma em todos os lugares: o declínio do grande barão e de sua casa senhorial e a ascensão de mais numerosas famílias de substância, exigindo novas formas de organização política, em parte para reprimir o campesinato, mas principalmente para ajudar a organizar os próprios senhores a extrair impostos, influenciar o monarca, casar e geralmente desfrutar de uma vida sociocultural. A tendência para os magnatas de perder autonomia econômica e militar era geral em toda a Europa, ocorrendo nos regimes "constitucionais", bem como nos "absolutistas". Sua conversão em "oficiais" não conduziu necessariamente ao absolutismo.

Se as diferenças não são tão sistemáticas, e se nos lembrarmos de que o objeto da nossa investigação, o Estado, ainda era insignificante, então deveríamos permitir a idiossincrasia no desenvolvimento dos estados. A essência do absolutismo foi que o monarca adquirisse uma medida de autonomia financeira e de mão de obra de seus súditos mais poderosos e organizados. No entanto, os números envolvidos não eram particularmente grandes. Se o monarca evitasse guerras estrangeiras e pudesse viver sozinho, poderia gerar um pequeno excedente, adquirir um exército profissional, reprimir assembleias representativas e, então, levantar mais dinheiro por meios arbitrários. A parte difícil veio em seguida, como veremos. Os absolutismos prussiano e russo tiveram suas origens nas amplas propriedades privadas de seus governantes. Carlos I seguia esse caminho quando, infelizmente para ele, o exército que ele adquiriu era escocês e puritano e não se mostrou receptivo ao seu tipo particular de absolutismo. Jaime II também criou um corpo de oficiais profissionais, que não apoiaria então o seu catolicismo. Outros tiveram mais sorte. O absolutismo espanhol foi fundado sobre o ouro e a prata do Novo Mundo; o absolutismo francês, sobre a estratégia atrasada e divisória da venda de gabinetes. A cantiga política, os ganhos inesperados na política externa e a conveniência financeira conduziriam um Estado em direção ao absolutismo, outro para o constitucionalismo.

Se procuramos causas gerais acima dessas, digamos, organizações de classe, devemos procurar a *sua* causa. Afinal, vimos que as relações de classe em todos os países se tornaram focadas no nível do Estado em parte como um subproduto das relações geopolíticas, nesse contexto o aspecto mais importante da atividade estatal.

A primeira variável geopolítica relevante é a diferença entre potências terrestre e marítima. A associação de um exército profissional a regimes absolutistas é genuína, mas talvez seja mais peculiar do que o que tem sido sugerido até agora. É realmente desonestidade especificar um *exército* permanente. Isso exclui efetivamente a Inglaterra e a Holanda. Mas se incluíssemos uma *marinha* permanente, isso permitiria a entrada de ambos, especialmente no período em que foram totalmente constitucionais, depois de 1660. Os exércitos podem ser utilizados para fins de repressão interna; as marinhas, não. O Parlamento inglês nunca temeu uma marinha profissional da mesma forma que temia um exército permanente. Por conseguinte, as marinhas e os exércitos tendem a estar associados, respectivamente, a regimes constitucionais e absolutistas. Só a Espanha não poderia caber em tal generalização (sendo absolutista, mas um misto de potência terrestre e naval). Para o período em que as principais funções originais dos estados eram bélicas, faz mais sentido explicar sua variedade nos termos de guerra do que das funções derivativas, como regulação de classe.

Mas, da mesma forma, a marginalidade do Estado para a vida social interna reduziu a força do próprio absolutismo. A ideologia afirmava que o monarca estava sujeito à lei divina, não humana. Mas ele não era um imperador antigo – ele não era a única fonte da lei; de cunhagens, pesos e medidas; de monopólios econômicos; e do resto da panóplia de infraestrutura econômica antiga. Ele não podia impor a cooperação compulsória. Ele possuía apenas as suas próprias propriedades. A propriedade "privada", no sentido de "oculta", estava profundamente enraizada na estrutura social europeia. Tinha sido legada ao feudalismo pelas forças transnacionais, e os pequenos e médios estados sucessores dificilmente poderiam tê-la derrubado, mesmo que tal ideia tivesse ocorrido a eles.

Quais eram os projetos de um governante embarcado no caminho absolutista, tendo levantado dos seus próprios recursos e expedientes um pequeno exército permanente? Ele podia construir palácios esplêndidos, se entreter luxuosamente e reprimir seus próprios rivais internos, mas não podia facilmente levantar as somas para enfrentar seus pares no exterior em uma era de custos militares crescentes e de quase impasse na guerra terrestre. No entanto, isso se manteve como função primária do Estado. Como intensificar mobilização fiscal ou de mão de obra? Mesmo o exército permanente não poderia garantir a extração. Numa sociedade pré-industrial, como salientei, não é fácil sequer avaliar onde está a riqueza desembarcada, quanto mais extraí-la. Os lucros do comércio são mais visíveis – eles se movem. Daí o lema de quase todos os estados agrários: "Se ele se move, tribute-o!" Mas o comércio era pequeno e geralmente delicado. A tributação efetiva para a guerra exigia a avaliação e a extração de riquezas fundiárias. A mobilização da própria população para o serviço militar significava tirar os camponeses da terra. Ambos exigiam a cooperação dos grandes latifundiários, para liberar seus camponeses, dar sua riqueza e avaliar e extrair a riqueza de seus vizinhos. Na prática, todos os regimes dependiam dos grandes proprietários de terras.

Nesta tarefa vital, os regimes constitucional e absolutista diferiram fundamentalmente. No início, como os exércitos tinham sido profissionais e relativamente pequenos, a mobilização camponesa não foi considerada. As primeiras diferenças se transformaram em meios "fiscais", não "mobilizados". A Inglaterra e a Holanda dependiam da tributação tanto dos latifundiários quanto dos comerciantes ricos, com seu consentimento e sua ajuda repressiva. Isso foi quase certamente devido à maior penetração do capitalismo na estrutura de classes dos antigos países. "Nobreza", "senhorio", "guarda real" e "mercadores" estavam todos se tornando na realidade mais como "capitalistas". Eles eram mais uniformes em suas orientações políticas, e menos receptivos a estratégias monárquicas de estratégias de dividir para governar do que em qualquer outro lugar.

Na maioria dos regimes absolutistas, ao contrário dos constitucionais, a nobreza desembarcada era geralmente isenta de tributação, enquanto os camponeses, os comerciantes, e a burguesia urbana não eram. Isentar os grupos poderosos da tributação significava que as assembleias representativas poderiam ser evitadas – porque a principal questão do governo representativo, os impostos, não surgiu. Em vez disso, a corte era a única instituição do Estado, e só a nobreza precisava ser incluída lá. A venda de gabinetes de corte foi uma estratégia adicional, tanto como fonte de receita quanto como meio de admitir alguns ricos não nobres na classe dominante (p. ex., a *noblesse de la robe* na França). No entanto, o despotismo era consideravelmente menos orgânico do que sua contraparte constitucional, pois operava por meio de um maior número de divisões e exclusões. Havia cortes e facções nacionais mais fortes, bem como a divisão normal entre classes incluídas e excluídas. Enquanto o constitucionalismo reforçava o desenvolvimento de uma classe capitalista orgânica, o absolutismo tendia a bloqueá-la ou a cruzá-la com outras divisões políticas.

Porque era menos orgânico, esse absolutismo no início provou ser mais fraco em termos de infraestrutura. Esta foi novamente uma variável sistemática porque a fraqueza foi descoberta e punida pela guerra. Os sucessos de Marlborough mostraram a grande força de uma máquina fiscal bem organizada que fornece um exército profissional. A Espanha foi a primeira grande potência a ser considerada carente. Incapaz de tributar uniformemente, o Estado devolveu poderes fiscais e de recrutamento aos fazendeiros fiscais e às comunidades e magnatas locais. A guerra descentralizou a Espanha de Habsburgo e assim a derrotou. Como comenta Thompson (1980: 287), "A guerra foi [...] menos estimulante do que um teste ao Estado". A França foi a próxima. Sob Richelieu e Mazarin, a coroa centralizou sua máquina fiscal-militar em meados do século XVII, mas apenas por meio da compra do consentimento da nobreza e dos ricos camponeses com isenções fiscais (para detalhes, cf. BONNEY, 1978). No século XVIII, se intensificou a guerra fundada nessa fraqueza.

Mas ao fazê-lo, se descobriu outra estratégia que reforçou a força do absolutismo. À medida que os exércitos e o seu poder de fogo aumentavam, a perícia profissional exigida aos soldados comuns não acompanhava o ritmo dos seus números. Esse foi um desenvolvimento principalmente do século XVIII, dependente de melhorias nos mosquetes e na produtividade agrícola. A agricultura poderia libertar mais homens do trabalho e alimentar exércitos de campanha maiores. Os camponeses podiam ser mobilizados à força, treinados a um nível bem abaixo do de um mercenário e, ainda assim, dar um bom testemunho de si mesmos na batalha. Assim, a máquina militar "mobilizada" poderia competir em igualdade de condições com a "fiscal", e a liderança da Grã-Bretanha e da Holanda poderia ser cortada. Os exércitos russos, há muito mobilizados, tornaram-se mais valiosos, e o elemento recrutado dos exércitos prussiano e do austríaco se tornou maior e mais eficaz.

A França vacilou, enfrentando ambos os caminhos, geopolítica, geoeconômica e constitucionalmente. A maioria dos teóricos políticos franceses começou a favorecer o constitucionalismo ao sucumbir na guerra após a guerra aos britânicos. Sua única vitória estava na aliança com os revolucionários americanos (ainda mais constitucionalistas do que os britânicos). As pressões contribuíram para a Revolução Francesa, da qual emergiu uma máquina de guerra mais letal e mobilizada, que podia ser adaptada por uma variedade de regimes. Mas antes de Bonaparte, as formas absolutas de governo eram enfraquecidas pelo seu particularismo. A possibilidade de liberar as energias coletivas de classes inteiras então existia, mas foi ignorada pelo absolutismo. Isso importava menos na organização militar (pelo menos na guerra terrestre) do que na organização econômica. Os estados absolutistas não aprenderam a mobilizar estratégias de "desenvolvimento tardio" até o final do século XIX. Até então, o desenvolvimento mais eficaz veio por meio das energias coletivas, mas difusamente organizadas, da classe capitalista. O paradoxo dos estados absolutistas desse período era que eles eram superficialmente conscientes de classe, mas ainda assim não conseguiram perceber o que era original, o significado universal das classes, agindo como se fossem apenas dinastias particularistas e domésticas escritas em grande escala.

O seu fracasso se deveu provavelmente a pressões geopolíticas e militares particulares. Lutavam predominantemente na Europa Central, muitos deles sem saída para o mar, esperando ganhos territoriais num jogo de soma zero. Assim, atraíram o grupo tradicional mais interessado na posse da terra: a nobreza, especialmente os seus filhos mais novos. Em contraste, as potências marítimas esperavam ganhos comerciais e atraíam aqueles com capital realizável, o que significava qualquer pessoa com propriedades substanciais. Eles podiam mobilizar toda a energia fiscal das classes proprietárias e, finalmente, uni-las como uma nação de classe. Pois *eles*, e não para os privilégios de Estado ou dinásticos com quem tradicionalmente se aliou, forneciam o dinamismo da sociedade europeia. Há algo no argumento de que os regimes constitucionais eram condutivos e reativos ao capitalismo emergente, pois fomentavam a unidade de uma classe de propriedade privada. E os regimes absolutistas tenderam a preservar a estrutura social do feudalismo e a manter a separação de diferentes tipos de propriedade. Mas as diferenças foram expressas em política estatal por meio do instrumento da guerra.

Assim, os regimes constitucionais e absolutistas eram subtipos de uma única forma de Estado: um Estado fraco em relação aos grupos poderosos da sociedade civil, mas um Estado que coordenava cada vez mais as atividades desses grupos, a ponto de podemos começar a falar de uma nação de classe orgânica, cujo ponto central era ou a corte ou a corte/o parlamento do Estado.

Um teste ao poder e à autonomia dos estados pode ser encontrado nos impérios coloniais. O quase monopólio do Estado sobre as relações exteriores permitiu-lhe mais espaço para manobras em assuntos coloniais do que em assuntos domésticos. Vejamos como isso se desenvolveu.

As relações constitucionais e patrimoniais nas colônias eram inicialmente variadas, ostentando os selos de diferentes constituições europeias. A coroa portuguesa assumiu todos os empreendimentos comerciais até 1577, equipando os seus próprios navios, comprando, vendendo e lucrando. A coroa espanhola tentou controlar de perto o comércio e o governo das Américas por meio do Conselho das Índias e do monopólio licenciado do Consulado dos Comerciantes de Sevilha. A coroa francesa também se envolveu diretamente no comércio, colocando a maior parte do capital de risco. Em contraste, as iniciativas holandesas e britânicas eram geralmente privadas, e seus impérios eram, no início, na maioria, a propriedade de organizações confidenciais tais como as companhias das Índias.

Devemos, no entanto, registar um elemento comum nessas disposições. As companhias estavam confinadas às nacionais. Independentemente de serem administradas pelo Estado ou por entidades privadas, o comércio externo e o domínio eram geralmente monopolistas e limitados pelo Estado. Todas as formas constitucionais implicavam uma maior coordenação da organização militar e econômica, dentro de cada Estado e da sua esfera de influência colonial.

À medida que o colonialismo se desenvolveu, surgiu um padrão comum. Do lado militar, no final do século XVIII, o investimento de capital necessário para a proteção militar do comércio externo e das possessões ultrapassava a capacidade das empresas privadas. Todos os estados adotaram uma forma imperial comum, em que o Estado coordenava a expansão militar e econômica. Do ponto de vista econômico, se desenvolveu uma tendência inversa, de modo que nenhum Estado acabou por possuir as suas economias coloniais. Até certo ponto, isso se deveu ao sucesso militar da Inglaterra. Os críticos dos regimes na França e na Espanha afirmaram que a propriedade privada era mais eficiente e levava a maior riqueza e poder. Mas o controle da coroa também foi minado a partir de dentro pelo contrabando envolvendo seus próprios colonos e agentes associados às potências rivais. Metais mais preciosos provavelmente fluíram ilicitamente para fora das Américas, por exemplo, que foram transportadas pela Frota de Prata Espanhola.

O absolutismo nunca foi suficientemente forte para derrubar os direitos de propriedade privada. Os franceses e os espanhóis não se comportaram de forma diferente no Novo Mundo do que nos seus países de origem, e as suas coroas nunca demonstraram vontade nem possuíam recursos para os obrigar a mudar. A logística do poder era apenas moderadamente favorável à coroa. O homem da guerra ou o comerciante armado era uma tremenda concentração de poder de fogo, e podia cobrir vastos espaços marítimos. Mas só podia coagir aqueles que estavam na sua vizinhança. Para a maioria das colônias, uma demonstração de força da coroa na Europa poderia vir uma vez por ano. A papelada foi eficaz em manter os amplos parâmetros do domínio colonial entre os tempos. Todas as administrações tinham de prestar contas regularmente, utilizando formulários padronizados e impressos em massa. Todos os funcionários eram totalmente alfabetizados em leitura e escrita, pelo que se assumiu que os erros e omissões eram deliberados. Mas durante a maior parte do ano, dentro destes parâmetros contabilísticos, os colonos foram efetivamente independentes. A coroa reconheceu isso institucionalmente, recompensando seus funcionários com os privilégios do cargo, não com salários. O Estado era comercial mesmo no seu próprio corpo político.

De qualquer forma, a mesma logística de controle interno poderia ser vinculada pelas grandes companhias de comércio aos métodos de contabilidade capitalista. Em 1708, por exemplo, a empresa inglesa East India Company revolucionou o seu sistema contabilístico, ao estabelecer títulos próprios para as contas de capital e correntes e para registar sistematicamente as entradas e saídas de caixa mensais. O escritório do contador geral em Londres podia agora avaliar a rentabilidade de cada ramo de comércio, antecipando, como diz Chaudhuri (1981: 46), os métodos da corporação multinacional. O papel era então um importante instrumento logístico do poder impositivo das empresas estatais e capitalistas, que operavam numa aliança cada vez mais estreita. Essa aliança forneceu a infraestrutura para o que Steensgaard (1981: 254) chama de "a combinação única das perspectivas de tempo do poder com as perspectivas de tempo do lucro, em [...] o equilíbrio entre as forças do mercado e o poder do governo". Tal era o caso da colonização.

No século XVIII, nenhum Estado interveio na sua economia, quer domesticamente quer nas colônias, na medida comum a alguns dos antigos impérios. Os dois grupos da "sociedade civil" que podiam ajudar no funcionamento das colônias – nobres e mercadores –originaram-se na estrutura descentralizada de poder da Europa medieval. A eles interessava manter essa estrutura, não o controle do Estado. Assim, do século XVII em diante, o poder dos monarcas foi minado continuamente a partir de dentro. Como vimos no capítulo 12, as redes econômicas já haviam sido despolitizadas séculos antes da emergência do capitalismo. O Estado foi fundamentalmente enfraquecido pela sua incapacidade infraestrutural de penetrar na sociedade civil. Isso é tão verdadeiro para o regime absolutista como para aqueles constitucionais.

As semelhanças entre os dois tipos de regime eram muito maiores do que as suas diferenças. Na próxima seção, veremos que as suas finanças eram essencialmente semelhantes. Partilhavam duas características principais: seu poder era limitado por suas funções predominantemente militares e não incluía uma participação nos direitos de propriedade, e eles extraíam receitas fiscais e coordenavam suas classes dominantes principalmente para fins militares. As suas diferenças se referiam apenas às formas de coordenação – uma se aproximando da unidade orgânica, a outra se afastando –, que eram determinadas pela forma como duas redes de poder emergentes, classes e estados nacionais, se relacionavam entre si no campo de batalha.

Despesas do Estado e guerra, 1688-1815

Um conjunto confiável de contas anuais do governo central da Grã-Bretanha para o período após 1688 foi coletado e padronizado por Mitchell e Deane (1962) e Mitchell e Jones (1971). Convenientemente, a década de 1690 também marca o início de um "longo século" (até 1815) de uma sucessão bastante regular de períodos de paz e grandes guerras na Europa. Utilizando dados de despesas para esse período, podemos testar sistematicamente as hipóteses sugeridas para períodos anteriores.

A cronologia é simples. Após as primeiras campanhas irlandesas e batalhas navais de Guilherme III, a paz durou de 1697 a 1702. Durante esse período, em 1694, a fundação do Banco da Inglaterra colocou o empréstimo inglês e a reembolsou da dívida de forma regular, que dura até os dias de hoje. Então a Guerra da Sucessão Espanhola, envolvendo repetidas campanhas do duque de Marlborough, durou de 1702 a 1713, seguida por um grande e pacífico período, até 1739. Então começou a Guerra da Orelha de Jenkins, que logo se tornou a Guerra da Sucessão Austríaca e durou até 1748. Um período de paz inquieta terminou com a Guerra dos Sete Anos, 1756-1763. Depois, houve a paz até que a Guerra da Independência Americana se fundiu em prolongadas guerras navais, entre 1776 e 1783. Então houve paz novamente até 1792, desde quando a Revolução Francesa e as Guerras Napoleônicas duraram mais ou menos continuamente até 1815, embora com uma curta pausa no início do século, selada pela Paz de Amiens, em 1801. Essa é uma sequência muito mais regular de guerras que no século XIX ou XX. Como também é anterior à influência da industrialização nas despesas do Estado, nos oferece um teste conveniente para o Período Pré-industrial.

Na Figura 14.1, apresento os principais resultados em forma de gráfico, separando as despesas totais e seus três componentes – militar, civil e despesas do reembolso da dívida. O gráfico é de despesas em termos reais, ou seja, controladas pela inflação, usando mais uma vez o índice de preços de Phelps-Brown e Hopkins (1956). Eu controlei para manter os preços no seu nível em 1690-1699, o começo de período[12]. As despesas a preços correntes, em conjunto com o próprio índice de preços, são apresentadas no Quadro 14.3.

---

12. Assim, esses valores não são comparáveis com os dos Quadros 13.2 e 14.1, que apresentam preços correntes e preços constantes em 1451-1475. Por razões técnicas explicadas em Mann (1980), estimei o índice de preços na média do ano de despesas e os dois anos anteriores (anteriormente, o índice de preços era a média de décadas inteiras).

Figura 14.1 Despesas do Estado britânico, 1695-1820 (a preços constantes: 1690-1699 igual a 100)

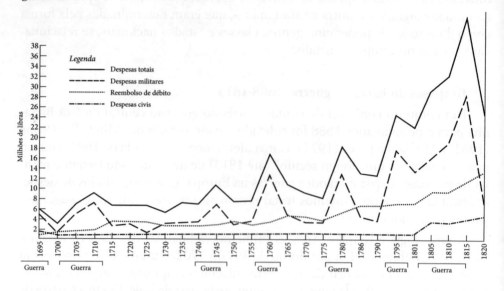

Tabela 14.3 Despesas do Estado para Grã-Bretanha, 1695-1820 (em milhões de pounds a preços correntes e constantes 1690-1699)

Ano	Índice de preços	Despesas militares Correntes	Despesas militares Constantes	Reembolso de débito Correntes	Reembolso de débito Constantes	Despesas civis Correntes	Despesas civis Constantes	Despesas totais Correntes	Despesas totais Constantes
1695	102	4,9	4,8	0,6	0,6	0,8	0,8	6,2	6,1
1700	114	1,3	1,1	1,3	1,1	0,7	0,6	3,2	2,8
1705	87	4,1	4,7	1,0	1,2	0,7	0,8	5,9	6,8
1710	106	7,2	6,8	1,8	1,7	0,9	0,8	9,8	9,2
1715	97	2,2	2,3	3,3	3,4	0,7	0,8	6,2	6,4
1720	94	2,3	2,4	2,8	3,0	1,0	1,0	6,0	6,4
1725	89	1,5	1,7	2,8	3,1	1,3	1,5	5,5	6,2
1730	99	2,4	2,4	2,3	2,3	0,9	0,9	5,6	5,6
1735	82	2,7	3,3	2,2	2,7	0,9	1,0	5,9	7,1
1740	90	3,2	3,6	2,1	2,3	0,8	1,1	6,2	6,8
1745	84	5,8	6,9	2,3	2,7	0,8	1,1	8,9	10,6
1750	93	3,0	3,2	3,2	3.5	1,0	1,1	7,2	7,7
1755	92	3,4	3,7	2,7	2,9	1,0	1,0	7,1	7,7
1760	105	13,5	12,8	3,4	3,2	1,2	1,1	18,0	17,1
1765	109	6,1	5,6	4,8	4,4	1,1	0,9	12,0	11,0
1770[a]	114	3,9	3,4	4,8	4,2	1,2	1,1	10,5	9,2

1775	130	3,9	3,0	4,7	3,6	1,2	1,2	10,4	8,0
1780	119	14,9	12,5	6,0	5,0	1,3	1,3	22,6	19,0
1786[b]	131	5,5	4,2	9,5	7,2	1,5	1,5	17,0	13,0
1790	134	5,2	3,9	9,4	7,0	1,7	1,7	16,8	12,5
1795	153	26,3	17,2	10,5	6,8	1,8	1,8	39,0	25,5
1801[c]	230	31,7	13,8	16,8	7,3	2,1	2,1	51,0	22,2
1805	211	34,1	16,2	20,7	9,8	7,8	7,8	62,8	30,0
1810	245	48,3	19,7	24,2	9,9	8,8	8,8	81,5	33,3
1815	257	72,4	28,2	30,0	11,7	10,4	10,4	112,9	44,0
1820	225	16,7	7,4	31,1	13,8	9,8	9,8	57,5	25,6

a) Entre 1770 e 1801, os itens detalhados ficam aquém do total dado por cerca de £ 500.000. Nenhuma razão para isso é dada na fonte.

b) Os números de 1785 seguem um sistema de orçamento idiossincrático.

c) Os números de 1800 estão incompletos.

Fontes: Mitchell e Deane, 1962; Mitchell e Jones, 1971.

Note-se, em primeiro lugar, a tendência de aumento da dimensão financeira do Estado britânico: entre 1700 e 1815, as despesas reais aumentam quinze vezes (e o aumento a preços correntes é de trinta e cinco vezes!). Essa é facilmente a taxa de aumento mais rápida que vimos em qualquer século. Nós supomos que as despesas do Estado também tenham aumentado, como uma proporção da renda nacional bruta. Em 1688, usando os cálculos de Deane e Cole (1967) baseados no relato contemporâneo de Gregory King da riqueza nacional, podemos estimar que os gastos do Estado compreendem cerca de 8% da renda nacional bruta (para o método de cálculo, cf. DEANE, 1955); em 1811, tinha aumentado para 27%. Embora esses números não sejam muito confiáveis, a magnitude da diferença é impressionante.

Mas a tendência ascendente não é estável. O total dispara subitamente seis vezes. Não será surpresa que todos, exceto um, estejam no início de uma guerra, e todos os seis se devem principalmente a um grande aumento das despesas militares. Além disso, o reembolso da dívida, utilizado exclusivamente para financiar necessidades militares, aumenta quando se aproxima ao fim de cada guerra e é mantido nos primeiros anos de paz. O padrão é lindamente regular: pouco depois do fim de todas as seis guerras, o aumento da linha de reembolso da dívida atravessa a linha militar que desce, excedendo-a em uma margem cada vez maior. Isso tem o efeito de achatar o impacto da guerra. Analisado ano após ano, o maior aumento nas despesas totais a preços correntes em relação ao ano anterior foram de apenas pouco mais de 50% (em ambos os 1710-1711 e 1793-1794), que é muito inferior aos 200-1.000% que vimos prevalecer no início das guerras até Henrique VIII. E em tempo de paz é então em grande parte despesas militares (e especialmente a marinha) e pagamento de dívidas que mantêm o nível relativo. Um "estado de guerra permanente" chegou com uma vingança! Gastos civis são extraordinariamente fixos e pequenos. Eles não sobem acima de 23% em nenhum ano (em 1725, depois de uma década de paz) durante todo o período. No entanto, durante as Guerras Napoleônicas, aparece uma nova tendência. A partir de cerca de 1805, as despesas civis, tendo se mantido estáticas sobre no século anterior, então começam a subir. Deixo isso para o próximo volume. O estado de guerra permanente também significa que depois de cada guerra as despesas do Estado não retornam ao nível anterior à guerra, mesmo em termos reais. Em meados do século XX, o poeta Cowper expressou isso num simples dístico:

> A guerra representa um fardo para o Estado cambaleante,
> E a paz não faz nada para aliviar o peso.

Esses números confirmam todas as hipóteses feitas nos séculos anteriores sobre o esboço da base de dados. As finanças do Estado eram dominadas por guerras estrangeiras. Como a guerra desenvolveu forças mais profissionais e permanentes, o Estado cresceu tanto em termos de dimensão global como (provavelmente) em termos de dimensão em relação à sua "sociedade civil". Cada nova guerra levou a um Estado maior em duas fases: um impacto inicial em despesas militares e um impacto desfasado no reembolso da dívida. Até a data, as funções desse Estado – um Estado "constitucional", recorde-se – são esmagadoramente militares. Outras funções derivam em grande parte das suas guerras[13].

Tabela 14.4 Despesas do Estado austríaco, 1795-1817 (em porcentagem)

Ano	Militares	Reembolso da dívida	Civil	Total de despesas a preços correntes (em milhões de guldern)
1795a	71	12	17	133,3
1800	67	22	11	143,9
1805	63	25	12	102,7
1810	69	20	11	76,1
1815b	75	4c	21	121,2
1817	53	8	38	98,8

a) Os números de Beer estão algo incompletos para o período de 1795 a 1810. Em 1795, eu assumi que as somas em falta pertencem a despesas civis e em 1800-1810 ao reembolso da dívida. Essa

---

13. Existe uma exceção a essa regra. No final do século XVIII, a Lei dos Pobres, financiada localmente (e não aparecendo nessas figuras), mas provavelmente uma função do Estado, custava grandes somas, embora essas somas sejam pequenas em relação aos gastos militares. Se somarmos os seus custos às despesas civis, o seu total combinado não excede a 20% do novo total geral. Se adicionarmos ainda mais todas as despesas do governo local (disponível a partir de 1803), é inferior a 25% até 1820. Cf. o vol. 2 para detalhes.

é a interpretação mais óbvia. Como Beer sempre nos fornece tanto as despesas militares como as despesas totais, as percentagens militares são certamente precisas.

b) Beer decompõe despesas "ordinárias" para 1815 e 1817, mas não despesas totais (que eram 132,9 e 122,1 milhões de gulders respectivamente).

c) Subsídios ingleses substanciais no período de 1814 a 1817 mantiveram baixa a dívida do Estado. Sem isso, as despesas militares seriam uma proporção maior e as despesas civis uma proporção menor.

Fonte: Beer 1877.

Tais tendências não eram peculiares à Grã-Bretanha. Aqui estão alguns números bastante esboçados para outros países. Em primeiro lugar, a Áustria, para a qual existem dados disponíveis a partir de 1795 (cf. a Tabela 14.4). Como a Áustria era uma potência terrestre, as suas despesas militares foram quase inteiramente dedicadas a um exército (enquanto que mais do que metade dos britânicos eram navais). Esses números mostram uma predominância semelhante de militares despesas, embora em menor grau do que na Grã-Bretanha, especialmente em tempo de paz (1817). A força militar austríaca foi, em vez de fiscal, relativamente mobilizada, derivando mais das grandes taxas de recrutamento de soldados. Essas foram desmanteladas em tempos de paz, e assim as flutuações nas percentagens eram maiores do que na Grã-Bretanha.

Os dados disponíveis para um período semelhante para os Estados Unidos são apresentados na Tabela 14.5. Lido de forma mais sistemática com os dados dos Estados Unidos no volume 2. Mas uma palavra de cautela: os Estados Unidos são um sistema *federal*. Para uma visão mais completa do(s) "Estado(s)" americano(s), devemos também considerar as finanças dos estados componentes. Mas, infelizmente, os dados relevantes não estão disponíveis para esse período. Assim, esses números subestimam a dimensão real do "Estado americano" e exageram o componente militar (uma vez que as forças armadas são predominantemente da responsabilidade do governo federal). As finanças do governo federal, no entanto, são semelhantes aos dos estados europeus, uma vez que temos em conta as peculiaridades da política externa americana. O único período de guerra efetiva declarada foi 1812-1814, embora a tensão com os britânicos tenha sido elevada durante um período mais alargado, a partir de 1809, enquanto os Estados Unidos estabeleceram uma posição de neutralidade bastante cautelosa a partir de 1793. Esses períodos de paz genuína, de neutralidade armada, de guerra aberta e, novamente, de paz, são visíveis nas colunas da Tabela 14.5. Globalmente, o grau de predominância de militares e de reembolso da dívida é inferior ao do caso britânico, mas da mesma ordem geral que o austríaco. O mesmo efeito de chave de catraca da guerra sobre as finanças como a Grã-Bretanha parece ter sentido.

Tabela 14.5 Despesas do governo federal dos Estados Unidos, 1790-1820 (em porcentagem)

Ano	Militares[a]	Reembolso da dívida	Civil	Total de despesas a preços correntes (em milhares de dólares)	Número das forças armadas
1790b	19	55	26	4,3	718c
1795	39	42	19	7,5	5,296
1800	56	31	13	10,8	7,108d
1805	23	39	38	10,5	6,498
1810	49	35	16	8,2	11,554
1815	72	18	10	32,8	40,885
1820	55	28	16	18,3	15,113

a) Inclui pagamentos de veteranos (cf. vol. 2, para uma análise desse importante item).
b) Os valores das despesas são uma média do período de 1789 a 1791, como indicado na fonte.
c) Cálculo de 1789.
d) Cálculo de 1801.

As provas do Sketchier sobrevivem para outros países. Os prussianos passaram muito mais tarde à situação de déficit nas finanças. As receitas mais elevadas das fazendas da coroa e os maiores poderes tributários sobre os camponeses e os mercadores capacitaram os governantes a financiar a guerra sem pedir empréstimos até o final do século XVIII. Em 1688, "entre metade e cinco sétimos foram para servir o exército" (FINER, 1975: 140). Em 1740, o último ano de paz para a Prússia, as três principais rubricas do orçamento prussiano eram o exército (73%), a função pública e o tribunal (14%), e um fundo de reserva (13%) (SEELEY, 1968, I: 143-144). Em 1752, a Prússia gastou 90% de seu dinheiro de reserva (13%) (SEELEY, 1968, I: 143-144). Em 1752, a Prússia gastou 90% das suas receitas para fins militares num ano de paz (DORN, 1963: 15). Em meados da década de 1770, o exército absorveu 60% das receitas, enquanto as despesas civis absorveram apenas 14% (DUFFY, 1974: 130ss.) – era o saldo do serviço do saldo da dívida? Foi certamente assim em 1786, quando as três principais rubricas eram o exército (32%), o tribunal e o governo (9%) e os encargos da dívida (56%) (BRAUN, 1975: 294) – notavelmente semelhantes ao orçamento britânico para esse ano.

Praticamente toda a história da Prússia enfatiza o militarismo de seu regime com um aforismo – por exemplo, "Não foi a Prússia que fez o exército, mas o exército que fez a Prússia" (DORN, 1963: 90). O Estado prussiano foi, de fato, o mais militarista da Europa do século XVIII. Mas isso não se deu em virtude do caráter de suas atividades estatais (essas eram idênticas às de outros estados), mas sim em virtude do tamanho de seu militarismo (pois a Prússia dedicou a maior parte de seus recursos ao exército). Em 1761, o exército prussiano representou 4,4% de sua população, em comparação com o número francês de 1,2% (DORN, 1963: 94). No final do século XVII, a Prússia foi tributada duas vezes mais pesadamente do que a França, que foi tributada dez vezes mais do que a Inglaterra (FINER, 1975: 128, 140) – embora esses números dependam de suposições sobre o rendimento nacional. Podemos datar o desenvolvimento da máquina administrativa prussiana mesmo que não possamos quantificar com exatidão suas finanças. Os principais constituintes do absolutismo prussiano estabelecidos por Frederico o Grande – o próprio exército permanente em tempo de paz, o sistema fiscal acordado com os Junkers em 1653, o desenvolvimento dos comissários militares – foram uma resposta à ameaça sueca na Guerra dos Trinta Anos. O passo seguinte foi a emergência do *Generalkriegskommisariat* nos anos 1670. Isso permitiu que o Estado chegasse até as localidades para obter impostos, suprimentos e mão de obra, além de militares enredados na administração civil e policial. Isso também foi uma resposta às campanhas suecas (cf. ROSENBERG, 1958; ANDERSON, 1974; BRAUN, 1975: 268-276; HINTZE, 1975: 269-301).

Os estados russo e austríaco se desenvolveram, embora em menor extensão, em resposta às mesmas ameaças externas. A Polônia não respondeu ao domínio sueco e deixou de existir. Como conclui Anderson,

> O Absolutismo Oriental foi assim determinado centralmente pelas restrições do sistema político internacional no qual os nobres de toda a região estavam objetivamente integrados. Era o preço da sua sobrevivência em uma civilização de guerras territoriais incessantes; o desenvolvimento desigual do feudalismo os obrigava a igualar as estruturas estatais do Ocidente, antes que houvessem alcançado qualquer estágio comparável de transição econômica para o capitalismo (1974: 197-217; citação da p. 202).

Não admira, pois, que ele, um marxista, preceda isso com um apelo a uma teoria marxista da guerra!

A maioria dos arquivos reais franceses arderam em dois incêndios do século XVIII. Para o século XVII, Bonney (1981) luta com as contas sobreviventes de um escriturário-chefe do *intendant des finances*. Os números são semelhantes aos dos britânicos. A guerra dispara as despesas militares, e depois as "despesas extraordinárias" (pagamento da dívida?) sobem ao fim da guerra. Despesas militares e extraordinárias superam sempre as despesas civis nesse período (1600-1656), por um fator de cerca de 10, na maioria dos anos. Para o século XVIII, temos observações errantes como os de Jacques Necker, o ministro das finanças, que em 1784 o exército engoliu mais de dois terços das receitas – e a França também tinha uma marinha de tamanho considerável (apud DOM, 1963: 15). Ela é bem mais elevada do que a proporção de despesas militares inglesas para esse ano.

Nos Países Baixos, entre 1800 e 1805, as despesas militares combinadas com o reembolso da dívida excederam 80% do total (SCHARMA, 1977: 389, 479, 497) – números semelhantes aos ingleses para esses anos de guerra. Para vários principados alemães nos séculos XVII e XVIII, as despesas militares absorveram 75% do orçamento total na maioria dos anos, crescendo bem no meio de guerras (CARSTEN, 1959). Em 1724, as despesas militares de Pedro o Grande totalizaram 75% das finanças estatais russas (ANDERSON, 1974: 215-216).

Cada Estado tinha suas peculiaridades, mas o padrão geral é claro. Um Estado que desejava sobreviver tinha de aumentar a sua capacidade extrativa sobre territórios definidos para obter exércitos ou marinhas recrutados e profissionais. Aqueles que não foram esmagados no campo de batalha, foram absorvidos por outros – o destino da Polônia, da Saxônia e da Baviera nesse século e no seguinte. Nenhum Estado europeu estava continuamente em paz. Um Estado pacífico teria deixado de existir ainda mais rapidamente do que os estados militarmente ineficientes.

Até agora, tratei as funções militares do Estado como sinônimo de funções externas. Mas – poder-se-ia objetar – não é a força militar do Estado utilizada para a repressão interna, e não está então integralmente ligada às relações de classe internas? Há força nessa objeção. Em todos os países europeus, o exército foi utilizado para a repressão interna. Os exércitos permanentes eram vistos em todo o lado como um instrumento de exploração de classe nua e crua e de despotismo. Mas a repressão interna não determinou causalmente o crescimento do Estado. Em primeiro lugar, como já mostrei, o crescimento da dimensão do Estado foi ocasionado durante todo o período pela guerra entre estados e apenas marginalmente pela evolução interna. Em segundo lugar, a necessidade de repressão interna organizada pelo Estado (em vez de pelos senhores locais) era geralmente ocasionada, em primeiro lugar, pela necessidade de o Estado angariar fundos para a guerra. Em terceiro lugar, as variações entre os diferentes países no grau de repressão interna podem ser explicadas em relação às necessidades de financiamento da guerra. Citei Anderson para este efeito no caso da Europa Oriental. Se os estados mais pobres da região sobrevivessem, teriam de tributar e mobilizar mais intensamente, o que significava que teriam de usar mais repressão. No outro extremo, um país comercial rico como a Inglaterra poderia manter o grande poder sem extração intensa e, portanto, sem um exército permanente. A isso poderíamos acrescentar a consideração geopolítica: as potências navais têm dificuldade em utilizar as suas forças para a repressão interna em terra firme. O argumento geral se mantém: o crescimento do Estado moderno, medido pelas finanças, explica-se principalmente não em termos domésticos, mas em termos de relações geopolíticas de violência.

Capitalismo inter-nacional e nacional, 1688-1815

No século XVIII, as estatísticas britânicas sobre comércio e componentes da renda nacional fluíram em abundância. Deane e Cole (1967) calcularam números e tendências de comércio e renda nacional ao longo do século. Cálculos de comércio exterior, melhorias do estudo pioneiro de Schumpeter (1960) sobre os registros alfandegários, podem ser usados sem mais delongas. Mas isso não acontece com a renda nacional. Não existe fonte oficial original. Os números existem apenas para a produção de várias mercadorias individuais, cada uma das quais pode então ser tomada como o indicador de um setor de atividade econômica – por exemplo, a produção de cerveja para bens de consumo, carvão para consumo energético, produção de milho para a agricultura. Agregar esses dados num valor de rendimento global requer adicionalmente uma teoria econômica: uma teoria da importância relativa dos diferentes tipos de atividade na economia global. No caso do século XVIII, isso significa uma teoria do crescimento econômico e, mais especificamente, uma sobre uma das maiores controvérsias da teoria econômica, o papel do crescimento do comércio estrangeiro (para uma discussão geral da controvérsia, cf. GOULD, 1972: 218-294). Infelizmente, é isso que estamos tentando descobrir: a relação entre o comércio externo e a economia como um todo.

Assim, a metodologia de Deane e Cole é parcialmente circular. Parte de uma suposição de que o comércio exterior será importante e inclui (1) um forte peso para a atividade orientada para a exportação e (2) uma suposição associada de que a produtividade agrícola permaneceu baixa durante a maior parte do século. Essa última suposição tem sido contestada nos últimos anos por escritores a quem me referirei em seguida. Eles concluem que grandes melhorias na produtividade agrícola e nos padrões de consumo e nutrição da população agrícola ocorreram na primeira metade do século XVIII e foram mantidas na segunda metade. O efeito dessa situação sobre os números de Deane e Cole foram discutidos por Crafts (1975). A primeira hipótese também parece menos forte se a agricultura, geralmente não orientada para a exportação, crescesse na sua contribuição para o rendimento nacional. Isto é argumentado por Eversley (1967): um período de "aquecimento" de 1700 em diante até a "decolagem" industrial após 1780 foi causado principalmente pelo aumento do excedente agrícola disponível para consumo doméstico, especialmente por grupos sociais medianos, o que estimulou o consumo doméstico, mais do que as exportações.

Diante desses desafios, recorro a um nível mais simples e grosseiro de medição da renda nacional, as estimativas de dois contemporâneos, Gregory King e Arthur Young. Usando esses valores e comparando com valores do comércio que têm base diferente, pode produzir apenas estimativas aproximadas da proporção entre comércio e rendimento. O Quadro 14.6 apresenta os valores. O quadro é suficiente para apresentar as ordens de grandeza gerais para as duas primeiras datas, com maior precisão para 1801.

De acordo com esses números, o comércio externo representou cerca de um quarto de todas as transações comerciais em espécie por volta de 1700. Esse valor é superior aos 15% que Gregory King e Deane e Cole apoiam. Pode ser mais alto. Em 1770, a proporção era ainda da mesma ordem de grandeza geral, ou seja, cerca de 20%. Mas, em 1801, a proporção se aproximava de um terço. Parece haver pouca dúvida de que o comércio exterior estava aumentando muito mais rápido do que a renda nacional nas duas últimas décadas do século XVIII – Deane e Cole (1967: 309-311) estimam em mais de três vezes mais depressa. Os argumentos dizem respeito apenas às primeiras partes do século. A tendência secular entre 1500 e cerca de 1870 foi que o comércio externo aumentou mais rapidamente do que o rendimento monetário nacional – mas foi interrompido ou retardado no período de 1700 a 1770. Quaisquer que sejam as tendências exatas, a economia internacional da Grã-Bretanha era menor do que a nacional em 1800, mas estava começando a se recuperar.

Tabela 14.6 Estimativas do rendimento nacional, do comércio externo e da população – 1700-1801, Inglaterra, País de Gales e Grã-Bretanha

	Rendimento nacional (em milhões de £)	Comércio exterior total, ou seja, importações mais exportações nacionais (em milhões de £)	População (em milhões)
Inglaterra e País de Gales, 1700a	50	12	5,5
Inglaterra e País de Gales, 1770b	128	26,5	7,0
Grã-Bretanha, 1801c	232	70	10,0

a) O valor de renda é baseado na estimativa de Gregory King para 1688 de £ 48 milhões; valor de comércio exterior é a revisão de Deane e Cole de 1967 (p. 319), para incluir custos de seguro e frete de importações, de Schumpeter, 1960; população avaliada por Eversley, 1967: 227.

b) O valor da renda é de Arthur Young; comércio exterior, Deane e Cole; população, Eversley.

c) Dados sobre o rendimento nacional e a população fornecidos por Mitchell e Deane, 1971: 6, 366; O comércio exterior em Deane e Cole aumentou ligeiramente em proporção ao aumento dos números não revisados de Schumpeter entre 1800 e 1801 (que não foram revistos por Deane e Cole).

Isso não indica declínio na saliência econômica do Estado nacional face a uma economia transnacional. Deane e Cole (1967: 86-8) fornecem números sobre a distribuição geográfica dos mercados que revelam o contrário. Em 1700, mais de 80% do comércio de exportação e mais de 60% do comércio de importação foram com a Europa, mas em 1797-1798 esses números tinham caído para pouco mais de 20-25%. A explicação é, em parte, um aumento no comércio com Irlanda, Ilha de Man e Ilhas Anglo-Normandas. Esses foram contabilizados nas estatísticas de comércio exterior, embora fossem obviamente uma parte da esfera britânica de influência doméstica. Mas a maior parte do aumento do comércio foi com as colônias britânicas na América do Norte e nas Índias Ocidentais. Esses mercados estavam em grande parte fechados a concorrentes estrangeiros. De fato, o crescimento das colônias afetou os padrões comerciais britânicos ao longo do século XVIII. Em 1699-1701, a lã e o tecido, embora ainda fossem as principais exportações inglesas (47% das exportações), tinham declinado relativamente face ao comércio de reexportação, principalmente reexportando açúcar, tabaco e tecidos de calcário das colônias britânicas para a Europa. Os atos de navegação e o clima mercantilista impediram muito o comércio direto entre os dois. Então esses bens compreendiam 30% das importações e exportações. Em contrapartida, os ingleses exportaram produtos manufaturados para as suas colônias e continuaram a importar luxos dos seus principais rivais europeus (Davis 1969a). Essas tendências cresceram no século XVIII, a que se juntou uma nova: a importação de matérias-primas das margens norte e sul da Europa, especialmente do Báltico (DAVIS, 1969b).

Assim, podemos perceber apenas uma interdependência transnacional limitada. A Grã-Bretanha cobriu as Ilhas Britânicas, suas colônias e, de forma mais especializada, as franjas europeias, especialmente a Escandinávia. Não se estendeu às outras grandes potências europeias, com as quais predominou o comércio *inter*-nacional. Isso era regulado cuidadosamente pelos estados e consistia principalmente na importação e exportação direta de bens que envolviam poucos da população, tanto na produção como no consumo. A Guerra da Independência Americana deu um abanão substancial a esse conjunto de redes, mas provou ser menos prejudicial do que os britânicos temiam. Em 1800, os americanos descobriram que o livre comércio seguiu rotas semelhantes às anteriores de comércio colonial. Eles permaneceram dentro da esfera de influência britânica.

Os padrões comerciais de cada um dos principais estados diferiam. Mas a tendência geral era que a maior parte do crescimento do comércio exterior estava confinada à sua própria esfera de influência, embora então atravessasse o globo. Uma série segmentar de redes de interação econômica estava se desenvolvendo, reforçada, como vimos, por pressões políticas, militares e ideológicas. Entre os segmentos, o comércio tendeu ao bilateralismo: importações e exportações tenderam ao equilíbrio, com déficits e superávits em lingotes ou créditos bilaterais. O que se costuma chamar de o surgimento do capitalismo "internacional" deve ser hifenizado para enfatizar que o capitalismo "inter-nacional" ainda não era transnacional.

Vamos, pois, olhar mais de perto para essa economia nacional. Mesmo antes de 1700, era uma economia predominantemente monetária. De acordo com

Gregory King, em 1688, 25% da população empregada viviam na economia quase exclusivamente monetária do emprego não agrícola. É impossível ser exato sobre a quantidade de cunhagem que flui por meio dos 75% restantes na agricultura, mas praticamente ninguém ainda estava entregando todo o seu aluguel em espécie ou recebendo a maior parte dos seus salários em dinheiro. As moedas trocadas tinham gravadas as cabeças do rei (ou da rainha) e poderiam fluir livremente pelo reino, mas não tão facilmente fora desse reino.

Em segundo lugar, existiam poucos bloqueios políticos ou de classe da livre circulação: nenhum tributo interno, poucas proscrições contra a atividade econômica por diferentes categorias descritivas de pessoas, e nenhum *status* significativo ou barreiras de classe. O único bloqueio significativo, a qualificação para a atividade política ou econômica, era a própria propriedade. Qualquer pessoa com propriedade podia entrar em qualquer transação econômica, garantida pela legislação universal e pelo poder coercitivo do Estado nacional. A propriedade era então medida quantitativamente, pelo seu valor monetário, e mercantilizada, como seria de esperar numa economia capitalista. Assim, todos detinham propriedade (embora em quantidades muito diferentes). Mesmo que não fosse suficiente para votar ou servir num júri, eles ainda poderiam participar como um ator separado na economia.

Essas duas características não garantiram que este *fosse* realmente um mercado nacional – redes de interações econômicas construídas muito lentamente, e para todo o século XVIII as regiões e localidades eram muitas vezes mal integradas. Mas isso significava que o crescimento econômico poderia fluir livre e difusamente por toda a nação, tanto geográfica quanto hierarquicamente, sem ação política autorizada. Isso não era verdade para a maioria dos outros países da época. Assim, na Grã-Bretanha, como unidade nacional, o capitalismo foi difundido de forma ampla, uniforme e orgânica, por meio da sua estrutura social, *antes* do crescimento econômico massivo que começou mais tarde no século XVIII.

Isso era muito importante porque o crescimento tomou a forma que se encontrava repetidamente na Europa medieval e na Europa moderna. Era agrícola, de base local, descentralizado, difundido e "quase democrático". Ele representava a verdadeira práxis difundida por meio dos circuitos nacional-capitalistas que acabamos de descrever.

O crescimento agrícola aumentou por volta de 1700, talvez um pouco mais cedo[14]. No espaço de meio século, talvez um pouco mais, duplicou o excedente médio disponível de cerca de 25 para 50% do total de insumos. Isso provavelmente possibilitou uma redução na idade de casamento, um aumento na fecundidade e uma queda menor nas taxas de mortalidade, e ainda deixou capacidade

---

14. Os próximos três parágrafos são baseados especialmente no trabalho de Deane e Cole, 1967; Eversley, 1967; Jones, 1967; John, 1967, 1969; McKeown, 1976; Wrigley e Schofield, 1981.

de reserva. Assim, embora tenha gerado crescimento populacional, superou a capacidade de fecundidade. Assim, o ciclo malthusiano foi quebrado (embora se tenham verificado duas fases difíceis no meio e no fim do percurso do século). Envolveu melhorias na produtividade. Talvez o mais importante foi a eliminação gradual das terras ociosas. Os campos podiam ser utilizados em cada estação do ano por meio da rotação de culturas mais variadas, plantando uma sucessão de cereais e legumes, cada um dos quais utilizava diferentes produtos químicos ou substratos do solo, alguns dos quais tinham um efeito regenerativo num solo esgotado por outros. É a técnica que os horticultores ainda hoje utilizam. É por isso que as taxas de rendimento subestimam as melhorias do século XVIII. Como as culturas forrageiras foram parte do sistema de rotação, mais animais podiam ser criados, o que era uma melhoria calorífica e também forneceu melhor adubo para o solo. Algumas das colheitas foram o resultado de importações coloniais: nabo, batata, milho, cenoura, repolho, trigo mourisco, lúpulo, colza, trevo e outras plantas forrageiras. Outras melhorias diziam respeito a uma maior utilização da potência do cavalo (tornada possível por forragem), refinamentos do arado e ferradura e maior uso do ferro nos mesmos e maior interesse na seleção de sementes e na criação de animais.

É difícil explicar por que essa melhoria ocorreu então e na Inglaterra. É fácil, no entanto, ver o que ela não envolveu. Não pressupunha desenvolvimentos tecnológicos complexos – esses só surgiram perto do final do século. Não envolveu alta ciência, embora isso também estivesse se desenvolvendo. Não pressupunha grandes montantes de capital. Não era liderado pelas cidades comerciais ou classes. Ele foi pioneiro no campo pelos fazendeiros, alguns ricos e outros relativamente modestos em sua propriedade – os grupos intermediários na agricultura. (Eversley os chama e seus associados não agricultores de "as classes médias", mas isso transmite um sabor muito ligado à classe.) E isso pressupunha um proletariado rural sem terra, expulso de suas terras durante vários séculos como "força de trabalho livre" para esses agricultores.

O excedente assim gerado foi amplamente difundido num grande número de pequenos montantes. Havia um limite para o que as famílias agricultoras e seus associados poderiam consumir no caminho dos gêneros alimentícios de base (ou seja, a elasticidade dos alimentos de consumo em relação ao rendimento é ligeira). Assim, um excedente estava disponível para troca por bens de consumo doméstico mais variados. Três candidatos, disponíveis em pequenas lojas e indústrias de propaganda eram vestuário, ferro e aço, e bens feitos de outras matérias-primas, como cerâmica ou couro, que poderiam fazer artigos domésticos úteis. Floresceu a produção em massa de bens de baixo custo de todos os três tipos. A Inglaterra importou anualmente mais do que o dobro da matéria-prima algodão no período de 1750 a 1760 do que no período de 1698 a 1710. O consumo de ferro aumentou mais de 50% entre 1720 e 1760, numa altura em que a necessidade industrial de ferro aumentava apenas ligeiramente.

Bairoch (1973: 491) estima que apenas as ferraduras representaram 15% da produção de ferro até 1760.

Aqui temos as causas prováveis da própria Revolução Industrial: o impulso às suas três principais indústrias, algodão, ferro e cerâmica; o estímulo ao seu desenvolvimento, que se transformou em complexidade tecnológica e científica; a geração de energia a vapor; a intensidade do capital; e o sistema fabril. Ao longo do século XVIII, a Grã-Bretanha se tornou uma economia nacional: uma rede de interação econômica baseada na família agrícola média como unidade produtora e consumidora, gerando lentamente, e depois (depois de 1780) rapidamente, um setor industrial impulsionado por sua demanda e trabalhado por seus proletários excedentes. Deixo a Revolução Industrial para o volume 2.

Neste capítulo, mostrei a interpenetração das bases capitalistas e nacionais do industrialismo. O modo de produção capitalista, como definido anteriormente, é uma abstração puramente econômica. O capitalismo da vida real, a forma de economia que realmente triunfou durante algum tempo sobre a Europa e todo o globo, na verdade pressupunha, e embutido em si mesmo, outras formas de poder, especialmente o poder militar e político. Especificamente, junto com a produção, o capitalismo compreendia mercados e classes, estados nacionais "orgânicos" competindo dentro de uma civilização multiestatal diplomaticamente regulada. A Europa era uma civilização de atores múltiplos de poder, em que os principais atores independentes eram os donos de propriedade e o que eu chamei de "classes-nacionais". Eu continuo esta discussão em um quadro histórico mais amplo no próximo capítulo.

Referências

ANDERSON, P. (1974). *Lineages of the Absolutist State.* Londres: New Left Books.

ARDANT, G. (1975). Financial policy and economic infrastructure of modem states and nations. In: TILLY, C. (org.). *The Formation of National States in Western Europe.* Princeton, NJ: Princeton University Press.

BAIROCH, P. (1973). Agriculture and the industrial revolution, 1700-1914. In: CIPOLLA, C. (org.). *The Fontana Economic History of Europe* – Vol. 3: The Industrial Revolution. Londres: Fontana.

BATHO, G.R. (1957). The finances of an Elizabethan nobleman: Henry Percy, 9th earl of Northumberland (1564-1632). In: *English Historical Review,* 9.

BEAN, R. (1973). War and the birth of the nation-state. In: *Journal of Economic History,* 33.

BEER, A. (1877). *Die Finanzen Ostereiches.* Praga.

BONNEY, R. (1981). *The King's Debts*: Finance and Politics in France, 1589-1661. Oxford: Clarendon.

_____ (1978). *Political Change in France under Richelieu and Mazarin*. Londres: Oxford University Press.

BRAUN, R. (1975). Taxation, sociopolitical structure and state-building: Great Britain and Brandenburg Prussia. In: TILIY, C. (org.). *The Formation of National States in Western Europe*. Princeton, NJ: Princeton University Press.

BROWN, D.M. (1948). The impact of firearms on Japanese warfare, 1543-98. In: *Far Eastern Quarterly*, 7.

BRULEZ, W. (1970). The balance of trade in the Netherlands in the middle of the sixteenth century. In: *Acta Historiae Neerlandica*, 4.

CARSTEN, F.L. (1959). *Princes and Parliaments in Germany*. Oxford: Clarendon.

CHABOD, F. (1964). Was there a Renaissance state? In: LUBASZ, H. (org.). *The Development of the Modern State*. Londres: Collier-Macmillan.

CHANDAMAN, C.D. (1975). *The English Public Revenue 1660-1688*. Oxford: Clarendon.

CHAUDHURI, K.N. (1981). The English East India Company in the 17th and 18th centuries: a pre-modern multinational organization. In: BLUSSE, L. & GA-ASTRA, F. (orgs.). *Companies and Trade*. Londres: University of London Press.

CIPOLLA, C.M. (1965). *Guns and Sails in the Early Phase of European Expansion 1400-1700*. Londres: Collins.

COLEMAN, D.C. (org.) (1969). *Revisions in Mercantilism*. Londres: Methuen.

CRAFTS, N.F.R. (1975). English economic growth in the eighteenth century: a re-examination of Deane and Cole's estimates. In: *Warwick University Economic Research Papers*, 63.

CRESSY, D. (1981). Levels of illiteracy in England, 1530-1730. In: GRAFF, H.J. (org.). *Literacy and Social Development in the West*: A Reader. Cambridge: Cambridge University Press.

CREVELD, M. (1977). *Supplying War*: Logistics from Wallenstein to Patton. Cambridge: Cambridge University Press.

DAVIS, R. (1973). *The Rise of the Atlantic Economies*. Ithaca, NY: Cornell University Press.

_____ (1969a). English foreign trade, 1660-1770. In: MINCHINTON, W.E. (org.). *The Growth of English Overseas Trade in the Seventeenth and Eighteenth Centuries*. Londres: Methuen.

_____ (1969b). English foreign trade, 1700-1779. In: MINCHINTON, W.E. (org.). *The Growth of English Overseas Trade in the Seventeenth and Eighteenth Centuries*. Londres: Methuen.

DEANE, P. (1955). The implications of early national income estimates. In: *Economic Development and Cultural Change*, 4.

DEANE, P. & COLE, W.A. (1967). *British Economic Growth 1688-1959*: Trends and Structure. Cambridge: Cambridge University Press.

DENT, J. (1973). *Crisis in France*: Crown, Finances and Society in Seventeenth Century France. Newton Abbot: David & Charles.

DIETZ, F.C. (1964a). *English Government Finance 1485-1558*. Londres: Casso.

_____ (1964b). *English Public Finance 1558-1641*. Londres: Casso.

_____ (1932). English public finance and the national state in the sixteenth century. In: *Facts and Figures in Economic History, essays in honor of E.F. Gray*. Cambridge, Mass.: Harvard University Press.

_____ (1928). The receipts and issues of the Exchequer during the reign of James I and Charles I. In: *Smith College Studies in History*, 13.

_____ (1923). The Exchequer in Elizabeth's reign. In: *Smith College Studies in History*, 8.

_____ (1918). Finances of Edward VI and Mary. In: *Smith College Studies in History*, 3.

DORN, W. (1963). *Competition for Empire 1740-1763*. Nova York: Harper & Row.

DORWART, R.A. (1971). *The Prussian Welfare State Before 1740*. Cambridge, Mass.: Harvard University Press.

DUFFY, C. (1979). *Siege Warfare*. Londres: Routledge & Kegan Paul.

_____ (1974). *The Army of Frederick the Great*. Newton Abbot: David & Charles.

ELTON, G.R. (1979). Parliament in the sixteenth century: function and fortunes. In: *Historical Journal*, 22.

_____ (1975). Taxation for war and peace in early Tudor England. In: WINTER, J.M. (org.). *War and Economic Development*. Cambridge: Cambridge University Press.

_____ (1955). *England Under the Tudors*. Londres: Methuen.

EVERSLEY, D.E.C. (1967). The home market and economic growth in England, 1750-80. In: JONES, E.L. & MINGAY, E.L. (orgs.). *Land, Labour and Population in the Industrial Revolution*. Londres: Arnold.

FALKUS, M. & GILLINGHAM, J. (1981). *Historical Atlas of Britain*. Londres: Grisewood and Dempsey.

FINCH, M. (1956). *The Wealth of Five Northamptonshire Families, 1540-1640*. Londres: Oxford University Press.

FINER, S. (1975). State and nation-building in Europe: the role of the military. In: TILLY, C. (org.). *The Formation of National States in Western Europe*. Princeton, N.J.: Princeton University Press.

FULBROOK, M. (1983). *Piety and Politics*: Religion and the Rise of Absolutism in England, Württemberg and Prussia. Cambridge: Cambridge University Press.

GOODY, J. (1971). *Technology, Tradition and the State in Africa*. Londres: Oxford University Press.

GOULD, J.D. (1972). *Economic Growth in History*. Londres: Methuen.

GREELEY, A.M. (1973). *The Persistence of Religion*. Londres: SCM.

HALE, J.R. (1965). Gunpowder and the Renaissance. In: CARTER, C.H. (org.). *From the Renaissance to the Counter-Reformation*. Nova York: Random House.

HANSON, D.W. (1970). *From Kingdom to Commonwealth*: the Development of Civic Consciousness in English Political Thought. Cambridge, Mass.: Harvard University Press.

HARTWELL, R.M. (1967). *The Causes of the Industrial Revolution in England*. Londres: Methuen.

HECHSHER, E.F. (1955). *Mercantilism*. 2 vols. Londres: Allen & Unwin.

HILL, C. (1980). *Some Intellectual Consequences of the English Revolution*. Londres: Weidenfeld & Nicolson.

HINTZE, O. (1975). *The Historical Essays of Otto Hintze*. Org. de F. Gilbert. Nova York: Oxford University Press.

HOLTON, R. (1984). *The Transition from Feudalism to Capitalism*. Londres: Macmillan.

HOWARD, M. (1976). *War in European History*. Londres: Oxford University Press.

JOHN, A.H. (1969). Aspects of English economic growth in the first half of the eighteenth century. In: MINCHINTON, W.E. (org.). *The Growth of English Overseas Trade*. Londres: Methuen.

_____ (1967). Agricultural productivity and economic growth in England, 1700-1760. In: JONES, E.L. (org.). *Agriculture and Economic Growth in England*: 1650-1815. Londres: Methuen.

JONES, E.L. (1967). Agriculture and economic growth in England, 1660-1750: agricultural change. In: JONES, E.L. (org.). *Agriculture and Economic Growth in England, 1650-1815*. Londres: Methuen.

JORDAN, W.K. (1969). *Philanthropy in England, 1480-1660*. Londres: Allen & Unwin.

KIERNAN, V.G. (1965). State and nation in western Europe. In: *Past and Present*, 31.

_____ (1957). Foreign mercenaries and absolute monarchy. In: *Past and Present*, 11.

LADERO QUESADA, M.A. (1970). Les finances royales de Castille à la veille des temps modernes. In: *Annales*, 25.

LANE, F.C. (1966). *Venice and History*. Baltimore: Johns Hopkins University Press.

LANG, J. (1975). *Conquest and Commerce*: Spain and England in the Americas. Nova York: Academic Press.

LAW, R. (1976). Horses, firearms and political power in pre-colonial West Africa. In: *Past and Present*, 72.

LOUSSE, E. (1964). Absolutism. In: LUBASZ, H. (org.). *The Development of the Modern State*. Londres: Collier-Macmillan.

LUBLINSKAYA, A.D. (1968). *French Absolutism*: the Crucial Phase, 1620-1629. Cambridge: Cambridge University Press.

MANN, M. (1980). State and society, 1130-1815: an analysis of English state finances. In: ZEITLIN, M. (org.). *Political Power and Social Theory*. Vol. 1. Greenwich, Conn.: JAI.

MARTIN, D. (1978). *A General Theory of Secularisation*. Oxford: Blackwell.

McKEOWN, T. (1976). *The Modern Rise of Population*. Londres: Arnold.

McNEILL, W.H. (1982). *The Pursuit of Power*. Oxford: Blackwell.

MITCHELL, B.R. & DEANE, P. (1962). *Abstract of British Historical Statistics*. Cambridge: Cambridge University Press.

MITCHELL, B.R. & JONES, H.G. (1971). *Second Abstract of British Historical Statistics*. Cambridge: Cambridge University Press.

MOUSNIER, R. (1954). *Les XVIe et XVIIe siècles*. Paris: Presses Universitaires de France.

NORTH, D.C. & THOMAS, R.P. (1973). *The Rise of the Western World*: A New Economic History. Cambridge: Cambridge University Press.

OUTHWAITE, R.B. (1969). *Inflation in Tudor and Early Stuart England*. Londres: Macmillan.

PARKER, G. (1974). The emergence of modern finance in Europe, 1500-1730. In: CIPOLLA, C.M. (org.). *The Fontana Economic History of Europe*: The Middle Ages. Londres: Fontana.

_____ (1972). *The Army of Flanders and the Spanish Road 1567-1659*. Cambridge: Cambridge University Press.

_____ (1970). Spain, her enemies and the revolt of the Netherlands 1559-1648. In: *Past and Present*, 49.

PARRY, J.H. (1974). *Trade and Dominion*: European Overseas Empires in the Eighteenth Century. Londres: Sphere Books.

_____ (1973). *The Age of Reconnaissance*: Discovery, Exploration and Settlement 1450-1650. Londres: Sphere Books.

PHELPS-BROWN, E.H. & HOPKINS, S.V. (1956). Seven centuries of the price of consumables. In: *Economica*, 23.

POGGI. G. (1984). *Calvinism and the Capitalist Spirit*. Londres: Macmillan.

_____ (1978). *The Development of the Modern State*. Londres: Hutchinson.

ROBERTS, M. (1967). The Military Revolution 1560-1660. In: *Essays in Swedish History*. Londres: Weidenfeld & Nicolson.

ROSENBERG, H. (1958). *Bureaucracy, Aristocracy and Autocracy*: The Prussian Experience 1660-1815. Cambridge, Mass.: Harvard University Press.

SCHARMA, S. (1977). *Patriots and Liberators*: Revolution in the Netherlands, 1780-1813. Londres: Collins.

SCHOFIELD, R.S. (1963). *Parliamentary lay taxation 1485-1547*. University of Cambridge [Tese de doutorado].

SCHUMPETER, E.B. (1960). *English Overseas Trade Statistics, 1697-1808*. Oxford: Clarendon.

SEELEY, J.R. (1968). *Life and Times of Stein*. 2 vols. Nova York: Greenwood.

SMALDANE, J.P. (1972). Firearms in the central Sudan: a reevaluation. In: *Journal of African History*, 13.

SOROKIN, P.A. (1962). *Social and Cultural Dynamics*. Vol. III. Nova York: Bedminister.

STEENSGAARD, N. (1981). The companies as a specific institution in the history of European expansion. In: BLUSSE, L. & GAASTRA, F. (orgs.). *Companies and Trade*. Londres: London University Press.

STONE, L. (1973). *Family and Fortune*: Studies in Aristocratic Finance in the Sixteenth and Seventeenth Centuries. Oxford: Clarendon.

_____. (1965). *The Crisis of the Aristocracy 1558-1641*. Londres: Oxford University Press.

_____ (1949). Elizabethan overseas trade. In: *Economic History Review*, série 2, vol. 2.

SWART, K. (1949). *The Sale of Offices in the Seventeenth Century*. The Hague: Nijhoff.

THOMPSON, I. (1980). *War and Government in Habsburg Spain, 1560-1620*. Londres: Athlone.

U.S. BUREAU OF THE CENSUS (1975). *Historical Statistics of the United States*. Bicentennial ed. pt. 2. Washington, D.C.: Government Printing Office.

VAGTS, A. (1959). *A History of Militarism*. Glencoe, Ill.: Free.

WALLERSTEIN, I. (1974). *The Modern World System*. Nova York: Academic.

WOLFFE, B.P. (1971). *The Royal Demesne in English History*. Londres: Allen & Unwin.

WRIGLEY, E.A. & SCHOFIELD, R.S. (1981). *The Population History of England, 1541-1871*. Londres: Edward Arnold.

15
Conclusões sobre a Europa
Explicando o dinamismo europeu: capitalismo, Cristandade e estados

Nos três capítulos anteriores, narrei essencialmente uma única história. Tratei da história de uma única "sociedade", a Europa. Havia também dois temas centrais: em primeiro lugar, como explicamos o dinamismo europeu? Em segundo lugar, quais foram as relações entre organizações de poder político e econômico, entre estados e capitalismo, nesse processo dinâmico? Podemos agora concluir a nossa discussão de ambos os temas.

A dinâmica europeia

Em meados do século XII, a Europa consistia numa múltipla e acéfala federação de aldeias, casas senhoriais e pequenos estados, unidos de modo frouxo pela pacificação normativa da Cristandade. Já era a civilização mais inventiva do ponto de vista agrícola desde o início da Idade do Ferro. No entanto, o seu dinamismo era sufocado pelas redes de poder locais e intensivas. Em termos amplos, militares e geopolíticos, ainda não era poderosa, e não era muito notada pelo mundo exterior. Em 1815, o dinamismo havia explodido sobre o mundo, e era óbvio que essa civilização em particular era a mais poderosa, tanto intensiva como amplamente, que o mundo havia visto. Os últimos três capítulos descreveram e tentaram explicar essa prolongada explosão de poder. Eles argumentaram que a dinâmica agrícola inicial dentro de um quadro de pacificação normativa foi aproveitada por três redes de poder mais amplas: (1) o capitalismo; (2) o Estado orgânico moderno; e (3) uma civilização multiestatal competitiva e diplomaticamente regulada na qual o Estado estava inserido.

A dinâmica, ao contrário da Revolução Industrial em que a mesma culminou, não foi súbita, descontínua ou qualitativa. Foi um processo demorado, cumulativo e talvez um pouco instável, mas ainda assim um processo em vez de um evento, que durou seis, sete ou mesmo oito séculos. Tentei transmitir, acima de tudo, nos últimos três capítulos, a continuidade essencial da dinâmica: desde um início que não podemos datar (pois é obscurecido pelos registros da Idade Média); em seguida, por meio de um estágio claramente reconhecível entre cerca de 1150-1200; e depois continuado até 1760 e às vésperas da Revolução Industrial.

Isso revela imediatamente que algumas explicações populares de fatores dessa dinâmica são extremamente limitadas. *Não* se deveu fundamentalmente à cidade do século XII, ou às lutas entre camponeses e senhores dos séculos XIII e XIV, ou aos métodos de contabilidade capitalista do século XIV, ou ao Renascimento dos séculos XIV e XV, ou à revolução da navegação do século XV, ou às revoluções científicas do século XV ao século XVII, ou ao protestantismo do século XVI, ou ao puritanismo dos séculos XVII e XVIII, ou à agricultura capitalista inglesa dos séculos XVII e XVIII – a lista poderia ser continuada. Todos e cada um deles são fracos como explicação geral do milagre europeu, por uma razão: começam *tardiamente* na história.

De fato, alguns dos maiores teóricos sociais – Marx, Sombart, Pirenne, Weber – mobilizaram boa parte de seus esforços em aspectos relativamente menores ou tardios de todo o processo, e seus seguidores muitas vezes ampliaram essa tendência. No caso de Weber, por exemplo, houve uma extraordinária concentração subsequente no papel do protestantismo e do puritanismo, embora essas contribuições sejam pequenas e tardias. No entanto, o próprio Weber enfatizou a natureza muito geral e demorada do que ele chamou de "processo de racionalização", e também insinuou que o puritanismo em grande parte reafirmou a mensagem cristã original de salvação racional e radical. Nesses aspectos, ele estava muito mais perto do ponto principal, vendo um processo histórico muito amplo e caracterizando sua unidade essencial como "inquietação racional". Na verdade, tal qualidade caracteriza todas as explicações particulares de fator único que acabamos de dar. Mas, se são todos semelhantes, queremos saber a causa subjacente da sua unidade.

Uma coisa parece clara: se houve uma unidade e uma causa, elas já deviam existir no momento em que os eventos listados apenas começaram. Quais eram eles? Talvez devêssemos perguntar primeiro por qual metodologia poderíamos chegar a uma solução. Existem dois métodos concorrentes.

O primeiro é o método comparativo, amplamente praticado por sociólogos, cientistas políticos e economistas. Aqui a tentativa é encontrar semelhanças e diferenças sistemáticas entre a Europa, que viu um milagre, e outras civilizações, inicialmente semelhantes em certos aspectos, em que isso não aconteceu. Esse foi o método empregado classicamente por Weber em seus estudos comparativos de religião. Conforme interpretado por Parsons (1968, cap. 25), Weber supostamente demonstrou que, embora em termos econômicos e políticos a China (e talvez a Índia) estivesse tão favoravelmente posicionada para desenvolver o capitalismo, ela ficou para trás no que se refere ao espírito religioso. O puritanismo em particular e o cristianismo em geral foram as causas decisivas, diz Parsons. É, no entanto, duvidoso que Weber realmente pretendesse uma explicação tão rudimentar. É muito mais provável que ele estivesse ciente do que estou prestes a dizer.

Consideremos mais explicações modernas sobre o porquê de a China não ter vivenciado um milagre comparável. Devemos primeiro notar que alguns sinólogos rejeitam a própria comparação. A China imperial, eles dizem, teve pelo menos um período de desenvolvimento social e econômico prolongado, na Dinastia Sung do Norte, por volta de 1000-1100 d.C. Esse foi um "meio milagre", que acabou por ser abortado, mas talvez pudesse ter se repetido com um resultado diferente em algum período histórico posterior, se a China tivesse sido deixada sem interferências. No entanto, a maioria dos sinólogos veem a China como tendo institucionalizado a estagnação e os "ciclos dinásticos" imperiais em vez do dinamismo em torno de 1200 d.C. Infelizmente, eles fornecem pelo menos quatro explicações alternativas e plausíveis: (1) A ecologia e a economia de células infinitamente repetidas de cultivo de arroz atrasaram a divisão do trabalho, a troca de mercadorias a longa distância e o desenvolvimento de cidades autônomas. (2) O Estado imperial despótico reprimiu a mudança social, especialmente proibindo a livre troca e sobretributando o fluxo visível de bens. (3) A hegemonia geopolítica do Estado imperial significava a não competição multiestatal, e por isso não havia forças dinâmicas autorizadas a entrar em territórios chineses. (4) O espírito da cultura e religião chinesas (seguindo Weber) enfatizaram desde tempos muito antigos a virtude da ordem, conformidade e tradição. (Para comentários, cf. ELVIN, 1973; HALL, 1985.)

Essas são todas explicações plausíveis. É provável que as forças que eles identificam fossem todas contribuintes e interligadas e que a causalidade fosse extremamente complexa. O problema é que foram sugeridas quatro forças contribuintes plausíveis e que a Europa difere em relação a todas elas. A ecologia da Europa não era dominada pelo arroz, e era extremamente variada; seus estados eram fracos; ela era uma civilização multiestatal; e sua religião e cultura expressavam o espírito de inquietação racional. Não temos meios de saber, por comparação, quais dessas forças, sozinhas ou em combinação, fizeram a diferença crucial, porque não podemos variá-las.

Então, podemos acumular outros casos de civilizações que possuem misturas variadas dessas forças para obter uma boa difusão de nossa variável crucial? Infelizmente, não. Considere por um momento um caso adicional óbvio, a civilização islâmica. Por que o Milagre não ocorreu lá? A literatura sobre essa questão é igualmente complexa e controversa. E, naturalmente, ela tende a lidar com configurações de forças um pouco diferentes. Uma característica distintiva do Islã é o tribalismo; outra, que o fundamentalismo religioso se repete de forma poderosa, geralmente a partir de uma base tribal no deserto. Assim, um dos relatos mais plausíveis da estagnação do Islã é o de Ibn El Khaldun e Ernest Gellner: uma luta cíclica interminável foi travada entre os citadinos/comerciantes/estudantes/estados, por um lado, e os homens tribais/profetas, por outro. Nenhum dos dois foi capaz de manter uma direção consistente de desenvolvimento social (cf. GELLNER, 1981). Mas, em que outras civilizações podemos variar tal configuração? Ela é única no Islã. Há mais forças relevantes e configurações de forças do que casos. Europa, China, Índia, Japão, Islã – existem quaisquer outros casos em que a questão global possa ser abordada de forma relevante? Como cada um difere em muitos aspectos de todos os outros, não há possibilidade de usar o método comparativo na forma como Parsons atribui a Weber.

Na verdade, há outra dificuldade: nenhum destes casos foi autônomo. O Islã estava em contato com todos, e as influências fluíam mutuamente por meio deles. O Islã e a Europa lutaram longa e duramente um contra o outro, não só se influenciando mutuamente, mas também deixando uma certa parte da história mundial ser decidida pela sorte da guerra. Ouçamos o comentário simpaticamente malicioso de Gellner sobre o debate completo a respeito do milagre europeu:

> Gosto de imaginar o que teria acontecido se os árabes tivessem vencido em Poitiers e ido conquistar e islamizar a Europa. Sem dúvida, todos nós admiraríamos *A ética carijita e o espírito do capitalismo* de Ibn Weber, que demonstraria conclusivamente como o espírito racional moderno e sua expressão nos negócios e na burocracia só poderia ter surgido em consequência do puritanismo neocarijita do século XVI no norte da Europa. Em particular, a obra demonstraria como a racionalidade econômica e organizacional moderna nunca poderia ter surgido se a Europa tivesse se mantido cristã, dada a inveterada propensão dessa fé para uma visão barroca, manipuladora, paternalista, quase animista e desordenada do mundo (1981: 7).

O método comparativo não é solução para esses problemas, não por causa de quaisquer defeitos lógicos ou epistemológicos gerais que ele possa ter, mas porque, ao lidar com os problemas, simplesmente não temos casos autônomos e analógicos suficientes. Confrontados com essa realidade empírica, devemos nos voltar pragmaticamente para o segundo método: a cuidadosa narrativa histórica, que tenta estabelecer "o que aconteceu depois" para ver se há a "sensação" de um padrão, um processo, ou uma série de acidentes e contingências. Aqui ainda precisamos de conceitos e teorias explícitos, mas amplos, sobre como as sociedades geralmente funcionam e sobre como os seres humanos se comportam, mas nós os empregamos em uma narrativa histórica, buscando continuidade ou conjectura, padrão ou acidente. A sociologia histórica, e não comparativa, tem sido o meu principal método. O que ele pode estabelecer, e o que ele estabeleceu?

Ao longo desse volume, encontramos repetidamente uma grande objeção à concepção de mudança social como sistêmica, como gerada internamente pelas tensões padronizadas, contradições e energias criativas de uma determinada sociedade. É que as fontes de mudança são geográfica e socialmente "promíscuas" – nem todas emanam do espaço social e territorial de uma dada "sociedade". Muitas entram por meio da influência das relações geopolíticas entre estados; mais ainda, fluem intersticial ou transnacionalmente por meio dos estados, dando pouca atenção às suas fronteiras. Essas fontes de mudança são intensificadas no caso do desenvolvimento social. Pois estamos interessados aqui não na história contínua de um dado território, mas na história das "linhas de frente" de sociedades e de civilizações poderosas, onde quer que essas linhas as mais avançadas de poder são encontradas. Na Europa, a liderança viajou para o norte e para o oeste, atravessando os três capítulos precedentes, desde a Itália, passando pelos corredores centrais de comércio, até os estados territoriais do noroeste e, finalmente, até a Grã-Bretanha.

Assim, se quisermos localizar um padrão para a dinâmica, é necessário ter em conta duas complicações: mudanças geográficas na dinâmica central e relações externas e talvez conjunturais com o mundo não europeu[1]. Para a maior parte da nossa narrativa, essa última significa ter em conta, em grande medida, as influências internacionais e transnacionais que emanam do Islã. Algumas delas serão seguramente acidentais do ponto de vista da própria Europa, e a nossa conclusão será mista. Terei em conta essas duas complicações, por sua vez. Em primeiro lugar, discuto os aspectos "internos" da dinâmica europeia, tendo em conta as suas viagens ao noroeste, mas ignorando a presença do Islã. Depois, passo ao Islã.

Permitam-me que comece com a padronização clara existente no capítulo 12, especialmente no Ocidente, em 1155. Ele continha várias redes de poder díspares, cujas interações estimulavam o desenvolvimento social e econômico. Havia pequenos vilarejos camponeses que cruzavam as casas senhoriais, ambos penetrando e drenando solos úmidos, aumentando a produtividade agrícola além de qualquer coisa ainda conhecida em uma área tão extensa. Mas esses grupos também precisavam de redes de poder mais amplas: eles dependiam de trocas de mercadorias de longa distância, nas quais outra área geográfica, a costa norte do Mediterrâneo, era a líder. Dependiam do reconhecimento geral das normas relativas aos direitos de propriedade e à livre troca. Essas eram garantidas por uma mistura de costumes e privilégios locais, alguma regulamentação judicial por parte dos estados fracos, mas, acima de tudo, pela identidade social comum proporcionada pela Europa cristã. Essa foi uma civilização, mas dentro dela nenhuma região, forma de economia, Estado, classe ou seita pode-

---

1. Ao abordar esses problemas, reconheço a influência de um trabalho seminal de McNeill: *The Shape of European History* (1974).

ria impor sua dominação completamente sobre outras. Era essencialmente uma civilização *competitiva* – a competição floresceu dentro das fronteiras do Estado, entre os estados e por meio das fronteiras do Estado – mas a competição era normativamente regulada. A combinação da diversidade social e ecológica e da competição com a pacificação normativa levou ao expansionismo controlado e à inventividade que o rótulo de "inquietação racional" de Weber transmite muito bem. Como veremos no próximo capítulo, as "civilizações de múltiplos atores de poder" competitivos têm sido uma das duas principais fontes de desenvolvimento de poder social.

O dinamismo europeu era sistêmico. Primeiro, caracterizou a Europa como um todo, integrando as suas diversidades numa única civilização. Naturalmente, as formas emergentes no noroeste da Europa, nas quais me concentrei, diferiam consideravelmente das do Mediterrâneo ou da Europa Central. Mas o mesmo espírito invadiu o continente. Assim, as mudanças geográficas do dinamismo pressupunham, na verdade, a sua unidade. Em segundo lugar, ele foi padronizado porque sobreviveu por muito tempo, superando as crises demográficas e econômicas, as derrotas militares pelas mãos do Islã, o cisma religioso e as tentativas internas de hegemonia geopolítica imperial. Sua ubiquidade diante de tantos desafios revela que era sistêmico.

Mas, se explicarmos as suas origens, as coisas já não parecem tão sistemáticas. Porque quando identificamos os vários componentes dessa estrutura do século XII, descobrimos que as suas origens residem numa grande diversidade de tempos e lugares. Podemos simplificar um pouco. A agricultura camponesa e as comunidades aldeãs descendiam principalmente dos bárbaros germânicos, das casas senhoriais e das principais rotas comerciais, principalmente do mundo romano tardio. Muitas práticas econômicas, militares e políticas fundiram essas duas tradições. Podemos avançar na explicação se pudermos considerar o padrão medieval, talvez "feudal", como a fusão de dois padrões anteriores, o germânico e o romano. Anderson (1974), por exemplo, usa o termo *modo de produção* de forma tão ampla que podemos concordar parcialmente com ele quando diz que o "modo de produção feudal" fundiu o "modo tribal germânico" e o "modo antigo". Mas mesmo isso padroniza em demasia o que aconteceu. Não é bom para poder analisar outros tipos de contribuição regional para o padrão que acabou se impondo: por exemplo, as distintivas entradas escandinavas do comércio marítimo, as técnicas de navegação e os pequenos e coesos reinos guerreiros. Também esse padrão se encaixa muito facilmente como transmissor, por meio de Roma, do "legado clássico". No entanto, o cristianismo, embora viesse por meio de Roma, trazia essencialmente a influência do Mediterrâneo Oriental e do Oriente Médio – da Grécia, da Pérsia, do helenismo e do judaísmo. Ele provou ter um apelo distinto aos camponeses, comerciantes, e reis menores por toda a Europa, e assim sua influência tardia transcendeu as fronteiras do Império Romano. Embora as estruturas de poder de Roma sejam uma base essencial para compreender, digamos, as origens da casa senhorial, e as germânicas para a compreensão da vassalagem, as origens do cristianismo foram um pouco intersticiais a ambas. As suas capacidades de reorganização não se limitaram a provocar uma fusão romano-germânica.

Além disso, se olharmos para o interior desses "padrões" germânicos ou romanos, nós os encontramos menos coesos, eles próprios compostos por influências de diferentes tempos e lugares. Por exemplo, em capítulos históricos anteriores, tratei no decorrer de um espectro de tempo muito longo o crescimento gradual da agricultura camponesa da Idade do Ferro. Isso elevou, firmemente, tanto o poder econômico do agricultor do solo úmido quanto o poder militar do soldado de infantaria. Os dois caminharam de mãos dadas. Eles viajaram para o norte, atravessando a fronteira romana com a Alemanha durante o principado romano, e então eles voltaram juntos na forma de invasões germânicas. Mas depois se separaram. A tendência econômica continuou, e o poder econômico continuou lentamente se deslocando para o noroeste, em direção ao agricultor de médio porte. Mas a tendência militar foi revertida, pois as condições da guerra defensiva contra os bárbaros não germânicos e os modelos orientais disponíveis de cavalaria pesada permitiram que cavaleiros nobres se elevassem acima dos camponeses livres. O feudalismo franco, em muitos aspectos prototípico do feudalismo tardio, foi assim uma mistura da mudança da sociedade camponesa "europeia" muito, muito antiga e da novíssima e oportunista, a "não europeia".

Por todas essas razões, é difícil evitar a conclusão de que as *origens* do milagre europeu foram uma série gigantesca de coincidências. Muitos caminhos causais, alguns a longo prazo e estáveis, outros recentes e repentinos, outros antigos mas com um crescimento histórico descontínuo (como a alfabetização), vindos de toda a Europa, do Oriente Próximo e mesmo das civilizações da Ásia Central, se juntaram num determinado momento e lugar para criar algo incomum. E, afinal de contas, foi assim também que tratei anteriormente as origens da própria civilização (nos cap. 3 e 4), e o dinamismo da Grécia (no cap. 7).

É verdade que é razoável interromper essa complexa cadeia de coincidências e generalizar com precisão aceitável. Mas nossas generalizações não podem dizer respeito a "sistemas sociais". A sociedade medieval ou "feudal" não foi o resultado do dinamismo ou das contradições de um sistema social precedente, "formação social", "modo de produção", ou qualquer termo unitário preferido. Tampouco foi o resultado da fusão de mais de um desses sistemas sociais. Tem sido meu tema constante que as sociedades não são unitárias. Em vez disso, elas compreendem redes de poder múltiplas e sobrepostas. Nenhuma delas pode controlar ou sistematizar totalmente a vida social como um todo, mas cada uma pode controlar e reorganizar certas partes da mesma.

Em particular, o milagre europeu não pode ser interpretado como "a transição do feudalismo para o capitalismo", como diz a tradição marxista. Vimos que o feudalismo, o capitalismo e seus modos de produção não são mais do que tipos-ideais úteis. Com eles, podemos organizar e explicar algumas das diversas influências empíricas sobre o desenvolvimento europeu; mas não podemos obter uma explicação satisfatória do desenvolvimento europeu apenas a partir deles. Para essa tarefa precisamos combinar esses tipos ideais econômicos com tipos ideais derivados das outras fontes de poder social: as ideológicas, militares e políticas.

Portanto, nossas generalizações, na presente instância, dizem respeito à forma como as várias redes de poder, organizando esferas da vida social e das terras europeias, diferentes mas sobrepostas, se uniram para criar solo particularmente fértil para a criatividade social. Permitam-me exemplificar as quatro principais redes de poder que operam nesse caso.

Primeiro, a Cristandade, fundamentalmente uma rede ideológica de poder, surgiu de uma base urbana mediterrânea oriental para converter, reorganizar e até mesmo criar o continente da "Europa". A sua pacificação normativa regulou minimamente as lutas das outras redes, menos amplas; e as suas visões semirracionais e semiapocalípticas da salvação forneceram grande parte da motivação psicológica para a criatividade desse mundo. Sem ela, nem a reorganização ecumênica, nem os mercados, nem propriedade fundiária, nem a "inquietação racional", teriam florescido assim nesses territórios.

Em segundo lugar, na *ecumene*, os pequenos estados acrescentaram um pouco de regulamentação judicial e a confirmação de costumes e privilégios. Sua reorganização, mais limitada em escopo e extensão, variou por toda a Europa. Os estados geralmente combinavam as pretensões romanas (*dignitas* imperiais ou urbanas) com as tradições tribais germânicas ou escandinavas e com estruturas que tinham sido recentemente reorganizadas por exigências militares (séquitos blindados montados, castelos, vassalagem, maior expropriação dos camponeses etc.).

Em terceiro lugar, as redes de poder militar se sobrepunham, e forneciam grande parte da dinâmica específica do início do Estado medieval. As condições da guerra local e defensiva desenvolveram o imposto feudal em algumas partes e a milícia urbana em outras. De acordo com as circunstâncias locais, isso encorajou monarquias feudais ou comunas urbanas, com todos os tipos de principados mistos no meio. Essa dinâmica militar contribuiu grandemente para a reorganização das relações de classe. Ela intensificou a estratificação social, subordinou ainda mais os camponeses, muitas vezes enredando suas faixas de terra com a casa senhorial. A maior extração de excedente do campesinato permitiu que os senhores comercializassem mais mercadorias, e isso intensificou as relações rural-urbanas, bem como as relações entre o norte, o oeste e o Mediterrâneo.

Em quarto lugar, as redes de energia econômica eram múltiplas, mas estreitamente ligadas. As relações de produção local variavam de acordo com a ecologia, a tradição e o impacto de todas as redes acima mencionadas. No noroeste eu identifiquei duas unidades principais e muitas vezes interdependentes, a aldeia e a casa senhorial. Uma parte suficiente dos seus excedentes foi comercializada como mercadoria para ligar a aldeia e o solar a redes comerciais muito mais amplas, especialmente as do norte-sul. Elas encorajaram o desenvolvimento de corredores norte-sul em toda a massa continental central, e em grande parte da Itália, como uma forma bastante diferente de sociedade. Aqui, príncipes, bispos, abades, comunas e oligarquias mercantis forneciam formas menos territorializadas de integração da cidade e do campo, produção e intercâmbio. Desde muito cedo, desde antes do início de nossos registros, as formas embrionárias dessas redes de poder econômico mostravam um extraordinário dinamismo, especialmente com em relação à produtividade agrícola no noroeste.

Essas quatro redes de poder principais reorganizaram esferas e extensões geográficas variáveis da vida social medieval tardia. Como pode se ver até mesmo nessa breve revisão, suas inter-relações eram complexas. Aplicadas a essa era, elas são meio tipos ideais, meio especialização social real. Eu destaquei uma, a Cristandade, como *necessária* para tudo o que se seguiu. As outras também fizeram uma contribuição significativa para a dinâmica resultante, mas se elas eram "necessárias" é outra questão. Poderiam ter sido substituídas por outras configurações de redes de poder sem destruir a dinâmica?

Essa questão é especialmente difícil de responder devido ao desenvolvimento histórico da dinâmica. Cada rede de poder tendeu a dar uma contribuição distintiva para a sua reorganização em diferentes períodos. No entanto, cada uma era constantemente reorganizada pelas outras. No capítulo 12, caracterizei uma fase relativamente intensa da dinâmica, na qual os atores do poder local, principalmente os senhores e os camponeses, melhoraram sua agricultura dentro da pacificação normativa da Cristandade. Nessa fase, os estados pouco contribuíram. Mais tarde, no entanto, a lógica da batalha deu impulsos fiscal-militares distintos aos poderes estatais. Isso coincidiu com uma expansão do comércio. A combinação particular dessas redes de poder militar/políticas e econômicas levou a uma maior expansão do papel geral para os estados. Isso incluiu a secularização dos espaços geopolíticos em uma civilização multiestatal de pleno direito, diplomaticamente regulada. A competição regulada entre esses estados tornou-se então uma parte nova da dinâmica europeia, juntamente com as formas mais tradicionais de competição entre atores econômicos, classes e grupos religiosos. À medida que o último desabou em importância, depois de cerca do século XVII, a dinâmica, ainda que contínua, tinha diferentes componentes de diferentes períodos.

Uma segunda complicação resulta de variações geográficas da dinâmica. Diferentes partes da Europa fizeram uma reorganização das contribuições em diferentes momentos. A lista de teorias de "único fator" que eu dei anteriormente revela bem isso. Algumas emanam da Itália, algumas da Alemanha, França, Países Baixos, Inglaterra. De fato, se alongarmos a lista para incluir todos os fatores que parecem ter ajudado a Europa, então o padrão geográfico da dinâmica se torna muito complexo.

É nesse ponto que devemos alargar a nossa atenção para discutir o Islã. A Europa tomou de empréstimo algumas coisas do Islã, embora precisamente o que ainda é controverso. Ainda não está claro se os seus empréstimos – principalmente, ao que parece, a recuperação do "clássico" por meio de intermediários islâmicos – deram uma contribuição decisiva para o desenvolvimento europeu. Mas a necessidade de defesa militar é outro assunto. Não teria havido uma dinâmica *europeia*, e talvez nenhuma dinâmica constante, se o Islã ou os mongóis tivessem conquistado a totalidade ou mesmo metade do continente. A defesa pode ser examinada sistematicamente.

À primeira vista, a defesa não parece padronizada. Primeiro, centrou-se em reinos como os francos, depois em grupos de normandos que viajaram pela Europa para lutar e encontraram os seus reinos mediterrâneos. Então eles foram ajudados no período das Cruzadas por alguns dos grandes monarcas da época, franceses, alemães e ingleses. Depois, com a decadência e colapso de Bizâncio, os cavaleiros borgonheses e franceses fizeram breves incursões, embora a principal pressão islâmica fosse agora sentida por Veneza, Gênova e os reinos eslavos. Então a Espanha e a Áustria receberam a pressão. O ponto de viragem final, fora das portas de Viena em 1683, foi alcançado sob a liderança de um rei polaco. *Todo mundo* parece ter tido uma mão na defesa da Europa. Em outras palavras, uma enorme variedade de estruturas sociais encontradas em toda a Europa protegeu a dinâmica com a utilização de suas organizações de poder militar.

Por meio desse exemplo, podemos perceber tanto a contingência como o padrão nas mudanças históricas e geográficas. Os fatores contingentes foram importantes porque os períodos de pressão do Islã resultaram principalmente de fatores internos a ele próprio ou emanaram da periferia oriental da Europa, que muitas vezes pouco contribuíam direta e positivamente para a dinâmica europeia. Algumas contingências tiveram repercussões imensas. Quando os turcos tomaram Constantinopla e fecharam o Mediterrâneo Oriental, alteraram o equilíbrio de poder europeu. O comércio das potências mediterrâneas centrais diminuiu, ao mesmo tempo que os seus compromissos militares cresceram. As potências atlânticas se apoderaram dessa oportunidade, e o oeste se tornou dominante. Esse foi, de certa forma, um acidente histórico-universal.

Mas, em outro sentido, a mudança de poder foi parte de uma mudança de longo prazo em direção ao oeste e ao noroeste. Isso aconteceu em praticamente todo esse volume, e por isso é mais apropriadamente um assunto para o próximo e conclusivo capítulo. Mas devemos agora lembrá-lo para que não tomemos como um acidente local algo que pode ter sido parte de um padrão. A pressão islâmica e as suas consequências geopolíticas não foram totalmente acidentais. Na maioria dos principais períodos históricos, a "linha de frente" da civilização, do poder coletivo, encontrou dificuldade na expansão para o leste. Combateu uma defensiva, e às vezes perdida, batalha contra vizinhos orientais agressivos. Somente Alexandre o Grande inverteu este fluxo normal, expandindo a civilização helênica para o leste. Roma a consolidou, mas foi incapaz de levá-la mais para leste.

Na Europa, dois processos geopolíticos foram consistentes com a norma histórica. Em primeiro lugar, a Europa estava bloqueada em direção a leste. Nunca ameaçou dominar remotamente o Islã nas suas terras centrais – nem os hunos, os mongóis ou os tártaros nas estepes. Se a Europa se expandisse, não seria para leste – e a ecologia e o clima asseguravam que também não seria para norte nem para sul. Em segundo lugar, era bastante provável que, se as partes orientais dessa civilização, quer fossem ou não a sua "linha de frente", assumissem coletivamente a pressão com sucesso, ao fazê-lo, elas se drenariam sozinhas. Depois de Poitiers e Lechfeld, e certamente depois do século XIII, a Europa Central e Ocidental estava segura. Mas, a longo prazo, os reinos da Europa Oriental, Bizâncio, os aventureiros normandos, Veneza, Gênova e Espanha dedicariam tanto de seus recursos nessa luta improdutiva que seria improvável que dessem uma contribuição positiva para a dinâmica europeia. Só muito mais tarde, quando a maré virou, a Áustria e (mais espetacularmente) a Rússia poderiam ganhar a luta contra o Islã e os tártaros.

Isso não diz nada sobre se a linha de frente *avançaria* mais para oeste. Para que isso acontecesse, era necessário um conjunto de condições bem distintos. Potencialidades de poder também eram necessárias no Ocidente, de modo que aqueles que olhavam para o oeste, ou aqueles das marchas ocidentais, pudessem explorá-las. Eles *queriam* fazer isso, porque todas as outras direções estavam bloqueadas. Mas se eles *poderiam* fazer isso, era inteiramente dependente do que ali estava, capaz de ser explorado. Note que agora eu inverti o que era padrão e o que era contingente. Temos duas metades de uma explicação conjuntural geral. A partir do ponto de vista de cada um, o outro era contingente. Do ponto de vista de Europa Ocidental, a luta no oriente com o Islã foi acidental (e afortunada). Do ponto de vista do Oriente, as oportunidades do ocidente foram acidentais (e muito azaradas).

As oportunidades do Ocidente vieram em duas formas principais. Primeiro foram as oportunidades agrícolas apresentadas por solos mais profundos, mais úmidos, mais férteis e por uma estrutura social local (descrita acima) capaz de explorá-los. Essas oportunidades começaram na Idade Média e continuaram intermitentemente até a "revolução agrícola" do século XVIII. Em segundo lugar, as oportunidades de navegação apresentadas pelas costas atlântica e báltica e pelas estruturas sociais locais adequadas. Essas oportunidades foram exploradas em duas fases distintas: a expansão inicial de viking para normando, e a expansão dos séculos XV a XVII da coesiva (ou seja, "coordenadora" e "orgânica"), estados médios costeiros, da Suécia a Portugal. Eu me concentrei na última fase, particularmente na forma de sistemas estatais e multiestatais apropriados para explorar essas oportunidades (e que resumirei na próxima seção).

No final de todos esses processos estava um Estado orgânico, de tamanho médio, de ilha de solo úmido, perfeitamente situado para decolagem: a Grã--Bretanha. Foi um acidente ou parte de um padrão macro-histórico? A resposta ampla está agora disponível.

A dinâmica europeia foi a conjunção acidental de dois macropadrões, antecipando em muito a experiência medieval da Europa, atuando sobre as redes de poder únicas mas com padrões internos. Os dois macropadrões eram um bloqueio político a leste e uma oportunidade de comércio agrícola a oeste. O primeiro padrão foi transportado para os períodos Medieval e Moderno pelo Islã e, em menor grau, pelos impérios mongóis e tártaros, cuja estrutura e poder permanecem fora do âmbito desse volume. O segundo padrão e o seu impacto na Europa medieval foram plenamente discutidos nos três capítulos anteriores. Na era medieval, as oportunidades agrícolas e navegacionais foram exploráveis por um historicamente conjuntural, mas internamente padronizado, conjunto de redes de poder sobrepostas. Essas foram (1) a pacificação normativa da Cristandade, mais tarde amplamente substituída por uma civilização multiestatal diplomaticamente regulada; (2) pequenos e fracos estados políticos, crescendo em poderes orgânicos e de coordenação territorial centralizada, mas nunca interna ou geopoliticamente hegemônicos; e (3) uma multiplicidade de redes de poder econômicas locais, parcialmente autônomas e competitivas – comunidades camponesas, senhoriais, cidades e corporações mercantis e artesanais – cuja competição se instalou gradualmente nesse conjunto único, universal e difuso de relações de poder de propriedade privada que conhecemos como capitalismo. Em 1477, essas redes de poder estavam se desenvolvendo em sua forma mais simples e moderna: uma civilização multiestatal e capitalista, em cuja composição interna mergulharemos em um momento. Essa conjunção de processos parcialmente padronizados e de acidentes parcialmente históricos é o mais próximo possível de uma teoria global do dinamismo europeu usando formas históricas de explicação. A falta de casos comparáveis torna improvável que nos aproximemos muito mais utilizando o método comparativo.

O capitalismo e os estados

O segundo tema central, especialmente dos dois últimos capítulos, foi uma análise das inter-relações e dos pesos relativos do capitalismo e do Estado influenciando esse importante processo de desenvolvimento europeu. Conduzi o argumento de uma forma particular, alargando uma metodologia utilizada anteriormente no capítulo 9, um estudo quantitativo das finanças públicas, centrado no caso da Inglaterra/Bretanha. Os registos fiscais sobreviventes nos permitem perceber claramente o papel do Estado Inglês durante esse período, e o papel dos estados no surgimento do capitalismo europeu e da civilização europeia em geral. Assim, vamos começar resumindo as funções do Estado inglês como revelado apenas pelo registro fiscal.

Simplesmente a partir de uma análise das finanças do Estado, suas funções parecem esmagadoramente militares e geopolíticas em vez de econômicas e domésticas. Durante mais de sete séculos, entre 70% e 90% dos seus recursos financeiros foram quase continuamente utilizados na aquisição e uso da força militar. E embora essa força possa também ser utilizada para a repressão interna, a cronologia do seu desenvolvimento foi quase inteiramente determinada pela incidência e caráter da guerra internacional.

Durante vários séculos, o Estado cresceu apenas de forma intermitente e em pequenos graus, embora cada crescimento real tenha sido o resultado de desenvolvimentos de guerra. A maior parte do seu crescimento financeiro aparente antes do século XVII se deveu, na verdade, à inflação, que desapareceu quando examinamos as finanças a preços constantes. Mas, nos séculos XVII e XVIII, a dimensão financeira real do Estado cresceu rapidamente. Antes disso, era minúscula em relação aos recursos da economia e marginal em relação à experiência de vida da maioria de seus habitantes. Por volta de 1815 – um ano de grande guerra, é claro – ele se impôs sobre a sociedade civil. O "Estado moderno" tinha chegado, produto dos desenvolvimentos muitas vezes chamados de Revolução Militar – exércitos e marinhas profissionais e permanentes. Até 1815, suas funções civis públicas eram pouco significativas em termos financeiros.

Não se trata de defender um determinismo militar. O caráter da tecnologia militar está intimamente relacionado com a forma geral da vida social e, em particular, com o modo de produção econômico. Os propósitos da guerra também se tornaram mais econômicos num sentido moderno, à medida que a expansão da economia europeia entrelaçava a conquista militar com a retenção dos mercados e da terra. No entanto, os estados e a civilização multiestatal se desenvolveram primariamente em resposta às pressões emanadas das esferas geopolítica e militar. Assim, as teorias que atribuem à função principal do Estado a regulação da sua "sociedade civil" interna – quer isso seja visto em termos funcionais ou em termos marxistas de luta de classes – parecem simplistas. Todos os estados possuem tais funções mas, nesse terreno geográfico e histórico particular, eles parecem, do ponto de vista dos custos financeiros, ter sido em grande medida derivados do seu papel geopolítico.

No entanto, esse argumento é simplista. Ele se baseia apenas nas finanças e, portanto, tende a subestimar funções que eram relativamente sem custos, mas que podem ser consideradas importantes em outros sentidos. O outro aspecto importante do surgimento do Estado Moderno foi sua monopolização dos poderes judiciais, inicialmente confinados à resolução de disputas relativas a costumes e privilégios, mais tarde se estendendo à legislação ativa. Isso não custou muito, porque, nesse papel, o Estado estava *coordenando* amplamente as atividades dos grupos poderosos da "sociedade civil". No Período Medieval Tardio, esses grupos tinham poderes consideráveis nas suas próprias localidades provinciais (como sempre havia sido o caso nas sociedades históricas amplas) e, algumas vezes, também possuíam uma organização semelhante à de um Estado nacional. Mas, por uma mistura de razões econômicas e militares, a coordenação se tornou mais próxima. A segunda fase do Estado moderno começou a aparecer, o Estado *orgânico*. O Estado e o monarca (ou, mais raramente, a república) foram o ponto em torno do qual esse organismo cresceu. Na Inglaterra, a forma adotada foi a monarquia constitucional, firmemente estabelecida após 1688. Mas o organismo também se tornou uma classe capitalista, que unia interesses fundiários e comerciais (ou seja, "nobreza", "senhorio", "guarda real", "burguesia" etc.) mas excluía o povo. Outros países adotaram uma forma de Estado um pouco menos orgânica, o absolutismo, que geralmente incluía a nobreza, mas excluía a burguesia. O absolutismo tendeu a permanecer, em maior grau, no nível administrativo, organizando as relações entre os grupos – cada vez mais, classes – que eram organizacionalmente segregados uns dos outros. Consequentemente, foi ligeiramente menos eficaz na penetração infraestrutural e na mobilização social do que o Estado constitucional mais orgânico (embora isso fosse menos verdadeiro no militarismo do que nas organizações de poder econômico).

Os estados orgânicos, especialmente os estados constitucionais, sobre territórios tão amplos, foram novidades na história. Eles representaram o declínio do Estado terriorialmente federal, característico, como vimos, de quase todas as sociedades amplas anteriores. Até então, o governo tinha sido um compromisso entre as arenas de poder central e provincial, cada uma com considerável autonomia. Agora, o compromisso foi centralizado, e o Estado quase unitário nasceu. Seu alcance infraestrutural e penetração sobre seus territórios era maior do que qualquer Estado amplo até então.

O fator precipitante dessa tendência secular foi quase sempre a pressão fiscal sobre o Estado que emanava de suas necessidades militares internacionais. Mas a causa subjacente da extensão dos poderes de coordenação do Estado estava mais na extensão das relações de classe sobre um terreno geográfico mais amplo por meio da transição da economia amplamente "feudal" para a economia capitalista. Os recursos econômicos, incluindo a autonomia local e a privacidade do Estado, discutidos no capítulo 12, se cristalizaram gradualmente no que chamamos de propriedade privada. À medida que a produção e o comércio dessas unidades locais cresciam, os estados eram cada vez mais atraídos para a regulamentação de direitos de propriedade mais precisos, técnicos e ainda mais universais. Os estados começaram a suplantar a Cristandade como o principal instrumento de pacificação normativa, um processo que se tornou espetacular e irreversível no cisma protestante e no estabelecimento das guerras de religião nos séculos XVI e XVII.

Note, no entanto, que eu escrevo "estados", não "o Estado". Pois, quaisquer que sejam as exigências normativas (e repressivas) do capitalismo, ele não criou o seu próprio Estado singular. Como notarei repetidamente no próximo volume, não há nada inerente ao modo de produção capitalista que leve ao desenvolvimento de redes de classes; cada uma das quais é largamente limitada pelos territórios de um Estado. Pois tanto os estados coordenados quanto os orgânicos eram cada vez mais *nacionais* em seu caráter. Testemunhamos a emergência de muitas redes de poder econômico e muitas lutas de classes, e a perpetuação de muitos estados sobre uma única civilização. Mais uma vez, como na Suméria e na Grécia na época de seu florescimento, uma civilização dinâmica continha unidades pequenas, unitárias e centradas no Estado e uma "cultura federal" geopolítica mais ampla.

Assim, na época da Revolução Industrial, o capitalismo já estava contido em uma civilização de estados geopolíticos concorrentes. O cristianismo já não definia sua unidade essencial; de fato, é difícil identificar a natureza dessa unidade além de que ela era "europeia". Os canais diplomáticos constituíam sua principal organização, e as relações geopolíticas consistiam em comércio, diplomacia e guerra, que não eram vistos como mutuamente exclusivos pelos estados. Mais difuso do que isso, porém, era um sentido de identidade comum europeia-cristã (portanto, branca) que não era propagado por nenhuma organização impositiva transnacional. No entanto, a interação econômica foi amplamente confinada dentro das fronteiras nacionais, apoiada por dominações imperiais. Cada Estado líder se aproximou de uma rede econômica autocontida. As relações econômicas internacionais foram mediadas impositivamente pelos estados. A regulação e a organização da classe se desenvolveram assim em cada uma de uma série de áreas geográficas, moldadas por unidades geopolíticas existentes.

E assim, o processo e o resultado das lutas de classes se tornaram significativamente determinados pela natureza e pelas inter-relações dos estados. Isso foi notado por outros autores. Tilly se perguntou, de certa forma ingenuamente, se o campesinato francês do século XVII realmente era uma "classe", como o termo é convencionalmente compreendido. Pois em vez de lutar contra seus proprietários, esses camponeses geralmente lutavam ao lado de seus senhores contra o Estado. Por que, ele pergunta. Porque a necessidade do Estado de impostos e mão de obra para a guerra internacional o levou a expropriar camponeses e a incentivar a mercantilização da economia (que também ameaçava os direitos dos camponeses). Tilly conclui que o campesinato francês era típico, não excepcional. Como ele disse, "Em a nossa própria era, os dois processos mestres (de desenvolvimento social) são [...] a expansão do capitalismo e o crescimento dos estados e sistemas de estados nacionais". Interligados, esses dois processos explicam a luta de classes, ele argumenta (TILLY, 1981: 44-52, 109-44).

A história é retomada a partir do século XVIII por Skocpol. Ela demonstra que as revoluções de classe modernas – seus exemplos são as revoluções francesa, russa e chinesa – resultaram de interconexões entre as lutas de classe e de Estado. Os conflitos entre camponeses, senhores, burgueses, capitalistas e outros se concentraram no processo de extração fiscal de estados ineficientes do antigo regime, lutando para resistir à presença militar de seus rivais mais avançados. A classe foi politizada apenas porque se tratava de um sistema multiestatal competitivo. Sua conclusão teórica é que o Estado tem dois determinantes autônomos. Ela cita Hintze: "Esses são, primeiro, a estrutura das classes sociais e, segundo, o ordenamento externo dos estados". Como a ordenação externa é autônoma à estrutura de classes, o Estado também é irredutível às classes sociais (SKOCPOL, 1979: 24-33).

Embora concorde com essas afirmações e conclusões empíricas, gostaria de situá-las num quadro histórico e teórico mais amplo. A autonomia de poder dos estados não é uma constante. Como vimos em capítulos anteriores, os estados medievais tinham muito pouco poder determinante sobre o desenvolvimento das lutas de classes, e não muito mais poder sobre o resultado da guerra (que foi combatida principalmente entre conglomerados de recrutas feudais autônomos). Gradualmente, no entanto, os estados adquiriram todos esses poderes, e eu tentei explicar por que eles o fizeram. Os estados fornecem *organização centralizada territorialmente* e diplomacia geopolítica. A utilidade de tais organizações de poder era marginal no início da Idade Média. Mas sua funcionalidade para os grupos dominantes começou a crescer, especialmente no campo de batalha e na organização do comércio. Apesar dos contratempos das agências territorialmente descentralizadas tão diversas como a Igreja Católica, o Ducado de Borgonha e as companhias privadas indianas, essa utilidade continuou a crescer, como tem feito desde então. Para entender por que, no entanto, temos de nos afastar da nossa própria era, em que tomamos como garantidos os estados fortes. Esse é o ponto de fazer sociologia histórica em larga escala.

Na escala de tempo mais limitada deste capítulo, descrevi dois sentidos separados nos quais as relações de poder econômico, militar e político podem se influenciar mutuamente e estabelecer caminhos para o desenvolvimento social. O primeiro sentido dizia respeito à formação, no espaço das relações de classe emergentes, de unidades geopolíticas existentes. Esse é um aspecto do "poder coletivo" (como explicado no cap. 1). Nesse caso, as classes da sociedade capitalista foram moldadas espacialmente pela sua crescente dependência dos estados para a regulação dos direitos de propriedade. Os comerciantes e proprietários de terra capitalistas entraram e reforçaram um mundo de estados emergentes beligerantes mas diplomaticamente regulamentados. Sua necessidade de, e vulnerabilidade para, regulação estatal, tanto interna quanto geopoliticamente, e a necessidade de finanças do Estado, empurraram as classes e os estados para uma organização centralizada territorialmente. As fronteiras do Estado foram ampliadas e a cultura, a religião e as classes foram naturalizadas. Ao final desse processo, as burguesias britânica, francesa e holandesa passaram a existir, e a interação econômica entre essas unidades e classes nacionais foi pequena. Cada grande Estado geopolítico era em si mesmo uma rede virtual de produção, distribuição, troca e consumo (o que eu chamei de "circuito da práxis") em um espaço interestatal regulado mais amplo. Esses parâmetros nacionais foram estabelecidos séculos antes de podermos legitimamente falar da segunda maior classe do modo de produção capitalista, o proletariado. Esse era o mundo no qual surgiu proletariado; entraremos nele no próximo volume.

Além disso, esses parâmetros políticos e geopolíticos implicaram uma guerra entre rivais de uma forma que o modo de produção capitalista, como tipo puro, não implica. Nada no modo de produção capitalista (ou no modo feudal, se isso for definido economicamente) leva, por si só, ao surgimento de muitas redes de produção, divididas e em guerra, e de uma estrutura de classes global que é nacionalmente segmentar. É um paradoxo extraordinário que os estados fracos e marginais do final do Período Feudal e do início do Período Moderno – excessivamente satisfeito com ele mesmo se agarrasse 1% do produto nacional bruto – tiveram um papel decisivo na estruturação do mundo em que vivemos hoje. Isso será prosseguido nos séculos XIX e XX no próximo volume. Mas já testemunhamos o poder dos estados dentro de uma civilização multiestatal em transformação histórica. Nesse primeiro sentido, a reorganização vai claramente das relações de poder militar e político às econômicas.

O segundo sentido é o mais tradicional na teoria sociológica e histórica. Trata-se do poder "despótico" do Estado e da elite estatal contra o poder de determinadas classes sociais: um exemplo do "poder distributivo" de Parsons (como discutido no cap. 1). Em capítulos anteriores, argumentei que os antigos estados imperiais muitas vezes exerciam poder substancial sobre as classes porque a própria "cooperação compulsória" dos estados era necessária para o desenvolvimento econômico. Isso não era assim nos estados medievais. No início, isso até podia ocorrer, mas deixou de ser verdadeiro para os estados coloniais europeus que surgiram depois. Embora a conquista colonial inicial fosse geralmente a província dos estados e embora seus exércitos, marinhas e administração civil fossem necessários para manter a pacificação, o poder dos estados coloniais a partir do século XVII foi minado pelo desenvolvimento das relações econômicas descentralizadas e despolitizadas que sempre foram mais fortes do que os estados em sua pátria europeia. Argumentei que os circuitos de poder econômico já haviam sido despolitizados muito antes do surgimento da produção capitalista de mercadorias. O absolutismo foi incapaz de retomar o controle sobre os circuitos da práxis econômica. Após o eclipse de Espanha e Portugal, nenhum Estado possuía formalmente os meios de produção nas suas colônias, e em seu território isso nunca ocorreu.

Embora o Estado medieval tenha permanecido pequeno, ele podia alcançar uma grande medida de *autonomia*, com seus próprios recursos financeiros mais a extorsão de grupos dependentes, como comerciantes estrangeiros, judeus ou comerciantes domésticos mal organizados. Isso envolveu pouco poder *sobre* a sociedade, entretanto. E, após a Revolução Militar, nenhum Estado conseguiria manter sua autonomia e sobreviver no campo de batalha. Foram necessários mais recursos financeiros e, mais tarde, mão de obra, e isso envolveu a colaboração com grupos civis mais bem organizados, especialmente com a nobreza fundiária e oligarquias comerciais em estados comerciais. Essa colaboração estava se tornando gradualmente uma unidade orgânica entre o Estado e as classes dominantes. Os estados divergiam, em resposta, ao longo de linhas absolutistas e constitucionais, mas todos estavam agora colaborando estreitamente com as suas classes dominantes. Os interesses privados e a esfera de ação da elite estatal tornaram-se agora mais difíceis de distinguir. Nos séculos XVII e XVIII, começa a fazer sentido descrever o Estado – parafraseando Marx – como um comitê executivo para administrar os assuntos comuns da classe capitalista. Assim, nenhum grau significativo de poder distributivo sobre os grupos internos da "sociedade civil" foi exercido pelo Estado durante esse longo período. Nesse segundo sentido causal, a determinação fluiu principalmente das relações de poder econômico para o Estado.

Não há nenhuma maneira significativa de classificar a força desses dois padrões causais opostos para chegar a uma conclusão da forma: o poder econômico (ou político/militar) predominava "em última instância". Cada um reorganizou as primeiras sociedades modernas de forma fundamental, e as duas foram conjuntamente necessárias para a Revolução Industrial e para outros parâmetros fundamentais do mundo moderno. Eles continuariam a sua estreita e dialética relação – como veremos no volume 2.

As relações de poder econômico – isto é, os modos de produção e as classes como entidades e forças históricas efetivas – não podem "se constituir" sem a intervenção de organizações ideológicas militares e políticas. O mesmo se aplica, obviamente, de forma inversa aos estados e às elites políticas. Como sempre na sociologia, nossas construções analíticas são precárias – os modos de produção, as classes e os estados reais dependem para sua existência de uma experiência social mais ampla. Nem o determinismo econômico nem o determinismo político ou militar nos levariam muito longe em qualquer análise. No entanto, no contexto atual, uma combinação dessas três redes de poder – dado o declínio particular do poder ideológico testemunhado no capítulo 14 – oferece uma explicação poderosa das pistas estabelecidas para o mundo moderno.

Em meados do século XVIII, as relações econômicas capitalistas e uma série de estados territoriais que detinham o monopólio da força militar inauguraram conjuntamente uma nova forma social: uma *sociedade civil* (a partir de agora não escrita entre aspas, como foi até agora) limitada e regulada externamente por um *Estado nacional* (ou, em alguns casos da Europa Central, multinacional). Cada sociedade civil era amplamente semelhante porque essa era também *uma civilização multiestatal*. Cada uma tendia para um todo orgânico – não um conglomerado territorialmente federal, como praticamente todas as sociedades amplas até então. Por meio de todo esse fluxo de forças de poder difusas, abstratas, universais, impessoais, não sujeitas a uma série particularista e hierárquica de tomadores de decisão impositivos locais. Essas forças impessoais geraram a maior e mais repentina revolução nos poderes coletivos humanos: a Revolução Industrial. E isso deve ser adicionado, seu poder e o mistério de sua impessoalidade difusa também geraram a ciência da sociedade, a sociologia. No próximo volume, uso a sociologia para analisar essa revolução.

Referências

ANDERSON, P. (1974). *Passages from Antiquity to Feudalism*. Londres: New Left Books.

ELVIN, M. (1973). *The Pattern of the Chinese Past*. Stanford, Cal.: Stanford University Press.

GELLNER, E. (1981). *Muslim Society*. Cambridge: Cambridge University Press.

HALL, J. (1985). *Powers and Liberties*. Oxford: Basil Blackwell.

McNEILL, W. (1974). *The Shape of European History*. Nova York: Oxford University Press.

PARSONS, T. (1968). *The Structure of Social Action*. 2. ed. Glencoe, Ill.: The Free Press.

SKOCPOL, T. (1979). *States and Social Revolutions*: A Comparative Analysis of France, Russia and China. Cambridge: Cambridge University Press.

TILLY, C. (1981). *As Sociology Meets History*. Nova York: Academic Press.

16
Modelos de desenvolvimento histórico-universal em sociedades agrárias

O papel das quatro fontes de poder

Chegamos ao fim dessa longa história do poder nas sociedades agrárias. Podemos agora parar para perguntar a questão óbvia: em meio a todos os detalhes, podemos discernir modelos gerais de poder e seu desenvolvimento? Nós não estamos em posição de fornecer uma resposta adequada para a questão até compararmos sociedades agrárias com sociedades industriais: esse será o assunto em questão no volume 2. Em todo caso, a resposta adequada é necessariamente complexa e demorada, a ser tentada no volume 3. Entretanto, nós podemos discernir provisoriamente alguns dos contornos gerais dessa resposta.

Os alinhamentos gerais do poder foram óbvios em cada capítulo desde a apresentação do meu modelo formal no capítulo 1. Eu narrei a história do poder na sociedade – e, portanto, quase a história da sociedade *tout court* – em termos de interações de quatro fontes e organizações de poder. As inter-relações dos poderes ideológico, econômico, militar e político, tratados sistematicamente, forneceram, como eu argumento, um quadro geral aceitável do desenvolvimento social. Por isso, a história das sociedades discutidas aqui foi modelada mais por essas redes de poder do que por qualquer outro fenômeno. Obviamente, essa assertiva exige qualificação. Como eu observei no capítulo 1, qualquer quadro da sociedade impulsiona alguns aspectos da vida social para o centro do palco e outros para os bastidores. Um aspecto particular dos bastidores neste volume, as relações de gênero, ocuparão o centro do palco no volume 2, quando elas começam a mudar. Não obstante, esses aspectos que geralmente *estão* no centro do palco na maioria dos quadros das sociedades agrárias parecem adequadamente explicados pelo modelo Iemp de poder organizado.

Além disso, a razão básica para tal provou ser a indicada no capítulo 1. O poder é visto de modo mais frutífero como *meio*, como *organização*, como *infraestrutura*, como *logística*. Na busca de sua miríade de objetivos flutuantes, os seres humanos criam redes de cooperação social que envolvem tanto o poder coletivo como o poder distributivo. Dessas redes, as mais poderosas no sentido logístico de ser capaz de promover a cooperação, tanto *intensiva* como *extensivamente*, sobre um espaço social e geográfico definidos, são organizações de poder ideológicas, econômicas, militares e políticas. Às vezes, essas organizações aparecem em sociedades relativamente especializadas e separadas, e por vezes estão relativamente fundidas uma na outra. Cada uma alcança a sua proeminência em virtude dos distintos meios organizacionais que oferece para alcançar objetivos humanos. É, então, capaz, de forma decisiva nos "momentos histórico-universais", de reorganizar totalmente a vida social ou, para usar uma metáfora semelhante à metáfora do "comutador" de Weber, de estabelecer a trilhas do desenvolvimento histórico-universal. Os meios estão indicados no capítulo 1.

O *poder ideológico* oferece dois meios distintos. Primeiro, oferece uma visão *transcendente* da autoridade social. Ele une os seres humanos, alegando, em última análise, que eles possuem significativas qualidades comuns, muitas vezes garantidas pela ordem divina. Tais qualidades são reivindicadas como sendo a essência da própria humanidade ou, pelo menos, de humanos divididos por organizações de poder "seculares" de caráter econômico, militar e político. Nos períodos históricos aqui considerados, a transcendência geralmente tomou uma forma divina: a centelha que supostamente incendeia a humanidade comum é pensada como vinda de Deus. Mas isso não é necessário, como o caso mais secular da Grécia clássica no capítulo 7 mostrou. Mais obviamente, na transcendência marxista do nosso tempo, um bom exemplo de movimento do poder ideológico, é secular ("Trabalhadores de todo o mundo, uni-vos"). Para o poder ideológico se tornar significativo em qualquer tempo ou lugar, ele depende do modo como as organizações dominantes de poder existentes são vistas pelos próprios atores sociais, se elas aparecem como bloqueios à possibilidade de alcançar os objetivos sociais desejados, atingíveis por meio da cooperação social transcendente. O apelo das religiões de salvação para o comércio intersticial e para grupos de artesãos que transcendem as fronteiras dos estados e as principais organizações de exploração de classe agrária é o óbvio e persistente exemplo deste volume, discutido com mais detalhes nos capítulos 10 e 11.

O segundo meio de poder ideológico é o que eu chamei de *imanência*, o fortalecimento da moral interna de algum grupo social existente, por meio de um senso compartilhado sobre o significado e sentido último do cosmos, reforçando a sua solidariedade normativa e fornecendo práticas rituais e estéticas comuns. Assim, as classes econômicas, as nações políticas e os grupos militares que adquirem tal moral imanente desenvolvem uma maior autoconfiança, que lhes permite reorganizar a história conscientemente. A discussão de Weber sobre o impacto do puritanismo sobre a moral dos primeiros empresários capitalistas e burgueses é um exemplo clássico. Neste volume, os exemplos mais óbvios, no entanto, são os casos das classes dominantes imperiais. Vimos que as conquistas dos governantes da Assíria, Pérsia e Roma foram intensificadas pela sua capacidade de equacionar as definições de "civilização", ou seja, de vida social significativa, com a vida coletiva da sua própria classe. Vale a pena acrescentar, no entanto, que não encontramos verdadeiras "nações", em oposição às "nações de classe dominante" mais restritas nas sociedades agrárias (embora as encontraremos nas sociedades industriais, no vol. 2). Havia boas razões logísticas para isso. Nas sociedades agrárias, a passagem de mensagens e símbolos para níveis abaixo por meio da hierarquia de estratificação era geralmente restrita, num extremo, a simples comandos hierárquicos e, no outro extremo, ao conteúdo transcendente geral, difuso e algo vago das religiões.

Esses dois meios de poder ideológico são bastante diferentes, e muitas vezes se opõem. Onde os movimentos ideológicos combinavam elementos de ambas, as contradições surgiram, com imensas implicações para o desenvolvimento social. Como vimos nos capítulos 12 e 13, a contradição entre a salvação transcendente e a moral de classe imanente dos senhores medievais, ambos alimentados pelo cristianismo, era uma parte central da "inquietação racional", ou seja, do dinamismo da civilização europeia.

Os meios do *poder econômico* são o que eu chamei de *circuitos da práxis*. O poder econômico integra distintamente duas esferas de atividade social. A primeira é a intervenção ativa dos seres humanos na natureza por meio do trabalho, o que Marx chama de *práxis*. É caracteristicamente intensiva, envolvendo grupos de trabalhadores em cooperação e exploração locais, estreitas e densas. Em segundo lugar, os bens retirados da natureza circulam e são trocados por transformação e, em última instância, por consumo. Estes *circuitos* são caracteristicamente amplos e elaborados. O poder econômico dá assim acesso tanto às rotinas da vida cotidiana e à práxis da massa do povo, quanto aos circuitos de comunicações ramificadas das sociedades. É, portanto, sempre uma parte formidável e essencial de qualquer estrutura de poder estável. Não tem sido, no entanto, o "motor da história", como Marx gostava de argumentar. Em muitos contextos e lugares, as formas de poder econômico foram moldadas e remodeladas por outras fontes de poder. Em geral, a "fraqueza" das relações de poder econômico – ou, se preferir, das classes sociais – tem sido a sua dependência, para uma maior expansão, das normas efetivas de posse e cooperação. Em alguns contextos e lugares, essas normas foram estabelecidas predominantemente pela pacificação militar – o que eu chamei nos capítulos 5, 8 e 9 de *cooperação compulsória* (seguindo Spencer). Em outros, foram estabelecidas predominantemente por meio da *pacificação normativa*, ou seja, por meio das normas transcendentes de um movimento ideológico de poder. Isso foi visto especialmente nos capítulos 11 e 12, onde as religiões da salvação forneceram normativas de pacificação. Em ambos os tipos de casos, encontramos o poder econômico e as classes sociais reorganizadas principalmente pelas estruturas do poder militar ou ideológico.

No entanto, vimos também casos importantes em que circuitos de práxis eram eles próprios uma força reorganizadora e direcionadora da história. Isso é especialmente verdadeiro para os camponeses e comerciantes da Idade do Ferro, que aparecem no capítulo 6 e florescem no início da Grécia clássica no capítulo 7. Posteriormente, embora nunca reorganizando a sociedade "sem ajuda", as relações de poder econômico eram geralmente de grande importância para a mudança social. Naturalmente, o presente volume interrompeu a narrativa no momento em que o significado das classes e da luta de classes estava para passar por um grande crescimento, ou seja, por meio da atuação da Revolução Industrial. Direi mais sobre a história de classes mais adiante.

Os meios do *poder militar* são a *coerção concentrada*. Esse é obviamente o caso na própria batalha (de acordo com os princípios clausewitzianos de estratégia). Por meio das batalhas, a lógica do poder militar destrutivo pode decidir que forma de sociedade predominará. Esse é um óbvio papel reorganizador do poder militar ao longo de grande parte da história. Mas seus usos em tempos de paz também têm um papel na reorganização das sociedades. Onde as formas de cooperação social podem ser social e geograficamente concentradas, há uma potencialidade para aumentar seus rendimentos por meio da intensificação da coerção. Em vários impérios antigos, como discutido nos capítulos 5, 8 e 9, vimos isso sendo transformado na direção de uma "cooperação compulsória", um meio de controlar as sociedades e aumentar os seus poderes coletivos por meio da intensificação da exploração de bolsões concentrados de mão de obra. Esses estavam ligados em conjunto, de forma tênue, por amplas infraestruturas de comunicações lideradas por militares capazes de exercer poder limitado e punitivo em áreas muito grandes. Daí o "dualismo" característico de sociedades antigas lideradas por militares. O relativamente novo e controverso aspecto da minha análise não é o reconhecimento de que tais impérios militaristas existiam (isso já foi reconhecido há muito tempo), mas a alegação de que fomentaram o desenvolvimento social e econômico por esses meios. O militarismo nem sempre foi meramente destrutivo ou parasitário, um ponto que eu explicitei com mais força na crítica das teorias dominantes na sociologia comparativa e histórica perto do final do capítulo 5.

O primeiro meio do *poder político* é a *centralização territorial*. Os estados são intensificados quando os grupos sociais dominantes, perseguindo os seus objetivos, exigem regulação social sobre um território confinado e delimitado. Isso é mais eficiente por meio da criação de instituições centrais, cuja escrita irradia para o exterior de forma monopolística, em todo o território definido. Uma elite estatal permanente surge. Mesmo que seja originalmente a criatura de grupos que instituíram ou intensificaram o Estado, o fato de ser centralizado e eles não, dá ao Estado capacidades logísticas para exercer o poder autônomo.

No entanto, estes poderes estatais autônomos são precários. A força do poder central do Estado é também a sua fraqueza: falta de poderes penetrantes para alcançar a descentralizada "sociedade civil". Por conseguinte, uma parte importante das capacidades de reorganização do poder político não é exercida de forma autônoma, mas sim como parte de uma dialética de desenvolvimento. Os poderes centralizados recentemente adquiridos pelos estados se perdem quando seus agentes "desaparecem" na "sociedade civil", e então eles são readquiridos de forma mais poderosa do que antes, e finalmente são perdidos novamente, e assim por diante. E, por sua vez, uma parte importante desse processo foi o desenvolvimento do que chamamos de "propriedade privada", recursos "escondidos" do Estado, que – ao contrário do que supõe a ideologia burguesa – não são naturais e originais, mas geralmente surgiram da fragmentação e desaparecimento de recursos coletivos organizados pelo Estado. Discuti esses pontos com mais ênfase nos capítulos 5, 9 e 12.

Todavia, a principal manifestação do poder político não diz respeito à autonomia dos poderes "despóticos" exercidos por uma elite política centralizada. Esses, como sugerido acima, são precários e temporários. A principal força reorganizadora do poder político diz respeito antes à infraestrutura geográfica das sociedades humanas, especialmente às suas fronteiras. Eu fiz disso o argumento principal deste volume, em que as sociedades humanas não são sistemas unitários, mas conglomerados variáveis de múltiplas redes de poder, sobrepostas e intersectadas. Mas onde os poderes do Estado são reforçados, então as "sociedades" se tornam mais unitárias, mais limitadas, mais separadas umas das outras e mais estruturadas internamente.

Adicionalmente, suas inter-relações levantam um segundo meio de poder político, a *diplomacia geopolítica*. Nenhum Estado conhecido conseguiu ainda controlar todas as relações que atravessam as suas fronteiras, e, portanto, muito do poder social permaneceu sempre "transnacional" – deixando um papel óbvio para a difusão tanto das relações de classe transnacionais como das ideologias transcendentes. Mas um aumento da centralização territorial também amplia a atividade diplomática ordenada, tanto a pacífica quanto a bélica. Onde a centralização está ocorrendo em mais de uma área vizinha, um sistema multiestatal regulado irá se desenvolver. Assim, na maioria dos casos, um aumento dos poderes internos do Estado é também, simultaneamente, um aumento nas capacidades de reorganização da diplomacia geopolítica dentro de um sistema multiestatal.

O exemplo mais notável disso é no início da Europa moderna. O suave aumento dos poderes internos dos estados até então insignificantes (principalmente como resultado de problemas fiscais-militares), intensificou as fronteiras sociais da maior parte dos países da Europa Ocidental. Em 1477, quando o grande (e predominantemente não territorial e não nacional) ducado da Borgonha entrou em colapso (conforme relatado no cap. 13), a vida social foi parcialmente "naturalizada". No capítulo 14, já vislumbramos o que será central em todo o volume 2: os estados nacionais (mais tarde, estados-nações) tinham se tornado um dos dois atores sociais mais dominantes – ao lado das classes sociais. As inter-relações de estados-nação e classes serão o tema central do volume 2. Mas, se os estados-nação de hoje aniquilarem a sociedade humana num holocausto nuclear, os processos causais poderão ser rastreados (se algum sobrevivente praticar sociologia!) até os poderes de reorganização em grande parte não intencionais desses estados frágeis, mas plurais. A capacidade do poder estatal de remodelar o território das sociedades humanas tem sido, por vezes, grande. Pode ser definitivo.

Outro conjunto de peculiaridades deve ser notado sobre o poder político: suas relações com outras fontes de poder. Como observei no capítulo 1, a maioria dos teóricos anteriores argumentou que o poder político e o poder militar podem ser tratados como idênticos. Embora tenhamos visto casos em que isso não foi assim, não há dúvida de que existe uma ligação geralmente estreita entre os dois. Concentração e centralização muitas vezes se sobrepõem, assim como a coerção física e a coerção que emana da regulação de monopólios sobre um território delimitado. Os estados geralmente buscam um grande controle sobre a força militar, e os estados mais fortes têm geralmente alcançado um quase monopólio do poder militar. Comentarei essa sobreposição mais adiante. Inversamente, tem existido uma correlação negativa entre poder político e poder ideológico transcendente, como vimos mais claramente nos capítulos 10 e 11. estados poderosos, antigos e modernos, talvez temam mais do que qualquer outro adversário as "conexões invisíveis" que os movimentos ideológicos podem estabelecer para além dos seus canais e fronteiras oficiais.

As peculiaridades de cada fonte de poder e suas complexas interconexões serão discutidas detalhadamente no volume 3. Eu os abordei aqui para mostrar as dificuldades no caminho de qualquer teoria geral sobre as fontes de poder como "fatores", "dimensões" ou "níveis" independentes das sociedades – como podemos encontrar, por exemplo, na teoria marxista ou neoweberiana. As fontes de poder são meios de organização distintos que são úteis para o desenvolvimento social, mas cada uma pressupõe a existência e as interconexões das outras em graus variados. Esses "tipos ideais" raramente são puros na realidade social. Os movimentos sociais atuais normalmente misturam elementos da maioria, se não da totalidade, das fontes de poder em configurações de poder mais gerais. Mesmo que uma delas seja temporariamente predominante, como nos exemplos acima citados, ela emerge da vida social em geral, executa seus poderes reorganizadores e direcionadores, e então se torna progressivamente mais difícil de distinguir da vida social em geral, mais uma vez. Eu voltarei mais tarde a essas configurações mais gerais.

Além disso, não há nenhum modelo óbvio, previsível ou geral das inter-relações das fontes de poder. Nessa altura é evidente, por exemplo, que este volume não pode apoiar um "materialismo histórico" geral. As relações do poder econômico não se afirmam como "finalmente necessárias em última instância" (para citar Engels); a história não é "uma sucessão descontínua de modos de produção" (para citar BALIBAR, 1970: 204); a luta de classes não é "o motor da história" (para citar Marx e Engels). As relações de poder econômico, os modos de produção e as classes sociais vão e vêm no registro histórico. Em momentos histórico-universais ocasionais, eles reorganizam decisivamente a vida social; geralmente eles são importantes em conjunto com outras fontes de poder; ocasionalmente, eles são decisivamente reorganizados por elas. O mesmo se pode dizer de toda fonte de poder, indo e vindo, tecendo dentro e fora do registro histórico. Então, mais enfaticamente, não posso concordar com Parsons (1966: 113) quando ele diz, "eu sou um determinista cultural. [...] Eu acredito que [...] os elementos normativos são mais importantes para a mudança social do que [...] interesses materiais". As estruturas normativas e outras estruturas ideológicas têm variações na sua força histórica: nós simplesmente não encontramos um movimento ideológico do enorme poder de reorganização histórico-universal do cristianismo primitivo ou do islamismo em muitas ocasiões ou lugares – o que não significa negar os seus poderes nesses casos. Nem é verdade, como Spencer e outros teóricos militares afirmam, que o poder militar era a agência direcionadora decisiva em grande parte das sociedades pré-industriais. Os capítulos 6 e 7 mostraram muitas exceções, mais notavelmente a Grécia e a Fenícia. O poder político parece ter atraído poucos entusiastas. Mas eles seriam igualmente impedidos pelas idas e vindas do poder político.

Talvez sejamos forçados a voltar ao tipo de agnosticismo de Weber mais uma vez, em seu estilo inimitável de convolutiva confiança, no que diz respeito às relações entre as estruturas econômicas e outras "estruturas de ação social":

> Mesmo a afirmação de que as estruturas sociais e a economia estão "funcionalmente" relacionadas é uma visão tendenciosa, que não pode ser justificada como uma generalização histórica, se uma interdependência não ambígua é assumida. Pois as formas de ação social seguem "leis próprias" como veremos repetidas vezes, e mesmo à parte desse fato, podem, em um determinado caso, ser sempre codeterminadas por outras causas que não as econômicas. No entanto, em algum momento, as condições econômicas tendem a se tornar causalmente importantes, e frequentemente decisivas, para quase todos os grupos sociais, e para aqueles que têm grande significado cultural; por outro lado, a economia é geralmente também influenciada pela estrutura autônoma da ação social dentro da qual ela existe. *Nenhuma generalização significativa pode ser feita sobre quando e como isto vai acontecer* (1968, I: 340; uma afirmação semelhante é também encontrada em I: 577; ênfase minhas).

Não há modelos para as idas e vindas? Eu acho que há alguns modelos parciais, que nós discernimos. Começo com o mais geral, o desenvolvimento histórico-universal. Depois, considero os modelos envolvidos nisso. Ao longo do caminho, disponho de outros modelos potenciais que muitas vezes formam partes importantes das teorias sociais.

Um processo histórico-universal

O poder social continuou a se desenvolver, talvez de forma algo instável, mas, ainda assim, cumulativamente ao longo deste volume. As capacidades humanas para o poder coletivo e distributivo (tal como definido no cap. 1) aumentaram quantitativamente ao longo dos períodos históricos que abordei. Mais tarde qualifico essa afirmação de três maneiras, salientando que muitas vezes parece se desenvolver por meio de uma conjuntura acidental, que o processo é internamente desigual, e que ele foi geograficamente instável. Mas, por agora, vamos nos debruçar sobre o próprio fato do desenvolvimento.

Vista a longo prazo, a infraestrutura disponível para os detentores de poder e para as sociedades em geral tem aumentado de forma constante. Muitas sociedades diferentes contribuíram para isso. Mas, uma vez inventadas, as principais técnicas de infraestrutura parecem quase nunca ter desaparecido da prática humana. Verdadeiramente, muitas vezes técnicas poderosas têm parecido inapropriadas aos problemas de uma sociedade bem-sucedida e assim declinaram. Mas, a menos que completamente obsoletas, seu declínio tem provado ser temporário e elas foram posteriormente recuperadas.

Um processo de invenção contínua, onde pouco se perde, deve resultar em um desenvolvimento do poder amplamente unidirecional e unidimensional. Isso é óbvio se examinarmos *tanto* a logística do comando impositivo de movimento de pessoas, materiais ou mensagens, *ou* as infraestruturas subjacentes à difusão universal de práticas e mensagens sociais semelhantes (ou seja, o que eu defini como poder impositivo e difuso). Se quantificarmos a velocidade de transporte de mensagem, de movimentos de tropas, do movimento de bens de luxo ou de primeira necessidade, da taxa de mortalidade dos exércitos, ou da profundidade de penetração do solo pelo arado, das capacidades dos dogmas para se espalharem, mas permanecerem os mesmos – então em todas estas dimensões de poder (como em muitas outras), encontramos o mesmo processo global de crescimento.

Assim, sociedades, exércitos, seitas, estados e classes aqui considerados foram capazes de implantar um repertório crescente de técnicas de poder. Nós poderíamos assim começar a escrever que tipo de história evolutiva e entusiástica da organização social, em que cada invenção de sucesso executou melhor sua tarefa principal do que as técnicas precedentes. Visto dessa perspectiva, não é difícil de conceber uma lista de "saltos de poder". Aqui estão algumas das invenções sociais que aumentaram crucialmente as capacidades de poder, e cujo papel eu de fato enfatizei neste volume:

1) Domesticação animal, agricultura, metalurgia do bronze – pré-história

2) Irrigação, vedações de cilindros, o Estado – aprox. 3000 a.C.

3) Escrita cuneiforme, comissariados militares, trabalho de corveia – 2500-2000 a.C.

4) Códigos de lei escritos, o alfabeto, a roda de eixo fixo – aprox. 2000-1000 a.C.

5) Fundição de ferro, cunhagem, a técnica naval – aprox. 1000-600 a.C.

6) Hoplitas e falanges, a pólis, alfabetização difusa, consciência de classe e luta de classes – aprox. 700-300 a.C.

7) A legião armada com o mastro de Mário, religião de salvação – aprox. 200 a.C.-200 d.C.

8) Aragem do solo úmido, cavalaria pesada e castelos – aprox. 600-1200 d.C.

9) Estados coordenantes e territoriais, navegação em mar aberto, impressão, uma Revolução Militar, produção de mercadorias – 1200-1600 d.C.

Há uma variedade óbvia nessa lista. Alguns itens são econômicos; outros são militares, ideológicos ou políticos. Alguns aparecem como estreitos e técnicos; outros como extremamente amplos e mais obviamente sociais. Mas todos eles têm em comum a capacidade de melhorar a infraestrutura do poder coletivo e distributivo e todos eles têm uma capacidade de sobrevivência comprovada. A única razão pela qual algum deles desapareceu totalmente é que ele foi simplesmente substituído por infraestruturas mais poderosas – como, por exemplo, a eventual obsolescência da escrita cuneiforme ou do mastro de Mário. Tal, portanto, é o detalhe descritivo desse primeiro modelo de desenvolvimento histórico-universal. Nós podemos então começar a explicá-lo, focando nas causas de cada salto, como fiz ao longo do volume.

Mas vamos parar aqui para notar que esse modelo de crescimento infraestrutural exclui a possibilidade de outro tipo de padrão. Tem havido um aumento tão grande e cumulativo da capacidade de poder que não podemos aceitar facilmente sociedades de épocas históricas diferentes nas mesmas categorias comparativas e generalizações. Com efeito, ao longo do caminho (e especialmente no cap. 5), eu critiquei a sociologia comparativa por tentar isso muito prontamente. Categorias como "impérios aristocráticos tradicionais", "impérios patrimoniais", "feudalismo" e "sociedades militantes" perdem o seu poder discriminatório se também forem aplicadas tão amplamente a todo o espectro histórico. Isso não é principalmente porque a história é infinitamente variada (embora seja), mas porque a história *se desenvolve*. Qual o sentido em chamar tanto o Império Inca (localizado por volta de 2000 a.C. na lista histórico-universal de invenções dadas acima) e o Império Espanhol (localizado na última fase da lista) pelo mesmo termo de "império aristocrático tradicional", como Kautsky

(1982) faz? Só foram precisos 160 espanhóis e as suas infraestruturas de poder para destruir totalmente o Império Inca. Da mesma forma, o "feudalismo" da Europa medieval diferia enormemente dos hititas em seus recursos de poder. Os europeus tinham uma religião de salvação, castelos de pedra, arados de ferro com placas moldadas; podiam navegar através dos mares; os seus cavalos de guerra eram talvez três vezes mais pesados, como eram as suas armaduras. Categorias como "feudalismo" ou "impérios" (de diferentes formas adjetivas) pode ser de ajuda limitada. De fato, pode haver certa dinâmica qualitativa comum às relações senhor-vassalo nas sociedades feudais, ou relações imperador-nobres nos impérios, por meio de eras da história universal. Mas os termos não podem ser usados como designações da *totalidade* estrutural ou dinâmica de sociedades como essas. Mais decisiva a esse respeito é uma localização cuidadosa da sociedade no tempo histórico-universal.

Assim, a maioria dos rótulos usados neste volume para todas as sociedades e civilizações têm sido aplicáveis *apenas* a eras específicas no tempo histórico-universal. Essa não era a minha posição teórica original. Em vez disso, acabou por ser empiricamente o caso. Vamos considerar alguns exemplos, que surgirão em todas as quatro fontes de poder; primeiro, as sociedades lideradas pelos militares.

Os impérios de "cooperação compulsória" tinham uma certa força e papel de desenvolvimento, de cerca de 2300 a.C. até 200 d.C. o mais tardar. Nós não poderíamos encontrá-los antes devido à infraestrutura de que dependiam (comissários militares e trabalho de corveia, na lista de invenções citada acima) ainda não ter sido inventada. E se tornaram obsoletos quando técnicas mais avançadas de poder difuso, centradas nas religiões da salvação, apareceram. De fato, mesmo dentro daquela era ampla, havia grandes diferenças entre o poder disponível, no início, para Sargão da Acádia e para o Imperador Augusto, perto do fim. Isso era derivado de várias fontes, mas talvez principalmente da emergente infraestrutura de solidariedade cultural de classe dominante, o que deu ao Império Romano poderes não sonhados por Sargão. A "cooperação compulsória" estava se transformando numa configuração de poder muito mais ampla e maior dentro do seu período de domínio. Não que fosse totalmente dominante dentro desse período: estava competindo com outras estruturas de poder descentralizadas, mais difusas, exemplificadas pela Fenícia e Grécia. A "cooperação compulsória" só é relevante em alguns lugares numa era definida.

Em segundo lugar, o papel dos movimentos ideológicos amplos também tem sido confinado historicamente. As religiões de salvação exerceram enormes poderes de reorganização de cerca de 200 a.C. até talvez 1200 d.C. Isso não era possível antes disso porque dependia de invenções infraestruturais recentes, como a alfabetização difusa e o surgimento de redes de comércio que eram intersticiais às estruturas de impérios contemporâneos. Posteriormente, o seu papel de pacificação normativa foi secularizado num sistema europeu multiestatal. Assim, o seu papel de reorganização declinou.

Em terceiro lugar, consideremos os estados. Aqui, a violência feita ao registro histórico por conceitos demasiado gerais é por vezes extraordinária. A noção de Wittfogel de "despotismo oriental", por exemplo, atribui aos antigos estados poderes de controle social que não estavam simplesmente disponíveis para *nenhum* dos estados históricos considerados aqui. Como às vezes é observado, ele estava realmente descrevendo (e atacando) o stalinismo contemporâneo em vez dos estados antigos. Esse último não poderia fazer praticamente nada para influenciar a vida social para além dos 90km de alcance do seu exército sem passar por um intermediário, por grupos de poder autônomo. Vale ressaltar novamente que nenhum dos estados considerados neste volume poderia sequer conhecer a riqueza de seus súditos (a menos que fosse deslocada ao longo das principais vias de comunicação), e não conseguiam extraí-la sem ter de barganhar com grupos autônomos e descentralizados. Isso mudará fundamentalmente no volume 2, onde a visualização moderna dos poderosos estados unitários se tornará muito mais relevante. Os estados neste volume partilhavam certas qualidades comuns, mas elas são aquelas de uma particularidade e marginalidade "não moderna" para a vida social. Como já enfatizei, onde os estados reorganizaram a vida social, isso raramente aconteceu em termos de poder exercido sobre outros grupos de poder internos. Eles estão geralmente mais preocupados com a estruturação territorial do que as "sociedades" deveriam apresentar. Mas essa capacidade, geralmente ignorada pela teoria sociológica e histórica, também tem sido historicamente variável. Pois a territorialidade e as fronteiras também têm pré-condições infraestruturais. O que foi alcançado pelo Estado europeu moderno dependia do crescimento do volume da comunicação escrita, métodos contábeis, estruturas fiscais/militares, e assim por diante, geralmente negadas a estados anteriores.

O desenvolvimento histórico-universal das classes

Estes pontos são exemplificados nas relações de poder econômico. Este volume abordou a história das classes e da luta de classes, usando o modelo de fase estabelecido no capítulo 7. Essa história pode agora ser resumida.

No capítulo 2, vimos que as sociedades pré-históricas não costumam conter classes em qualquer forma. Nenhum grupo poderia institucionalizar de forma estável a posse efetiva da terra e/ou do excedente econômico, de modo a privar os outros dos meios de subsistência. Em tais sociedades o trabalho era verdadeiramente livre: trabalhar para outra pessoa era voluntário e desnecessário para a subsistência. Então, nos capítulos 3 e 4, vimos o surgimento das classes, coletividades sociais com direitos diferenciais e institucionalizados de acesso aos meios de subsistência. Mais especificamente, alguns adquiriram lentamente a posse efetiva da melhor ou da única terra, bem como do direito de usar o trabalho dos outros. Desde então, a luta de classes entre aristocratas e camponeses de vários *status* (livre, servil, escravo etc.) sobre o direito à terra, ao trabalho e ao excedente foi uma característica onipresente de todas as sociedades agrárias.

É possível que nas primeiras civilizações de cidades-Estado, discutidas nos capítulos 3 e 4, a luta sobre as diferenças de classe emergentes tenha sido uma característica pública e importante da vida social e política. A inadequação das fontes materiais nos afasta da certeza. Mas, nas sociedades subsequentes, mais amplas, especialmente nos primeiros impérios da história, isso não foi assim. As diferenças de classe eram pronunciadas, mas a luta de classes permaneceu em grande parte *latente* (ou seja, na primeira fase), sem dúvida continuando em um nível local concreto, mas sem organização ampla. O conflito era predominantemente organizado de modo "horizontal", ao invés de "vertical" – camponeses locais eram mais propensos a serem mobilizados por seus superiores locais do clã, da tribo, da relação patrão-cliente, da aldeia e outras organizações do que por outros camponeses em organizações de classe. Isso também era verdade, em menor extensão, para os senhores, cujas interconexões tendiam a ser particularistas e genealógicas. Eles geralmente não tinham sentimentos e organizações de classe universais. Nesses primeiros impérios, a luta de classes não era definitivamente o motor da história. Eu argumentei isso mais enfaticamente no capítulo 5.

O primeiro sinal de mudança começou entre os senhores. Em impérios posteriores, como o Assírio e o Persa (cap. 8), podemos traçar a emergência entre eles de uma classe *ampla* (fase 2) e *política* (fase 3), ampla porque eles eram uniformemente conscientes e organizados na maior parte do império, e política porque ajudaram a governar o Estado como uma classe. A "moral de classe imanente" desses senhores se tornou manifesta. Mas esta estrutura de classe não era *simétrica*. O campesinato (e outros subordinados) ainda era incapaz de organização ampla. Apenas uma classe era capaz de agir por si mesma. As estruturas assimétricas permaneceram características da maioria das sociedades do Oriente Próximo durante o Período Agrário. Mais uma vez, portanto, a luta de classes não foi o motor dessa história, embora a única classe dominante tenha imposto seu próprio caráter no Oriente Próximo como um todo.

A Idade do Ferro trouxe possibilidades de classe originais para outras regiões. Elas foram discutidas no capítulo 6. Ao conferir maior poder econômico e militar sobre o lavrador camponês e a infantaria e sobre o comércio e a galera, elas reforçaram a organização coletiva de proprietários e comerciantes camponeses contra os senhores aristocratas sobre espaços sociais relativamente pequenos. Na Grécia clássica (no cap. 7) isso floresceu numa estrutura de classes amplas, política e *simétrica* (fase 4). A luta de classes era agora *um*, se não *o* motor da história, dentro dos limites da pequena cidade-Estado. Tais estruturas de classes foram provavelmente passadas para os etruscos, e elas ressurgiram com uma capacidade maior de organização ampla no início da Roma Republicana. Entretanto, a luta de classes tanto na Grécia quanto em Roma teve um resultado particular, o triunfo mais uma vez de um reforço da estrutura de classes assimétrica, dominada por uma ampla classe política dominante. Nos impérios macedônio e helenístico e no maduro República/Império romano, os movimentos de cidadãos de classe mais baixa foram flanqueados pela ampla solidariedade ideológica e organizacional dos aristocratas proprietários. Nessa fase, a luta de classes amplamente política não estava totalmente latente, mas se tornou cada vez menos e menos um motor da história. Em Roma, o clientelismo e as facções políticas e militares, e não as classes, foram os principais atores do poder (cap. 9).

No entanto, o próprio sucesso de tais impérios também gerou forças contrárias. Assim que o comércio, a alfabetização, a cunhagem e outras fontes de poder relativamente difusas e universais se desenvolveram intersticialmente dentro dos impérios, grupos de comerciantes "medianos" e artesãos se tornaram capazes de maior solidariedade comunitária ampla. Em Roma, sua principal manifestação foi o cristianismo primitivo (cap.10). Mas enquanto ascendia ao poder, a Igreja cristã começou um compromisso com a classe dominante imperial. Depois de um período de confusão e cataclismos, o cristianismo emergiu na Europa medieval (no cap. 12) como a portadora de *ambas* as antigas tradições de classe, tanto a solidariedade de classe alta quanto a luta de classe popular. Porque a Cristandade era muito mais ampla do que o alcance de qualquer Estado, e porque a sua organização transcendia as fronteiras do Estado, a luta de classes tomava formas religiosas, era muitas vezes ampla, era por vezes simétrica, mas raramente foi política, raramente visou a transformação de um Estado. No entanto, com a crescente naturalização da vida social europeia (cap. 13 e 14), a estrutura de classe se tornou muito mais política. Isso fortaleceu a organização da classe dominante dentro do Estado individual. Na verdade, os estados mais avançados no fim do nosso período foram governados pelo que eu chamei de uma classe-nação. Mas isso também contribuiu menos para as solidariedades das classes baixas, e podem, de fato, ter enfraquecido a religião de salvação, igualitária em geral. A estrutura de classe assim reverteu para uma forma mais assimétrica, pelo menos na Grã-Bretanha, o principal caso considerado aqui. Em outros países, no entanto, a classe dominante foi menos homogênea, e as lutas de classes e os debates estavam fervendo, em breve, para explodir. Em todo lugar, dois grandes processos universalizantes, a comercialização da agricultura e o crescimento da identidade nacional, estavam preparando o caminho para um retorno das classes à fase 4, ampla, política, simétrica (pelo menos dentro dos limites do Estado individual). A emergência da sociedade industrial foi rapidamente convertida num motor da história, mais uma vez.

Há três pontos sobre essa história de classes. Primeiro, as classes não desempenharam um papel uniforme na história. Por vezes, a luta de classes tem sido o seu motor, embora isso nunca tenha resultado meramente das formas antecedentes da estrutura de classes (como argumentam os marxistas ortodoxos). Na Grécia e em Roma, a organização militar e política eram também condições necessárias para o surgimento de classes simétricas, uma vez que a organização do Estado nacional tem sido uma pré-condição para o desenvolvimento de classes simétricas modernas (muito mais disso estará no vol. 2). Mas uma segunda forma de estrutura de classes também desempenhou um papel histórico importante: a sociedade caracterizada por uma classe dominante única, ampla e política. Quando os senhores se tornaram capazes de um senso comum de comunidade e de organização coletiva, mudanças sociais consideráveis e desenvolvimento consideráveis surgiram, assim como foi sugerido provisoriamente no caso da Assíria e Pérsia e como foi provado no caso de Roma. A emergência de uma *classe* dominante foi uma fase decisiva no desenvolvimento histórico-universal. Esses são dois tipos muito diferentes de estrutura de classes que se pode dizer que contribuíram de forma significativa para o motor da história. Eles devem ser definidos ao lado de períodos em que as relações de classe foram redes de poder muito menos significativas. Claramente, portanto, qualquer teoria geral de classe deve ter em conta tais variações massivas.

O segundo ponto é que a história das classes é essencialmente semelhante à da nação. Isso é importante porque, no pensamento moderno, classes e nações são geralmente consideradas como sendo antitéticas. Não é só que as sociedades em que as classes se tornaram excepcionalmente desenvolvidas – Assíria, Pérsia, Grécia, Roma republicana, Europa moderna (mais, é claro, a Europa dos séculos XIX e XX) – eram também aquelas com uma consciência nacional pronunciada. É também que isto *deve* ser assim, dado que a classe e a nação têm as mesmas pré-condições infraestruturais. São comunidades universais, dependentes da difusão das mesmas práticas sociais, identidades e sentimentos por meio de espaços sociais amplos. Sociedades integradas por redes de poder impositivo federal mais particularísticas são incapazes de transmitir *qualquer* série de mensagens difusas. Sociedades capazes disso desenvolverão tanto classes como nações – ou, mais comumente, várias formas restritas de ambas (p. ex., a "nação governada por uma classe") como tratei ao longo desta narrativa histórica. Essa similaridade da classe e da nação será um tema dominante do volume 2, pois descobriremos que as voltas e reviravoltas das lutas de classe e nacionais nos séculos XIX e XX sempre estiveram intimamente ligadas. Qualquer resultado em particular – digamos, uma revolução ou um Estado de bem-estar – tem sido dependente da história de ambos. Ao mapear o gradual e interconectado surgimento das classes e nações ao longo da história, preparei o cenário para as lutas pelo poder dominante do nosso tempo.

O terceiro ponto nos retorna para o tempo histórico-universal, e assim indica o que uma teoria geral de classe pode parecer. Pois as classes, como qualquer outro tipo de ator de poder, têm condições prévias infraestruturais definidas que surgiram gradualmente durante um período histórico. As classes não podem existir como atores sociais, a menos que as pessoas posicionadas de forma seme-lhante em relação aos recursos de poder econômico possam trocar mensagens, materiais e pessoas entre si. As classes dominantes sempre acharam isso mais fácil do que os subordinados, mas mesmo eles não podiam gerenciar isso em sociedades amplas até que as infraestruturas se desenvolvessem gradualmente para permitir a difusão de padrões comuns de educação e consumo, disciplina militar, prática legal e judicial, e assim por diante. Com a subordinação da or-ganização de classe, nas cidades-Estado da Grécia e de Roma, estamos lidando com espaços sociais muito pequenos. Mas mesmo a organização cidadã coletiva em áreas tão pequenas como a moderna Luxemburgo, com uma população se-melhante à de um condado moderno, teve pré-condições que levaram milênios para se desenvolver. A fazenda camponesa da Idade do Ferro, a falange hoplita, a galé comercial, a escrita alfabética – essas eram as pré-condições infraestruturais para a luta de classes, todas no lugar em torno de 600 a.C., e a maioria em declí-nio em face de infraestruturas de poder mais amplas e impositivas por volta de 200 a.C. Tais exemplos mostram que as classes dependiam das infraestruturas do desenvolvimento histórico-universal para terem poderes de reorganização. Uma teoria de classe tem de estar situada dentro de uma teoria desses processos.

Em todos estes aspectos, portanto, os atores do poder real e suas conquis-tas dependiam da sua localização no tempo histórico-universal. Tipos ideais no nível daqueles diferenciados no capítulo 1 podem ser aplicáveis em todo o seu espectro, mas as estruturas sociais reais têm sido mais variáveis do que a maioria das ortodoxias se preocuparam em reconhecer. Essas variações são, dentro de largos limites, padronizadas e explicáveis – mas por estruturas e teorias *históri-cas*, não comparativas e abstratas. Nossas teorias e conceitos devem estar situa-dos no tempo histórico-universal.

Acidentes históricos

Mas me deixem começar a qualificar esse padrão histórico-universal. Primei-ramente, ele pode ser histórico-universal, mas ainda assim, muitas vezes, parece um acidente. Foi *um* processo, mas apenas isso. Houve fases, notavelmente na época dos movimentos "indo-europeus" e na Idade das Trevas europeia, quando todo o processo precedente parecia mergulhar na autodestruição. Porque a ten-dência secular era cumulativa, esses e outros "pontos de virada" poderiam ter levado a outros processos de mudança social. Quando amplificados pelas suas próprias dinâmicas cumulativas, eles poderiam ter tido resultados finais muito diferentes. O "poderia ter sido" e o "quase foi" poderiam ter levado a uma situa-ção histórica fundamentalmente diferente. Se o Estreito de Termópilas não ti-vesse sido defendido até a morte, se Alexandre não tivesse bebido tanto naquela noite na Babilônia, se Aníbal tivesse reabastecido rapidamente depois de Canaã, se Paulo não tivesse organizado os "homens da Judeia", se Carlos Martel tivesse perdido em Poitiers, ou se os húngaros tivessem ganhado em Nicópolis – esses são todos "quase foi" acidentais de um tipo predominante. Eles poderiam ter invertido a mudança do poder do Leste para Oeste que eu elejo isso como um dos principais padrões histórico-mundiais deste volume.

Como é habitual, ao instanciar o "quase foi", escolhi as sortes acidentais de "grandes homens" e batalhas. Isso só porque elas são mais fáceis de identificar como momentos histórico-universais. Mas mesmo o mais amplo dos movimentos sociais encontra um divisor de águas quando toda uma rede de interações sociais anônimas se reforçam mutuamente para levar o movimento além do divisor de águas e depois rapidamente muda para um novo rumo do desenvolvimento social. Em face da perseguição, os primeiros cristãos possuíam uma coragem extraordinária, que em certo ponto "provou" que tinham sido escolhidos por Deus. Os espanhóis se mantiveram tão resolutamente em busca do El Dorado, apesar das dificuldades mais severas, que devem ter parecido deuses. No entanto, os borgonheses entraram em colapso poucas semanas após a Batalha de Nancy. E Henrique VIII parece ter anexado permanentemente a Inglaterra ao protestantismo como uma consequência não intencional de vender terras da Igreja ao senhorio. Mas nós supomos a existência de todos esses divisores de águas porque temos poucos *insights* diretos sobre as motivações dos muitos homens e mulheres envolvidos em todos eles.

Então, o desenvolvimento histórico-mundial ocorreu, mas não foi "necessário", o resultado teleológico de um "espírito mundial", o "destino do Homem", o "triunfo do Ocidente", "evolução social", "diferenciação social", "inevitáveis contradições entre forças e relações de produção", ou qualquer outra daquelas Verdadeiras Grandes Teorias da Sociedade que herdamos do Iluminismo e que ainda gozam de reavivamentos periódicos. Se insistirmos em ver a história "de fora", como em todas essas visões pós-Iluminismo, o resultado é uma decepção teórica: a história parece apenas uma sucessão de coisas malditas. Se as coisas malditas são padronizadas, é só porque os homens e as mulheres de verdade *impõem* padrões. Elas tentam controlar o mundo e aumentar suas recompensas dentro dele criando organizações de poder de vários estilos, mas com tipos e forças padronizadas. Essas lutas pelo poder são os principais padrões da história, mas os seus resultados têm sido, muitas vezes, muito próximos.

O desenvolvimento desigual do poder coletivo

A segunda qualificação é que, embora no longo prazo o desenvolvimento do poder possa parecer cumulativo, unidirecional e unidimensional, os mecanismos reais envolvidos têm sido vários e desiguais. Permitam-me mostrar um exemplo militar.

Por volta de 2000 a.C., os exércitos tinham se organizado a ponto de poderem marchar 90km; depois ganhar uma batalha, receber a submissão do inimigo e reabastecer; e depois marchar para repetir o processo. Vários grupos subsequentemente refinaram essas técnicas amplas de guerra de conquista agressiva. Esse caminho de desenvolvimento de poder quase contínuo e amplamente cumulativo terminou com o legionário romano – um engenheiro e uma "mula", bem como um lutador, capaz de marchar, escavar, lutar, cercar e pacificar qualquer inimigo contemporâneo. Mas então, técnicas tão agressivas e amplas se tornaram menos apropriadas para o tipo de defesa intensiva e local exigida pelo império posterior. A legião se fragmentou em milícias locais. Depois organizaram cavaleiros e seus séquitos, com castelos de pedra e contingentes de arqueiros a pé, consolidando esse sistema defensivo e mantendo afastados os amplos exércitos mais poderosos da Idade Média (islão, hunos, tártaros, mongóis). Com o crescimento dos estados e da produção e troca de mercadorias, forças agressivas mais amplas então reviveram. No século XVII, os generais mais agudos se voltaram conscientemente ao legionário romano, transformando o homem de infantaria (então empunhando um mosquete) em um engenheiro e uma mula mais uma vez.

Esse foi um processo muito desigual. No longo prazo, os exércitos adquiriram poderes cumulativamente maiores. No muito curto prazo, cada forma de exército foi superior ao seu precursor no que foi chamado a fazer. Mas entre esses dois níveis não havia desenvolvimento, mas oscilação entre diferentes tipos de luta militar – que simplifiquei em balanços entre guerra ampla/agressiva e guerra intensiva/defensiva. Em todo o processo, portanto, as pré-condições sociais e os efeitos sociais do poder militar variaram consideravelmente, de acordo com esses diferentes papéis. O desenvolvimento do poder militar era pelo menos bidimensional.

Esse argumento pode ser generalizado. Eu distingui pares de tipos de poder – intensivo e amplo, impositivo e difuso, coletivo e distributivo – com cada tipo contrário podendo ser mais ou menos adequado à situação de um grupo ou de uma sociedade. Assim, apesar de minha lista anterior de "invenções histórico-universais", as sociedades não podem ser simplesmente classificadas acima ou abaixo umas das outras no seu poder total. No capítulo 9, por exemplo, eu argumentei que o Império Romano era especialmente bom em poder amplo. Quando os estudiosos o criticam por falta de "inventividade", eles estão olhando para ela através das perspectivas do nosso tipo de inventividade, que tem sido muito intensiva. Então eu dividi o desenvolvimento europeu numa fase relativamente intensiva, que se prolonga até cerca de 1200 d.C., seguida por uma fase em que as técnicas amplas de poder também se desenvolveram. Se comparássemos a civilização europeia e chinesa, poderíamos concluir que o europeu se tornou mais poderoso apenas numa data relativamente tardia, talvez por volta de 1600. Antes disso, os seus poderes eram apenas *diferentes*: mais intensivamente hábil, mas menos hábil no poder extensivo.

No longo prazo, o Império Britânico foi mais poderoso que o romano; este, mais poderoso que o assírio; o assírio, mais poderoso do que o acadiano. Mas eu posso gerenciar tal generalização apenas porque eu omiti todos os casos de intervenção e todas as sociedades não imperiais. Foi Roma, àquela altura, mais poderosa do que a Grécia clássica? Tivessem eles se encontrado no campo de batalha, o resultado provável teria sido uma vitória romana (embora uma batalha naval teria sido uma partida equilibrada). A economia romana era mais desenvolvida. Muito mais intangíveis são os fatores de poder predominantemente ideológicos e políticos. A pólis grega produziu uma mobilização impositiva mais intensa; os romanos aperfeiçoaram técnicas impositivas amplas. A ideologia romana era amplamente difusa, mas apenas entre sua classe dominante; a ideologia grega era difusa por meio das fronteiras das classes. O resultado dessas comparações não é apenas hipotético. Houve um resultado histórico real, mas não foi unidimensional. Roma conquistou os estados gregos sucessores, mas foi ela mesma convertida pela ideologia sucessora grega, o cristianismo. A pergunta original – Quem era mais poderoso? – não é passível de resposta. O poder e seu desenvolvimento não são unidimensionais.

Uma dialética entre dois tipos de desenvolvimento

Mas essa resposta negativa nos leva à possibilidade de uma outra, mais positiva. Levanta a questão: existe um padrão para a variabilidade do poder intensivo e amplo, impositivo e difuso, coletivo e distributivo? Mais particularmente: já vislumbramos um potencial cíclico, ou mesmo dialético, para as suas interações? Há algumas indicações de que pode ser o caso.

Nesta história particular, dois tipos principais de configuração de poder têm saltos pioneiros no desenvolvimento histórico-universal social coletivo.

1) *Os impérios de dominação* combinavam a coerção militar concentrada com uma tentativa de centralização territorial estatal e hegemonia geopolítica. Assim, eles também combinavam poderes impositivos intensivos ao longo das estreitas vias de penetração das quais um exército era capaz, com um poder mais fraco, mas ainda impositivo e muito mais amplo, o poder exercido sobre todo o império e clientes vizinhos pelo seu Estado central. O principal papel de reorganização é aqui desempenhado por uma mistura de poder militar e político, com predominância do primeiro.

2) *Nas civilizações de múltiplos atores de poder*, os atores do poder descentralizado competem uns com os outros dentro de um quadro geral de regulamentação normativa. Aqui os poderes amplos são difusos, pertencendo à cultura geral e não a qualquer organização de poder impositivo. Os poderes intensivos foram possuídos por uma variedade de pequenos atores do poder local, às vezes estados em uma civilização multiestatal, às vezes elites militares, às vezes classes e frações de classes, normalmente misturas de todos esses elementos. As forças

reorganizadoras predominantes são o poder econômico e o ideológico, embora em combinações variadas e muitas vezes com ajuda política e geopolítica.

Os principais exemplos de impérios de dominação neste volume foram os impérios acadiano, assírio e romano; os principais exemplos de civilizações de múltiplos atores de poder foram a Fenícia e a Grécia clássica, e depois a Europa medieval e moderna. Cada um desses casos foi notavelmente criativo no uso e desenvolvimento das fontes de poder social. Cada poder inventou técnicas que figuram na lista histórico-universal que dei anteriormente. Cada um, portanto, fez notáveis contribuições para o processo único de desenvolvimento histórico-mundial.

O fato de existirem vários exemplos de ambos os tipos significa imediatamente que "estrutura única" ou teorias de desenvolvimento social de fator único são falsas. Proeminente entre esse tipo tem sido a teoria econômica neoclássica, que tenho criticado em vários capítulos. Essa teoria vê a história como capitalismo escrito em letra maiúscula. O desenvolvimento social supostamente surge quando as sociedades são tomadas essencialmente por forças "naturais" de competição. Embora isso possa parecer ter uma afinidade óbvia com o meu tipo 2, ele não pode dar conta de duas características principais da tipologia. Primeiro, não pode sequer começar a explicar – porque nega – a criatividade dos impérios de dominação tipo 1. Em segundo lugar, não percebe que, para compreender o tipo 2, é necessária uma explicação da regulamentação normativa. Competição *regulamentada* não é "natural". Se a competição não é para degenerar em suspeição mútua e agressão e assim resultar em anarquia, então ela requer elaborados e delicados arranjos sociais que respeitam a humanidade essencial, os poderes, e os direitos de propriedade dos vários atores descentralizados do poder. À luz da história universal, a teoria neoclássica deve ser vista como uma ideologia burguesa, uma falsa afirmação de que a atual estrutura de poder da nossa própria sociedade é legítima porque é "natural".

Mas essa não é a única teoria falsa influente. Eu já critiquei variedades mais ambiciosas de materialismo histórico que veem a luta de classes como o principal motor do desenvolvimento. A luta de classes tem um lugar óbvio no tipo 2, pois as classes são um dos principais atores de poder descentralizado encontrados nesse tipo. Mas eles não são os únicos, ou sempre os mais importantes. E a luta de classes é de significado criativo muito menor na maioria dos exemplos de tipo 1, como argumentei especialmente nos capítulos 5 e 9. Na verdade, dada a grande diferença entre os dois tipos, é difícil ver qualquer configuração de potência individual como desempenhando *o* papel dinâmico na história universal. Nem "ideias como comutador", nem um "processo de racionalização" geral, como Weber ocasionalmente concluiu. Nem a divisão do trabalho ou a diferenciação social, como um conjunto de escritores, de Comte a Parsons, argumentaram. Nem sequer existe uma única transição histórica, de um tipo de criatividade para outro – digamos, de militantes para sociedades industriais, como o Spencer disse. Os dois tipos de dinamismo parecem ter se misturado e sucedido um ao outro ao longo de grande parte da história universal.

Isso, por sua vez, levanta outro padrão potencial mais complexo. O império acadiano (e seus equivalentes em outros lugares) surgiu da primeira civilização de múltiplos atores de poder da Mesopotâmia. Fenícia e Grécia surgiram no limite, e na dependência dos impérios do Oriente Próximo. O Império Romano era igualmente dependente da Grécia. A Cristandade europeia foi erigida nas ruínas romanas e gregas. Havia algum tipo de dialética entre os dois tipos? Cada um era capaz de certas inovações antes de atingir os limites de sua própria capacidade de poder? E o desenvolvimento social só foi possível quando o seu oposto tipo contrário surgiu para explorar precisamente o que o outro tipo não podia? Respostas positivas a essas perguntas certamente implicariam uma teoria geral do desenvolvimento histórico-universal.

Devemos começar a responder com cautela. Lembrando das qualidades conjunturais do processo. Mesmo ao longo de cinco milênios eu encontrei apenas alguns exemplos claros de tipos 1 e 2. Poderíamos adicionar alguns exemplos que são predominantemente de um tipo: os impérios mesopotâmicos tardios e o Império Persa foram em grande parte do tipo 1; cidades-estados da Ásia Menor e da Palestina, no começo do primeiro milênio d.C., e talvez os etruscos, eram predominantemente de tipo 2. Mas nós não terminamos com um grande número de casos, e nós não estamos nem um pouco perto da capacidade de usar análise estatística. Simplesmente *não há suficiente* macro-história para satisfazer o sociólogo comparativo. Nem a sucessão de tipos foram invariantes; nem os casos foram de igual "pureza" de tipo; nem o processo de sucessão foi em espaços sociais e geográficos semelhantes. Se houve uma interação, talvez não devêssemos chamá-la de "dialética", com a sugestão da história como essência e sistema. Pelo contrário, devemos explorar a possibilidade de interação criativa repetida entre exemplos que aproximam os dois tipos ideais de dinamismo de poder.

Este nível mais modesto de teoria encontra mais apoio. Além disso, algumas das objeções que acabam de ser mencionadas constituem, na realidade, um apoio adicional a tal modelo. Nenhum império era, na realidade, puramente militarista; nenhuma civilização competitiva foi totalmente descentralizada. Alguns dos casos menos puros, tais como a Pérsia (discutido no cap. 8) estavam mais misturando quantidades quase iguais dos dois. Dentro dos casos relativamente puros, as dinâmicas internas se assemelhavam frequentemente ao processo externo de interação criativa.

Argumentei no capítulo 5 que os primeiros impérios de dominação continham uma dinâmica de desenvolvimento (por ser tão persistente, eu a chamei de dialética). Por meio da cooperação compulsória, seus estados aumentaram os poderes sociais coletivos. Mas tais poderes não podiam ser mantidos sob o controle do Estado. Seus próprios agentes "desapareceram" na "sociedade civil", trazendo consigo recursos estatais. Assim, o próprio sucesso do Estado também aumentou o poder e a "propriedade privada" dos rivais do poder descentralizado, tais como aristocracias e mercadores; e recursos que tinham começado como impositivos, acabaram como poder difuso – sendo a alfabetização um excelente exemplo.

Nisso a dialética do desenvolvimento da propriedade privada é especialmente interessante, pois parece que o que aconteceu nos impérios de dominação foi meramente um exemplo extremo de um desenvolvimento histórico mais generalizado. Nossa própria sociedade considera a propriedade privada e o Estado como forças antitéticas separadas. O liberalismo considera que os direitos de propriedade têm origem nas lutas dos indivíduos para explorar a natureza, adquirir o seu excedente e transmiti-lo à família e aos descendentes. Nessa perspectiva, o poder público é essencialmente externo aos direitos da propriedade privada. O Estado pode ser trazido para institucionalizar os direitos de propriedade, ou pode ser visto como uma ameaça perigosa para eles; mas o Estado não faz parte da *criação* da propriedade privada. No entanto, temos visto repetidamente que isso não é um fato histórico. A propriedade privada emergiu, em primeiro lugar, e foi posteriormente reforçada, por meio das lutas e das tendências de fragmentação das organizações de poder público.

Isto aconteceu mais obviamente quando as unidades de poder coletivo centralizadas se fragmentaram em pequenos locais. Aqueles que comandaram essas unidades coletivas locais puderam obter poder distributivo sobre elas e esconder esse poder de unidades maiores; ou seja, eles puderam mantê-la *privada*. Com o tempo, foi institucionalizado coma propriedade privada, reconhecida no costume ou na lei. Vimos isso acontecer em três rupturas principais: na pré-história e nos inícios da civilização e estratificação (cap. 2 e 3); nos impérios da dominação, conforme a descentralização e a fragmentação prosseguiram (cap. 5 e 9); e na Cristandade medieval, quando o senhorio e igualmente o camponês mais rico conseguiram esconder os recursos do poder local sob seu controle de estados fracos e tiveram seus direitos consuetudinários registrados na lei (cap. 12). A propriedade privada não estava na sua origem ou na maior parte do seu desenvolvimento histórico como algo que se *opõe* ao domínio público. Ela emergiu de conflitos e compromissos entre os atores do poder coletivo concorrentes no domínio público. Esses têm sido geralmente de dois tipos principais, o local e o que seria centralizado, envolvido em uma relação confederada um com o outro. A propriedade privada emergiu do público, embora não fosse unitária, do domínio comunal e do uso do poder coletivo dentro dele.

Vejamos agora a dinâmica do outro tipo ideal, as civilizações de múltiplos atores de poder. Aqui também a dinâmica parece ter conduzido a seu oposto, a maior centralização hegemônica, embora esse não fosse um processo tão consistente (e não o dignifiquei com o rótulo de "dialético"). Assim, a civilização multiestatal do início da Mesopotâmia se moveu sob o controle hegemônico de uma cidade-Estado, e então caiu em um império de dominação. A civilização multiestatal grega se moveu em direção à alternativa da hegemonia ateniense e espartana, antes de cair sob o imperialismo macedônio. A civilização europeia se moveu de uma estrutura regulatória altamente descentralizada, na qual instituições eclesiásticas, estados, alianças de elites militares e redes de negociação compartilhavam todo o controle, para uma regulação predominantemente feita pela diplomacia multiestatal, e depois em direção à quase hegemonia interna de um poder, a Grã-Bretanha. (Este último processo será descrito mais adiante no vol. 2.)

Assim, dentro de ambos os tipos, tem havido uma interação bastante frequente e repetida entre forças que se assemelham mais ou menos nas suas características principais aos próprios dois tipos ideais. Mais uma vez, começa a parecer um único processo histórico-mundial. Ocorre assim: na busca de seus objetivos, os seres humanos criam organizações de cooperação que envolvem tanto poderes coletivos quanto distributivos. Algumas dessas organizações provaram ser de maior eficácia logística do que outras. Nós podemos, num primeiro nível de generalidade, distinguir as quatro fontes de poder como sendo altamente eficazes dessa forma. Mas, além disso, podemos notar que duas configurações mais amplas das fontes, impérios de dominação e civilizações de múltiplos atores, têm sido as mais eficazes de todas. Na verdade, os dois têm sido tão eficazes que eles são responsáveis pelas rupturas mais sustentadas do desenvolvimento histórico dos poderes humanos. No entanto, cada tipo, eventualmente, atinge os limites da sua capacidade de poder. A esse limite falta adaptabilidade em face de novas oportunidades ou ameaças criadas pelo desenvolvimento descontrolado e intersticial de uma nova combinação de redes de poder. Seu próprio sucesso veio de uma institucionalização estável de estruturas de poder anteriormente dominantes que agora são anacrônicas. Seu grande sucesso em termos de desenvolvimento deu origem a outras redes de poder – antitéticas às suas próprias instituições. Os impérios de dominação têm involuntariamente gerado relações de poder mais difusas de dois tipos principais dentro de seus próprios interstícios: (1) aristocratas descentralizados com propriedades, comerciantes e artesãos, ou seja, classes alta e média; e (2) movimentos ideológicos, localizados principalmente entre essas classes, mas também incorporando noções de comunidade mais difusas e universais. Se essas relações de poder difusas continuarem a crescer intersticialmente, pode resultar numa civilização descentralizada de múltiplos atores, ou do colapso do império ou da sua metamorfose gradual. Mas, por sua vez, essa civilização emergente pode se institucionalizar, e então também se torna menos adaptável a circunstâncias alteradas. Também gera as suas próprias forças antitéticas, intersticiais, nesse caso tendências para a centralização do Estado e coerção militarista, combinada talvez com o surgimento de um Estado geopolítico hegemônico, que pode eventualmente resultar no ressurgimento de um império de dominação. No capítulo I, chamei a esse modelo geral de interação criativa entre a *institucionalização* e a *surpresa intersticial*. A seguir, ofereço argumentos mais substantivos a esse respeito.

Não quero, contudo, que esse modelo seja a "essência da história" – daí o número de declarações com a palavra "podem" no parágrafo anterior. Na história particular que eu contei, tal padrão ocorreu em várias ocasiões. Tem havido grande variabilidade na duração do tempo, coberto por cada uma das fases da interação criativa. Os detalhes têm variado consideravelmente. Assim como a adaptabilidade das instituições dominantes. Notei isso, por exemplo, ao contrastar o Império Romano e o Império Chinês da Dinastia Han. Na minha discussão do tema "declínio e queda", no capítulo 9, enfatizei as opções alternativas abertas para o Império Romano tardio: cristianização das elites bárbaras ou mais conquistas. Mas, claro, o império entrou em colapso. Por outro lado, a Dinastia Han lidou com uma situação não muito diferente. Conseguiu civilizar os seus bárbaros e incorporar forças difusas de classe e de poder ideológico na sua estrutura imperial. Dessa forma, se desenvolveu a configuração resiliente do poder nobre/erudito, burocrata/confucionista que levou a China a uma situação de diferentes caminhos históricos de desenvolvimento – de três rupturas relativamente precoces de desenvolvimento social (Han, Tang e Sung), seguidas por ciclos dinásticos, estagnação e eventual decadência. Da mesma forma, não gostaria de ser interpretado como implicando que o destino do Ocidente é decair para formas mais centralizadas e coercitivas de sociedade, e certamente não para o "socialismo militarizado" da União Soviética. Como o volume 2 mostrará, a interação criativa entre os dois tipos de configuração de poder continua em nosso próprio tempo, mas em formas mais complexas do que isso. O que eu enfatizo sobre o processo geral é que o seu centro padronizado tem sido uma interação criativa entre duas macroconfigurações de poder, e essa parte da criatividade tem consistido numa variedade de caminhos de desenvolvimento e de resultados eventuais.

As migrações do poder

A terceira e última qualificação a ser feita para o modelo histórico-universal de desenvolvimento diz respeito à sua alteridade geográfica. Minha repetida afirmação de que eu escrevi um relato histórico é uma farsa. Eu escrevi um relato desenvolvimental de uma abstração, o poder. Eu não tenho crônicas de uma "sociedade", Estado, ou mesmo um lugar. Tenho apanhado sociedades, estados e lugares de forma bastante promíscua conforme eles adquiriram a "vanguarda" do poder e caíram assim que a perderam. Eu perdi o interesse na Mesopotâmia muitos capítulos atrás, depois em todo o Oriente Próximo, depois na Grécia e na Itália, e mais recentemente na maior parte do continente europeu. Isso revela que a vanguarda do poder migrou ao longo de grande parte da história.

Assim, há outro padrão potencial que o desenvolvimento histórico-universal *não pode* assumir. Não foi uma evolução, no sentido estrito desse termo. O desenvolvimento não pode ser explicado em termos das tendências imanentes da sociedade. Uma fase do desenvolvimento do poder superior tardia não pode ser explicada apenas em termos das características da anterior, inferior. Não pode ser, quando estamos lidando com diferentes áreas geográficas e sociais nas duas fases. As teorias da evolução social se assentam numa visão sistemática do desenvolvimento social – sobre a sua "diferenciação estrutural"; as suas "contradições" ou "dialética"; as competições entre as pessoas, grupos ou estados "mais aptos"; seu "processo de racionalização"; ou o que quer que seja. Há três objeções a isso. Em primeiro lugar, nunca existiu um sistema social em toda a história contada aqui. "Sociedades" sempre se sobrepuseram, intersectando redes de poder, abertas a influência exterior, transfronteiriça e intersticial, bem como influência interna. Em segundo lugar, aqueles que têm sido mais sistêmicos, no sentido de serem mais fortemente padronizados e limitados, não têm desempenhado um papel globalmente maior no desenvolvimento social do que aqueles menos sistêmicos. Em terceiro lugar, o desenvolvimento social migrou, aparentemente de forma bastante promíscua, devido, por vezes, a processos de mudança relativamente "internos", às vezes a processos relativamente externos, e geralmente para interações complexas entre os dois.

A questão permanece, no entanto: esse processo de migração interativa de poder é padronizado de alguma outra forma, não revolucionária? A resposta é sim. Nós podemos encontrar dois tipos de padrões na migração.

O primeiro padrão torna mais preciso aquele apresentado anteriormente, de surpresa institucionalizada/ intersticial. É uma versão estendida da teoria sobre a figura do "marquês", citada no capítulo 5. Um poder regionalmente dominante, reforço institucional, poder em desenvolvimento também melhora as capacidades de poder dos seus vizinhos, que aprendem as técnicas de poder, mas as adaptam às suas diferentes necessidades sociais e circunstâncias geográficas. Onde o poder dominante adquire instituições estáveis e especializadas de um império de dominação ou de uma civilização de múltiplos atores de poder, algumas das forças intersticiais emergentes que ela gera podem fluir para fora das fronteiras, onde estão menos confinadas por estruturas de poder antitético institucionalizadas. Por essa razão, os marqueses trouxeram as grandes surpresas. O processo histórico-universal adquire suas pernas migratórias.

Mais uma vez, porém, matizei o argumento com a introdução do termo "podem". *Houve* tal tendência, mas não tem sido invariável. As forças intersticiais têm por vezes explodido no núcleo geográfico (embora não o "oficial") de uma sociedade existente, como fizeram no Império Romano tardio, por exemplo. Em todo caso, a tendência nesse segmento particular da história universal para o marquês assumir o controle pode ter sido causada principalmente pelo segundo tipo de padrão migratório.

O segundo modelo diz respeito à *deriva para oeste* e *para noroeste* da vanguarda do poder neste volume. Eu discuti isso na primeira metade do último capítulo e não repetirei seus detalhes aqui. É certo que a primeira parte do processo é em grande parte um artefato do meu método. A vanguarda nesta narrativa migrou para noroeste, da Suméria para Acádia, depois para mais longe para noroeste, para o sul da Ásia Menor, o coração da Assíria. Mas eu ignorei (contra) tendências nesse período porque a Ásia não era o meu foco. Na Antiguidade, também ocorreu a expansão do Império Persa para leste, em direção à Índia e à China, e a nordeste, para a Ásia Central. Apenas o Islã mais tarde combinou a expansão para leste e para oeste – nessa altura, porém, a fronteira ocidental do Islã era uma verdadeira barreira à expansão. Mas a parte não artefactual da deriva ocidental é que Fenícia, Grécia, Roma e, então, as regiões europeias em várias fases de desenvolvimento moveram a vanguarda do poder para o oeste, de forma constante até chegar à costa atlântica. No próximo volume, essa migração se diversificará, continuando a oeste para a América, mas também se deslocando para leste para fora da Europa.

Agora, obviamente, não há nenhuma vantagem *geral* para os atores do poder no Ocidente e não no Leste ou no Sul. Como expliquei no último capítulo, a deriva para oeste e noroeste tem sido o produto da conjunção acidental de três circunstâncias ecológicas e sociais particulares: (1) barreiras geográficas do deserto para o sul, (2) a barreira dos impérios poderosos e confederações com uma estrutura semelhante às do leste e nordeste do Oriente Próximo, e (3) duas peculiaridades ecológicas inter-relacionadas a oeste. A combinação geológica de sucessivas camadas mais pesadas, mais úmidas, mais profundas, mais ricas, os solos de águas pluviais e as costas navegáveis e variadas do Mediterrâneo, os mares Báltico, do Norte, e Atlântico "simplesmente aconteceram" para criar possibilidades de desenvolvimento para noroeste em momentos históricos cruciais mas repetidos. Esses marqueses do noroeste estavam, de fato, relativamente desimpedidos, mas incentivados a se expandir e a inovar, pelas instituições dominantes da sua época (como a teoria sobre os marqueses sugere). Seu sucesso *contínuo*, no entanto, foi certamente não social, mas sim uma série gigantesca de acidentes da natureza ligados a uma série igualmente monstruosa de coincidências históricas. O ferro foi descoberto quando o comércio do Mediterrâneo Oriental podia "decolar"; aconteceu de existir naturalmente em conjunção com solos mais pesados adequados para aragem de ferro por toda a Europa. Quando Roma entrou em colapso, mas a Cristandade sobreviveu, os escandinavos estavam a abrir os mares Báltico e do Norte e os alemães estavam penetrando mais profundamente no solo. Justamente quando os estados europeus ocidentais estavam começando a rivalizar com os do sul e do centro, o Islã fechou o Estreito de Gibraltar e a América foi descoberta com técnicas de navegação da costa atlântica. Eu tenho me esforçado muito para encontrar micropadrões em todos esses eventos nos meus capítulos narrativos, e para encontrar macropadrões neste capítulo e no último. Mas uma característica necessária de todos esses padrões tem sido a deriva acidental para o oeste do desenvolvimento histórico-mundial.

Isso deve conter quaisquer "generalizações significativas" que possamos fazer em resposta ao desafio de Weber, citado anteriormente no capítulo. Neste capítulo generalizei sobre os meios de organização oferecidos pelas quatro fontes de poder; sobre as duas configurações mais poderosas das fontes, impérios da dominação e das civilizações de múltiplos atores; sobre a dialética entre eles com o núcleo central do desenvolvimento histórico-mundial; e sobre o mecanismo de institucionalização/surpresa intersticial pelo qual isso aconteceu. No entanto, no fim das contas, são apenas generalizações sobre o desenvolvimento de uma civilização, a do Oriente Próximo e da Europa, que também contém muitas características acidentais. Ademais, parei o relógio em 1760, antes mesmo do apogeu dessa civilização. No volume 3, vou passar para um nível superior de generalidade teórica; mas devo primeiro delinear os padrões e acidentes das sociedades industriais.

Referências

BALIBAR, E. (1970). The basic concepts of historical materialism. In: ALTHUSSER, L. & BALIBAR, E. (orgs.). *Reading Capital*. Londres: New Left Books.

HALL, J. (1985). *Powers and Liberties*. Oxford: Basil Blackwell.

KAUTSKY, J. (1982). *The Politics of Aristocratic Empires*. Chapel Hill: University of North Carolina Press.

PARSONS, T. (1966). *Societies*: Evolutionary and Comparative Perspectives. Englewood Cliffs, NJ: Prentice-Hall.

WEBER, M. (1968). *Economy and Society*. 3 vols. Berkeley: University of California Press.

Índice temático

Absolutismo 544-545, 563-571, 604

Acidente histórico 171, 287, 594-602, 623-625, 634-635

Agricultura de aluvião 37-38, 51, 118-128, 150, 154-155, 166, 168-170, 173-178, 182, 189-190, 205-206, 228-229 definição 123-124

Aldeias 80-81, 83-84, 92, 103-104, 111-113, 127, 144-145, 235-236, 240-241, 302, 425-427, 431-433, 472-474, 485-486, 595-596, 598-599

Alexandre o Grande 190-191, 248-249, 286-287, 288-289, 292-293, 299-300, 305-306, 308-310, 323-324, 355-356, 600, 624-625

Alfabetização/letramento/escrita 43-44, 58-59, 118-120, 134-137, 140-141, 143-144, 154-157, 161-162, 164-165, 167-169, 175-176, 205-206, 213-215, 227-228, 239-240, 249-251, 255-256, 262-266, 283-286, 292-293, 301, 307-308, 314-317, 319-320, 334-336, 376-377, 382-387, 404-407, 420-421, 427-430, 439, 443-444, 455-458, 465-466, 470, 524-527, 548-549, 551-552, 616, 617

América Andina 55-56, 119-121, 171-175, 225-230, 255-256, 618-619

Arameus 210-211, 250-252, 297-300, 307-308, 387

Arianos 216-217, 229-230, 236-239, 423-428

Aristocracia; cf. Senhores, aristocratas e nobres

Aristóteles 37-38, 254-255, 266-267, 273-274, 279-281, 287-288

Arqueiros; cf. Artilharia

Artesãos 125-126, 128, 164, 175-176, 207-208, 250-251, 381-387, 391-393, 475-476, 602

Artilharia 88-89, 184-186, 235-236, 260-261, 267-268, 294-295, 342-343, 454-455, 510-511, 530, 538-539, 567-568, 625-626

Assíria 59-60, 120-121, 126-127, 170-171, 173-174, 190-193, 202-203, 207-208, 210-211, 214-215, 221-222, 237-242, 244-245, 248-249, 251-252, 257, 259-260, 271-272, 292-299, 302-303, 333-334, 611-612, 621-623, 626-628

Astecas; cf. Mesoamérica

Atenas 254-255, 261-271, 274-275, 277-278, 280-281, 283-285, 287-288, 389-390, 631-632

Autoridade 40, 75-76, 78-79, 83-84, 89-90, 94-95, 101-103, 105-115, 131-132, 146-149, 174-175

Babilônia 120-121, 186-187, 190-191, 196-198, 203-204, 207-211, 213, 220-222, 237-240, 243, 250-252, 261-262, 295-301

Bárbaros 130-131, 218-219, 237-238, 272-276, 285-286, 326-327, 342-343, 352-356, 361-363, 366-367, 376-377, 399-400, 404-410, 416-417, 425-426, 452-453, 470-474, 486-487, 596-597

Bens de prestígio 103-105, 107-111, 128, 175-176

Bizantinos 360-362, 403-405, 417-420, 443-444, 459-461

Budismo 370-371, 415-417, 428-432, 437-447, 476-477

Burocracia 142-144, 196-197, 210-211, 249-250, 325-326, 333-334, 339-341,

356-357, 453-454, 470-471, 499-500, 563-564

Caçadores-coletores 72-76, 81-84, 88-93, 126-127, 131-132, 136-137, 175-176

Campesinato 240-242, 252-260, 264-267, 280-281, 283, 285-286, 293-296, 314-315, 318-321, 325-333, 357-363, 382-383, 406-407, 423-425, 430-431, 467-468, 489-492, 592-593, 595-599, 602, 605-606, 621-622

Capitalismo e modo de produção capitalista 50-52, 60-62, 90-91, 338-339, 449-454, 476-478, 487-494, 513-514, 530-531, 535-584, 592-593, 597-598, 602-609
   definição 450-452

Carruagens 163-164, 184-186, 210-211, 218-219, 240-241, 260-261, 267-268, 288-289, 294-297, 314-316, 342-343, 352-353, 418-420, 468-471, 510-511, 617-619, 625-626

Cartago 248-250, 274-275, 287-288, 313-320, 322-325, 333-334, 363-365, 418-419,

Casas senhoriais 53-55, 207-208, 406-407, 472-476, 485-486, 517-518, 595-596, 598-599, 602

Cassitas 186-187, 210-211, 216-217, 219-222, 236-238, 243, 293-294

Casta 253-255, 421-438, 443-445
   definição 422-424
   jati 422-424, 432-434, 437-438
   varna 422-423, 425-429, 431-434

Castelos; cf. Fortificações

Cavalaria 88-89, 184-186, 210-211, 218-219, 240-241, 260-261, 267-268, 288-289, 294-297, 314-316, 342-343, 352-353, 418-420, 468-471, 510-511, 617-619, 625-626

Centro-periferia 121-122, 126-128, 130-132, 140-141, 145-150, 155-157, 174-176, 196-197, 199-201, 217-219

Chefatura/chefia redistributiva 90-91, 102-105, 111-112, 131-132, 203-204

China 42-43, 141-143, 218-219, 224-225, 361-363, 415-418, 453-454, 592-594, 625-627

na Dinastia Han 142-143, 170-171, 173-174, 217-218, 244-245, 335-336, 360-361, 365-366, 375-376, 416-417, 632-633
   na Dinastia Shang 134-135, 155-158, 168-171
   origens da 55-56, 119-121, 125-126, 154-155

Ciclos malthusianos 86-87, 93-94, 108-109, 164-165, 207-208

Cidadania 206-207, 258-259, 265-271, 277-283, 315-324, 326-327, 329-330, 332-333, 348-349, 366-367, 375-376

Cidade-Estado 78-79, 88-89, 108-109, 128, 137-141, 144-150, 170-171, 176-177, 182-186, 192-193, 198-201, 203-206, 210-211, 239-240, 247-253, 299-300, 313-316, 620-621, 623-624

Cidades; cf. Povoados, urbanização e cidades

Ciência 118-119, 136-137, 163-165, 214-215, 239-241, 270-273, 280-281, 350-352, 427-432, 454-455, 492-493, 550-552, 592-593

Civilização 88-89, 105-106, 361-363, 366-367, 376-377, 404-410, 441-442, 611-612
   definição 76-77, 118-120
   origens da 37-38, 50-51, 58-59, 74-80, 108-109, 118-150, 154-178

Civilizações com múltiplos atores de poder 118-149, 154-178, 182-183, 245-289, 455-478, 595-596, 608-609, 626-633

Clã; cf. Linhagem

Classe dominante 60-62, 101-102, 118-119, 219-220, 223-224, 276-277, 287-289, 320-325, 332-339, 349-350, 361-366, 453-454, 555-556, 611-612, 621-624
   cultura e 157-158, 195-198, 212-216, 221-222, 280-281, 286-287, 292-293, 296-298, 302-305, 309-310, 313-314, 333-336, 350-351, 370, 375-376, 380-387, 416-417, 461-464, 487-488

Classes
   ampla 59-62, 275-283, 303-304, 315-316, 326-330, 335-336, 466-468, 549-550, 621-622

definição 59-62, 275-283, 303-304,
315-316, 326-330, 335-336, 466-468,
620-621

e luta de classes 41-44, 49-52, 72-73,
101-102, 121-122, 130-131, 148-149,
155-156, 164-165, 206-207, 247-248,
258-259, 265-266, 272-273, 275-283,
314-316, 326-330, 332-333, 335-336,
391-393, 437-438, 440-441, 456-457,
461-468, 488-492, 517-518, 549-550,
605-609, 612-616, 620-625, 627-629

latente 59-60, 275-276, 328-330,
356-357, 549-550, 621-623

política 59-62, 252-253, 271-272,
276-283, 286-287, 303-304, 326-327,
335-336, 466-467, 549-550, 621-623

simétrica e assimétrica 59-62, 275-281,
315-316, 328-330, 335-336, 549-550,
621-623

Clientelismo e vassalagem, governo por
meio de 112-113, 130-131, 170-172,
175-176, 194-196, 219-220, 238-239,
275-276, 279-280, 292-293, 295-296,
299-300, 302-305, 314-316, 322-324,
327-330, 363-365, 456-457, 463-464,
468-472, 477-478, 501-503, 511-512,
521-524, 543-548

Comerciantes 136-137, 161-164, 184-185,
207-208, 249-251, 255-256, 381-388,
456-457, 475-476, 509-511, 513-515,
602, 607-608

Comércio 59-62, 80-83, 85-86, 102-103,
106-110, 124-127, 136-137, 155-158,
160-162, 166-175, 183-185, 187-188,
201-203, 217-220, 238-242, 249-253,
255-258, 263-271, 292-204, 298-299,
328-330, 335-339, 381-383, 439,
460-461, 472-476, 486-488, 514-515,
518-519, 558-562, 578-583

Comte, A. 46-48, 550-551, 628-629

Comunidade 99-100, 139-140, 254-260,
283-284, 374-375, 388-392, 394-396,
418-420, 423-424, 432-433

Confucionismo 335-336, 362-363,
370-371, 415-418, 437-441, 476-477

Conquista 44-45, 94-101, 119-120,
130-131, 137-138, 154-157, 173-174,
187-188, 192-211, 214-216, 261-262,
272-273, 282, 297-298, 309-310,

313-314, 316-325, 332-333, 338-339,
347-348, 363-364, 425-426, 433-436,
468-472, 501-503

Conquistadores 170-174, 227-228,
617-619, 624-625

Constantino 389-390, 388-401, 455-456,
463-464

Cooperação compulsória 97-99, 182-183,
195-209, 211-212, 216-217, 219-222,
228-231, 255-256, 292-293, 295-297,
309-310, 313-314, 323-325, 332-336,
338-339, 344-347, 357-358, 365-366,
441-442, 504-505, 607-608, 612-614,
619-620

Cortes 112-113, 189-190, 197-198,
211-215, 300-301, 348-349, 518-519,
522-523, 545-548, 554-555

Creta minoica 103-104, 119-121, 134-135,
154-155, 164-168, 229-230, 237-238

Criadores de gado, pastores e nômades
84-86, 88-89, 93-96, 99-101, 126-127,
131-132, 136-137, 139-140, 149-151,
156-157, 159-160, 171-172, 174-176,
185-187, 216-219, 235-236, 239-240,
361-362

Cristianismo 272-273, 433-434, 437-447,
596-597

na Idade das Trevas 404-410, 622-623

na Idade Média e Início da Europa
Moderna 53-55, 453-468, 517-520,
591-592, 594-599, 604-606, 622-623,
628-630

no Período Romano 164-165, 362-363,
370-404, 621-625

Cunhagem 43-44, 58-59, 135-136,
203-204, 219-220, 249-253, 265-266,
285-286, 292-293, 300-303, 307-308,
314-317, 338-339, 350-356, 376-377,
474-475

Declínio e colapso da sociedade 78-79,
109-110, 113-115, 154-155, 164-165,
169-172, 229-230, 237-239, 241-243,
248-249, 287-289, 297-299, 349-362,
366-367, 430-432, 443-444, 522-524,
566-568, 600-601, 624-625

Democracia 106-108, 111-112, 132-133,
140-141, 144-147, 155-156, 206-207,
240-245, 247-248, 250-271, 279-281,

284-285, 349-350, 358-359, 361-363, 398-399, 404-405, 440-441, 492-494

Desenvolvimento
histórico-universal 65-69, 145-146, 163-164, 167-172, 186-187, 199-209, 215-224, 226-230, 303-304, 362-367, 370-371, 433-436, 444-447, 449-450, 491-494, 594-595, 599-602, 610-635
tecnológico 188-189, 216-217, 240-241, 251-252, 350-352, 358-360, 365-366, 449-450, 482-486, 529-531, 616-619

Dialética 74-75, 182-183, 215-224, 226-230, 247-248, 280-281, 286-287, 303-304, 363-365, 407-408, 629-635

Dimensões e níveis de sociedade 33-34, 44-58, 122-123, 229-230, 615-616

Diocleciano 188-189, 331-332, 345-347, 355-360, 362-363, 383-384, 399-400

Diplomacia; cf. Geopolítica e diplomacia

Dominação, impérios de; cf. Impérios

Durkheim, É. 36-37, 46-48, 57-59, 87-88, 378-379, 416-417, 444-446, 453-454, 476-478

Ecologia 84-87, 93-94, 103-105, 119-120, 123-130, 139-141, 149-151, 155-157, 159-162, 167-168, 173-175, 189-190, 210-211, 228-229, 252-254, 299-300, 430-431, 484-486, 593-594, 634-635

Economia legionária 313-314, 324-325, 333-334, 338-350, 359-360, 363-365, 375-376

Ecumene 370-371, 376-379, 389-410, 419-420, 436-437, 456-462, 549-551, 557-558, 597-598

Educação 62-63, 195-196, 207-208, 219-220, 227-228, 265-266, 286-287, 302-304, 382-385, 404-407, 420-421, 427-430, 461-462, 519-521, 524-525

Egito 88-89, 119-121, 125-126, 134-135, 139-144, 154-157, 173-174, 190-191, 205-206, 211-213, 217-219, 224-225, 229-230, 237-243, 248-252, 270-272, 298-300, 332-333, 397-398, 418-419

Emergência intersticial 49-55, 58-59, 65-67, 244-245, 247-248, 297-298, 362-363, 391-392, 437-439, 441-442,

497-498, 519-520, 594-595, 611-612, 621-622, 631-635

Engels, F. 91-93, 101-102, 108-109, 113-115, 282, 615-616

Escravidão 62-63, 95-96, 100-102, 130-132, 158-159, 193-194, 204-208, 219-220, 265-266, 270-274, 277-279, 282, 285-286, 317-320, 324-327, 332-333, 344-345, 349-352, 391-392, 396-400, 425-426, 460-461, 473-474

Escrita; cf. Alfabetização

Esparta 253-254, 259-262, 264-267, 275-276, 284-289, 304-305, 333-334, 389-390, 631-632

Estado 62-64, 72-73, 80-81, 221-222, 251-253, 308-309, 338-349, 355, 360, 393-406, 416-417, 429-431, 435-436, 467-472, 497-499, 512-513, 515-518, 602-609, 619-621
contemporâneo 50-52
coordenante 497-498, 520-522, 554-555, 569-570, 602-605, 617-619
definição 75-76
finanças do 266-267, 269-270, 299-300, 338-342, 346-349, 497-498, 535-584, 602, 604-605
orgânico 497-498, 535-584, 602, 604-605
origens do 74-75, 89-115, 118-151, 154-178
redistributivo 131-136, 141-142, 156-157, 160-161, 166-168, 171-173, 176-178, 183-184, 202-204, 238-239, 249-250, 255-256

Estado-nação ou Estado nacional 51-52, 137-138, 285-286, 437-438, 455-456, 497-498, 512-521, 527-530, 552-555, 578-583, 605-606, 614-615, 621-623

Etnicidade 82-83, 94-95, 136-141, 212-213, 220-221, 228-229, 236-237, 254-255, 258-259, 262-263, 272-276, 285-286, 315-316, 320-321, 379-380, 437-438, 440-441, 502-503

Evolução 33-34, 72-84, 87-115, 120-121, 124-125, 166-168, 177-178, 182-183, 234-236, 624-625, 632-633

Excedente 91-93, 103-104, 108-110, 124-126, 129-131, 162-164, 195-196, 198-199, 201-204, 210-211, 240-241,

253-254, 277-278, 293-294, 324-327,
345-347, 582-584, 598-599
Exército
governar por meio do 194-196,
292-296, 340-345

Família e parentesco 48-49, 81-83,
93-94, 101-102, 118-119, 129-134,
140-141, 162-163, 197-198, 254-255,
258-259, 275-277, 314-315, 381-383,
395-398, 425-426, 431-432, 442-444,
456-457, 461-463, 487-488, 557-559
Federalismo territorial 224-225, 333-334,
604-605
Fenícia 59-60, 202-203, 244-245, 247-253,
255-256, 262-267, 270-271, 273-274,
285-286, 288-289, 298-299, 306-308,
313-314, 316-317, 615-616, 627-629
Feudalismo 49-50, 52-56, 157-158,
196-197, 210-211, 221-222, 225-229,
238-239, 296-299, 355-356, 359-360,
423-424, 430-432, 435-436, 449-453,
476-478, 488-494, 535-536, 563-564,
596-598, 604-605, 617-620
estado feudal e 44-45, 53-56, 468-472,
497-498, 500-501, 521-524, 540-541
modo feudal de produção e 53-55,
451-452, 488-492, 563-564, 596-597,
604-605
recrutamento feudal e 52-56, 148-149,
471-472, 503-505, 513-514, 598-599
Flanqueamento organizacional 39-42,
328-330, 363-365, 467-468, 621-622
Formação social; cf. Dimensões e níveis
de sociedade; Sociedade
Fortificações 62-63, 80-81, 88-89,
130-131, 146-149, 166-167, 183-184,
187-188, 192-196, 216-219, 235-236,
239-240, 260-261, 288-289, 327-328,
340-341, 343-346, 468-471, 474-475,
538-540, 617-619
Funcionalismo 34-35, 45-46, 120-121,
166-167
público 196-197, 225-227, 229-230,
269-270, 279-280, 296-297, 299-300,
319-320, 332-334, 399-400, 416-417,
543-546, 563-567, 569-570

teoria funcionalista das origens do
Estado e 89-91, 94-95, 103-104,
177-178

Geopolítica e diplomacia 62-65, 137-140,
149-150, 159-162, 176-177, 184-185,
193-195, 202-203, 205-206, 210-213,
240-246, 249-250, 252-253, 255-256,
260-261, 263-264, 269-270, 284-286,
298-299, 335-336, 452-453, 460-461,
539-540, 552-557, 578-579, 598-600,
602-607, 614-615, 631-632
Grécia
clássica 58-60, 163-164, 190-192,
202-203, 205-207, 211-213, 244-245,
252-289, 294-295, 300-301, 304-314,
316-318, 324-326, 383-384, 415-417,
437-441, 452-453, 596-597, 611-613,
615-616, 621-623, 626-629
micênica 103-104, 164-165, 216-217,
229-230, 236-238, 241-244, 248-249,
253-254, 262-263, 423-424
romana 345-346, 376-377, 381-382,
388-389
cf. tb. Atenas; Esparta
Guerra 52-56, 88-89, 121-122, 147-149,
156-159, 166-167, 184-185, 189-195,
207-209, 257-263, 274-276, 281-282,
285-289, 304-308, 314-319, 321-324,
339-344, 352-356, 359-362, 425-426,
468-470, 501-505, 508-509, 511-514,
521-524, 538-544, 561-562, 565-569,
574-579, 599-601, 603-604, 624-627
Gumplowicz, L. 62-63, 94-96, 102-103,
115-116, 498-499

Helenismo 164-165, 286-287, 305-306,
309-312, 372-374, 378-379, 387-389,
596-597, 600-601, 621-622
Heródoto 163-164, 273-275, 298-299
Hinduísmo 370-372, 421-439, 443-447,
476-477
Hititas 120-121, 211-212, 236-244,
248-251, 294-296, 617-619, 623-624
Hobbes, T. 74-75, 100-102, 498-499
Hoplitas 257-263, 266-269, 279-289,
305-308, 314-316, 617-619, 623-624

Idealismo 37-38, 55-57, 122-123,
176-177, 402-403, 421-423, 433-434,
441-442, 444-447, 453-454, 615-616,
628-629

Igualitarismo 74-76, 89-91, 94-95,
110-113, 123-124, 127-128, 132-133,
212-213, 259-262, 318-319, 374-375,
395-399, 437-438, 461-462, 467-468,
470-471, 622-623

Imanência ideológica 57-60, 64-65,
210-216, 228-229, 296-297, 335-336,
370-371, 453-454, 463-464, 611-612

Império acadiano 120-121, 137-138,
145-146, 148-149, 183-208, 210-211,
214-215, 220-226, 249-261, 292-293,
299-300, 626-629

Impérios 50-51, 158-159, 163-164,
182-233, 237-252, 269-270, 276-277,
281-282, 284-286, 288-289, 292-367,
375-377, 407-410, 416-418, 429-431,
437-440, 445-446, 626-633
coloniais 112-113, 171-172, 255-256,
261-265, 279-280, 285-286, 558-563,
568-571, 607-608
territoriais 186-188, 195-198, 310-314,
316-318, 324-325, 344-345, 365-366,
375-376, 407-410

Impostos 142-143, 160-161, 196-197,
219-220, 228-229, 251-252, 279-280,
319-320, 327-332, 336-338, 342-343,
346-349, 354-360, 418-419, 429-430,
471-472, 503-504, 507-511, 542-544,
562-563, 566-568, 593-594

Incas; cf. América Andina

Índia 299-300, 308-309, 418-419, 421-439,
592-593

Indo-europeu 48-49, 234-246, 254-255,
423-424, 624-625

Infantaria 52-56, 88-89, 147-148, 184-186,
212-124, 216-218, 235-236, 240-242,
256-263, 284-285, 294-295, 314-318,
510-511, 513-514, 539-540, 596-597,
621-622, 625-626

Infraestruturas de comunicações 188-190,
197-198, 202-204, 207-208, 210-211,
215-216, 227-228, 302-303, 322-323,
340-343, 379-383, 388-392, 437-439,
455-456, 465-467 483-484, 524-530

Institucionalização do poder 39-41, 48-51,
65-67, 101-102, 111-112, 148-149,
173-176, 196-197, 204-205, 214-215,
224-225, 313-314, 333-334, 347-350,
381-382, 593-594, 631-635

Irrigação 80-81, 86-87, 119-121, 123-149,
154-160, 166-167, 169-172, 174-178,
182-183, 198-199, 202-203, 209-210,
212-214, 228-229, 250-251, 429-430

Islã 44-45, 100-101, 370-372, 404-405,
409-410, 417-422, 433-434, 437-447,
453-455, 458-461, 486-487, 593-596,
599-603, 634-635

Israel; cf. Judeus e judaísmo

Jaula de ferro 86-87, 105-106, 110-111,
161-162, 216-217, 234-235, 239-246,
251-255, 262-263, 280-283, 293-294,
313-314, 323-324, 342-343, 351-352,
362-363, 596-597, 612-613, 621-624

Jaula e enjaulamento/confinamento
(social) 77-82, 87-90, 110-113,
119-123, 125-126, 131-136, 140-141,
147-151, 154-178, 182-183, 194-195,
286-287, 357-358

Jesus Cristo 374-375, 378-379, 387-388,
390-391, 396-397, 418-419, 461-462,
470-471, 476-477, 483-484

Judeus e judaísmo 212-214, 248-249,
295-298, 300-302, 304-305, 340-342,
373-374, 376-377, 379-382, 387-389,
403-404, 417-419, 437-439, 458-459,
596-597, 607-608

Keynesianismo militar 203-204, 295-296,
344-345, 365-366

Lattimore, O. 42-44, 62-63, 69-71, 84-86,
194-199, 340-342

Legiões 314-315, 320-324, 340-347,
352-357, 359-360, 362-365, 380-382,
388-389, 625-626

Lei 158-159, 197-198, 209-210, 214-215,
264-266, 316-317, 348-349, 381-382,
389-390, 428-429, 431-432, 443-444,
453-454, 456-457, 473-474, 476-478,
500-504, 524-525, 545-548, 564-565,
603-605, 616-617

Liberalismo 55-57, 198-199, 308-309,
446-447
origens da Teoria Liberal do Estado e
89-95, 100-103, 129-130, 177-178
Linhagem 81-84, 91-93, 102-108, 111-113,
162-163, 220-221, 223-225, 253-255,
422-423, 462-464
Locke, J. 74-75, 90-93, 100-102, 172-174,
186-195, 215-216, 218-219, 228-229,
237-238, 262-264, 294-296, 299-300,
304-308, 313-314, 335-336, 341-342,
345-347, 429-430, 523-530, 540-542,
569-570, 611-612, 616-617
Logística 42-44, 62-63, 127-128, 145-146,
158-159, 172-174, 186-195, 215-216,
218-219, 228-229, 237-238, 262-264,
294-296, 299-300, 304-308, 313-314,
335-336, 341-342, 345-347, 429-430,
523-530, 540-542, 569-570, 611-612,
616-617

Macedônia 120-121, 163-164, 190-192,
204-205, 244-245, 260-261, 279-280,
283, 287-289, 317-318, 621-622,
631-632
Maias; cf. Mesoamérica
Maomé 370-372, 417-419
Marinha e poder naval 163-164, 248-250,
255-256, 262-264, 266-271, 284-285,
288-289, 305-307, 314-318, 453-454,
529-531, 542-543, 565-566, 592-593,
596-597, 600-603, 616-617, 621-622
Mário e Mastro de Mário 191-192,
320-323, 340-343, 351-352, 365-366,
616-617
Marqueses 128, 148-149, 159-160,
170-171, 182-188, 194-198, 202-203,
209-211, 216-221, 228-231, 236-238,
247-248, 253-254, 267-270, 279-280,
288-289, 352-356, 359-360, 633-635
Marx, K. 36-38, 44-50, 59-62, 74-75,
91-93, 101-102, 281-282, 335-336,
349-350, 498-499, 550-551, 592-593,
612-613
Materialismo 37-38, 45-48, 55-57,
122-123, 281-283, 377-379, 402-403,
421-423, 434-436, 441-447, 452-454,
488-489, 615-616, 627-629

Mercados 41-44, 58-62, 86-87, 175-176,
198-199, 202-203, 210-211, 249-250,
258-259, 284-285, 429-430, 475-476,
490-492
Mercantilismo 560-563
Mercenários 148-149, 163-164, 194-195,
217-218, 241-242, 252-253, 260-262,
264-266, 288-289, 302-303, 316-317,
471-472, 508-509
Mesoamérica 55-56, 119-122, 168-172,
229-230
Mesopotâmia 51-52, 58-59, 65-67, 88-89,
109-110, 190-191, 270-271, 452-453,
628-632
Origens da civilização na 55-56, 80-81,
90-91, 118-151, 154-157, 170-172,
174-176
Método histórico 65-69, 421-439, 443-447,
476-477
Micenas; cf. Grécia, micênica
Migração 86-87, 166-167, 204-205,
235-240, 242-244, 263-264, 313-315,
501-502, 632-635
Modo de produção 33-34, 37-38, 45-46,
59-62, 108-109, 206-207, 277-278,
281-282, 596-598, 603-604, 608-609,
615-616
Monarquia 99-91, 112-113, 140-141,
145-149, 156-160, 183-184, 187-188,
192-193, 204-205, 211-214, 223-229,
253-254, 258-259, 279-281, 284-285,
299-300, 302-303, 323-324, 352-353,
360-361, 426-430, 456-457, 461-462,
563-564
Mulheres 276-277, 324-325, 383-384,
391-392, 396-400, 443-444, 526-527

Nação 36-37, 41-44, 139-140, 296-298,
544-546, 548-550, 555-556, 611-612,
622-627
Nacionalismo 50-51, 208-211, 214-215,
285-286, 292-293, 296-298, 302-303,
326-327, 334-335, 401-403, 456-457
Natureza humana e objetivos 35-39, 45-46,
48-50, 65-67, 441-442
Nilo 119-121, 125-126, 139-140, 142-144,
157-163

Nível de rendimento 330-331, 449-450, 480-483, 595-596

Nobreza e notáveis; cf. Senhores, aristocratas e nobres

Nômades; cf. Criadores de gado, pastores e nômades

Normas, solidariedade normativa, e pacificação normativa 57-58, 84-86, 88-90, 132-133, 217-218, 258-262, 316-318, 348-349, 378-379, 395-397, 407-410, 415-422, 427-428, 431-434, 442-446, 453-454, 457-468, 487-488, 501-502, 595-596, 598-599, 604-605, 612-613, 620-621

Oligarquia 132-133, 140-141, 144-147, 157-158, 251-252, 261-262, 284-285, 293-294, 316-317

Oppenheimer, F. 62-63, 94-96, 115-116, 173-174, 498-499

Parentesco; cf. Família e parentesco

Parsons, T. 38-39, 46-48, 58-59, 69-71, 421-422, 592-593, 607-608, 615-616, 628-629

Pastores; cf. Criadores de gado, pastores e nômades

Patriarcado 67-68, 72-73, 276-277, 314-315

Patrimonial 221-222, 225-229, 302-303, 617-619

Periferia; cf. Centro-periferia

Pérsia 59-60, 120-121, 163-164, 191-193, 205-206, 214-215, 221-222, 244-245, 248-249, 252-253, 260-261, 266-267, 271-276, 281-282, 285-289, 292-294, 298-312, 316-317, 324-325, 333-334, 342-343, 348-349, 353-356, 359-362, 375-376, 390-391, 417-418, 420-421, 596-597, 611-612, 621-623, 628-629

Poder
definição 38-39
modelo de Iemp 34-36, 38-39, 63-67, 122-123, 610-616
vanguarda de 67-68, 182-183, 247-248, 287-288, 600-601, 632-633

Poder coletivo 75-76, 94-95, 99-100, 120-121, 129-130, 183-184, 201-202, 206-208, 220-222, 252-253, 290-291, 439-440, 449-450, 454-455, 606-607, 614-616
definição 38-41

Poder despótico 62-63, 111-112, 140-146, 223-229, 302-303, 308-309, 375-376, 564-569, 593-594, 607-609, 613-614

Poder difuso 41-44, 86-88, 127-128, 135-137, 139-140, 147-151, 175-176, 202-203, 205-207, 214-215, 219-220, 239-240, 254-255, 264-265, 285-286, 297-298, 313-314, 344-346, 370-371, 616-617
definição 41-42

Poder distributivo 73-74, 120-121, 129-130, 313-314, 607-608
definição 38-41

Poder econômico 44-45, 64-65, 83-87, 89-95, 100-115, 123-136, 141-146, 174-178, 198-209, 240-246, 253-255, 275-283, 315-322, 324-339, 344-347, 357-359, 377-380, 391-393, 435-436, 449-451, 472-478, 488-492, 517-520, 578-584, 598-599, 609, 612, 613
definição 59-62

Poder extensivo 39-44, 60-63, 230-231, 332-333, 342-343, 351-353, 366-367, 383-384, 407-409, 450-451, 454-455, 457-458, 520-522, 557-558, 625-627
definição 39-41

Poder ideológico 44-45, 64-65, 86-89, 121-123, 176-178, 208-216, 228-229, 361-363, 365-366, 370-410, 414-447, 455-468, 549-560, 597-598, 611-613, 619-620
definição 57-60

Poder impositivo 41-44, 87-88, 135-136, 139-140, 170-173, 175-176, 183-184, 195-196, 201-209, 226-227, 286-287, 313-314, 357-358, 380-381, 622-624
definição 41-42

Poder infraestrutural 62-63, 158-159, 172-176, 182-183, 219-220, 224-225, 282-283, 308-309, 335-336, 375-376, 379-380, 431-432, 435-436, 564-571, 604-605, 616-621, 623-624

Poder intensivo 39-44, 60-63, 212-214,
  240-245, 284-285, 351-353,
  398-399, 441-445, 450-451, 454-455,
  483-486, 591-592, 598-599, 625-627
  definição 39-41
Poder militar 38-39, 41-45, 52-56, 64-65,
  88-90, 94-101, 111-113, 145-149,
  157-159, 161-162, 170-171, 175-178,
  187-195, 210-211, 216-219, 228-231,
  234-240, 253-263, 277-280, 282-283,
  293-302, 304-308, 314-324, 327-330,
  339-345, 361-362, 376-377, 418-421,
  443-444, 467-472, 510-511,
  518-521, 566-568, 597-601, 603-609,
  612-614
  definição 44-45, 60-63
Poder particularista 211-212, 224-226,
  302-304, 335-336, 375-376, 416-417,
  440-441, 621-624
Poder político 64-65, 122-123, 131-134,
  140-142, 144-151, 155-156,
  161-163, 171-173,176-177, 194-198,
  224-225, 253-254, 282-283, 298-302,
  380-381, 391-395, 467-472, 523-530,
  597-598, 601-609, 613-615
  definição 44-45, 62-64
Poder universal ou universalista 43-44,
  58-59, 135-136, 224-228, 285-286,
  292-293, 297-300, 302-305, 335-336,
  372-376, 396-397, 416-417, 437-440,
  443-444, 623-624
Polanyi, K. 59-60, 102-104, 115-116,
  133-134, 249-250
Pólis 252-263, 271-272, 276-278, 281-289,
  302-303, 308-309, 388-389
  definição 254-255
Pólvora; cf. Artilharia
Povoados, urbanização, e cidades 53-55,
  80-81, 118-120, 124-125, 127-128,
  132-134, 137-140, 145-147, 155-157,
  161-162, 166-170, 176-177, 192-193,
  249-250, 282-285, 322-323, 327-330,
  381-383, 387-393, 453-454, 470-471,
  475-476, 504-505, 520-522, 547-548,
  551-552, 591-594, 598-599
Práxis, circuitos de 60-62, 64-65, 176-177,
  206-207, 211-212, 240-242, 247-248,
  265-266, 278-281, 346-347, 450-451,
  491-494, 606-608, 612-613

Pré-história e sociedades pré-históricas
  50-51, 65-67, 72-115, 156-157,
  170-171, 173-174, 183-184, 201-202,
  235-236, 275-276, 286-287, 620-621
Produção; cf. Modo de produção
Propriedade
  comunal 91-95, 129-130, 133-134
  privada 76-77, 89-93, 100-103,
    108-109, 127-136, 140-141, 145-146,
    148-149, 160-161, 174-177, 199-202,
    219-220, 229-230, 235-237, 324-325,
    332-334, 338-339, 352-353,
    363-365, 376-377, 450-451, 476-478,
    486-492, 565-566, 595-596, 602-603,
    613-614, 629-631
Protestantismo 453-454, 476-477,
  518-520, 549-560, 592-593, 604-605,
  611-612, 624-625
Puritanismo; cf. Protestantismo

Racionalidade 215-216, 224-225, 252-253,
  270-276, 280-281, 285-288, 309-310,
  374-375, 409-410, 416-417, 429-430,
  433-434, 441-442, 476-477, 592-596,
  612-613
Rastreador da história 64-65, 206-207,
  229-230, 240-241, 280-281, 414-416,
  437-440, 557-558, 606-607, 610-613
Razão; cf. Racionalidade
Reis; cf. Monarquia
Revoltas 158-159, 273-274, 278-279,
  306-307, 319-322, 325-330, 342-343,
  393-395, 401-403, 409-410, 433-434,
  463-468, 490-491, 518-519, 555-556,
  605-607
Revolução
  industrial 65-68, 97-98, 437-439
  neolítica 76-84
Roma 137-138, 141-142, 162-163,
  173-174, 190-192, 195-196, 199-201,
  205-207, 214-218, 221-222, 244-245,
  254-255, 257-258, 260-261, 263-264,
  266-267, 279-280, 282-283, 287-288,
  294-297, 299-300, 313-367, 483-484,
  524-525, 527-528, 595-596, 611-612
  como império 51-52, 120-121,
    203-204, 218-219, 323-367,
    372-388, 461-462, 467-468, 623-629

como república 65-67, 204-205, 208-209, 315-324, 621-624

Rousseau, J.-J. 74-75, 91-93, 101-102

Salvação 64-65, 162-163, 286-287, 303-305, 362-363, 370-374, 377-378, 391-395, 414-422, 428-430, 435-436, 441-442, 445-446, 457-458, 461-462, 526-527, 544-545, 550-553, 592-593, 611-613, 619-620

Sargão da Acádia 146-147, 183-211, 215-221, 228-229, 308-309, 619-620

Senhores, aristocratas e nobres 50-51, 53-55, 148-149, 158-161, 212-214, 224-225, 253-254, 258-259, 261-262, 302-305, 327-328, 356-359, 416-417, 423-429, 434-435, 440-441, 451-452, 456-457, 461-464, 468-472, 489-492, 544-546, 554-555, 592-593

Servidão 204-206, 219-220, 272-274, 326-327, 344-345, 425-426, 451-452, 470-474

Smith, A. 198-191, 201-202, 476-477, 485-486

Socialismo 55-56, 90-91, 308-309

Sociedade(s)

comparativa 65, 154-178, 182-183, 221-229, 244-246, 302-303, 414-416, 445-447, 454-455, 592-595, 617-620, 628-629

definição 46-48

federadas e confederadas 48-52, 82-83, 93-94, 100-101, 135-141, 144-146, 155-156, 170-174, 176-178, 183-184, 224-225, 228-231, 236-237, 239-240, 249-250, 255-256, 258-259, 269-270, 285-286, 309-310, 316-317, 320-323, 333-334, 420-421, 423-424, 440-441, 445-446, 452-453, 604-605, 608-609

hierárquicas 74-77, 94-95, 101-108, 110-115, 129-134, 148-149, 235-236

industrial 52-56, 88-89, 147-148, 184-186, 212-214, 216-218, 235-236, 240-242, 256-263, 284-285, 294-295, 314-318, 510-511, 513-514, 539-540, 596, 597, 621-622, 625-626

magalíticas 103-110, 158-159, 173-174

teorias de 33-36, 45-69, 77-79, 82-83, 86-87, 93-94, 111-112, 122-123, 145-146, 149-151, 157-158, 160-164, 173-178, 234-235, 258-260, 335-336, 352-353, 363-365, 395-396, 402-403, 409-410, 556-557, 594-595, 597-598, 613-614, 633-634

civil 90-93, 196-197, 212-214, 219-221, 224-225, 296-299, 336-338, 344-345, 347-348, 356-357, 363-366, 375-376, 498-499, 517-518, 524-525, 527-530, 563-570, 581-584, 603-604, 608-609, 613-614

Spencer, H. 46-48, 62-63, 96-99, 115-116, 198-199, 309-310, 612-613, 615-616

Status 36-37, 43-44, 253-254, 281-282

Stonehenge 105-108, 112-113, 122-123, 155-156

Suméria; cf. Mesopotâmia

Tamanho e densidade populacional 83-84, 111-112, 125-126, 144-146, 155-158, 168-170, 172-173, 253-255, 284-285, 296-297, 299-300, 331-333, 359-361, 477-482

pressão do 74-75, 82-83, 86-87, 93-94, 120-121, 125-126, 147-148, 202-203, 207-208, 263-264

Técnicas agrícolas 84-86, 88-89, 91-94, 240-242, 331-332, 352-353, 430-431, 482-486, 582-584, 592-593, 600-601, 616-617

Teleologia 67-68, 197-198, 252-253, 403-404, 449-450, 624-626

Templos 131-136, 143-144, 146-147, 155-159, 163-164, 166-167, 169-170, 176-177, 430-431

Teoria da difusão 33-34, 73-74, 119-120, 124-125, 131-132, 164-170, 234-236

Teoria econômica neoclássica 452-453, 485-486, 488-492, 627-628

Teoria militarista 62-63, 120-121, 603-604, 615-616

das origens do Estado 89-91, 94-101, 130-131, 146-149, 166-167, 173-174

Teorias marxistas 43-48, 51-53, 58-59, 66-67, 280-282, 349-351, 377-378, 446-447, 452-453, 488-492, 597-598, 611-612, 622-623

das origens do Estado 89-93, 100-103, 108-109, 129-130, 177-178

Teorias weberianas 43-48, 51-53, 59-60, 66-67, 227-228, 453-454

Tirania 258-259, 261-262, 279-281, 284-285, 288-289, 302-303

Trabalho 79-81, 83-87, 90-93, 95-96, 101-102, 162-163, 344-345
  comunal 84-87, 91-94, 102-103, 105-106, 125-126, 129-130, 132-133, 141-142
  corveia 62-63, 172-173, 195-196, 202-205, 219-220, 341-343
  dependente 53-55, 130-133, 145-146, 175-176, 204-205, 273-274, 326-327, 350-352, 358-359, 406-407, 451-452, 489-492
  excedente 101-102, 162-163
  livre 204-206, 251-252, 273-274, 277-278, 324-327, 344-345, 450-452, 489-492, 583-584, 620-621
  cf. tb. Campesinato; Servidão; Escravidão
  Transcendência ideológica 57-59, 64-65, 122-123, 176-178, 209-211, 215-216, 335-336, 370-371, 396-397, 417-418, 422-423, 426-427, 435-437, 440-441, 453-454, 457-458, 463-464, 467-468, 611-612

Transição do feudalismo para o capitalismo 449-453, 476-478, 488-494, 535-536, 563-564, 597-598, 604-605

Tribo 82-84, 103-105, 137-140, 170-174, 184-185, 212-214, 216-217, 235-236, 240-241, 254-255, 258-259, 275-276, 302-303, 314-316, 417-419, 423-424, 431-432, 437-439, 593-594

Vale do Indo 449-451, 535-536, 583-584, 591-592, 605-606, 608-609

Valor econômico 102-103, 135-136, 183-184, 201-204, 250-252, 344-345, 356-357, 451-452, 488-492, 514-515

Vassalagem; cf. Clientelismo e vassalagem, governo por meio

Vikings 242-244, 453-454, 473-475, 596-597, 600-601

Weber, M. 36-37, 44-45, 57-58, 64-65, 68-71, 196-197, 206-207, 225-227, 266-267, 272-273, 281-283, 371-372, 382-383, 415-416, 421-422, 442-443, 465-466, 475-477, 498-499, 513-514, 551-553, 592-595, 611-612, 615-617, 628-629, 634-635

Wittfogel, K. 43-44, 124-125, 140-146, 149-153, 223-224, 228-229, 619-620

Zoroastro 271-272, 303-305, 308-309, 372-373, 390-391, 415-420, 437-441

COLEÇÃO SOCIOLOGIA

- *A educação moral*
  Émile Durkheim
- *A pesquisa qualitativa*
  VV.AA.
- *Quatro tradições sociológicas*
  Randall Collins
- *Introdução à Teoria dos Sistemas*
  Niklas Luhmann
- *Sociologia clássica – Marx, Durkheim, Weber*
  Carlos Eduardo Sell
- *O senso prático*
  Pierre Bourdieu
- *Comportamento em lugares públicos*
  Erving Goffman
- *A estrutura da ação social – Vols. I e II*
  Talcott Parsons
- *Ritual de interação*
  Erving Goffman
- *A negociação da intimidade*
  Viviana A. Zelizer
- *Os quadros da experiência social*
  Erving Goffman
- *Democracia*
  Charles Tilly
- *A representação do Eu na vida cotidiana*
  Erving Goffman
- *Sociologia da comunicação*
  Gabriel Cohn
- *A pesquisa sociológica*
  Serge Paugam (coord.)
- *Sentido da dialética – Marx: lógica e política - Tomo I*
  Ruy Fausto
- *A emergência da teoria sociológica*
  Jonathan H. Turner, Leonard Beeghley e Charles H. Powers
- *Análise de classe – Abordagens*
  Erik Olin Wright
- *Símbolos, selves e realidade social*
  Kent L. Sandstrom, Daniel D. Martin e Gary Alan Fine
- *Sistemas sociais*
  Niklas Luhmann
- *O caos totalmente normal do amor*
  Ulrich Beck e Elisabeth Beck-Gernsheim

- *Lógicas da história*
  William H. Sewell Jr.
- *Manual de pesquisa qualitativa*
  Mario Cardano
- *Teoria social – Vinte lições introdutórias*
  Hans Joas e Wolfang Knöbl
- *A teoria das seleções cultural e social*
  W.G. Runciman
- *Problemas centrais em teoria social*
  Anthony Giddens
- *A construção significativa do mundo social*
  Alfred Schütz
- *Questões de sociologia*
  Pierre Bourdieu
- *As regras do método sociológico*
  Émile Durkheim
- *Ética econômica das religiões mundiais – Vol. I*
  Max Weber
- *Ética econômica das religiões mundiais – Vol. III*
  Max Weber
- *Teoria dos sistemas na prática – Vol. I - Estrutura social e semântica*
  Niklas Luhmann
- *Teoria dos sistemas na prática – Vol. II - Diferenciação funcional e Modernidade*
  Niklas Luhmann
- *Teoria dos sistemas na prática – Vol. III - História, semântica e sociedade*
  Niklas Luhmann
- *O marxismo como ciência social*
  Adriano Codato e Renato Perissinotto
- *A ética protestante e o espírito do capitalismo*
  Max Weber
- *As fontes do poder social – Vol. 1 - Uma história do poder desde o início até 1760 d.C.*
  Michael Mann